윤혜정의
패턴의
나비효과

이번엔
패턴의 나비효과로
시작한다

개념을 잡았다면, 이제 패턴을 잡을 차례.

선생님이 그랬잖아.

"이미 서른두 번 치러진 수능 시험,

문학 작품들은 달라지고, 독서 지문의 내용도 달라지고,

시험의 구성도 막 달라지지만 결코 달라지지 않는 것이 있죠.

우리는 변하지 않는 '이것'을 공부합니다. 국어 영역의 개.념."

수능 국어에서 변하지 않는 건 바로, '개념'과 '패턴'이야.

작품과 지문은 매번 달라지는데,

왜 항상 달라지는 걸 공부해?

변하지 않는 그것,

너의 수능 시험에도 변하지 않고 나올 그걸 공부하라고.

개념 잡은 사람만 모여.

선생님이 그동안 알려 주고 싶었던

수능 국어의 패턴과 실전 접근 Tip을 지금부터 알려 줄 거야.

수능 1교시,

근거 있는 최고의 성적을 위해, 그럼 시작.

패턴의
나비효과
차례

내가 만든
내 **국어 Tip**
노트

내가 만든
내 **국어 Tip**
노트

1 Day

독서,
시간 단축 풀이법

독서 지문을 잘 읽는 방법이 있기는 한 건가요?
지문마다 화제가 다 다르고, 그때그때 내용도 다 다른데,
어떻게 읽어야 하나요?
게다가 시간도 너무 부족해요.
지문 읽다 보면 앞 내용 잊어버리고,
문제 풀려고 보면 지문 내용 하나도 기억 안 나고.
그래서 다시 읽고 다시 읽고.
독서 파트 대비할 수 있는 방법은 안드로메다에나 있을 거 같아요.
독서 파트 다 맞는 애들 보면,
저 자식(?)이 바로 신의 자식이다 싶어요.
저도 수능 전에 그렇게 될 수 있을까요?

 2007년. 처음으로 시험 문제를 출제해야 했을 때, 내가 제일 먼저 한 건
2006년 기출문제를 분석하는 일이었어. 왜 그랬을까?

음…… 따라 해 보려고요?

 ㅋㅋㅋ 바로 그거야! 수능 지문도 마찬가지. 기출을 통해 '달라지지 않는 것'을
안다면 2025 수능 대비에 도움이 되지 않겠어?

헐, 그렇네요. 되게 당연한 건데, 이제까지 기출을 보면서도 매번 달라지는
'문제의 답'을 찾는 데에만 급급했어요.

①
나에게 맞는
'**독서, 시간 단축 풀이법**'을 찾는다.

②
알기만 하면 뭐해?
'**적용**'해서 시간을 '**단축**'한다.

자, 이제 시작인 거야.

독서가 목표를 향한 네 발목 붙잡고 들러붙어 있는 느낌이야?

정말 독서는 답이 없어 보여서 좌절 중인 거야?

여보쇼, 포기하지 마. 포기를 왜 하니?

이제부터 방법을 알려 줄게.

그냥 열~~~~~심히 하지 말고, 제발 좀 방법을 알고, 문제 풀이의 패턴도 쫌 알고나 열~~~~~심히 하자고.

패턴의 나비효과! 첫 시간에는

수능 국어 독서 파트의 출제 요소를 이것저것 너무 잘 챙겨 나왔던(=그래서 정보량 드럽게 많고 어려웠던 ㅎㅎ)

2020학년도 6월 모평 사회(경제) 지문으로 연습할 거야.

먼저 네 맘대로 풀어 보세요.

스스로 고민하면서 문제를 풀어 보고 수업을 들어야 성장이 이뤄지는 거야. ^------------^

> **"**
> 나, 너 문제 푸는 거 기다리는 중.
> **예습** 장려 강의, 대놓고 예습 요구하는
> (살아 있는) 교재. ㅎ

> 다 풀었어?
> 그럼 이제 네 맘대로 푼 방법과
> 선생님의 레시피 비교 들어가자!
> **"**

| TODAY's 목표 확인 | 너의 예습 Time! | 국어 성적 갱생 포인트 공개 | Show me the 시범~ |

독서 지문 읽을 때는 ▶▶▶ 목표 설정 후 읽기

지문 먼저?
vs
문두 먼저?

목표-기술-노력
'목표' 있는 애가
지문도 잘 읽는다.

그래도 문학은 이제 문두부터 보는 애들 많더만.
근데 독서는 왜? 같은 국어 시험인데 독서 세트는 왜 '지문'에서부터 달려드는데?
혜정 샘이 딱! 정리해 준다.
독서도 '지문'과 '문두' 중, [　　]부터 본다.

 네, 알겠쓥니다! 근데요, 선생님. 이런 질문 참 조심스럽지만 왜 문두부터 보나요?

ㅎ 질문하는 자세 좋다. 말했잖아.
문두에서 지문 읽는 [　　] 찾기라고! 그게 바로 <10초의 투자>야.

독서 세트의 문두들도 ▶▶▶ 사진 찍기

**10초의
투자**
〈사진 찍기〉

80분 중
네가 투자한 10초는
널 배신하지 않아.

10초 동안 3~5개의 문두들을 찰칵찰칵 사진 찍듯이 보면서 직관적*으로 파악해야 돼.
뭘 파악하냐고?

✓ 아직 읽기 시작도 안 한 저 지문의 [　　]가 뭔지.
✓ 지문 읽기 전에 [　　]를 읽어 둬야 하는 문제가 있는지 없는지.
✓ 지문 읽으면서 [　　　]으로 풀어야 할 문제가 있는지 없는지.

바로 이 '10초의 투자'가 나비효과의 필요조건 중 하나다.
단, 독서 파트 문제 패턴을 미리 알고 있어야 함.

*판단이나 추리 따위의 사유 작용을 거치지 아니하고 대상을 직접적으로 파악하는 것.

시간 단축을 위해서는 ▶▶▶ 실시간으로 문제 풀기

실시간용 문제일지도 몰라.

문제 풀이
〈Navigation〉

정답률 ↑
소요 시간 ↓

✓ 먼저 읽고 선지의 [　　　]에 마구 표시해 둬야 하는 문제가 있다.
✓ [A], ㉠, ⓐ, (가)~(마) 이런 분들은 괜히 계시는 게 아니다. 존재의 이유를 눈치채라.
✓ 지문을 읽으면서 해결할 실시간용 문제와, 지문을 끝까지 다 읽고 해결할 수밖에 없는 문제를 구분해라.
✓ 내 문제 풀이 [　　]는 내가 정한다. ····▶ 1문단 ~ n문단까지 다 읽은 다음 첫 문제부터 마지막 문제까지 순서대로 안 풀어도 된다.
✓ 단기 기억 용량이 적다면, 한 문단씩 끊어 가는 게 살길이다.

내가 시험장에서 저 지문을 읽는 이유는

아주 현실적으로 대놓고 말하면

문제 답을 맞혀서 점수를 Get 하기 위해서야. 맞지?

그럼 거기에 맞는 전략적 독해를 해야 한다고.

지금 내 최대 관심사는 이 다섯 문제가 '뭘 묻는지'야. 저 지문에서 뭘 읽어 내야 하는지를 알고 읽자.

---

27 ✎ What pattern is it?

윗글을 통해 알 수 있는 것은?

① 글로벌 금융 위기 이전에는, 금융이 단기적으로 경제 성장에 영향을 미치지 못한다고 보았다.
② 글로벌 금융 위기 이전에는, 개별 금융 회사가 건전하다고 해서 금융 안정이 달성되는 것은 아니라고 보았다.
③ 글로벌 금융 위기 이전에는, 경기 침체기에는 통화 정책과 더불어 금융감독 정책을 통해 경기를 부양시켜야 한다고 보았다.
④ 글로벌 금융 위기 이후에는, 정책 금리 인하가 경제 안정을 훼손하는 요인이 될 수 있다고 보았다.
⑤ 글로벌 금융 위기 이후에는, 경기 변동이 자산 가격 변동을 유발하나 자산 가격 변동은 경기 변동을 유발하지 않는다고 보았다.

---

28 ✎ What pattern is it?

㉠과 ㉡에 대한 설명으로 적절하지 않은 것은?

① ㉠에서는 물가 안정을 위한 정책 수단과는 별개의 정책 수단을 통해 금융 안정을 달성하고자 한다.
② ㉡에서는 신용 공급의 경기 순응성을 완화시키는 정책 수단이 필요하다.
③ ㉠은 ㉡과 달리 예방적 규제 성격의 정책 수단을 사용하여 금융 안정을 달성하고자 한다.
④ ㉡은 ㉠과 달리 금융 시스템 위험 요인을 감독하는 정책 수단을 사용한다.
⑤ ㉠과 ㉡은 모두 금융 안정을 달성하기 위해 금융 회사의 자기자본을 이용한 정책 수단을 사용한다.

29 🖊 What pattern is it?

윗글을 바탕으로 할 때, 〈보기〉의 A~D에 들어갈 말을 바르게 짝지은 것은?

〈 보 기 〉

미시 건전성 정책과 거시 건전성 정책 간에는 정책 수단 운용에서 입장 차이가 존재한다. 경기가 (A)일 때 (B) 건전성 정책에서는 완충자본을 (C)하도록 하고, (D) 건전성 정책에서는 최소 수준 이상의 자기자본을 유지하도록 하여 개별 금융 회사의 건전성을 확보하려 한다.

	A	B	C	D
①	불황	거시	사용	미시
②	호황	거시	사용	미시
③	불황	거시	적립	미시
④	호황	미시	적립	거시
⑤	불황	미시	사용	거시

30 🖊 What pattern is it?

윗글과 〈보기〉에 대한 이해로 적절하지 <u>않은</u> 것은? [3점]

〈 보 기 〉

현실에서의 통화 정책 효과는 경기에 대해 비대칭적인 것으로 알려져 있다. 통화 정책은 경기 과열을 억제하는 데는 효과적이지만 경기 침체를 벗어나는 데는 효과가 미미하기 때문이다. 경기 침체를 극복하기 위해 중앙은행의 정책 금리 인하로 은행이 대출을 늘려 신용 공급을 확대하려 해도, 가계의 소비 심리가 위축되었거나 기업이 투자할 대상이 마땅치 않을 경우 전통적인 통화 정책에서 기대되는 효과는 나타나지 않게 된다. 오히려 확대된 신용 공급이 주식이나 부동산 등 자산 시장으로 과도하게 유입되어 의도치 않은 문제를 일으킬 수 있다.

경제학자들은 경제 주체들이 경기 상황에 대해 비대칭적으로 반응하기 때문에 나타나는 이러한 현상을 '끈 밀어올리기 (pushing on a string)'라고 부른다. 이는 끈을 당겨서 아래로 내리는 것은 쉽지만, 밀어서 위로 올리는 것은 어렵다는 것에 빗댄 것이다.

① '끈 밀어올리기'를 통해 경기 침체기에 자산 가격 버블이 발생하는 경우를 설명할 수 있겠군.
② 현실에서 경기가 침체되었을 경우 정책 금리 인하에 따른 경기 부양 효과는 경제 주체의 심리에 따라 달라질 수 있겠군.
③ '끈 밀어올리기'가 있을 경우 경기 침체기에 금융 안정을 달성하려면 경기 대응 완충자본 제도의 도입이 필요하겠군.
④ 통화 정책 효과가 경기에 대해 비대칭적이라면 경기 침체기에는 정책 금리 조정 이외의 방안을 도입할 필요가 있겠군.
⑤ 통화 정책 효과가 경기에 대해 비대칭적이라면 정책 금리 인상은 신용 공급을 축소시킴으로써 경기를 진정시킬 수 있겠군.

31 🖊 What pattern is it?

문맥상 의미가 ⓐ와 가장 가까운 것은?

① 나는 그 사람에게 친근감이 <u>든다</u>.
② 그는 목격자의 진술을 증거로 <u>들고</u> 있다.
③ 그분은 이미 대가의 경지에 <u>든</u> 학자이다.
④ 하반기에 <u>들자</u> 수출이 서서히 증가하기 시작했다.
⑤ 젊은 부부는 집을 마련하기 위해 적금을 <u>들기로</u> 했다.

전통적인 통화 정책은 정책 금리를 활용하여 물가를 안정시키고 경제 안정을 도모하는 것을 목표로 한다. 중앙은행은 경기가 과열되었을 때 정책 금리 인상을 통해 경기를 진정시키고자 한다. 정책 금리 인상으로 시장 금리도 높아지면 가계 및 기업에 대한 대출 감소로 신용 공급이 축소된다. 신용 공급의 축소는 경제 내 수요를 줄여 물가를 안정시키고 경기를 진정시킨다. 반면 경기가 침체되었을 때는 반대의 과정을 통해 경기를 부양시키고자 한다.

금융을 통화 정책의 전달 경로로만 보는 전통적인 경제학에서는 금융감독 정책이 개별 금융 회사의 건전성 확보를 통해 금융 안정을 달성하고자 하는 ㉠미시 건전성 정책에 집중해야 한다고 보았다. 이러한 관점은 금융이 직접적인 생산 수단이 아니므로 단기적일 때와는 달리 장기적으로는 경제 성장에 영향을 미치지 못한다는 인식과, 자산 시장에서는 가격이 본질적 가치를 초과하여 폭등하는 버블이 존재하지 않는다는 효율적 시장 가설에 기인한다. 미시 건전성 정책은 개별 금융 회사의 건전성에 대한 예방적 규제 성격을 가진 정책 수단을 활용하는데, 그 예로는 향후 손실에 대비하여 금융 회사의 자기자본 하한을 설정하는 최저 자기자본 규제를 들 수 있다.

이처럼 전통적인 경제학에서는 금융감독 정책을 통해 금융 안정을, 통화 정책을 통해 물가 안정을 달성할 수 있다고 보는 이원적인 접근 방식이 지배적인 견해였다. 그러나 글로벌 금융 위기 이후 금융 시스템이 와해되어 경제 불안이 확산되면서 기존의 접근 방식에 대한 자성이 일어났다. 이 당시 경기 부양을 목적으로 한 중앙은행의 저금리 정책이 자산 가격 버블에 따른 금융 불안을 야기하여 경제 안정이 훼손될 수 있다는 데 공감대가 형성되었다. 또한 금융 회사가 대형화되면서 개별 금융 회사의 부실이 금융 시스템의 붕괴를 야기할 수 있게 됨에 따라 금융 회사 규모가 금융 안정의 새로운 위험 요인으로 등장하였다. 이에 기존의 정책으로는 금융 안정을 확보할 수 없고, 경제 안정을 위해서는 물가 안정뿐만 아니라 금융 안정도 필수적인 요건임이 밝혀졌다. 그 결과 미시 건전성 정책에 ㉡거시 건전성 정책이 추가된 금융감독 정책과 물가 안정을 위한 통화 정책 간의 상호 보완을 통해 경제 안정을 달성해야 한다는 견해가 주류를 형성하게 되었다.

거시 건전성이란 개별 금융 회사 차원이 아니라 금융 시스템 차원의 위기 가능성이 낮아 건전한 상태를 말하고, 거시 건전성 정책은 금융 시스템의 건전성을 추구하는 규제 및 감독 등을 포괄하는 활동을 의미한다. 이때, '거시 건전성 정책'은 미시 건전성이 거시 건전성을 담보할 수 있는 충분조건이 되지 못한다는 '구성의 오류'에 논리적 기반을 두고 있다. '거시 건전성 정책'은 금융 시스템 위험 요인에 대한 예방적 규제를 통해 금융 시스템의 건전성을 추구한다는 점에서, '미시 건전성 정책'과는 차별화된다.

'거시 건전성 정책'의 목표를 효과적으로 달성하기 위해서는 경기 변동과 금융 시스템 위험 요인 간의 상관관계를 감안한 정책 수단의 도입이 필요하다. 금융 시스템 위험 요인은 경기 순응성을 가진다. 즉 경기가 호황일 때는 금융 회사들이 대출을 늘려 신용 공급을 팽창시킴에 따라 자산 가격이 급등하고, 이는 다시 경기를 더 과열시키는 반면 불황일 때는 그 반대의 상황이 일어난다. 이를 완화할 수 있는 정책 수단으로는 경기 대응 완충자본 제도를 ⓐ들 수 있다. 이 제도는 정책 당국이 경기 과열기에 금융 회사로 하여금 최저 자기자본에 추가적인 자기자본, 즉 완충자본을 쌓도록 하여 과도한 신용 팽창을 억제시킨다. 한편 적립된 완충자본은 경기 침체기에 대출 재원으로 쓰도록 함으로써 신용이 충분히 공급되도록 한다.

 제대로 풀어 보기!

❈ 정답 1쪽

27

윗글을 통해 알 수 있는 것은?

① 글로벌 금융 위기 이전에는, 금융이 단기적으로 경제 성장에 영향을 미치지 못한다고 보았다.
② 글로벌 금융 위기 이전에는, 개별 금융 회사가 건전하다고 해서 금융 안정이 달성되는 것은 아니라고 보았다.
③ 글로벌 금융 위기 이전에는, 경기 침체기에는 통화 정책과 더불어 금융감독 정책을 통해 경기를 부양시켜야 한다고 보았다.
④ 글로벌 금융 위기 이후에는, 정책 금리 인하가 경제 안정을 훼손하는 요인이 될 수 있다고 보았다.
⑤ 글로벌 금융 위기 이후에는, 경기 변동이 자산 가격 변동을 유발하나 자산 가격 변동은 경기 변동을 유발하지 않는다고 보았다.

★28 오답률 15위 ▶ 47.6%

㉠과 ㉡에 대한 설명으로 적절하지 않은 것은?

① ㉠에서는 물가 안정을 위한 정책 수단과는 별개의 정책 수단을 통해 금융 안정을 달성하고자 한다.
② ㉡에서는 신용 공급의 경기 순응성을 완화시키는 정책 수단이 필요하다.
③ ㉠은 ㉡과 달리 예방적 규제 성격의 정책 수단을 사용하여 금융 안정을 달성하고자 한다.
④ ㉡은 ㉠과 달리 금융 시스템 위험 요인을 감독하는 정책 수단을 사용한다.
⑤ ㉠과 ㉡은 모두 금융 안정을 달성하기 위해 금융 회사의 자기자본을 이용한 정책 수단을 사용한다.

*29

윗글을 바탕으로 할 때, 〈보기〉의 A~D에 들어갈 말을 바르게 짝지은 것은?

〈 보 기 〉

미시 건전성 정책과 거시 건전성 정책 간에는 정책 수단 운용에서 입장 차이가 존재한다. 경기가 (A)일 때 (B) 건전성 정책에서는 완충자본을 (C)하도록 하고, (D) 건전성 정책에서는 최소 수준 이상의 자기자본을 유지하도록 하여 개별 금융 회사의 건전성을 확보하려 한다.

	A	B	C	D
①	불황	거시	사용	미시
②	호황	거시	사용	미시
③	불황	거시	적립	미시
④	호황	미시	적립	거시
⑤	불황	미시	사용	거시

① '끈 밀어올리기'를 통해 경기 침체기에 자산 가격 버블이 발생하는 경우를 설명할 수 있겠군. 11.3%
② 현실에서 경기가 침체되었을 경우 정책 금리 인하에 따른 경기 부양 효과는 경제 주체의 심리에 따라 달라질 수 있겠군. 10.5%
③ '끈 밀어올리기'가 있을 경우 경기 침체기에 금융 안정을 달성하려면 경기 대응 완충자본 제도의 도입이 필요하겠군. 25.2%
④ 통화 정책 효과가 경기에 대해 비대칭적이라면 경기 침체기에는 정책 금리 조정 이외의 방안을 도입할 필요가 있겠군. 17.3%
⑤ 통화 정책 효과가 경기에 대해 비대칭적이라면 정책 금리 인상은 신용 공급을 축소시킴으로써 경기를 진정시킬 수 있겠군. 34.0%

*30

윗글과 〈보기〉에 대한 이해로 적절하지 않은 것은? [3점]

〈 보 기 〉

현실에서의 통화 정책 효과는 경기에 대해 비대칭적인 것으로 알려져 있다. 통화 정책은 경기 과열을 억제하는 데는 효과적이지만 경기 침체를 벗어나는 데는 효과가 미미하기 때문이다. 경기 침체를 극복하기 위해 중앙은행의 정책 금리 인하로 은행이 대출을 늘려 신용 공급을 확대하려 해도, 가계의 소비 심리가 위축되었거나 기업이 투자할 대상이 마땅치 않을 경우 전통적인 통화 정책에서 기대되는 효과는 나타나지 않게 된다. 오히려 확대된 신용 공급이 주식이나 부동산 등 자산 시장으로 과도하게 유입되어 의도치 않은 문제를 일으킬 수 있다.

경제학자들은 경제 주체들이 경기 상황에 대해 비대칭적으로 반응하기 때문에 나타나는 이러한 현상을 '끈 밀어올리기(pushing on a string)'라고 부른다. 이는 끈을 당겨서 아래로 내리는 것은 쉽지만, 밀어서 위로 올리는 것은 어렵다는 것에 빗댄 것이다.

31

문맥상 의미가 ⓐ와 가장 가까운 것은?

① 나는 그 사람에게 친근감이 든다.
② 그는 목격자의 진술을 증거로 들고 있다.
③ 그분은 이미 대가의 경지에 든 학자이다.
④ 하반기에 들자 수출이 서서히 증가하기 시작했다.
⑤ 젊은 부부는 집을 마련하기 위해 적금을 들기로 했다.

Self check

1. 지문 읽기 전, **10초의 투자**로 문제 풀이 전략을 세운다. ⬜ Yes
2. **보기와 선지**에서 **핵심어**를 찾아 표시한다. ⬜ Yes
3. **문단 단위**로 끊어 읽으면서 **실시간용 문제들을** 해결한다. ⬜ Yes
4. **시간**은 **단축**하고 **점수**는 **상승**시킨다. ⬜ Yes

2016학년도 대학수학능력시험 B형

현대 사회에서 지식의 중요성이 커지면서 기업에서도 지식 경영을 강조하는 목소리가 높다. 지식 경영은 기업 경쟁력의 원천이 조직적인 학습과 혁신 능력, 즉 기업의 지적 역량에 있다고 보아 지식의 활용과 창조를 강조하는 경영 전략이다.

지식 경영론 중에는 마이클 폴라니의 '암묵지' 개념을 활용하는 경우가 많다. 폴라니는 명확하게 표현되지 않고 주체에게 체화된 암묵지 개념을 통해 모든 지식이 지적 활동의 주체인 인간과 분리될 수 없다는 것을 강조했다. 그에 따르면 우리의 일상적 지각뿐만 아니라 고도의 과학적 지식도 지적 활동의 주체가 몸담고 있는 구체적인 현실로부터 유리된 것이 아니다. 어떤 지각 활동이나 관찰, 추론 활동에도 우리의 몸이나 관찰 도구, 지적 수단이 항상 수반되고 그에 의해 이러한 활동이 암묵적으로 영향을 받기 때문이다. 요컨대 모든 지식에는 암묵적 요소들과 이들을 하나로 통합하는 '인간적 행위'가 전제되어 있다는 것이다. "우리는 우리가 말할 수 있는 것보다 훨씬 더 많이 알고 있다."라는 폴라니의 말은 모든 지식이 암묵지에 기초하고 있음을 강조한다.

노나카 이쿠지로는 지식에 대한 폴라니의 탐구를 실용적으로 응용하여 지식 경영론을 펼쳤다. 그는 폴라니의 '암묵지'를 신체 감각, 상상 속 이미지, 지적 관심 등과 같이 객관적으로 표현하기 어려운 주관적 지식으로 파악했다. 또한 '명시지'를 문서나 데이터베이스 등에 담긴 지식과 같이 객관적이고 논리적으로 형식화된 지식으로 파악하고, 이것이 암묵지에 비해 상대적으로 지식의 공유 가능성이 높다고 보았다.

암묵지와 명시지의 분류에 기초하여, 노나카는 개인, 집단, 조직 수준에서 이루어지는 지식 변환 과정을 네 가지로 유형화하였다. 암묵지가 전달되어 타자의 암묵지로 변환되는 것은 대면 접촉을 통한 모방과 개인의 숙련 노력에 의해 이루어지는 것으로서 '공동화'라 한다. 암묵지에서 명시지로의 변환은 암묵적 요소 중 일부가 형식화되어 객관화되는 것으로서 '표출화'라 한다. 또 명시지들을 결합하여 새로운 명시지를 형성하는 것은 '연결화'라 하고, 명시지가 숙련 노력에 의해 암묵지로 전환되는 것은 '내면화'라 한다. 노나카는 이러한 변환 과정이 원활하게 일어나 기업의 지적 역량이 강화되도록 기업의 조직 구조도 혁신되어야 한다고 주장하였다.

이러한 주장대로 지식 경영이 실현되기 위해서는 지식 공유 과정에 대한 구성원들의 참여가 전제되어야 한다. 하지만 인간에게 체화된 무형의 지식을 공유하는 것은 쉬운 일이 아니다. 단순한 정보와 유용한 지식을 구분하기도 쉽지 않고, 이를 계량화하여 평가하는 것도 어렵다. 따라서 지식 경영의 성패는 지식의 성격에 대한 정확한 이해에 기초하여 구성원들이 지식 공유와 확산 과정에 자발적으로 참여하도록 하는 방안을 마련하는 것에 달려 있다고 할 수 있다.

21

윗글의 내용 전개에 대한 설명으로 가장 적절한 것은?

① 지식의 성격이 변화된 원인을 분석하고 지식 경영론의 등장 배경을 탐색하고 있다.
② 지식이 분리되어 가는 과정에 따른 지식 변환의 단계를 설명하고 지식 경영론의 문제점을 살펴보고 있다.
③ 지식에 대한 논의에 기초하여 지식 경영론을 소개하고 지식 경영의 성패를 좌우하는 요건을 검토하고 있다.
④ 지식에 대한 견해의 변화 과정을 순차적으로 살펴보고 그에 대비되는 지식 경영론의 발전 과정을 소개하고 있다.
⑤ 지식에 대한 두 견해의 장단점을 비교하고 이를 바탕으로 지식 경영의 유용성을 새로운 시각에서 조명하고 있다.

사진 찍기로 세운 전략! ✎

22

윗글을 통해 알 수 있는 내용으로 적절하지 <u>않은</u> 것은?

① 폴라니는 고도로 형식화된 과학 지식도 암묵지를 기초로 하여 형성된다고 본다.
② 폴라니는 지적 활동의 주체와 분리되어 독립된 객체로서 존재하는 지식은 없다고 본다.
③ 노나카는 암묵지가 그 속성 때문에 지식의 공유 가능성이 명시지에 비해 상대적으로 높다고 본다.
④ 노나카의 지식 경영론은 지식이 원활하게 변환되도록 기업의 조직 구조가 재설계되어야 한다고 본다.
⑤ 폴라니는 지식에서 암묵지의 중요성을 강조하고, 노나카는 지식들 간의 변환 과정에 주목한다.

23

지식 변환 의 사례에 대한 설명으로 가장 적절한 것은?

① A사의 직원이 자사 오토바이 동호회 회원들과 계속 접촉하여 소비자들의 느낌을 포착해 낸 것은 '연결화'의 사례이다.
② B사가 자동차 부품 관련 특허 기술들을 부문별로 재분류하고 이를 결합하여 신기술을 개발한 것은 '표출화'의 사례이다.
③ C사의 직원이 경쟁 기업의 터치스크린 매뉴얼들을 보고 제품을 실제로 반복 사용하여 감각적 지식을 획득한 것은 '내면화'의 사례이다.
④ D사가 교재로 항공기 조종 교육을 실시하고 직원들이 반복적인 시뮬레이션 학습을 통해 조종술에 능숙하게 된 것은 '연결화'의 사례이다.
⑤ E사의 직원이 성공적인 제품 디자인들에 동물 형상이 반영되었음을 감지하고 장수하늘소의 몸체가 연상되는 청소기 디자인을 완성한 것은 '공동화'의 사례이다.

24

윗글을 바탕으로 〈보기〉에 나타난 F사의 문제를 해결하기 위해 제시할 만한 방안으로 적절하지 <u>않은</u> 것은? [3점]

> 〈 보 기 〉
>
> F사는 회사에 도움이 되는 지식의 산출을 독려하고 이를 체계적인 지식 데이터베이스에 축적하였다. 보고서와 제안서 등의 가시적인 지식의 산출에 대해서는 보상했지만, 경험적 지식이나 창의적 아이디어 같은 무형의 지식에 대한 평가 및 보상 제도는 갖추지 않았다. 그 결과, 유용성이 낮은 제안서가 양산되었고, 가시적인 지식을 산출하지 못하는 직원들의 회사에 대한 애착과 헌신은 감소했으며, 경험 많은 직원들이 퇴직할 때마다 해당 부서의 업무 공백이 발생했다.

① 창의적 아이디어가 문서 형태로 표현되기 어려울 수 있음을 감안하여 다양한 의견 제안 방식을 마련할 필요가 있다.
② 직원들이 회사에서 사용할 논리적이고 형식화된 지식을 제안하도록 권장하고 이를 데이터베이스에 축적할 필요가 있다.
③ 숙련된 직원들의 노하우를 공유할 수 있도록 면대면 훈련 프로그램을 도입하여 집단적 업무 역량을 키울 필요가 있다.
④ 직원들의 체화된 무형의 지식이 보상받을 수 있도록 평가 제도를 개선하여 회사에 대한 직원들의 헌신성을 높일 필요가 있다.
⑤ 직원들 각자가 지닌 업무 경험과 기능을 존중하고 유·무형의 노력과 능력을 평가하기 위한 조직 문화와 동기 부여 시스템을 발전시킬 필요가 있다.

 **잘**되라고 주는 **숙**제 2 　　66 수업 시간에 다루지 않아. 배운 대로 적용 연습하면 되는 거야. 99　　❀ 정답 4쪽

2020학년도 대학수학능력시험

　㉠많은 전통적 인식론자는 임의의 명제에 대해 우리가 세 가지 믿음의 태도 중 하나만을 ⓐ가질 수 있다고 본다. 가령 '내일 눈이 온다.'는 명제를 참이라고 믿거나, 거짓이라고 믿거나, 참이라 믿지도 않고 거짓이라 믿지도 않을 수 있다. 반면 ㉡베이즈주의자는 믿음은 정도의 문제라고 본다. 가령 각 인식 주체는 '내일 눈이 온다.'가 참이라는 것에 대하여 가장 강한 믿음의 정도에서 가장 약한 믿음의 정도까지 가질 수 있다. 이처럼 베이즈주의자는 믿음의 정도를 믿음의 태도에 포함함으로써 많은 전통적 인식론자들과 달리 믿음의 태도를 풍부하게 표현한다.

　우리는 종종 임의의 명제가 참인지 거짓인지 새롭게 알게 된다. 이것을 베이즈주의자의 표현으로 바꾸면 그 명제가 참인지 거짓인지에 대해 가장 강한 믿음의 정도를 새롭게 갖는다는 것이다. 베이즈주의는 이런 경우에 믿음의 정도가 어떤 방식으로 변해야 하는지에 대해 정교한 설명을 제공한다. 이에 따르면, 인식 주체가 특정 시점에 임의의 명제 A가 참이라는 것만을 또는 거짓이라는 것만을 새롭게 알게 됐을 때, 다른 임의의 명제 B에 대한 인식 주체의 기존 믿음의 정도의 변화는 │조건화 원리│의 적용을 받는다. 이는 믿음의 정도의 변화에 관한 원리로서, 만약 인식 주체가 A가 참이라는 것만을 새롭게 알게 된다면, B가 참이라는 것에 대한 그 인식 주체의 믿음의 정도는 애초의 믿음의 정도에서 A가 참이라는 조건하에 B가 참이라는 것에 대한 믿음의 정도로 되어야 함을 의미한다. 예를 들어 갑이 '내일 비가 온다.'가 참이라는 것을 약하게 믿고 있고, '오늘 비가 온다.'가 참이라는 조건하에서는 '내일 비가 온다.'가 참이라는 것을 강하게 믿는다고 해 보자. 조건화 원리에 따르면, 갑이 실제로 '오늘 비가 온다.'가 참이라는 것만을 새롭게 알게 될 때, '내일 비가 온다.'가 참이라는 것을 그 이전보다 더 강하게 믿는 것이 합리적이다. 조건화 원리는 새롭게 알게 된 명제가 동시에 둘 이상인 경우에도 마찬가지로 적용된다. 다만 이 원리는 믿음의 정도에 관한 것이지 행위에 관한 것은 아니다.

　명제들 중에는 위의 예에서처럼 참인지 거짓인지 새롭게 알게 된 명제와 관련된 것도 있지만 그렇지 않은 것도 있다. 조건화 원리에 ⓑ따르면, 어떤 명제가 참인지 거짓인지 새롭게 알게 되더라도 그 명제와 관련 없는 명제에 대한 믿음의 정도는 변하지 않아야 한다. 예를 들어 위에서처럼 갑이 '오늘 비가 온다.'가 참이라는 것만을 새롭게 알게 되더라도 그것과 관련 없는 명제 '다른 은하에는 외계인이 존재한다.'에 대한 그의 믿음의 정도는 변하지 않아야 한다. 이처럼 베이즈주의자는 특별한 이유가 없는 한 우리의 믿음의 정도는 유지되어야 한다고 ⓒ본다.

　베이즈주의자는 이렇게 상식적으로 당연하게 여겨지는 생각을 정당화하기 위해 기존의 믿음의 정도를 유지함으로써 ⓓ얻을 수 있는 실용적 효율성에 호소할 수 있다. 특별한 이유 없이 학교를 옮기는 행위는 어떠한 방식으로든 우리의 에너지를 불필요하게 소모한다. 베이즈주의자는 특별한 이유 없이 기존의 믿음의 정도를 ⓔ바꾸는 것도 이와 유사하게 에너지를 불필요하게 소모한다고 볼 수 있다. 이 관점에서는 실용적 효율성을 추구한다면, 특별한 이유가 없는 한 기존의 믿음의 정도를 유지하는 것이 합리적이다.

16

윗글에서 답을 찾을 수 있는 질문에 해당하지 **않는** 것은?

① 믿음의 정도와 관련하여 상식적으로 당연하게 여겨지는 생각을 어떻게 정당화할 수 있을까?
② 특별한 이유 없이 믿음의 정도를 바꾸어야 하는 이유는 무엇일까?
③ 믿음의 정도를 어떤 경우에 바꾸고 어떤 경우에 바꾸지 말아야 할까?
④ 믿음의 정도를 바꾸어야 한다면 어떤 방식으로 바꾸어야 할까?
⑤ 임의의 명제에 대해 어떤 믿음의 태도를 가질 수 있을까?

> 사진 찍기로 세운 전략! 🖊

17

㉠, ㉡에 대한 이해로 적절하지 <u>않은</u> 것은?

① 만약 을이 ㉠이라면 을은 동시에 ㉡일 수 없다.
② ㉠은 을이 '내일 눈이 온다.'가 거짓이라 믿는 것은 그 명제가 거짓임을 강한 정도로 믿는다는 의미라고 주장한다.
③ ㉠은 을이 '내일 눈이 온다.'가 참이라고 믿는다면 을은 '내일 눈이 온다.'가 거짓이라고 믿을 수는 없다고 주장한다.
④ ㉡은 을의 '내일 눈이 온다.'가 참이라는 것에 대한 믿음의 정도와 '내일 눈이 온다.'가 거짓이라는 것에 대한 믿음의 정도가 같을 수 있다고 본다.
⑤ ㉡은 을이 '내일 눈이 온다.'와 '내일 비가 온다.'가 모두 거짓이라고 믿더라도 후자를 전자보다 더 강하게 거짓이라고 믿을 수 있다고 주장한다.

사진 찍기로 세운 전략!

*18

오답률 3위 ▶ 66.8%

조건화 원리에 대해 설명한 내용으로 가장 적절한 것은?

① 에너지를 불필요하게 소모하더라도 특별한 이유 없이 믿음의 정도를 바꾸는 것은 합리적이라고 설명한다.
② 어떤 행위를 할 특별한 이유가 있더라도 믿음의 정도의 변화 없이 그 행위를 해서는 안 된다고 말해 준다.
③ 새롭게 알게 된 명제와는 관련 없는 명제에 대해 우리의 믿음의 정도가 어떠해야 하는지에 대해서 말해 주지 않는다.
④ 어떤 명제가 참인 것을 새롭게 알게 되고 동시에 그와 다른 명제가 거짓인 것을 새롭게 알게 되었을 때에도 적용될 수 있다.
⑤ 임의의 명제를 새롭게 알기 전에 그와 다른 명제에 대해 가장 강하지도 않고 가장 약하지도 않은 믿음의 정도를 가지고 있는 인식 주체에게는 적용될 수 없다.

19

다음은 윗글을 읽은 학생의 독서 활동 기록이다. 윗글을 참고할 때, [A]에 들어갈 내용으로 적절하지 <u>않은</u> 것은? [3점]

사진 찍기로 세운 전략!

[독서 후 심화 활동]
　글의 내용을 다른 상황에 적용해 보자.

∘상황
　병과 정은 공동 발표 내용을 기록한 흰색 수첩 하나를 잃어버렸다는 것을 알게 되었다. 그 수첩에는 병의 이름이 적혀 있다. 이와 관련해 병과 정은 다음 명제가 ㉮가 참이라고 믿지만 믿음의 정도가 아주 강하지는 않다.

㉮ 병의 수첩은 체육관에 있다.

　병 혹은 정이 참이라고 새롭게 알게 될 수 있는 명제는 다음과 같다.

㉯ 체육관에 누군가의 이름이 적힌 흰색 수첩이 있다.
㉰ 병의 이름이 적혀 있지만 어떤 색인지 확인이 안된 수첩이 병의 집에 있다.

　병과 정은 ㉯와 ㉰ 이외에는 ㉮와 관련이 있는 어떤 명제도 새롭게 알게 되지 않고, 조건화 원리에 의해서만 자신들의 믿음의 정도를 바꾼다.

∘적용

[A]

① 병이 ㉮와 관련이 없는 다른 명제만을 새롭게 알게 된다면, ㉮에 대한 병의 믿음의 정도는 변하지 않겠군.
② 병이 ㉯만을 알게 된다면, 그 후에 ㉮가 참이라는 것에 대한 병의 믿음의 정도는 그 전보다 더 강해질 수 있겠군.
③ 병이 ㉯를 알게 된 후에 ㉰를 추가로 알게 된다면, ㉮가 참이라는 것에 대한 병의 믿음의 정도는 ㉰를 추가로 알기 전보다 더 약해질 수 있겠군.
④ 병이 ㉯와 ㉰를 동시에 알게 된다면, ㉮가 참이라는 것에 대한 병의 믿음의 정도는 ㉯와 ㉰가 참이라는 조건하에 ㉮가 참이라는 것에 대한 믿음의 정도로 변하겠군.
⑤ 병과 정이 ㉯를 알게 되기 전에 ㉮가 참이라는 것에 대한 믿음의 정도가 서로 다르다면, ㉯만을 알게 된 후에는 ㉮가 참이라는 것에 대한 병과 정의 믿음의 정도가 같을 수 없겠군.

20

문맥상 ⓐ~ⓔ의 단어와 가장 가까운 의미로 쓰인 것은?

① ⓐ: 어제 친구들과 함께 만나는 자리를 <u>가졌다</u>.
② ⓑ: 법에 <u>따라</u> 모든 절차가 공정하게 진행됐다.
③ ⓒ: 우리는 지금 아이를 <u>봐</u> 줄 분을 찾고 있다.
④ ⓓ: 그는 젊었을 때 <u>얻은</u> 병을 아직 못 고쳤다.
⑤ ⓔ: 매장에서 헌 냉장고를 새 선풍기와 <u>바꿨다</u>.

2 Day

독서,
문제 패턴 1, 2

독서? 인문, 사회, 과학, 기술, 예술
지문이 다루는 화제의 영역은 달라도
문제 패턴은 똑. 같. 다.
게다가 몇 개 되지도 않는다.
딱 세 강으로 2025 수능에 나올 독서 파트의 문제 패턴을
싹 정리하자!

선생님, 수능에 이번 수특 독서에서 어떤 지문이 연계될 거 같으세요?

 그거야 출제자 맘이지. ㅎㅎㅎ

 아, 그걸 알면 딱 좋은데!

 근데, 난 무슨 문제가 나올지는 알아.

네에?! 진짜요? 진짜 진짜 진짜요?

 속고만 살았냐?

그런 고급 정보를! 역쉬 선생님! 그럼 저한테만 살짝!
진짜 아무한테도 말 안 할게용~

 으이그, 작년에도 나오고 재작년에도 나오고, 그전에도 계속 계속 나왔던 걸 왜 너만 몰라!!!!

| TODAY's 목표 확인 | 너의 예습 Time! | 국어 성적 갱생 포인트 공개 | Show me the 시범~ |

① 2025학년도 수능에
출제될 독서 문제 패턴 중 두 개를 안다.

② 알기만 하면 뭐해?
필수 패턴 문제는 이제 다 맞힌다.

꼭 나올 유형으로 연습하는 똑똑한 내 모습~ ㅎㅎ

나올 문제를 공략하라고!

| TODAY's 목표 확인 | 너의 예습 Time! | 국어 성적 갱생 포인트 공개 | Show me the 시범~ |

글을 <u>읽고 생각하는 공부</u>가 절실해.
언젠가부터 아이들은 긴 글을 읽지 않으려고 해.
친절하게 요약정리돼 있는 교재들이 많은 거지.
너무나 체계적으로 구조화되어 퍼펙트한 설명을 제공해 주는 강의가 넘쳐 나.
편하게 앉아서 요약정리돼 있는 페이지를 읽고,
어려운 문제에 대한 자세한 설명을 참고하고,
친절한 설명을 듣는 공부에 익숙해졌어.

문제는 수능 시험장엔 친절한 요약본도, 자세한 문제 해설도,
친절한 설명을 해 주는 선생님도 없이
너 혼자 시험장에 들어가 혼자 문제를 읽고
생각해서 답을 찾아야 한다는 거지.
시험장에서 너 혼자 스스로 해내야 할 일을
연습하는 공부를 하라고.
읽고 생각해. 너 혼자. 그게 너의 공부야.
그러니까 예습해. 롸잇 나우!

다 풀었어?
그럼 이제 네 맘대로 푼 방법과
선생님의 레시피 비교 들어가자!

| TODAY's 목표 확인 | 너의 예습 Time! | 국어 성적 갱생 포인트 공개 | Show me the 시범~ |

독서 영역에서 꼭 나오는 문제 패턴과 접근법 ▶▶▶ 출제자는 사실적 사고 능력을 Check한다.

> "
>
> 내일 졸업 앨범 개인 프로필이랑 조별 사진이랑 단체 사진 찍는 날이니까
> 아침 9시, 서울숲 군마상 앞에서 집합한다고, 그리고 사복 입는 거라고,
> 지난주에도 말했고, 어제도 말했고, 오늘 조회 시간에도, 그리고 방금 종례 중에도 말했다.
> 근데 물어보는 녀석 꼭 있다.
> "선생님, 내일 어디서 모여요?"
> 밤 10시쯤 🌸톡 온다.
> "선생님, 내일 사복 입어요, 교복 입어요?"
> 아 증말, 세부 정보에 제대로 집중 안 할래?
>
> "

패턴 1

"얘가 내가 말한 거,
세부 정보까지
꼼꼼히 이해했나?"
일명
〈세부 정보 파악 문제〉
〈내용 일치 문제〉

내용 일치 문제는 숨은 그림 찾기와 비슷해. 시간만 많다면 누구든 지문의 내용을 뒤져서 정답을 찾을 수 있지. 그러나 문제는 시간. 그리고 최근에는 독서 지문의 길이가 길어졌고, 지문이 담고 있는 정보의 양도 너무 많아.
그래서 3문단쯤 읽을 때, 1문단 내용은 이미 기억에서 사라지고, 2문단 내용마저 가물가물함.
긴장하면 더 심해짐. 어쩔? 살길을 찾아야지!

✓ 지문 읽기 [　] 에 [　][　] 를 먼저 눈으로 훑는다.
　선지의 [　][　][　] 에 눈에 띄는 [　][　] 를 해 둔다.
　지문의 각 문단을 읽으면서 표시해 뒀던 핵심어와 관련된 내용이 나오면 [　][　][　] 으로 판단한다.
　근거가 확실한 정답 선지를 찾으면 바로 End. ┈┈▶ 시간을 Save한다.

 🌟을 백만 개는 줘야 하는 꿀팁!

이런 선지들에 주의하자!

① 지문에서 사용한 어휘를 비슷한 표현, 다른 단어로 치환한 선지에 주의하자. ▶ 교체

　(처방전) 설명의 대상(주어, 목적어)이나 서술어에 집중.
　　　　　화제의 개념을 정의한 정보에 집중.

② A의 특징이나 주장을 B의 것인 양 착각하게 하는 선지에 주의하자. ▶ 교차

　(처방전) 둘 이상의 대상 사이에 드러난 차이점에 집중.
　　　　　두 대상의 관계(비교, 비례, 반비례)를 설명한 정보에 집중.
　　　　　대립되는 어휘에 주목하자. ex. 증가 – 감소

지문	선지	출제자가 선지를 만드는 법
부력은 어떤 물체에 의해서 배제된 부피만큼의 유체의 무게에 해당하는 힘 ~	균일한 밀도의 액체 속에 완전히 잠겨 있는 쇠 막대에 작용하는 부력은 서 있을 때보다 누워 있을 때가 더 크다.	개념 ☐☐ 와 ☐☐ 를 비틀어 연결하기
사람은 ~ 섬유소를 포도당으로 분해하는 효소를 합성하지 못하므로, 섬유소를 소장에서 이용하지 못한다.	섬유소는 사람의 소장에서 포도당의 공급원으로 사용된다.	☐☐☐ 를 교체하기
이글루 바닥에 뿌린 물은 곧 얼면서 열을 방출하기 때문에 실내 온도가 올라간다. 물의 물리적 변화 과정에서는 열의 흡수와 방출이 일어나기 때문이다.	이누이트는 물의 화학적 변화를 난방에 이용하는 지혜를 지녔다.	☐☐ 를 교체하기
따라서 공정한 보험에서는 ~ 구성원 전체의 보험료 총액과 보험금 총액이 일치해야 한다.	구성원 전체의 보험료 총액보다 보험금 총액이 더 많아야 공정한 보험이 된다.	두 대상을 ☐☐ 한 내용 비틀기
그런데 채권 투자에는 발행자의 지급 능력 부족 등의 사유로 이자와 원금이 지급되지 않을 가능성인 신용 위험이 수반된다.	채권 발행자의 지급 능력이 커지면 신용 위험은 커진다.	☐☐ - ☐☐ 를 설명한 내용 비틀기

패턴 2

"글의 내용뿐만 아니라 서술 방식도 파악할 수 있나?" 일명 〈논지 전개 방식 파악 문제〉

✔ 윗글의 논지 전개 방식으로 적절한 것은?
　↳ 이렇게 물어보면 다섯 개의 선지 중 **딱 한 개만 적절**하다는 거다.
　　적절한 한 개의 논지 전개 방식은 **지문 전체에 적용되는 방법**일 때가 많다.
　　그럴 땐 **지문을 다 읽고 난 다음**에 정답을 고른다. ▶ 지문 읽기 ☐ 풀이!

✔ 윗글의 서술 방식에 대한 설명으로 적절하지 **않은** 것은?

✔ (가)~(마)에 대한 설명으로 적절하지 **않은** 것은?
　↳ 이렇게 물어보면 다섯 개의 선지 중 **네 개가 적절**하다는 거다.
　　그 네 개는 각각의 문단에 적용되는 논지 전개 방식을 설명한 내용일 확률이 높다.
　　그럴 땐 **지문을 문단별로 끊어 읽으면서 실시간으로** 선지를 지워 나가면 된다. ▶ 지문 읽기 ☐ 풀이!

🔍 Check 포인트!

33

윗글의 내용 전개 방식으로 가장 적절한 것은?

↳ 기출 선지 속 개념 정리 필수!
최근에는 이런 식으로 논지 전개 방식과 내용 이해를 동시에 묻는 경우가 많아졌어.
이럴 땐 어떻게? 지문 읽기 후 풀이!

① 근대 도시의 삶의 양식에 대한 벤야민의 주장을 기준으로, 근대 도시의 산물인 영화를 유형별로 분류하고 있다.
② 근대 도시와 영화의 개념을 정의한 후, 근대 도시의 복합적 특성을 밝힌 벤야민의 견해에 대해 그 의의와 한계를 평가하고 있다.
③ 근대 도시의 삶의 양식에 대한 벤야민의 관점을 활용하여, 근대 도시의 기원과 영화의 탄생 간에 공통점과 차이점을 비교하고 있다.
④ 근대 도시의 복합적 특성에 따른 영화의 변화 양상을 통시적으로 살펴본 후, 근대 도시와 영화의 체험에 대한 벤야민의 주장을 비판하고 있다.
⑤ 근대 도시의 삶의 양식에 대한 서로 다른 견해를 소개한 후, 근대 도시와 영화에 대한 벤야민의 견해가 근대 도시의 복합적 특성을 드러냄을 밝히고 있다.

이 시간에는 사실적 사고를 체크하는 두 개의 문제 패턴에만 주목해서 실전 연습을 해 보는 거야.

패턴 1 세부 정보 파악 문제

패턴 2 논지 전개 방식 파악 문제

16 ✎ What pattern is it?

(가)와 (나)의 서술 방식으로 가장 적절한 것은?

① (가)와 (나) 모두 특정 제도가 사회에 미친 영향을 인과적으로 서술하고 있다.
② (가)와 (나) 모두 특정 제도를 분석하는 두 가지 이론을 구분하여 소개하고 있다.
③ (가)는 (나)와 달리 구체적 사상가들의 견해를 언급하며 특정 제도에 대한 관점을 드러내고 있다.
④ (나)는 (가)와 달리 특정 제도에 대한 선호와 비판의 근거들을 비교하면서 특정 제도의 특징을 제시하고 있다.
⑤ (가)는 특정 제도의 발전을 통시적으로, (나)는 특정 제도에 대한 학자들의 상반된 입장을 공시적으로 언급하고 있다.

17 ✎ What pattern is it?

(가)의 내용과 일치하지 않는 것은?

① 시험을 통한 관료 선발 제도는 동아시아뿐만 아니라 유럽에서도 실시되었다.
② 과거제는 폭넓은 지식인 집단을 형성하여 관료제에 기초한 통치에 기여했다.
③ 과거 시험의 최종 단계까지 통과하지 못한 사람도 국가로부터 혜택을 받을 수 있었다.
④ 경쟁을 바탕으로 한 과거제는 더 많은 사람들이 지방의 관료에 의해 초빙될 기회를 주었다.
⑤ 귀족의 지위보다 학자의 지식이 우위에 있는 체제가 합리적이라고 여긴 계몽사상가들이 있었다.

19 ✎ What pattern is it?

(가)와 (나)를 참고하여 ㉠과 ㉡을 이해한 내용으로 가장 적절한 것은?

① ㉠은 모든 사람에게 응시 기회를 보장했지만, ㉡은 결과주의의 지나친 확산에서 비롯되었다.
② ㉠은 정치적 변화에도 사회적 안정을 보장했지만, ㉡은 대대로 관직을 물려받는 문제에서 비롯되었다.
③ ㉠은 지역 공동체의 전체 이익을 증진시켰지만, ㉡은 지나친 경쟁이 유발한 국가 전체의 비효율성에서 비롯되었다.
④ ㉠은 사회적 지위 획득의 기회를 확대하는 데 기여했지만, ㉡은 관리 선발 시 됨됨이 검증의 곤란함에서 비롯되었다.
⑤ ㉠은 관료들이 지닌 도덕적 가치 기준의 다양성을 확대했지만, ㉡은 사적이고 정서적인 관계 확보의 어려움에서 비롯되었다.

(가) 한국, 중국 등 동아시아 사회에서 오랫동안 유지되었던 과거제는 세습적 권리와 무관하게 능력주의적인 시험을 통해 관료를 선발하는 제도라는 점에서 합리성을 갖추고 있었다. 정부의 관직을 두고 정기적으로 시행되는 공개 시험인 과거제가 도입되어, 높은 지위를 얻기 위해서는 신분이나 추천보다 시험 성적이 더욱 중요해졌다.

명확하고 합리적인 기준에 따른 관료 선발 제도라는 공정성을 바탕으로 과거제는 보다 많은 사람들에게 사회적 지위 획득의 기회를 줌으로써 개방성을 제고하여 사회적 유동성 역시 증대시켰다. 응시 자격에 일부 제한이 있었다 하더라도, 비교적 공정한 제도였음은 부정하기 어렵다. 시험 과정에서 ㉠<u>익명성의 확보</u>를 위한 여러 가지 장치를 도입한 것도 공정성 강화를 위한 노력을 보여 준다.

과거제는 여러 가지 사회적 효과를 가져왔는데, 특히 학습에 강력한 동기를 제공함으로써 교육의 확대와 지식의 보급에 크게 기여했다. 그 결과 통치에 참여할 능력을 갖춘 지식인 집단이 폭넓게 형성되었다. 시험에 필요한 고전과 유교 경전이 주가 되는 학습의 내용은 도덕적인 가치 기준에 대한 광범위한 공유를 이끌어 냈다. 또한 최종 단계까지 통과하지 못한 사람들에게도 국가가 여러 특권을 부여하고 그들이 지방 사회에 기여하도록 하여 경쟁적 선발 제도가 가져올 수 있는 부작용을 완화하고자 노력했다.

동아시아에서 과거제가 천 년이 넘게 시행된 것은 과거제의 합리성이 사회적 안정에 기여했음을 보여 준다. 과거제는 왕조의 교체와 같은 변화에도 불구하고 동질적인 엘리트층의 연속성을 가져왔다. 그리고 이러한 연속성은 관료 선발 과정뿐 아니라 관료제에 기초한 통치의 안정성에도 기여했다.

과거제를 장기간 유지한 것은 세계적으로 드문 현상이었다. 과거제에 대한 정보는 선교사들을 통해 유럽에 전해져 많은 관심을 불러일으켰다. 일군의 유럽 계몽사상가들은 학자의 지식이 귀족의 세습적 지위보다 우위에 있는 체제를 정치적인 합리성을 갖춘 것으로 보았다. 이러한 관심은 사상적 동향뿐 아니라 실질적인 사회 제도에까지 영향을 미쳐서, 관료 선발에 시험을 통한 경쟁이 도입되기도 했다.

(나) 조선 후기의 대표적인 관료 선발 제도 개혁론인 유형원의 공거제 구상은 능력주의적, 결과주의적 인재 선발의 약점을 극복하려는 의도와 함께 신분적 세습의 문제점도 의식한 것이었다. 중국에서는 17세기 무렵 관료 선발에서 세습과 같은 봉건적인 요소를 부분적으로 재도입하려는 개혁론이 등장했다. 고염무는 관료제의 상층에는 능력주의적 제도를 유지하되, 지방관인 지현들은 어느 정도의 검증 기간을 거친 이후 그 지위를 평생 유지시켜 주고 세습의 길까지 열어 놓는 방안을 제안했다. 황종희는 지방의 관료가 자체적으로 관리를 초빙해서 시험한 후에 추천하는 '벽소'와 같은 옛 제도를 되살리는 방법으로 과거제를 보완하자고 주장했다.

이러한 개혁론은 갑작스럽게 등장한 것이 아니었다. 과거제를 시행했던 국가들에서는 수백 년에 걸쳐 과거제를 개선하라는 압력이 있었다. 시험 방식이 가져오는 부작용들은 과거제의 중요한 문제였다. 치열한 경쟁은 학문에 대한 깊이 있는 학습이 아니라 합격만을 목적으로 하는 형식적 학습을 하게 만들었고, 많은 인재들이 수험 생활에 장기간 매달리면서 재능을 낭비하는 현상도 낳았다. 또한 학습 능력 이외의 인성이나 실무 능력을 평가할 수 없다는 이유로 시험의 ㉡<u>익명성에 대한 회의</u>도 있었다.

과거제의 부작용에 대한 인식은 과거제를 통해 임용된 관리들의 활동에 대한 비판적 시각으로 연결되었다. 능력주의적 태도는 시험뿐 아니라 관리의 업무에 대한 평가에도 적용되었다. 세습적이지 않으면서 몇 년의 임기마다 다른 지역으로 이동하는 관리들은 승진을 위해서 빨리 성과를 낼 필요가 있었기에, 지역 사회를 위해 장기적인 전망을 가지고 정책을 추진하기보다 가시적이고 단기적인 결과만을 중시하는 부작용을 가져왔다. 개인적 동기가 공공성과 상충되는 현상이 나타났던 것이다. 공동체 의식의 약화 역시 과거제의 부정적 결과로 인식되었다. 과거제 출신의 관리들이 공동체에 대한 소속감이 낮고 출세 지향적이기 때문에 세습 엘리트나 지역에서 천거된 관리에 비해 공동체에 대한 충성심이 약했던 것이다.

과거제가 지속되는 시기 내내 과거제 이전에 대한 향수가 존재했던 것은 그 외의 정치 체제를 상상하기 어려웠던 상황에서, 사적이고 정서적인 관계에서 볼 수 있는 소속감과 충성심을 과거제로 확보하기 어렵다는 판단 때문이었다. 봉건적 요소를 도입하여 과거제를 보완하자는 주장은 단순히 복고적인 것이 아니었다. 합리적인 제도가 가져온 역설적 상황을 역사적 경험과 주어진 사상적 자원을 활용하여 보완하고자 하는 시도였다.

제대로 풀어 보기!

✿ 정답 1쪽

16

(가)와 (나)의 서술 방식으로 가장 적절한 것은?

① (가)와 (나) 모두 특정 제도가 사회에 미친 영향을 인과적으로 서술하고 있다.
② (가)와 (나) 모두 특정 제도를 분석하는 두 가지 이론을 구분하여 소개하고 있다.
③ (가)는 (나)와 달리 구체적 사상가들의 견해를 언급하며 특정 제도에 대한 관점을 드러내고 있다.
④ (나)는 (가)와 달리 특정 제도에 대한 선호와 비판의 근거들을 비교하면서 특정 제도의 특징을 제시하고 있다.
⑤ (가)는 특정 제도의 발전을 통시적으로, (나)는 특정 제도에 대한 학자들의 상반된 입장을 공시적으로 언급하고 있다.

19

(가)와 (나)를 참고하여 ㉠과 ㉡을 이해한 내용으로 가장 적절한 것은?

① ㉠은 모든 사람에게 응시 기회를 보장했지만, ㉡은 결과주의의 지나친 확산에서 비롯되었다.
② ㉠은 정치적 변화에도 사회적 안정을 보장했지만, ㉡은 대대로 관직을 물려받는 문제에서 비롯되었다.
③ ㉠은 지역 공동체의 전체 이익을 증진시켰지만, ㉡은 지나친 경쟁이 유발한 국가 전체의 비효율성에서 비롯되었다.
④ ㉠은 사회적 지위 획득의 기회를 확대하는 데 기여했지만, ㉡은 관리 선발 시 됨됨이 검증의 곤란함에서 비롯되었다.
⑤ ㉠은 관료들이 지닌 도덕적 가치 기준의 다양성을 확대했지만, ㉡은 사적이고 정서적인 관계 확보의 어려움에서 비롯되었다.

★17

오답률 ▶ 44.9%

(가)의 내용과 일치하지 않는 것은?

① 시험을 통한 관료 선발 제도는 동아시아뿐만 아니라 유럽에서도 실시되었다.　29.5%
② 과거제는 폭넓은 지식인 집단을 형성하여 관료제에 기초한 통치에 기여했다.　5.4%
③ 과거 시험의 최종 단계까지 통과하지 못한 사람도 국가로부터 혜택을 받을 수 있었다.　5.9%
④ 경쟁을 바탕으로 한 과거제는 더 많은 사람들이 지방의 관료에 의해 초빙될 기회를 주었다.　55.1%
⑤ 귀족의 지위보다 학자의 지식이 우위에 있는 체제가 합리적이라고 여긴 계몽사상가들이 있었다.　3.5%

Self check

① **패턴 1: 세부 정보 파악하기 문제(내용 일치 문제)**는 정보량이 많을수록 **실시간으로 해결**한다. ──── ☐ Yes
② **패턴 2: 논지 전개 방식 파악하기** 문제는 문두의 유형에 따라 **읽기 후, 읽기 중**으로 나누어 해결한다. ──── ☐ Yes
③ **선지에서 핵심어**를 찾아 표시한다. ──── ☐ Yes
④ **논지 전개 방식을 묻는 기출문제**의 선지가 품고 있는 **개념**들을 **정리**해 둔다. ──── ☐ Yes

2015학년도 9월 모의평가 (A/B형)

먹으로 난초를 그린 묵란화는 사군자의 하나인 난초에 관념을 투영하여 형상화한 그림으로, 여느 사군자화와 마찬가지로 군자가 마땅히 지녀야 할 품성을 담고 있다. 묵란화는 중국 북송 시대에 그려지기 시작하여 우리나라를 포함한 동북아시아 문인들에게 널리 퍼졌다. 문인들에게 시, 서예, 그림은 나눌 수 없는 하나였다. 이런 인식은 묵란화에도 이어져 난초를 칠 때는 글씨의 획을 그을 때와 같은 붓놀림을 구사했다. 따라서 묵란화는 문인들이 인문적 교양과 감성을 드러내는 수단이 되었다.

추사 김정희가 25세 되던 해에 그린 〈석란(石蘭)〉은 당시 청나라에서도 유행하던 전형적인 양식을 따른 묵란화이다. 화면에 공간감과 입체감을 부여하는 잎새들은 가지런하면서도 완만한 곡선을 따라 늘어져 있으며, 꽃은 소담하고 정갈하게 피어 있다. 도톰한 잎과 마른 잎, 둔중한 바위와 부드러운 잎의 대비가 돋보인다. 난 잎의 조심스러운 선들에서는 단아한 품격을, 잎들 사이로 핀 꽃에서는 고상한 품위를, 묵직한 바위에서는 돈후한 인품을 느낄 수 있으며 당시 문인들의 공통적 이상이 드러난다.

평탄했던 젊은 시절과 달리 김정희의 예술 세계는 49세부터 장기간의 유배 생활을 거치면서 큰 변화를 보인다. 글씨는 맑고 단아한 서풍에서 추사체로 알려진 자유분방한 서체로 바뀌었고, 그림도 부드럽고 우아한 화풍에서 쓸쓸하고 처연한 느낌을 주는 화풍으로 바뀌어 갔다.

생을 마감하기 일 년 전인 69세 때 그렸다고 추정되는 〈부작란도(不作蘭圖)〉는 이러한 변화를 잘 보여 준다. 담묵의 거친 갈필*로 화면 오른쪽 아래에서 시작된 몇 가닥의 잎은 왼쪽에서 불어오는 바람을 맞아, 오른쪽으로 뒤틀리듯 구부러져 있다. 그중 유독 하나만 위로 솟구쳐 올라 허공을 가르지만, 그 잎 역시 부는 바람에 속절없이 꺾여 있다. 그 잎과 평행한 꽃대 하나, 바람에 맞서며 한 송이 꽃을 피웠다. 바람에 꺾이고, 맞서는 난초 꽃대와 꽃송이에서 세파에 시달려 쓸쓸하고 황량해진 그의 처지와 그것에 맞서는 강한 의지를 느낄 수 있다. 우리는 여기에서 김정희가 자신의 경험에서 느낀 세계와 묵란화의 표현 방법을 일치시켜, 문인 공통의 이상을 표출하는 관습적인 표현을 넘어 자신만의 감정을 충실히 드러낸 세계를 창출했음을 알 수 있다.

묵란화에는 종종 심정을 적어 두기도 했다. 김정희도 〈부작란도〉에 '우연히 그린 그림에서 참모습을 얻었다'고 적어 두었다. 여기서 우연히 얻은 참모습을 자신이 처한 모습을 적절하게 표현하는 것이라 한다면 이때 우연이란 요행이 아니라 오랜 기간 훈련된 감성이 어느 한 순간의 계기에 의해 표출된 필연적인 우연이라고 해야 할 것이다.

* 갈필: 물기가 거의 없는 붓으로 먹을 조금만 묻혀 거친 느낌을 주게 그리는 필법.

22

윗글에 대한 설명으로 가장 적절한 것은?

① 구체적인 작품을 사례로 제시하며 작가의 삶과 작품 세계를 설명하고 있다.
② 후대 작가의 작품과의 비교를 통해 작품에 대한 이해를 확장하고 있다.
③ 특정한 입장을 바탕으로 작가와 작품에 대한 역사적 논란을 소개하고 있다.
④ 다양한 해석을 근거로 들어 작품에 대한 통념적인 이해를 비판하고 있다.
⑤ 대조적인 성격의 작품을 예로 들어 예술의 대중화 과정을 분석하고 있다.

사진 찍기로 세운 전략! ✏

23

윗글의 내용과 일치하지 않는 것은?

① 문인들은 사군자화를 통해 군자의 덕목을 드러내려 했다.
② 묵란화는 그림의 소재에 관념을 투영하여 형상화한 것이다.
③ 유배 생활은 김정희의 서체와 화풍의 변화에 영향을 주었다.
④ 묵란화는 중국에서 기원하여 우리나라에 전래된 그림 양식이다.
⑤ 김정희는 말년에 서예의 필법을 쓰지 않고 그리는 묵란화를 창안하였다.

잘되라고 주는 숙제 2 　　 66 수업 시간에 다루지 않아. 배운 대로 적용 연습하면 되는 거야. 99 　　 ✸ 정답 5쪽

2015학년도 대학수학능력시험 (A형)

[A] 　정부는 공공의 이익을 위해 정책을 기획, 수행하여 유형 또는 무형의 생산물인 공공 서비스를 공급한다. 공공 서비스의 특성은 배제성과 경합성의 개념으로 설명할 수 있다. 배제성은 대가를 지불하여야 사용이 가능한 성질을 말하며, 경합성은 한 사람이 서비스를 사용하면 다른 사람은 사용할 수 없는 성질을 말한다. 이러한 배제성과 경합성의 정도에 따라 공공 서비스의 특성이 결정된다. 예를 들어 국방이나 치안은 사용자가 비용을 직접 지불하지 않고 여러 사람이 한꺼번에 사용할 수 있으므로 배제성과 경합성이 모두 없다. 이에 비해 배제성은 없지만, 많은 사람이 한꺼번에 사용하는 것이 불편하여 경합성이 나타나는 경우도 있다. 무료로 이용하는 공공 도서관에서 이용자가 많아 도서 열람이나 대출이 제한될 경우가 이에 해당한다.

　과거에는 공공 서비스가 경합성과 배제성이 모두 약한 사회 기반 시설 공급을 중심으로 제공되었다. 이런 경우 서비스 제공에 드는 비용은 주로 세금을 비롯한 공적 재원으로 충당을 한다. 하지만 복지와 같은 개인 단위 공공 서비스에 대한 사회적 요구가 증가함에 따라 관련 공공 서비스의 다양화와 양적 확대가 이루어지고 있다. 이로 인해 정부의 관련 조직이 늘어나고 행정 업무의 전문성 및 효율성이 떨어지는 문제점이 나타나기도 한다. 이 경우 정부는 정부 조직의 규모를 확대하지 않으면서 서비스의 전문성을 강화할 수 있는 민간 위탁 제도를 도입할 수 있다. 민간 위탁이란 공익성을 유지하기 위해 서비스의 대상이나 범위에 대한 결정권과 서비스 관리의 책임을 정부가 갖되, 서비스 생산은 민간 업체에게 맡기는 것이다.

　민간 위탁은 주로 다음과 같은 몇 가지 방식으로 운용되고 있다. 가장 일반적인 것은 '경쟁 입찰 방식'이다. 이는 일정한 기준을 충족하는 민간 업체 간 경쟁 입찰을 거쳐 서비스 생산자를 선정, 계약하는 방식이다. 공원과 같은 공공 시설물 관리 서비스가 이에 해당한다. 이 경우 정부가 직접 공공 서비스를 제공할 때보다 서비스의 생산 비용이 절감될 수 있고 정부의 재정 부담도 경감될 수 있다. 다음으로는 '면허 발급 방식'이 있다. 이는 서비스 제공을 위한 기술과 시설이 기준을 충족하는 민간 업체에게 정부가 면허를 발급하는 방식이다. 자동차 운전면허 시험, 산업 폐기물 처리 서비스 등이 이에 해당한다. 이 경우 공공 서비스가 갖춰야 할 최소한의 수준은 유지하면서도 공급을 민간의 자율에 맡겨 공공 서비스의 수요와 공급이 탄력적으로 조절되는 효과를 얻을 수 있다. 또한 '보조금 지급 방식'이 있는데, 이는 민간이 운영하는 종합 복지관과 같이 안정적인 공공 서비스 제공이 필요한 기관에 보조금을 주어 재정적으로 지원하는 것이다.

　하지만 민간 위탁 업체는 수익성을 중심으로 공공 서비스를 제공하기 때문에, 수익이 나지 않을 경우에는 민간 위탁 업체가 제공하는 공공 서비스가 기대 수준에 미치지 못할 수 있다. 또한 민간 위탁 제도에 의한 공공 서비스 제공의 성과는 정확히 측정하기 어려운 경우가 많아서 평가와 개선이 지속적으로 이루어지지 않을 때에는 오히려 민간 위탁 제도가 공익을 저해할 수 있다. 따라서 민간 위탁 제도의 도입을 결정할 때에는 서비스의 성격과 정부의 관리 능력 등을 면밀히 검토하여 신중하게 결정해야 한다.

23

윗글에서 언급한 내용이 <u>아닌</u> 것은?

① 공공 서비스의 제공 목적
② 공공 서비스 공급의 주체
③ 공공 서비스 범위의 확대 배경
④ 공공 서비스의 수익 산정 방식
⑤ 공공 서비스의 민간 위탁 방식

사진 찍기로 세운 전략!

24

[A]의 서술 방식에 대한 설명으로 가장 적절한 것은?

① 대상의 특성이 변화되는 과정을 기술하고 있다.
② 대상의 특성을 사례와 더불어 설명하고 있다.
③ 대상의 가치와 효용을 비유적으로 기술하고 있다.
④ 대상이 지닌 문제점의 원인을 다각도로 살펴보고 있다.
⑤ 대상에 대한 인식의 변화를 시간 순서에 따라 서술하고 있다.

잘되라고 주는 **숙**제 3   " 수업 시간에 다루지 않아. 배운 대로 적용 연습하면 되는 거야. "   ✿ 정답 6쪽

2016학년도 6월 모의평가 (A형)

(가) 우리는 일상에서 '약자를 돕는 것은 옳다'와 같은 도덕적 판단을 한다. 이렇게 구체적 행위에 대한 도덕적 판단 문제를 다루는 것이 규범 윤리학이라면, 옳음의 의미 문제, 도덕적 진리의 존재 문제 등과 같이 규범 윤리학에서 사용하는 개념과 원칙에 대해 다루는 것은 메타 윤리학이다. 메타 윤리학에서 도덕 실재론과 정서주의는 '옳음'과 '옳지 않음'의 의미를 이해하는 방식과 도덕적 진리의 존재 여부에 대해 상반된 주장을 펼친다.

(나) 도덕 실재론에서는 도덕적 판단과 도덕적 진리를 과학적 판단 및 과학적 진리와 마찬가지라고 본다. 즉 과학적 판단이 '참' 또는 '거짓'을 판정할 수 있는 명제를 나타내고 이때 참으로 판정된 명제를 과학적 진리라고 부르는 것처럼, 도덕적 판단도 참 또는 거짓으로 판정할 수 있는 명제를 나타내고 참으로 판정된 명제가 곧 도덕적 진리라고 규정하는 것이다. 그런데 도덕 실재론에서 주장하듯, '도둑질은 옳지 않다'가 도덕적 진리라면, 그것이 참임을 판정하기 위해서는 도덕적으로 옳지 않음이라는 객관적으로 실재하는 성질을 도둑질에서 찾아낼 수 있어야 한다.

(다) 한편 정서주의에서는 어떤 도덕적 행위에 대해 도덕적으로 옳음이나 도덕적으로 옳지 않음이라는 성질은 객관적으로 존재하지 않는 것이고 도덕적 판단도 참 또는 거짓으로 판정되는 명제를 나타내지 않는다. 따라서 정서주의에서는 '옳다' 혹은 '옳지 않다'는 도덕적 판단을 내리지만 도덕 실재론과 달리 과학적 진리와 같은 도덕적 진리는 없다는 입장을 보인다. 그렇다면 정서주의에서는 옳음이나 옳지 않음의 의미를 무엇으로 볼까? 도둑질과 같은 구체적인 행위에 대한 감정과 태도가 곧 옳음과 옳지 않음이라고 한다. 즉 '도둑질은 옳다'는 판단은 도둑질에 대한 승인 감정을 표현한 것이고, '도둑질은 옳지 않다'는 판단은 도둑질에 대한 부인 감정을 표현한 것으로 이해한다.

(라) 이런 정서주의에서는 도덕적 판단이 윤리적 행위를 하도록 동기를 부여하는 것에 대해 도덕 실재론보다 단순하게 설명할 수 있다. 윤리적 행위의 동기 부여를 설명할 때 도덕적 판단이 나타내는 승인 감정 또는 부인 감정 이외에 다른 것이 필요하지 않기 때문이다. 승인 감정은 어떤 행위를 좋다고 여기는 것이고 그것이 일어나길 욕망하는 것이기에 결국 그것을 해야 한다는 동기 부여까지 직접 연결된다는 것이다. 부인 감정도 마찬가지로 작동한다. 이에 비해 도덕 실재론에서는 도덕적 판단 이외에도 인간의 욕망과 감정에 관한 이해가 반드시 필요하다. 예컨대 '약자를 돕는 것은 옳다'에 덧붙여 '사람들은 약자가 어려운 처지에 빠지지 않기를 바란다'와 같이 인간의 욕망과 감정에 대한 법칙을 추가해야 한다. 그래야만 도덕 실재론에서는 약자를 돕는 윤리적 행위를 해야겠다는 동기 부여에 대해 설명할 수 있다. 인간의 욕망과 감정에 대한 법칙을 쉽게 확보할 수 있는 것은 아니기에 그것 없이도 윤리적 행위의 동기 부여를 설명할 수 있는 정서주의는 도덕 실재론에 비해 높이 평가된다.

   또한 옳음과 옳지 않음의 의미를 승인 감정과 부인 감정의 표현으로 이해하는 정서주의에 따르면 사람들 간의 도덕적 판단의 차이도 간단하게 설명할 수 있다. 윤리적인 문제에 대해 서로 합의하지 못하는 의견 차이에 대해서도 굳이 어느 한쪽 의견이 틀렸기 때문이라고 말할 필요가 없이 서로 감정과 태도가 다를 뿐이라고 설명할 수 있다. 이런 설명은 도덕적 판단의 차이로 인한 극단적인 대립을 피할 수 있게 해 준다는 점에서 의의가 있다.

(마) 하지만 옳음과 옳지 않음을 감정과 동일시하는 정서주의에도 몇 가지 문제점이 제기될 수 있다. 첫째, 감정이 변할 때마다 도덕적 판단도 변한다고 해야 하지만, 도덕적 판단은 수시로 바뀌지 않는다. 둘째, 감정은 아무 이유 없이 변할 수 있지만 도덕적 판단은 뚜렷한 근거 없이 바뀔 수 없다. 셋째, 감정이 없다면 '도덕적으로 옳음'과 '도덕적으로 옳지 않음'도 없다고 해야 하지만, '도덕적으로 옳음'과 '도덕적으로 옳지 않음'이 없다는 것은 보편적 인식과 배치된다.

22

(가)~(마)에 대한 설명으로 적절하지 <u>않은</u> 것은?

① (가): 규범 윤리학과 메타 윤리학을 구별하고 메타 윤리학의 두 견해를 제시하고 있다.

② (나): 도덕적 판단과 도덕적 진리에 대한 도덕 실재론의 견해를 소개하고 있다.

③ (다): 도덕적 판단과 도덕적 진리에 대한 정서주의의 견해를 소개하고 있다.

④ (라): 도덕 실재론의 장점과 의의를 정서주의와 비교하여 설명하고 있다.

⑤ (마): 정서주의에 대해 제기할 수 있는 문제를 나열하고 있다.

23

윗글에 대한 이해로 적절하지 <u>않은</u> 것은?

① 메타 윤리학은 규범 윤리학에서 사용하는 개념과 원칙 자체에 대해 연구한다.

② 정서주의에 따르면, 도덕적 판단은 윤리적 행위의 동기 부여와 직접 연결된다.

③ 정서주의에 따르면, 과학적 진리와 마찬가지의 도덕적 진리는 존재하지 않는다.

④ 도덕 실재론과 정서주의는 '옳음'과 '옳지 않음'의 의미를 이해하는 방식이 다르다.

⑤ 도덕 실재론에 따르면, 도덕적 판단은 승인 감정에 의해 '옳음'의 태도를 표현한다.

3 Day

독서,
문제 패턴 3, 4

기출문제를 풀지만 말고 가만 들여다보자.
뭐가 매번 바뀌고, 뭐가 매번 바뀌지 않는지.
반복되는 패턴을 찾는 거야.
1995학년도 수능부터 2024학년도 수능까지
반복해서 출제되어 온 패턴이 있다면
그게 바로 올해 수능에도 출제 요소가 되는 법!

선생님, 독서 파트의 문제를 풀 때도 실시간으로 문제 푸는 게
가능한 줄은 처음 알았어요.

 처음엔 정신없고 헷갈리지? ㅎㅎ

단기 기억 용량이 쬐그만 저한테는 꿀팁 중 꿀팁이에요!

정말 생각해 보니, 지문의 내용은 매번 바뀌지만 문제 패턴은 한결같았네요.
새는 점수 틀어막는 법을 멀리서 찾을 게 아니었어요.

 ㅎㅎ 이제라도 알아서 다행!

얼른 다음 문제 패턴 Go Go입니다! ><

| TODAY's 목표 확인 | 너의 예습 Time! | 국어 성적 갱생 포인트 공개 | Show me the 시범~ |

①
2025학년도 수능에
출제될 독서 문제 패턴 두 개를 **더** 안다.(2+2)

②
알기만 하면 뭐해?
필수 패턴 문제는 이제 다 맞힌다.

무작정 문제만 많이 풀어 보며 감(感)이 생기기만을 바라는 수능 국어 공부는

수능 날 널 배신할 확률이 너무 높아.

아마도 그날은 네 인생 중에서 가장 긴장되고 떨리는 날 중 하나일 테니까.

그럴 땐 평소 잘 먹히던 감(感)이 기능을 상실하는 경우가 많거든.

아무리 떨려도 평상시 연습하던 패턴 적용 문제가 딱 나와 주면

흐트러지려던 멘탈을 수습해 시험에 집중할 수 있을 거야.

지난 시간 공부했던 패턴 두 개, 뭐였지?

패턴 1 ☐☐ **정보 파악 문제**

패턴 2 논지 ☐☐ **방식 파악 문제**

여기에 오늘 두 개 패턴 더 추가요~!

| TODAY's 목표 확인 | 너의 예습 Time! | 국어 성적 갱생 포인트 공개 | Show me the 시범~ |

오늘 스스로 **읽고 생각해** 왔어야 하는 독서 세트는 좀 어려웠을 수도 있어.
그냥 눈으로만 정보를 확인하면 되는 문제(패턴 1, 2)가 아니라
추론*적 사고를 해야 하는 문제들이었거든.
이런 문제들은 더더욱 예습이 필요해.
추론하는 연습은 답을 미리 알아 버리면 할 수가 없어.

*추론: 미루어 생각하여 논함.

어벤○스 영화 예매했는데, 친구가 스포*하면 스릴 넘치게
긴장하며 볼 수 있겠냐? 끝인 거다, 끝.
네가 추론하는 연습하기 전에 내가 사고의 과정을
다 말해 줘 버리면, 너의 연습과 성장은 끝인 거다, 끝.
그러니까 **예습해**. 롸잇 나우! ^^

다 풀었지?
그럼 이제 네 맘대로 푼 방법과 선생님의
레시피 비교 들어가자!

*스포: spoiler. 영화나 연극 따위를 아직 보지 않은 사람에게 주요 내용, 특히
결말을 미리 알려서 보는 재미를 크게 떨어뜨리는 사람. 또는 그런 내용
의 말이나 글.

독서 영역에서 꼭 나오는 문제 패턴과 접근법 ▶▶▶ 출제자는 **추론적 사고 능력**을 Check한다.

> 혜정 샘 둘째가 생후 22개월(만 두 살이 되기 전)이 안 됐을 때…
> 어린이집에 다녀와서 항상 목욕을 함에도 불구하고,
> 저녁 8시 형아가 목욕하는 시간에 꼭 자기도 2차 목욕을 하고 싶어 함.
> "나도 목욕할래요."라고 말하고 싶으나, 아직 말을 못 하기 때문에,
> 항상 양손으로 자신의 통통한 배를 두드리며 나도 목욕시켜 달라고 온몸으로 의사 표현을 함.
> "엄~마, 엄~마."(배를 두드리고 있음. '나도요, 나도요.'라는 뜻임.)
> "목욕 또 하고 싶다고?"
> "냐아~"('네'라는 대답임. '냐아~'는 엄청 잘 말함.)
> "넌 아까 목욕했잖아~."
> 엄마의 이 말을 듣는 순간, 잠시 버퍼링…
> "우..우와앙~~~~ 앙앙아아아아왕." 세상 무너짐. 귀청 떨어짐.
> 대놓고 '안 돼. 넌 목욕 못 해.'라고 말하지 않았음에도, 추론적 사고를 통해서
> '난 아까 목욕을 했기 때문에 지금 다시 한번 목욕을 할 수 없다는 거구나.'라는 정보를 이해함.
> 헉, 22개월 아가도 하는 거였음??

패턴 3

"꼭 대놓고
말해야만 아나?"
일명
〈세부 정보 추론 문제〉
〈미루어 알기 문제〉

주어진 내용을 바탕으로 ☐☐ 할 수 있는지 묻는 문제야.

✔ 미루어 알기 문제는 무엇보다 자신의 ☐☐☐☐ 으로 풀어서는 안 되는 유형!

✔ 관련 정보를 ☐☐ 에서 찾고, 지문 속의 구체적인 정보를 근거로 하여 추론할 수 있는 내용을 고르자!

✔ 어디까지나 ☐☐ 에 근거해 추론할 수 있는 것을 답으로 골라야 한다.

★을 백만 개는 줘야 하는 꿀팁!

이 패턴의 매력적인 오답은?

① 어쨌든 지문에 있는 문구(정보)로 만들어진다.
② 지문 속에서 명확하게 설명하지 않은 새로운 상황이나 지문에서 설명한 것과 반대의 상황을 설정해 묻는다.
③ 느낌, 혹은 자신의 배경지식(상식)으로 풀면 함정에 빠지도록 설계된다.

[처방전] 독서, 네 나름의 판단 말고 지문 속 근거를 찾는다.
'개념 정의-특징', '원인-결과', '조건-결과'를 설명한 정보에 집중한다.
지문 속 근거와 선지의 내용을 꼼꼼하게 대응시켜 본다.

패턴 4

"의도적으로
숨겨 놓은 정보도
찾아 이해할 수 있을까?"
일명
〈이유(근거) 추론 문제〉
〈생략된 전제 추론 문제〉

✔ 45. ㉠이 전제하고 있는 것은?

48. ㉠의 추론 과정에 생략되어 있는 전제는?

35. ㉠으로부터 ㉡을 도출하는 과정에서 생략된 전제로 가장 적절한 것은?

✔ 47. ㉠의 근거로 적절하지 않은 것은?

53. ㉠의 이유로 적절한 것은?

26. ㉠의 이유로 가장 적절한 것은?

50. 윗글의 내용으로 볼 때, ㉡의 이유로 적절하지 않은 것은?

┈▶ 독서 문제는 절대 지문 [ ]에 있는 지식을 묻지 않는다.

㉠의 생략된 전제, 근거, 이유 모두 지문 [ ]에 있다. 100% 반드시!! ▶ 지문 읽기 [ ]풀이!

★을 백만 개는 줘야 하는 꿀팁!

★ 이유

「1」어떠한 결론이나 결과에 이른 까닭이나 [ ].

「3」『철학』존재의 기초가 되거나 어떤 사상이 진리라고 할 수 있는 조건.

　　좁은 의미로는 결론에 대한 [ ][ ]나 결과에 대한 [ ][ ]을 이른다. 늑 [ ][ ].

(처방전) ㉠의 이유, 근거, 전제는 ㉠의 근처에 있는 경우가 많다. 거의 그렇다.

　　㉠ 주변의 정보를 찾아 "㉠이다. 왜냐하면 ~이기 때문이다."의 형식으로 문장을 만들어 보자.

　　그와 유사한 내용의 선지가 있다면 그게 바로 정답이다.

TODAY's 목표 확인	너의 예습 Time!	국어 성적 갱생 포인트 공개	Show me the 시범~

이 시간에는 추론적 사고를 체크하는 두 개의 문제 패턴에만 주목해서 실전 연습을 해 보는 거야.

패턴 3 추론(미루어 알기) 문제

패턴 4 생략된 전제(or 이유) 추론 문제

10 ✎ What pattern is it?

윗글에 대한 설명으로 적절하지 <u>않은</u> 것은?

① 유물론적 인간관은 영혼의 존재를 인정하지 않는다.
② 유물론적 인간관은 인간의 선택을 물리적 사건으로 본다.
③ 종교적 인간관은 인간이 물리적 실체로만 구성된다고 보지 않는다.
④ 종교적 인간관은 인간의 선택에서 비물리적 실체가 하는 역할을 인정한다.
⑤ 반자유의지 논증은 임의의 선택이 선결정되지 않을 가능성을 고려하지 않는다.

11 ✎ What pattern is it?

ⓐ, ⓑ를 이해한 내용으로 적절한 것은?

① 어떤 선택을 원해서 한다면 그 선택을 한 사람에게 ⓐ가 있을 수 없다.
② 어떤 선택을 원해서 한다면 그 선택을 한 사람에게 ⓑ가 있을 수 없다.
③ 어떤 선택이 선결정되어 있다면 그 선택을 한 사람에게 ⓐ가 있을 수 없다.
④ 어떤 선택이 선결정되어 있다면 그 선택을 한 사람에게 ⓑ가 있을 수 없다.
⑤ 어떤 선택을 원해서 하고 그 선택이 선결정되어 있지 않다면 그 선택을 한 사람에게 ⓐ와 ⓑ 중 어느 것도 있을 수 없다.

12 ✎ What pattern is it?

㉠의 이유로 가장 적절한 것은?

① 비물리적 실체인 영혼은 존재하지 않기 때문이다.
② 어떤 선택은 무작위로 일어난 것이 아니기 때문이다.
③ 어떤 선택은 선결정되어 있지만 욕구 충족적 자유의지의 산물이기 때문이다.
④ 반자유의지 논증의 선결정 가정을 고려할 때의 결론이 받아들여져야 하기 때문이다.
⑤ 어떤 선택은 자유의지의 산물이 되기 위한 두 가지 조건을 모두 충족할 수 있기 때문이다.

| 1등급 컷 100 | 2등급 컷 97 |

인간의 본성에 관한 서로 다른 두 관점이 있다. 종교적 인간관에 따르면, 인간에게는 물리적 실체인 몸 이외에 비물리적 실체인 영혼이 있다. 영혼은 물리적 몸과 완전히 구별되며 인간의 결정의 원천이다. 반면 유물론적 인간관에 따르면, 인간은 물리적 몸에 지나지 않는다. 물리적 몸 이외에 영혼은 존재하지 않는다. 따라서 인간의 결정은 단지 뇌에서 일어나는 신경 사건이다. 이러한 두 관점 중 유물론적 인간관을 가정할 때, 인간은 자유롭게 선택할 수 있을까? 즉 인간에게 자유의지가 있을까? 가령 갑이 냉장고 문을 여니 딸기 우유와 초코 우유만 있다고 해 보자. 갑은 이것들 중 하나를 자유의지로 선택할 수 있을까?

이러한 질문과 관련하여 반자유의지 논증은 갑에게 자유의지가 없다고 결론 내린다. 우선 임의의 선택은 이전 사건들에 의해 선결정되거나 무작위로 일어난다. 여기서 무작위로 일어난다는 것은 선결정되지 않는다는 것을 의미한다. 이러한 전제하에 반자유의지 논증은 선결정 가정과 무작위 가정을 모두 고려한다. 첫 번째로 임의의 선택이 그 이전 사건들에 의해 선결정된다고 가정해 보자. 반자유의지 논증에서는 이 경우 우리에게 자유의지가 없다고 결론 내린다. 가령 갑의 딸기 우유 선택이 심지어 갑이 태어나기도 전에 선결정된 것이라면 갑이 자유의지로 그것을 선택한 것이라고 보기 어려울 것이다. 두 번째로 임의의 선택이 무작위로 일어난 것이라 가정해 보자. 반자유의지 논증에서는 이 경우에도 우리에게 자유의지가 없다고 결론 내린다. 가령 갑의 딸기 우유 선택이 단지 갑의 뇌에서 무작위로 일어난 신경 사건이라고 한다면, 그것은 자유의지의 산물이라고 보기 어려울 것이다.

그러나 이 논증에 관한 다양한 비판이 가능하다. 반자유의지 논증을 비판하는 한 입장에 따르면 반자유의지 논증의 선결정 가정을 고려할 때의 결론은 받아들여야 하지만, 무작위 가정을 고려할 때의 결론은 받아들일 필요가 없다. 따라서 반자유의지 논증의 결론도 받아들일 필요가 없다고 주장한다. 그 이유는 아래와 같다.

임의의 선택이 나의 자유의지의 산물이 되기 위해서는 다음 두 가지 조건을 모두 충족해야 한다. 첫째, 내가 그 선택의 주체여야 한다. 둘째, 나의 선택은 그 이전 사건들에 의해 선결정되지 않아야 한다. 그런데 어떤 선택이 그 이전 사건들에 의해 선결정되어 있다면, 이것은 자유의지를 위한 둘째 조건과 충돌한다. 따라서 반자유의지 논증의 선결정 가정을 고려할 때의 결론인 우리에게 자유의지가 없다는 점을 받아들여야 한다. 물론 이러한 자유의지와 다른 의미를 지닌 자유의지가 있을 수 있다. 만약 '내가 자유롭게 선택했다'는 말이 단지 '내가 하고자 원했던 것을 했다'는 @욕구 충족적 자유의지를 의미한다면, 나의 선택이 그 이전 사건들에 의해 선결정되어 있든 그렇지 않든 그것은 내 자유의지의 산물일 수 있다. 그러나 이러한 자유의지는 ⓑ여기서 염두에 두는 두 가지 조건을 모두 충족하는 자유의지와 다르다.

다음으로, 어떤 선택이 무작위로 일어난 것이라고 하더라도 그 선택의 주체는 나일 수 있다. 유물론적 인간관에 따르면 '갑이 딸기 우유를 선택했다'는 것은 '선택 시점에 갑의 뇌에서 신경 사건이 발생했다'는 것을 의미한다. 갑의 이러한 신경 사건이 이전 사건들에 의해 선결정되지 않은 것으로 가정해 보자. 이러한 가정 아래에서도 갑은 그 선택의 주체일 수 있다. 왜냐하면 이 가정은 선택 시점에 발생한 뇌의 신경 사건으로서 '갑이 딸기 우유를 선택했다'는 사실을 바꾸지 않기 때문이다. 결국 ⑤반자유의지 논증의 무작위 가정을 고려할 때의 결론은 받아들일 필요가 없다.

제대로 풀어 보기!

✿ 정답 1쪽

10

윗글에 대한 설명으로 적절하지 <u>않은</u> 것은?

① 유물론적 인간관은 영혼의 존재를 인정하지 않는다.
② 유물론적 인간관은 인간의 선택을 물리적 사건으로 본다.
③ 종교적 인간관은 인간이 물리적 실체로만 구성된다고 보지 않는다.
④ 종교적 인간관은 인간의 선택에서 비물리적 실체가 하는 역할을 인정한다.
⑤ 반자유의지 논증은 임의의 선택이 선결정되지 않을 가능성을 고려하지 않는다.

★12

오답률 2위 ▶ 54%

ⓒ의 이유로 가장 적절한 것은?

① 비물리적 실체인 영혼은 존재하지 않기 때문이다. 5.0%
② 어떤 선택은 무작위로 일어난 것이 아니기 때문이다. 12.5%
③ 어떤 선택은 선결정되어 있지만 욕구 충족적 자유의지의 산물이기 때문이다. 20.0%
④ 반자유의지 논증의 선결정 가정을 고려할 때의 결론이 받아들여져야 하기 때문이다. 16.5%
⑤ 어떤 선택은 자유의지의 산물이 되기 위한 두 가지 조건을 모두 충족할 수 있기 때문이다. 46%

★11

오답률 8위 ▶ 34%

ⓐ, ⓑ를 이해한 내용으로 적절한 것은?

① 어떤 선택을 원해서 한다면 그 선택을 한 사람에게 ⓐ가 있을 수 없다.
② 어떤 선택을 원해서 한다면 그 선택을 한 사람에게 ⓑ가 있을 수 없다.
③ 어떤 선택이 선결정되어 있다면 그 선택을 한 사람에게 ⓐ가 있을 수 없다.
④ 어떤 선택이 선결정되어 있다면 그 선택을 한 사람에게 ⓑ가 있을 수 없다.
⑤ 어떤 선택을 원해서 하고 그 선택이 선결정되어 있지 않다면 그 선택을 한 사람에게 ⓐ와 ⓑ 중 어느 것도 있을 수 없다.

Self check

❶ **패턴 3: 세부 정보 추론하기 문제**는 내용 일치 문제와 접근법이 크게 다르지 않다. **실시간으로 해결**한다. ─ Yes
❷ **패턴 4: 근거(혹은 전제) 추론하기 문제**의 정답은 주어진 **범위 근처**에 있다. 지문을 **읽으면서 해결**한다. ─ Yes
❸ **선지에서 핵심어**를 찾아 표시한다. ─ Yes
❹ 지문을 **문단별**로 나누어 읽으며 **실시간으로 문제를 해결**하는 방식에 적응한다. ─ Yes

잘되라고 주는 **숙제** 1 　　**" 수업 시간에 다루지 않아. 배운 대로 적용 연습하면 되는 거야. "**　　❋ 정답 6쪽

2014학년도 9월 모의평가 (A형)

　동물은 다양한 방식으로 중요한 장소의 위치를 기억하고 이를 활용하여 자신의 은신처까지 길을 찾아올 수 있다. 동물의 길찾기 방법에는 '장소기억', '재정위', '경로적분' 등이 있다. '장소기억'은 장소의 몇몇 표지만을 영상 정보로 기억해 두었다가 그 영상과의 일치 여부를 확인하며 길을 찾는 방법이다. 기억된 영상은 어떤 각도에서 바라보는지에 따라 달라지기에, 이 방법을 활용하는 꿀벌은 특정 장소를 특정 각도에서 본 영상으로 기억해 두었다가 다시 그곳으로 갈 때는 자신이 보는 영상과 기억된 영상이 일치하도록 비행한다. 장소기억은 곤충과 포유류를 비롯한 많은 동물이 길찾기에 활용한다.

　'재정위'는 방향 기억이 헝클어진 상황에서도 장소의 기하학적 특징을 활용하여 방향을 다시 찾는 방법이다. 예를 들어, 직사각형 방에 갇힌 배고픈 흰쥐에게 특정 장소에만 먹이를 두고 찾게 하면, 긴 벽이 오른쪽에 있었는지와 같은 공간적 정보만을 활용하여 먹이를 찾는다. 이런 정보는 흰쥐의 방향 감각을 혼란시킨 상황에서도 보존되는데, 흰쥐는 재정위 과정에서 장소기억 관련 정보를 무시한다. 하지만 최근 연구에 따르면, 원숭이는 재정위 과정에서 벽 색깔과 같은 장소기억 정보도 함께 활용한다는 점이 밝혀졌다.

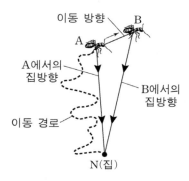

　'경로적분'은 곤충과 새의 가장 기본적인 길찾기 방법으로 이를 활용하는 능력은 타고나는 것으로 알려졌다. 예를 들어 먹이를 찾아 길을 나선 ㉠사하라 사막의 사막개미는 집 근처를 이리저리 탐색하다가 일단 먹이를 찾으면 집을 향해 거의 일직선으로 돌아온다. 사막개미는 장소기억 능력이 있지만 눈에 띄는 지형지물이 거의 없는 사막에서는 장소기억을 사용할 수 없기 때문에 경로적분을 활용한다. 사막개미의 이러한 놀라운 집찾기는 집을 출발하여 먹이를 찾아 이동하면서 자신의 위치에서 집 방향을 계속하여 다시 계산함으로써 가능하다. 가령, 그림에서 이동 경로를 따라 A에 도달한 사막개미가 먹이를 찾았다면 그때 파악한 집 방향 $\overline{AN}$으로 집을 향해 갈 것이다. 만약 A에서 먹이를 찾지 못해 B로 한 걸음 이동했다고 가정하자. 이때 사막개미는 A에서 B로의 이동 방향과 거리에 근거하여 새로운 집 방향 $\overline{BN}$을 계산한다. 사막개미는 먹이를 찾을 때까지 이러한 과정을 반복하여 매 위치에서의 집 방향을 파악한다.

　한편, 이동 경로상의 매 지점에서 사막개미가 방향을 결정하기 위해서는 기준이 있어야 한다. 이 기준을 정하기 위해 사막개미는 태양의 위치와 산란된 햇빛을 함께 이용한다. 태양의 위치는 태양이 높이 떠 있거나 구름에 가려 보이지 않을 때는 유용하지 않다. 이때 결정적 도움을 주는 것이 산란된 햇빛 정보이다. 사막개미는 마치 하늘을 망원경으로 관찰하는 천문학자처럼 하늘을 끊임없이 관찰하고 있는 셈이다.

★16

오답률 2위 ▶ 61.3%

사진 찍기로 세운 전략!✎

윗글에 대한 이해로 가장 적절한 것은?

① 곤충은 길찾기 과정에서 경로적분을 사용하지 않는다.
② 새는 길찾기 과정에서 장소기억을 기본적으로 사용한다.
③ 흰쥐는 재정위 과정에서 산란된 햇빛 정보를 활용한다.
④ 원숭이는 재정위 과정에서 기하학적 정보도 활용한다.
⑤ 꿀벌은 특정 장소를 여러 각도에서 바라본 영상을 기억하여 길을 찾는다.

17

윗글을 바탕으로 할 때, ㉠의 길찾기에 대한 추론으로 가장 적절한 것은?

① 사막개미는 암흑 속에서도 집 방향을 계산할 수 있겠군.
② 사막개미의 경로적분 능력은 학습을 통해 얻어진 것이겠군.
③ 지형지물이 많은 곳에서 사막개미는 장소기억을 활용하겠군.
④ 사막개미가 먹이를 찾은 후 집으로 되돌아갈 때는 왔던 경로를 따라 가겠군.
⑤ 사막개미는 한 걸음씩 이동하면서 그때마다 집까지의 직선거리를 다시 계산하겠군.

잘되라고 주는 **숙**제 2 　　❝ 수업 시간에 다루지 않아. 배운 대로 적용 연습하면 되는 거야. ❞ 　　❀ 정답 7쪽

2013학년도 9월 모의평가

　　일상생활에서 흔히 사용하는 컴퓨터, 스마트폰 등에는 반도체 소자가 핵심 부품으로 사용되는데 반도체 소자는 수십에서 수백 나노미터 크기의 패턴으로 이루어져 있다. 반도체 소자의 크기는 패턴의 크기에 달려 있기 때문에 패턴의 크기를 줄여 반도체 소자의 집적도를 높이는 것이 반도체 생산 공정에서는 매우 중요하다. 반도체 소자의 집적도는 매년 꾸준하게 증가하였으며 여기에 가장 핵심적인 역할을 한 것이 바로 포토리소그래피이다.

　　포토리소그래피는 반도체 기판 위에 패턴을 형성하는 기술을 의미하는데 이는 판화를 만들어 내는 과정과 유사성이 있다. 원판으로부터 수없이 많은 판화를 종이 위에 찍어 낼 수 있듯이 포토리소그래피의 경우 마스크라는 하나의 원판을 제작한 후, 빛을 사용하여 같은 모양의 패턴을 기판 위에 반복 복사하여 패턴을 대량으로 만든다. 판화의 원판은 조각칼을 이용하여 만드는 데 비해, 포토리소그래피의 경우 마스크 패턴의 크기가 매우 작기 때문에 레이저를 이용하여 만든다.

　　포토리소그래피는 아래 그림과 같이 진행된다.

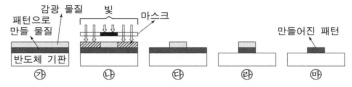

　　먼저 ㉮와 같이 패턴으로 만들 물질이 코팅된 반도체 기판 위에 감광 물질을 고르게 바른다. 감광 물질이란 빛을 받으면 화학적 성질이 변하는 물질을 말한다. 두 번째로, ㉯와 같이 마스크 위에서 빛을 쏘여 준다. 마스크에는 패턴이 새겨져 있는데, 빛은 마스크의 패턴을 제외한 부분만을 통과할 수 있다. 따라서 마스크의 패턴과 동일한 크기와 모양의 그림자가 감광 물질에 드리우게 되며, 이때 빛을 받은 부분의 감광 물질만 화학적 성질이 변하게 된다. 세 번째로, ㉯에서 빛을 받은 부분만을 현상액으로 제거하면 ㉰와 같이 된다. 이렇게 빛을 받은 부분만을 현상액으로 제거할 때 사용하는 감광 물질을 양성 감광 물질이라 한다. 이와 반대로 빛을 받지 않은 부분만을 현상액으로 제거할 수도 있는데 이때 쓰는 감광 물질을 음성 감광 물질이라고 한다. 네 번째로, ㉰에 남아 있는 감광 물질을 보호층으로 활용하여 감광 물질이 덮여 있지 않은 부분만을 제거하면 ㉱와 같은 모양이 된다. 마지막으로, 더 이상 필요가 없는 감광 물질을 제거하면 반도체 기판에는 ㉲와 같이 마스크에 있던 것과 동일한 패턴이 만들어진다.

　　한편, 반도체 기판 위에 새길 수 있는 패턴의 크기는 빛의 파장이 짧을수록 작게 만들 수 있기 때문에, ㉠짧은 파장의 광원을 포토리소그래피에 이용하려는 노력과 짧은 파장의 광원에 반응하는 새로운 감광 물질을 개발하려는 연구가 진행되고 있다. 이와 더불어 더욱 정교하고 미세하게 마스크에 패턴을 만드는 기술의 개발 또한 진행되고 있다.

17

윗글에 대한 이해로 적절하지 <u>않은</u> 것은?

① 반도체 기판 위에 수백 나노미터 크기의 패턴을 만드는 것이 가능하다.
② 포토리소그래피에 쓰이는 마스크는 반복 사용이 가능하다.
③ 마스크에 패턴을 새겨 넣는 레이저는 판화의 조각칼과 유사한 역할을 한다.
④ 마스크에 새겨진 패턴의 크기는 기판 위에 만들어지는 패턴의 크기보다 작다.
⑤ 사용하는 빛의 파장에 따라 쓰이는 감광 물질이 달라진다.

사진 찍기로 세운 전략!

19

㉠의 이유로 가장 적절한 것은?

① 감광 물질 없이 패턴을 형성하기 위해
② 반도체 소자의 집적도를 더욱 높이기 위해
③ 빛을 사용하지 않고 패턴을 복사하는 방법의 발명을 위해
④ 한 개의 마스크를 사용하여 다양한 반도체 소자를 생산하기 위해
⑤ 반도체 소자 생산을 위한 포토리소그래피 공정의 단계를 줄이기 위해

잘되라고 주는 숙제 3 　　❝ 수업 시간에 다루지 않아. 배운 대로 적용 연습하면 되는 거야. ❞ 　　✱ 정답 7쪽

2021학년도 9월 모의평가

　　국가, 지방 자치 단체와 같은 행정 주체가 행정 목적을 실현하기 위해 국민의 권리를 제한하거나 국민에게 의무를 부과하는 '행정 규제'는 국회가 제정한 법률에 근거해야 한다. 그러나 국회가 아니라, 대통령을 수반으로 하는 행정부나 지방 자치 단체와 같은 행정 기관이 제정한 법령인 행정입법에 의한 행정 규제의 비중이 커지고 있다. 드론과 관련된 행정 규제 사항들처럼, 첨단 기술과 관련되거나, 상황 변화에 즉각 대처해야 하거나, 개별적 상황을 반영하여 규제를 달리해야 하는 행정 규제 사항들이 늘어나고 있기 때문이다. 행정 기관은 국회에 비해 이러한 사항들을 다루기에 적합하다.

　　행정입법의 유형에는 위임명령, 행정규칙, 조례 등이 있다. 헌법에 따르면, 국회는 행정 규제 사항에 관한 법률을 제정할 때 특정한 내용에 관한 입법을 행정부에 위임할 수 있다. 이에 따라 제정된 행정입법을 위임명령이라고 한다. 위임명령은 제정 주체에 따라 대통령령, 총리령, 부령으로 나누어진다. 이들은 모두 국민에게 적용되기 때문에 입법예고, 공포 등의 절차를 거쳐야 한다. 위임명령은 입법부인 국회가 자신의 권한의 일부를 행정부에 맡겼기 때문에 정당화될 수 있다. 그래서 특정한 행정 규제의 근거 법률이 위임명령으로 제정할 사항의 범위를 정하지 않은 채 위임하는 포괄적 위임은 헌법상 삼권 분립 원칙에 저촉된다. 위임된 행정 규제 사항의 대강을 위임 근거 법률의 내용으로부터 예측할 수 있어야 한다는 것이다. 다만 행정 규제 사항의 첨단 기술 관련성이 클수록 위임 근거 법률이 위임할 수 있는 사항의 범위가 넓어진다. 한편, 위임명령이 법률로부터 위임받은 범위를 벗어나서 제정되거나, 위임 근거 법률이 사용한 어구의 의미를 확대하거나 축소하여 제정되어서는 안 된다. ㉠위임명령이 이러한 제한을 위반하여 제정되면 효력이 없다.

　　행정규칙은 원래 행정부의 직제나 사무 처리 절차에 관한 행정입법으로서 고시(告示), 예규 등이 여기에 속한다. 일반 국민에게는 직접 적용되지 않기 때문에, 법률로부터 위임받지 않아도 유효하게 제정될 수 있고 위임명령 제정 시와 동일한 절차를 거칠 필요가 없다. 그러나 행정 규제 사항에 관하여 행정규칙이 제정되는 예외적인 경우도 있다. 위임된 사항이 첨단 기술과의 관련성이 매우 커서 위임명령으로는 대응하기 어려워 불가피한 경우, 위임 근거 법률이 행정입법의 제정 주체만 지정하고 행정입법의 유형을 지정하지 않았다면 위임된 사항이 고시나 예규로 제정될 수 있다. 이런 경우의 행정규칙은 위임명령과 달리, 입법예고, 공포 등을 거치지 않고 제정된다.

　　조례는 지방 의회가 제정하는 행정입법으로 지역의 특수성을 반영하여 제정되고 지역에서 발생하는 사안에 대해 적용된다. 제정 주체가 지방 자치 단체의 기관인 지방 의회라는 점에서 행정부에서 제정하는 위임명령, 행정규칙과 구별된다. 조례도 행정 규제 사항을 규정하려면 법률의 위임에 근거해야 한다. 또한 법률로부터 포괄적 위임을 받을 수 있지만 위임 근거 법률이 사용한 어구의 의미를 다르게 사용할 수 없다. 조례는 입법예고, 공포 등의 절차를 거쳐 제정된다.

26

윗글의 내용과 일치하는 것은?

① 행정입법에 속하는 법령들은 제정 주체가 동일하다.
② 행정입법에 속하는 법령들은 모두 개별적 상황과 지역의 특수성을 반영한다.
③ 행정입법에 속하는 법령들은 모두 정당성을 확보하기 위하여 국회의 위임에 근거한다.
④ 행정 규제 사항에 적용되는 행정입법은 모두 포괄적 위임이 금지되어 있다.
⑤ 행정부가 국회보다 신속히 대응할 수 있는 행정 규제 사항은 행정입법의 대상으로 적합하다.

사진 찍기로 세운 전략!🖊

27

㉠의 이유로 가장 적절한 것은?

① 그 위임명령이 법률의 근거 없이 행정 규제 사항을 규정했기 때문이다.
② 그 위임명령이 포괄적 위임을 받아 제정된 경우에 해당하기 때문이다.
③ 그 위임명령이 첨단 기술에 대한 내용을 정확히 반영하지 않았기 때문이다.
④ 그 위임명령이 국민의 권리를 제한하는 권한을 행정 기관에 맡겼기 때문이다.
⑤ 그 위임명령이 구체적 상황의 특성을 반영한 융통성 있는 대응을 하지 못했기 때문이다.

28

행정규칙에 관한 설명 중 적절하지 않은 것은?

① 행정부의 직제나 사무 처리 절차를 규정하는 경우, 법률의 위임이 요구되지 않는다.
② 행정부의 직제나 사무 처리 절차를 규정하는 경우, 일반 국민에게 직접 적용되지 않는다.
③ 행정 규제 사항을 규정하는 경우, 위임명령의 제정 절차를 따르지 않는다.
④ 행정 규제 사항을 규정하는 경우, 위임 근거 법률의 위임을 받은 제정 주체에 의해 제정된다.
⑤ 행정 규제 사항을 규정하는 경우, 위임 근거 법률로부터 위임받을 수 있는 사항의 범위가 위임명령과 같다.

4 Day

독서,
문제 패턴 5, 6

최근 수능 국어의 트렌드는
'정보량이 많은 지문' × '어려운 문제'
진짜 너무하는 거 아니니?
그래도 모든 문제가 다 같이 손에 손잡고 어려운 건 아니야.
그러니까 포기는 생각하지 말자고.
어려운 지문과 어려운 문제를 위해
어려운 걸로 시작해야 한다는 그 고정 관념은 버리라~
어려운 걸 위해서는 진짜 기본부터 제대로 해야 하는 거야.

수업 시간에 집중해서 접근법을 배우고 그걸 열심히 적용 연습해 보니,
저한테도 한 줄기 희망의 빛이... ㅠㅠ

 너 제대로 공부하고 있구나. 기특X기특~

 푸는 대로 다 맞아?

ㅋㅋ 그럴 리가요~. 3강 숙제들은 막 틀렸어요~.
근데 선생님이 틀린 문제가 절 살리는 거라고 하셨잖아요.

 정말 그게 맞아. 국어는 틀려 봐야~ 내 구멍이 어딘지를 알 수 있거든. ㅎㅎ
오늘 배울 두 개의 패턴도 바로 너의 3점짜리 구멍이 어디 뚫렸는지를 말해 줄 거야!

그럼 전 먼저 예습하고 오겠쑵니다!!

| TODAY's 목표 확인 | 너의 예습 Time! | 국어 성적 갱생 포인트 공개 | Show me the 시범~ |

① 2025학년도 수능에
출제될 독서 문제 패턴 두 개를 **또 더** 안다.
(2+2+2)

② 알기만 하면 뭐해?
필수 패턴 문제는 이제 다 맞힌다.

이번 시간이 독서 영역에서 꼭 나오는 문제 패턴과 접근법 마지막 시간이야.

두 개의 패턴이 더해질 때마다 지난 시간까지 공부했던 패턴 접근법이

머릿속에서 가물가물해지는 게 아니라

오히려 더 분명해지고 있어야 돼.

누적 복습, 그리고 반복 연습!

지난 시간까지 공부했던 패턴 네 개, 뭐였지?

패턴 1 ☐☐ **정보 파악 문제**

패턴 2 ☐☐☐ **방식 파악 문제**

패턴 3 세부정보 ☐☐ **(미루어 알기) 문제**

패턴 4 이유나 ☐☐ **(or 생략된** ☐☐**) 추론 문제**

여기에 오늘 두 개 패턴 더 추가요~!

| TODAY's 목표 확인 | 너의 예습 Time! | 국어 성적 갱생 포인트 공개 | Show me the 시범~ |

오늘도 스스로 <u>읽고 생각해</u> 왔어야 하는 독서 세트는 저번 시간보다 더 어려웠을 수도 있어.
지문 속에서 핵심 정보를 파악해서
그걸 또 처음 보는 <u>자료나 상황이나 사례(보기)</u>에 적용해야 하는 문제들이거든.
그런데 이 패턴의 문제 앞에서 '겁먹은 마음'이 얼마나 커다란 힘을 발휘하는지 알아?
분명히 시간적 여유를 갖고 풀었으면 맞고도 남을 문제를

시도조차 못하게 만들어 버리는 게
바로 너의 '마음'의 힘이야.
오늘 배울 패턴의 문제가 나오면 겁먹지 말고
'ㅎ 이 패턴! 네가 나올지 이미 알고 준비해 왔다, 요놈아!'라는 자세로!

이제, 당연히 **예습**했지? ^^
윤혜정의 잔소리의 나비효과... 자, 그럼 시작!!

독서 영역에서 꼭 나오는 문제 패턴과 접근법 ▶▶▶ 출제자는 **비판적 사고 능력을** Check한다.

> 누구인가?
> 누가 지금 근거도 없이 지 맘대로 반응하는 소리를 내었어?
> 짐이 관심법으로 보건대 ④번이 답이야. ④번!!
> 폐하도 트... 틀리셨사옵니다.
>
> 이럴래? 독서 문제의 답은 반드시 지문 안에서 근거를 찾아야 한다고 했지?
> 답인 거 같아서? 관심법이냐?
> 누구도 부인할 수 없는 명확한 근거를 지문 안에서 찾아서 답하자.

패턴 5

"타당한 근거를 바탕으로 비판적으로 판단할 수 있나?"
일명
〈반응의 적절성 판단 문제〉

이 또한 주어진 내용을 바탕으로 ☐☐할 수 있는지 묻는 문제야.

✓ 사실 패턴 5는 패턴 3, 패턴 6과 겹친다고 할 수 있다.
  타당한 근거를 바탕으로 ☐☐해야 할 때도 있고,
  〈보기〉로 제시되는 구체적인 ☐☐에 적절하게 반응해야 할 때도 있다.
✓ 이 패턴의 분명한 목표는 핵심 정보를 있는 그대로만 이해하는 것을 넘어서,
  제시된 정보를 ☐☐적으로 읽어 낼 수 있는지를 묻겠다는 것.

 ★을 백만 개는 줘야 하는 꿀팁!

★ 평범하게 물을 때
  27. 윗글을 읽고 보일 수 있는 반응으로 적절하지 않은 것은?

★ 판단해야 할 정보를 콕 집어서 물을 때
  20. 윗글의 ㉠(할리우드 영화)과 〈보기〉의 ㉡(작가주의 비평가들)의 입장을 비교하여 설명한 것으로 적절하지 않은 것은?

★ 패턴 3(추론하기)처럼 물을 때
  20. 윗글에 대한 이해로 적절한 것은? [3점]

★ 패턴 6(구체적 사례〈보기〉에 적용하기)처럼 물을 때
  25. 〈보기〉를 바탕으로 할 때, 윗글에 나타난 김정희의 예술 세계에 대해 이해한 내용으로 적절하지 않은 것은? [3점]
  32. [A]를 바탕으로 〈보기〉에 대해 설명한 것으로 적절하지 않은 것은? [3점]
  30. 윗글을 바탕으로 〈보기〉에 대해 탐구한 내용으로 가장 적절한 것은? [3점]

패턴 6

"핵심 정보를 잘 이해했다면 다른 상황에도 적용할 수 있겠지?"
일명
〈구체적 상황(사례)에 적용하기 문제〉
〈보기 문제〉

✓ 문제에서 구체적 사례(상황)를 만나면 가장 먼저 '도대체 뭘 적용해야 할지'를 분명히 알 것!
근거로 써먹을 핵심 정보를 분명히 파악하고 '지문-〈보기〉-선지'를 침착하게 삼자대면시킬 것!

✓ 구체적 사례가 위치할 수 있는 곳은 딱 세 군데.
□□,□□□,□□

✓ □□에 있는 사례는 문제를 풀기 위한 근거로 활용된다.
□□와 □□에 있는 사례는 지문의 핵심 정보를 적용할 대상으로 활용된다.

그렇다면 문제를 풀기 위한 근거가 되는 '지문의 핵심 정보'는?
✓ □□,□□□,□□
✓ □□ □
✓ □□,□□

★을 백만 개는 줘야 하는 꿀팁!

★ 인문, 예술 지문
〈보기〉 속 사례가 지문에는 없던 뉴 페이스의 관점이라면?
✓ 지문 속 관점(견해, 주장, 이론)의 핵심을 이해하자!
✓ 〈보기〉 속 뉴 페이스의 관점(견해, 주장, 이론)을 이해하고 두 관점 사이의 공통점 혹은 차이점을 파악하자!

★ 과학, 기술, 경제 지문
〈보기〉 속 사례가 지문에서 설명한 사례와 비슷하긴 하지만 일부 조건이 다르거나 반대의 상황이라면?
✓ 지문에서 원리, 방법을 설명한 대표 문단이 있을 거다. 그 문단의 내용을 차근차근 정리해서 〈보기〉 속 상황과 꼼꼼히 대응시켜 보자!
✓ 지문 속에서 대상의 구조를 조각내서 설명해 주었다면, 각 부분의 기능이나 전체 작동 방법(과정)을 설명한 내용을 찾아 꼼꼼히 대응시켜 보자!

★ 사회, 과학, 예술 지문
〈보기〉 속에 그림(예술 작품, 구조도)이나 그래프가 있다면?
✓ 그림 자체보다는 그 그림의 작가나 제목을 확인하자! 설명하고자 하는 대상의 개념, 특징에 관한 정보를 찾아 꼼꼼히 대응시켜 보자!
✓ 그래프의 X축과 Y축의 항목을 확인하자! 대상 간의 관계(비례, 반비례, 비교 등)를 설명한 정보를 찾아 꼼꼼히 대응시켜 보자!

| TODAY's 목표 확인 | 너의 예습 Time! | 국어 성적 갱생 포인트 공개 | Show me the 시범~ |

이 시간에는 오늘 배운 두 개의 문제 패턴에만 주목해서 실전 연습을 해 보는 거야.

패턴 5 반응의 적절성 판단 문제

패턴 6 구체적 상황(사례)에 적용하기 문제

35 ✏ What pattern is it?

윗글을 읽고 알 수 있는 내용으로 적절하지 <u>않은</u> 것은?

① LFIA 키트에서 시료 패드와 흡수 패드는 모두 시료를 흡수하는 역할을 한다.

② LFIA 키트를 통해 검출하려고 하는 목표 성분은 항원-항체 반응의 항원에 해당한다.

③ LFIA 키트를 사용할 때 정상적인 키트에서 검사선이 발색되지 않으면 표준선도 발색되지 않는다.

④ LFIA 키트에 표지 물질이 없다면 시료에 목표 성분이 있더라도 이를 시각적으로 확인할 수 없다.

⑤ LFIA 키트를 이용하여 검사할 때, 시료에 목표 성분이 포함되어 있지 않더라도 검사선이 발색될 수 있다.

36 ✏ What pattern is it?

㉠과 ㉡에 대한 이해로 가장 적절한 것은?

① ㉠은 ㉡과 달리, 시료에 들어 있는 목표 성분은 검사선에 도달하기 이전에 항체와 결합을 하겠군.

② ㉠은 ㉡과 달리, 시료에서 목표 성분을 검출했다면 검사선에서 항체와 목표 성분의 결합이 존재하지 않겠군.

③ ㉡은 ㉠과 달리, 시료가 표준선에 도달하기 이전에 검사선에 먼저 도달하겠군.

④ ㉡은 ㉠과 달리, 정상적인 검사로 시료에서 목표 성분을 검출했다면 반응막에 아무런 반응선도 나타나지 않았겠군.

⑤ ㉠과 ㉡은 모두 시료에 들어 있는 목표 성분이 표지 물질과 항원-항체 반응으로 결합하겠군.

37 ✎ What pattern is it?

윗글을 참고할 때, 〈보기〉의 A와 B에 들어갈 말을 올바르게 짝지은 것은?

〈 보 기 〉

검사용 키트를 가지고 여러 번의 검사를 실시하여 키트의 정확성을 측정하였을 때, 검사 결과 (　A　)인 경우가 적을수록 민감도는 높고, (　B　)인 경우가 많을수록 특이도는 높다.

	A	B
①	진양성	진음성
②	진양성	위음성
③	위양성	위음성
④	위음성	진음성
⑤	위음성	위양성

38 ✎ What pattern is it?

윗글을 바탕으로 〈보기〉를 이해한 반응으로 적절하지 <u>않은</u> 것은? [3점]

〈 보 기 〉

살모넬라균은 집단 식중독을 일으키는 대표적인 병원성 세균이다. 기존의 살모넬라균 분석법은 정확도는 높으나 3~5일의 시간이 소요되어 질병 발생 시 신속한 진단 및 예방에 어려움이 있었다. 살모넬라균은 감염 속도가 빠르므로 다량의 시료 중 오염이 의심되는 시료부터 신속하게 골라낸 후에 이 시료만을 대상으로 더 정확한 방법으로 분석하여 오염 여부를 확정 짓는 것이 효과적이다. 최근에 기존 방법보다 정확도는 낮으나 저렴한 비용으로 살모넬라균만을 신속하게 검출할 수 있는 ⓐLFIA 방식의 새로운 키트가 개발되었다고 한다.

① ⓐ를 개발하기 전에 살모넬라균과 결합하는 항체를 제조하는 기술이 개발되었겠군.
② ⓐ의 결합 패드에는 표지 물질에 살모넬라균이 붙어 있는 복합체가 들어 있겠군.
③ ⓐ를 이용하여 음식물의 살모넬라균 오염 여부를 검사하려면 시료를 액체 상태로 만들어야겠군.
④ ⓐ를 이용하여 현장에서 살모넬라균 오염 의심 시료를 선별하기 위해서는 특이도보다 민감도가 높은 것이 더 효과적이겠군.
⑤ ⓐ를 이용하여 살모넬라균이 검출되었다고 키트가 판정한 경우에도 기존의 분석법으로는 균이 검출되지 않을 수 있겠군.

　　건강 상태를 진단하거나 범죄의 현장에서 혈흔을 조사하기 위해 검사용 키트가 널리 이용된다. 키트 제작에는 다양한 과학적 원리가 적용되는데, 적은 비용으로 쉽고 빠르고 정확하게 검사할 수 있는 키트를 제작하는 것이 요구된다. 이러한 필요에 따라 항원-항체 반응을 응용하여 시료에 존재하는 성분을 분석하는 다양한 형태의 키트가 개발되고 있다. 항원-항체 반응은 항원과 그 항원에만 특이적으로 반응하는 항체가 결합하는 면역 반응을 말한다. 항체 제조 기술이 발전하면서 휴대성이 높고 분석 시간이 짧은 측면유동면역분석법(LFIA)을 이용한 다양한 종류의 키트가 개발되고 있다.

　　LFIA 키트를 이용하면 키트에 나타나는 선을 통해, 액상의 시료에서 검출하고자 하는 목표 성분의 유무를 간편하게 확인할 수 있다. LFIA 키트는 가로로 긴 납작한 막대 모양인데, 시료 패드, 결합 패드, 반응막, 흡수 패드가 순서대로 나란히 배열된 구조로 되어 있다. 시료 패드로 흡수된 시료는 결합 패드에서 복합체와 함께 반응막을 지나 여분의 시료가 흡수되는 흡수 패드로 이동한다. 결합 패드에 있는 복합체는 금-나노 입자 또는 형광 비드 등의 표지 물질에 특정 물질이 붙어 이루어진다. 표지 물질은 발색 반응에 의해 색깔을 내는데, 이 표지 물질에 붙어 있는 특정 물질은 키트 방식에 따라 종류가 다르다. 일반적으로 한 가지 목표 성분을 검출하는 키트의 반응막에는 항체들이 띠 모양으로 두 가닥 고정되어 있는데, 그중 시료 패드와 가까운 쪽에 있는 가닥이 검사선이고 다른 가닥은 표준선이다. 표지 물질이 검사선이나 표준선에 놓이면 발색 반응에 의해 반응선이 나타난다. 검사선이 발색되어 나타나는 반응선을 통해서는 목표 성분의 유무를 판정할 수 있다. 표준선이 발색된 반응선이 나타나면 검사가 정상적으로 진행되었음을 알 수 있다.

　　LFIA 키트는 주로 ㉠직접 방식 또는 ㉡경쟁 방식으로 제작되는데, 방식에 따라 검사선의 발색 여부가 의미하는 바가 다르다. 직접 방식에서 복합체에 포함된 특정 물질은 목표 성분에 결합할 수 있는 항체이다. 시료에 목표 성분이 포함되어 있다면 목표 성분은 이 항체와 일차적으로 결합하고, 이후 검사선의 고정된 항체와 결합한다. 따라서 검사선이 발색되면 시료에서 목표 성분이 검출되었다고 판정한다. 한편 경쟁 방식에서 복합체에 포함된 특정 물질은 목표 성분에 대한 항체가 아니라 목표 성분 자체이다. 만약 시료에 목표 성분이 포함되어 있으면 시료의 목표 성분과 복합체의 목표 성분이 서로 검사선의 항체와 결합하려 경쟁한다. 이때 시료에 목표 성분이 충분히 많다면 시료의 목표 성분은 복합체의 목표 성분이 검사선의 항체와 결합하는 것을 방해하므로 검사선이 발색되지 않는다. 직접 방식은 세균이나 분자량이 큰 단백질 등을 검출할 때 이용하고, 경쟁 방식은 항생 물질처럼 목표 성분의 크기가 작은 경우에 이용한다.

　　한편, 검사용 키트는 휴대성과 신속성 외에 정확성도 중요하다. 키트의 정확성을 측정하기 위해서는 키트를 이용해 여러 번의 검사를 실시하고 그 결과를 분석한다. 키트가 시료에 목표 성분이 들어 있다고 판정하면 이를 양성이라고 한다. 이때 시료에 목표 성분이 실제로 존재하면 진양성, 시료에 목표 성분이 없다면 위양성이라고 한다. 반대로 키트가 시료에 목표 성분이 들어 있지 않다고 판정하면 음성이라고 한다. 이 경우 실제로 목표 성분이 없다면 진음성, 목표 성분이 있다면 위음성이라고 한다. 현실에서 위양성이나 위음성을 배제할 수 있는 키트는 없다.

　　여러 번의 검사 결과를 통해 키트의 정확도를 구하는데, 정확도란 시료를 분석할 때 올바른 검사 결과를 얻을 확률이다. 정확도는 민감도와 특이도로 나뉜다. 민감도는 시료에 목표 성분이 존재하는 경우에 대해 키트가 이를 양성으로 판정한 비율이다. 특이도는 시료에 목표 성분이 없는 경우에 대해 키트가 이를 음성으로 판정한 비율이다. 민감도와 특이도가 모두 높아 정확도가 높은 키트가 가장 이상적이지만 현실에서는 그렇지 않은 경우가 많아서 상황에 따라 민감도나 특이도를 고려하여 키트를 선택해야 한다.

 제대로 풀어 보기!

❋ 정답 1쪽

★35　　　　　　　　　　　　　오답률 6위 ▶ 56.7%

윗글을 읽고 알 수 있는 내용으로 적절하지 않은 것은?

① LFIA 키트에서 시료 패드와 흡수 패드는 모두 시료를 흡수하는 역할을 한다.

② LFIA 키트를 통해 검출하려고 하는 목표 성분은 항원-항체 반응의 항원에 해당한다.

③ LFIA 키트를 사용할 때 정상적인 키트에서 검사선이 발색되지 않으면 표준선도 발색되지 않는다.

④ LFIA 키트에 표지 물질이 없다면 시료에 목표 성분이 있더라도 이를 시각적으로 확인할 수 없다.

⑤ LFIA 키트를 이용하여 검사할 때, 시료에 목표 성분이 포함되어 있지 않더라도 검사선이 발색될 수 있다.

★36　　　　　　　　　　　　　오답률 3위 ▶ 66%

㉠과 ㉡에 대한 이해로 가장 적절한 것은?

① ㉠은 ㉡과 달리, 시료에 들어 있는 목표 성분은 검사선에 도달하기 이전에 항체와 결합을 하겠군.

② ㉠은 ㉡과 달리, 시료에서 목표 성분을 검출했다면 검사선에서 항체와 목표 성분의 결합이 존재하지 않겠군.

③ ㉡은 ㉠과 달리, 시료가 표준선에 도달하기 이전에 검사선에 먼저 도달하겠군.

④ ㉡은 ㉠과 달리, 정상적인 검사로 시료에서 목표 성분을 검출했다면 반응막에 아무런 반응선도 나타나지 않았겠군.

⑤ ㉠과 ㉡은 모두 시료에 들어 있는 목표 성분이 표지 물질과 항원-항체 반응으로 결합하겠군.

★**37** 오답률 5위 ▶ 64.2%

윗글을 참고할 때, 〈보기〉의 A와 B에 들어갈 말을 올바르게 짝지은 것은?

〈 보 기 〉

검사용 키트를 가지고 여러 번의 검사를 실시하여 키트의 정확성을 측정하였을 때, 검사 결과 (A)인 경우가 적을수록 민감도는 높고, (B)인 경우가 많을수록 특이도는 높다.

	A	B
①	진양성	진음성
②	진양성	위음성
③	위양성	위음성
④	위음성	진음성
⑤	위음성	위양성

★**38** 오답률 1위 ▶ 71.5%

윗글을 바탕으로 〈보기〉를 이해한 반응으로 적절하지 <u>않은</u> 것은?

〈 보 기 〉

살모넬라균은 집단 식중독을 일으키는 대표적인 병원성 세균이다. 기존의 살모넬라균 분석법은 정확도는 높으나 3~5일의 시간이 소요되어 질병 발생 시 신속한 진단 및 예방에 어려움이 있었다. 살모넬라균은 감염 속도가 빠르므로 다량의 시료 중 오염이 의심되는 시료부터 신속하게 골라낸 후에 이 시료만을 대상으로 더 정확한 방법으로 분석하여 오염 여부를 확정 짓는 것이 효과적이다. 최근에 기존 방법보다 정확도는 낮으나 저렴한 비용으로 살모넬라균만을 신속하게 검출할 수 있는 ⓐ <u>LFIA 방식의 새로운 키트</u>가 개발되었다고 한다.

① ⓐ를 개발하기 전에 살모넬라균과 결합하는 항체를 제조하는 기술이 개발되었겠군.

② ⓐ의 결합 패드에는 표지 물질에 살모넬라균이 붙어 있는 복합체가 들어 있겠군.

③ ⓐ를 이용하여 음식물의 살모넬라균 오염 여부를 검사하려면 시료를 액체 상태로 만들어야겠군.

④ ⓐ를 이용하여 현장에서 살모넬라균 오염 의심 시료를 선별하기 위해서는 특이도보다 민감도가 높은 것이 더 효과적이겠군.

⑤ ⓐ를 이용하여 살모넬라균이 검출되었다고 키트가 판정한 경우에도 기존의 분석법으로는 균이 검출되지 않을 수 있겠군.

Self check

❶ **패턴 5: 반응의 적절성 문제**는 **패턴 3** 혹은 **패턴 6**과 문제 접근법이 크게 다르지 않음을 안다. ──── ☐ Yes

❷ **패턴 6**: 겁먹지 말고 **지문에서 근거로 활용해야 할 정보**가 무엇일지를 생각한다. ──── ☐ Yes

❸ 〈보기〉 속 사례는 지문 속 정보, **'개념-특징-사례'**, **'관점-차이'**, **'원리-방법'**과 연결됨을 안다. ──── ☐ Yes

❹ **사진 찍기**를 하는 순간 문제들의 **패턴**을 직관적으로 파악할 수 있도록 **연습, 또 연습**한다. ──── ☐ Yes

2016학년도 대학수학능력시험 (A형)

귀납은 현대 논리학에서 연역이 아닌 모든 추론, 즉 전제가 결론을 개연적으로 뒷받침하는 모든 추론을 가리킨다. 귀납은 기존의 정보나 관찰 증거 등을 근거로 새로운 사실을 추가하는 지식 확장적 특성을 지닌다. 이 특성으로 인해 귀납은 근대 과학 발전의 방법적 토대가 되었지만, 한편으로 귀납 자체의 논리적 한계를 지적하는 문제들에 부딪히기도 한다.

먼저 흄은 과거의 경험을 근거로 미래를 예측하는 귀납이 정당한 추론이 되려면 미래의 세계가 과거에 우리가 경험해 온 세계와 동일하다는 자연의 일양성, 곧 한결같음이 가정되어야 한다고 보았다. 그런데 자연의 일양성은 선험적으로 알 수 있는 것이 아니라 경험에 기대어야 알 수 있는 것이다. 즉 "귀납이 정당한 추론이다."라는 주장은 "자연은 일양적이다."라는 다른 지식을 전제로 하는데 그 지식은 다시 귀납에 의해 정당화되어야 하는 경험적 지식이므로 귀납의 정당화는 순환 논리에 빠져 버린다는 것이다. 이것이 귀납의 정당화 문제이다.

귀납의 정당화 문제로부터 과학의 방법인 귀납을 옹호하기 위해 라이헨바흐는 이 문제에 대해 현실적 구제책을 제시한다. 라이헨바흐는 자연이 일양적일 수도 있고 그렇지 않을 수도 있음을 전제한다. 먼저 자연이 일양적일 경우, 그는 지금까지의 우리의 경험에 따라 귀납이 점성술이나 예언 등의 다른 방법보다 성공적인 방법이라고 판단한다. 자연이 일양적이지 않다면, 어떤 방법도 체계적으로 미래 예측에 계속해서 성공할 수 없다는 논리적 판단을 통해 귀납은 최소한 다른 방법보다 나쁘지 않은 추론이라고 확언한다. 결국 자연이 일양적인지 그렇지 않은지 알 수 없는 상황에서는 귀납을 사용하는 것이 옳은 선택이라는 라이헨바흐의 논증은 귀납의 정당화 문제를 현실적 차원에서 해소하려는 시도로 볼 수 있다.

귀납의 또 다른 논리적 한계로 어떤 현대 철학자는 미결정성의 문제를 지적한다. 이 문제는 관찰 증거만으로는 여러 가설 중에 어느 하나를 더 나은 것으로 결정할 수 없다는 것이다. 가령 몇 개의 점들이 발견되었을 때 그 점들을 모두 지나는 곡선은 여러 개이기 때문에 어느 하나로 결정되지 않는다. 예측의 경우도 마찬가지이다. 다음에 발견될 점을 예측할 때, 기존에 발견된 점들만으로는 다음에 찍힐 점이 어디에 나타날지 확정할 수 없다. 아무리 많은 점들을 관찰 증거로 추가하더라도 하나의 예측이 다른 예측보다 더 낫다고 결정하는 것은 여전히 불가능하다는 것이다.

그러나 미결정성의 문제가 있다고 하더라도 대부분의 현대 철학자들은 귀납을 과학의 방법으로 인정하고 있다. 이들은 귀납의 문제를 직접 해결하려 하기보다 확률을 도입하여 개연성이라는 귀납의 특징을 강조하려 한다. 이에 따르면 관찰 증거가 가설을 지지하는 정도, 즉 전제와 결론 사이의 개연성은 확률로 표현될 수 있다. 또한 하나의 가설이 다른 가설보다, 하나의 예측이 다른 예측보다 더 낫다고 확률적 근거에 의해 판단할 수 있다는 것이다. 이처럼 확률 논리로 설명되는 개연성은 일상적인 직관에도 잘 들어맞는다. 이러한 시도는 귀납의 문제를 근본적으로 해결하는 것은 아니지만, 귀납은 여전히 과학의 방법으로서 그 지위를 지킬 만하다는 사실을 보여 준다.

22

윗글의 내용 전개에 대한 설명으로 가장 적절한 것은?

① 귀납에 대한 흄의 평가를 병렬적으로 소개하고 있다.
② 귀납이 지닌 장단점을 연역과 비교하여 설명하고 있다.
③ 귀납의 위상이 격상되어 온 과정을 역사적으로 고찰하고 있다.
④ 귀납의 다양한 유형을 소개하고 각각의 특징을 상호 비교하고 있다.
⑤ 귀납에 내재된 논리적 한계와 그에 대한 해소 방안을 검토하고 있다.

사진 찍기로 세운 전략! ✏️

23

윗글을 이해한 내용으로 적절하지 <u>않은</u> 것은?

① 많은 관찰 증거를 확보하면 귀납의 정당화에서 나타나는 순환 논리 문제는 해소된다.

② 직관에 들어맞는 확률 논리라 하더라도 귀납의 논리적 문제를 근본적으로 해결하지 못한다.

③ 관찰 증거가 가설을 지지하는 정도를 확률로 표현할 수 있다는 입장은 귀납을 옹호한다.

④ 흄에 따르면, 귀납의 정당화는 귀납에 의한 정당화를 필요로 하는 지식에 근거해야 가능하다.

⑤ 귀납의 지식 확장적 특성은 이미 알고 있는 사실을 근거로 아직 알지 못하는 사실을 추론하는 데에서 비롯된다.

24

라이헨바흐의 논증에 대한 평가로 적절하지 <u>않은</u> 것은?

① 귀납이 지닌 논리적 허점을 완전히 극복한 것은 아니라는 비판의 여지가 있다.

② 귀납을 과학의 방법으로 사용할 수 있음을 지지하려는 목적에서 시도하였다는 데 의미가 있다.

③ 귀납과 다른 방법을 비교하기 위해 경험적 판단과 논리적 판단을 모두 활용한 것이 특징이다.

④ 귀납과 견주어 미래 예측에 더 성공적인 방법이 없다는 판단을 근거로 귀납의 가치를 보여 주고 있다.

⑤ 귀납이 현실적으로 옳은 추론 방법임을 밝히기 위해 자연의 일양성이 선험적 지식임을 증명한 데 의의가 있다.

★25

오답률 2위 ▶ 61.3%

윗글을 바탕으로 할 때, 〈보기〉의 (ㄱ), (ㄴ)에 대한 A와 B의 입장을 추론한 것으로 적절하지 <u>않은</u> 것은? [3점]

> 〈 보 기 〉
> • 어떤 천체의 표면 온도를 매년 같은 날 관측했더니 100, 110, 120, 130, 140℃로 해마다 10℃씩 높아졌다. 이로부터 과학자들은 다음 두 가지 예측을 제시하였다.
>
> (ㄱ) 1년 뒤 관측한 그 천체의 표면 온도는 150℃일 것이다.
> (ㄴ) 1년 뒤 관측한 그 천체의 표면 온도는 200℃일 것이다.
>
> • A와 B는 예측의 방법으로 귀납을 인정한다. 하지만 귀납의 미결정성의 문제에 대해 A는 확률 논리에 따라 해결할 수 있다는 입장인 반면, B는 어떤 방법으로도 해결할 수 없다는 입장이다.

① A와 B는 둘 다 과학자들이 예측한 (ㄱ)과 (ㄴ)이 모두 기존의 관찰 근거에 따른 것이라고 보겠군.

② A는 (ㄱ)과 (ㄴ) 중 하나가 더 나은 예측임을 결정할 수 있다고 하겠군.

③ A는 그 천체의 표면 온도가 100℃이기 1년 전에 90℃였다는 정보를 추가로 얻으면 (ㄱ)이 옳을 개연성이 더 높아진다고 판단하겠군.

④ B는 (ㄱ)에 대해서 가능한 예측이라고 할지언정 (ㄴ)보다 더 나은 예측이라고 결정하지는 않겠군.

⑤ B는 그 천체의 표면 온도가 100℃이기 1년 전에 60℃였다는 정보를 추가로 얻으면 (ㄴ)을 (ㄱ)보다 더 나은 예측으로 채택하겠군.

잘되라고 주는 **숙**제 2　　**❝** 수업 시간에 다루지 않아. 배운 대로 적용 연습하면 되는 거야. **❞**　　✿ 정답 9쪽

　회전 운동을 하는 물체는 외부로부터 돌림힘이 작용하지 않는다면 일정한 빠르기로 회전 운동을 유지하는데, 이를 각운동량 보존 법칙이라 한다. 각운동량은 질량이 m인 작은 알갱이가 회전축으로부터 r만큼 떨어져 속도 v로 운동하고 있을 때 mvr로 표현된다. 그런데 회전하는 물체에 회전 방향으로 힘이 가해지거나 마찰 또는 공기 저항이 작용하게 되면, 회전하는 물체의 각운동량이 변화하여 회전 속도는 빨라지거나 느려지게 된다. 이렇게 회전하는 물체의 각운동량을 변화시키는 힘을 돌림힘이라고 한다.

　그러면 팽이와 같은 물체의 각운동량은 어떻게 표현할까? 아주 작은 균일한 알갱이들로 팽이가 이루어졌다고 볼 때, 이 알갱이 하나하나를 질량 요소라고 한다. 이 질량 요소 각각의 각운동량의 총합이 팽이 전체의 각운동량에 해당한다. 회전 운동에서 물체의 각운동량은 (각속도)×(회전 관성)으로 나타낸다. 여기에서 각속도는 회전 운동에서 물체가 단위 시간당 회전하는 각이다. 질량이 직선 운동에서 물체의 속도를 변화시키기 어려운 정도를 나타내듯이, 회전 관성은 회전 운동에서 각속도를 변화시키기 어려운 정도를 나타낸다. 즉, 회전체의 회전 관성이 클수록 그것의 회전 속도를 변화시키기 어렵다.

　회전체의 회전 관성은 회전체를 구성하는 질량 요소들의 회전 관성의 합과 같은데, 질량 요소들의 회전 관성은 질량 요소가 회전축에서 떨어져 있는 거리가 멀수록 커진다. 그러므로 질량이 같은 두 팽이가 있을 때 홀쭉하고 키가 큰 팽이보다 넓적하고 키가 작은 팽이가 회전 관성이 크다.

　각운동량 보존의 원리는 스포츠에서도 쉽게 확인할 수 있다. 피겨 선수에게 공중 회전수는 중요한데 이를 확보하기 위해서는 공중회전을 하는 동안 각속도를 크게 해야 한다. 이를 위해 피겨 선수가 공중에서 팔을 몸에 바짝 붙인 상태로 회전하는 것을 볼 수 있다. 피겨 선수의 회전 관성은 몸을 이루는 질량 요소들의 회전 관성의 합과 같다. 따라서 팔을 몸에 붙이면 팔을 구성하는 질량 요소들이 회전축에 가까워져서 팔을 폈을 때보다 몸 전체의 회전 관성이 줄어들게 된다. 점프 이후에 공중에서 각운동량은 보존되기 때문에 팔을 붙였을 때가 폈을 때보다 각속도가 커지는 것이다. 반대로 착지 직전에는 각속도를 줄여 착지 실수를 없애야 하기 때문에 양팔을 한껏 펼쳐 회전 관성을 크게 만드는 것이 유리하다.

★28

오답률 1위 ▶ 65.1%

> 사진 찍기로 세운 전략! ✏️

윗글로 미루어 알 수 있는 내용으로 적절한 것은?

① 정지되어 있는 물체는 회전 관성이 클수록 회전시키기 쉽다.
② 회전하는 팽이는 외부에서 가해지는 돌림힘의 작용 없이 회전을 멈출 수 있다.
③ 지면과의 마찰은 회전하는 팽이의 회전 관성을 작게 만들어 팽이의 각운동량을 줄어들게 한다.
④ 크기와 질량이 동일한, 속이 빈 쇠공과 속이 찬 플라스틱 공이 자전할 때 회전 관성은 쇠공이 더 크다.
⑤ 회전하는 하나의 시곗바늘 위의 두 점 중 회전축에 가까이 있는 점이 멀리 있는 점보다 각속도가 작다.

*29

윗글을 바탕으로 〈보기〉를 이해한 내용으로 적절한 것은? [3점]

사진 찍기로 세운 전략!✏️

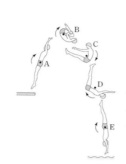

〈 보 기 〉

다이빙 선수가 발판에서 점프하여 공중회전하며 A~E 단계를 거쳐 1.5바퀴 회전하여 입수하고 있다. 여기에서 검은점은 회전 운동의 회전축을 나타내며 회전 운동은 화살표 방향으로만 진행된다. 단, 다이빙 선수가 공중에 머무는 동안은 외부에서 돌림힘이 작용하지 않는다고 간주한다.

① A보다 B에서 다이빙 선수의 각운동량이 더 크겠군.
② B보다 D에서 다이빙 선수의 질량 요소들의 합은 더 작겠군.
③ A~E의 다섯 단계 중 B 단계에서 다이빙 선수는 가장 작은 각속도를 갖겠군.
④ C에서 E로 진행함에 따라 다이빙 선수의 팔과 다리가 펼쳐지면서 회전 관성이 작아지겠군.
⑤ B 단계부터 같은 자세로 회전 운동을 계속하여 입수한다면 다이빙 선수는 1.5바퀴보다 더 많이 회전하겠군.

잘되라고 주는 **숙제** 3　　 **66** 수업 시간에 다루지 않아. 배운 대로 적용 연습하면 되는 거야. **99**　　❋ 정답 10쪽

2013학년도 6월 모의평가

일반적으로 대기 중에서 만들어질 수 있는 물기둥의 최대 높이는 10m 정도이다. 그런데 지구상의 나무 중에는 그 높이가 110m를 넘는 것들도 있다. 어떻게 뿌리에서 흡수된 물이 높이 110m의 나무 꼭대기에까지 전달될 수 있는 것일까?

대기 중의 수분 농도는 잎의 수분 농도보다 낮기 때문에 물이 잎의 표피에 있는 기공을 통하여 대기 중으로 확산되는데, 이를 증산 작용이라고 한다. 기공을 통해 물이 빠져나가면 물의 통로가 되는 조직인 물관부 내부에 물을 끌어올리는 장력이 생기며, 이에 따라 물관부의 물기둥이 위로 끌려 올라가게 된다. 이때 물기둥이 끊어지지 않고 끌려 올라갈 수 있는 것은 물의 강한 응집력 때문이다. 물의 응집력이 물관부에서 발생하는 장력보다 크기 때문에 물기둥이 뿌리에서부터 잎까지 끊어지지 않고 마치 끈처럼 연결되어 올라가는 것이다. 물관부에서 물 수송이 이루어지도록 하는 이러한 작용을 '증산 ― 장력 ― 응집력' 메커니즘이라 한다.

㉠이 메커니즘은 수분 퍼텐셜로 설명할 수 있다. 수분 퍼텐셜은 토양이나 식물체가 포함하고 있는 물의 양을 에너지 개념으로 바꾼 것으로, 물이 이동할 수 있는 능력을 나타낸다. 단위로는 파스칼(Pa, $1MPa = 10^6Pa$)을 사용한다. 물은 수분 퍼텐셜이 높은 쪽에서 낮은 쪽으로 별도의 에너지 소모 없이 이동한다. 순수한 물의 수분 퍼텐셜은 0MPa인데, 압력이 낮아지거나 용질*이 첨가되어 이온 농도가 높아지면 수분 퍼텐셜이 낮아진다. 토양의 수분 퍼텐셜은 -0.01 ~ -3MPa, 대기의 수분 퍼텐셜은 -95MPa 정도이다. 일반적으로 토양에서 뿌리, 줄기, 잎으로 갈수록 수분 퍼텐셜이 낮아지고, 그에 따라 물은 뿌리에서 줄기를 거쳐 잎에 도달한 후 기공을 통해 대기 중으로 확산된다.

기공의 개폐는 잎 표면에 있는 한 쌍의 공변세포에 의해 이루어진다. 빛의 작용으로 공변세포 내부의 이온 농도가 높아지면 수분 퍼텐셜이 낮아지고, 그에 따라 물이 공변세포로 들어와 기공이 열린다. 그러면 식물은 대기 중의 이산화 탄소를 흡수하여 광합성을 통해 포도당을 생산할 수 있다. 문제는 식물이 이산화 탄소를 흡수하기 위해 기공을 열면 물이 손실되고, 반대로 물 손실을 막기 위해 기공을 닫으면 이산화 탄소를 포기해야 하는 데 있다. 물과 포도당이 모두 필요한 식물은, 이러한 딜레마를 해결하기 위해 광합성에 필요한 햇빛이 있는 낮에는 기공을 열고 그렇지 않은 밤에는 기공을 닫아서 이산화 탄소의 흡수와 물의 배출을 조절하는 시스템을 만들어 냈다. 그 결과 기공의 개폐는 일정한 주기를 가지게 된다.

* 용질: 용액에 녹아 있는 물질.

23

윗글의 내용과 일치하지 <u>않는</u> 것은?

① 기공의 개폐는 빛의 영향을 받는다.
② 광합성의 결과로 포도당이 만들어진다.
③ 기공이 열리면 식물 내부의 이산화 탄소가 손실된다.
④ 증산 작용으로 물관부 내의 물기둥에 장력이 발생한다.
⑤ 물의 응집력으로 인해 물관부 내의 물기둥이 끊어지지 않는다.

사진 찍기로 세운 전략! ✏

24

㉠의 내용으로 옳은 것만을 〈보기〉에서 있는 대로 고른 것은?

〈 보 기 〉
ⓐ 뿌리의 수분 퍼텐셜이 토양의 수분 퍼텐셜보다 낮아 물이 토양에서 뿌리로 이동한다.
ⓑ 줄기의 물이 잎으로 이동하면 줄기의 수분 퍼텐셜이 낮아져 뿌리의 물이 줄기로 이동한다.
ⓒ 증산 작용으로 잎의 수분이 공기 중으로 빠져나가면 잎의 수분 퍼텐셜이 낮아져 줄기의 물이 잎으로 이동한다.
ⓓ 광합성이 일어나는 동안에는 잎의 수분 퍼텐셜이 대기의 수분 퍼텐셜보다 낮아진다.

① ⓐ, ⓑ
② ⓐ, ⓓ
③ ⓒ, ⓓ
④ ⓐ, ⓑ, ⓒ
⑤ ⓑ, ⓒ, ⓓ

*25

오답률 2위 ▶ 52.0%

일출부터 일몰까지의 '잎'의 수분 퍼텐셜을 나타낸 그래프로 윗글의 내용에 부합하는 것은?

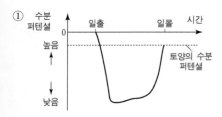

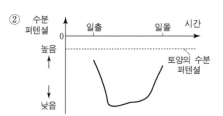

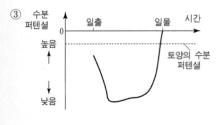

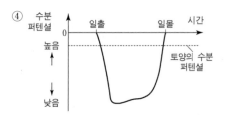

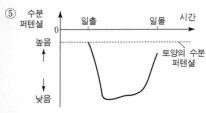

5 Day

문제와 지문을 엮는
출제자의 클래스

들어는 봤나, '출제자의 눈'
그런 거 있으면 사고 싶다고?
안 사도 가질 수 있는데?
연습하면 다 됨.
출제자는 문제를 위해 지문을 구성해.
묻고 싶은 문제를 위해 어떻게 지문을 만들었는지를 보자고.

선생님, 감사합니다~.
독서 영역의 문제 패턴 6가지를 알아 두니 든든해요!

 알기만 하는 건 아무 의미 없는 거 알지?

그럼요~. ㅋㅋ 그런데 독서는 문제 패턴만 알아 두면 되나요?

 그럴 리가~. ㅎㅎ

뉘에? 뭐가 또 있어요? ㅠㅠ

 지문에도 패턴이 있지~. 출제자가 물어보고 싶었던 문제에 따라 지문의
패턴도 결정돼. 그걸 알아볼 수 있는 눈을 '출제자의 눈'이라고 불러.

출제자의 눈이 있으면 참 편하겠어요. ㅋㅋㅋ

① 문제를 해결하기 위한 정보를 지문에서 찾는다.

② 지문에서 찾은 정보들이 어떤 패턴인지 안다.

우린 단 세 시간 동안 독서 영역에 번갈아 가며 반드시 출제되는

문제 패턴 여섯 개를 공부했어. 까먹지 마라, 까먹지 마라.

사진 찍기와 내비게이션을 위해서는

문제를 딱! 보고 아항! 직관적으로 패턴을 파악할 수 있는 실력이 돼야 한다.

그럼 복습, 독서 영역의 단골 출제 패턴 여섯 개는?

패턴 1 ☐☐ 정보 파악 문제

패턴 2 ☐☐☐ 방식 파악 문제

패턴 3 세부 정보 ☐☐ (미루어 알기) 문제

패턴 4 이유나 ☐☐ (or 생략된 ☐☐) 추론 문제

패턴 5 ☐☐의 적절성 판단 문제

패턴 6 구체적 ☐☐ (사례)에 적용 문제

OK! 그럼 이 시간에는

문제와 지문을 연결해 주는 출제 요소 패턴을 알아보는 연습 START!

"

선생님은 요즘 학교에서 울 고3들 자습 지도할 때,
완전 '한석봉 엄마'의 마음으로 ㅎㅎ
"난 떡을 썰 테니, 넌 글을 쓰거라."가 아니라
"난 교재를 쓸 테니, 넌 문제를 풀어라."
수업을 듣기 위해 예습할 때마다 생각해.
'내가 이 문제를 풀 때 혜정 샘도 날 위해 교재를 만들고,
같은 마음으로 공부하고 수업을 준비하고 있다'는 거.
너 혼자 공부하고 있는 게 절대 아니라는 거.
나도 죽겠다. ㅎㅎ

"

♪♪ 힘이 들 때 하늘을 봐아~
나는 하양~상 혼자가 아니얌~ ♫
우리 같이 힘내서
예습할까? ^^

| TODAY's 목표 확인 | 너의 예습 Time! | 국어 성적 갱생 포인트 공개 | Show me the 시범~ |

문제와 지문을 엮는 출제자의 클래스 ▶▶▶ 출제자의 눈을 나도 GET할 수 있다.

> 아, 진짜 또 말하려니 입 아프다.
> 기출은 '풀이'의 대상이 아니라 '분석'의 대상이다.
> 수험생의 입장에서만 풀고 채점하고 답 맞추고 해설 읽고, 그런 거였어… 하고
> '자, 다음 기출문제 나오세요.' 하지 좀 말라고.
> 출제자의 입장으로 모드 전환!
> 선배 출제자님들은 어떤 패턴의 문제를 냈고, 그에 맞춰 어떤 패턴의 지문을 만들었으며,
> 선지는 또 어떤 패턴으로 구성하는지를 잘 분석해 보라고.
> 마치 내가 다음 해 수능 출제자가 된 것처럼 말이야.
> 그래야 '수험생의 눈'이 아닌 '출제자의 눈'이 생기지.
> 출제자의 안경이라도 쓰려면 집중! 휴대폰은 비행기 모드로 전환하라!

출제 요소 패턴 1

개념
특징
사례

✔ **생소한 화제의 개념, 특징, 이해를 돕기 위한 사례**

화제의 ⬚⬚이나, 화제와 관련된 대상의 ⬚⬚을 정의한 내용은 출제 요소가 될 수 있다.
개념을 정의한 후 구체적인 ⬚⬚에 적용해 설명하는 경우가 많다.
내용을 잘 이해했는지 묻는 문제(패턴⬚), 사례에 적용하는 문제(패턴⬚)와 결합.

✔ 핵심적인 용어의 개념을 정의한다.
✔ 구체적인 사례를 들어 이해를 돕는다.
✔ 구체적 사례를 통해 주요 개념의 이해를 돕고 있다.
✔ 개념 정의와 사례 분석을 토대로 주장을 펴고 있다.

출제 요소 패턴 2

관점
차이

✔ **누군가의 관점, 둘 이상의 관점 간 차이점**

다른 사람이나 집단의 ⬚⬚(견해, 주장, 이론)을 소개하며 반박하고, 그를 통해 자신의 관점이나 자신이 옹호하는 관점을 내세운다. 둘 이상의 사람이나 집단의 ⬚⬚을 병렬적으로 제시하기도 한다.
편 가르기가 필요함. 〈보기〉 속 뉴 페이스의 관점과 견주거나 사례에 적용하는 문제(패턴⬚)와 결합.

✔ 문제에 대한 대립적인 두 견해를 소개하고 있다.
✔ 새로운 이론을 통해 기존의 주장을 반박하고 있다.
✔ 새로운 이론을 통해 기존의 주장을 반박하고 재해석한다.
✔ 화제에 대해 서로 다른 관점을 대비하여 설명하고 있다.

출제 요소 패턴 3

과정 차이

✓ **시대의 흐름에 따른 대상의 변천 과정**

화제의 변화 · 발달 ☐☐이 ☐☐의 흐름에 따라 서술되어 있는 방법을 말해. '통시적'이라는 말과 연관되지.

이러한 전개 방식이 활용되면 그 변화 과정과 구분되는 시기 간의 ☐☐☐이 중요해.

내용을 잘 이해했는지 묻는 문제(패턴☐)와 결합.

✓ 이론의 변모 과정에 대한 통시적 고찰

✓ 단어의 의미 변화 과정을 통시적으로 밝히려 했다.

✓ 대상의 형성과 발달 과정을 중심으로 내용을 전개한다.

✓ 전체적으로는 화제에 대한 인식의 변화 과정을 통시적으로 설명하고 있다.

| TODAY's 목표 확인 | 너의 예습 Time! | 국어 성적 갱생 포인트 공개 | Show me the 시범~ |

이제 인문 지문 한 세트를 볼 거야. 아주 쉽지만은 않은 지문!

눈에 보이지 않는 추상적인 화제를 다루는 인문 지문은 어렵게 느껴지기 쉬워.

그럴 때 도움을 받으라고~ 받으라고~ 출제자가 일부러 넣어 주신 것이 바로 사례!

지문 속 사례를 적극적으로 활용해서 개념을 정확하게 이해해야 돼.

이 세트는 세 문제 중에서 두 문제가 사례에 적용해 보는 문제야.

문제의 사례를 이해하기 위해서 지문의 사례를 100% 활용해.

그리고 사례 문제에서 그 근거의 범위는 화제의 '개념', '특징', '관점', '원리'라는 게 Tip!

그럼 이 지문에서는 어떤 정보겠어! 당연히 화제의 개념과 특징이 되겠지!

그리고 대상을 나누어 설명하는 정보가 있다면 대상 간의 관계나 차이점에 대한 설명이 있는지도 찾아봐야 돼.

21 ✎ What pattern is it?

윗글의 내용과 일치하지 <u>않는</u> 것은?

① 정합설에서 참 또는 거짓을 판단하는 기준은 명제들 간의 관계이다.
② 정합설에서 이미 참이라고 인정한 명제와 어떤 새로운 명제가 정합적이면, 그 새로운 명제도 참이다.
③ '정합적이다'를 모순 없음으로 이해했을 때 참이 아닌 명제는 함축으로 이해했을 때에도 참이 아니다.
④ 함축 관계에 있는 명제들은 설명적 연관이 있는 명제들일 수는 있지만 모순 없는 명제들일 수는 없다.
⑤ '정합적이다'를 설명적 연관으로 이해한다고 해도 연관의 긴밀도 문제 때문에 정합설은 아직 한계가 있다.

22 ✎ What pattern is it?

㉮의 사례로 적절한 것은?

① 민수는 은주보다 키가 크다. – 민수는 은주보다 키가 크지 않다.
② 민수는 농구를 좋아한다. – 민수는 농구보다 축구를 좋아한다.
③ 그것은 민수에게 이익이다. – 그것은 민수에게 손해이다.
④ 오늘은 화요일이 아니다. – 오늘은 수요일이 아니다.
⑤ 민수의 말이 옳다. – 은주의 말이 틀리다.

23 ✎ What pattern is it?

〈보기〉의 명제를 참이라고 할 때, 윗글을 바탕으로 추론한 내용으로 적절하지 <u>않은</u> 것은? [3점]

〈 보 기 〉

• 우리 동네 전체가 정전되었다.

① '정합적이다'를 모순 없음으로 이해하면, "우리 동네에는 솔숲이 있다."를 참인 명제로 추가할 수 있다.
② '정합적이다'를 함축으로 이해하면, "우리 집이 정전되었다."를 참인 명제로 추가할 수 있다.
③ '정합적이다'를 설명적 연관으로 이해하면, "예비 전력의 부족으로 전력 공급이 중단됐다."를 참인 명제로 추가할 수 있다.
④ '정합적이다'를 함축으로 이해하면, "우리 동네에는 솔숲이 있다."를 참인 명제로 추가할 수 없다.
⑤ '정합적이다'를 설명적 연관으로 이해하면, "우리 집이 정전되었다."를 참인 명제로 추가할 수 없다.

어떤 명제가 참이라는 것은 무슨 뜻인가? 이 질문에 대한 답변 중 하나가 정합설이다. 정합설에 따르면, 어떤 명제가 참인 것은 그 명제가 다른 명제와 정합적이기 때문이다. 그러면 '정합적이다'는 무슨 의미인가? 정합적이라는 것은 명제들 간의 특별한 관계인데, 이 특별한 관계가 무엇인지에 대해 전통적으로는 '모순 없음'과 '함축', 그리고 최근에는 '설명적 연관' 등으로 정의해 왔다.

먼저 '정합적이다'를 모순 없음으로 정의하는 경우, 추가되는 명제가 이미 참이라고 인정한 명제와 모순이 없으면 정합적이고, 모순이 있으면 정합적이지 않다. 여기서 모순이란 "은주는 민수의 누나이다."와 "은주는 민수의 누나가 아니다."처럼 ㉠동시에 참이 될 수도 없고 또 동시에 거짓이 될 수도 없는 명제들 간의 관계를 말한다. '정합적이다'를 모순 없음으로 정의하는 입장에 따르면, "은주는 민수의 누나이다."가 참일 때 추가되는 명제 "은주는 학생이다."는 앞의 명제와 모순이 되지 않기 때문에 정합적이고, 정합적이기 때문에 참이다. 그런데 '정합적이다'를 모순 없음으로 이해하면, 앞의 예에서처럼 전혀 관계 없는 명제들도 모순이 발생하지 않는다는 이유 하나만으로 모두 정합적이고 참이 될 수 있다는 문제가 생긴다.

이 문제를 해결하기 위해서 '정합적이다'를 함축으로 정의하기도 한다. 함축은 "은주는 민수의 누나이다."가 참일 때 "은주는 여자이다."는 반드시 참이 되는 것과 같은 관계를 이른다. 명제 A가 명제 B를 함축한다는 것은 'A가 참일 때 B가 반드시 참'이라는 의미이다. '정합적이다'를 함축으로 이해하면, 명제 "은주는 민수의 누나이다."가 참일 때 이와 무관한 명제 "은주는 학생이다."는 모순이 없다고 해도 정합적이지 않다. 왜냐하면 "은주는 학생이다."는 "은주는 민수의 누나이다."에 의해 함축되지 않기 때문이다.

그런데 '정합적이다'를 함축으로 정의할 경우에는 참이 될 수 있는 명제가 과도하게 제한된다. 그래서 '정합적이다'를 설명적 연관으로 정의하기도 한다. 명제 "민수는 운동 신경이 좋다."는 "민수는 농구를 잘한다."는 명제를 함축하지는 않지만, 민수가 농구를 잘하는 이유를 그럴듯하게 설명해 준다. 그 역의 관계도 마찬가지이다. 두 경우 각각 설명의 대상이 되는 명제와 설명해 주는 명제 사이에는 서로 설명적 연관이 있다고 말한다. 설명적 연관이 있는 두 명제는 서로 정합적이기 때문에 그중 하나가 참이면 추가되는 다른 하나도 참이다. 설명적 연관으로 '정합적이다'를 정의하게 되면 함축 관계를 이루는 명제들까지도 포괄할 수 있는 장점이 있다. 함축 관계를 이루는 명제들은 필연적으로 설명적 연관이 있기 때문이다. '정합적이다'를 설명적 연관으로 정의하면, 함축으로 이해하는 것보다는 많은 수의 명제를 참으로 추가할 수 있다.

그러나 설명적 연관이 정확하게 어떤 의미인지, 그리고 그 연관의 긴밀도가 어떻게 측정될 수 있는지는 아직 완전히 해결되지 않은 문제이다. 이 문제와 관련된 최근 연구는 확률 이론을 활용하여 정합설을 발전시키고 있다.

제대로 풀어 보기!

✿ 정답 1쪽

 21 명제들 간의 관계라……. 눈에 보이지 않는 추상적 관념들 간의 관계를 설명했으니 쉽지 않겠지.
정신이 안드로메다로 날아갈 것 같아도 정신줄 놓지 말고 지문에 집중해야 돼.
추상적인 내용의 지문은 사례를 잘 활용해야 돼.
사례를 통해 개념을 잘 이해하도록 하자.
'내용 일치 문제(패턴)'는 독서 파트에서 가장 기본적인 패턴 문제지만,
의외로 이 패턴의 오답률이 높을 때가 종종 있어.
지문의 내용 파악이 어려울 때 그래. 이 문제가 바로 오답률 높은 패턴1 문제였어.

★21

오답률 5위 ▶ 41.7%

윗글의 내용과 일치하지 <u>않는</u> 것은?

출제자의 Pick	출제자의 눈은 여기에!	출제 요소 패턴✏
① **정합설**에서 참 또는 거짓을 판단하는 기준은 명제들 간의 관계이다.	1 정합설에 따르면, 어떤 명제가 참인 것은 그 명제가 다른 명제와 정합적이기 때문이다. 그러면 '정합적이다'는 무슨 의미인가? 정합적이라는 것은 명제들 간의 특별한 관계인데,	'정합적이다'의 ☐☐
② **정합설**에서 이미 참이라고 인정한 명제와 어떤 새로운 명제가 정합적이면, 그 새로운 명제도 참이다.	1 정합설에 따르면, 어떤 명제가 참인 것은 그 명제가 다른 명제와 정합적이기 때문이다.	정합설의 ☐☐
③ '정합적이다'를 **모순 없음**으로 이해했을 때 참이 아닌 명제는 **함축**으로 이해했을 때에도 참이 아니다.	2 여기서 모순이란 "은주는 민수의 누나이다."와 "은주는 민수의 누나가 아니다."처럼 동시에 참이 될 수도 없고 또 동시에 거짓이 될 수도 없는 명제들 간의 관계를 말한다. '정합적이다'를 모순 없음으로 정의하는 입장에 따르면, "은주는 민수의 누나이다."가 참일 때 추가되는 명제 "은주는 학생이다."는 앞의 명제와 모순이 되지 않기 때문에 정합적이고, 정합적이기 때문에 참이다. 3 함축은 "은주는 민수의 누나이다."가 참일 때 "은주는 여자이다."는 반드시 참이 되는 것과 같은 관계를 이른다. 명제 A가 명제 B를 함축한다는 것은 'A가 참일 때 B가 반드시 참'이라는 의미이다.	모순의 ☐☐, ☐☐ 함축의 ☐☐, ☐☐
④ **함축 관계**에 있는 명제들은 **설명적 연관**이 있는 명제들일 수는 있지만 **모순 없는 명제들**일 수는 없다.	2 모순이란 ~ 동시에 참이 될 수도 없고 또 동시에 거짓이 될 수도 없는 명제들 간의 관계를 말한다. 3 명제 A가 명제 B를 함축한다는 것은 'A가 참일 때 B가 반드시 참'이라는 의미이다. 4 설명적 연관으로 '정합적이다'를 정의하게 되면 함축 관계를 이루는 명제들까지도 포괄할 수 있는 장점이 있다. 함축 관계를 이루는 명제들은 필연적으로 설명적 연관이 있기 때문이다.	모순의 ☐☐ 함축의 ☐☐ 설명적 연관으로 정의하는 경우의 ☐☐
⑤ '정합적이다'를 **설명적 연관**으로 이해한다고 해도 연관의 긴밀도 문제 때문에 정합설은 아직 **한계**가 있다.	5 그러나 설명적 연관이 정확하게 어떤 의미인지, 그리고 그 연관의 긴밀도가 어떻게 측정될 수 있는지는 아직 완전히 해결되지 않은 문제이다.	설명적 연관으로 정의하는 경우의 ☐☐점

22 ㉮는 '동시에 참이 될 수도 없고 또 동시에 거짓이 될 수도 없는 명제들 간의 관계'야.
즉 모순 관계를 말하는 거지. 사례를 통해 개념을 잘 이해해야 하는 문제인 거야. '개념-사례' 패턴!

22

㉮의 사례로 적절한 것은?

┌─ 출제자의 눈은 여기에! ─

[2] 여기서 모순이란 "은주는 민수의 누나이다."와 "은주는 민수의 누나가 아니다."처럼 ㉮**동시에 참이 될 수도 없고 또 동시에 거짓이 될 수도 없는 명제들 간의 관계**를 말한다.

출제자의 Pick	출제자의 눈은 여기에!			출제 요소 패턴✎
① 민수는 은주보다 키가 크다. — 민수는 은주보다 키가 크지 않다.	**조건 1** 동시에 참이 될 수 없다.	○ ×		
	조건 2 동시에 거짓이 될 수 없다.	○ ×		
② 민수는 농구를 좋아한다. — 민수는 농구보다 축구를 좋아한다.	**조건 1** 동시에 참이 될 수 없다.	○ ×		
	조건 2 동시에 거짓이 될 수 없다.	○ ×		
③ 그것은 민수에게 이익이다. — 그것은 민수에게 손해이다.	**조건 1** 동시에 참이 될 수 없다.	○ ×		모순의 □□ , □□
	조건 2 동시에 거짓이 될 수 없다.	○ ×		
④ 오늘은 화요일이 아니다. — 오늘은 수요일이 아니다.	**조건 1** 동시에 참이 될 수 없다.	○ ×		
	조건 2 동시에 거짓이 될 수 없다.	○ ×		
⑤ 민수의 말이 옳다. — 은주의 말이 틀리다.	**조건 1** 동시에 참이 될 수 없다.	○ ×		
	조건 2 동시에 거짓이 될 수 없다.	○ ×		

Tip 지문 속 사례를 선지의 사례와 대응시켜라.

"<u>은주는</u> <u>민수의 누나이다</u>."와 "<u>은주는</u> <u>민수의 누나가 아니다</u>."
　A는　　　　B이다　　　　A는　　　　B가 아니다.

✓ ❶ <u>민수는</u> <u>은주보다 키가 크다</u>. – <u>민수는</u> <u>은주보다 키가 크지 않다</u>.
　　A는　　　　B이다　　　　　A는　　　　B가 아니다.

② <u>민수는</u> 농구를 좋아한다. – <u>민수는</u> 농구보다 축구를 좋아한다.
③ <u>그것은</u> 민수에게 이익이다. – <u>그것은</u> 민수에게 손해이다.
④ <u>오늘은</u> 화요일이 아니다. – <u>오늘은</u> 수요일이 아니다.
⑤ <u>민수의 말이</u> 옳다. – <u>은주의 말이</u> 틀리다.

23

〈보기〉의 명제를 참이라고 할 때, 윗글을 바탕으로 추론한 내용으로 적절하지 <u>않은</u> 것은? [3점]

〈 보 기 〉

• 우리 동네 전체가 정전되었다. → 참

출제자의 Pick	출제자의 눈은 여기에!	출제 요소 패턴
① '정합적이다'를 **모순 없음**으로 이해하면, **"우리 동네에는 솔숲이 있다."**를 **참**인 명제로 추가할 수 **있**다.	② 먼저 '정합적이다'를 모순 없음으로 정의하는 경우, 추가되는 명제가 이미 참이라고 인정한 명제와 모순이 없으면 정합적이고, 모순이 있으면 정합적이지 않다. 여기서 모순이란 "은주는 민수의 누나이다."와 "은주는 민수의 누나가 아니다."처럼 동시에 참이 될 수도 없고 또 동시에 거짓이 될 수도 없는 명제들 간의 관계를 말한다.	모순 없음으로 정의하는 경우
② '정합적이다'를 **함축**으로 이해하면, **"우리 집이 정전되었다."**를 참인 명제로 추가할 수 **있**다.	③ 이 문제를 해결하기 위해서 '정합적이다'를 함축으로 정의하기도 한다. 함축은 "은주는 민수의 누나이다."가 참일 때 "은주는 여자이다."는 반드시 참이 되는 것과 같은 관계를 이룬다. 명제 A가 명제 B를 함축한다는 것은 'A가 참일 때 B가 반드시 참'이라는 의미이다.	함축으로 정의하는 경우
③ '정합적이다'를 **설명적 연관**으로 이해하면, **"예비 전력의 부족으로 전력 공급이 중단됐다."**를 **참**인 명제로 추가할 수 **있**다.	④ 명제 "민수는 운동 신경이 좋다."는 "민수는 농구를 잘한다."는 명제를 함축하지는 않지만, 민수가 농구를 잘하는 이유를 그럴듯하게 설명해 준다. 그 역의 관계도 마찬가지이다. 두 경우 각각 설명의 대상이 되는 명제와 설명해 주는 명제 사이에는 서로 설명적 연관이 있다고 말한다. 설명적 연관이 있는 두 명제는 서로 정합적이기 때문에 그중 하나가 참이면 추가되는 다른 하나도 참이다.	설명적 연관으로 정의하는 경우
④ '정합적이다'를 **함축**으로 이해하면, **"우리 동네에는 솔숲이 있다."**를 참인 명제로 추가할 수 **없**다.	③ 이 문제를 해결하기 위해서 '정합적이다'를 함축으로 정의하기도 한다. 함축은 "은주는 민수의 누나이다."가 참일 때 "은주는 여자이다."는 반드시 참이 되는 것과 같은 관계를 이룬다. 명제 A가 명제 B를 함축한다는 것은 'A가 참일 때 B가 반드시 참'이라는 의미이다. '정합적이다'를 함축으로 이해하면, 명제 "은주는 민수의 누나이다."가 참일 때 이와 무관한 명제 "은주는 학생이다."는 모순이 없다고 해도 정합적이지 않다. 왜냐하면 "은주는 학생이다."는 "은주는 민수의 누나이다."에 의해 함축되지 않기 때문이다.	함축으로 정의하는 경우
⑤ '정합적이다'를 **설명적 연관**으로 이해하면, **"우리 집이 정전되었다."**를 참인 명제로 추가할 수 **없**다.	④ 설명적 연관으로 '정합적이다'를 정의하게 되면 함축 관계를 이루는 명제들까지도 포괄할 수 있는 장점이 있다. 함축 관계를 이루는 명제들은 필연적으로 설명적 연관이 있기 때문이다.	설명적 연관으로 정의하는 경우

결국 이거다. 지문을 보면서 바로 이걸 알아볼 수 있어야 하는 것!

지문	문제
① ▶ **참에 대한 문답** 　– 문: 어떤 명제가 참이라는 것은 무슨 뜻인가? 　　답: 어떤 명제가 참인 것은 그 명제가 다른 명제와 정합적이기 때문임.(정합설) ▶ **'정합적이다'의 의미에 대한 문답** 　– 문: '정합적이다'는 무슨 의미인가? 　　답: 명제들 간의 특별한 관계 ┬ 모순 없음 　　　　　　　　　　　　　 ├ 함축 　　　　　　　　　　　　　 └ 설명적 연관	'정합적이다'의 개념
② ▶ **'정합적이다'를 '모순 없음'으로 정의하는 경우** 　: 추가되는 명제가 이미 참이라고 인정한 명제와 모순이 없으면 정합적이고, 모순이 있으면 정합적이지 않음. ▶ **'모순'의 개념**: 동시에 참이 될 수도 없고 또 동시에 거짓이 될 수도 없는 명제들 간의 관계. ▶ **'모순'의 사례**: "은주는 민수의 누나이다."와 "은주는 민수의 누나가 아니다." ▷ **'정합적이다'를 '모순 없음'으로 정의하는 경우의 문제점** 　: "은주는 민수의 누나이다."가 참이다. 　→ 추가되는 명제 "은주는 학생이다."는 정합적이므로 참이다. 　　(왜? 앞의 명제와 모순이 되지 않기 때문에) 　∴ 전혀 관계가 없는 명제들도 모순이 발생하지 않는다는 이유 하나만으로 모두 정합적이고 참이 될 수 있다는 게 문제!	모순 없음의 개념과 사례, 문제점
③ ▷ **'정합적이다'를 '모순 없음'으로 정의하는 경우의 문제점 해결 방법**: '정합적이다'를 함축으로 정의함. ▶ **'함축'의 개념과 사례**: "은주는 민수의 누나이다."가 참일 때 "은주는 여자이다."는 반드시 참이 되는 것과 같은 관계. 명제 A가 명제 B를 함축한다는 것은 'A가 참일 때 B가 반드시 참'이라는 의미.	함축의 개념과 사례
④ ▷ **'정합적이다'를 함축으로 정의하는 경우의 문제점** 　: 참이 될 수 있는 명제가 과도하게 제한되는 게 문제! ▷ **'정합적이다'를 함축으로 정의하는 경우의 문제점 해결**: '정합적이다'를 설명적 연관으로 정의함. ▶ **설명적 연관의 개념과 사례**: 명제 "민수는 운동 신경이 좋다."는 "민수는 농구를 잘한다."는 명제를 함축하지는 않지만, 민수가 농구를 잘하는 이유를 그럴듯하게 설명해 준다. 그 역의 관계도 마찬가지임. 두 경우 각각 설명의 대상이 되는 명제와 설명해 주는 명제 사이에는 서로 설명적 연관이 있다고 말함. ▶ **설명적 연관이 있는 두 명제의 특징**: 설명적 연관이 있는 두 명제는 서로 정합적이기 때문에 그중 하나가 참이면 추가되는 다른 하나도 참임. ▶ **'정합적이다'를 설명적 연관으로 정의하는 경우의 장점** 　– 함축 관계를 이루는 명제들까지도 포괄할 수 있음.(왜? 함축 관계를 이루는 명제들은 필연적으로 설명적 연관이 있기 때문임.) 　– 함축으로 이해하는 것보다는 많은 수의 명제를 참으로 추가할 수 있음.	설명적 연관의 개념과 사례, 장점
⑤ ▶ **설명적 연관으로 '정합적이다'를 정의하는 경우의 문제점** 　– 설명적 연관이 정확하게 어떤 의미인지, 그리고 그 연관의 긴밀도가 어떻게 측정될 수 있는지는 아직 완전히 해결되지 않은 문제임. 　– 이 문제와 관련된 최근 연구는 확률 이론을 활용하여 정합설을 발전시키고 있음.	설명적 연관의 문제점

Self check

① 출제자가 반복해서 출제하는 **문제 패턴**을 안다. ⎯⎯⎯⎯⎯⎯⎯⎯⎯⎯ ◯ Yes

② 출제자가 반복해서 묻고 싶어 하는 **출제 요소 패턴**을 안다. ⎯⎯⎯⎯⎯ ◯ Yes

③ 지문을 읽으면서 내가 아는 **출제 요소 패턴**들을 찾아 가며 읽는다. ⎯ ◯ Yes

④ 문제 속 출제 요소 패턴과 지문 속 출제 요소 패턴을 **연결**한다. ⎯⎯⎯ ◯ Yes

잘되라고 주는 **숙**제 1 　　66 수업 시간에 다루지 않아. 배운 대로 적용 연습하면 되는 거야. 99 　　　❀ 정답 11쪽

2014학년도 6월 모의평가 (B형)

　사람의 눈이 원래 하나였다면 세계를 입체적으로 지각할 수 있었을까? 입체 지각은 대상까지의 거리를 인식하여 세계를 3차원으로 파악하는 과정을 말한다. 입체 지각은 눈으로 들어오는 시각 정보로부터 다양한 단서를 얻어 이루어지는데 이를 양안 단서와 단안 단서로 구분할 수 있다. 양안 단서는 양쪽 눈이 함께 작용하여 얻어지는 것으로, 양쪽 눈에서 보내오는, 시차(視差)*가 있는 유사한 상이 대표적이다. 단안 단서는 한쪽 눈으로 얻을 수 있는 것인데, 사람은 단안 단서만으로도 이전의 경험으로부터 추론에 의하여 세계를 3차원으로 인식할 수 있다. 망막에 맺히는 상은 2차원이지만 그 상들 사이의 깊이의 차이를 인식하게 해 주는 다양한 실마리들을 통해 입체 지각이 이루어진다.

　동일한 물체가 크기가 다르게 시야에 들어오면 우리는 더 큰 시각(視角)*을 가진 쪽이 더 가까이 있다고 인식한다. 이렇게 물체의 상대적 크기는 대표적인 단안 단서이다. 또 다른 단안 단서로는 '직선 원근'이 있다. 우리는 앞으로 뻗은 길이나 레일이 만들어 내는 평행선의 폭이 좁은 쪽이 넓은 쪽보다 멀리 있다고 인식한다. 또 하나의 단안 단서인 '결 기울기'는 같은 대상이 집단적으로 어떤 면에 분포할 때, 시야에 동시에 나타나는 대상들의 연속적인 크기 변화로 얻어진다. 예를 들면 들판에 만발한 꽃을 보면 앞쪽은 꽃이 크고 뒤로 가면서 서서히 꽃이 작아지는 것으로 보이는데 이러한 시각적 단서가 쉽게 원근감을 일으킨다.

　어떤 경우에는 운동으로부터 단안 단서를 얻을 수 있다. '운동 시차'는 관찰자가 운동할 때 정지한 물체들이 얼마나 빠르게 움직이는 것처럼 보이는지가 물체들까지의 상대적 거리에 대한 실마리를 제공하는 것이다. 예를 들어 기차를 타고 가다 창밖을 보면 가까이에 있는 나무는 빨리 지나가고 멀리 있는 산은 거의 정지해 있는 것처럼 보인다.

　동물들도 단안 단서를 활용하여 입체 지각을 할 수 있다. 특히 머리의 좌우 측면에 눈이 있는 동물들은 양쪽 눈의 시야가 겹치는 부분이 거의 없어 양안 단서를 활용하지 못한다. 이런 경우에 단안 단서는 입체 지각에서 결정적인 역할을 하게 된다. 가령 어떤 새들은 머리를 좌우로 움직였을 때 정지된 물체가 움직여 보이는 정도에 따라 물체까지의 거리를 파악한다.

*시차: 하나의 물체를 서로 다른 두 지점에서 보았을 때 방향의 차이.

*시각: 물체의 양쪽 끝으로부터 눈에 이르는 두 직선이 이루는 각.

28

윗글로 미루어 알 수 있는 내용이 <u>아닌</u> 것은?

① 두 눈을 가진 동물 중에 단안 단서로만 입체 지각을 하는 동물이 있다.
② 사람이 원래 눈이 하나이더라도 경험을 통해 세계를 입체로 지각할 수 있다.
③ 사람의 경우에 양쪽 눈의 망막에 맺히는 상은 비슷해 보이지만 차이가 있다.
④ 직선 원근을 이용해 입체 지각을 하려면 두 눈에서 보내오는 상을 조합해야 한다.
⑤ 새가 단안 단서를 얻으려고 머리를 움직이는 것은 달리는 기차에서 창밖을 보는 것과 유사한 효과를 낸다.

> 사진 찍기로 세운 전략! ✏️

★29

윗글을 바탕으로 〈보기〉에 대해 이해한 내용으로 적절한 것은? [3점]

오답률 1위 ▶ 60.8%

사진 찍기로 세운 전략!✎

〈 보 기 〉

(가) 다람쥐가 잠자는 여우를 발견하자 여우를 보면서 자신과 여우를 연결하는 선에 대하여 직각 방향으로 움직였다.

(나) 축구공이 빠르게 작아지는 동영상을 보여 줄 때는 가만히 있던 강아지가 축구공이 빠르게 커지는 동영상을 보여 주자 놀라서 도망갔다.

① (가)에서 다람쥐가 한 행동이 입체 지각을 얻기 위한 것이라면 다람쥐는 운동 시차를 이용한 것이라 할 수 있겠군.

② (가)에서 다람쥐가 머리의 좌우 측면에 눈이 있는 동물이라면 양안 단서를 얻기 위해 행동한 것이라고 볼 수 있겠군.

③ (가)에서 다람쥐로부터 여우가 멀리 있을수록 다람쥐에게는 여우가 빠르게 이동하는 것처럼 보이겠군.

④ (나)는 결 기울기가 강아지에게 입체 지각을 일으킬 수 있음을 보여 주는 사례이군.

⑤ (나)에서 강아지의 한쪽 눈을 가렸다면 강아지는 놀라는 행동을 보이지 않았겠군.

기출 분석하는 법을 보여 준다

문제 패턴에 따라 지문의 어떤 정보가 근거로 사용되는지를 꼼꼼하게 분석해 보는 거야.
매력적인 오답에 걸려들었다면, 그 이유까지 꼼꼼히 분석해야 하고.

28

윗글로 미루어 알 수 있는 내용이 <u>아닌</u> 것은?

패턴3처럼 추론해야 알 수 있는 걸 묻는 문제는 '헉, 추론 문제…'라며 으레 어려울 것으로 생각해 겁먹는 사람 꼭 있다. 맞아, 패턴3은 패턴보다는 어렵지. 그러나 추론 문제(패턴3) 또한 내용 일치 문제(패턴)처럼 지문에 있는 근거를 바탕으로 추론할 수 있는지 없는지를 묻는 거야. 기본적으로 접근하는 방법이 크게 다른 건 아니니까 너무 겁먹지 말자고 했지~?

① **두 눈**을 가진 동물 중에 **단안 단서로만 입체 지각**을 하는 동물이 있다. YES

┌─ 출제자의 눈은 여기에! ─
│ ④ **동물들**도 **단안 단서를 활용**하여 **입체 지각을 할 수 있다**. 특히 머리의 좌우 측면에 눈이 있는 동물들은 양쪽 눈의 시야가 겹치는 부분이 거의
│ 없어 **양안 단서를 활용하지 못한다**. 이런 경우에 **단안 단서는 입체 지각에서 결정적인 역할**을 하게 된다.
│ ┄┄┄
│ ✎ '단안 단서'의 기능(=역할)
└─

➡ ④문단에서는 머리의 좌우 측면에 눈이 있어 양안 단서를 활용하지 못하는 동물이 단안 단서로만 입체 지각을 할 수 있다고
   설명했어. 적절한 설명이야.

② 사람이 원래 **눈이 하나**이더라도 **경험**을 통해 세계를 **입체로 지각할 수 있다**. YES

┌─ 출제자의 눈은 여기에! ─
│ ① **사람**은 **단안 단서만으로도** 이전의 **경험으로부터** 추론에 의하여 세계를 **3차원으로 인식할 수 있다**.
│ ┄┄┄
│ ✎ '단안 단서'의 기능
└─

➡ ①문단에 있는 문장을 표현만 달리해서 재진술한 거네. 적절한 설명이야.

┌──
│ **Tip** 선지를 구성하는 방법, 재진술!
│
│ 출제자는 지문의 내용에 근거해서 선지를 구성할 수밖에 없어. 선지를 구성하는 흔한 방법! 지문에 표현돼 있는 어휘를 살짝 바
│ 꿔 넣는 재진술! 지문의 표현과 선지의 표현을 짝지을 수 있어야 돼.
│
│   ┌──
│   │ 지문: 사람은 단안 단서만으로도 이전의 경험으로부터 추론에 의하여 세계를 3차원으로 인식할 수 있다.
│   │
│   │ 선지: 사람이 원래 눈이 하나이더라도 경험을 통해 세계를 입체로 지각할 수 있다.
│   └──
└──

③ 사람의 경우에 **양쪽 눈의 망막에 맺히는 상은** 비슷해 보이지만 **차이가 있다.** YES

- 출제자의 눈은 여기에!

  ④ 양안 단서는 **양쪽 눈이 함께 작용**하여 얻어지는 것으로, 양쪽 눈에서 보내오는, **시차(視差)*가 있는 유사한 상**이 대표적이다.
  * 시차: 하나의 물체를 서로 다른 두 지점에서 보았을 때 방향의 차이.

  ✎ '양안 단서'의 개념과 사례

→ 양쪽 눈에서 보내오는 상은 시차가 있는 유사한 상이라고 했으니 적절한 설명이야.

> **Tip**　선지를 구성하는 방법, 재진술!
>
> 지문에 표현돼 있는 어휘를 살짝 바꿔 넣는 재진술! 지문의 표현과 선지의 표현을 짝지을 수 있어야 돼.
>
> 지문: 양안 단서는 양쪽 눈이 함께 작용하여 얻어지는 것으로, 양쪽 눈에서 보내오는, 시차(視差)가 있는 유사한 상이 대표적이다.
>
> 선지: 사람의 경우에 양쪽 눈의 망막에 맺히는 상은 비슷해 보이지만 차이가 있다.

✓❹ **직선 원근**을 이용해 **입체 지각**을 하려면 **두 눈에서 보내오는 상을 조합**해야 한다. NO

- 출제자의 눈은 여기에!

  ② 또 다른 **단안 단서**로는 '**직선 원근**'이 있다.

  ✎ '단안 단서'의 종류 – '직선 원근'

  ---

  ① **단안 단서는 한쪽 눈으로 얻을 수 있는 것**인데, 사람은 단안 단서만으로도 이전의 경험으로부터 추론에 의하여 세계를 3차원으로 인식할 수 있다.

  ✎ '단안 단서'의 개념과 기능

→ ②문단에서 '직선 원근'은 단안 단서라고 했어. 그럼 단안 단서가 뭐였지? ①문단을 다시 보자. 단안 단서는 '한쪽 눈'으로 얻을 수 있는 거라고 했잖아. 그런데 ④번 선지는 직선 원근을 이용해서 입체 지각을 하려면 '두 눈'에서 보내오는 상을 조합해야 한다고 했으니 틀린 설명이지.

---

⑤ **새가 단안 단서를 얻으려고 머리를 움직이는 것은** 달리는 기차에서 창밖을 보는 것과 유사한 효과를 낸다. YES

- 출제자의 눈은 여기에!

  ④ 동물들도 **단안 단서**를 활용하여 입체 지각을 할 수 있다. ~ 가령 어떤 **새들은 머리를 좌우로 움직였을 때 정지된 물체가 움직여 보이는 정도**에 따라 **물체까지의 거리**를 파악한다.

  ✎ '단안 단서'의 기능

3 어떤 경우에는 운동으로부터 **단안 단서**를 얻을 수 있다. '**운동 시차**'는 관찰자가 운동할 때 정지한 물체들이 얼마나 빠르게 움직이는 것처럼 보이는지가 **물체들까지의 상대적 거리에 대한 실마리를 제공하는 것**이다. 예를 들어 **기차**를 타고 가다 **창밖을 보면** 가까이에 있는 나무는 빨리 지나가고 멀리 있는 산은 거의 정지해 있는 것처럼 보인다.

✎ '운동 시차'의 개념과 사례

➜ 새가 머리를 움직여 정지된 물체가 움직여 보이는 정도에 따라 물체까지의 거리를 파악하는 것, 기차를 타고 가다 창밖을 보고 나무, 산 같은 정지된 물체들이 얼마나 빠르게 움직이는 것처럼 보이는지에 따라 물체들까지의 상대적 거리를 파악하는 것은 모두 단안 단서인 '운동 시차'를 통해 입체 지각을 하는 사례라고 할 수 있으니 적절한 설명이야.

*29

오답률 1위 ▶ 60.8%

윗글을 바탕으로 〈보기〉에 대해 이해한 내용으로 적절한 것은? [3점]

패턴6(구체적 상황(사례)에 적용하기)은 그 근거 범위가 '개념, 특징, 사례', '관점, 차이', '원리, 방법'이라고 했지? 이 문제에서는 특히 '운동 시차'와 '결 기울기'의 개념을 정확하게 이해하고 있었어야 했어. 양귀비도 울고 갈 매력 터지는 오답이 있었으니, 거기에 빠져 허우적거렸던 수험생이 무려 41.4%! 실전에서 오답률 1위에 빛났던 문제야.

〈 보 기 〉

(가) 다람쥐가 **잠자는 여우**를 발견하자 여우를 보면서 자신과 여우를 연결하는 선에 대하여 **직각 방향으로 움직였다**.

➜ 3 똑똑한 다람쥐(?). 정지한 물체인 여우와 자기와의 거리를 알기 위해서 '운동 시차'를 이용하고 있음.

(나) **축구공이 빠르게 작아지는 동영상**을 보여 줄 때는 가만히 있던 강아지가 **축구공이 빠르게 커지는 동영상**을 보여 주자 **놀라서 도망갔다**.

➜ 2 역시 똑똑한 강아지(?). 동일한 물체인 축구공의 크기 변화를 통해 축구공과 자기와의 거리를 파악하고 있음. 축구공이 빠르게 커지는 동영상을 보고 축구공이 날아오는 줄 앎.

✓❶ (가)에서 다람쥐가 한 행동이 **입체 지각**을 얻기 위한 것이라면 다람쥐는 **운동 시차**를 이용한 것이라 할 수 있겠군. YES

━━ 출제자의 눈은 여기에! ━━

3 어떤 경우에는 운동으로부터 단안 단서를 얻을 수 있다. '**운동 시차**'는 관찰자가 운동할 때 **정지한 물체들**이 얼마나 빠르게 움직이는 것처럼 보이는지가 **물체들까지의 상대적 거리에 대한 실마리를 제공**하는 것이다.

✎ '운동 시차'의 개념

➜ 〈보기〉에서 다람쥐가 '자신과 여우를 연결하는 선에 대하여 직각 방향으로' 움직였다고 하니까 '으잉? 다람쥐와 여우를 연결하는 선에 대하여 직각 방향? 음, 이게 무슨 의미가 있지? 뭔가 있어.' 하며 거기에만 꽂혀 고민한 사람? 사실 그건 여기서 중요하지 않았어. 다람쥐가 '여우를 보면서 움직였다'는 게 중요하지. '운동 시차'는 관찰자가 운동할 때 정지한 물체들이 얼마나 빠르게 움직이는 것처럼 보이는지를 통해 물체들까지의 상대적 거리를 파악하는 거잖아. '다람쥐'는 '관찰자'인 거고, 다람쥐가 '움직인 것'이 바로 '운동한 것'이지. '정지한 물체'는 '여우'가 되는 거고. 다람쥐는 움직이면서 여우가 얼마나 빠르게 움직이는 것처럼 보이는지에 따라 '저 자고 있는 여우가 나랑 얼마나 떨어져 있는지'를 파악해 보고 있는 거야. (가)는 바로 '운동 시차'를 이용해서 입체 지각을 얻으려는 똑똑한(?) 다람쥐의 행동인 것이지. 적절한 설명이네.

② (가)에서 다람쥐가 **머리의 좌우 측면에 눈이 있는 동물**이라면 양안 단서를 얻기 위해 행동한 것이라고 볼 수 있겠군. NO

> ─ 출제자의 눈은 여기에! ─
>
> ④ 동물들도 단안 단서를 활용하여 입체 지각을 할 수 있다. 특히 **머리의 좌우 측면에 눈이 있는 동물**들은 양쪽 눈의 시야가 겹치는 부분이 거의 **없어 양안 단서를 활용하지 못한다.**
>
> ✎ '단안 단서'의 기능

➜ ④문단에서 머리의 좌우 측면에 눈이 있는 동물들은 양쪽 눈의 시야가 겹치는 부분이 거의 없어 양안 단서를 활용하지 못한다고 했으니 적절한 설명이 아니야.

③ (가)에서 다람쥐로부터 여우가 **멀리 있을수록** 다람쥐에게는 여우가 **빠르게 이동하는 것처럼** 보이겠군. NO

> ─ 출제자의 눈은 여기에! ─
>
> ③ '운동 시차'는 관찰자가 운동할 때 정지한 물체들이 얼마나 빠르게 움직이는 것처럼 보이는지가 물체들까지의 상대적 거리에 대한 실마리를 제공하는 것이다. 예를 들어 기차를 타고 가다 창밖을 보면 **가까이에 있는 나무는 빨리** 지나가고 **멀리 있는 산은 거의 정지해 있는 것처럼** 보인다.
>
> ✎ '운동 시차'의 개념과 사례

➜ ③문단에서 예로 든 사례를 참고하면 돼. 기차를 타고 가다 창밖을 봤을 때 가까이에 있는 나무는 빨리 지나가고, 멀리 있는 산은 거의 정지해 있는 것처럼 보인다고 했잖아. 여우가 멀리 있을수록 다람쥐에게는 여우가 느리게 이동하는 것처럼 보이겠지. 적절한 설명이 아니야.

④ (나)는 **결 기울기**가 강아지에게 **입체 지각**을 일으킬 수 있음을 보여 주는 사례이군. NO

> ─ 출제자의 눈은 여기에! ─
>
> ② 또 하나의 단안 단서인 '**결 기울기**'는 같은 대상이 **집단적으로 어떤 면에 분포**할 때, 시야에 동시에 나타나는 대상들의 연속적인 크기 변화로 얻어진다. 예를 들면 **들판에 만발한 꽃**을 보면 앞쪽은 꽃이 크고 뒤로 가면서 서서히 꽃이 작아지는 것으로 보이는데 이러한 시각적 단서가 쉽게 **원근감을 일으킨다.**
>
> ✎ '결 기울기'의 개념과 사례

➜ '결 기울기'는 같은 대상이 '집단적'으로 분포할 때 이용할 수 있는 거지. 강아지가 보고 있는 축구공은 하나잖아. 적절한 설명 아님.

⑤ (나)에서 강아지의 **한쪽 눈을 가렸다면** 강아지는 **놀라는 행동을 보이지 않았겠군.** NO

> ─ 출제자의 눈은 여기에! ─
>
> ② 동일한 물체가 크기가 다르게 시야에 들어오면 우리는 더 큰 시각(視角)을 가진 쪽이 더 가까이 있다고 인식한다. 이렇게 **물체의 상대적 크기**는 대표적인 **단안 단서**이다.
>
> ✎ '단안 단서'의 종류(물체의 상대적 크기)

➜ 강아지는 동일한 물체인 축구공의 크기가 달라지는 것처럼 보이는 것을 통해 축구공과의 거리를 파악하고 있는 거잖아. ②문단에서 이런 '물체의 상대적 크기'는 대표적인 '단안 단서'라고 했어. 그러니까 강아지의 한쪽 눈을 가렸다고 해도 강아지는 축구공이 빠르게 커지는 동영상을 보고 축구공이 빠르게 날아오는 것으로 인식해 깜놀했을 거야. 그러니까 적절한 설명 아니야.

매력적인 오답에 빠지는 이유

이 문제는 오답률이 1위였던 문제야. 정답을 골라낸 수험생이 39.2%밖에 안 됐는데, ④번을 골라서 틀린 수험생이 무려 41.4%나 됐어. 왜... 왜 그랬을까?

지문에서 설명한 개념에 대한 이해가 부족했어. ② 문단에서는 단안 단서의 종류를 '상대적 크기', '직선 원근', '결 기울기'로 나누어서 설명했거든. 그런데 그중에서 '상대적 크기'와 '결 기울기'의 개념을 혼동한 거야. 아마 지문에 '상대적 크기'의 사례를 제시했다면 이 문제의 정답률은 확 올라갔겠지.

> ② **동일한 물체가 크기가 다르게** 시야에 들어오면 우리는 **더 큰 시각(視角)**을 가진 쪽이 **더 가까이 있다**고 인식한다. 이렇게 물체의 상대적 크기는 대표적인 단안 단서이다.

> ② 또 하나의 단안 단서인 '결 기울기'는 같은 대상이 **집단적으로 어떤 면에 분포**할 때, 시야에 **동시에 나타나는 대상들**의 **연속적인 크기 변화**로 얻어진다. 예를 들면 들판에 만발한 꽃을 보면 **앞쪽은 꽃이 크고 뒤로 가면서 서서히 꽃이 작아지는 것**으로 보이는데 이러한 시각적 단서가 쉽게 원근감을 일으킨다.

그래서 지문에서 **개념**을 설명하는 정보는 중요하고 또 중요한 거야.

결국 이거다. 지문을 보면서 바로 이걸 알아볼 수 있어야 하는 것!

지문	문제
▷ **질문(흥미 유발)**: 사람의 눈이 원래 하나였다면 세계를 입체적으로 지각할 수 있었을까? ▷ **'입체 지각'의 개념**: 대상까지의 거리를 인식하여 세계를 3차원으로 파악하는 과정. ▶ **'양안 단서'의 개념**: 양쪽 눈이 함께 작용하여 얻어지는 시각 정보. 　⑩ 양쪽 눈에서 보내오는, 시차(視差)가 있는 유사한 상. ① ▶ **'단안 단서'의 개념**: 한쪽 눈으로 얻을 수 있는 시각 정보. ▶ **'입체 지각'의 특징** 　– 단안 단서만으로도 이전의 경험으로부터 추론에 의하여 세계를 3차원으로 인식할 수 있음. 　– 망막에 맺히는 상은 2차원이지만 그 상들 사이의 깊이의 차이를 인식하게 해 주는 다양한 실마리들을 통해 입체 지각이 이루어짐.	'양안 단서'의 개념 '단안 단서'의 개념 '입체 지각'의 특징
▶ **'단안 단서'의 종류** ① **물체의 상대적 크기**: 동일한 물체가 크기가 다르게 시야에 들어오면 더 큰 시각(視角)을 가진 쪽이 더 가까이 있다고 인식함. ② ② **직선 원근**: 앞으로 뻗은 길이나 레일이 만들어 내는 평행선의 폭이 좁은 쪽이 넓은 쪽보다 멀리 있다고 인식함. ③ **결 기울기**: 같은 대상이 집단적으로 어떤 면에 분포할 때, 시야에 동시에 나타나는 대상들의 연속적인 크기 변화로 얻어짐. 　⑩ 들판에 만발한 꽃을 보면 앞쪽은 꽃이 크고 뒤로 가면서 서서히 꽃이 작아지는 것으로 보임. → 원근감.	'단안 단서' 구분 ① 물체의 상대적 크기 ② 직선 원근 ③ 결 기울기
④ **운동 시차**: 관찰자가 운동할 때 정지한 물체들이 얼마나 빠르게 움직이는 것처럼 보이는지가 물체들까지의 상대적 거리에 대한 실마리를 제공함. ③ ⑩ 기차를 타고 가다 창밖을 보면 가까이에 있는 나무는 빨리 지나가고 멀리 있는 산은 거의 정지해 있는 것처럼 보임.	④ 운동 시차
▶ **단안 단서(운동 시차)를 활용한 동물들의 입체 지각** – 머리의 좌우 측면에 눈이 있는 동물들은 양쪽 눈의 시야가 겹치는 부분이 거의 없어 양안 단서를 활용하지 못함. ④ ⑩ 어떤 새들은 머리를 좌우로 움직였을 때 정지된 물체가 움직여 보이는 정도에 따라 물체까지의 거리를 파악함.	'운동 시차'를 활용한 사례

잘되라고 주는 **숙**제 2   66 수업 시간에 다루지 않아. 배운 대로 적용 연습하면 되는 거야. 99   ✽ 정답 11쪽

물건을 사용하고 있는 사람이 그 물건의 주인일까? 점유란 물건에 대한 사실상의 지배 상태를 뜻한다. 이에 비해 소유란 어떤 물건을 사용·수익·처분할 수 있는 권리를 가진 상태라고 정의된다. 따라서 점유자와 소유자가 항상 일치하지는 않는다.

[A]   물건을 빌려 쓰거나 보관하고 있는 것을 포함하여 물건을 물리적으로 지배하는 상태를 직접점유라고 한다. 이에 비해 어떤 물건을 빌려 쓰거나 보관하는 사람에게 그 물건의 반환을 청구할 수 있는 권리를 가진 사람도 사실상의 지배를 한다고 볼 수 있다. 이와 같이 반환청구권을 가진 상태를 간접점유라고 한다. 직접점유와 간접점유는 모두 점유에 해당한다. 점유는 소유자를 공시하는 기능도 수행한다. 공시란 물건에 대해 누가 어떤 권리를 가지고 있는지를 알려 주는 것이다. 물건 중에서 피아노, 금반지, 가방 등과 같은 대부분의 동산은 점유에 의해 소유권이 공시된다.

물건의 소유권이 양도되려면, 소유자가 양도인이 되어 양수인과 유효한 양도 계약을 하고 이에 더하여 소유권 양도를 공시해야 한다. ㉠점유로 소유권이 공시되는 동산의 소유권 양도는 점유를 넘겨주는 점유 인도로 공시된다. 양수인이 간접점유를 하여 소유권 이전이 공시되는 경우로서 '점유개정'과 '반환청구권 양도'가 있다. 예를 들어 A가 B에게 피아노의 소유권을 양도하기로 계약하되 사흘간 빌려 쓰는 것으로 합의한 경우, B는 A에게 피아노를 사흘 후 돌려 달라고 요구할 수 있는 반환청구권을 가지게 된다. 이처럼 양도인이 직접점유를 유지하지만, 양수인에게 점유 인도가 이루어진 것으로 간주되는 경우를 점유개정이라고 한다. 한편 C가 자신이 소유한 가방을 D에게 맡겨 두어 이에 대한 반환청구권을 가지게 되었는데, 이 가방의 소유권을 E에게 양도하는 계약을 체결하였다고 하자. 이때 C가 D에게 통지하여 가방 주인이 바뀌었으니 가방을 E에게 반환하라고 알려 주면 D가 보관 중인 가방에 대한 반환청구권은 C로부터 E에게로 넘어간다. 이 경우를 반환청구권 양도라고 한다.

양도인이 소유자가 아니더라도 양수인이 점유 인도를 받으면 소유권을 취득할 수 있을까? 점유로 공시되는 동산의 경우 양수인이 충분히 주의를 했는데도 양도인이 소유자가 아님을 알지 못한 채 양도인과 유효한 계약을 하고, 점유 인도로 공시를 했다면 양수인은 소유권을 취득한다. 이것을 '선의취득'이라 한다. 다만 간접점유에 의한 인도 방법 중 점유개정으로는 선의취득을 하지 못한다. 선의취득으로 양수인이 소유권을 취득하면 원래 소유자는 원하지 않아도 소유권을 상실하게 된다.

반면에 국가가 관리하는 공적 기록인 등기·등록으로 공시되어야 하는 물건은 아예 선의취득 대상이 아니다. ㉡법률이 등록 대상으로 규정한 자동차, 항공기 등의 동산은 등록으로 공시되는 물건이고, ㉢토지·건물과 같은 부동산은 등기로 공시되는 물건이다. 이러한 고가의 재산에 대해 선의취득을 허용하게 되면 원래 소유자의 의사에 반하는 소유권 박탈이 일어나게 된다. 이것은 거래 안전에만 치중하고 원래 소유자의 권리 보호를 경시한 것이 되어 바람직하지 않다고 볼 수 있다.

★27

오답률 2위 ▶ 60.4%

사진 찍기로 세운 전략! 🖊

윗글을 이해한 내용으로 적절하지 <u>않은</u> 것은?

① 가방을 사용하고 있는 사람은 그 가방의 점유자이다.
② 가방을 점유하고 있더라도 그 가방의 소유자가 아닐 수 있다.
③ 가방의 소유권이 유효한 계약으로 이전되려면 점유 인도가 있어야 한다.
④ 가방에 대해 누가 소유권을 가지고 있는지를 알게 해 주는 방법은 점유이다.
⑤ 가방의 소유권을 양도하는 유효한 계약을 체결하면 공시 방법이 갖춰지지 않아도 소유권은 이전된다.

★28

오답률 ▶ 44.4%

[A]에 대한 이해로 가장 적절한 것은?

① 물리적 지배를 해야 동산의 간접점유자가 될 수 있다.
② 간접점유는 피아노 소유권에 대한 공시 방법이 아니다.
③ 하나의 동산에 직접점유자가 있으려면 간접점유자도 있어야 한다.
④ 피아노의 직접점유자가 있으면 그 피아노의 간접점유자는 소유자가 아니다.
⑤ 유효한 양도 계약으로 피아노의 소유자가 되려면 피아노에 대해 직접점유나 간접점유 중 하나를 갖춰야 한다.

사진 찍기로 세운 전략!

★29

오답률 4위 ▶ 59.9%

㉠~㉢을 비교한 내용으로 가장 적절한 것은?

① ㉠은 ㉢과 달리, 국가가 관리하는 공적 기록에 의해 소유권 양도가 공시될 수 있다.
② ㉡은 ㉠과 달리, 원래 소유자의 권리 보호가 거래 안전보다 중시되는 대상이다.
③ ㉢은 ㉠과 달리, 물리적 지배의 대상이 아니므로 점유로 공시될 수 없다.
④ ㉠과 ㉡은 모두 양도인이 소유자가 아니더라도 소유권 이전이 가능하다.
⑤ ㉠과 ㉢은 모두 점유개정으로 소유권 양도가 공시될 수 있다.

★30

오답률 ▶ 50.6%

윗글을 바탕으로 할 때, 〈보기〉를 이해한 내용으로 적절하지 <u>않은</u> 것은? [3점]

〈 보 기 〉

갑과 을은, 갑이 끼고 있었던 금반지의 소유권을 을에게 양도하기로 하는 유효한 계약을 했다. 갑과 을은, 갑이 이 금반지를 보관하다가 을이 요구할 때 넘겨주기로 합의했다. 을은 소유권 양도 계약을 할 때 양도인이 소유자라고 믿었고 양도인이 소유자인지 확인하기 위해 충분히 주의했다. 을은 일주일 후 병과 유효한 소유권 양도 계약을 했고, 갑에게 통지하여 사흘 후 병에게 금반지를 넘겨주라고 알려 주었다.

① 갑이 금반지 소유자였다면, 병이 금반지의 물리적 지배를 넘겨받지 않았으나 병은 소유권을 취득한다.
② 갑이 금반지 소유자였다면, 을은 갑으로부터 물리적 지배를 넘겨받지 않았으나 점유 인도를 받은 것으로 간주된다.
③ 갑이 금반지 소유자가 아니었더라도, 병은 을로부터 을이 가진 소유권을 양도받아 취득한다.
④ 갑이 금반지 소유자가 아니었더라도, 을은 반환청구권 양도로 병에게 점유 인도를 한 것으로 간주된다.
⑤ 갑이 금반지 소유자가 아니었더라도, 병이 계약할 때 양도인이 소유자라고 믿었고 양도인이 소유자인지 확인하기 위해 충분히 주의했다면, 병은 소유권을 취득한다.

66 수업 시간에 다루지 않아. 배운 대로 적용 연습하면 되는 거야. 99 ✽ 정답 12쪽

2021학년도 9월 모의평가

질병을 유발하는 병원체에는 세균, 진균, 바이러스 등이 있다. 생명체의 기본 구조에 속하는 세포막은 지질을 주성분으로 하는 이중층이다. 세균과 진균은 일반적으로 세포막 바깥 부분에 세포벽이 있고, 바이러스의 표면은 세포막 대신 캡시드라고 부르는 단백질로 이루어져 있다. 바이러스의 종류에 따라 캡시드 외부가 지질을 주성분으로 하는 피막으로 덮인 경우도 있다. 한편 진균과 일부 세균은 다른 병원체에 비해 건조, 열, 화학 물질에 저항성이 강한 포자를 만든다.

생활 환경에서 병원체의 수를 억제하고 전염병을 예방하기 위한 목적으로 사용하는 방역용 화학 물질을 '항(抗)미생물 화학제'라 한다. 항미생물 화학제는 다양한 병원체가 공통으로 갖는 구조를 구성하는 성분들에 화학 작용을 일으키므로 광범위한 살균 효과가 있다. 그러나 병원체의 구조와 성분은 병원체의 종류에 따라 완전히 같지는 않으므로, 동일한 항미생물 화학제라도 그 살균 효과는 다를 수 있다.

항미생물 화학제 중 ㉠멸균제는 포자를 포함한 모든 병원체를 파괴한다. ㉡감염방지제는 포자를 제외한 병원체를 사멸시키는 화합물로 병원, 공공시설, 가정의 방역에 사용된다. 감염방지제 중 독성이 약해 사람의 피부나 상처 소독에도 사용이 가능한 항미생물 화학제를 ㉢소독제라 한다. 사람의 세포막도 지질 성분으로 이루어져 있어 소독제라 하더라도 사람의 세포를 죽일 수 있으므로, 눈이나 호흡기 등의 점막에 접촉하지 않도록 주의해야 한다. 따라서 항미생물 화학제는 병원체에 대한 최대의 방역 효과와 인체 및 환경에 대한 최고의 안전성을 확보할 수 있도록 종류별 사용법을 지켜야 한다.

항미생물 화학제의 작용기제는 크게 병원체의 표면을 손상시키는 방식과 병원체 내부에서 대사 기능을 저해하는 방식으로 나눌 수 있지만, 많은 경우 두 기제가 함께 작용한다. 고농도 에탄올 등의 알코올 화합물은 세포막의 기본 성분인 지질을 용해시키고 단백질을 변성시키며, 병원성 세균에서는 세포벽을 약화시킨다. 또한 알코올 화합물은 지질 피막이 없는 바이러스보다 지질 피막이 있는 병원성 바이러스에서 방역 효과가 크다. 지질 피막은 병원성 바이러스가 사람을 감염시키는 과정에서 중요한 역할을 하기 때문에, 지질을 손상시키는 기능을 가진 항미생물 화학제만으로도 병원성 바이러스에 대한 방역 효과가 있다. 지질 피막의 유무와 관계없이 다양한 바이러스의 감염 예방을 위해서는 하이포염소산소듐 등의 산화제가 널리 사용된다. 병원성 바이러스의 방역에 사용되는 산화제는 바이러스의 공통적인 표면 구조를 이루는 캡시드를 손상시키는 기능이 있어 바이러스를 파괴하거나 바이러스의 감염력을 잃게 한다.

병원체의 표면에 생긴 약간의 손상이 병원체를 사멸시키는 데 충분하지 않더라도, 항미생물 화학제가 내부로 침투하면 살균 효과가 증가한다. 알킬화제와 산화제는 병원체의 내부로 침투하면 필수적인 물질 대사를 정지시킨다. 글루타르알데하이드와 같은 알킬화제가 알킬 작용기를 단백질에 결합시키면 단백질을 변성시켜 기능을 상실하게 하고, 핵산의 염기에 결합시키면 핵산을 비정상 구조로 변화시켜 유전자 복제와 발현을 교란한다. 산화제인 하이포염소산 소듐은 병원체 내에서 불특정한 단백질들을 산화시켜 단백질로 이루어진 효소들의 기능을 비활성화하고 병원체를 사멸에 이르게 한다.

34

윗글에서 답을 찾을 수 있는 질문에 해당하지 <u>않는</u> 것은?

사진 찍기로 세운 전략! 🖋

① 병원성 세균은 어떤 작용기제로 사람을 감염시킬까?
② 알코올 화합물은 병원성 세균의 살균에 효과가 있을까?
③ 바이러스와 세균의 표면 구조는 어떤 차이가 있을까?
④ 병원성 바이러스 감염 예방을 위한 방역에 사용되는 물질에는 무엇이 있을까?
⑤ 항미생물 화학제가 병원체에 대해 광범위한 살균 효과를 나타내는 이유는 무엇일까?

★35

윗글을 읽고 이해한 내용으로 적절하지 <u>않은</u> 것은?

① 고농도 에탄올은 지질 피막이 있는 바이러스에 방역 효과가 있다.

② 하이포염소산 소듐은 병원체의 내부가 아니라 표면의 단백질을 손상시킨다.

③ 진균의 포자는 바이러스에 비해서 화학 물질에 대한 저항성이 더 강하다.

④ 알킬화제는 병원체 내 핵산의 염기에 알킬 작용기를 결합시켜 유전자의 발현을 방해한다.

⑤ 산화제가 다양한 바이러스를 사멸시키는 것은 그 산화제가 바이러스의 공통적인 구조를 구성하는 성분들에 작용하기 때문이다.

36

㉠~㉢에 대한 설명으로 적절한 것은?

① ㉠과 ㉡은 모두, 질병의 원인이 되는 진균의 포자와 바이러스를 사멸시킬 수 있다.

② ㉠과 ㉢은 모두, 생활 환경의 방역뿐 아니라 사람의 상처 소독에 적용 가능하다.

③ ㉡과 ㉢은 모두, 바이러스의 종류에 따라 살균 효과가 달라질 수 있다.

④ ㉠은 ㉡과 달리, 세포막이 있는 병원성 세균은 사멸시킬 수 있으나 피막이 있는 병원성 바이러스는 사멸시킬 수 없다.

⑤ ㉡은 ㉢과 달리, 인체에 해로우므로 사람의 점막에 직접 닿아서는 안 된다.

★37

〈보기〉는 윗글을 읽은 학생이 '가상의 실험 결과'를 보고 추론한 내용이다. [가]에 들어갈 말로 적절하지 <u>않은</u> 것은? [3점]

〈 보 기 〉

◦ **가상의 실험 결과**

항미생물 화학제로 사용되는 알코올 화합물 A를 변환시켜 다음과 같은 결과를 얻었다.

[결과 1] A에서 지질을 손상시키는 기능만을 약화시켜 B를 얻었다.

[결과 2] A에서 캡시드를 손상시키는 기능만을 강화시켜 C를 얻었다.

[결과 3] B에서 캡시드를 손상시키는 기능만을 강화시켜 D를 얻었다.

◦ **학생의 추론**: 화합물들의 방역 효과와 안전성을 비교해 보면, [가] 고 추론할 수 있어.

(단, 지질 손상 기능과 캡시드 손상 기능은 서로 독립적이며, 화합물 A, B, C, D의 비교 조건은 모두 동일하다고 가정함.)

① B는 A에 비해 지질 피막이 있는 바이러스에 대한 방역 효과는 작고, 인체에 대한 안전성은 높다

② C는 A에 비해 지질 피막이 없는 바이러스에 대한 방역 효과는 크고, 인체에 대한 안전성은 같다

③ C는 B에 비해 지질 피막이 있는 바이러스에 대한 방역 효과는 크고, 인체에 대한 안전성은 같다

④ D는 A에 비해 지질 피막이 없는 바이러스에 대한 방역 효과는 크고, 인체에 대한 안전성은 높다

⑤ D는 B에 비해 지질 피막이 없는 바이러스에 대한 방역 효과는 크고, 인체에 대한 안전성은 같다

6 Day

그걸 또 알아보는
수험생의 클래스

이제 '수험생의 눈' 수준에서
'출제자의 눈' 수준으로 가는 거야.
나도 출제자처럼, 선생님처럼, 1등급만 받는 애처럼
지문을 딱 보면 어떤 정보들이 핵심 정보인지,
그 핵심 정보들을
출제자가 이토록 정성스럽게 조직해 놓았음을 딱 알아차리는
그런 수준으로 올라서자고.

자, 생각해 봐. 난 이제까지 기출문제를 풀어 왔던 건지, 분석해 왔던 건지.
기출문제 앞에서 난 그저 수험생이었는지, 출제자 입장에서 문제를 볼 수 있었는지.

완전 그냥 수험생이요. ㅠㅠ 아직 등급은 한참 모자라지만 저도 이제 출제자처럼,
1등급인 애처럼 지문이랑 문제를 볼 거예요!

바로 그 자세야. 지문과 문제를 엮는 출제자의 클래스를 알고,
그걸 또 알아보는 수험생의 클래스로 올라서자공!

상상만 해도 기분 좋네요. 수능 날 국어 1등급 내 시험지! ㅋㅋ

올바른 공부법은 상상을 현실로! 그럼 시작?

넵! 휴대폰은 비행기 모드로~! ㅎㅎㅎ

①
지문을 읽으면
출제자가 뭘 물을지 보인다.

②
예측한 출제 요소를
문제들에서 만난다.

선생님 어렸을 때 '매직아이'라는 게 있었다. 당연히 모... 르지?

가마~~~~ㄴ히 그림을 들여다보고 있으면, 뭔가 그림이나 모양, 글자가 입체로 두둥 떠오르는 건데,

하긴 증강 현실로 책 내용이 막 살아 움직이는 시대에... ㅎ

암튼!

독서 영역의 매직아이, 바로 출제자의 눈!

지문을 읽으면 문제에서 물어볼 만한 출제 요소가 눈에 다 보인다.

두둥, 매직아이처럼 출제 요소가 떠오르는 경지.

'아는 만큼' 보이는 거야. 이 지문에는 어떤 출제 요소가 누워 있을까? 지문을 읽으면서 하나씩 불러 일으키자. '야, 걸렸어!' 하면서.

출제 요소 패턴 1 화제의 ☐☐-☐☐-☐☐

출제 요소 패턴 2 누군가의 ☐☐-☐☐점

출제 요소 패턴 3 ☐☐-차이점

> 이쯤 되면 예습하는 자세가 좀 달라져야 한다.
> 예습은 학생으로서 해야 할 너무나도 당연한 공부의 시작 과정인 것 같다든가,
> 이제는 문제와 지문을 바라보는 자세가 달라졌다든가. ㅎ
> 반복은 습관을 만들고
> 습관은 태도를 만들어.

> 우리가 지금 연습하고 있는 패턴에 따른 접근법,
> 그리고 반복되는 출제 요소 패턴들을 읽어 내는 방법이
> 반복을 통해 습관이 되고, 습관을 넘어 태도가 되면,
> 수능 시험 그날, 그 어떤 난도의 지문과 문제가 나오더라도 흔들리지 않고
> 평소 네가 지문과 문제를 대하던 그 태도, 방법대로 적용할 수 있게 되는 거야.
> 그럼, 습관을 만들기 위한 반복, 시작해 보자.
> 오늘도 심은 대로 그날 거둔다.

TODAY's 목표 확인 〉 너의 예습 Time! 〉 국어 성적 갱생 포인트 공개 〉 Show me the 시범~

문제와 지문을 엮는 출제자의 클래스 ▶▶▶ 출제자의 눈을 나도 GET할 수 있다.

> 이번 수능에도 안 나오면 이상할 만큼 단골인 출제 요소 패턴들을 정리하고,
> 지문을 읽으면서 그 출제 요소들을 자연스럽게 찾아내는 연습을 해 보자.
> 출제자의 안경이라도 쓰려면 집중하라니까~ 휴대폰은 비행기 모드로 전환하라니까!

출제 요소 패턴 4
원리 방법

✔ **복잡한 원리, 작동 방법**

어떤 현상을 설명하는 글에 자주 쓰여. 복잡한 ▢▢를 설명하려다 보면 ▢▢ 관계를 중심으로 설명하게 되는 경우가 많아. 또 단계별 ▢▢을 세세하게 설명할 경우, 제시된 내용이 복잡하고 어렵게 느껴지지. ▢▢-▢▢▢ , ▢▢-▢▢ 의 방법으로 설명한 정보에 주목해야 돼.

지문에서 설명한 원리, 방법을 〈보기〉 속 구체적 사례에 적용하는 문제(패턴6)와 결합.

✔ 대상을 단계별로 나누어 설명한다.
✔ ㉠에 대응하는 것을 [A]의 동영상 압축 과정에서 찾을 때, 가장 적절한 것은?
✔ 그림은 초음파 진단 장치의 작동 과정을 개략적으로 나타낸 것이다. ㉠이 나타나는 단계는?
✔ 윗글과 〈보기〉에 따라 플래시 메모리의 데이터 〈1 0〉을 〈0 1〉로 수정하려고 할 때, 단계별로 전압이 가해질 위치가 옳은 것은? [3점]

출제 요소 패턴 5
구조 기능

✔ **어떤 대상을 이루는 각 구조의 기능**

어떤 하나의 대상을 구성 요소별로 나누어서 설명하는 방법이야. 각 구성 요소가 어떤 기능을 하는지 설명하지. 그림 문제를 통해 전체를 이루는 ▢▢간의 관계나 각 구조의 ▢▢을 묻는 경우가 많아.

세부 정보에 대해 묻는 문제(패턴1, 3)와 〈보기〉 안에 전체 구조와 관련된 그림 자료를 제시한 후, 지문의 내용을 적용해 보라고 하는 문제(패턴6)와 결합.

✔ ㉠의 실내 공간을 이해한 것으로 적절한 것은?
✔ 대상의 구조를 바탕으로 작동 원리를 설명하고 있다.
✔ 윗글에 나타난 여러 장치에 대한 설명으로 적절하지 <u>않은</u> 것은?
✔ [가]에 근거할 때, 〈보기〉의 배수펌프 시스템의 신뢰도를 높이기 위한 물리적인 구조는?

another
출제 요소 패턴들

✔ 문제점 - 해결책
✔ 질문 - 답
✔ 목적, 목표
✔ 기준점
✔ 중요하다. 주목한다. A가 아니라 B

✔ 한계, 의의
✔ 비교, A보다 B가 ~하다. A에 비해 B가 ~하다.
✔ 보조사(만, 도 등), 부사(반드시, 절대로 등)
✔ 접속어
  (하지만, 따라서, 그러므로, 왜냐하면, 결국, 즉 등)

최근 트렌드는 문학보다는 독서 파트에서의 한두 개 지문이 '변별력은 나에게 맡기라'는 듯

고난도 문제들을 포함한다는 거야.

고난도 문항도 문항이지만, 실전 상황에서 읽어 내는 게 쉽지 않은 지문들이 등장한다는 게 더 문제!

그리고 그런 지문들이 복잡한 원리를 포함한 지문일 때가 많다는 것도 더 더 문제!

그렇다면? 대비를 철저히 해야지.

화제와 관련된 '원리'를 설명하는 지문들은 경제나 과학·기술을 다루는 지문에서 자주 만날 수 있어.

원리를 설명하는 글은 '원인'과 '결과'의 관계로 얽힌 정보들이 순차적으로 제시되는 경우가 많기 때문에

정보의 양도 많고 또 복잡해.

게다가 '그래프'나 '그림 자료'가 함께 제시되는 경우가 있어서 더 부담스럽지.

그러나 그런 시각 자료를 잘 이용한다면 지문의 내용을 이해하는 데에 오히려 도움을 받을 수 있다는 것을

기억하고 독해에 잘 활용해야 돼.

'원인-결과', '조건-결과'의 관계를 설명하는 정보들을 찾아 이해하고,

문제에 제시되는 구체적 사례와 그 정보들을 연결하는 연습을 해 보자.

43 ✎ What pattern is it?

'조세전가'에 대해 이해한 내용으로 적절한 것은?

① 소비자나 생산자가 제품 가격의 변화에 어떤 반응을 보이는가에 따라 조세 부담 비중이 달라진다.
② 누구에게 세금이 부과되든 소비자와 생산자가 동시에 조세전가의 혜택을 누린다.
③ 조세전가가 발생하면 그에 따라 물품세의 단위당 조세액이 달라질 수밖에 없다.
④ 생산자에게 조세가 부과될 경우 결국 소비자가 세금을 전액 부담하게 된다.
⑤ 조세전가가 발생하면 시장의 가격 조정 기능이 상실된다.

44 ✎ What pattern is it?

[A]를 〈보기〉와 같이 그래프로 그렸다. 이를 이해한 내용으로 적절하지 <u>않은</u> 것은?

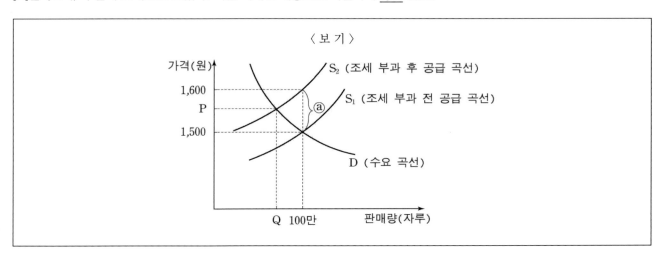

① 조세 부과 후 소비자는 P를 자루당 가격으로 지불한다.
② 조세 부과 후 생산자는 ⓐ를 자루당 조세액으로 납부한다.
③ 조세를 100원에서 50원으로 줄이면 공급 곡선 S_1이 오른쪽 아래로 이동한다.
④ 소비자의 자루당 세금 부담액은 P에서 1,500원을 뺀 것이다.
⑤ 조세 부과로 판매량이 100만 자루에서 Q로 줄어들게 된다.

45 ✎ What pattern is it?

㉠, ㉡에 해당하는 사례로 가장 적절한 것은?

① ㉠: 바나나 가격이 오르면 곧 오렌지를 구매하는 소비자
② ㉠: 커피 가격이 오르면 커피 구입을 쉽게 줄이는 소비자
③ ㉠: 상표와 상관없이 가장 저렴한 샴푸를 구매하는 소비자
④ ㉡: 사과를 오래 보관할 수 있는 시설을 소유한 농장주
⑤ ㉡: 유행이 바뀌어 재고를 처분해야 하는 액세서리 생산자

깨알같이 찾아낸 출제 요소

정부는 조세를 부과해 재정 사업을 위한 재원을 마련한다. 그런데 조세 정책의 원칙 중 하나가 공평 과세, 즉 조세 부담의 공평한 분배이기 때문에 누구에게 얼마의 조세를 부과할 것인가는 매우 중요하다. 정부는 특정 조세에 대한 납부자를 결정하게 되면 조세법을 통해 납부 의무를 지운다. 그러나 실제로는 납부자의 조세 부담이 타인에게 전가되는 현상이 흔히 발생하는데, 이를 '조세전가(租稅轉嫁)'라고 한다.

[A] 정부가 볼펜에 자루당 100원의 물품세를 생산자에게 부과한다고 하자. 세금 부과 전에 자루당 1,500원에 100만 자루가 거래되고 있었다면 생산자는 총 1억 원의 세금을 납부해야 할 것이다. 이로 인해 손실을 입게 될 생산자는 1,500원이라는 가격에 불만을 갖게 되므로 가격을 100원 더 올리려고 한다. 생산자가 불만을 갖게 되면 가격이 상승하기 시작한다. 그러나 가격이 한없이 올라가는 것은 아니다. 가격 상승으로 생산자의 불만이 누그러지지만 반대로 소비자의 불만이 증가하기 때문이다. 결국 시장의 가격 조정 과정을 통해 양측의 상반된 힘이 균형을 이루는 지점에 이르게 되며, 1,500원 ~1,600원 사이에서 새로운 가격이 형성된다. 즉 생산자는 법적 납부자로서 모든 세금을 납부하겠지만 가격이 상승하기 때문에 자루당 실제 부담하는 세금을 그만큼 줄이게 되는 셈이다. 반면에 소비자는 더 높은 가격을 지불하게 되므로 가격이 상승한 만큼 세금을 부담하는 셈이 된다.

한편, 조세전가가 한 방향으로만 발생하는 것은 아니다. 동일한 세금을 소비자에게 부과한다고 하자. 소비자는 자루당 1,500원을 생산자에게 지불해야 하므로 실제로는 1,600원을 지출해야 한다. 이에 대해 소비자는 불만을 가질 수밖에 없다. 소비자의 불만이 시장에 반영되면 시장의 가격 조정 기능이 작동하여 가격이 하락하게 되며, 최종적으로 소비자는 가격 하락 폭만큼 세금 부담을 덜 수 있게 된다. 즉 정부가 소비자에게 세금을 부과한다 해도 생산자에게 조세가 전가된다.

그렇다면 양측의 실제 부담 비중은 어떻게 결정될까? 이는 소비자나 생산자가 제품 가격의 변화에 어떤 반응을 보이는가에 따라 달라진다. 예를 들어 가격 변화에도 불구하고 소비자가 구입량을 크게 바꾸지 못하는 경우, 어느 측에 세금을 부과하든 ㉠소비자가 더 많은 세금을 부담하게 된다. 생산자에게 세금을 부과할 때에는 가격 상승 요구가 더욱 강하게 반영되어 새로운 가격은 원래보다 훨씬 높은 수준에서 형성될 것이다. 즉 생산자의 세금이 소비자에게 많이 전가된다. 그러나 소비자에게 세금을 부과할 때에는 가격 하락 요구가 잘 반영되지 않아 가격이 크게 떨어지지 않는다. 그로 인해 소비자가 대부분의 세금을 부담하게 된다. 한편, 가격 변화에도 불구하고 생산자가 생산량을 크게 바꾸지 못하는 경우에는 누구에게 세금이 부과되든 ㉡생산자가 더 많은 세금을 부담하게 될 것이다. 이러한 조세전가 현상으로 인해 정부는 누가 진정한 조세 부담자인지를 파악하는 데 어려움을 겪을 수밖에 없다.

제대로 풀어 보기!

✽ 정답 1쪽

> **43** 지문 읽기도 전에 사진 찍기만으로 깨달음을 주시는 문두네.
> '아, 이 지문의 화제는 <조세전가>구나.
> 조세전가가 뭐여? 조세전가의 개념을 이해해야겠구나.'
> 그리고 바로 재빠르게 선지를 스캔하면서 핵심어들에 표시!
> 이제 놓칠 수 없는 실시간용 문제, 패턴1 세부 정보 파악하기 + 패턴3 세부 정보 추론하기이십니다.

43

'조세전가'에 대해 이해한 내용으로 적절한 것은?

출제자의 Pick	출제자의 눈은 여기에!	출제 요소 패턴 🖊
① **소비자**나 **생산자**가 제품 가격의 변화에 어떤 반응을 보이는가에 따라 **조세 부담 비중**이 달라진다.	④ 그렇다면 양측의 실제 부담 비중은 어떻게 결정될까? 이는 소비자나 생산자가 제품 가격의 변화에 어떤 반응을 보이는가에 따라 달라진다.	□□ - □□
② 누구에게 세금이 부과되든 소비자와 생산자가 **동시에** **조세전가의 혜택**을 누린다.	① 정부는 특정 조세에 대한 납부자를 결정하게 되면 조세법을 통해 납부 의무를 지운다. 그러나 실제로는 납부자의 조세 부담이 타인에게 전가되는 현상이 흔히 발생하는데, 이를 '조세전가(租稅轉嫁)'라고 한다. ④ 예를 들어 가격 변화에도 불구하고 소비자가 구입량을 크게 바꾸지 못하는 경우, 어느 측에 세금을 부과하든 소비자가 더 많은 세금을 부담하게 된다. ~ 즉 생산자의 세금이 소비자에게 많이 전가된다. ~ 한편, 가격 변화에도 불구하고 생산자가 생산량을 크게 바꾸지 못하는 경우에는 누구에게 세금이 부과되든 생산자가 더 많은 세금을 부담하게 될 것이다.	조세전가의 □□ 조세전가가 일어나는 □□ (A의 경우~ / B의 경우~)
③ **조세전가가 발생**하면 그에 따라 물품세의 **단위당 조세액**이 달라질 수밖에 없다.	① 정부는 특정 조세에 대한 납부자를 결정하게 되면 조세법을 통해 납부 의무를 지운다. 그러나 실제로는 납부자의 조세 부담이 타인에게 전가되는 현상이 흔히 발생하는데, 이를 '조세전가(租稅轉嫁)'라고 한다. ② 정부가 볼펜에 자루당 100원의 물품세를 생산자에게 부과한다고 하자. ~ 즉 생산자는 법적 납부자로서 모든 세금을 납부하겠지만 가격이 상승하기 때문에 자루당 실제 부담하는 세금을 그만큼 줄이게 되는 셈이다. 반면에 소비자는 더 높은 가격을 지불하게 되므로 가격이 상승한 만큼 세금을 부담하는 셈이 된다.	조세전가의 □□ 조세전가의 □□
④ **생산자**에게 조세가 부과될 경우 결국 **소비자가 세금을 전액 부담**하게 된다.		
⑤ **조세전가**가 발생하면 **시장**의 가격 조정 기능이 **상실**된다.	② 결국 시장의 가격 조정 과정을 통해 양측의 상반된 힘이 균형을 이루는 지점에 이르게 되며, 1,500원~1,600원 사이에서 새로운 가격이 형성된다.	□□ - □□

44 수학 시험 아니고, 경제 시험도 아니다.
국어 시험에서 그래프를 만났을 때는 그래프를 읽는 아주 기본적인 방법만 챙기면 돼.
x축 항목은 오른쪽으로 갈수록 큰 값, 왼쪽으로 갈수록 작은 값, y축 항목은 위로 갈수록 큰 값, 아래로 갈수록 작은 값이라는 이 말도 안 되게 기본적인 것을 챙기라고.
그래프의 기울기가 클수록 x축과 y축의 항목 간의 관계는 긴밀하고,
기울기가 완만할수록 x축과 y축 항목 간의 관계는 덜 긴밀하다는 것 알아 두시면 되겠습니다.
그래프(자료)는 연결 고리일 뿐, 결국 지문의 내용을 바탕으로 선지를 판단하는 거야.

*44

오답률 ▶ 47%

[A]를 〈보기〉와 같이 그래프로 그렸다. 이를 이해한 내용으로 적절하지 <u>않은</u> 것은?

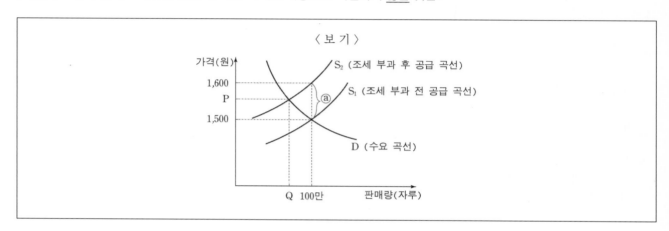

〈 보 기 〉

가격(원)
S_2 (조세 부과 후 공급 곡선)
1,600
P
1,500
ⓐ
S_1 (조세 부과 전 공급 곡선)
D (수요 곡선)
Q 100만 판매량(자루)

출제자의 Pick	출제자의 눈은 여기에!	출제 요소 패턴
① 조세 부과 **후** 소비자는 **P**를 자루당 **가격**으로 지불한다.	[A] 결국 시장의 가격 조정 과정을 통해 양측의 상반된 힘이 균형을 이루는 지점에 이르게 되며, 1,500원~1,600원 사이에서 새로운 가격이 형성된다.	
② 조세 부과 **후** 생산자는 **ⓐ**를 자루당 **조세액**으로 납부한다.	[A] 정부가 볼펜에 자루당 100원의 물품세를 생산자에게 부과한다고 하자. (※1,600-1,500=100)	
③ 조세를 100원에서 50원으로 **줄이면** 공급 곡선 **S₁**이 **오른쪽 아래**로 이동한다. ※ **'줄이면'의 함정 주의!** **'공급 곡선 S₁'의 함정 주의!** **그래프의 이동 방향에 주의!**	[A] 정부가 볼펜에 자루당 100원의 물품세를 생산자에게 부과한다고 하자. 세금 부과 전에 자루당 1,500원에 100만 자루가 거래되고 있었다면 생산자는 총 1억 원의 세금을 납부해야 할 것이다. 이로 인해 손실을 입게 될 생산자는 1,500원이라는 가격에 불만을 갖게 되므로 가격을 100원 더 올리려고 한다. 생산자가 불만을 갖게 되면 가격이 상승하기 시작한다.	☐☐-☐☐
④ **소비자의 자루당 세금 부담액은 P에서 1,500원을 뺀 것**이다.	[A] 세금 부과 전에 자루당 1,500원에 100만 자루가 거래되고 있었다면 ~ 결국 시장의 가격 조정 과정을 통해 양측의 상반된 힘이 균형을 이루는 지점에 이르게 되며, 1,500원~1,600원 사이에서 새로운 가격이 형성된다. ~ 반면에 소비자는 더 높은 가격을 지불하게 되므로 가격이 상승한 만큼 세금을 부담하는 셈이 된다.	
⑤ 조세 부과로 **판매량**이 100만 자루에서 **Q로 줄어들게** 된다.	[A] 결국 시장의 가격 조정 과정을 통해 양측의 상반된 힘이 균형을 이루는 지점에 이르게 되며, 1,500원~1,600원 사이에서 새로운 가격이 형성된다.	

45 이 패턴의 문제는 지난 시간에도 풀어 봤지? 그런데 또 틀리면 안 되는 거다...
이해해야 하는 대상인 ㉠과 ㉡을 설명하는 정보를 정확히 파악해야지.
그래야 구체적인 사례와 연결을 할 수 있잖아.
㉠과 ㉡이라는 '결과'를 유발하는 '조건'을 꼼꼼하게 따져 봐.
그 조건들 '모두'를 완벽하게 충족하는 사례를 찾아야 하니까.

45

㉠, ㉡에 해당하는 사례로 가장 적절한 것은?

― 출제자의 눈은 여기에! ―

④ **가격 변화**에도 불구하고 **소비자가 구입량을 크게 바꾸지 못하는 경우**, 어느 측에 세금을 부과하든 ㉠소비자가 더 많은 세금을 부담하게 된다. **가격 변화**에도 불구하고 **생산자가 생산량을 크게 바꾸지 못하는 경우**에는 누구에게 세금이 부과되든 ㉡생산자가 더 많은 세금을 부담하게 될 것이다.

출제자의 Pick	출제자의 눈은 여기에!			출제 요소 패턴 ✎
① ㉠: 바나나 가격이 오르면 곧 오렌지를 구매하는 소비자	**조건 1** 가격 변화	○	×	
	조건 2 소비자가 구입량을 크게 바꾸지 못하는 경우	○	×	
② ㉠: 커피 가격이 오르면 커피 구입을 쉽게 줄이는 소비자	**조건 1** 가격 변화	○	×	
	조건 2 소비자가 구입량을 크게 바꾸지 못하는 경우	○	×	
③ ㉠: 상표와 상관없이 가장 저렴한 샴푸를 구매하는 소비자	**조건 1** 가격 변화	○	×	□□ - □□
	조건 2 소비자가 구입량을 크게 바꾸지 못하는 경우	○	×	
④ ㉡: 사과를 오래 보관할 수 있는 시설을 소유한 농장주	**조건 1** 가격 변화	○	×	
	조건 2 생산자가 생산량을 크게 바꾸지 못하는 경우	○	×	
⑤ ㉡: 유행이 바뀌어 재고를 처분해야 하는 액세서리 생산자	**조건 1** 가격 변화	○	×	
	조건 2 생산자가 생산량을 크게 바꾸지 못하는 경우	○	×	

결국 이거다. 지문을 보면서 바로 이걸 알아볼 수 있어야 하는 것!

지문	문제
▷ 정부의 조세 정책 : 정부는 조세를 부과해 재정 사업을 위한 재원을 마련함. ▷ 조세 정책의 원칙: 공평 과세 ① → 조세 부담의 공평한 분배이기 때문에 누구에게 얼마의 조세를 부과할 것인가는 매우 중요함. ▷ 특정 조세에 대한 납부자를 결정 → 납부 의무를 지움. ▶ '조세전가'의 개념 : 실제로는 납부자의 조세 부담이 타인에게 전가되는 현상.	조세전가의 개념

▶ **'조세전가'가 일어나는 과정(원리)**
① 정부가 볼펜에 자루당 100원의 물품세를 '생산자'에게 부과함.

세금 부과 전 ┌ 자루당 가격: 1,500원
　　　　　　└ 거래량: 100만 자루
생산자가 납부해야 할 세금: 총 1억 원(1,000,000X100원 = 100,000,000원)

② 손실을 입게 될 생산자는 1,500원이라는 가격에 불만을 갖게 됨.(아, 세금 올라서 1억이나 손해야. 볼펜 값을 더 비싸게 받아야겠어. 그래야 내 손실을 줄이지.)
③ 가격을 100원 더 올리려고 함.(생산자가 불만을 갖게 되면 가격이 상승하기 시작)

2

그러나 가격이 한없이 올라가는 것은 아님. ┌ 생산자의 불만이 누그러지지만
　　　　　　　　　　　　　　　　　　　　└ 소비자의 불만이 증가하기 때문이다.

④ 시장의 가격 조정 과정을 통해 양측의 상반된 힘이 균형을 이루는 지점에 이르게 됨.

1,500원~1,600원 사이에서 새로운 가격이 형성됨.

⑤ 생산자는 법적 납부자로서 모든 세금을 납부함.

가격이 상승하기 때문에 ┌ 생산자는 자루당 실제 부담하는 세금을 그만큼 줄이게 되는 셈.
　　　　　　　　　　　└ 소비자는 가격이 상승한 만큼 세금을 부담하는 셈.

조세전가가
나타나는 과정과 원리

▶ **'조세전가'의 특징**
: 한 방향으로만 발생하는 것은 아니다.
① 동일한 세금(100원)을 '소비자'에게 부과함.

생산자에게 지불해야 하는 볼펜 자루당 가격 = 1,500원 + 100원 = 1,600원

3

② 소비자의 불만이 시장에 반영됨.
③ 시장의 가격 조정 기능이 작동됨.
④ 가격이 하락함.

∴ 최종적으로 소비자는 가격 하락 폭만큼 세금 부담을 덜 수 있게 됨.
　= 즉, 정부가 소비자에게 세금을 부과한다 해도 생산자에게 조세가 전가됨.

조세전가의 특징
조세전가가 나타나는
과정과 원리

▶ ┌ 질문: 양측의 실제 부담 비중?
　└ 답변: 이는 소비자나 생산자가 제품 가격의 변화에 어떤 반응을 보이는가에 따라 달라짐.
▶ 사례

4

가격 변화에도 불구하고 소비자가 구입량을 크게 바꾸지 못하는 경우	가격 변화에도 불구하고 생산자가 생산량을 크게 바꾸지 못하는 경우
생산자에게 세금을 부과할 때: 가격 상승 요구가 더욱 강하게 반영되어 새로운 가격은 원래보다 훨씬 높은 수준에서 형성됨. **→ 생산자의 세금이 소비자에게 많이 전가됨.** **소비자에게 세금을 부과할 때**: 가격 하락 요구가 잘 반영되지 않아 가격이 크게 떨어지지 않음. **→ 소비자가 대부분의 세금을 부담함.**	**생산자가 더 많은 세금을 부담하게 됨.**

조세전가 과정과 원리
조세전가의 사례

▷ 조세전가 현상: 정부는 누가 진정한 조세 부담자인지를 파악하는 데 어려움을 겪을 수밖에 없음.

Self check

1 출제자가 반복해서 출제하는 **문제 패턴**을 안다. — Yes
2 출제자가 반복해서 묻고 싶어 하는 **출제 요소 패턴**을 안다. — Yes
3 지문을 읽으면서 내가 아는 **출제 요소 패턴**들을 찾아 가며 읽는다. — Yes
4 **문제 속 출제 요소 패턴과 지문 속 출제 요소 패턴을 연결**한다. — Yes

잘되라고 주는 **숙제** 1 　　66 수업 시간에 다루지 않아. 배운 대로 적용 연습하면 되는 거야. 99　　✿ 정답 13쪽

정답 13쪽

2012학년도 9월 모의평가

경제학에서는 가격이 한계 비용과 일치할 때를 가장 이상적인 상태라고 본다. '한계 비용'이란 재화의 생산량을 한 단위 증가시킬 때 추가되는 비용을 말한다. 한계 비용 곡선과 수요 곡선이 만나는 점에서 가격이 정해지면 재화의 생산 과정에 들어가는 자원이 낭비 없이 효율적으로 배분되며, 이때 사회 전체의 만족도가 가장 커진다. 가격이 한계 비용보다 높아지면 상대적으로 높은 가격으로 인해 수요량이 줄면서 거래량이 따라 줄고, 결과적으로 생산량도 감소한다. 이는 사회 전체의 관점에서 볼 때 자원이 효율적으로 배분되지 못하는 상황이므로 사회 전체의 만족도가 떨어지는 결과를 낳는다.

위에서 설명한 일반 재화와 마찬가지로 수도, 전기, 철도와 같은 공익 서비스도 자원 배분의 효율성을 생각하면 한계 비용 수준으로 가격(=공공요금)을 결정하는 것이 바람직하다. 대부분의 공익 서비스는 초기 시설 투자 비용은 막대한 반면 한계 비용은 매우 적다. 이러한 경우, 한계 비용으로 공공요금을 결정하면 공익 서비스를 제공하는 기업은 손실을 볼 수 있다.

[A] 예컨대 초기 시설 투자 비용이 6억 달러이고, 톤당 1달러의 한계 비용으로 수돗물을 생산하는 상수도 서비스를 가정해 보자. 이때 수돗물 생산량을 '1톤, 2톤, 3톤, …'으로 늘리면 총비용은 '6억 1달러, 6억 2달러, 6억 3달러, …'로 늘어나고, 톤당 평균 비용은 '6억 1달러, 3억 1달러, 2억 1달러, …'로 지속적으로 줄어든다. 그렇지만 평균 비용이 계속 줄어들더라도 한계 비용 아래로는 결코 내려가지 않는다. 따라서 한계 비용으로 수도 요금을 결정하면 총비용보다 총수입이 적으므로 수도 사업자는 손실을 보게 된다.

이를 해결하는 방법에는 크게 두 가지가 있다. 하나는 정부가 공익 서비스 제공 기업에 손실분만큼 보조금을 주는 것이고, 다른 하나는 공공요금을 평균 비용 수준으로 정하는 것이다. 전자의 경우 보조금을 세금으로 충당한다면 다른 부문에 들어갈 재원이 줄어드는 문제가 있다. 평균 비용 곡선과 수요 곡선이 교차하는 점에서 요금을 정하는 후자의 경우에는 총수입과 총비용이 같아져 기업이 손실을 보지는 않는다. 그러나 요금이 한계 비용보다 높기 때문에 사회 전체의 관점에서 자원의 효율적 배분에 문제가 생긴다.

★35

오답률 4위 ▶ 37.4%

윗글의 내용과 일치하지 <u>않는</u> 것은?

① 자원이 효율적으로 배분될 때 사회 전체의 만족도가 극대화된다.
② 가격이 한계 비용보다 높은 경우에는 한계 비용과 같은 경우에 비해 결국 그 재화의 생산량이 줄어든다.
③ 공익 서비스와 일반 재화의 생산 과정에서 자원을 효율적으로 배분하기 위한 조건은 서로 같다.
④ 정부는 공공요금을 한계 비용 수준으로 유지하기 위하여 보조금 정책을 펼 수 있다.
⑤ 평균 비용이 한계 비용보다 큰 경우, 공공요금을 평균 비용 수준에서 결정하면 자원의 낭비를 방지할 수 있다.

사진 찍기로 세운 전략! ✏️

36

〈보기〉는 [A]의 내용을 그래프로 나타낸 것이다. 윗글과 관련지어 이해한 내용으로 옳지 <u>않은</u> 것은?

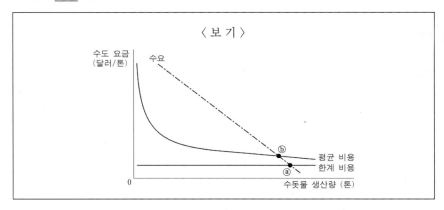

① ⓐ에서 수도 요금을 결정하면 수도 사업자는 손실을 본다.
② ⓐ에서 수도 요금을 결정하면 수도 요금은 톤당 1달러이다.
③ ⓑ에서 수도 요금을 결정하면 수도 사업자의 총수입과 총비용은 같다.
④ 수돗물 생산량이 증가함에 따라 평균 비용과 한계 비용의 격차가 줄어든다.
⑤ 요금 결정 지점이 ⓐ에서 ⓑ로 이동하면 사회 전체의 만족도는 증가한다.

기출 분석하는 법을 보여 준다.

문제 패턴에 따라 지문의 어떤 정보가 근거로 사용되는지를 꼼꼼하게 분석해 보는 거야.
매력적인 오답에 걸려들었다면, 그 이유까지 꼼꼼히 분석해야 하고.

35

윗글의 내용과 일치하지 <u>않는</u> 것은?

세부 정보를 파악해야 하는 문제야. 경제 제재를 다루는 지문에서는 원인과 결과를 설명하는 정보가 선지로 구성되는 경우가 많아. 또 한 가지 팁을 주자면, 이 문제처럼 선지들이 길이에 따라 정렬되어 있지 않을 때는 선지의 순서가 지문의 내용 순서와 일치한다는 거야. 그럴 땐 지문을 읽으면서 선지를 순서대로 판단해 나가면 돼.

① **자원이 효율적으로 배분될 때** 사회 전체의 만족도가 **극대화**된다. [YES]

> ─ 출제자의 눈은 여기에! ─
>
> ① 한계 비용 곡선과 수요 곡선이 만나는 점에서 가격이 정해지면 재화의 생산 과정에 들어가는 **자원이 낭비 없이 효율적으로 배분**되며, 이때 **사회 전체의 만족도가 가장 커진다.**
>
> ─────────────
>
> ✎ 사회 전체의 만족도가 극대화되기 위한 조건(자원의 효율적 배분)

➡ 사실 선지만 잘 읽어 봐도 참 맞는 말이지. 지문의 내용을 잘 이해했다면 이 정도 정보는 굳이 지문에서 확인하지 않아도 적절한 설명인 것을 알 수 있었을 거야.

② **가격이 한계 비용**보다 **높은 경우**에는 **한계 비용과 같은 경우**에 비해 결국 그 **재화의 생산량이 줄어든다.** [YES]

> ─ 출제자의 눈은 여기에! ─
>
> ① **가격이 한계 비용**보다 **높아지면** 상대적으로 높은 가격으로 인해 수요량이 줄면서 거래량이 따라 줄고, 결과적으로 **생산량도 감소한다.**
>
> ─────────────
>
> ✎ 원리 – '가격'과 '생산량'의 관계(가격이 한계 비용보다 높아질 때 뒤따르는 결과X~이면 ~이다)

➡ 출제자는 원리를 설명한 정보를 바탕으로 선지를 구성했어. <가격이 한계 비용보다 높아짐 ⇒ 수요량 감소 ⇒ 거래량 감소 ⇒ 생산량 감소>라는 인과 관계로 이루어진 정보를 잘 이해했다면 어렵지 않게 판단할 수 있었을 거야. 적절한 설명이야.

③ **공익 서비스**와 일반 재화의 생산 과정에서 **자원을 효율적으로 배분하기 위한 조건**은 서로 같다. [YES]

> ─ 출제자의 눈은 여기에! ─
>
> ② 위에서 설명한 **일반 재화와 마찬가지로** 수도, 전기, 철도와 같은 **공익 서비스도** 자원 배분의 효율성을 생각하면 한계 비용 수준으로 가격(=공공요금)을 결정하는 것이 바람직하다.
>
> ─────────────
>
> ✎ 공익 서비스와 일반 재화의 공통점(~와 마찬가지로, 도, 서로 같다)

➡ 공익 서비스도 일반 재화와 마찬가지로 한계 비용 수준으로 가격을 결정해야 자원 배분을 효율적으로 할 수 있다고 했어. 적절해.

④ **정부**는 공공요금을 **한계 비용 수준**으로 유지하기 위하여 **보조금 정책**을 펼 수 있다. YES

> ── 출제자의 눈은 여기에! ───────────────
>
> ③ 따라서 **한계 비용으로 수도 요금을 결정하면** 총비용보다 총수입이 적으므로 수도 사업자는 손실을 보게 된다.
>
> ④ 이를 **해결하는 방법**에는 크게 두 가지가 있다. 하나는 **정부가** 공익 서비스 제공 기업에 손실분만큼 **보조금을 주는 것이고**, 다른 하나는 공공 요금을 평균 비용 수준으로 정하는 것이다.
>
> ────────────────────────────
>
> ✎ 한계 비용으로 수도 요금을 결정하는 방법의 문제점과 해결책

➜ 또 설명할 게 없네. 역시 적절한 설명이야. 문제점을 제시하고 그 문제를 해결하기 위한 해결 방안이 제시된다면, 그러한 정보에 주목해야 돼.

✔❺ 평균 비용이 한계 비용보다 큰 경우, **공공요금**을 **평균 비용 수준**에서 결정하면 **자원의 낭비를 방지**할 수 있다. NO

> ── 출제자의 눈은 여기에! ───────────────
>
> ③ 그렇지만 **평균 비용이 계속 줄어들더라도 한계 비용 아래로는 결코 내려가지 않는다**. 따라서 한계 비용으로 수도 요금을 결정하면 총비용보다 총수입이 적으므로 수도 사업자는 손실을 보게 된다.
>
> ④ 이를 해결하는 방법에는 크게 두 가지가 있다. 하나는 정부가 공익 서비스 제공 기업에 손실분만큼 보조금을 주는 것이고, 다른 하나는 **공공요금을 평균 비용 수준으로 정하는 것**이다. ~ **평균 비용 곡선과 수요 곡선이 교차하는 점에서 요금을 정하는 후자의 경우**에는 총수입과 총비용이 같아져 기업이 손실을 보지는 않는다. 그러나 요금이 한계 비용보다 높기 때문에 **사회 전체의 관점에서 자원의 효율적 배분에 문제가 생긴다**.
>
> ────────────────────────────
>
> ✎ 공공요금을 평균 비용 수준에서 결정했을 때의 문제점과 해결책

➜ 평균 비용은 한계 비용 아래로는 결코 내려가지 않는다고 했어. 그 말은 평균 비용은 한계 비용보다 항상 크다는 거잖아. 공공요금을 평균 비용 수준으로 정했을 때, 그 요금은 한계 비용보다 높기 때문에 사회 전체의 관점에서 자원의 효율적 배분에 문제가 생긴다고 했어. 그 말은 자원이 효율적으로 배분되지 못한다는 것이고, 곧 자원이 낭비된다는 의미지. 그런데 ❺번 선지에서는 '자원의 낭비를 방지할 수 있다'고 했으니 적절한 설명이 아니야. 정답.

매력적인 오답에 빠지는 이유

36번 문제가 더 어려워 보이지 않아? 그런데 실제 상황에서는 35번 문제의 오답률이 훨씬 높았어. 특히 ③번 선지를 골라서 틀린 수험생이 무려 21.9%나 됐는데, 왜 그랬을까?

②문단에서 〈위에서 설명한 일반 재화와 마찬가지로 수도, 전기, 철도와 같은 공익 서비스도 자원 배분의 효율성을 생각하면 한계 비용 수준으로 가격(=공공요금)을 결정하는 것이 바람직하다.〉라는 정보를 확인했으면서도, 바로 그 다음 정보! 〈한계 비용으로 공공요금을 결정하면 공익 서비스를 제공하는 기업은 손실을 볼 수 있다.〉 바로 '기업은 손실을 볼 수 있다'는 말 때문에 틀렸더라고.

아니, 그 앞에 저토록 분명한 정보를 두고도 왜 다른 정보를 자기 주관대로 해석해서 틀려 오냐! ③번 선지를 골라서 틀린 학생들이 가장 많이 한 질문이 '기업이 손실을 본다는 건 자원이 효율적으로 배분되지 못한 거 아니에요?'라는 거였어. 그건 느낌이잖아. '자원의 효율적 배분이라는 건 왠지 모두가 손해 보지 않아야 하는 것 같아.'라는 주관적 느낌!

①문단에서 〈한계 비용 곡선과 수요 곡선이 만나는 점에서 가격이 정해지면 재화의 생산 과정에 들어가는 자원이 낭비 없이 효율적으로 배분되며, 이때 사회 전체의 만족도가 가장 커진다.〉라고 했어. 우리가 이 지문을 통해 알 수 있는 것은 '아, 생산 과정에 들어가는 자원이 낭비되지 않는 것이 자원이 효율적으로 배분된다는 거구나.'라는 것. 한계 비용으로 공공요금을 결정하는 것은 자원이 낭비 없이 효율적으로 배분되는 거야. 그러나 결과적으로 기업이 손실을 보게 된다는 것이지. 이렇게 주어진 대로 정보를 이해해야 돼. 내 맘대로, 내 느낌대로 해석하는 건 절대 금물이야!

36

〈보기〉는 [A]의 내용을 그래프로 나타낸 것이다. 윗글과 관련지어 이해한 내용으로 옳지 <u>않은</u> 것은?

> 이 문제의 근거 범위는 [A] 곧, ③문단이지? ③문단의 정보를 잘 이해하고 그래프에 적용해 보자. 그래프는 지문과 선지를 연결해 주는 연결 고리일 뿐이야. 지문 내용을 잘 이해했다면 충분히 해결해 낼 수 있는 문제였어. 겁부터 집어먹지 말자고.

① ⓐ에서 수도 요금을 결정하면 **수도 사업자**는 **손실**을 본다. YES

┌─ 출제자의 눈은 여기에! ─────────────────────────────
│ ③ 따라서 **한계 비용으로 수도 요금을 결정**하면 총비용보다 총수입이 적으므로 **수도 사업자는 손실**을 보게 된다.
│ ┈┈┈┈┈┈┈┈┈┈┈┈┈┈┈┈┈┈┈┈┈┈┈┈┈┈┈┈┈┈┈┈┈┈┈┈┈┈
│ ✎ 한계 비용으로 수도 요금을 결정했을 때의 결과, 문제점(따라서, ~이면 ~이다)
└──

→ ⓐ는 수요 곡선과 한계 비용 곡선(둘 다 직선처럼 보이긴 하지만)이 만나는 지점이야. 그러니까 수도 요금을 한계 비용으로 정한다는 거지. ③문단에서 한계 비용으로 수도 요금을 결정하면 수도 사업자는 손실을 보게 된다고 했어. 지문 내용을 그대로 가져와 선지를 구성했네. 적절한 설명이야.

② ⓐ에서 수도 요금을 결정하면 **수도 요금**은 **톤당 1달러**이다. YES

┌─ 출제자의 눈은 여기에! ─────────────────────────────
│ ③ 예컨대 초기 시설 투자 비용이 6억 달러이고, **톤당 1달러의 한계 비용**으로 수돗물을 생산하는 상수도 서비스를 가정해 보자.
│ ┈┈┈┈┈┈┈┈┈┈┈┈┈┈┈┈┈┈┈┈┈┈┈┈┈┈┈┈┈┈┈┈┈┈┈┈┈┈
│ ✎ 지문 속 사례
└──

→ 더 설명할 것도 없이 ③문단에서 '한계 비용은 톤당 1달러'라고 콕 집어서 말해 줬어. 적절한 설명이야.

③ ⓑ에서 수도 요금을 결정하면 **수도 사업자의 총수입과 총비용**은 **같다**. YES

┌─ 출제자의 눈은 여기에! ─────────────────────────────
│ ④ **평균 비용 곡선과 수요 곡선이 교차하는 점**에서 요금을 정하는 후자의 경우에는 **총수입과 총비용이 같아져** 기업이 손실을 보지는 않는다.
│ ┈┈┈┈┈┈┈┈┈┈┈┈┈┈┈┈┈┈┈┈┈┈┈┈┈┈┈┈┈┈┈┈┈┈┈┈┈┈
│ ✎ 평균 비용 곡선과 수요 곡선이 교차하는 점에서 요금을 정했을 때의 결과, 장점
└──

→ ⓑ는 수요 곡선과 평균 비용 곡선이 만나는 지점이야. 수도 요금을 평균 비용으로 정한다는 거지. ④문단에서 평균 비용 곡선과 수요 곡선이 교차하는 점에서 요금을 정하는 경우에는 총수입과 총비용이 같아진다고 했으니 적절한 설명이지.

④ **수돗물 생산량이 증가함**에 따라 **평균 비용과 한계 비용의 격차가 줄어든다.** YES

── 출제자의 눈은 여기에! ────────────────────────────

③ 예컨대 초기 시설 투자 비용이 6억 달러이고, **톤당 1달러의 한계 비용으로** ~ 이때 **수돗물 생산량을 '1톤, 2톤, 3톤, …'으로 늘리면** 총비용 은 '6억 1달러, 6억 2달러, 6억 3달러, …'로 늘어나고, **톤당 평균 비용은 '6억 1달러, 3억 1달러, 2억 1달러, …'로 지속적으로 줄어든다.**

✎ '평균 비용'과 '한계 비용'의 관계(A가 ~이면 B는 ~이다, A가 ~일수록 B는 ~한다)

───

➜ ③문단에서 수돗물의 생산량을 늘리면 평균 비용은 지속적으로 줄어든다고 했어. 반면 한계 비용은 1달러로 일정하잖아. 그러 니까 수돗물 생산량이 증가하면 평균 비용과 한계 비용의 격차는 줄어든다고 할 수 있지. 그래프를 통해서도 알 수 있지? 평균 비용 곡선과 한계 비용 곡선 사이의 간격이 점점 좁아지고 있다는 걸 눈으로 확인할 수 있어. 적절한 설명이야.

✓❺ **요금 결정 지점**이 ⓐ에서 ⓑ로 이동하면 **사회 전체의 만족도**는 **증가**한다. NO

── 출제자의 눈은 여기에! ────────────────────────────

① **한계 비용 곡선과 수요 곡선이 만나는 점에서 가격이 정해지면** 재화의 생산 과정에 들어가는 자원이 낭비 없이 효율적으로 배분되며, 이때 **사회 전체의 만족도가 가장 커진다. 가격이 한계 비용보다 높아지면** 상대적으로 높은 가격으로 인해 수요량이 줄면서 거래량이 따라 줄고, 결과적으로 생산량도 감소한다. 이는 사회 전체의 관점에서 볼 때 자원이 효율적으로 배분되지 못하는 상황이므로 **사회 전체의 만족도가 떨 어지는 결과**를 낳는다.

✎ 가격이 한계 비용으로 정해졌을 때의 장점(~이면 ~이다)
　가격이 한계 비용보다 높아졌을 때의 결과, 문제점(~이면 ~이다)

───

➜ '요금 결정 지점이 ⓐ에서 ⓑ로 이동한다'는 것은 한계 비용으로 결정됐던 요금이 더 비싸진다는 걸 의미해. '가격이 한계 비용 보다 높아지면 결국 사회 전체의 만족도는 떨어지게 된다'고 했잖아. 지문에서 한계 비용 곡선과 수요 곡선이 만나는 지점인 ⓐ에서의 만족도가 가장 크다고 했는데, ⑤번 선지는 '요금 결정 지점이 ⓐ에서 ⓑ로 이동하면 사회 전체의 만족도는 증가한다' 고 했지? 그러니까 적절한 설명이 아니야. 정답.
그리고 이 문제를 문단별로 잘라 가며 실시간으로 풀었다면 첫 문단을 읽자마자 정답을 찾아낼 수 있었던 거지. 시간 단축 가능!

결국 이거다. 지문을 보면서 바로 이걸 알아볼 수 있어야 하는 것!

지문	문제
① ▶ **이상적인 상태의 가격** 　- 경제학에서는 가격이 한계 비용과 일치할 때. 　▷ '한계 비용'의 개념 정의 　- 재화의 생산량을 한 단위 증가시킬 때 추가되는 비용. 　▶ **한계 비용 곡선과 수요 곡선이 만나는 점에서의 가격 결정** 　- 재화의 생산 과정에 들어가는 자원이 낭비 없이 효율적으로 배분됨. 　- 사회 전체의 만족도가 가장 커짐. 　- 가격이 한계 비용보다 높아짐. ⇒ 수요량이 감소 ⇒ 거래량이 감소 ⇒ 생산량도 감소 ⇒ **사회 전체의 만족도 하락**(자원이 효율적으로 배분되지 못하는 상황이므로)	'한계 비용'의 개념 '한계 비용 = 가격' 일 때의 결과(장점)
② ▶**공익 서비스의 가격 결정** 　- 수도, 전기, 철도와 같은 공익 서비스도 자원 배분의 효율성을 생각하면 한계 비용 수준으로 가격(=공공요금)을 결정하는 것이 바람직함. 　▶**공공요금을 한계 비용으로 결정했을 때의 문제점** 　- 대부분의 공익 서비스는 초기 시설 투자 비용은 막대한 반면 한계 비용은 매우 적음.⇒ **한계 비용으로 공공요금을 결정하면 공익 서비스를 제공하는 기업은 손실을 볼 수 있음.**	'한계 비용 = 공공요금' 일 때의 결과(문제점)
③ ▶**공익 서비스의 가격 결정의 사례** 　- 초기 시설 투자 비용이 6억 달러이고, 톤당 1달러의 한계 비용으로 수돗물을 생산하는 상수도 서비스. 　- 수돗물 생산량을 '1톤, 2톤, 3톤, …'으로 늘리면 　┌ 총비용은 '6억 1달러, 6억 2달러, 6억 3달러, …'로 늘어남. 　└ 톤당 평균 비용은 '6억 1달러, 3억 1달러, 2억 1달러, …'로 지속적으로 줄어듦. 　- 평균 비용이 계속 줄어들더라도 한계 비용 아래로는 결코 내려가지 않음. 　- 한계 비용으로 수도 요금을 결정하면 총비용보다 총수입이 적음. ⇒ 수도 사업자는 손실을 보게 됨.	'한계 비용 = 공공요금' 의 사례(문제점)
④ ▶**공익 서비스를 제공하는 기업의 손실을 막을 방법(해결책)** ① **정부가 공익 서비스 제공 기업에 손실분만큼 보조금 지원.** 　- 문제점: 보조금을 세금으로 충당한다면 다른 부문에 들어갈 재원이 줄어듦. ② **공공요금을 평균 비용 수준으로 정하는 것.** 　- 평균 비용 곡선과 수요 곡선이 교차하는 점에서 요금을 정하면 총수입과 총비용이 같아져 기업은 손실이 없음. 　- 요금이 한계 비용보다 높기 때문에 사회 전체의 관점에서 자원의 효율적 배분에 문제가 생김.	해결 방안과 또 다른 문제점

잘되라고 주는 숙제 2   66 수업 시간에 다루지 않아. 배운 대로 적용 연습하면 되는 거야. 99   ✿ 정답 14쪽

2020학년도 9월 모의평가

　스마트폰은 다양한 위치 측정 기술을 활용하여 여러 지형 환경에서 위치를 측정한다. 위치에는 절대 위치와 상대 위치가 있다. 절대 위치는 위도, 경도 등으로 표시된 위치이고, 상대 위치는 특정한 위치를 기준으로 한 상대적인 위치이다.

　실외에서는 주로 스마트폰 단말기에 내장된 GPS(위성항법장치)나 IMU(관성측정장치)를 사용한다. GPS는 위성으로부터 오는 신호를 이용하여 절대 위치를 측정한다. GPS는 위치 오차가 시간에 따라 누적되지 않는다. 그러나 전파 지연 등으로 접속 초기에 짧은 시간 동안이지만 큰 오차가 발생하고 실내나 터널 등에서는 GPS 신호를 받기 어렵다. IMU는 내장된 센서로 가속도와 속도를 측정하여 위치 변화를 계산하고 초기 위치를 기준으로 하는 상대 위치를 구한다. 단기간 움직임에 대한 측정 성능이 뛰어나지만 센서가 측정한 값의 오차가 누적되기 때문에 시간이 지날수록 위치 오차가 커진다. 이 두 방식을 함께 사용하면 서로의 단점을 보완하여 오차 를 줄일 수 있다.

　한편 실내에서 위치 측정에 사용 가능한 방법으로는 블루투스 기반의 비콘을 활용하는 기술이 있다. 비콘은 실내에 고정 설치되어 비콘마다 정해진 식별 번호와 위치 정보가 포함된 신호를 주기적으로 보내는 기기이다. 비콘들은 동일한 세기의 신호를 사방으로 보내지만 비콘으로부터 거리가 멀어질수록, 벽과 같은 장애물이 많을수록 신호의 세기가 약해진다. 단말기가 비콘 신호의 도달 거리 내로 진입하면 단말기 안의 수신기가 이 신호를 인식한다. 이 신호를 이용하여 2차원 평면에서의 위치를 측정하는 방법으로는 다음과 같은 것들이 있다.

　근접성 기법은 단말기가 비콘 신호를 수신하면 해당 비콘의 위치를 단말기의 위치로 정한다. 여러 비콘 신호를 수신했을 경우에는 신호가 가장 강한 비콘의 위치를 단말기의 위치로 정한다.

　삼변측량 기법은 3개 이상의 비콘으로부터 수신된 신호 세기를 측정하여 단말기와 비콘 사이의 거리로 환산한다. 각 비콘을 중심으로 이 거리를 반지름으로 하는 원을 그리고, 그 교점을 단말기의 현재 위치로 정한다. 교점이 하나로 모이지 않는 경우에는 세 원에 공통으로 속한 영역의 중심점을 단말기의 위치로 측정한다.

　㉠위치 지도 기법은 측정 공간을 작은 구역들로 나누어 각 구역마다 기준점을 설정하고 그 주위에 비콘들을 설치한다. 그리고 나서 비콘들이 송신하여 각 기준점에 도달하는 신호의 세기를 측정한다. 이 신호 세기와 비콘의 식별 번호, 기준점의 위치 좌표를 서버에 있는 데이터베이스에 위치 지도로 기록해 놓는다. 이 작업을 모든 기준점에서 수행한다. 특정한 위치에 도달한 단말기가 비콘 신호를 수신하면 신호 세기를 측정한 뒤 비콘의 식별 번호와 함께 서버로 전송한다. 서버는 수신된 신호 세기와 가장 가까운 신호 세기를 갖는 기준점을 데이터베이스에서 찾아 이 기준점의 위치를 단말기에 알려 준다.

*38

오답률 ▶ 52.8%

윗글의 내용과 일치하는 것은?

① GPS를 이용하여 측정한 위치는 기준이 되는 위치가 어디냐에 따라 달라진다.
② 비콘들이 서로 다른 세기의 신호를 송신해야 단말기의 위치를 측정할 수 있다.
③ 비콘이 전송하는 식별 번호는 신호가 도달하는 단말기를 구별하기 위한 정보이다.
④ 비콘은 실내에서 GPS 신호를 받아 주위에 위성 식별 번호와 위치 정보를 전송하는 장치이다.
⑤ IMU는 단말기가 초기 위치로부터 얼마나 떨어져 있는지를 계산하여 단말기의 위치를 구한다.

사진 찍기로 세운 전략! ✏

39

오차 에 대해 이해한 내용으로 적절한 것은?

① IMU는 시간이 지날수록 전파 지연으로 인한 오차가 커진다.
② GPS는 사용 시간이 길어질수록 위성의 위치를 파악하는 데 오차가 커진다.
③ IMU는 순간적인 오차가 발생하지만 시간이 지날수록 정확한 위치 측정이 가능해진다.
④ GPS는 단말기가 터널에 진입 시 발생한 오차를 터널을 통과하는 동안 보정할 수 있다.
⑤ IMU의 오차가 커지는 것은 가속도와 속도를 측정할 때 생기는 오차가 누적되기 때문이다.

★40

⊙에 대한 이해로 적절하지 <u>않은</u> 것은?

① 측정 공간을 더 많은 구역으로 나눌수록 기준점이 많아진다.

② 단말기가 측정 공간에 들어오기 전에 데이터베이스가 미리 구축되어 있어야 한다.

③ 측정된 신호 세기가 서버에 저장된 값과 가장 가까운 비콘의 위치가 단말기의 위치가 된다.

④ 비콘을 이동하여 설치하면 정확한 위치 측정을 위해 데이터베이스를 갱신할 필요가 있다.

⑤ 위치 지도는 측정 공간 안의 특정 위치에서 수신된 신호 세기와 식별 번호 등을 데이터베이스에 기록해 놓은 것이다.

★41

〈보기〉는 단말기가 3개의 비콘 신호를 받은 상태를 도식화한 것이다. 윗글을 바탕으로 〈보기〉를 이해한 내용으로 적절한 것은? [3점]

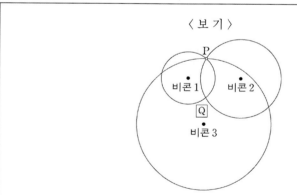

〈 보 기 〉

* 각 원의 반지름은 신호 세기로 환산한 비콘과 단말기 사이의 거리이다.
* 신호 세기에 영향을 미치는 장애물이 Q의 위치에 있다.
  (단, 세 원에 공통으로 속한 영역이 항상 존재한다고 가정하며, 신호 세기에 영향을 미치는 다른 요소는 고려하지 않음.)

① 근접성 기법과 삼변측량 기법으로 측정한 단말기의 위치는 동일하겠군.

② 측정된 신호 세기를 약한 것부터 나열하면 비콘 1, 비콘 2, 비콘 3의 신호 순이겠군.

③ 실제 단말기의 위치는 삼변측량 기법으로 측정된 위치에 비해 비콘 3에 더 가까이 있겠군.

④ Q의 위치에 있는 장애물이 제거된다면, 삼변측량 기법으로 측정되는 단말기의 위치는 현재 측정된 위치에서 P 방향으로 이동하겠군.

⑤ 단말기에서 측정되는 비콘 2의 신호 세기만 약해진다면, 삼변측량 기법으로 측정되는 단말기의 위치는 현재 측정된 위치에서 비콘 2 방향으로 이동하겠군.

잘되라고 주는 숙제 3 66 수업 시간에 다루지 않아. 배운 대로 적용 연습하면 되는 거야. 99 ✿정답 15쪽

2017학년도 6월 모의평가

인간의 신경 조직을 수학적으로 모델링하여 컴퓨터가 인간처럼 기억·학습·판단할 수 있도록 구현한 것이 인공 신경망 기술이다. 신경 조직의 기본 단위는 뉴런인데, ⓐ인공 신경망에서는 뉴런의 기능을 수학적으로 모델링한 퍼셉트론을 기본 단위로 사용한다.

ⓑ퍼셉트론은 입력값들을 받아들이는 여러 개의 ⓒ입력 단자와 이 값을 처리하는 부분, 처리된 값을 내보내는 한 개의 출력 단자로 구성되어 있다. 퍼셉트론은 각각의 입력 단자에 할당된 ⓓ가중치를 입력값에 곱한 값들을 모두 합하여 가중합을 구한 후, 고정된 ⓔ임계치보다 가중합이 작으면 0, 그렇지 않으면 1과 같은 방식으로 ⓕ출력값을 내보낸다.

이러한 퍼셉트론은 출력값에 따라 두 가지로만 구분하여 입력값들을 판정할 수 있을 뿐이다. 이에 비해 복잡한 판정을 할 수 있는 인공 신경망은 다수의 퍼셉트론을 여러 계층으로 배열하여 한 계층에서 출력된 신호가 다음 계층에 있는 모든 퍼셉트론의 입력 단자에 입력값으로 입력되는 구조로 이루어진다. 이러한 인공 신경망에서 가장 처음에 입력값을 받아들이는 퍼셉트론들을 입력층, 가장 마지막에 있는 퍼셉트론들을 출력층이라고 한다.

㉠어떤 사진 속 물체의 색깔과 형태로부터 그 물체가 사과인지 아닌지를 구별할 수 있도록 인공 신경망을 학습시키는 경우를 생각해 보자. 먼저 학습을 위한 입력값들 즉 학습 데이터를 만들어야 한다. 학습 데이터를 만들기 위해서는 사과 사진을 준비하고 사진에 나타난 특징인 색깔과 형태를 수치화해야 한다. 이 경우 색깔과 형태라는 두 범주를 수치화하여 하나의 학습 데이터로 묶은 다음, '정답'에 해당하는 값과 함께 학습 데이터를 인공 신경망에 제공한다. 이때 같은 범주에 속하는 입력값은 동일한 입력 단자를 통해 들어가도록 해야 한다. 그리고 사과 사진에 대한 학습 데이터를 만들 때에 정답인 '사과이다'에 해당하는 값을 '1'로 설정하였다면 출력값 '0'은 '사과가 아니다'를 의미하게 된다.

인공 신경망의 작동은 크게 학습 단계와 판정 단계로 나뉜다. 학습 단계는 학습 데이터를 입력층의 입력 단자에 넣어 주고 출력층의 출력값을 구한 후, 이 출력값과 정답에 해당하는 값의 차이가 줄어들도록 가중치를 갱신하는 과정이다. 어떤 학습 데이터가 주어지면 이때의 출력값을 구하고 학습 데이터와 함께 제공된 정답에 해당하는 값에서 출력값을 뺀 값 즉 오차 값을 구한다. 이 오차 값의 일부가 출력층의 출력 단자에서 입력층의 입력 단자 방향으로 되돌아가면서 각 계층의 퍼셉트론별로 출력 신호를 만드는 데 관여한 모든 가중치들에 더해지는 방식으로 가중치들이 갱신된다. 이러한 과정을 다양한 학습 데이터에 대하여 반복하면 출력값들이 각각의 정답 값에 수렴하게 되고 판정 성능이 좋아진다. 오차 값이 0에 근접하게 되거나 가중치의 갱신이 더 이상 이루어지지 않게 되면 학습 단계를 마치고 판정 단계로 전환한다. 이때 판정의 오류를 줄이기 위해서는 학습 단계에서 대상들의 변별적 특징이 잘 반영되어 있는 서로 다른 학습 데이터를 사용하는 것이 좋다.

16

윗글에 따를 때, ⓐ~ⓕ에 대한 설명으로 적절하지 <u>않은</u> 것은?

① ⓑ는 ⓐ의 기본 단위이다.
② ⓒ는 ⓑ를 구성하는 요소 중 하나이다.
③ ⓓ가 변하면 ⓔ도 따라서 변한다.
④ ⓔ는 ⓕ를 결정하는 기준이 된다.
⑤ ⓐ가 학습하는 과정에서 ⓕ는 ⓓ의 변화에 영향을 미친다.

> 사진 찍기로 세운 전략!

17

윗글에 대한 이해로 적절하지 <u>않은</u> 것은?

① 퍼셉트론의 출력 단자는 하나이다.
② 출력층의 출력값이 정답에 해당하는 값과 같으면 오차 값은 0이다.
③ 입력층 퍼셉트론에서 출력된 신호는 다음 계층 퍼셉트론의 입력값이 된다.
④ 퍼셉트론은 인간의 신경 조직의 기본 단위의 기능을 수학적으로 모델링한 것이다.
⑤ 가중치의 갱신은 입력층의 입력 단자에서 출력층의 출력 단자 방향으로 진행된다.

*18

윗글을 바탕으로 ㉠에 대해 추론한 것으로 적절하지 <u>않은</u> 것은?

① 학습 데이터를 만들 때는 색깔이나 형태가 다른 사과의 사진을 선택하는 것이 좋겠군.
② 학습 데이터에 두 가지 범주가 제시되었으므로 입력층의 퍼셉트론은 두 개의 입력 단자를 사용하겠군.
③ 색깔에 해당하는 범주와 형태에 해당하는 범주를 분리하여 각각 서로 다른 학습 데이터로 만들어야 하겠군.
④ 가중치가 더 이상 변하지 않는 단계에 이르면 '사과'인지 아닌지를 구별하는 학습 단계가 끝났다고 볼 수 있겠군.
⑤ 학습 데이터를 만들 때 사과 사진의 정답에 해당하는 값을 0으로 설정하였다면, 출력층의 출력 단자에서 0 신호가 출력되면 '사과이다'로, 1 신호가 출력되면 '사과가 아니다'로 해석해야 되겠군.

*19

윗글을 바탕으로 〈보기〉를 이해한 내용으로 가장 적절한 것은? [3점]

〈 보 기 〉

아래의 [A]와 같은 하나의 퍼셉트론을 [B]를 이용해 학습시키고자 한다.

[A]
◦ 입력 단자는 세 개(a, b, c)
◦ a, b, c의 현재의 가중치는 각각 $W_a = 0.5$, $W_b = 0.5$, $W_c = 0.1$
◦ 가중합이 임계치 1보다 작으면 0을, 그렇지 않으면 1을 출력

[B]
◦ a, b, c로 입력되는 학습 데이터는 각각 $I_a = 1$, $I_b = 0$, $I_c = 1$
◦ 학습 데이터와 함께 제공되는 정답 = 1

① [B]로 학습시키기 위해서는 판정 단계를 먼저 거쳐야 하겠군.
② 이 퍼셉트론이 1을 출력한다면, 가중합이 1보다 작았기 때문이겠군.
③ [B]로 한 번 학습시키고 나면 가중치 W_a, W_b, W_c가 모두 늘어나 있겠군.
④ [B]로 여러 차례 반복해서 학습시키면 퍼셉트론의 출력값은 0에 수렴하겠군.
⑤ [B]의 학습 데이터를 한 번 입력했을 때 그에 대한 퍼셉트론의 출력값은 1이겠군.

7 Day

독서,
정신과 시간의 방

문제와 나 둘이서 끝을 본다.
시간을 쌓아야 실력이 쌓이고 점수가 쌓인다.
한 문제 안에 녹아 있는 출제 요소들을
'아작' 낸다는 생각으로
정신과 시간의 방에 나 홀로.
고민하고 정리하고 이해하고 기억하자!
이 시간들이 전부
너의 실력이 되리니!

 어서 와. 정신과 시간의 방은 처음이지? ㅎㅎ

선생님, 정신과 시간의 방이 뭔가요?

 응, 드래곤볼에 나오는 방인데. 소름 끼치게 강한 적이 오면 손오공이 여기 들어가서 수련해. 이 방에서의 1년은 지구의 하루야. 완전 졸지?

오, 대박! 근데 들어가고 싶기도 하고, 안 들어가고 싶기도 하네요. 역설적이에요. ㅋㅋㅋ

 이제 고난도 독서 지문과 초고난도 문제를 만날 거라는 건 거의 기정사실. 그러면 대비를 철저히 해야겠지? 제대로 보자!

넵, 어려운 문제로 준비해 주세요!

 ㅎㅎ 그래, 역대급 오답률 문제가 포함된 세트를 널 위해 준비했어~. 이제 웬만한 지문은 쉬워 보이도록~.

| TODAY's 목표 확인 | 너의 예습 Time! | ※들어가면 나오는 데 오래 걸림 주의, 정신과 시간의 방 |

①
배운 내용의 조각들을 모아 하나의 그림을 만들 수 있다.
1강부터 6강까지.

②
기억하나? 문두 First, 10초의 투자, 문제 풀이
Navigation, 문제 패턴1~6, 출제 요소 패턴1~5

| TODAY's 목표 확인 | 너의 예습 Time! | ※들어가면 나오는 데 오래 걸림 주의, 정신과 시간의 방 |

  ★★★★★ 신고

조금 늦은 9모 후기 6월 68 -> 9월 96

작성자 설*경 실명확인

이번 여름방학 때 개념나비부터 패턴나비까지 문학 부분만 전부 완강한 학생입니다. 영수는 1등급 나오는데 전 항상 국어가 말썽이었죠 ㅠㅠ 우리 학교 진로 선생님도 저처럼 영수와 국어의 차이가 심하게 나는 학생은 처음 본다고 하실 정도로 전 국어가 항상 부족했는데요 ㅠㅠ 고1 3월 첫 학력평가에는 국어 77점 3등급 6월 학력평가에는 1점 차이로 가까스로 4등급을 면한 68점을 받았습니다. 평소 공부를 하긴 하는데 자꾸 떨어지는 제 성적을 보며 뭐가 부족한가 고민하다가 자주 들르는 ebsi에서 미리 눈여겨봐 둔 선생님의 개념의 나비효과 강의를 수강합니다. 너무 재미있고 윤혜정 선생님이라는 사람 자체가 너무너무 좋아서 매일매일 빠지지 않고 눈에 하트 달며 선생님 강의를 꾸준히 수강하죠. 이후 패턴나비라는 강의가 막 올라오고 있다는 것을 알게 되고 개념나비 끝내고 패턴나비까지 완강합니다. 그땐 여름방학이 끝나고 9평 치기 열흘 정도 전이었죠. 늦잠 자던 제가 매일 아침 6시에 일어나 운문1,산문2,독서2 지문을 풀고 학교에 등교하는 성실함을 보이며 ㅋㅋㅋ 체화를 하기 시작합니다. 그때 전 총 네 지문 푸는데 1~2개 정도 틀리는 수준으로 많이 발전한 절 발견합니다. 드디어 9모 당일, 욕심부리지 말고 2등급만 맞아 보자고 했던 제가 1교시 국어 치고 소리를 질렀습니다. 세상에 96점 1등급이라니!!!!!!!!!!!! 문학 하나, 문법 하나 틀렸습니다. (둘 다 오답률 탑 5에도 오르지 않았던 쉬운 문제 실수했어요옹ㅠㅠ) 이 모든 게 다 선생님 덕분입니다. 국어에 자신감이 생겼어요. 국어를 못하니까 평소엔 긴 글을 읽는 행위 자체가 싫을 정도였는데 이제는 국어 공부가 재미있습니다^^ 워낙 성적이 말 그대로 수직 상승 한 탓에 못 믿으시는 분이 있을 수 있을 것 같은데요ㅎㅎ (나조차 이런 내가 믿기지 않으니까) 윤혜정 선생님을 믿고 꾸준히 나아 간다면 못할 게 없다는 말 꼭 해 드리고 싶네요!!^^ 이만 행복한 국어 1등급은 물러갑니다 총총:)

   ★★★★★ 신고

패나 덕분에 9모 59가 10모 80으로!

작성자 이*이 실명확인

78점이 적은 점수이겠지만 단기간에 많이 올라서 이렇게 글을 써요:D ---------- 어제 가채점 때는 78이었는데 성적표 받아 보니 80점 이었어요!!! 너무 기뻐요 ㅠㅠㅠㅠ---------혜정쌤 덕분에 술술 나갔던 제 국어 점수를 하나하나 모을 수 있게 되었어요 ㅠㅠ!! 고3 여름 방학 때 개념의 나비효과를 봤는데도 국어 점수는 여전히 60언저리... 시간 내에 독서 세 개는커녕 두 개도 볼까 말까 했어요. 시간 안에 지문 세 개 보는 게 불가능 같아서 '그냥 한 개는 포기하고 나머지를 다 맞아야 하나..' 싶기도 했구요. 그러다가 최근 2주 전 즈음에 '패턴의 나비효과'라는 강의를 우연히 알게 되어서 지푸라기라도 잡자는 심정으로 교재를 사고 인강을 들었어요ㅎㅎ.. 그런데 웬걸!! 선생님이 알려 주시는 패턴을 배우고 적용하고 계속 연습하니까 독서 푸는 게 엄청 수월해졌어요! 특히 가장 도움이 되었던 건 주어, 목적어, 서술어를 끊으며 읽는 거였어요. 그렇게 읽으니까 글이 잘 보이더라구요 ㅜㅜ 고전 소설을 읽는 것조차 너무 싫었는데 이젠 극복한 것 같아요. 이번 10월 모의고사에서 실수를 꽤 한 게 아쉽지만 그래도 점수를 많이 올렸네요..! 패턴의 나비효과를 보기 전만 해도 혼자 모의고사 풀면 70점을 넘기기가 엄청 힘들었는데 쌤이 알려 주신 방법으로 몇 시간만 투자했더니 급격하게 오른 게 너무 신기해요. 수능 때까지 꾸준히 점수를 올려서 1등급 맞고 싶어요. 좋은 강의 정말 감사합니다 ㅠㅠ 선생님 잔소리 사랑합니다!!

 ★★★★★ 신고

6모 3등급 > 패턴나비 수강 후 > 9모 96

작성자 전*건 （실명확인）

윤혜정 선생님 안녕하세요! 작년 고2 내내 개념의 나비효과로 쌤을 뵈어 왔고, 수험생인 지금까지 쌤과 함께하고 있는 수강생입니다. 거의 2년째 되어 가는데 이렇게 처음 수강 후기로 인사드리게 되네요..! 9모 끝나고 바로 쓰려고 했는데 미루고 미루다가 이제야 올립니다 ㅜㅜ 사실 국어는 고2 때부터 1~2등급이 계속 나와 줘서 조금만 더 하면 될 줄 알았는데, 고3 국어는 훨씬 어렵더라고요.... 오르긴커녕 3모 성적을 겨우 유지만 할 정도였습니다 ㅜㅜ 그러다가 6모 땐 인생 처음으로 3등급 대까지 떨어지고 7모도 별로 잘 나오지 않아서 ㅜㅜ 어떻게 할까 불안한 마음으로 고민하다가 쌤의 패턴의 나비효과 강의를 알게 되었어요. (오티 보니까 쌤이 말씀하신 개념만 보고 바로 기출만 많이 푼 학생이 딱 제 얘기더라고요 ㅋㅋㅋㅋㅋ) 그만큼 제게 도움이 많이 될 것 같다는 생각이 들어서 절실한 마음에 오티를 듣고 바로 책을 주문해 버렸습니다..!! 책이 오기도 전에 쌤이 올려 주신 교재 앞부분을 복사해서 바로 강의를 듣기 시작했고, 일주일 동안 완강을 했습니다. 항상 지문 먼저 다 읽고 문제를 순서대로 풀어 왔던 저에게 강의 내용은 거의 신세계였어요.... 원래 지문이랑 문제를 왔다갔다 하면서 푸는 방법은 시간이 많이 걸릴까 봐 잘 도전하지 않던 방법이었는데, 오히려 왔다갔다 하는 게 더 확실하게 근거를 찾아서 답을 고를 수 있고, 문제와 지문을 오가며 지문의 내용을 더욱 자세히 이해할 수 있게 되기도 하더라고요! 완강하고 나서도 내용을 계속 읽어 보며 복습하고, 수완이랑 사설 문제를 통해 체화한 덕분에 실전에서 나비효과를 볼 수 있었습니다..ㅎㅎ(채점하고 나서도 손이 덜덜 떨렸던 기억이 아직도 나네요ㅜㅜ) 이 강의가 아니었으면 절대 이번 성적 맞지 못했을 거예요.. 이렇게 좋은 강의 만들어 주셔서 정말 감사드려요 ㅜㅜ (참고로 혹시 수강 여부를 고민하고 계시는 분들이 제 글을 보신다면 어서 들으시길 적극 추천드립니다!!) 이제 초심 잃지 않고 꾸준히 약점 보완해나가면서 수능날도 이 성적 받을 수 있기 위해 열심히 노력하고 있겠습니다!! 꼭 좋은 소식 들고 다시 찾아뵐게요:)

  ★★★★★ 신고

윤혜정 선생님 덕분에 수능 국어 1등급을 맞을 수 있었습니다!

작성자 정*희 （실명확인）

안녕하세요! 저는 최저 때문에 수능 공부를 열심히 했던 고3 학생으로 어저께 수능을 마치고 왔습니다. 고2 때부터 저는 제가 국어에 소질이 없다는 걸 알았기에 국어 3등급을 맞고 나머지 수학, 영어, 사탐을 1등급 맞아서 최저를 맞추려고 계획했습니다. 하지만 꾸준히 안정 1등급이었는데도 불구하고 6모 때부터 떨어지는 수학 성적에 급하게 국어 공부를 시작했습니다. 그래서 듣기 시작한 게 패턴의 나비효과였습니다. 주변 친구가 개념의 나비효과를 추천해 줬던 게 기억이 났는데, 마침 ebsi에 들어와 보니 패턴의 나비효과라는 강의가 업데이트되어 있어서 여름방학 때부터 들었던 것 같습니다. 가장 저에게 도움이 되었던 건 바로 실시간으로 풀기 스킬이었습니다. 문제가 요구하는 바를 먼저 파악하고 지문을 읽었기에 더욱 수월히 문제를 풀 수 있었고 꾸준히 연습하면서 선생님의 스킬?들을 제 것으로 체화할 수 있었습니다. 저는 완강 후에도 가끔 패턴의 나비효과를 복습하며 계속 선생님의 스킬을 상기했습니다. 그 결과 저는 6모 때 3등급, 9모 때 2등급, 수능 때 1등급을 받을 수 있었습니다(바람직한 상승 곡선인 것 같네요 ㅎㅎ). 다 선생님 덕분이라고 생각합니다. 타 인강 사이트의 비싼 수강 패스가 있음에도 불구하고 윤혜정 선생님을 선택한 건 정말 제 인생에서 큰 획을 그은 신의 한 수라고 생각합니다. 윤혜정 선생님의 강의를 고민하는 학생이라면 완전히 추천드리고 싶습니다. 패턴의 나비효과라는 강의를 통해 너무나도 좋은 팁들을 가르쳐 주셔서 감사합니다 선생님. 제가 어떻게 하면 선생님께 이 감사한 마음을 표현하고 보답할 수 있을까 고민하다가 수강 후기를 남깁니다. 19년 인생에 처음 써 보는 거라 어색할 수도 있지만 부끄러움을 무릅쓰고 올립니다. 정말 감사합니다!!!(p.s 선생님 정말 충격적일 정도로 동안이십니다!!! 강의에서 선생님 연세를 알게 된 후 정말 기절할 뻔했습니다 정말 역대급으로 동안이세요...)

ㅎㅎㅎ 재미있어졌으면 들어가야지. 일루 와.

정신과 시간의 방에 들어가면 역대급 오답률 슈퍼 파월 지문이랑 문제가 기다리고 있을 거야.

롤루랄라~♬ 재미있게 풀어 보자고. ㅎㅎ 아주 그냥, 지문이랑 문제랑 나랑 끝장을 보는 거야~!

TODAY's 목표 확인 ▷ 너의 예습 Time! ※들어가면 나오는 데 오래 걸림 주의, 정신과 시간의 방

오답률 Best10 중 3문제가 이 세트 안에 있었다!!!

"

10번 : 오답률 15위(49.0%)

11번 : 오답률 3위(73.0%)

12번 : 오답률 8위(62.0%)

13번 : 오답률 4위(72.2%)

다같이 ♫손에 손잡고♫ 오답률 무엇!
ㅎㅎ 그럼... 이제.. 배운 걸 적용해 볼까?
나라면 실전에서 어떻게 풀었을까?
문제 패턴을 확인하고, 그에 따른 접근법에 따라 내비게이션 작동!
지문을 한 문단씩 끊어 읽으며 각 문단에서 찾아낸 출제 요소를
각 문제들의 선지에서 확인!
실시간으로 선지들을 지워 내면서 정답을 찾아가는 거야.

"

2022학년도 대학수학능력시험

기축 통화는 국제 거래에 결제 수단으로 통용되고 환율 결정에 기준이 되는 통화이다. 1960년 트리핀 교수는 브레턴 우즈 체제에서의 기축 통화인 달러화의 구조적 모순을 지적했다. 한 국가의 재화와 서비스의 수출입 간 차이인 경상 수지는 수입이 수출을 초과하면 적자이고, 수출이 수입을 초과하면 흑자이다. 그는 "미국이 경상 수지 적자를 허용하지 않아 국제 유동성 공급이 중단되면 세계 경제는 크게 위축될 것"이라면서도 "반면 적자 상태가 지속돼 달러화가 과잉 공급되면 준비 자산으로서의 신뢰도가 저하되고 고정 환율 제도도 붕괴될 것"이라고 말했다.

이러한 트리핀 딜레마는 국제 유동성 확보와 달러화의 신뢰도 간의 문제이다. 국제 유동성이란 국제적으로 보편적인 통용력을 갖는 지불 수단을 말하는데, ㉠금 본위 체제에서는 금이 국제 유동성의 역할을 했으며, 각 국가의 통화 가치는 정해진 양의 금의 가치에 고정되었다. 이에 따라 국가 간 통화의 교환 비율인 환율은 자동적으로 결정되었다. 이후 ㉡브레턴우즈 체제에서는 국제 유동성으로 달러화가 추가되어 '금 환 본위제'가 되었다. 1944년에 성립된 이 체제는 미국의 중앙은행에 '금 태환 조항'에 따라 금 1온스와 35달러를 언제나 맞교환해 주어야 한다는 의무를 지게 했다. 다른 국가들은 달러화에 대한 자국 통화의 가치를 고정했고, 달러화로만 금을 매입할 수 있었다. 환율은 경상 수지의 구조적 불균형이 있는 예외적인 경우를 제외하면 ±1% 내에서의 변동만을 허용했다. 이에 따라 기축 통화인 달러화를 제외한 다른 통화들 간 환율인 교차 환율은 자동적으로 결정되었다.

1970년대 초에 미국은 경상 수지 적자가 누적되기 시작하고 달러화가 과잉 공급되어 미국의 금 준비량이 급감했다. 이에 따라 미국은 달러화의 금 태환 의무를 더 이상 감당할 수 없는 상황에 도달했다. 이를 해결할 수 있는 방법은 달러화의 가치를 내리는 평가 절하, 또는 달러화에 대한 여타국 통화의 환율을 하락시켜 그 가치를 올리는 평가 절상이었다. 하지만 브레턴우즈 체제하에서 달러화의 평가 절하는 규정상 불가능했고, 당시 대규모 대미 무역 흑자 상태였던 독일, 일본 등 주요국들은 평가 절상에 나서려고 하지 않았다. 이 상황이 유지되기 어려울 것이라는 전망으로 독일의 마르크화와 일본의 엔화에 대한 투기적 수요가 증가했고, 결국 환율의 변동 압력은 더욱 커질 수밖에 없었다. 이러한 상황에서 각국은 보유한 달러화를 대규모로 금으로 바꾸기를 원했다. 미국은 결국 1971년 달러화의 금 태환 정지를 선언한 닉슨 쇼크를 단행했고, 브레턴우즈 체제는 붕괴되었다.

그러나 붕괴 이후에도 달러화의 기축 통화 역할은 계속되었다. 그 이유로 규모의 경제를 생각할 수 있다. 세계의 모든 국가에서 ㉢어떠한 기축 통화도 없이 각각 다른 통화가 사용되는 경우 두 국가를 짝짓는 경우의 수만큼 환율의 가짓수가 생긴다. 그러나 하나의 기축 통화를 중심으로 외환 거래를 하면 비용을 절감하고 규모의 경제를 달성할 수 있다.

10

윗글을 통해 답을 찾을 수 <u>없는</u> 질문은?

사진 찍기로 세운 전략!

① 브레턴우즈 체제 붕괴 이후에도 달러화가 기축 통화로서 역할을 할 수 있었던 이유는 무엇인가?
② 브레턴우즈 체제 붕괴 이후의 세계 경제 위축에 대해 트리핀은 어떤 전망을 했는가?
③ 브레턴우즈 체제에서 미국 중앙은행은 어떤 의무를 수행해야 했는가?
④ 브레턴우즈 체제에서 국제 유동성의 역할을 한 것은 무엇인가?
⑤ 브레턴우즈 체제에서 달러화 신뢰도 하락의 원인은 무엇인가?

11

윗글을 바탕으로 추론한 내용으로 적절하지 <u>않은</u> 것은?

① 닉슨 쇼크가 단행된 이후 달러화의 고평가 문제를 해결할 수 있는 달러화의 평가 절하가 가능해졌다.
② 브레턴우즈 체제에서 마르크화와 엔화의 투기적 수요가 증가한 것은 이들 통화의 평가 절상을 예상했기 때문이다.
③ 금의 생산량 증가를 통한 국제 유동성 공급량의 증가는 트리핀 딜레마 상황을 완화하는 한 가지 방법이 될 수 있다.
④ 트리핀 딜레마는 달러화를 통한 국제 유동성 공급을 중단할 수도 없고 공급량을 무한정 늘릴 수도 없는 상황을 말한다.
⑤ 브레턴우즈 체제에서 마르크화가 달러화에 대해 평가 절상되면, 같은 금액의 마르크화로 구입 가능한 금의 양은 감소한다.

12

미국을 포함한 세 국가가 존재하고 각각 다른 통화를 사용할 때, ㉠~㉢에 대한 설명으로 적절한 것은?

① ㉠에서 자동적으로 결정되는 환율의 가짓수는 금에 자국 통화의 가치를 고정한 국가 수보다 하나 적다.
② ㉡이 붕괴된 이후에도 여전히 달러화가 기축 통화라면 ㉢에 비해 교차 환율의 가짓수는 적어진다.
③ ㉢에서 국가 수가 하나씩 증가할 때마다 환율의 전체 가짓수도 하나씩 증가한다.
④ ㉠에서 ㉡으로 바뀌면 자동적으로 결정되는 환율의 가짓수가 많아진다.
⑤ ㉡에서 교차 환율의 가짓수는 ㉢에서 생기는 환율의 가짓수보다 적다.

13

윗글을 참고할 때, 〈보기〉에 대한 반응으로 가장 적절한 것은? [3점]

사진 찍기로 세운 전략!

〈 보 기 〉

　브레턴우즈 체제가 붕괴된 이후 두 차례의 석유 가격 급등을 겪으면서 기축 통화국인 A국의 금리는 인상되었고 통화 공급은 감소했다. 여기에 A국 정부의 소득세 감면과 군비 증대는 A국의 금리를 인상시켰으며, 높은 금리로 인해 대량으로 외국 자본이 유입되었다. A국은 이로 인한 상황을 해소하기 위한 국제적 합의를 주도하여, 서로 교역을 하며 각각 다른 통화를 사용하는 세 국가 A, B, C는 외환 시장에 대한 개입을 합의했다. 이로 인해 A국 통화에 대한 B국 통화와 C국 통화의 환율은 각각 50%, 30% 하락했다.

① A국의 금리 인상과 통화 공급 감소로 인해 A국 통화의 신뢰도가 낮아진 것은 외국 자본이 대량으로 유입되었기 때문이겠군.

② 국제적 합의로 인한 A국 통화에 대한 B국 통화의 환율 하락으로 국제 유동성 공급량이 증가하여 A국 통화의 가치가 상승했겠군.

③ 다른 모든 조건이 변하지 않았다면, 국제적 합의로 인해 A국 통화에 대한 B국 통화의 환율과 B국 통화에 대한 C국 통화의 환율은 모두 하락했겠군.

④ 다른 모든 조건이 변하지 않았다면, 국제적 합의로 인해 A국 통화에 대한 B국과 C국 통화의 환율이 하락하여, B국에 대한 C국의 경상 수지는 개선되었겠군.

⑤ 다른 모든 조건이 변하지 않았다면, A국의 소득세 감면과 군비 증대로 A국의 경상 수지가 악화되며, 그 완화 방안 중 하나는 A국 통화에 대한 B국 통화의 환율을 상승시키는 것이겠군.

2020학년도 6월 모의평가

우리는 한 대의 자동차는 개체라고 하지만 바닷물을 개체라고 하지는 않는다. 어떤 부분들이 모여 하나의 개체를 @이룬다고 할 때 이를 개체라고 부를 수 있는 조건은 무엇일까? 일단 부분들 사이의 유사성은 개체성의 조건이 될 수 없다. 가령 일란성 쌍둥이인 두 사람은 DNA 염기 서열과 외모도 같지만 동일한 개체는 아니다. 그래서 부분들의 강한 유기적 상호 작용이 그 조건으로 흔히 제시된다. 하나의 개체를 구성하는 부분들은 외부 존재가 개체에 영향을 주는 것과는 비교할 수 없이 강한 방식으로 서로 영향을 주고받는다.

상이한 시기에 존재하는 두 대상을 동일한 개체로 판단하는 조건도 물을 수 있다. 그것은 두 대상 사이의 인과성이다. 과거의 '나'와 현재의 '나'를 동일하다고 볼 수 있는 것은 강한 인과성이 존재하기 때문이다. 과거의 '나'와 현재의 '나'는 세포 분열로 세포가 교체되는 과정을 통해 인과적으로 연결되어 있다. 또 '나'가 세포 분열을 통해 새로운 개체를 생성할 때도 '나'와 '나의 후손'은 인과적으로 연결되어 있다. 비록 '나'와 '나의 후손'은 동일한 개체는 아니지만 '나'와 다른 개체들 사이에 비해 더 강한 인과성으로 연결되어 있다.

개체성에 대한 이러한 철학적 질문은 생물학에서도 중요한 연구 주제가 된다. 생명체를 구성하는 단위는 세포이다. 세포는 생명체의 고유한 유전 정보가 담긴 DNA를 가지며 이를 복제하여 증식하고 번식하는 과정을 통해 자신의 DNA를 후세에 전달한다. 세포는 사람과 같은 진핵생물의 진핵세포와, 박테리아나 고세균과 같은 원핵생물의 원핵세포로 구분된다. 진핵세포는 세포질에 막으로 둘러싸인 핵이 ⓑ있고 그 안에 DNA가 있지만, 원핵세포는 핵이 없다. 또한 진핵세포의 세포질에는 막으로 둘러싸인 여러 종류의 세포 소기관이 있으며, 그중 미토콘드리아는 세포 활동에 필요한 생체 에너지를 생산하는 기관이다. 대부분의 진핵세포는 미토콘드리아를 필수적으로 ⓒ가지고 있다.

이러한 미토콘드리아가 원래 박테리아의 한 종류인 원생미토콘드리아였다는 이론이 20세기 초에 제기되었다. 공생발생설 또는 세포 내 공생설이라고 불리는 이 이론에서는 두 원핵생물 간의 공생 관계가 지속되면서 진핵세포를 가진 진핵생물이 탄생했다고 설명한다. 공생은 서로 다른 생명체가 함께 살아가는 것을 말하며, 서로 다른 생명체를 가정하는 것은 어느 생명체의 세포 안에서 다른 생명체가 공생하는 '내부 공생'에서도 마찬가지이다. ⊙공생발생설은 한동안 생물학계로부터 인정받지 못했다. 미토콘드리아의 기능과 대략적인 구조, 그리고 생명체 간 내부 공생의 사례는 이미 알려졌지만 미토콘드리아가 과거에 독립된 생명체였다는 것을 쉽게 믿을 수 없었기 때문이었다. 그리고 한 생명체가 세대를 이어 가는 과정 중에 돌연변이와 자연선택이 일어나고, 이로 인해 종이 진화하고 분화한다고 보는 전통적인 유전학에서 두 원핵생물의 결합은 주목받지 못했다. 그러다가 전자 현미경의 등장으로 미토콘드리아의 내부까지 세밀히 관찰하게 되고, 미토콘드리아 안에는 세포핵의 DNA와는 다른 DNA가 있으며 단백질을 합성하는 자신만의 리보솜을 가지고 있다는 사실이 ⓓ밝혀지면서 공생발생설이 새롭게 부각되었다.

공생발생설에 따르면 진핵생물은 원생미토콘드리아가 고세균의 세포 안에서 내부 공생을 하다가 탄생했다고 본다. 고세균의 핵의 형성과 내부 공생의 시작 중 어느 것이 먼저인지에 대해서는 논란이 있지만, 고세균은 세포질에 핵이 생겨 진핵세포가 되고 원생미토콘드리아는 세포 소기관인 미토콘드리아가 되어 진핵생물이 탄생했다는 것이다. 미토콘드리아가 원래 박테리아의 한 종류였다는 근거는 여러 가지가 있다. 박테리아와 마찬가지로 새로운 미토콘드리아는 이미 존재하는 미토콘드리아의 '이분 분열'을 통해서만 ⓔ만들어진다. 미토콘드리아의 막에는 진핵세포막의 수송 단백질과는 다른 종류의 수송 단백질인 포린이 존재하고 박테리아의 세포막에 있는 카디오리핀이 존재한다. 또 미토콘드리아의 리보솜은 진핵세포의 리보솜보다 박테리아의 리보솜과 더 유사하다.

미토콘드리아는 여전히 고유한 DNA를 가진 채 복제와 증식이 이루어지는데도, 미토콘드리아와 진핵세포 사이의 관계를 공생 관계로 보지 않는 이유는 무엇일까? 두 생명체가 서로 떨어져서 살 수 없더라도 각자의 개체성을 잃을 정도로 유기적 상호 작용이 강하지 않다면 그 둘은 공생 관계에 있다고 보는데, 미토콘드리아와 진핵세포 간의 유기적 상호 작용은 둘을 다른 개체로 볼 수 없을 만큼 매우 강하기 때문이다. 미토콘드리아가 개체성을 잃고 세포 소기관이 되었다고 보는 근거는, 진핵세포가 미토콘드리아의 증식을 조절하고, 자신을 복제하여 증식할 때 미토콘드리아도 함께 복제하여 증식시킨다는 것이다. 또한 미토콘드리아의 유전자의 많은 부분이 세포핵의 DNA로 옮겨 가 미토콘드리아의 DNA 길이가 현저히 짧아졌다는 것이다. 미토콘드리아에서 일어나는 대사 과정에 필요한 단백질은 세포핵의 DNA로부터 합성되고, 미토콘드리아의 DNA에 남은 유전자 대부분은 생체 에너지를 생산하는 역할을 한다. 예컨대 사람의 미토콘드리아는 37개의 유전자만 있을 정도로 DNA 길이가 짧다.

37

윗글의 내용 전개 방식으로 가장 적절한 것은?

① 개체성과 관련된 예를 제시한 후 공생발생설에 대한 다양한 견해를 비교하고 있다.
② 개체에 대한 정의를 제시한 후 세포의 생물학적 개념이 확립되는 과정을 서술하고 있다.
③ 개체성의 조건을 제시한 후 세포 소기관의 개체성에 대해 공생발생설을 중심으로 설명하고 있다.
④ 개체의 유형을 분류한 후 세포의 소기관이 분화되는 과정을 공생발생설을 중심으로 설명하고 있다.
⑤ 개체와 관련된 개념들을 설명한 후 세포가 하나의 개체로 변화하는 과정을 인과적으로 서술하고 있다.

★38

오답률 ▶ 52.8%

윗글에 대한 이해로 적절하지 <u>않은</u> 것은?

① 유사성은 아무리 강하더라도 개체성의 조건이 될 수 없다.
② 바닷물을 개체라고 말하기 어려운 이유는 유기적 상호 작용이 약하기 때문이다.
③ 새로운 미토콘드리아를 복제하기 위해서는 세포 안에 미토콘드리아가 반드시 있어야 한다.
④ 미토콘드리아의 대사 과정에 필요한 단백질은 미토콘드리아의 막을 통과하여 세포질로 이동해야 한다.
⑤ 진핵세포가 되기 전의 고세균이 원생미토콘드리아보다 진핵세포와 더 강한 인과성으로 연결되어 있다.

39

윗글을 참고할 때, ㉠의 이유로 가장 적절한 것은?

① 진핵세포가 세포 소기관을 가지고 있다는 사실을 알지 못했기 때문이다.
② 공생발생설이 당시의 유전학 이론에 어긋난다는 근거가 부족했기 때문이다.
③ 한 생명체가 다른 생명체의 세포 속에서 살 수 있다는 근거가 부족했기 때문이다.
④ 미토콘드리아가 진핵세포의 활동에 중요한 기능을 한다는 사실을 알지 못했기 때문이다.
⑤ 미토콘드리아가 자신의 고유한 유전 정보를 전달할 수 있다는 것을 알지 못했기 때문이다.

★40

오답률 5위 ▶ 63.0%

〈보기〉는 진핵세포의 세포 소기관을 연구한 결과들이다. 윗글을 바탕으로 할 때, 각각의 세포 소기관이 박테리아로부터 비롯되었다고 판단할 수 있는 것만을 〈보기〉에서 고른 것은?

〈 보 기 〉
ㄱ. 세포 소기관이 자신의 DNA를 가지고 있다는 것과 이분 분열을 한다는 것을 확인하였다.
ㄴ. 세포 소기관이 자신의 DNA를 가지고 있다는 것과 진핵세포의 리보솜을 가지고 있다는 것을 확인하였다.
ㄷ. 세포 소기관이 막으로 둘러싸여 있다는 것과 막에는 수송 단백질이 있는 것을 확인하였다.
ㄹ. 세포 소기관이 막으로 둘러싸여 있다는 것과 막에는 다량의 카디오리핀이 있는 것을 확인하였다.

① ㄱ, ㄷ   ② ㄱ, ㄹ   ③ ㄴ, ㄷ   ④ ㄴ, ㄹ   ⑤ ㄷ, ㄹ

★41

윗글을 바탕으로 〈보기〉를 이해한 내용으로 적절하지 <u>않은</u> 것은? [3점]

〈 보 기 〉

∘ 복어는 테트로도톡신이라는 신경 독소를 가지고 있지만 테트로도톡신을 스스로 만들지 못하고 체내에서 서식하는 미생물이 이를 생산한다. 복어는 독소를 생산하는 미생물에게 서식처를 제공하는 대신 포식자로부터 자신을 방어할 수 있는 무기를 갖게 되었다. 만약 복어의 체내에 있는 미생물을 제거하면 복어는 독소를 가지지 못하나 생존에는 지장이 없었다.

∘ 실험실의 아메바가 병원성 박테리아에 감염되어 대부분의 아메바가 죽고 일부 아메바는 생존하였다. 생존한 아메바의 세포질에서 서식하는 박테리아는 스스로 복제하여 증식할 수 있었고 더 이상 병원성을 지니지는 않았다. 아메바에게는 무해하지만 박테리아에게는 치명적인 항생제를 아메바에게 투여하면 박테리아와 함께 아메바도 죽었다.

① 병원성을 잃은 '아메바의 세포질에서 서식하는 박테리아'는 세포 소기관으로 변한 것이겠군.

② 복어의 '체내에서 서식하는 미생물'은 '복어'와의 유기적 상호 작용이 강해진다면 개체성을 잃을 수 있겠군.

③ 복어의 세포가 증식할 때 복어의 체내에서 '독소를 생산하는 미생물'의 DNA도 함께 증식하는 것은 아니겠군.

④ '아메바의 세포질에서 서식하는 박테리아'가 개체성을 잃었다면 '아메바의 세포질에서 서식하는 박테리아'의 DNA 길이는 짧아졌겠군.

⑤ '아메바의 세포질에서 서식하는 박테리아'와 '아메바' 사이의 관계와 '복어'와 '독소를 생산하는 미생물' 사이의 관계는 모두 공생 관계이겠군.

42

문맥상 @~@와 바꿔 쓰기에 적절하지 <u>않은</u> 것은?

① @: 구성(構成)한다고
② ⓑ: 존재(存在)하고
③ ⓒ: 보유(保有)하고
④ ⓓ: 조명(照明)되면서
⑤ ⓔ: 생성(生成)된다

잘되라고 주는 숙제 2
66 수업 시간에 다루지 않아. 배운 대로 적용 연습하면 되는 거야. 99

✱ 정답 18쪽

2019학년도 대학수학능력시험

두 명제가 모두 참인 것도 모두 거짓인 것도 가능하지 않은 관계를 모순 관계라고 한다. 예를 들어, 임의의 명제를 P라고 하면 P와 ~P는 모순 관계이다.(기호 '~'은 부정을 나타낸다.) P와 ~P가 모두 참인 것은 가능하지 않다는 법칙을 무모순율이라고 한다. 그런데 "㉠다보탑은 경주에 있다."와 "㉡다보탑은 개성에 있을 수도 있었다."는 모순 관계가 아니다. 현실과 다르게 다보탑을 경주가 아닌 곳에 세웠다면 다보탑의 소재지는 지금과 달라졌을 것이다. 철학자들은 이를 두고, P와 ~P가 모두 참인 혹은 모두 거짓인 가능세계는 없지만 다보탑이 개성에 있는 가능세계는 있다고 표현한다.

'가능세계'의 개념은 일상 언어에서 흔히 쓰이는 필연성과 가능성에 관한 진술을 분석하는 데 중요한 역할을 한다. 'P는 가능하다'는 P가 적어도 하나의 가능세계에서 성립한다는 뜻이며, 'P는 필연적이다'는 P가 모든 가능세계에서 성립한다는 뜻이다. "만약 Q이면 Q이다."를 비롯한 필연적인 명제들은 모든 가능세계에서 성립한다. "다보탑은 경주에 있다."와 같이 가능하지만 필연적이지는 않은 명제는 우리의 현실세계를 비롯한 어떤 가능세계에서는 성립하고 또 어떤 가능세계에서는 성립하지 않는다.

가능세계를 통한 담론은 우리의 일상적인 몇몇 표현들을 보다 잘 이해하는 데 도움이 된다. 다음 상황을 생각해 보자. 나는 현실에서 아침 8시에 출발하는 기차를 놓쳤고, 지각을 했으며, 내가 놓친 기차는 제시간에 목적지에 도착했다. 그리고 나는 "만약 내가 8시 기차를 탔다면, 나는 지각을 하지 않았다."라고 주장한다. 그런데 전통 논리학에서는 "만약 A이면 B이다."라는 형식의 명제는 A가 거짓인 경우에는 B의 참 거짓에 상관없이 참이라고 규정한다. 그럼에도 ⓐ내가 만약 그 기차를 탔다면 여전히 지각을 했을 것이라고 주장하지는 않는 이유는 무엇일까? 내가 그 기차를 탄 가능세계들을 생각해 보면 그 이유를 알 수 있다. 그 가능세계 중 어떤 세계에서 나는 여전히 지각을 한다. 가령 내가 탄 그 기차가 고장으로 선로에 멈춰 운행이 오랫동안 지연된 세계가 그런 예이다. 하지만 내가 기차를 탄 세계들 중에서, 내가 기차를 타고 별다른 이변 없이 제시간에 도착한 세계가 그렇지 않은 세계보다 우리의 현실세계와의 유사성이 더 높다. 일반적으로, A가 참인 가능세계들 중에 비교할 때, B도 참인 가능세계가 B가 거짓인 가능세계보다 현실세계와 더 유사하다면, 현실세계의 나는 A가 실현되지 않은 경우에, 만약 A라면 ~B가 아닌 B라고 말할 수 있다.

가능세계는 다음의 네 가지 성질을 갖는다. 첫째는 가능세계의 일관성이다. 가능세계는 명칭 그대로 가능한 세계이므로 어떤 것이 가능하지 않다면 그것이 성립하는 가능세계는 없다. 둘째는 가능세계의 포괄성이다. 이것은 어떤 것이 가능하다면 그것이 성립하는 가능세계는 존재한다는 것이다. 셋째는 가능세계의 완결성이다. 어느 세계에서든 임의의 명제 P에 대해 "P이거나 ~P이다."라는 배중률이 성립한다. 즉 P와 ~P 중 하나는 반드시 참이라는 것이다. 넷째는 가능세계의 독립성이다. 한 가능세계는 모든 시간과 공간을 포함해야만 하며, 연속된 시간과 공간에 포함된 존재들은 모두 동일한 하나의 세계에만 속한다. 한 가능세계 W1의 시간과 공간이, 다른 가능세계 W2의 시간과 공간으로 이어질 수는 없다. W1과 W2는 서로 시간과 공간이 전혀 다른 세계이다.

가능세계의 개념은 철학에서 갖가지 흥미로운 질문과 통찰을 이끌어 내며, 그에 관한 연구 역시 활발히 진행되고 있다. 나아가 가능세계를 활용한 논의는 오늘날 인지 과학, 언어학, 공학 등의 분야로 그 응용의 폭을 넓히고 있다.

✱39

오답률 ▶ 54.4%

사진 찍기로 세운 전략! ✏️

윗글의 내용과 일치하는 것은?

① 배중률은 모든 가능세계에서 성립한다.
② 모든 가능한 명제는 현실세계에서 성립한다.
③ 필연적인 명제가 성립하지 않는 가능세계가 있다.
④ 무모순율에 의하면 P와 ~P가 모두 참인 것은 가능하다.
⑤ 전통 논리학에 따르면 "만약 A이면 B이다."의 참 거짓은 A의 참 거짓과 상관없이 결정된다.

★40

오답률 ▶ 61.5%

㉠, ㉡에 대한 이해로 적절하지 <u>않은</u> 것은?

① ㉠이 성립하지 않는 가능세계가 존재한다.
② "만약 다보탑이 개성에 있다면, 다보탑은 개성에 있다."가 성립하는 가능세계 중에는 ㉠이 거짓인 가능세계는 없다.
③ ㉡과 "다보탑은 개성에 있지 않다."는 모순 관계가 아니다.
④ 만약 ㉡이 거짓이라면 어떤 가능세계에서도 다보탑이 개성에 있지 않다.
⑤ ㉠과 ㉡은 현실세계에서 둘 다 참인 것이 가능하다.

★41

오답률 ▶ 57.7%

윗글을 바탕으로 할 때, ⓐ에 대한 답으로 가장 적절한 것은?

① 내가 그 기차를 타지 않은 가능세계들끼리 비교할 때 지각을 한 가능세계와 지각을 하지 않은 가능세계가 현실세계와의 유사성의 정도가 다르기 때문이다.
② 내가 그 기차를 타지 않은 가능세계들끼리 비교할 때 기차 고장이 자주 일어나지 않는 가능세계가 현실세계와의 유사성이 높기 때문이다.
③ 내가 그 기차를 탄 가능세계들끼리 비교할 때 내가 지각을 한 가능세계가 내가 지각을 하지 않은 가능세계에 비해 현실세계와의 유사성이 더 낮기 때문이다.
④ 내가 그 기차를 탄 가능세계들끼리 비교할 때 그 가능세계들의 대다수에서 내가 지각을 하지 않았기 때문이다.
⑤ 내가 그 기차를 탄 것이 현실세계에서 거짓이기 때문이다.

★42

오답률 2위 ▶ 70.5%

윗글을 참고할 때, 〈보기〉를 이해한 내용으로 적절한 것은? [3점]

〈 보기 〉
명제 "모든 학생은 연필을 쓴다."와 "어떤 학생도 연필을 쓰지 않는다."는 반대 관계이다. 이 말은, 두 명제 다 참인 것은 가능하지 않지만, 둘 중 하나만 참이거나 둘 다 거짓인 것은 가능하다는 뜻이다.

① 가능세계의 완결성과 독립성에 따르면, 모든 학생이 연필을 쓰는 가능세계가 존재한다는 것과 어떤 학생도 연필을 쓰지 않는 가능세계가 존재한다는 것 중 하나는 반드시 참이고, 그중 한 세계의 시간과 공간이 다른 세계로 이어질 수 없겠군.
② 가능세계의 포괄성과 독립성에 따르면, "어떤 학생도 연필을 쓰지 않는다."가 성립하면서 그 세계에 속한 한 명의 학생이 연필을 쓰는 가능세계들이 존재하고, 그 세계들의 시간과 공간은 서로 단절되어 있겠군.
③ 가능세계의 완결성에 따르면, 어느 세계에서든 "어떤 학생은 연필을 쓴다."와 "어떤 학생은 연필을 쓰지 않는다." 중 하나는 반드시 참이겠군.
④ 가능세계의 포괄성에 따르면, '"모든 학생은 연필을 쓴다."가 참이거나 "어떤 학생도 연필을 쓰지 않는다."가 참'인 가능세계들이 있겠군.
⑤ 가능세계의 일관성에 따르면, 학생들 중 절반은 연필을 쓰고 절반은 연필을 쓰지 않는 가능세계가 존재하겠군.

2019학년도 대학수학능력시험

16세기 전반에 서양에서 태양 중심설을 지구 중심설의 대안으로 제시하며 시작된 천문학 분야의 개혁은 경험주의의 확산과 수리 과학의 발전을 통해 형이상학을 뒤바꾸는 변혁으로 이어졌다. 서양의 우주론 이 전파되자 중국에서는 중국과 서양의 우주론을 회통하려는 시도가 전개되었고, 이 과정에서 자신의 지적 유산에 대한 관심이 제고되었다.

복잡한 문제를 단순화하여 푸는 수학적 전통을 이어받은 코페르니쿠스는 천체의 운행을 단순하게 기술할 방법을 찾고자 하였고, 그것이 ⓐ일으킬 형이상학적 문제에는 별 관심이 없었다. 고대의 아리스토텔레스와 프톨레마이오스는 우주의 중심에 고정되어 움직이지 않는 지구의 주위를 달, 태양, 다른 행성들의 천구들과, 항성들이 붙어 있는 항성 천구가 회전한다는 지구 중심설을 내세웠다. 그와 달리 코페르니쿠스는 태양을 우주의 중심에 고정하고 그 주위를 지구를 비롯한 행성들이 공전하며 지구가 자전하는 우주 모형을 ⓑ만들었다. 그러자 프톨레마이오스보다 훨씬 적은 수의 원으로 행성들의 가시적인 운동을 설명할 수 있었고 행성이 태양에서 멀수록 공전 주기가 길어진다는 점에서 단순성이 충족되었다. 그러나 아리스토텔레스의 형이상학을 고수하는 다수 지식인과 종교 지도자들은 그의 이론을 받아들이려 하지 않았다. 왜냐하면 그것은 지상계와 천상계를 대립시키는 아리스토텔레스의 이분법적 구도를 무너뜨리고, 신의 형상을 ⓒ지닌 인간을 한갓 행성의 거주자로 전락시키는 것으로 여겨졌기 때문이다.

16세기 후반에 브라헤는 코페르니쿠스 천문학의 장점은 인정하면서도 아리스토텔레스 형이상학과의 상충을 피하고자 우주의 중심에 지구가 고정되어 있고, 달과 태양과 항성들은 지구 주위를 공전하며, 지구 외의 행성들은 태양 주위를 공전하는 모형을 제안하였다. 그러나 케플러는 우주의 수적 질서를 신봉하는 형이상학인 신플라톤주의에 매료되었기 때문에, 태양을 우주 중심에 배치하여 단순성을 추구한 코페르니쿠스의 천문학을 받아들였다. 하지만 그는 경험주의자였기에 브라헤의 천체 관측치를 활용하여 태양 주위를 공전하는 행성의 운동 법칙들을 수립할 수 있었다. 우주의 단순성을 새롭게 보여 주는 이 법칙들은 아리스토텔레스 형이상학을 더 이상 온존할 수 없게 만들었다.

[A]
17세기 후반에 뉴턴은 태양 중심설을 역학적으로 정당화하였다. 그는 만유인력 가설로부터 케플러의 행성 운동 법칙들을 성공적으로 연역했다. 이때 가정된 만유인력은 두 질점*이 서로 당기는 힘으로, 그 크기는 두 질점의 질량의 곱에 비례하고 거리의 제곱에 반비례한다. 지구를 포함하는 천체들이 밀도가 균질하거나 구 대칭*을 이루는 구라면 천체가 그 천체 밖 어떤 질점을 당기는 만유인력은, 그 천체를 잘게 나눈 부피 요소들 각각이 그 천체 밖 어떤 질점을 당기는 만유인력을 모두 더하여 구할 수 있다. 또한 여기에서 지구보다 질량이 큰 태양과 지구가 서로 당기는 만유인력이 서로 같음을 증명할 수 있다. 뉴턴은 이 원리를 적용하여 달의 공전 궤도와 사과의 낙하 운동 등에 관한 실측값을 연역함으로써 만유인력의 실재를 입증하였다.

16세기 말부터 중국에 본격 유입된 서양 과학은, 청 왕조가 1644년 중국의 역법(曆法)을 기반으로 서양 천문학 모델과 계산법을 수용한 시헌력을 공식 채택함에 따라 그 위상이 구체화되었다. 브라헤와 케플러의 천문 이론을 차례대로 수용하여 정확도를 높인 시헌력이 생활 리듬으로 자리 잡았지만, 중국 지식인들은 서양 과학이 중국의 지적 유산에 적절히 연결되지 않으면 아무리 효율적이더라도 불온한 요소로 ⓓ여겼다. 이에 따라 서양 과학에 매료된 학자들도 어떤 방식으로든 ㉠서양 과학과 중국 전통 사이의 적절한 관계 맺음을 통해 이 문제를 해결하고자 하였다.

17세기 웅명우와 방이지 등은 중국 고대 문헌에 수록된 우주론에 대해서는 부정적 태도를 견지하면서 성리학적 기론(氣論)에 입각하여 실증적인 서양 과학을 재해석한 독창적 이론을 제시하였다. 수성과 금성이 태양 주위를 회전한다는 그들의 태양계 학설은 브라헤의 영향이었지만, 태양의 크기에 대한 서양 천문학 이론에 의문을 제기하고 기(氣)와 빛을 결부하여 제시한 광학 이론은 그들이 창안한 것이었다.

17세기 후반 왕석천과 매문정은 서양 과학의 영향을 받아 경험적 추론과 수학적 계산을 통해 우주의 원리를 파악하고자 하였다. 그러면서 서양 과학의 우수한 면은 모두 중국 고전에 이미 ⓔ갖추어져 있던 것인데 웅명우 등이 이를 깨닫지 못한 채 성리학 같은 형이상학에 몰두했다고 비판했다. 매문정은 고대 문헌에 언급된, 하늘이 땅의 네 모퉁이를 가릴 수 없을 것이라는 증자의 말을 땅이 둥글다는 서양 이론과 연결하는 등 서양 과학의 중국 기원론을 뒷받침하였다.

중국 천문학을 중심으로 서양 천문학을 회통하려는 매문정의 입장은 18세기 초를 기점으로 중국의 공식 입장으로 채택되었으며, 이 입장은 중국의 역대 지식 성과물을 망라한 총서인 『사고전서』에 그대로 반영되었다. 이 총서의 편집자들은 고대부터 당시까지 쏟아진 천문 관련 문헌들을 정리하여 수록하였다. 이와 같이 고대 문헌에 담긴 우주론을 재해석하고 확인하려는 경향은 19세기 중엽까지 주를 이루었다.

* 질점: 크기가 없고 질량이 모여 있다고 보는 이론상의 물체.

* 구 대칭: 어떤 물체가 중심으로부터 모든 방향으로 같은 거리에서 같은 특성을 갖는 상태.

27

다음은 윗글을 읽은 학생의 독서 기록 중 일부이다. 윗글을 참고할 때, '점검 결과'로 적절하지 <u>않은</u> 것은?

예측 및 질문 내용	점검 결과
◦ 서양의 우주론에 태양 중심설과 지구 중심설의 개념이 소개되어 있을 것이다.	예측과 같음 ──────── ①
◦ 서양의 우주론의 영향으로 변화된 중국의 우주론이 소개되어 있을 것이다.	예측과 다름 ──────── ②
◦ 서양에서 태양 중심설을 제기한 사람은 누구일까?	질문의 답이 제시됨 ──── ③
◦ 중국에서 서양의 우주론을 접하고 회통을 시도한 사람은 누구일까?	질문의 답이 제시됨 ──── ④
◦ 중국에서 서양의 우주론을 전파한 서양의 인물은 누구일까?	질문의 답이 언급되지 않음 ⑤

◦ 읽기 계획: 1문단을 훑어보면서 뒷부분을 예측하고 질문 만들기를 한 후, 글을 읽고 점검하기

★28

〔오답률 4위 ▶ 67.8%〕

윗글에 대한 이해로 적절하지 <u>않은</u> 것은?

① 서양과 중국에서는 모두 우주론을 정립하는 과정에서 형이상학적 사고에 대한 재검토가 이루어졌다.
② 서양 천문학의 전래는 중국에서 자국의 우주론 전통을 재인식하는 계기가 되었다.
③ 중국에 서양의 천문학적 성과가 자리 잡게 된 데에는 국가의 역할이 작용하였다.
④ 중국에서는 18세기에 자국의 고대 우주론을 긍정하는 입장이 주류가 되었다.
⑤ 서양에서는 중국과 달리 경험적 추론에 기초한 우주론이 제기되었다.

★29

〔오답률 5위 ▶ 64.5%〕

윗글에 나타난 서양의 우주론 에 대한 설명으로 가장 적절한 것은?

① 항성 천구가 고정되어 있다고 보는 아리스토텔레스의 우주론은 천상계와 지상계를 대립시킨 형이상학을 토대로 한 것이었다.
② 많은 수의 원을 써서 행성의 가시적 운동을 설명한 프톨레마이오스의 우주론은 행성이 태양에서 멀수록 공전 주기가 길어진다는 점에서 단순성을 갖는 것이었다.
③ 지구와 행성이 태양 주위를 공전한다는 코페르니쿠스의 우주론은 이전의 지구 중심설보다 단순할 뿐 아니라 아리스토텔레스의 형이상학과 양립이 가능한 것이었다.
④ 지구가 우주 중심에 고정되어 있고 다른 행성을 거느린 태양이 지구 주위를 돈다는 브라헤의 우주론은 아리스토텔레스의 형이상학에서 자유롭지 못한 것이었다.
⑤ 태양 주위를 공전하는 행성의 운동 법칙들을 관측치로부터 수립한 케플러의 우주론은 신플라톤주의에서 경험주의적 근거를 찾은 것이었다.

★30

〔오답률 ▶ 62.4%〕

㉠에 대한 이해로 적절하지 <u>않은</u> 것은?

① 중국에서 서양 과학을 수용한 학자들은 자국의 지적 유산에 서양 과학을 접목하려 하였다.
② 서양 천문학과 관련된 내용이 중국의 역대 지식 성과를 집대성한 『사고전서』에 수록되었다.
③ 방이지는 서양 우주론의 영향을 받았지만 서양의 이론과 구별되는 새 이론의 수립을 시도하였다.
④ 매문정은 중국 고대 문헌에 나타나는 천문학적 전통과 서양 과학의 수학적 방법론을 모두 활용하였다.
⑤ 성리학적 기론을 긍정한 학자들은 중국 고대 문헌의 우주론을 근거로 서양 우주론을 받아들여 새 이론을 창안하였다.

★31

〈보기〉를 참고할 때, [A]에 대한 이해로 적절하지 <u>않은</u> 것은?

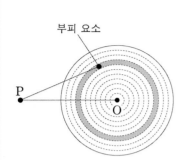

〈 보 기 〉

　구는 무한히 작은 부피 요소들로 이루어져 있다. 그 부피 요소들이 빈틈없이 한 겹으로 배열되어 구 껍질을 이루고, 그런 구 껍질들이 구의 중심 O 주위에 반지름을 달리하며 양파처럼 겹겹이 싸여 구를 이룬다. 이때 부피 요소는 그것의 부피와 밀도를 곱한 값을 질량으로 갖는 질점으로 볼 수 있다.

(1) 같은 밀도의 부피 요소들이 하나의 구 껍질을 구성하면, 이 부피 요소들이 구 외부의 질점 P를 당기는 만유인력들의 총합은, 그 구 껍질과 동일한 질량을 갖는 질점이 그 구 껍질의 중심 O에서 P를 당기는 만유인력과 같다.

(2) (1)에서의 구 껍질들이 구를 구성할 때, 그 동심의 구 껍질들이 P를 당기는 만유인력들의 총합은, 그 구와 동일한 질량을 갖는 질점이 그 구의 중심 O에서 P를 당기는 만유인력과 같다.

　(1), (2)에 의하면, 밀도가 균질하거나 구 대칭인 구를 구성하는 부피 요소들이 P를 당기는 만유인력들의 총합은, 그 구와 동일한 질량을 갖는 질점이 그 구의 중심 O에서 P를 당기는 만유인력과 같다.

① 밀도가 균질한 하나의 행성을 구성하는 동심의 구 껍질들이 같은 두께일 때, 하나의 구 껍질이 태양을 당기는 만유인력은 그 구 껍질의 반지름이 클수록 커지겠군.

② 태양의 중심에 있는 질량이 m인 질점이 지구 전체를 당기는 만유인력은, 지구의 중심에 있는 질량이 m인 질점이 태양 전체를 당기는 만유인력과 크기가 같겠군.

③ 질량이 M인 지구와 질량이 m인 달은, 둘의 중심 사이의 거리만큼 떨어져 있으면서 질량이 M, m인 두 질점 사이의 만유인력과 동일한 크기의 힘으로 서로 당기겠군.

④ 태양을 구성하는 하나의 부피 요소와 지구 사이에 작용하는 만유인력은, 지구를 구성하는 모든 부피 요소들과 태양의 그 부피 요소 사이에 작용하는 만유인력들을 모두 더하면 구해지겠군.

⑤ 반지름이 R, 질량이 M인 지구와 지구 표면에서 높이 h에 중심이 있는 질량이 m인 구슬 사이의 만유인력은, $R+h$의 거리만큼 떨어져 있으면서 질량이 M, m인 두 질점 사이의 만유인력과 크기가 같겠군.

32

문맥상 ⓐ~ⓔ와 바꿔 쓴 것으로 가장 적절한 것은?

① ⓐ: 진작(振作)할
② ⓑ: 고안(考案)했다
③ ⓒ: 소지(所持)한
④ ⓓ: 설정(設定)했다
⑤ ⓔ: 시사(示唆)되어

8 Day

문학,
시간 단축 풀이법

문학 네 지문에서 시간을 단축하고 싶다고?
그럼 문학 지문 세트를 볼 때,
출제자는 이 시를 통해
무엇을 묻고 싶은 건지를 먼저 확인해야 되는 거야.
지금 시를 읽는 목적을 분명히 하라고.
수능 시험장에서 시를 읽는 이유는 '문제의 답'을 찾기 위해서잖아.

 선생님, 시간이 너어~무 부족해요. ㅠㅠ

 쓸데없는 데에 시간을 쓰지 마.

 그게 뭔지를 모르겠어요. 어디에서 시간을 줄여야 할까요?

 아무 전략도 없이 무턱대고 들이대니까 그렇지~.

 전략이요?

 한 번 읽고서 풀 수 있는 걸 굳이 두 번, 세 번 다시 보니까
당연히 시간이 두 배, 세 배 드는 거지.

 +0+ 어떻게 한 번만 보고 문제를 풀 수 있어요?

 지금부터 집중해. 문학 세트에서 시간을 단축할 수 있는 방법을 알려 줄게.

| TODAY's 목표 확인 | 너의 예습 Time! | 국어 성적 갱생 포인트 공개 | Show me the 시범~ |

①
나에게 맞는
'문학, 시간 단축 풀이법'을
찾는다.

②
시와 소설에 적용되는
문제 패턴별 접근법이
크게 다르지 않음을 안다.

③
알기만 하면 뭐해?
'적용'해서 시간을 '단축'한다.

다들 독서 파트가 어렵다는데, 왜 난 문학이 더 어렵지? 하는 사람?

축하해. 이제 문학에서 점수를 올릴 일만 남았음. ^---------------^

내가 너의 묻혀 있는 점수를 끄집어내 주겠~~~~쓰!

문학 파트에서 시간을 단축하면서도 점수는 끌어올릴 수 있는 방법

지금 만나러 갑니다. =333

| TODAY's 목표 확인 | 너의 예습 Time! | 국어 성적 갱생 포인트 공개 | Show me the 시범~ |

어, 왔어? 문학 파트에서 시간을 단축하면서도
점수는 끌어올릴 수 있는 방법 만나려고?
그럼 해야지.
__예 to the 습__
I say 예, you say 습, 예, 습, 예, 습 ye...
오죽하면 선생님이 이렇게까지 강조를... -_-;
우선 내 맘대로 풀기!

다 풀었다면 선생님의 시간 단축 레시피와
비교 들어갑니당~!

시험지를 받았어. 우선 문두만 보자. 지문 읽기 전에 문두부터 좀 보자고!
내가 해결해야 할 문제가 딱 세 개네?
더도 말고 덜도 말고 딱 세 문제의 답을 찾을 만큼만 지문을 읽어 내면 되는 것.

국어 영역

16

[A]와 [B]에 대한 설명으로 적절하지 <u>않은</u> 것은?

① [A]는 비유적 표현을 활용하여 인물의 은밀한 행동 양상을 드러낸다.
② [B]는 음성 상징어를 활용하여 행동의 격렬함을 강조한다.
③ [A]는 장면에 대한 관찰을 중심으로 서술하고, [B]에는 인물의 내면에 대한 직접적 서술이 나타난다.
④ [A]는 시제가 과거형에서 현재형으로 바뀌면서 장면에 긴장감을 더하고, [B]는 현재형 진술을 활용하여 인물 간 갈등을 더욱 생생하게 전달한다.
⑤ [A]는 시간적 배경을 통해 장면의 분위기를 드러내고, [B]는 공간적 배경의 변화를 통해 인물 간 대립의 원인을 드러낸다.

17

㉠~㉤에 대한 이해로 가장 적절한 것은?

① ㉠삼수는 자신의 말대로 하면 '조가'도 제거할 수 있고 윤보의 계획도 숨길 수 있음을 알리고 있다.
② ㉡삼수는 자신이 윤보의 계획을 이미 알고 있어 이를 동네에 알리겠다며 윤보를 협박하고 있다.
③ ㉢홍 씨는 자신을 습격했던 무리를 '화적 놈'이라 부르며 서희가 그들과 공모했다고 몰아가고 있다.
④ ㉣서희는 홍 씨에게 홍 씨의 뻔뻔함과 영악함이 도를 넘었음을 경고하고 있다.
⑤ ㉤조준구는 지난밤 자신을 습격했던 삼수의 행동에 분노하고 있다.

18

〈보기〉를 바탕으로 윗글을 감상한 내용으로 적절하지 <u>않은</u> 것은? [3점]

> 「토지」는 개화기부터 해방 무렵까지 우리 민족의 수난과 저항의 역사를 다루고 있다. 근대 이전까지 비교적 안정적이었던 신분 질서와 사회적 관계는 이 시기를 거치며 큰 변화를 겪는데, 「토지」에서는 몰락한 양반층, 친일 세력, 저항 세력, 기회주의자 등 다양한 인물들이 때로 협력하고 때로 대립하면서 복잡한 관계망을 형성한다.

① 최 참판가 습격을 준비하던 윤보가 삼수의 제안을 듣지 않은 것으로 하겠다는 내용으로 보아, 윤보는 삼수와의 협력 관계를 거부한 것이군.
② 타작마당에 모인 장정들이 횃불을 들고 윤보와 함께 움직이는 것으로 보아, 이들은 조준구로 대표되는 친일 세력과 대립하고 있군.
③ 봉순이가 달려들어 서희 몸을 잡아당기는 것으로 보아, 이전까지 비교적 안정적이었던 신분 질서가 흔들리며 봉순이와 서희의 협력 관계가 약화되고 있군.
④ 홍 씨의 모욕에 죽을 생각을 했던 서희가 홍 씨의 눈을 똑바로 주시한 것으로 보아, 홍 씨와 서희는 대립 관계를 이어가겠군.
⑤ 윤보에게 조준구를 치라고 했던 삼수가 조준구의 목숨을 구해 줬다는 것으로 보아, 조준구와 삼수의 관계는 상황에 따라 변하는군.

10초의 투자 ▶▶▶ 사진 찍기로 찾는 수호천사

10초의 투자 〈사진 찍기〉

10초 동안 3~5개의 문두들을 찰칵찰칵 사진 찍듯이 보면서 직관적으로 파악한다.
뭘 파악하느냐고?

✓ 작품을 읽기 전에 먼저 읽어야만 하는 〈◻◻◻〉나 ◻◻들을 찾아 먼저 읽자.

바로 **수호천사**다. ····▶ 18번 문제의 〈보기〉

✓ 지문 읽으면서 ◻◻◻ 으로 풀어야 할 문제가 있는지 없는지.

㉠~㉤, [A], [B] 이런 분들은 괜히 계시는 게 아니다. 존재의 이유를 눈치채라. ····▶ 16번, 17번 문제

시간 단축을 위해서는 ▶▶▶ 실시간으로 문제 풀기

문제 풀이 〈Navigation〉

정답률 ↑
소요 시간 ↓

✓ 내 문제 풀이 ◻◻ 는 내가 정한다.

18번 〈보기〉 ⇒ 지문 + 16번 + 17번 ⇒ 18번

✓ 꼭 순서대로 작품 읽고 문제를 풀 이유는 없다는 것! 단, 마지막에 빼먹은 문제가 없는지만 확인하자!
✓ 지문이 (가)와 (나)로 나뉘어 있다면?
1. 〈보기〉가 있는 작품 먼저 ⇒ 2. 내가 아는 작품 ⇒ 3. 만만해 보이는 작품

✓ (가)와 (나)로 묶인 시 세트에서 더 유용하다.

2015학년도 6월 모평(B형)

31. (가), (나)의 공통점으로 가장 적절한 것은?
32. ㉠~㉤에 대한 설명으로 적절하지 <u>않은</u> 것은?
33. 〈보기〉를 참고하여 (가), (나)를 감상한 내용으로 적절하지 <u>않은</u> 것은? [3점]

33번 〈보기〉 ⇒ (가) + 32번 ㉠~㉢ + 33번 (가) 관련 선지 O/X
⇒ 31번 (가) 기준으로 O/X
▶ 어? (가)만 읽었는데, 답 다 나왔네? 31번 ③번, 32번 ②번, 33번 ②번

헉, 처음 보는 이 작품, 나 혼자서는 해석 불가? ㅠㅠ ▶▶▶ 〈보기〉도 없다면?

적절하지 않은 것은? 문제의 선지들

✓ ①~⑤의 선지를 읽고 전체적인 분위기나 의미를 대략 파악하는 거다.

꼭 기억해.

수능 시험장에서 처음 보는 시, 소설이 나오더라도

넌 혼자가 아니야~

힘이 들 땐 <보기>를 봐아~ 너는 항상 혼자가 아니얌~ ♬

첨 보는 고전 시가, 고전 소설 나와도 '적절하지 <u>않은</u> 것은?' 문제의 선지들이 있으니~이까~ ♬

이제부터 문학 지문 세트를 사진 찍기로 딱~ 보고, 힌트 똑똑하게 찾아내고,

실시간으로 문제 딱딱 찾는 연습을 무한 반복해 보는 거야!

35 ✎ What pattern is it?

(가)~(다)에 대한 설명으로 가장 적절한 것은?

① (가)와 (나)는 음성 상징어를 사용하여 대상의 특성을 부각하고 있다.
② (나)와 (다)는 색채의 대비를 통해 화자 내면의 갈등을 표현하고 있다.
③ (가)와 (다)는 계절을 드러내는 표현을 사용해 분위기를 자아내고 있다.
④ (가)~(다) 모두 공간의 변화에 따른 정서의 변화에 주목하고 있다.
⑤ (가)~(다) 모두 상승 이미지와 하강 이미지를 활용하여 역동적인 느낌을 강화하고 있다.

36 ✎ What pattern is it?

[A]와 [B]에 대한 설명으로 적절하지 <u>않은</u> 것은?

① [A]의 청자는 의인화되어 있다.
② [B]는 특정 어구를 반복하고 있다.
③ [A]와 [B] 모두 구체적 청자가 설정되어 있다.
④ [A]는 명령형 어미, [B]는 청유형 어미가 사용되었다.
⑤ [A]는 영탄적 어조, [B]는 냉소적 어조가 나타나 있다.

37 ✎ What pattern is it?

제시된 과제를 수행한 결과로 적절하지 <u>않은</u> 것은? [3점]

> **[과제]** (가)와 (다)는 모두 일제 말기를 시대적 배경으로 삼고 있다. 그래서 (가)와 (다)에서는 화자 또는 작가가 처한 시대 현실, 그리고 그러한 현실에서 비롯된 심적 상황이나 태도 등에서 유사한 점을 발견할 수 있다. 두 작품에서 근거가 되는 구절을 찾아보자.

① (가)의 '죄인처럼 수그리고' 있는 화자의 모습과 (다)의 '병든 몸으로 숨어서' 살아가는 작가의 모습에서 유사점을 찾을 수 있다.
② (가)에서는 '두만강'이 화자에게, (다)에서는 '국화'가 작가에게 각별한 의미를 지니는 존재라는 점에서 유사하다고 볼 수 있다.
③ (가)의 '바람이 이리처럼 날뛰는 강'은 (다)의 '쫓기는 백성의 울부짖음밖에' 없는 세상과 유사한 의미로 볼 수 있다.
④ (가)의 화자는 '밤 우에 밤'에서도, (다)의 작가는 '지루하고 고달프던 세월'에서도 미래에 대한 낙관적 태도를 유지한다고 볼 수 있다.
⑤ (가)의 '울 줄 몰라 외롭다'와 (다)의 '어쩌지 못할 설움'에서 화자와 작가의 심적 상황을 느낄 수 있다.

38 ✎ What pattern is it?

〈보기〉를 바탕으로 (나)를 해석할 때, 적절하지 <u>않은</u> 것은?

> 〈 보 기 〉
>
> 이 작품은 차이를 동반하는 반복, 즉 변주를 중심으로 행과 행, 연과 연이 구조화되어 있다. 각 연에서는 반복되는 시구들이 있고 거기에 새로운 시구가 점층적으로 덧붙여지고 있으며, 그러한 변주가 연과 연 사이에서도 나타난다. 이러한 변주를 통해 상황이나 화자의 태도가 구체화되고, 의미의 점층적 강화가 이루어진다.

① 1연에서는 '떨어진', '마당 위에 떨어진'이 점층적으로 덧붙여지면서 '눈은 살아 있다'의 상황이 구체화된다고 볼 수 있다.
② 1~2연으로 이루어진 전반부의 내용은 3~4연으로 이루어진 후반부에서 변주된다고 볼 수 있다.
③ 1연과 3연은 '눈은 살아 있다'라는 시구를 중심으로, 2연과 4연은 '기침을 하자'라는 시구를 중심으로 변주되고 있다.
④ 2연의 '눈더러 보라고 마음놓고 마음놓고'는 4연의 '눈을 바라보며'로 변주되면서 의미의 점층적 강화가 나타난다고 볼 수 있다.
⑤ 4연의 '밤새도록 고인 가슴의 가래라도 마음껏 뱉자'에서는 '기침을 하자'가 '가래라도 뱉자'로 변화되면서 거기에 '밤새도록 고인 가슴의'와 '마음껏'이 덧붙여져 있다.

39 ✎ What pattern is it?

㉠~㉺에 대한 설명으로 적절하지 <u>않은</u> 것은?

① ㉠: 낙향이 어쩔 수 없는 상황에 의한 것이었음을 '하는 수 없이'를 통해 드러내고 있다.
② ㉡: 동일한 일상을 반복하고 있는 모습을 '날마다', '밤마다'를 통해 드러내고 있다.
③ ㉢: 가을이 깊어질수록 국화의 청초함이 돋보이게 됨을 '더욱'을 통해 표현하고 있다.
④ ㉣: 국화를 여유 있게 즐기지 못하는 현재 자신의 처지를 '닭만큼도'를 통해 부각하고 있다.
⑤ ㉤: 국화를 보면서 점점 위축되어 가는 자신의 존재감을 '한갓'을 통해 부각하고 있다.

2016학년도 10월 학력평가

(가)

나는 **죄인처럼 수그리고**
나는 코끼리처럼 말이 없다
두만강 너 우리의 강아
너의 언덕을 달리는 찻간에
조고마한 자랑도 자유도 없이 앉았다

아무것두 바라볼 수 없다만
너의 가슴은 얼었으리라
그러나
나는 안다
다른 한줄 너의 흐름이 쉬지 않고
바다로 가야 할 곳으로 흘러내리고 있음을

지금
차는 차대로 달리고
바람이 이리처럼 날뛰는 강 건너 벌판엔
나의 젊은 넋이
무엇인가 기다리는 듯 얼어붙은 듯 섰으니
욕된 운명은 **밤 우에 밤**을 마련할 뿐

[A] ┌ 잠들지 말라 우리의 강아
   │ 오늘 밤도
   │ 너의 가슴을 밟는 뭇 슬픔이 목마르고
   └ 얼음길은 거칠다 길은 멀다

길이 마음의 눈을 덮어줄
검은 날개는 없느냐
두만강 너 우리의 강아
북간도로 간다는 강원도치와 마주앉은
나는 **울 줄 몰라 외롭다**

– 이용악, 「두만강 너 우리의 강아」 –

(나)

눈은 살아 있다
떨어진 눈은 살아 있다
마당 위에 떨어진 눈은 살아 있다

[B] ┌ 기침을 하자
   │ 젊은 시인이여 기침을 하자
   │ 눈 위에 대고 기침을 하자
   │ 눈더러 보라고 마음놓고 마음놓고
   └ 기침을 하자

눈은 살아 있다
죽음을 잊어버린 영혼과 육체를 위하여
눈은 새벽이 지나도록 살아 있다

기침을 하자
젊은 시인이여 기침을 하자

눈을 바라보며
밤새도록 고인 가슴의 가래라도
마음껏 뱉자

– 김수영, 「눈」 –

(다)

㉠하는 수 없이 낙향해 버리고 만 것이 어느덧 철 수가 바뀌었다. ㉡날마다 산을 바라보고, 밤마다 물소리를 이웃하는 것밖에, 나는 책 한 권 바로 읽지 못하고, 소란한 세상을 **병든 몸으로 숨어서** 살아간다. 친한 벗에게는 편지 한 장 오지 않고, 들리는 소문이란 **쫓기는 백성의 울부짖음밖에** 아무것도 없었다.

어쩌지 못할 설움 속에 그래도 울먹거리는 마음을 다소 가라앉히기는, 노란 **국화**가 피면서부터였다. 여름에 미리 파 뒀던 한 평 남짓한 못에다 뒤꼍 미나리꽝에서 물을 따 대었다. 산에 가서 기이한 돌을 가져다 쌓기도 하고, 강가에서 흰 모래와 갈대 몇 포기도 날라 온 보람이 있어, 방 둘 부엌 하나밖에 없는, 이름 그대로 나의 외로운 초가삼간엔 하루아침에 가을이 왔다. 무엇을 하며, 누구와 더불어 얘기하나? 무척은 **지루하고 고달프던 세월**도 소슬한 바람이 불기 시작하자 줄달음을 치는 듯하였다. 쓸쓸한 벗 국화와 갈대꽃이 창밖에 와서 기다려도, 이내 어쩌지 못할 설움을 그들도 하소연하지 않는가? 높은 구름이 못 위에 어리는 날이면, 창을 열고 먼 산을 바라다가 또 꽃을 바라고, 내 마음의 애무(愛撫)는 이 가냘픈, 그러나 칼날 같은 마음 앞에 적이 설레었다.

㉢서릿발이 높아지자 국화는 더욱 청초해 가고, 나는 국화를 바라보단 불현듯 맨발로 섬돌에 내리도록 서글퍼졌다.

논밭이 가까운 나의 집에는 이따금 메뚜기가 풀숲으로 뛰어든다. 수탉은 메뚜기를 잡으러 쫓아가다간 놓쳐 버리고, 담 장 위에서 꼬끼오 하고 길게 목청을 뽑는다. 무척 고요한 대낮에 낮닭 소리가 끝나면, 마을은 더욱 고요해진다.

서울 성북동 아무 운치도 없는 집을 꾸미라고 근원 화백(畫伯)이 보내 주신, 손수 가꾼 국화분을 하룻밤 자고 나니 닭들이 꽃과 잎을 모조리 따 먹고 부러진 줄기가 툇마루에 떨어졌더니, 닭도 시골 닭은 국화를 먹기커녕 국화 그늘 아래 즐거이 볕을 쪼이며 존다. 사람이 콩깍지만 먹고 살거니, 미물이 꽃을 먹는 풍류를 아니 배울 수 있겠는가 하고, 그때는 웃을 수밖에 없었으나, ㉣닭만큼도 국화를 즐기지 못하는 지금의 나의 마음을 국화는 알 것이다.

아아, ㉤국화가 나에게 한갓 슬픔을 더해 준다기로소니, 영혼과 육신이 함께 목마른 지금의 나에게 국화가 없으면 낙 엽이 창살을 휘몰아치는 기나긴 가을밤을 어떻게 견디랴.

– 조지훈, 「무국어(撫菊語)」 –

 제대로 풀어 보기!

❀ 정답 1쪽

★35

[오답률 ▶35.0%]

(가)~(다)에 대한 설명으로 가장 적절한 것은?

① (가)와 (나)는 음성 상징어를 사용하여 대상의 특성을 부각하고 있다.
② (나)와 (다)는 색채의 대비를 통해 화자 내면의 갈등을 표현하고 있다.
③ (가)와 (다)는 계절을 드러내는 표현을 사용해 분위기를 자아내고 있다.
④ (가)~(다) 모두 공간의 변화에 따른 정서의 변화에 주목하고 있다.
⑤ (가)~(다) 모두 상승 이미지와 하강 이미지를 활용하여 역동적인 느낌을 강화하고 있다.

36

[A]와 [B]에 대한 설명으로 적절하지 않은 것은?

① [A]의 청자는 의인화되어 있다.
② [B]는 특정 어구를 반복하고 있다.
③ [A]와 [B] 모두 구체적 청자가 설정되어 있다.
④ [A]는 명령형 어미, [B]는 청유형 어미가 사용되었다.
⑤ [A]는 영탄적 어조, [B]는 냉소적 어조가 나타나 있다.

37
제시된 과제를 수행한 결과로 적절하지 <u>않은</u> 것은? [3점]

> [과제] (가)와 (다)는 모두 일제 말기를 시대적 배경으로 삼고 있다. 그래서 (가)와 (다)에서는 화자 또는 작가가 처한 시대 현실, 그리고 그러한 현실에서 비롯된 심적 상황이나 태도 등에서 유사한 점을 발견할 수 있다. 두 작품에서 근거가 되는 구절을 찾아보자.

① (가)의 '죄인처럼 수그리고' 있는 화자의 모습과 (다)의 '병든 몸으로 숨어서' 살아가는 작가의 모습에서 유사점을 찾을 수 있다.

② (가)에서는 '두만강'이 화자에게, (다)에서는 '국화'가 작가에게 각별한 의미를 지니는 존재라는 점에서 유사하다고 볼 수 있다.

③ (가)의 '바람이 이리처럼 날뛰는 강'은 (다)의 '쫓기는 백성의 울부짖음밖에' 없는 세상과 유사한 의미로 볼 수 있다.

④ (가)의 화자는 '밤 우에 밤'에서도, (다)의 작가는 '지루하고 고달프던 세월'에서도 미래에 대한 낙관적 태도를 유지한다고 볼 수 있다.

⑤ (가)의 '울 줄 몰라 외롭다'와 (다)의 '어쩌지 못할 설움'에서 화자와 작가의 심적 상황을 느낄 수 있다.

★38
<보기>를 바탕으로 (나)를 해석할 때, 적절하지 <u>않은</u> 것은?

오답률 ▶ 40.2%

> 〈 보 기 〉
>
> 이 작품은 차이를 동반하는 반복, 즉 변주를 중심으로 행과 행, 연과 연이 구조화되어 있다. 각 연에서는 반복되는 시구들이 있고 거기에 새로운 시구가 점층적으로 덧붙여지고 있으며, 그러한 변주가 연과 연 사이에서도 나타난다. 이러한 변주를 통해 상황이나 화자의 태도가 구체화되고, 의미의 점층적 강화가 이루어진다.

① 1연에서는 '떨어진', '마당 위에 떨어진'이 점층적으로 덧붙여지면서 '눈은 살아 있다'의 상황이 구체화된다고 볼 수 있다.

② 1~2연으로 이루어진 전반부의 내용은 3~4연으로 이루어진 후반부에서 변주된다고 볼 수 있다.

③ 1연과 3연은 '눈은 살아 있다'라는 시구를 중심으로, 2연과 4연은 '기침을 하자'라는 시구를 중심으로 변주되고 있다.

④ 2연의 '눈더러 보라고 마음놓고 마음놓고'는 4연의 '눈을 바라보며'로 변주되면서 의미의 점층적 강화가 나타난다고 볼 수 있다.

⑤ 4연의 '밤새도록 고인 가슴의 가래라도 마음껏 뱉자'에서는 '기침을 하자'가 '가래라도 뱉자'로 변화되면서 거기에 '밤새도록 고인 가슴의'와 '마음껏'이 덧붙여져 있다.

39
㉠~㉤에 대한 설명으로 적절하지 <u>않은</u> 것은?

① ㉠: 낙향이 어쩔 수 없는 상황에 의한 것이었음을 '하는 수 없이'를 통해 드러내고 있다.

② ㉡: 동일한 일상을 반복하고 있는 모습을 '날마다', '밤마다'를 통해 드러내고 있다.

③ ㉢: 가을이 깊어질수록 국화의 청초함이 돋보이게 됨을 '더욱'을 통해 표현하고 있다.

④ ㉣: 국화를 여유 있게 즐기지 못하는 현재 자신의 처지를 '닭만큼도'를 통해 부각하고 있다.

⑤ ㉤: 국화를 보면서 점점 위축되어 가는 자신의 존재감을 '한갓'을 통해 부각하고 있다.

Self check

❶ 지문 읽기 전, **10초의 투자**로 문제 풀이 전략을 세운다. ⬜ Yes

❷ **문학** 지문을 읽을 때, **<보기>와 적절한 설명인 선지들**의 도움을 받는다. ⬜ Yes

❸ **작품별**로 해결할 수 있는 **문제**와 **선지들**은 **실시간**으로 판단한다. ⬜ Yes

❹ **시간**은 **단축**하고 **점수**는 **상승**시킨다. ⬜ Yes

잘되라고 주는 숙제 1

66 수업 시간에 다루지 않아. 배운 대로 적용 연습하면 되는 거야. 99

✱ 정답 20쪽

2018학년도 6월 모의평가

(가)

사람 사람마다 이 말삼 드러사라
이 말삼 아니면 사람이라도 사람 아니니
이 말삼 잇디 말고 배우고야 마로리이다　　　〈제1수〉

아바님 날 나흐시고 어마님 날 기르시니
부모(父母)곧 아니시면 내 몸이 업실랏다
이 덕(德)을 갚흐려 하니 하늘 가이 업스샷다　　〈제2수〉

종과 주인과를 뉘라셔 삼기신고
벌과 개미가 이 뜻을 몬져 아니
한 마암애 두 뜻 업시 속이지나 마옵사이다　　〈제3수〉

지아비 밭 갈라 간 데 밥고리 이고 가
반상을 들오되 눈썹에 마초이다
진실로 고마오시니 손이시나 다르실가　　　〈제4수〉

형님 자신 젖을 내 조처 먹나이다
어와 우리 아우야 어마님 너 사랑이야
형제(兄弟)가 불화(不和)하면 개돼지라 하리라　　〈제5수〉

늙은이는 부모 같고 어른은 형 같으니
같은데 불공(不恭)하면 어디가 다를고
나이가 많으시거든 절하고야 마로리이다　　〈제6수〉

- 주세붕, 「오륜가」 -

(나)

　나는 집이 가난해서 말이 없기 때문에 간혹 남의 말을 빌려서 탔다. 그런데 노둔하고 야윈 말을 얻었을 경우에는 일이 아무리 급해도 감히 채찍을 대지 못한 채 금방이라도 쓰러지고 넘어질 것처럼 전전긍긍하기 일쑤요, 개천이나 도랑이라도 만나면 또 말에서 내리곤 한다. 그래서 후회하는 일이 거의 없다. 반면에 발굽이 높고 귀가 쫑긋하며 잘 달리는 준마를 얻었을 경우에는 의기양양하여 방자하게 채찍을 갈기기도 하고 고삐를 놓기도 하면서 언덕과 골짜기를 모두 평지로 간주한 채 매우 유쾌하게 질주하곤 한다. 그러나 간혹 위험하게 말에서 떨어지는 환란을 면하지 못한다.

　아, 사람의 감정이라는 것이 어쩌면 이렇게까지 달라지고 뒤바뀔 수가 있단 말인가. 남의 물건을 빌려서 잠깐 동안 쓸 때에도 오히려 이와 같은데, 하물며 진짜로 자기가 가지고 있는 경우야 더 말해 무엇하겠는가.

　그렇긴 하지만 사람이 가지고 있는 것 가운데 남에게 빌리지 않은 것이 또 뭐가 있다고 하겠는가. 임금은 백성으로부터 힘을 빌려서 존귀하고 부유하게 되는 것이요, 신하는 임금으로부터 권세를 빌려서 총애를 받고 귀한 신분이 되는 것이다. 그리고 자식은 어버이에게서, 지어미는 지아비에게서, 비복(婢僕)은 주인에게서 각각 빌리는 것이 또한 심하고도 많은데, 대부분 자기가 본래 가지고 있는 것처럼 여기기만 할 뿐 끝내 돌이켜 보려고 하지 않는다. 이 어찌 미혹된 일이 아니겠는가.

　그러다가 혹 잠깐 사이에 그동안 빌렸던 것을 돌려주는 일이 생기게 되면, 만방(萬邦)의 임금도 독부(獨夫)가 되고 백승(百乘)의 대부(大夫)도 고신(孤臣)이 되는 법인데, 더군다나 미천한 자의 경우야 더 말해 무엇하겠는가.

　맹자(孟子)가 말하기를 "오래도록 차용하고서 반환하지 않았으니, 그들이 자기의 소유가 아니라는 것을 어떻게 알았겠는가."라고 하였다. 내가 이 말을 접하고서 느껴지는 바가 있기에, 「차마설」을 지어서 그 뜻을 부연해 보노라.

- 이곡, 「차마설」 -

○── 내가 결정하는 내비게이션

42

(가), (나)의 공통점으로 가장 적절한 것은?

① 영탄적 표현을 통해 대상의 속성을 예찬하고 있다.
② 상반된 세계관이 대구의 형식을 통해 구체화되고 있다.
③ 바람직하지 않은 인간에 대한 연민의 시선을 담고 있다.
④ 삶의 태도에 대한 경계와 권고의 의도를 드러내고 있다.
⑤ 이상향에 대한 의식을 역설적 표현을 통해 진술하고 있다.

사진 찍기로 세운 전략! ✎

43

(가), (나)에 대한 설명으로 가장 적절한 것은?

① (가)는 관념적 덕목을 열거하여 각각이 지닌 모순점을 밝히고 있다.
② (가)는 사람들 사이의 관계를 의식하지 않는 삶의 모습을 옹호하며 시상을 전개하고 있다.
③ (나)는 개인적 체험에서 얻은 깨달음을 사회적 차원으로 일반화하고 있다.
④ (나)는 인물의 내면 심리를 형상화하여 욕망의 실현을 돕는 자연적 질서에 대한 경이감을 표출하고 있다.
⑤ (가)와 (나)는 모두 자연물이 지닌 덕성을 부각하여 인간적 삶에 대한 긍지를 드러내고 있다.

44

〈보기〉를 바탕으로 (가)를 감상한 내용으로 적절하지 않은 것은? [3점]

> 〈 보 기 〉
>
> 교훈적 내용의 시조에는 설득력을 높이기 위한 몇 가지 특징적인 표현 전략이 있다. 우선 윤리적 덕목을 실천해야 하는 인물을 화자로 설정하여 대화 형식을 취하는 경우가 있다. 또한 비유나 상징, 유추, 다른 인물이나 사물과의 대비 등을 통해 화자가 개인 윤리는 물론 가정과 사회의 윤리를 실천하는 주체로서 추구해야 하는 가치를 정당화하기도 한다.

① 〈제3수〉에서는 '벌과 개미'의 생태로부터 윤리적 실천의 주체가 추구해야 하는 가치를 유추하고 있다.
② 〈제4수〉에서는 화자로 내세운 '지아비'와 지어미의 문답 방식을 통해 아내가 추구해야 할 윤리적 가치를 정당화하고 있다.
③ 〈제5수〉에서 어머니의 '젖'은 어머니의 사랑을 상징하는 표현으로서, '형님'과 '아우'가 이를 화제로 삼아 대화를 나누는 형식을 취하고 있다.
④ 〈제5수〉의 '개돼지'는 〈제1수〉의 '사람이라도 사람 아니니'의 의미를 비유적으로 표현한 것으로서 화자가 추구하는 가치를 따르는 윤리적 주체와 대비되고 있다.
⑤ 〈제6수〉에서 '부모'와 '형'은, 〈제2수〉의 '부모'와 〈제5수〉의 '형님'과는 달리, '늙은이'와 '어른'에 빗대어져 쓰임으로써 사회 윤리가 가정 윤리와 연결되어 있음을 보여 주고 있다.

45

(나)의 '나'에 대한 이해로 가장 적절한 것은?

① '나'는 '노둔하고 야윈 말'을 빌리는 경우 '전전긍긍'하다가 위험에 처하기 때문에 후회하게 된다고 여기고 있다.
② '나'는 '준마'를 빌려 탈 때의 '의기양양'한 감정이 그것을 소유할 때에는 발생하지 않을 것이라고 예상하고 있다.
③ '나'는 '가지고 있는 것'이 없는 천한 사람들을 '미혹'되었다고 생각하고 있다.
④ '나'는 자기가 소유하고 있는 권력이 빌린 것임을 돌아보는 '임금'의 모습을 '독부'로 표현하고 있다.
⑤ '나'는 '맹자'의 '이 말'에서, 빌린 것을 소유했다고 여기는 사람들에 대한 문제의식을 떠올리고 있다.

잘되라고 주는 **숙**제 2　　**"** 수업 시간에 다루지 않아. 배운 대로 적용 연습하면 되는 거야. **"**　　✿ 정답 21쪽

(가)

꿈을 아느냐 네게 물으면,
플라타너스,
너의 머리는 어느덧 파아란 하늘에 젖어 있다.

너는 사모할 줄을 모르나,
플라타너스,
너는 네게 있는 것으로 그늘을 늘인다.

먼 길에 올 제,
㉠홀로 되어 외로울 제,
플라타너스,
너는 그 길을 나와 같이 걸었다.

이제 너의 뿌리 깊이
나의 영혼을 불어넣고 가도 좋으련만,
플라타너스,
나는 너와 함께 신이 아니다!

수고론 우리의 길이 다하는 어느 날,
플라타너스,
너를 맞아 줄 검은 흙이 먼 곳에 따로이 있느냐?
나는 오직 너를 지켜 네 이웃이 되고 싶을 뿐,
그곳은 아름다운 별과 나의 사랑하는 창이 열린 길이다.

- 김현승, 「플라타너스」 -

(나)

선뜻! 뜨인 눈에 하나 차는 영창
달이 이제 밀물처럼 밀려오다.

미욱한 잠과 베개를 벗어나
부르는 이 없이 불려 나가다.

한밤에 ㉡홀로 보는 나의 마당은
호수같이 둥긋이 차고 넘치노나.

쪼그리고 앉은 한옆에 흰 돌도
이마가 유달리 함초롬 고와라.

연연턴 녹음, 수묵색으로 짙은데
한창때 곤한 잠인 양 숨소리 설키도다.

비둘기는 무엇이 궁거워* 구구 우느뇨,
오동나무 꽃이야 못 견디게 향그럽다.

- 정지용, 「달」 -

* 궁거워: 궁금하여.

내가 결정하는 내비게이션

20

(가)에 대한 설명으로 가장 적절한 것은?

① 반복적 호명을 통해 중심 대상으로 초점을 모으고 있다.
② 반어적 표현을 활용하여 대상의 이중성을 부각하고 있다.
③ 색채어를 활용하여 대상의 고풍스러운 모습을 드러내고 있다.
④ 현재형 진술을 통해 대상의 역동적 성격을 보여 주고 있다.
⑤ 상승적 이미지를 활용하여 사물의 변화 과정을 표현하고 있다.

사진 찍기로 세운 전략!

21

㉠과 ㉡에 대한 이해로 가장 적절한 것은?

① ㉠은 화자의 관조적 자세를, ㉡은 화자의 반성적 자세를 보여 준다.
② ㉠은 화자가 경험한 시련을, ㉡은 화자가 간직한 추억을 환기한다.
③ ㉠은 화자의 무기력한 태도를, ㉡은 화자의 담담한 태도를 표현한다.
④ ㉠은 화자의 적막한 처지를, ㉡은 화자를 둘러싼 고즈넉한 분위기를 드러낸다.
⑤ ㉠은 현실에 대한 화자의 회의감을, ㉡은 앞날에 대한 화자의 기대감을 부각한다.

22

〈보기〉를 바탕으로 (가)와 (나)를 감상한 내용으로 적절하지 않은 것은? [3점]

〈 보 기 〉

　(가)와 (나)는 특정한 공간에서 사물과 교감하는 화자의 내면을 보여 준다. (가)의 화자는 삶의 여정이자 구도적 공간인 '길'에서 이상 세계인 '하늘'을 지향하는 소망을 드러낸다. (나)의 화자는 달밤의 조화로운 풍경을 포착하는 심미적 공간인 '마당'에서 사물의 아름다움에 대한 충만한 정서를 드러낸다.

① (가)의 화자는 '플라타너스'와 '같이' 걷는 모습에서, (나)의 화자는 '흰 돌'의 '유달리' 고운 '이마'를 알아채는 모습에서 사물과의 교감을 보여 주는군.
② (가)의 화자는 '어느 날'에 이르는 과정을 통해 삶의 여정을 드러내고, (나)의 화자는 '한밤'에 '밀물'처럼 밀려온 달빛을 통해 조화로운 풍경을 포착하는군.
③ (가)의 '창'은 화자와 '하늘'을 잇는 매개체로서 이상 세계의 완전함을, (나)의 '영창'은 화자의 내면과 외부 세계를 잇는 매개체로서 화자의 만족감을 상징하는군.
④ (가)는 반짝이는 '별'의 이미지를 활용하여 화자가 지향하는 세계의 아름다움을, (나)는 차고 넘치는 '호수'의 이미지를 활용하여 화자가 느끼는 '마당'의 아름다움을 표현하는군.
⑤ (가)의 화자는 '플라타너스'와 '이웃'이 되어 구도의 '길'을 함께하고자 하는 소망을, (나)의 화자는 오동 꽃이 '못 견디게 향그럽다'고 표현하여 자연에 대한 감흥을 드러내는군.

잘되라고 주는 **숙**제 3　　　66 수업 시간에 다루지 않아. 배운 대로 적용 연습하면 되는 거야. 99　　　✿ 정답 22쪽

(가)

태양을 의논하는 거룩한 이야기는
㉠항상 태양을 등진 곳에서만 비롯하였다.

달빛이 흡사 비 오듯 쏟아지는 밤에도
우리는 헐어진 성터를 헤매이면서
언제 참으로 그 언제 우리 하늘에
오롯한 태양을 모시겠느냐고
가슴을 쥐어뜯으며 이야기하며 이야기하며
가슴을 쥐어뜯지 않았느냐?

그러는 동안에 영영 잃어버린 벗도 있다.
그러는 동안에 멀리 떠나버린 벗도 있다.
그러는 동안에 몸을 팔아버린 벗도 있다.
그러는 동안에 맘을 팔아버린 벗도 있다.

㉡그러는 동안에 드디어 서른여섯 해가 지나갔다.

다시 우러러보는 이 하늘에
㉢겨울밤 달이 아직도 차거니
오는 봄엔 분수처럼 쏟아지는 태양을 안고
그 어느 언덕 꽃덤불에 아늑히 안겨 보리라.
　　　　　　　　　　- 신석정, 「꽃덤불」-

(나)

ⓐ사랑한다는 것은

열매가 맺지 않는 과목은 뿌리째 뽑고
그 뿌리를 썩힌 흙 속의 해충은 모조리 잡고
그리고 새 묘목을 심기 위해서
깊이 파헤쳐 내 두 손의 땀을 섞은 흙
그 흙을 깨끗하게 실하게 하는 일이다.

그리고
㉣아무리 모진 비바람이 삼킨 어둠이어도
바위 속보다도 어두운 밤이어도
그 어둠 그 밤을 새워서 지키는 일이다.
훤한 새벽 햇살이 퍼질 때까지
그 햇살을 뚫고 마침내 새 과목이
샘물 같은 그런 빛 뿌리면서 솟을 때까지
지키는 일이다. 지켜보는 일이다.

사랑한다는 것은.
　　　　　　　　　　- 전봉건, 「사랑」-

(다)

1

ⓑ보리. 너는 차가운 땅속에서 온 겨울을 자라 왔다. 이미 한 해도 저물어, 벼도 아무런 곡식도 남김없이 다 거두어들인 뒤에, 해도 짧은 늦은 가을날, 농부는 밭을 갈고 논을 잘 손질하여서, 너를 차디찬 땅속에다 깊이 묻어 놓았다. 차가움에 응결된 흙덩이들을 호미와 고무래로 낱낱이 부숴 가며, 농부는 너를 추위에 얼지 않도록 주의해서 굳고 차가운 땅속에 깊이 심어 놓았다. "씨도 제 키의 열 길이 넘도록 심어지면, 움이 나오기 힘이 든다."는 옛 가르침을 잊지 않으며, 농부는 너를 정성껏 땅속에 묻어 놓고, 이에 늦은 가을의 짧은 해도 서산을 넘은 지 오래고, 날개를 자주 저어 까마귀들이 깃을 찾아간 지도 오랜, 어두운 들길을 걸어서 농부는 희망의 봄을 머릿속에 간직하며, 굳어진 허리도 잊으면서 집으로 돌아오곤 했다.

2

물도 흐르지 않고, 다 말라 버린 갯강변 밭둑 위에는 앙상한 가시덤불 밑에 늦게 핀 들국화들이 찬 서리를 맞고 고개를 숙이고 있었다. 논둑 위에 깔렸던 잔디들도 푸른빛을 잃어버리고, 그 맑고 높던 하늘도 검푸른 구름을 지니어 찌푸리고 있는데, 너, 보리만은 차가운 대기 속에서 솔잎과 같은 새파란 머리를 들고, 하늘을 향하여 솟아오르고만 있었다. 이제, 모든 화초는 지심(地心) 속에 따스함을 찾아서 다 잠자고 있을 때, 너, 보리만은 억센 팔들을 내뻗치고, 샛말간 얼굴로 생명의 보금자리를 깊이 뿌리박고 자라 왔다. 날이 갈수록 해는 빛을 잃고 따스함을 잃었어도 너는 꿈쩍도 아니하고 그 푸른 얼굴을 잃지 않고 자라 왔다. 칼날같이 매서운 바람이 너의 등을 밀고, 얼음같이 차디찬 눈이 너의 온몸을 덮어 억눌러도, 너는 너의 푸른 생명을 잃지 않았었다. 지금, 어둡고 차디찬 눈 밑에서도, 너, 보리는 장미꽃 향내를 풍겨 오는 그윽한 유월의 훈풍과 노고지리 우짖는 새파란 하늘과, 산 밑을 훤히 비추어 주는 태양을 꿈꾸면서, 오로지 기다림과 희망 속에서 아무 말이 없이 참고 견디어 왔으며, 삼월의 맑은 하늘 아래서 아직도 쌀쌀한 바람에 자라고 있었다.

3

춥고 어두운 겨울이 오랜 것은 아니었다. 어느덧 남향 언덕 위에 누렇던 잔디가 파아란 속잎을 날리고, 들판마다 민들레가 웃음을 웃을 때면, 너, 보리는 논과 밭과 산등성이에까지, ㉤이미 푸른 바다의 물결로써 온 누리를 뒤덮는다. 낮은 논에도, 높은 밭에도, 산등성이 위에도 보리다. 푸른 보리다. 푸른 봄이다. 아지랑이를 몰고 가는 봄바람과 함께 온 누리

는 푸른 봄의 물결을 이고, 들에도, 언덕 위에도, 산등성이 위에도, 봄의 춤이 벌어진다. 푸르른 생명의 춤, 샛말간 봄의 춤이 흘러넘친다. 이윽고 봄은 너의 얼굴에서, 또한 너의 춤 속에서 노래하고 또한 자라난다. 아침 이슬을 머금고, 너의 푸른 얼굴들이 새날과 함께 빛날 때에는, 노고지리들이 쌍쌍이 짝을 지어 너의 머리 위에서 봄의 노래를 자지러지게 불러 대고, 또한 너의 깊고 아늑한 품속에 깃을 들이고, 사랑의 보금자리를 틀어 놓는다.

- 한흑구, 「보리」-

> 내가 결정하는 내비게이션

34

(가)~(다)의 공통점으로 가장 적절한 것은?

① 공간의 대조를 통해 이상과 현실의 괴리를 드러내고 있다.
② 색채어를 통해 새롭게 나타난 것들의 가치를 강조하고 있다.
③ 역설적 표현을 활용하여 지향하는 세계에 대한 강력한 열망을 드러내고 있다.
④ 자연물을 소재로 하여 서로 대립하던 것들이 타협에 이른 모습을 제시하고 있다.
⑤ 시련과 고난을 드러내는 표현을 사용하여 기대가 실현되기 이전의 상황을 제시하고 있다.

> 사진 찍기로 세운 전략!✏️

35

㉠~㉤에 나타난, 말하는 이의 태도에 대한 설명으로 가장 적절한 것은?

① ㉠: 일상을 권태롭게 여기는 태도가 '항상'을 통해 부각되고 있다.
② ㉡: 불행했던 시절이 되돌아올 것에 대비하려는 태도가 '드디어'를 통해 부각되고 있다.
③ ㉢: 부정적 상황이 온전히 극복되지 못한 것을 안타깝게 여기는 태도가 '아직도'를 통해 부각되고 있다.
④ ㉣: 적대적인 것들로 인해 당황하는 태도가 '아무리'를 통해 부각되고 있다.
⑤ ㉤: 예상과는 다른 결과를 실망스럽게 여기는 태도가 '이미'를 통해 부각되고 있다.

36

〈보기〉를 바탕으로 (가), (나)를 이해한 내용으로 적절하지 않은 것은? [3점]

〈 보 기 〉

　사랑이 이루어진 상황을 사랑의 결실이라고 부르는 것은, 사랑을 이루기 위해 지극한 노력이 필요하기 때문이다. 사랑하기로 마음먹는 것만으로 사랑의 결실을 얻을 수는 없다. 사랑하는 대상에게 지속적으로 관심을 쏟아야 하고, 그 대상을 빼앗으려 하거나 위협하는 것들에 맞서야 한다. 이는 연인은 물론 다른 대상을 향한 사랑에서도 마찬가지이다.

① (가)에서 '헐어진 성터'를 헤매고 '이야기'를 나누는 것은 사랑하는 대상에 대한 관심을 잃지 않았음을 의미한다.
② (가)에서 '몸'과 '맘'을 팔아버린 벗들의 삶은 사랑하는 대상을 되찾기 위한 지속적인 노력을 의미한다.
③ (나)에서 '흙 속의 해충'을 제거하는 것은 사랑하는 대상을 위협하는 것들에 맞서려는 노력을 의미한다.
④ (나)에서 '밤'을 새우는 것은 사랑하는 대상에 대한 관심을 지속하고 위협적인 상황으로부터 그 대상을 지키려는 노력을 의미한다.
⑤ (가)의 '어느 언덕 꽃덤불'에 안기는 것과 (나)의 '새 과목'이 솟는 것은 노력을 통해 얻으려 하는 사랑의 결실을 의미한다.

37

ⓐ, ⓑ에 대한 설명으로 가장 적절한 것은?

① ⓐ는 시상 전개의 단서로서 마지막 연과 대응되어 작품의 주제를 강조한다.
② ⓑ는 글의 첫머리에 제시되어, 이어질 내용이 자연 친화적 이념의 역사를 포함하고 있음을 드러낸다.
③ ⓐ는 사물에 비유됨으로써 경외감을, ⓑ는 다른 대상과 비교됨으로써 비장감을 자아낸다.
④ ⓐ는 시행 하나로 연이 구성되어, ⓑ는 낱말 하나로 문장이 구성되어 이후 드러날 인간 소외의 양상을 압축적으로 제시한다.
⑤ ⓐ, ⓑ는 모두 존재의 생성에서 소멸에 이르는 과정을 보여 주기 위한 출발점이 된다.

38

〈보기〉를 참고할 때 (다)에 대한 감상으로 적절하지 <u>않은</u> 것은?

> 〈 보 기 〉
> 「보리」에서 글쓴이는 파종된 보리가 자라는 과정을 인간의 삶에 접목하여 그 인격적 속성을 제시함으로써 보리의 모습에서 알 수 있는 다양한 가치를 드러내고 있다.

① '차가운 땅속'에서 추위를 견디는 보리의 모습을 통해, 어려운 상황을 견디는 인내심을 드러내고 있군.
② '하늘'을 향해 솟아오르는 보리의 모습을 통해, 강인한 의지와 진취적 자세를 드러내고 있군.
③ '생명의 보금자리'를 깊이 뿌리박고 자라나는 보리의 모습을 통해, 끈질긴 생명력을 드러내고 있군.
④ '봄의 춤'으로 표현된 보리의 모습을 통해, 성숙해질수록 겸손함을 잃지 않는 자세를 드러내고 있군.
⑤ 노고지리에게 '깊고 아늑한 품속'을 내어 주는 보리의 모습을 통해, 포용과 배려로 주위와 조화를 이루려는 자세를 드러내고 있군.

사진 찍기로 세운 전략!

9 Day

시, 문제 패턴 1

첫 대학수학능력시험이 시작된 게 1993년이었으니까,
도대체 몇 년째야~
나 그때 중학생이었는데...
그때 우리 중학교에 붙은 '대학수학능력시험 제○ 시험장'이라는 현수막 보며
'아, 이제 대학 가려면 수학을 잘해야 하는구나!' 했던...ㅋㅋ
다시 본론으로 돌아와서...!
그 긴 시간 동안 문항 수도, 시험 시간도, 체계도 많이 바뀌었지만
그래도 본질적인 것은 남아 있으니,
바로 개념과 패턴!
2025 수능에도 출제될 문제 패턴을 이제부터 꽉 잡자.
그럼 바로 시작!

선생님, 이번 수능에 어떤 시가 나올 것 같으세요?

 글쎄, EBS 교재에서 시 한 편은 나오겠지.

아, 그걸 알면 딱 좋은데!

 근데, 난 무슨 문제가 나올지는 알아.

뉘에? 진짜요? 진짜로, 진짜요?

 속고만 살았냐? 넌 몰라?

그런 고급 정보를! 저한테만 살짝!

 으이그, 작년에도 나오고 재작년에도 나오고,
그전에도 계속 계속 나왔던 걸 왜 너만 몰라~~~!

①
2025학년도 수능에
99% 출제될 문학 문제 패턴을 안다.

②
알기만 하면 뭐해?
이 패턴의 문제는 꼭 다 맞힌다.

꼭 나올 유형으로 연습하는 똑똑한 내 모습~ ㅎㅎ

나올 문제를 공략하라고!

문학, 특히 처음 보는 현대시와 고전 시가가 너무 두려운 사람, 있지?
아니, 학교 문학 수업 시간에 그럴~게 배우고, 학원에서 또 배우고, 인강으로 또 배우고,
시험에 나올 거 알고 미리 시험공부까지 그렇게 많이 해도 문학 내신 100점이 안 나오는데,
수능에 나오는 처음 보는 현대시와 고전 시가를 나 혼자 어떻게 해석하냐고?

ㅎㅎㅎㅎㅎ
"발상의 전환"
그래서 수능에 출제되는 시가 쉬운 것이다.
미리 공부해 두지 않아도 돼서. 그게 대전제다.
이 시를 처음 보는 학생도 답을 찾을 수 있는 문제 = 수능 국어 문학 문제
수능 시를 대하는 가장 올바른 자세를 大공개하지. 기대해라.
근데, 그럼 예습해야지.

다 풀었어?
그럼 이제 네 맘대로 푼 방법과 선생님의
레시피 비교 들어가자!

시 영역에서 꼭 나오는 문제 패턴과 접근법 ▶▶ 출제자는 **감상의 범위**를 제한한다.
▶▶ 친절한 출제자는 감상의 방향, 힌트를 제시한다.

> 2007년 겨울, 전국 단위의 국어 시험을 위해 모인 지문 선정 협의회에서
> 3년차 햇병아리 교사(15년 전 혜정 샘)는 알아 버리고 말았다.
> 출제자들의 속마음을.
> 학생들의 수준에서 다소 어렵게 느껴질 수 있는 시를 지문으로 선정하기 위해
> 감상의 힌트를 <보기>로 제시하자는 선배 선생님의 말씀.
> 오오~~~ 그런 거였어!
> 그래서 2007년부터, EBS에서 수업한 그 시절부터 <보기> 활용법을 그렇게 강조, 또 강조해 왔건만,
> 너... 혼자 아직도 모르는 거, 실화냐...?

패턴 1

"이 시를 읽고
101가지 감상이
나올 수도 있어.
감상의 방향을
제한해 주자."
일명
<보기>를 참고하여
감상하기

너무 다양한 해석이 가능한 시이거나,
너무 어려운 시일 때, 출제자는 <보기>를 시 해석의 〈＿＿〉으로 제공한다.

✓ <보기>는 시를 해석할 〈＿＿〉이/가 되며, 정답을 골라낼 〈＿＿〉(으)로 제공된다.
   시를 읽기 전에 〈＿＿〉의 핵심 포인트를 먼저 확인하고, 이에 근거해 시를 해석하자.
   문두도 항상 말하잖아.
   "<보기>를 참고하여 (가)를 감상한 내용으로 적절하지 않은 것은?"
   <보기>를 참고하여 (가)를 감상하려면, <보기>를 먼저 봐야겠어, (가)를 먼저 봐야겠어? 〉O〈

🔊 ★ 을 백만 개는 줘야 하는 꿀팁!

이 패턴의 문제는 대부분 "적절하지 <u>않은</u> 것"을 고르라고 하신다.
   패턴 1에서는 <보기>느님의 말씀이 모든 감상의 기준이 된다.

① <보기>의 설명과 '다른' 방향으로 작품을 감상하고 있다면
   그 선지는 틀린 해석으로 판단한다.

② <보기>에서 언급하지도 않은 '새로운' 이야기를 하고 있다면
   그 선지도 틀린 해석으로 판단한다.

③ <보기>의 설명과 연관은 되어 있지만 작품 감상을 잘못했다면
   당연히 틀린 해석으로 판단한다.

Check 포인트!

19

➤ 생소한 작품인데 〈보기〉조차 없을 때는, '적절하지 <u>않은</u> 것은?' 문제의 선지들의 도움을 받을 것.
다섯 개 중 네 개는 적절한 선지다.
누가 틀린 말을 하고 있는지 정확하게는 알 수 없으나 우선 작품의 전반적인 의미나 분위기를 파악할 수 있다.

(나)에 대한 감상으로 적절하지 <u>않은</u> 것은?

① '해 다 진 어스름'은 어둠이 깔리는 파장 무렵 '생어물전'의 분위기를 보여 주는군.
② '빛 발하는 눈깔'은 '손 안 닿는' '은전'과 연결되어 '한'의 정서를 유발하는군.
③ '손 시리게 떨던가'에서는 추운 밤 '별 밭' 아래의 '골방' 속에서 느꼈던 행복감이 드러나는군.
④ '진주 남강'은 공간적 구체성을 보여 주는 한편 낮에 강을 보지 못할 정도로 바삐 생계를 꾸려 가던 '울 엄매'를 떠올리게 하는군.
⑤ '글썽이고 반짝이던'은 달빛이 비친 '옹기'의 표면과 '울 엄매'의 눈물을 함께 환기하는군.

| TODAY's 목표 확인 | 너의 예습 Time! | 국어 성적 갱생 포인트 공개 | Show me the 시범~ |

이 시간에는 문학 영역에서 놓칠 수 없는 기본이자 단골 패턴만 모아서 연습해 보자.

패턴 1 〈보기〉를 참고한 작품 감상

= 외적 준거에 따른 작품 감상

34   ✎ What pattern is it?

〈보기〉를 참고하여 (가), (나)를 감상한 내용으로 적절하지 <u>않은</u> 것은? [3점]

〈 보 기 〉

　(가), (나)는 이별에 대한 서로 다른 대처를 보여 준다. (가)의 화자는 외부와 단절된 채 자신의 쓸쓸한 내면에 몰입하고, 자신의 슬픔을 주변으로 확장한다. (나)의 화자는 외부 대상의 모습에서 자신과의 동질성을 발견하며 슬픔을 확인하면서도, 슬픔을 분출하는 자신의 우스운 외양에 주목한다. (가)는 슬픔을 확장하고 펼쳐 냄으로써, (나)는 슬프지만 슬픔과 거리를 둠으로써 이별에 대처한다.

① (가)에서 '실솔이 상에 울 제'는 화자가 자신의 슬픔을 주변으로 확장한 것을 보여 주는군.
② (가)에서 '부용장 적막하니 뉘 귀에 들리소니'는 화자가 외부와의 교감을 거부하고 내면에 몰입하는 모습을 드러내는군.
③ (나)에서 화자는 '소나무'가 '바람 불 적마다 흔덕'거리는 모습에서 자신과의 동질성을 발견한 것이겠군.
④ (가)의 '삼춘화류'는, (나)의 '버들'과 달리 화자의 내면과 대비되어 외부와의 단절감을 강조하는군.
⑤ (나)의 '후루룩 비쭉'하는 '입하고 코'는, (가)의 '긴 한숨 지는 눈물'과 달리 화자가 자신의 우스운 외양에 주목하여 슬픔과 거리를 두는 것을 보여 주는군.

2022학년도 9월 모의평가

(가)

공후배필은 못 바라도 군자호구 원하더니
삼생의 원업(怨業)이오 월하의 연분으로
장안유협(長安遊俠) 경박자(輕薄子)를 꿈같이 만나 있어
당시의 용심(用心)하기 살얼음 디디는 듯
삼오이팔 겨우 지나 천연여질 절로 이니
이 얼골 이 태도로 백년기약하였더니
연광(年光)이 훌훌하고 조물이 다시(多猜)하여
봄바람 가을 물이 베오리에 북 지나듯
설빈화안 어디 두고 면목가증(面目可憎) 되거고나
내 얼골 내 보거니 어느 임이 날 괼소냐
　　　　　　(중략)
옥창에 심은 매화 몇 번이나 피여 진고
겨울밤 차고 찬 제 자최눈 섯거 치고
여름날 길고 길 제 궂은비는 무슨 일고
삼춘화류(三春花柳) 호시절(好時節)의 경물이 시름없다
가을 달 방에 들고 실솔(蟋蟀)이 상(床)에 울 제
긴 한숨 지는 눈물 속절없이 혬만 많다
아마도 모진 목숨 죽기도 어려울사
도로혀 풀쳐 혜니 이리하여 어이하리

청등을 돌라 놓고 녹기금(綠綺琴) 빗겨 안아
벽련화(碧蓮花) 한 곡조를 시름 좇아 섯거 타니
소상야우(瀟湘夜雨)의 댓소리 섯도는 듯
화표천년(華表千年)의 별학이 우니는 듯
옥수(玉手)의 타는 수단 옛 소리 있다마는
부용장(芙蓉帳) 적막하니 뉘 귀에 들리소니
간장이 구곡되어 굽이굽이 끊쳤어라
차라리 잠을 들어 꿈에나 보려 하니
바람의 지는 잎과 풀 속에 우는 짐승
무슨 일 원수로서 잠조차 깨우는다

　　　　　　　　　　　- 허난설헌, 「규원가」 -

* 다시: 시기가 많음.
* 면목가증: 얼굴 생김이 남에게 미움을 살 만한 데가 있음.

(나)

재 위에 우뚝 선 소나무 바람 불 적마다 흔덕흔덕
개울에 섰는 버들 무슨 일 좇아서 흔들흔들
　임 그려 우는 눈물은 옳거니와 입하고 코는 어이 무슨 일
좇아서 후루룩 비쭉 하나니

　　　　　　　　　　　- 작자 미상 -

 제대로 풀어 보기!

❋ 정답 2쪽

★34　　　　오답률 1위 ▶ 65.7%

〈보기〉를 참고하여 (가), (나)를 감상한 내용으로 적절하지 않은 것은? [3점]

〈 보 기 〉

(가), (나)는 이별에 대한 서로 다른 대처를 보여 준다. (가)의 화자는 외부와 단절된 채 자신의 쓸쓸한 내면에 몰입하고, 자신의 슬픔을 주변으로 확장한다. (나)의 화자는 외부 대상의 모습에서 자신과의 동질성을 발견하며 슬픔을 확인하면서도, 슬픔을 분출하는 자신의 우스운 외양에 주목한다. (가)는 슬픔을 확장하고 펼쳐 냄으로써, (나)는 슬프지만 슬픔과 거리를 둠으로써 이별에 대처한다.

① (가)에서 '실솔이 상에 울 제'는 화자가 자신의 슬픔을 주변으로 확장한 것을 보여 주는군.　6.4%
② (가)에서 '부용장 적막하니 뉘 귀에 들리소니'는 화자가 외부와의 교감을 거부하고 내면에 몰입하는 모습을 드러내는군.　34.3%
③ (나)에서 화자는 '소나무'가 '바람 불 적마다 흔덕'거리는 모습에서 자신과의 동질성을 발견한 것이겠군.　6.4%
④ (가)의 '삼춘화류'는, (나)의 '버들'과 달리 화자의 내면과 대비되어 외부와의 단절감을 강조하는군.　43.9%
⑤ (나)의 '후루룩 비쭉'하는 '입하고 코'는, (가)의 '긴 한숨 지는 눈물'과 달리 화자가 자신의 우스운 외양에 주목하여 슬픔과 거리를 두는 것을 보여 주는군.　8.8%

〈보기〉가 힌트와 감상의 조건이 되는 문제를 하나 더 보자.

패턴 1 〈보기〉를 참고한 작품 감상

= 외적 준거에 따른 작품 감상

25 ✏ What pattern is it?

'선생님'의 안내에 따라 (가), (나)를 감상한 내용으로 적절하지 **않은** 것은? [3점]

〈 보 기 〉

선생님: 가사와 시조 작품에는 화자가 자신의 처지나 이념을 바탕으로 자연을 감상하면서 자신의 정서를 드러내는 경우가 많습니다. (가)에서는 병중의 화자가 눈 내리는 풍경을 보면서 초월적 세계를 상상하며 고통을 초극하는 상황이 드러납니다. 한편 (나)에서는 사대부인 화자가 강호에서 생활하면서도 세상에 대한 번민에서 벗어나지 못하는 상황이 드러납니다. 이러한 화자의 상황을 고려해 각 작품 속에 자연의 의미가 어떻게 드러나는지 이야기해 봅시다.

① **학생 1:** (가)의 '헌창'을 열고 '백두옹'이 된 '청산'의 변화를 인지하는 상황을 통해 설경을 바라보는 화자의 모습이 드러나 자연은 화자가 감상하는 대상으로 나타나고 있어요.

② **학생 2:** (나)의 '율령천'에서 지내며 '아침밥'을 먹은 후 졸음이 나온 상황을 통해 강호에서 시간을 보내는 화자의 모습이 드러나 자연은 화자의 일상적 생활이 이루어지는 공간으로 나타나고 있어요.

③ **학생 3:** (가)의 '늙은 가지'에 쌓인 눈을 보고 '유흥'이 깊어진다는 상황을 통해 설경에서 감흥을 느끼는, (나)의 '긴 감소'에 '낚대'를 들고 흩어 걷는 상황을 통해 강호를 즐기는 화자의 모습이 드러나 자연은 모두 화자의 흥취를 유발하는 공간으로 나타나고 있어요.

④ **학생 4:** (가)의 '옥룡'을 떠올리며 '질병'을 잊은 것 같다는 상황을 통해 설경을 보고 아픔을 떨치는 화자의 모습이 드러나 자연은 화자가 고통을 잊는, (나)의 '율령천'에서 '세상의 번우한 벗'을 떠올리는 상황을 통해 강호에서도 세상을 걱정하는 화자의 모습이 드러나 자연은 화자의 번민이 심화되는 공간으로 나타나고 있어요.

⑤ **학생 5:** (가)의 '설리'에서 '신선'을 떠올리는 상황을 통해 눈을 보며 초월적 세계를 연상하는 화자의 모습이 드러나 자연은 화자가 신선을 동경하는 이념이 드러나는, (나)의 '대산 상상봉'에서 '위군부애정'을 생각하는 상황을 통해 산봉우리에서 선비의 본분을 생각하는 화자의 모습이 드러나 자연은 화자가 지닌 사대부로서의 이념이 드러나는 대상으로 나타나고 있어요.

2022학년도 4월 학력평가

(가)

풍설이 잠간 자고 정제가 고요커늘
헌창을 널니 열고 병안(病眼)을 높이 드니
만리 건곤의 무한한 **청산**이
엇그제 소년으로 **백두옹(白頭翁)**이 되어셰라
〈중략〉
설산(雪山) 진면목을 여긔와 다 보노라
어와 조화옹이 변화도 그지없구나
억만 창생을 사치케 하닷말가
집마다 경실°이오 섬마다 옥계(玉階)로새
내 집도 찬란하니 거처는 좋다마는
선비에게 과분하니 심중이 불안하다
만가 천항°의 경요°가 낭자하대
습유°를 아니하니 풍속도 좋을시고
수레바퀴 흰 띠는 쌍으로 비껴가고
말발°의 은잔(銀盞)은 개개히 두렷하니
공장의 셩녕인가 천하의 기제로새
공계 위에 새 자최는 야사 황대의
창힐서가 완연한 듯 석양 한천의
날아드는 저 가마괴 눈빛을 더러일샤
천지만물 중의 네 홀노 유(類)다르니
소의 호상°으로 개복(改服)들 하야스라
정변 대석은 백호가 준좌하니
이비장° 보돗더면 오호궁을 다랠낫다
고목의 **늙은 가지** 개개의 **옥룡**일새
운우(雲雨)를 언제 얻어 벽공의 오르려니
네 등을 잠간 빌어 월중계°를 꺾고쟈나
유흥이 전심하니° **질병**을 다 잊을다
학창의(鶴氅衣)를 잠간 입고 청려장을 높이 짚어
바닥 없는 신을 신고 **설리(雪裏)**의 배회하니
맹영이 잇도던들 날도 아니 **신선**이라 할 거이고
- 홍계영, 「희설」 -

*경실: 옥으로 만든 집.
*만가 천항: 온 거리.
*경요: 옥구슬.
*습유: 남이 잃어버린 물건을 주움.
*말발: 말발굽.
*소의 호상: 희고 깨끗한 옷.
*이비장: 한나라 때 흉노를 토벌한 장군.
*월중계: 달나라의 계수나무.
*전심하니: 더욱 깊으니.

(나)

율령천(栗嶺川) 긴 감소°에 **낚대** 들고 흘걷다가°
아침밥 좋이 먹고 긴 조오름 내었으니
세상의 번우한° 벗이 이 뜻 알까 하노라
〈제2수〉

율령천 백구(白鷗)들이 나더러 이른 말이
인간 시비(是非)를 모르고 늙으소서
우리는 한 말도 아니되 검다 세다 하뇌다
〈제14수〉

대산 상상봉에 내 혼자 올라와서
에에쳐° 실컷 울고 생각느니 임이로다
평생에 **위군부애정°**이야 일각인들 잊으리까
〈제20수〉

- 강복중, 「수월정청흥가」 -

*감소: 물 웅덩이.
*흘걷다가: 흩어 걷다가.
*번우한: 번거롭고 걱정이 많은.
*에에쳐: 소리쳐.
*위군부애정: 임금과 아버지를 위한 서글픈 감정.

제대로 풀어 보기!

정답 2쪽

25

오답률 1위 ▶ 64.7%

'선생님'의 안내에 따라 (가), (나)를 감상한 내용으로 적절하지 <u>않은</u> 것은? [3점]

〈 보 기 〉

선생님: 가사와 시조 작품에는 화자가 자신의 처지나 이념을 바탕으로 자연을 감상하면서 자신의 정서를 드러내는 경우가 많습니다. (가)에서는 병중의 화자가 눈 내리는 풍경을 보면서 초월적 세계를 상상하며 고통을 초극하는 상황이 드러납니다. 한편 (나)에서는 사대부인 화자가 강호에서 생활하면서도 세상에 대한 번민에서 벗어나지 못하는 상황이 드러납니다. 이러한 화자의 상황을 고려해 각 작품 속에 자연의 의미가 어떻게 드러나는지 이야기해 봅시다.

① **학생 1**: (가)의 '헌창'을 열고 '백두옹'이 된 '청산'의 변화를 인지하는 상황을 통해 설경을 바라보는 화자의 모습이 드러나 자연은 화자가 감상하는 대상으로 나타나고 있어요. `4.2%`

② **학생 2**: (나)의 '율령천'에서 지내며 '아침밥'을 먹은 후 졸음이 나온 상황을 통해 강호에서 시간을 보내는 화자의 모습이 드러나 자연은 화자의 일상적 생활이 이루어지는 공간으로 나타나고 있어요. `6.4%`

③ **학생 3**: (가)의 '늙은 가지'에 쌓인 눈을 보고 '유흥'이 깊어진다는 상황을 통해 설경에서 감흥을 느끼는, (나)의 '긴 감소'에 '낚대'를 들고 흩어 걷는 상황을 통해 강호를 즐기는 화자의 모습이 드러나 자연은 모두 화자의 흥취를 유발하는 공간으로 나타나고 있어요. `33.9%`

④ **학생 4**: (가)의 '옥룡'을 떠올리며 '질병'을 잊은 것 같다는 상황을 통해 설경을 보고 아픔을 떨치는 화자의 모습이 드러나 자연은 화자가 고통을 잊는, (나)의 '율령천'에서 '세상의 번우한 벗'을 떠올리는 상황을 통해 강호에서도 세상을 걱정하는 화자의 모습이 드러나 자연은 화자의 번민이 심화되는 공간으로 나타나고 있어요. `35.7%`

⑤ **학생 5**: (가)의 '설리'에서 '신선'을 떠올리는 상황을 통해 눈을 보며 초월적 세계를 연상하는 화자의 모습이 드러나 자연은 화자가 신선을 동경하는 이념이 드러나는, (나)의 '대산 상상봉'에서 '위군부애정'을 생각하는 상황을 통해 산봉우리에서 선비의 본분을 생각하는 화자의 모습이 드러나 자연은 화자가 지닌 사대부로서의 이념이 드러나는 대상으로 나타나고 있어요. `19.8%`

Self check

❶ **패턴 1: 〈보기〉를 참고하여 감상하기 문제**는 시를 읽기 전에 〈보기〉를 먼저 읽는다. ☐ Yes

❷ **〈보기〉가 지문 속으로 들어갈 수도 있다**는 걸 미리 알고, 당황하지 않는다. ☐ Yes

❸ **〈보기〉 문제가 없을 때**는 '적절하지 <u>않은</u> 것은?' 문제의 선지들에서 힌트를 얻는다. ☐ Yes

❹ **수능 국어 영역 시험에는 원래 모르는 시가 나와도 답을 찾을 수 있는 문제'만'** 출제된다는 것을 안다. ☐ Yes

2021학년도 대학수학능력시험

(가)

이 몸 삼기실 제 님을 조차 삼기시니
훈싱 연분(緣分)이며 하늘 모룰 일이런가
나 ᄒ나 졈어 잇고 님 ᄒ나 날 괴시니
이 ᄆᆞ음 이 ᄉ랑 견졸 ᄃᆡ 노여 업다
평싱(平生)애 원(願)ᄒ요ᄃᆡ ᄒ디 녜쟈 ᄒ얏더니
늙거야 므ᄉ 일로 외오 두고 그리ᄂᆞᆫ고
엇그제 님을 뫼셔 광한면(廣寒殿)의 올낫더니
그 더디 엇디ᄒ야 하계(下界)예 ᄂᆞ려오니
올 저긔 비슨 머리 헛틀언 디 삼 년일쇠
연지분(臙脂粉) 잇ᄂᆞ마ᄂᆞᆫ 눌 위ᄒ야 고이 홀고
ᄆᆞ음의 미친 실음 텹텹(疊疊)이 ᄡ혀 이셔
짓ᄂᆞ니 한숨이오 디ᄂᆞ니 눈믈이라
인싱(人生)은 유훈(有限)ᄒ디 시름도 그지업다
무심(無心)ᄒᆫ 셰월(歲月)은 믈 흐르ᄃᆞᆺ ᄒᆞᄂᆞᆫ고야
염냥(炎凉)이 ᄯᆡ를 아라 가ᄂᆞᆫ ᄃᆞᆺ 고텨 오니
듯거니 보거니 늣길 일도 하도 할샤
동풍이 건듯 부러 젹셜(積雪)을 헤텨 내니
창(窓) 밧긔 심근 미화(梅花) 두세 가지 픠여셰라
ᄀᆞ득 닝담(冷淡)ᄒᆞᆫ디 암향(暗香)은 므ᄉ 일고
황혼의 ᄃᆞᆯ이 조차 벼마틱 빗최니
늣기ᄂᆞᆫ ᄃᆞᆺ 반기ᄂᆞᆫ ᄃᆞᆺ 님이신가 아니신가
뎌 미화 것거 내여 님 겨신 ᄃᆡ 보내오져
님이 너를 보고 엇더타 너기실고

　　　　　　　　　　　　　　- 정철, 「사미인곡」 -

(나)

창 밧긔 워석버석 님이신가 니러 보니
혜란(蕙蘭) 혜경(蹊徑)에 낙엽은 므ᄉ 일고
어즈버 유한(有限)ᄒᆫ 간장(肝腸)이 다 그츨가 ᄒ노라

　　　　　　　　　　　　　　- 신흠 -

* 혜란 혜경: 난초 핀 지름길.

(다)

나는 예전에 장흥방의 길갓집에 살았다. 그 집은 저잣거리에 제법 가까워서 소란스러웠다. 문 옆에 한 칸짜리 초당이 있어 볏짚으로 덮고 흙을 쌓았더니 그윽하고 조용해서 살 만했다. 그러나 초당이 동쪽으로 치우쳐 햇볕을 받았기에 여름이면 너무 더웠다. 그래서 '고요함이 더위를 이긴다[靜勝熱]'는 말을 당호(堂號)로 정해 문설주에 편액을 해 걸어 두고 위안을 삼았다.

대저 고요함에는 두 가지가 있으니 하나는 몸의 고요함이요, 다른 하나는 마음의 고요함이다. 몸이 고요한 사람은, 앉고 눕고 일어나고 서는 등 모든 행동에 있어 편안함을 취할 뿐이다. 마음이 고요한 사람은, 천하만사가 마치 촛불로 비춰 보고 거북으로 점을 치는 듯하니 시원한 날씨와 더운 날씨가 무슨 상관이 있겠는가? 그러므로 '고요함이 이긴다'고 한 지금의 말은 마음의 고요함을 가리킨다.

그 집에서 이십 년을 살고 이사하였다. 그로부터 삼 년이 흐른 뒤 옛집을 찾아가 보았다. 그새 주인이 바뀐 지 여러 번이지만 집은 옛 모습 그대로였다.

은은하게 처마에 들어오는 산빛, 콸콸콸 담을 따라 도는 골짜기 물, 밀랍으로 발라 번들번들한 살창, 쪽빛으로 물들여 놓은 늘어진 천막.

　　　　　　　　　　　(중략)

내가 여기에 살던 시절은 집안이 번성하던 때였다. 선친께서 승명전에 봉직하실 때라, 퇴근하신 밤이면 우리 형제들이 모시고 앉아 학문과 예술을 담론하고 옛일을 기록하거나, 시를 읽거나 거문고를 들었으니 유중영의 옛일*과 비슷하였다. 그 즐거움을 잊을 수는 없건마는 다시 되찾을 수는 없다!

『서경』에 '그릇은 새것을 찾고, 사람은 옛 사람을 찾는다.'라고 했다. 집 역시 그릇과 같이 무언가를 담는 부류이긴 하나, 사람은 집이 아니면 몸을 붙여 머물 데가 없고 집보다 더 거처를 많이 하는 것은 없으므로, 집은 그릇보다는 사람에 가깝다 하겠다. 그러니 어찌 그리워하지 않을 수 있으랴!

그렇지만 인간사가 벌써 바뀌어, 사물에 닿을 때마다 슬픔만 더하므로 이 집에 다시 살고 싶지는 않다. 마땅히 임원(林園)*에 집터를 보아 집을 지어서 옛 이름의 편액을 걸어 옛집에서 지녔던 뜻을 잊지 않으려 한다.

누군가는 '임원이 이미 고요하거늘, 지금 다시 '고요함이 이긴다'고 하면 또한 군더더기가 아닌가?'라고 말할 수 있으리라. 나는 답하리라. '고요한데 또 고요하니, 이것이야말로 고요함이라네.'라고.

　　　　　　　- 유본학, 「옛집 정승초당을 둘러보고 쓰다」 -

* 당호: 집에 붙이는 이름.
* 유중영의 옛일: 당나라 때 문신 유중영이 늘 책을 가까이하며 자식들을 가르치던 일.
* 임원: 산림.

〔 내가 결정하는 내비게이션 〕

39

〈보기〉를 바탕으로 (가)를 감상한 내용으로 적절하지 <u>않은</u> 것은?

〈 보 기 〉

(가)에는 천상의 시간과 지상의 시간이 모두 나타난다. 천상에서는 지상과 달리 생로병사의 과정 없이 끝없는 사랑이 지속된다. 이러한 시간적 질서는 지상에 내려온 화자를 힘겹게 하는데, 이 과정에서 화자는 지상의 물리적 시간을 심리적으로 변형하여 자신의 심경을 드러낸다.

① 임과의 '연분'을 '하ᄂᆞᆯ'과 연결 짓는 것은, 임과의 사랑이 천상의 시간 질서처럼 끝없이 이어지기를 바라는 마음이 반영된 것이라 볼 수 있겠어.

② '겹어 잇고'와 '늙거야'를 통해 화자가 천상의 시간에서 벗어나 지상의 시간으로 편입되었음을 알 수 있겠어.

③ '삼 년' 전을 '엇그제'로 인식하는 것에서, 임과 함께한 기억이 아직도 선명하게 남아 있어 지상의 물리적 시간이 심리적으로 압축되어 나타나고 있음을 알 수 있겠어.

④ '인싱은 유ᄒᆞᆫ'과 '무심ᄒᆞᆫ 셰월'을 통해 지상의 시간적 질서에 따라 소망을 이룰 수 있는 시간이 줄고 있는 것에 대한 불안한 마음을 엿볼 수 있겠어.

⑤ '염냥'이 '가ᄂᆞᆫ ᄃᆞᆺ 고텨' 온다는 인식에서, 임과의 관계 단절에 따른 절망감으로 인해 지상의 물리적 시간이 심리적으로 지연되어 나타나고 있음을 알 수 있겠어.

40

〈보기〉를 바탕으로 (나), (다)를 감상한 내용으로 적절하지 <u>않은</u> 것은? [3점]

〈 보 기 〉

고요함은 소리나 움직임이 없이 잠잠한 상태인 외적 고요와 마음이 평온한 상태인 내적 고요로 구분할 수도 있다. 이에 주목하여 (나)를 감상할 때, 화자가 처한 상황과 그에 따른 심리는 고요함의 측면에서 이해될 수 있다. 또한 (다)에서 필자는 고요함에 대한 통찰을 통해 자신이 처한 공간에서 내적 고요를 추구하려 하는데, 이를 통해 삶에서 느끼는 불편이나 슬픔을 이겨 내는 동력을 얻고 있다.

① (나)에서 '낙엽' 소리가 창 안에서도 들린다는 것은 화자가 외적 고요의 상태에 있었다는 것을 의미하겠군.

② (나)에서 '낙엽' 소리를 임이 오는 소리로 착각했다는 것은 화자의 심리가 내적 고요의 상태에 있지 못했기 때문이겠군.

③ (다)에서 '사물에 닿을 때마다 슬픔만 더'한다는 것은 옛집을 돌본 경험이 필자로 하여금 내적 고요를 이루기 어렵게 만들었다는 인식이 반영된 것이겠군.

④ (다)에서 '옛집'의 '초당'에 붙였던 당호를 '임원'의 새집에서도 사용하겠다는 것은 필자가 외적 고요에 더해 내적 고요를 추구하고 있음을 보여 주는 것이겠군.

⑤ (다)에서 '누군가'가 '고요함이 이긴다'는 당호를 '군더더기'로 본다는 것은 외적 고요만으로는 삶에서 느끼는 불편이나 슬픔을 이겨 내기 어렵다고 여겼기 때문이겠군.

잘되라고 주는 **숙**제 2   66 수업 시간에 다루지 않아. 배운 대로 적용 연습하면 되는 거야. 99   ✿ 정답 24쪽

2021학년도 대학수학능력시험

(가)

눈이 오는가 북쪽엔
함박눈 쏟아져 내리는가

험한 벼랑을 굽이굽이 돌아간
백무선 철길 위에
느릿느릿 밤새어 달리는
화물차의 검은 지붕에

연달린 산과 산 사이
너를 남기고 온
작은 마을에도 복된 눈 내리는가

잉크병 얼어드는 이러한 밤에
어쩌자고 잠을 깨어
그리운 곳 차마 그리운 곳

눈이 오는가 북쪽엔
함박눈 쏟아져 내리는가

　　　　　　　　　　　- 이용악, 「그리움」 -

(나)

왜 그곳이 자꾸 안 잊히는지 몰라
가름젱이 사래 긴 우리 밭 그 건너의 논실 이센 밭
가장자리에 키 작은 탱자 울타리가 쳐진.
훗날 나 중학생이 되어
아침마다 콩밭 이슬을 무릎으로 적시며
그곳을 지나다녔지
수수알이 꽝꽝 여무는 가을이었을까
깨꽃이 하얗게 부서지는 햇빛 밝은 여름날이었을까
아랫냇가 굽이치던 물길이 옆구리를 들이받아
벌건 황토가 드러난 그곳
허리 굵은 논실댁과 그의 딸 영자 영숙이 순임이가
밭 사이로 일어섰다 앉았다 하며 커다란 웃음들을 웃고
나 그 아래 냇가에 소고삐를 풀어놓고
어항을 놓고 있었던가 가재를 쫓고 있었던가
나를 부르는 소리 같기도 하고
쏴르르 쏴르르 무엇이 물살을 헤짓는 소리 같기도 하여
고개를 들면 아, 청청히 푸르던 하늘
갑자기 무섬증이 들어 언덕 위로 달려 오르면
들꽃 싸아한 향기 속에 두런두런 논실댁의 목소리와
까르르 까르르 밭 가장자리로 울려 퍼지던
영자 영숙이 순임이의 청랑한 웃음소리
나 그곳에 오래 앉아
푸른 하늘 아래 가을 들이 또랑또랑 익는 냄새며
잔돌에 호미 달그락거리는 소리 들었다
왜 그곳이 자꾸 안 잊히는지 몰라
소를 몰고 돌아오다가
혹은 객지로 나가다가 들어오다가
무엇이 나를 부르는 것 같아
나 오래 그곳에 서 있곤 했다

　　　　　　　　　　- 이시영, 「마음의 고향 2 - 그 언덕」 -

내가 결정하는 내비게이션

45

〈보기〉를 참고하여 (가)와 (나)를 이해한 내용으로 적절하지 <u>않은</u> 것은? [3점]

> 〈 보 기 〉
>
> 이용악과 이시영의 시 세계에서 고향은 창작의 원천이 되는 공간이다. 이용악의 시에서 고향은 척박한 국경 지역이지만 언젠가 돌아가야 할 근원적 공간으로 그려지는데, (가)에서는 가족이 기다리는 궁벽한 산촌으로 구체화된다. 이시영의 시에서 고향은 지금은 상실했지만 기억 속에서 계속 되살아나는 공간으로 그려지는데, (나)에서는 이웃들과 함께했던 삶의 터전이자 생명이 살아 숨 쉬는 평화로운 농촌으로 구체화된다.

① (가)는 '함박눈'으로 연상되는 겨울의 이미지를 통해 '북쪽' 국경 지역의 고향을, (나)는 '햇빛'을 받은 '깨꽃'에서 그려지는 여름의 이미지를 통해 생명력 넘치는 고향을 보여 준다.

② (가)는 '험한 벼랑' 너머 '산 사이'라는 위치를 통해 산촌 마을인 고향의 궁벽함을, (나)는 '소고삐'를 풀어놓고 '가재를 쫓'는 모습을 통해 농촌 마을인 고향의 평화로움을 보여 준다.

③ (가)는 '남기고' 온 '너'를 떠올림으로써 고향에서 기다리는 사람에 대한, (나)는 '밭 사이'에서 웃던 이웃들의 이름을 떠올림으로써 고향에서 함께 살아가던 이웃에 대한 기억을 보여 준다.

④ (가)는 눈을 '복된' 것으로 인식함으로써 고향에 돌아갈 날에 대한, (나)는 '무엇'이 '부르는 것 같'았던 언덕을 회상함으로써 고향으로의 귀환에 대한 기대를 드러낸다.

⑤ (가)는 '차마 그리운 곳'이라는 표현을 통해 근원적 공간인 고향에 대한 애틋함을, (나)는 '자꾸 안 잊히는지'라는 표현을 통해 내면에 존재하는 고향에 대한 변함없는 애정을 드러낸다.

사진 찍기로 세운 전략!

잘되라고 주는 숙제 3   **66** 수업 시간에 다루지 않아. 배운 대로 적용 연습하면 되는 거야. **99**   ✿ 정답 24쪽

(가)

……**활자(活字)**는 반짝거리면서 **하늘 아래**에서
간간이
자유를 말하는데
나의 영(靈)은 죽어 있는 것이 아니냐

벗이여
그대의 말을 고개 숙이고 듣는 것이
그대는 마음에 들지 않겠지
마음에 들지 않아라

모두 다 **마음에 들지 않아**라
이 황혼도 저 돌벽 아래 잡초도
담장의 푸른 페인트빛도
저 고요함도 이 **고요함도**

그대의 정의도 우리들의 섬세도
행동이 죽음에서 나오는
이 욕된 교외에서는
어제도 오늘도 내일도 마음에 들지 않아라

그대는 반짝거리면서 하늘 아래에서
간간이
자유를 말하는데
우스워라 나의 영(靈)은 죽어 있는 것이 아니냐
          – 김수영, 「사령(死靈)」 –

(나)

한강물 얼고, 눈이 내린 날
강물에 붙들린 배들을 구경하러 나갔다.
훈련받나 봐, 아니야 발등까지 딱딱하게 얼었대.
우리는 강물 위에 서서 일렬로 늘어선 배들을
비웃느라 시시덕거렸다.

한강물 흐르지 못해 눈이 덮은 날
강물 위로 빙그르르, 빙그르르.
웃음을 참지 못해 나뒹굴며, 우리는
보았다. 얼어붙은 하늘 사이로 붙박힌 말들을.

언 강물과 언 하늘이 **맞붙은 사이로**
저어가지 못하는 **배**들이 나란히
날아가지 못하는 **말**들이 나란히
숨죽이고 있는 것을 비웃으며, **우리**는
빙그르르. 올 겨울 몹시 춥고 얼음이 꽝꽝꽝 얼고.
          – 김혜순, 「한강물 얼고, 눈이 내린 날」 –

(내가 결정하는 내비게이션)

45

〈보기〉를 참고하여 (가), (나)를 감상한 내용으로 적절하지 <u>않은</u> 것은? [3점]

사진 찍기로 세운 전략!

> 〈 보 기 〉
>
> 　자유로운 의사소통이 제한되는 사회에서 개인은 자신의 의사를 온전히 표현할 수 없어서 자유가 억압되고, 그 사회 또한 경직된다. 이런 맥락에서 (가)와 (나)를 해석할 수 있다.
>
> 　(가)는 활발한 의사소통의 수단이어야 할 언어가 '활자'의 상태로만 존재한다고 표현함으로써 언어가 제 기능을 제대로 하지 못하는 상황에 주목한다. 이러한 상황에서 화자는 위축된 의사소통의 장에 적극적으로 참여하지 못하여, 경직된 사회에 대응하지 못하는 자신을 성찰한다. (나)는 자유롭게 쓰여야 할 언어를 '붙박힌 말'로 표현함으로써 개인의 언어 사용이 제한된 상황을 비판한다. 이러한 상황에서 말을 대체할 수 있는 웃음이나 몸짓과 같은 또 다른 의사소통의 방법을 보여 준다.

① (가)에서 '나의 영'에 대해 '우스워라'라고 자조한 것은 의사소통의 여지가 축소된 상황에서 자신의 참여만으로는 의사소통의 장을 활성화할 수 없다는 성찰을 드러낸다고 볼 수 있군.

② (나)에서 '우리'가 '언 강물' 위에서 비웃는 모습이나 '빙그르르' 뒹구는 장면은 언어 사용이 제한된 상황에서 또 다른 의사소통의 방법을 모색함을 드러낸다고 볼 수 있군.

③ (가)의 '하늘 아래'는 '고요함'이 있는 공간이라는 점에서, (나)의 '맞붙은 사이'는 '배'와 '말'이 '숨죽이고 있는' 공간이라는 점에서, 의사소통이 자유롭지 못한 경직된 사회를 엿볼 수 있군.

④ (가)에서 '자유를 말하'는 것이 '활자'로 한정된 것은 의사소통의 장이 위축된 상황을 나타내고, (나)에서 '말'이 '날아가지 못'한다는 것은 자유로워야 하는 언어 사용이 제한되어 있는 상황을 나타낸다고 볼 수 있군.

⑤ (가)에서 주변 세계를 '마음에 들지 않'아 하는 것은 의사소통이 활발하지 못한 상황에 대한 생각을 드러낸 것이고, (나)에서 강물이 얼어 '배'를 '저어가지 못'하는 상황은 의사소통을 방해하는 환경을 표현한 것이라고 볼 수 있군.

10 Day

시, 문제 패턴 2, 3

수능 국어 문학 시험을 바라보는 관점 하나를 바꾸면
많은 것이 달라져.
처음 보는 시를 나 혼자서 오롯이 읽어 내야 하는 게 아니었다는 것,
어려운 시어와 시구의 의미를
나 혼자서 힘들게 해석해야만 하는 게 아니었다는 것,
시험장에서 시의 구절구절을
죄다 정확하게 분석해야 하는 게 아니었다는 것.
수능 시가 되게 편해지려면
관점을 바꾸면 되는 거야.

선생님, 9강을 듣고 마음이 진짜 편해졌어요~.

 흐흐 그래?

이제까지는 3점짜리 <보기> 문제가 넘 부담스러웠거든요. ㅠㅠ
근데 걔가 적이 아니라 내 편이었다니, 완전 든든해요~. ㅋㅋ
딴 애들은 모르면 좋겠어요~ 이제 수업에서 말씀하지 마시...지요?

 야, 딴 애들 이미 다 알고 있거든~~?

ㅋㅋ 이제라도 알게 된 게 어디예요~.

 오늘은 든든함을 더해 줄 두 개의 패턴을 더 공부하자~!
힘들지만 힘내서~! GO!

| TODAY's 목표 확인 | 너의 예습 Time! | 국어 성적 갱생 포인트 공개 | Show me the 시범~ |

①
2025학년도 수능에
출제될 문학 문제 패턴을 두 개 더 안다.(1+2)

②
3人을 사용해
이 패턴의 문제들을 꼭 다 맞힌다.

수능 국어 지문으로 제시되는 시는

항상 뭘 그렇게 주렁주렁 달고 있어.

㉠부터 ⓔ, 아니면 ⓐ부터 ⓔ 이런 거.

맞지? 다들 항상 그런 거 봐 왔지?

그건 바로 어떤 문제가 그 밑줄 친 시어나 시구에 대해 물어보고 있다는 거잖아.

그걸 왜 그냥 지나쳐? 한 번 시를 읽었을 때, 바로 풀어 버리면 되지.

자, 이제 그런 문제를 어떻게 해결하면 좋을지에 대해 얘기해 보자고.

아, 맞아. 지난 시간 공부했던 시 세트의 대전제 같은 중요 패턴 한 개, 뭐였지?

패턴 1 〈ㅤㅤ〉을/를 참고한 작품 감상

여기에 오늘 패턴 두 개 더 추가요~!

| TODAY's 목표 확인 | 너의 예습 Time! | 국어 성적 갱생 포인트 공개 | Show me the 시범~ |

지난 시간 선생님이 말했지? 수능 시는 어떻게 읽으면 된다고?
어? 처음 보는 시네? 자아~ 그럼 어디 한번 읽어 볼까?
요런 자세가 옳다고.
수능 국어 영역에 출제되는 시는
수능 날 시험장에서 '지금 이 순간~ ♪ ♪ ♪'
처음 봤을지라도 답은 꼭 찾을 수 있도록 설계된 문제만 출제되는 거니까.
시는 뭐가 나올지 몰라. 지문 속 시는 맨날 바뀌는 거지. 선생님조차도 처음 보는 시가 나오기도 해.
그러나 문제는?
이건 나왔던 애들이 또 나와. 자꾸 나와, 계속 나와, 너의 수능 시험에도 나올 거야.
그러니까 뭐가 나올지도 모르는 시를 외워 두지 말고, 반드시 나올 문제 패턴을 대비하라공.
오늘도 아주 중요한 두 개의 패턴을 배울 것임!

다 풀었어?
그럼 시작해 볼까? ^--------------------^

| TODAY's 목표 확인 | 너의 예습 Time! | 국어 성적 갱생 포인트 공개 | Show me the 시범~ |

시 영역에서 꼭 나오는 문제 패턴과 접근법 ▶▶▶ 출제자는 다섯 군데에 밑줄을 긋고 묻는다.

패턴 2

"시 하면 정서지. 시적 화자의 태도와 정서 파악은 기본 아니겠어?"
일명
정서 및 태도 파악하기

✓ 감정을 대놓고 직접적으로 표현한 시어는 당연히 표시! ◯ 혹은 △로 표시하면 좋다.

　✓ **정서**: 사람의 마음에 일어나는 여러 가지 ☐☐. 또는 감정을 불러일으키는 기분이나 분위기.
　　예 기뻤고, 행복했고, 그리움, 사랑합니다, 답답한, 두려움, 설움, 부끄러우랴, 슬픔, 쓸쓸한, …

　✓ **태도**: 어떤 일이나 상황 따위를 대하는 ☐☐☐☐. 또는 그 마음가짐이 드러난 ☐☐.
　　어떤 일이나 상황 따위에 대해 취하는 ☐☐.
　　예 주저앉았다(포기), ~고 싶다(소망), 믿는다(믿음), 빌었습니다(기원), ~하리(의지), 거부하면서(거부), …

✓ 시적 화자나 시적 대상이 처한 ☐☐을/를 파악해, 시적 화자 혹은 시적 대상의 정서 및 태도를 ☐☐한다.

패턴 3

"시 하면
비유와 상징이지.
시어나 시구의
의미는 꼭
물어봐야 해."
일명
시어나 시구의
의미 및 기능 파악하기

✓ 시어의 함축적 의미를 파악하기 위해서는 ☐☐(3☐)을/를 살핀다.

　✓ 시의 전체적인 ☐☐을/를 통해 시어의 의미를 파악한다.
　✓ 밑줄 친 시어나 시구를 ☐☐하는 말에 근거해 의미를 파악한다.
　✓ 밑줄 친 시어나 시구를 ☐☐하는 말에 근거해 의미를 파악한다.

✓ 〈보기〉 혹은 문맥(3ㅅ)을 통해 의미를 파악할 수 없는 문제를 출제하는 것은 출제자가 자기 무덤을 파는 일이기에, 그런 일은 절대 일어나지 않는다.

★을 백만 개는 줘야 하는 꿀팁!

이 패턴의 문제도 대부분 "적절하지 않은 것"을 고르라고 하신다.
수능 시험장에서 처음 보는 시를 만났을 때 가장 간절하게 원하게 되는 것은?
이 시의 내용을 분석, 해설해 놓은 자습서~?ㅎㅎㅎ
그래~ 그럼 한번 잘 생각해 봐.
'적절하지 않은 것은?' 문제의 선지 중 네 개는 바로 그 자습서의 내용과 비슷해.
헉 내 눈앞에 자습서가 있다니! 바로 그거야.
그러니까 ㉠~㉤에 드러난 의미나 기능을 묻는 문제는
시를 읽을 때 아예 그 '자습서=선지들'의 내용을 참고해 가면서 실시간으로 풀라고~

그럼 이제 종종 같은 유형의 문두로 제시되는 두 개의 패턴만 모아서 연습해 보자.

패턴 2 정서 및 태도 파악하기

패턴 3 시어나 시구의 의미 및 기능 파악하기

17 ✎ What pattern is it?

〈보기〉의 ⓐ, ⓑ를 고려하여 (가)~(라)를 이해한 내용으로 가장 적절한 것은?

〈 보 기 〉

「방옹시여」는 선조(宣祖) 사후에 정계에서 밀려난 신흠이 은거 상황을 배경으로 창작한 시조 작품을 모아 놓은 것이다. 여기에 수록된 30수는 몇 개의 작품군으로 분류될 수 있다. 예컨대 ⓐ 은자로서의 자족감이나 자긍심을 표현한 작품군, ⓑ '님'으로 표상되는 선왕에 대한 그리움과 연모의 정을 표현한 작품군 등이 있다.

① (가)의 '눈'은 ⓐ와 연관된 시어로, 화자의 은거가 자발적으로 이루어졌음을 알려 주는 단서이다.
② (나)의 '수간모옥'은 ⓐ와 연관된 시어로, 화자의 답답한 심정이 투영되어 있는 대상이다.
③ (나)의 '만산 나월'은 ⓑ와 연관된 시어로, '님'이 부재한 상황을 절감하게 하는 소재이다.
④ (다)의 '봄빗'은 ⓑ와 연관된 시어로, '님'에 대한 화자의 그리움을 촉발하는 계기이다.
⑤ (라)의 '부용 당반'은 ⓑ와 연관된 시어로, 화자가 연모하는 대상과 함께 지내는 공간이다.

2017학년도 9월 모의평가

(가)
산촌(山村)에 눈이 오니 돌길이 뭇쳐셰라
시비(柴扉)롤 여지 마라 날 츠즈리 뉘 이스리
밤듕만 일편명월(一片明月)이 긔 벗인가 ᄒ노라   〈1수〉

(나)
섯ᄀ래 기나 즈르나 기동이 기우나 트나
수간모옥(數間茅屋)*을 죽은 줄 웃지 마라
어즈버 만산 나월(滿山蘿月)*이 다 닉 거신가 ᄒ노라   〈8수〉

(다)
한식(寒食) 비 온 밤에 봄빗치 다 퍼졋다
무정(無情)ᄒ 화류(花柳)도 쌔를 아라 픠엿거든
엇더타 우리의 님은 가고 아니 오는고   〈17수〉

(라)
어지밤 비 온 후(後)에 석류(石榴)곳지 다 픠엿다
부용 당반(芙蓉塘畔)*에 수정렴(水晶簾)을 거더 두고
눌 향한 깁흔 시름을 못내 푸러 ᄒ노라   〈18수〉

(마)
창(窓)밧긔 워석버석 님이신가 이러 보니
혜란 혜경(蕙蘭蹊徑)*에 낙엽(落葉)은 무스 일고
어즈버 유한ᄒ 간장(肝腸)이 다 끈칠쌔 ᄒ노라   〈19수〉

- 신흠, 「방옹시여(放翁詩餘)」 -

* 수간모옥: 방이 몇 칸 되지 않는 작은 초가.
* 만산 나월: 산에 가득 자란 덩굴 풀에 비친 달.
* 부용 당반: 연꽃이 피어 있는 연못가.
* 혜란 혜경: 난초가 자라난 지름길.

 제대로 풀어 보기!   ✱ 정답 2쪽

17

〈보기〉의 ⓐ, ⓑ를 고려하여 (가)~(라)를 이해한 내용으로 가장 적절한 것은?

〈 보 기 〉
「방옹시여」는 선조(宣祖) 사후에 정계에서 밀려난 신흠이 은거 상황을 배경으로 창작한 시조 작품을 모아 놓은 것이다. 여기에 수록된 30수는 몇 개의 작품군으로 분류될 수 있다. 예컨대 ⓐ은자로서의 자족감이나 자긍심을 표현한 작품군, ⓑ'님'으로 표상되는 선왕에 대한 그리움과 연모의 정을 표현한 작품군 등이 있다.

① (가)의 '눈'은 ⓐ와 연관된 시어로, 화자의 은거가 자발적으로 이루어졌음을 알려 주는 단서이다.
② (나)의 '수간모옥'은 ⓐ와 연관된 시어로, 화자의 답답한 심정이 투영되어 있는 대상이다.
③ (나)의 '만산 나월'은 ⓑ와 연관된 시어로, '님'이 부재한 상황을 절감하게 하는 소재이다.
④ (다)의 '봄빗'은 ⓑ와 연관된 시어로, '님'에 대한 화자의 그리움을 촉발하는 계기이다.
⑤ (라)의 '부용 당반'은 ⓑ와 연관된 시어로, 화자가 연모하는 대상과 함께 지내는 공간이다.

처음 보는 시를 스스로 읽어 내는 연습도 같이 해 나가는 거야.

시어나 시구의 의미를 읽어 낼 때는 맘대로 읽지 말고, 3ㅅ을 꼭 기억하라고.

상황, 수식어, 서술어!

---

39 ✎ What pattern is it?

(가)의 '**나**'와 ㉠~㉤의 관련성을 이해한 내용으로 적절하지 <u>않은</u> 것은?

① ㉠은 화자가 극복해야 할 자신의 모습을 빗대어 표현한 것으로, '**나**'와는 대비되는 표상이다.
② ㉡은 어떤 것도 존재하지 못하는 극한 상태로, 화자가 '**나**'와 대면할 수 있는 조건에 해당한다.
③ ㉢은 절대적 고독을 나타낸 것으로, 화자가 그 절대적 고독에서 벗어남으로써 '**나**'에 도달할 수 있음을 알려 준다.
④ ㉣은 생명이 본래적으로 존재하는 모습을 가리키는 것으로, '**나**'가 원시적 생명력을 지닌 존재임을 보여 준다.
⑤ ㉤은 죽음에 대한 화자의 태도를 드러내는 것으로, '**나**'를 통해 생명을 회복하려는 화자의 의지를 담아낸 표현이다.

2014학년도 9월 모의평가

(가)
나의 지식이 독한 회의를 구하지 못하고
내 또한 삶의 애증을 다 짐지지 못하여
㉠병든 나무처럼 생명이 부대낄 때
저 머나먼 아라비아의 사막으로 나는 가자

거기는 한번 뜬 백일(白日)이 불사신같이 작열하고
일체가 모래 속에 사멸한 ㉡영겁의 허적(虛寂)*에
오직 알라의 신만이
밤마다 고민하고 방황하는 열사(熱沙)의 끝

그 ㉢열렬한 고독 가운데
옷자락을 나부끼고 호올로 서면
운명처럼 반드시 '**나**'와 대면케 될지니
하여 '나'란 나의 생명이란
그 ㉣원시의 본연한 자태를 다시 배우지 못하거든
차라리 나는 어느 사구(沙丘)에 ㉤회한(悔恨) 없는 백골을
쪼이리라

　　　　　　　　　　　　　- 유치환, 「생명의 서·일장(一章)」-

* 허적: 아무것도 없이 적막함.

 제대로 풀어 보기!　　　　　　　　　　　❀ 정답 2쪽

★39　　　　　　　　　　　　　　　　　　　오답률 2위 ▶ 49.7%

(가)의 '**나**'와 ㉠~㉤의 관련성을 이해한 내용으로 적절하지 <u>않은</u> 것은?

① ㉠은 화자가 극복해야 할 자신의 모습을 빗대어 표현한 것으로, '**나**'와는 대비되는 표상이다.
② ㉡은 어떤 것도 존재하지 못하는 극한 상태로, 화자가 '**나**'와 대면할 수 있는 조건에 해당한다.
③ ㉢은 절대적 고독을 나타낸 것으로, 화자가 그 절대적 고독에서 벗어남으로써 '**나**'에 도달할 수 있음을 알려 준다.
④ ㉣은 생명이 본래적으로 존재하는 모습을 가리키는 것으로, '**나**'가 원시적 생명력을 지닌 존재임을 보여 준다.
⑤ ㉤은 죽음에 대한 화자의 태도를 드러내는 것으로, '**나**'를 통해 생명을 회복하려는 화자의 의지를 담아낸 표현이다.

29 ✎ What pattern is it?

[A], [B]에 대한 이해로 가장 적절한 것은?

① [A]는 '노래'와 '가사'의 융합이 가져온 결과를 보여 준 것이다.
② [A]는 '노래'와 '이야기'가 결합되었을 때 나타나는 단점을 설명한 것이다.
③ [B]는 시인의 '말'에 '이야기'가 직접 연결된 상황을 표현한 것이다.
④ [B]는 '노래'의 성격이 약화된 '말'에 '노래'가 주는 감동을 불어넣는 상황을 보여 준 것이다.
⑤ [A]는 '이야기'의 도입이 지닌 한계를, [B]는 '노래'의 회복이 지닌 의의를 설명한 것이다.

2022학년도 9월 모의평가

(나)
　노래는 심장에, 이야기는 뇌수에 박힌다
　처용이 밤늦게 돌아와, 노래로써
　아내를 범한 귀신을 꿇어 엎드리게 했다지만
[A] ┌ 막상 목청을 떼어 내고 남은 가사는
　　└ 베개에 떨어뜨린 머리카락 하나 건드리지 못한다
　하지만 처용의 이야기는 살아남아
　새로운 노래와 풍속을 짓고 유전해 가리라

　정간보가 오선지로 바뀌고
　이제 아무도 시집에 악보를 그리지 않는다
[B] ┌ 노래하고 싶은 시인은 말 속에
　　└ 은밀히 심장의 박동을 골라 넣는다
　그러나 내 격정의 상처는 노래에 쉬이 덧나
　다스리는 처방은 이야기일 뿐
　이야기로 하필 시를 쓰며
　뇌수와 심장이 가장 긴밀히 결합되길 바란다.
　　　　　　　　　　- 최두석, 「노래와 이야기」 -

 제대로 풀어 보기!

✿ 정답 2쪽

★29　　　[오답률 5위 ▶ 41.0%]

[A], [B]에 대한 이해로 가장 적절한 것은?

① [A]는 '노래'와 '가사'의 융합이 가져온 결과를 보여 준 것이다.
② [A]는 '노래'와 '이야기'가 결합되었을 때 나타나는 단점을 설명한 것이다.
③ [B]는 시인의 '말'에 '이야기'가 직접 연결된 상황을 표현한 것이다.
④ [B]는 '노래'의 성격이 약화된 '말'에 '노래'가 주는 감동을 불어넣는 상황을 보여 준 것이다.
⑤ [A]는 '이야기'의 도입이 지닌 한계를, [B]는 '노래'의 회복이 지닌 의의를 설명한 것이다.

➥ 31번 문항에 생소한 시 읽기를 도와주는 <보기>느님이 있었다!

〈 보 기 〉
　(나)에서 화자는 '시'가 '노래'의 성격을 되찾아야 할 뿐만 아니라, 감정의 과잉으로 상처가 오히려 깊어지기도 하는 노래의 한계를 극복하기 위해 '이야기'가 요구된다는 점을 강조했다. (가)는 종가에 대한 화자의 경험을 이야기한 산문 형식의 시이고, (나)는 「종가」와 같은, 이야기가 두드러진 시를 짓는 까닭을 제시한 시론 성격의 시이다.

Self check

❶ **패턴 2: 정서 및 태도 파악하기** 문제는 시적 상황을 파악하는 것에서 시작한다. ⬚ Yes
❷ **패턴 3: 시어나 시구의 의미 및 기능 파악하기** 문제는 3人을 근거로 답한다. ⬚ Yes
❸ 시에서 만나는 **[A], [B], ㉠~㉤, ⓐ~ⓔ는 실시간으로 문제를 풀라**는 신호임을 안다. ⬚ Yes

잘되라고 주는 숙제 1

66 수업 시간에 다루지 않아. 배운 대로 적용 연습하면 되는 거야. 99

❀ 정답 25쪽

2014학년도 9월 모의평가 (A형)

[A]
상한 갈대라도 하늘 아래선
한 계절 넉넉히 흔들리거니
뿌리 깊으면야
밑둥 잘리어도 새순은 돋거니
충분히 흔들리자 상한 영혼이여
충분히 흔들리며 고통에게로 가자

[B]
뿌리 없이 흔들리는 부평초 잎이라도
물 고이면 꽃은 피거니
이 세상 어디서나 개울은 흐르고
이 세상 어디서나 등불은 켜지듯
가자 고통이여 살 맞대고 가자
외롭기로 작정하면 어딘들 못 가랴
가기로 목숨 걸면 지는 해가 문제랴

고통과 설움의 땅 훨훨 지나서
㉠뿌리 깊은 벌판에 서자
두 팔로 막아도 바람은 불듯
영원한 눈물이란 없느니라
영원한 비탄이란 없느니라
캄캄한 밤이라도 하늘 아래선
마주잡을 손 하나 오고 있거니
- 고정희, 「상한 영혼을 위하여」 -

(내가 결정하는 내비게이션)

32

[A]와 [B]에 대한 이해로 적절한 것은?

① [A]의 '밑둥'과 [B]의 '개울'은 실존적 위기감을 상징한다.
② [A]의 '한 계절'과 [B]의 '지는 해'는 극한 상황을 비유한다.
③ [A]의 '새순'과 [B]의 '등불'은 고난 극복의 가능성을 환기한다.
④ [A]와 [B]에는 모두 현실 부정의 비판적인 어조가 반복되고 있다.
⑤ [A]에서 [B]로 전개되면서 화자의 태도가 소극적으로 변화되고 있다.

사진 찍기로 세운 전략!

33

다음 학습 활동의 ⓐ~ⓔ에 들어갈 말로 적절하지 <u>않은</u> 것은? [3점]

⟨ 학습 활동 ⟩

활동 목표: 시에 쓰인 어구의 다양한 의미를 파악해 보자.
 활동 1: 시상을 고려하여 ㉠과 관련된 어구를 시에서 찾아 표에 넣어 보자.
 활동 2: 위의 어구들이 함축하고 있는 의미를 적어 보자.
 활동 3: 위 활동 결과를 바탕으로 ㉠의 다양한 시적 의미를 해석해 보자.

활동 1의 탐구 결과	활동 2의 탐구 결과	활동 3의 탐구 결과
갈대	흔들리는 존재	ⓐ
하늘	초월적인 공간	ⓑ
바람	막을 수 없음	ⓒ
밤	부정적인 상황	ⓓ
손	만남의 대상	ⓔ

① ⓐ: 1연의 '갈대'처럼 흔들리는 존재도 뿌리를 내릴 수 있음을 보면, ㉠은 굳건한 삶의
  공간이 될 수 있음을 뜻하겠군.
② ⓑ: 1연과 3연에서 '하늘'의 아래를 반복하여 표현한 것을 보면, ㉠은 초월적인 공간
  에 대응되는 현실적인 공간을 뜻하겠군.
③ ⓒ: 3연에서 '바람'은 막을 수 없다고 한 것을 보면, ㉠은 영원한 운명의 구속을 벗어
  날 수 없는 공간을 뜻하겠군.
④ ⓓ: 3연에서 '밤'이라는 부정적인 상황이 닥쳐오는 것을 보면, ㉠은 피할 수 없는 시련
  에 맞서야 하는 공간을 뜻하겠군.
⑤ ⓔ: 3연에서 '손'과의 만남을 기대하고 있는 것을 보면, ㉠은 희망이 예비된 공간을 뜻
  하겠군.

잘되라고 주는 **숙**제 2   66 수업 시간에 다루지 않아. 배운 대로 적용 연습하면 되는 거야. 99   ❀ 정답 25쪽

2014학년도 대학수학능력시험 (A형)

가야 할 때가 언제인가를
㉠분명히 알고 가는 이의
뒷모습은 얼마나 아름다운가.

봄 한철
㉡격정을 인내한
나의 사랑은 지고 있다.

분분한 낙화……
결별이 이룩하는 축복에 싸여
지금은 가야 할 때,

㉢무성한 녹음과 그리고
㉣머지않아 열매 맺는
가을을 향하여

나의 청춘은 꽃답게 죽는다.

헤어지자
섬세한 손길을 흔들며
하롱하롱 꽃잎이 지는 어느 날

나의 사랑, 나의 결별,
㉤샘터에 물 고이듯 성숙하는
내 영혼의 슬픈 눈.

— 이형기, 「낙화」 —

(내가 결정하는 내비게이션)

32

㉠~㉤에 대한 이해로 가장 적절한 것은?

① ㉠은 이별에 직면한 화자가 겪고 있는 내적인 방황을 드러내고 있다.

② ㉡은 이별을 감내하면서도 지나간 사랑에 연연해하고 있는 화자의 회한을 드러내고 있다.

③ ㉢은 이별의 고통으로 인하여 삶의 목표를 상실하고 번민에 가득 차 있는 화자의 상황을 표현하고 있다.

④ ㉣은 이별의 경험이 내적 충만으로 이어지리라는 화자의 기대감을 계절의 의미에 빗대어 표현하고 있다.

⑤ ㉤은 이별로 인한 상실감을 잊고 과거의 삶으로 회귀하는 화자의 태도를 표현하고 있다.

사진 찍기로 세운 전략!

33

〈보기〉를 참고하여 윗글을 감상한 내용으로 적절하지 <u>않은</u> 것은?

> 〈 보 기 〉
> 「낙화」는 인간사의 이별을 꽃의 떨어짐에 비유함으로써 청춘기 자아의 성장 과정을 상징적으로 보여 준다. 자아는 세계와의 관계 속에서 성장의 가능성을 발견한다. 이 과정에서 자아는 시련에 부딪혀 자신이 갖고 있던 정체성의 변화를 겪게 되고, 그러한 변화를 인정하고 수용하면서 새로운 자아상을 확립해 나가게 된다.

① 제1연과 제3연의 '가야 할 때'는 이전과는 달라진 상황을 인식한 때라는 점에서, 새로운 자아의 모습을 찾게 되는 계기라고 할 수 있군.

② 제2연의 '봄 한철'과 제5연의 '꽃답게 죽는다'는 청춘기의 열정을 비유하고 있다는 점에서, 시련에 부딪혀 열정을 잃어 가는 자아의 모습을 보여 준다고 할 수 있군.

③ 제3연의 '결별이 이룩하는 축복에 싸여'는 이별의 결과에 대한 긍정적인 의미를 담고 있다는 점에서, 변화의 수용이 자아 성장의 과정으로 이어질 수 있음을 알 수 있군.

④ 제6연의 '헤어지자 / 섬세한 손길을 흔들며'는 이별을 수용하는 모습을 표현하고 있다는 점에서, 세계와의 관계가 변화되었음을 인정하려는 자아의 태도를 보여 준다고 할 수 있군.

⑤ 제7연의 '내 영혼의 슬픈 눈'은 화자가 자신을 성찰하고 있음을 보여 준다는 점에서, 시련을 통해 새로워지는 자아상을 확립해 나가는 것임을 알 수 있군.

사진 찍기로 세운 전략!

잘되라고 주는 숙제 3

"수업 시간에 다루지 않아. 배운 대로 적용 연습하면 되는 거야."

정답 26쪽

2020학년도 9월 모의평가

(가)

㉠<u>홍진(紅塵)에 뭇친 분네 이내 생애 엇더ᄒᆞ고</u>
녯사ᄅᆞᆷ 풍류ᄅᆞᆯ 미ᄎᆞᆯ가 ᄆᆞᆺ 미ᄎᆞᆯ가
천지간 남자 몸이 날만 ᄒᆞᆫ이 하건마ᄂᆞᆫ
산림에 뭇쳐 이셔 지락(至樂)을 ᄆᆞᄅᆞᆯ 것가
수간모옥(數間茅屋)을 벽계수(碧溪水) 앎픠 두고
송죽 울울리*예 풍월주인 되여셔라
엇그제 겨을 지나 새봄이 도라오니
도화행화(桃花杏花)ᄂᆞᆫ 석양리(夕陽裏)예 퓌여 잇고
녹양방초(綠楊芳草)ᄂᆞᆫ 세우(細雨) 중에 프르도다
칼로 ᄆᆞᆯ아 낸가 붓으로 그려 낸가
조화신공(造化神功)이 물물마다 헌ᄉᆞ롭다
수풀에 우ᄂᆞᆫ 새ᄂᆞᆫ 춘기(春氣)ᄅᆞᆯ ᄆᆞᆺ내 계워 소ᄅᆡ마다 교태로다
물아일체(物我一體)어니 흥이ᄋᆡ 다ᄅᆞᆯ소냐
시비예 거러 보고 정자애 안자 보니
소요음영*ᄒᆞ야 산일(山日)이 적적ᄒᆞᆫᄃᆡ
한중진미(閒中眞味)ᄅᆞᆯ 알 니 업시 호재로다
㉡<u>이바 니웃드라 산수 구경 가쟈스라</u>
답청(踏靑)으란 오ᄂᆞᆯ ᄒᆞ고 욕기(浴沂)란 내일 ᄒᆞ새
아ᄎᆞᆷ에 채산(採山)ᄒᆞ고 나조ᄒᆡ 조수(釣水)ᄒᆞ새
ᄀᆞᆺ 괴여 닉은 술을 갈건(葛巾)으로 밧타 노코
곳나모 가지 것거 수 노코 먹으리라
화풍(和風)이 건ᄃᆞᆺ 부러 녹수(綠水)ᄅᆞᆯ 건너오니
청향(淸香)은 잔에 지고 낙홍(落紅)은 옷새 진다
㉢<u>준중(樽中)이 뷔엿거ᄃᆞᆫ 날ᄃᆞ려 알외여라</u>
소동 아ᄒᆡᄃᆞ려 주가에 술을 믈어
얼운은 막대 집고 아ᄒᆡᄂᆞᆫ 술을 메고
미음완보(微吟緩步)ᄒᆞ야 시냇ᄀᆞ의 호자 안자
명사(明沙) 조ᄒᆞᆫ 믈에 잔 시어 부어 들고
청류(淸流)ᄅᆞᆯ 굽어보니 ᄯᅥ오ᄂᆞ니 도화(桃花)ㅣ로다
무릉이 갓갑도다 져 ᄆᆡ이 긘 거인고

- 정극인, 「상춘곡」 -

* 울울리: 빽빽하게 우거진 속.
* 소요음영: 자유로이 천천히 걸으며 시를 읊조림.

(나)

고산구곡담(高山九曲潭)을 사ᄅᆞᆷ이 모로더니
주모복거(誅茅卜居)ᄒᆞ니 **벗님**ᄂᆡ 다 오신다
어즈버 무이를 상상ᄒᆞ고 **학주자(學朱子)**를 ᄒᆞ리라
〈1수〉

일곡은 어ᄃᆡᄆᆡ오 관암에 ᄒᆡ 비쵠다
평무(平蕪)에 ᄂᆡ 거드니 원산(遠山)이 그림이로다
송간(松間)에 녹준*을 노코 벗 오ᄂᆞᆫ 양 보노라
〈2수〉

이곡은 어ᄃᆡᄆᆡ오 화암에 춘만(春晩)커다
벽파*에 곳을 ᄯᅴ워 야외로 보ᄂᆡ노라
㉣<u>사ᄅᆞᆷ이 승지(勝地)를 모로니 알게 ᄒᆞᆫ들 엇더리</u>
〈3수〉

오곡은 어ᄃᆡᄆᆡ오 **은병(隱屛)**이 보기 됴타
수변(水邊) 정사ᄂᆞᆫ 소쇄ᄒᆞᆷ*도 ᄀᆞ이 업다
이 중에 **강학(講學)**도 ᄒᆞ려니와 **영월음풍**ᄒᆞ리라
〈6수〉

칠곡은 어ᄃᆡᄆᆡ오 풍암에 추색(秋色) 됴타
청상(淸霜) 엷게 치니 절벽이 금수(錦繡)ㅣ로다
한암(寒巖)에 혼ᄌᆞ셔 안쟈 집을 잇고 잇노라
〈8수〉

구곡은 어ᄃᆡᄆᆡ오 문산에 세모(歲暮)커다
기암괴석이 **눈** 속에 무쳐세라
㉤<u>유인(遊人)은 오지 아니ᄒᆞ고 볼 것 업다 ᄒᆞ더라</u>
〈10수〉

- 이이, 「고산구곡가」 -

* 녹준: 술잔 또는 술동이.
* 벽파: 푸른 물결.
* 소쇄ᄒᆞᆷ: 기운이 맑고 깨끗함.

내가 결정하는 내비게이션

17

〈보기〉를 참고하여 ㉠~㉤을 설명한 내용으로 가장 적절한 것은?

> 〈 보 기 〉
>
> 조선 전기의 시조와 가사는 노래로 향유되며, 사대부들이 서로의 문화적 동질성을 확인하는 데 활용되었다. 이러한 갈래적 특성으로 인해 사대부 시가에는 대화 상황이 연상되는 여러 표현으로 공감을 유도하는 방식이 관습화되었다.

① ㉠에서는 청자와 화자가 서로 동질적인 삶을 살고 있음을 질문하기를 통해 확인하고 있다.

② ㉡에서는 청자를 불러들여 함께했던 지난날의 경험을 상기시키며 동질성 회복을 권유하고 있다.

③ ㉢에서는 화자가 상대의 부탁을 수용하며 자신과 뜻을 같이할 것을 청자에게 명령하고 있다.

④ ㉣에서는 사람들을 일깨우려는 화자의 생각을 청자에게 묻는 방식으로 제시해 공감을 유도하고 있다.

⑤ ㉤에서는 눈으로 확인한 사실만을 믿어야 한다고 주장하는 이의 말을 청자에게 전하며 조언을 구하고 있다.

18

(가)에 대한 감상으로 적절하지 <u>않은</u> 것은?

① 자신의 삶을 옛사람과 비교하며 스스로를 풍월주인이라 여기는 데에서 화자의 자부심이 드러나는군.

② 붓으로 그린 듯한 숲속에서 봄의 흥을 노래하는 새를 바라보는 데에서 새에 대한 화자의 부러움이 드러나는군.

③ 오늘과 내일, 아침과 저녁에 할 일들을 나열하는 데에서 하고 싶은 일에 대한 화자의 기대감이 드러나는군.

④ 맑은 향이 담긴 술잔과 옷에 떨어지는 꽃잎을 주목하는 데에서 자연과 화자의 일체감이 드러나는군.

⑤ 시냇물에 떠내려오는 도화를 보며 이상향을 연상하는 데에서 화자의 고조되는 감흥이 드러나는군.

20

〈보기〉를 활용하여 (나)를 탐구한 내용으로 적절하지 <u>않은</u> 것은? [3점]

> 〈 보 기 〉
>
> 이이의 생애를 기록한 연보에는, 그가 고산구곡에 정사를 건립한 일이 주자가 무이구곡의 은병에서 후학을 양성한 것을 본받았다는 점과 「고산구곡가」의 창작 이후 이곳을 찾는 이들이 더 많아졌다는 사실이 기록되어 있다. 한편 그가 고산구곡의 곳곳에서 지인들과 교유한 경험을 소개한 「송애기」에는 욕심 없는 마음으로 자연과 인간이 별개가 아님을 느끼고, 자연으로부터 마음을 바르게 하는 도리를 찾으면 군자의 참된 즐거움을 누릴 수 있다는 그의 생각이 나타나 있다.

① 고산구곡에서의 생활에 대한 「송애기」의 기록을 참고할 때, 고산구곡이 작자와 '벗님'들의 교유 장소로도 활용되었음을 추리할 수 있겠군.

② 작품 창작 이후와 관련한 연보의 기록을 참고할 때, '학주자'를 하려는 작자의 선택에 대한 사람들의 긍정적 반응을 추측할 수 있겠군.

③ 정사에 대한 연보의 기록을 참고할 때, '은병'이 주자를 학문적으로 계승하기 위해 선택된 공간이기도 했음을 짐작할 수 있겠군.

④ 참된 즐거움과 관련한 「송애기」의 기록을 참고할 때, '강학'과 '영월음풍'이 모순 없이 서로 어울릴 수 있는 행위임을 유추할 수 있겠군.

⑤ 자연의 감상에 대한 「송애기」의 기록을 참고할 때, 바위를 덮은 '눈'에서 자연과 합일을 이루려는 인간의 의지를 엿볼 수 있겠군.

11 Day

시, 문제 패턴 4, 5

이제 시에 대한 부담감의 크기가 좀 작아졌을까?
시를 만났을 때
시인은 이 시를 통해 무엇을 표현하고 싶었던 것일까,
출제자는 이 시를 통해 무엇을 묻고 싶었던 것일까를 생각해 보자.
부담감은 작게, 나에 대한 믿음은 크게!

 선생님, 이건 제 친구 얘기인데요~

 그냥 네 얘기라고 해도 돼.ㅋㅋ

아... 아니에요.ㅎㅎ 암튼 그 친구가요~
아직도 개념 정리를 안 했대요. 근데 지금 시간도 별로 없고
개념 정리를 하고 있을 때는 아닌 거 같아서요.
기출문제 많~~이 풀어 보면 되겠죠?

국어의 '개념'이 뭔데? 국어의 개념이라는 건, 처음 보는 시나 소설을 스스로 읽어 내는 방법을
말하는 거야. 우리는 개념을 쭉 공부해 오고 있는 거지. 근데 흔히들 국어의 개념을 '개념어'로
잘못 생각하고 있는 경우가 많아. 그런 개념어는 정리하는 데에 시간이 그렇게 오래 걸리지 않아.
그런데 그런 개념어가 중요한 문제 패턴이 있어.
 오늘 배울 두 개의 패턴! 그러니까 자꾸 맘에 걸려 하지 말고, 그냥 필요할 때 바로 정리해~

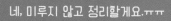 네, 미루지 않고 정리할게요.ㅠㅠ

 네 얘기 맞네ㅎㅎㅎ 힘내!

①
2025학년도 수능에
출제될 문학 문제 패턴을 두 개를 더 안다.
(1+2+2)

②
아직도 흔들리는 **개념 정리?**
이제 더 미룰 **시간도 없다.**

시 파트의 문제 패턴을 공부하는 마지막 시간이야. 금방이지?

처음 보게 될 시에 대한, 국어 시험에 대한 두려움이 커서 그렇지,

막상 수능 시 세트는 세상 큰~~~~~~~~일 날 만큼 어려운 게 아니야. 자신감을 가지라고.

오늘은 어찌 보면 시 세트에서 가장 기본적이고도 쉽다고(?) 볼 수 있는 패턴 두 개를 더 볼 거야.

이 두 개 패턴도 서로 겹치기도 해.

아, 지난 시간까지 배웠던 시 패턴 문제들 복습부터 해야지! 뭐였더라?

패턴 1 〈☐☐☐〉을/를 참고한 작품 감상

패턴 2 ☐☐ 및 ☐☐ 파악하기

패턴 3 시어나 시구의 ☐☐ 및 ☐☐ 파악하기

여기에 오늘 패턴 두 개 더 추가요~!

이젠 정말 예습하라고 할 잔소리도 읎다!
지금 너희는 각자 어디에서 무엇을 하고 있을까?
선생님은 하루가 다음 하루로 넘어가려는 이 시간 스터디 카페에 앉아 있는데.
너무 늦은 시간인데, 무섭지 않냐고?
아니, 여긴 공부하는 사람들이 나 말고도 많이 있어.

얘들아, 세상엔 수능을 공부하는 고딩이 아니라도 이 시간까지 깨어서 자신의 꿈을 위해
노력하는 사람이 참 많다.
너희도 이 시간에 나와 같은 마음으로 노력하고 있기를.
나도 너희의 꿈을 응원하느라 고생이 참 많다. ㅎㅎ
근데 너, 지금 자고 있는 거 아니지! 지금 11시 11분인데, 아직 12시 안 됐는데~ ㅎㅎ
힘내! 시의 마지막 패턴, 챙기자!

| TODAY's 목표 확인 | 너의 예습 Time! | 국어 성적 갱생 포인트 공개 | Show me the 시범~ |

시 영역에서 꼭 나오는 문제 패턴과 접근법 ▶▶▶ 개념 정리는 필수다!

패턴 4

"표현법과
그 효과까지
알고 있는지
물어봐야 해."
일명
표현상의 특징
파악하기

✓ ☐☐ 정리가 반드시 되어 있어야 하는 문제 유형!

✓ 학습한 표현법(개념)을 지문에 ☐☐ 할 수 있어야 한다.

예 '어? 여기에 감정 이입!'

✓ 지문에서 확인한 표현법을 ☐☐ 에서 확인할 수 있어야 한다.

예 ③ 자연물에 화자의 정서를 투영하여 시적 상황을 드러내고 있다.
'이거, 감정 이입의 변신 모드네!'

패턴 5

"두 시를 조합해서
함께 감상할 수
있는지 물어보자."
일명
공통점과 차이점
파악하기

✓ 공통점의 기준은 대체로 시적 화자의 ☐☐ 혹은 ☐☐ (이)거나 표현상의 특징 및 ☐☐ 이다.

✓ 공통점이라고 생각하니까 복잡하고 어려운 것! (가)와 (나) 중 더 만만해 보이는 시를 고른다.
✓ 한 개의 작품을 기준으로 선지의 내용을 확인하고 지워 나간다. 운 좋으면 한 작품으로도 답 나온다!
✓ '~와 달리'라는 표현에 주의한다.
✓ 새로운 작품이 〈보기〉 안에 제시될 때가 있다.(짧은 시조 같은!)
당황하지 말고, 지문에 (다) 한 개 더 추가됐다고 생각하자!

★을 백만 개는 줘야 하는 꿀팁!

이 패턴 문제의 선지는 대부분 〈전반부+후반부〉의 구성으로 이루어져 있다.

⇒ [표현법] + [정서/태도 or 효과]
①➔③➔②

1단계, 이런 표현법이 쓰였는지.
2단계, 이런 정서 혹은 태도가 드러나는지,
이런 효과가 드러나는지.
3단계, 정말 이런 표현법을 통해 드러나는 결과인지.

그럼 이제 개념의 집합체인 다음 두 패턴의 문제들에 집중해서 연습해 보자.

패턴 4 표현상의 특징 파악하기

패턴 5 공통점과 차이점 파악하기

14 🖊 What pattern is it?

(가)와 (나)에 공통된 표현상의 특징으로 가장 적절한 것은?

① 시어의 대비를 통해 주제를 부각하고 있다.
② 시어를 반복하여 대상의 본질을 강조하고 있다.
③ 반어적 표현으로 공간의 가치를 드러내고 있다.
④ 색채어를 활용하여 시의 분위기를 조성하고 있다.
⑤ 자연과 인간사의 대비를 통해 정서를 심화하고 있다.

16 🖊 What pattern is it?

〈보기〉를 참고로 (나)의 시상 전개에 대해 나눈 학생들의 의견으로 적절하지 <u>않은</u> 것은? [3점]

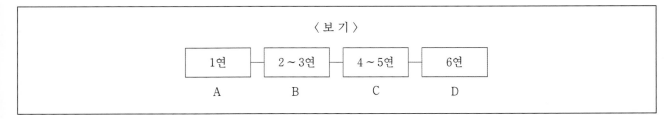

〈 보 기 〉

1연	2~3연	4~5연	6연
A	B	C	D

① A에서 확인되는 고난과 그로 인한 화자의 괴로움은 B의 2연에서 구체적 상황에 빗대어 표현되고 있어.
② B의 혼자라는 인식은 D에 나타난 화자의 다짐에 영향을 끼치고 있어.
③ A에서의 감상적인 태도를 C의 4연에서 벗어나면서 화자는 과거 청산의 노력을 보이고 있어.
④ C는 B와 시간적으로 역전 배치되어 화자의 현재 상황을 강조하고 있어.
⑤ D는 B와 C의 과정을 거쳐야 이루어질 수 있는 상황이라고 할 수 있어.

2009학년도 4월 학력평가

(가)

무너지는 꽃이파리처럼
휘날려 발 아래 깔리는
서른 나문 해야

구름같이 피려던 뜻은 날로 굳어
한 금 두 금 곱다랗게 감기는 연륜(年輪)

갈매기처럼 꼬리 떨며
산호(珊瑚) 핀 바다 바다에 나려앉은 섬으로 가자

비취빛 하늘 아래 피는 꽃은 맑기도 하리라
무너질 적에는 눈빛 파도에 적시우리

초라한 경력을 육지에 막은 다음
주름 잡히는 연륜(年輪)마저 끊어 버리고
나도 또한 불꽃처럼 열렬히 살리라

　　　　　　　　　- 김기림, 「연륜(年輪)」 -

(나)

차운 물보라가
이마를 적실 때마다
나는 소년처럼 울음을 참았다.

길길이 부서지는 파도 사이로
걷잡을 수 없이 나의 해로(海路)가 일렁일지라도

나는 홀로이니라,
나는 바다와 더불어 홀로이니라.

일었다간 스러지는 감상(感傷)의 물거품으로
자폭(自暴)의 잔(盞)을 채우던 옛날은
이제 아득히 띄워 보내고,

왼몸을 내어맡긴 천인(千仞)*의 깊이 위에
나는 꽃처럼 황홀한 순간을 마련했으니

슬픔이 설사 또한 바다만 하기로
나는 뉘우치지 않을
나의 하늘을 꿈꾸노라.

　　　　　　　　　- 김종길, 「바다에서」 -

* 천인: 천 길이라는 뜻으로, 매우 높거나 깊음을 이르는 말.

 제대로 풀어 보기!

◆ 정답 2쪽

★14　　　오답률 5위 ▶ 62.0%

(가)와 (나)에 공통된 표현상의 특징으로 가장 적절한 것은?

① 시어의 대비를 통해 주제를 부각하고 있다. `38%`
② 시어를 반복하여 대상의 본질을 강조하고 있다. `7%`
③ 반어적 표현으로 공간의 가치를 드러내고 있다. `4%`
④ 색채어를 활용하여 시의 분위기를 조성하고 있다. `8%`
⑤ 자연과 인간사의 대비를 통해 정서를 심화하고 있다. `41%`

★16　　　오답률 ▶ 42.0%

〈보기〉를 참고로 (나)의 시상 전개에 대해 나눈 학생들의 의견으로 적절하지 <u>않은</u> 것은? [3점]

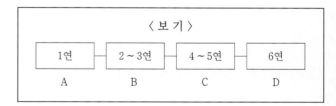

① A에서 확인되는 고난과 그로 인한 화자의 괴로움은 B의 2연에서 구체적 상황에 빗대어 표현되고 있어. `7%`
② B의 혼자라는 인식은 D에 나타난 화자의 다짐에 영향을 끼치고 있어. `18%`
③ A에서의 감상적인 태도를 C의 4연에서 벗어나면서 화자는 과거 청산의 노력을 보이고 있어. `9%`
④ C는 B와 시간적으로 역전 배치되어 화자의 현재 상황을 강조하고 있어. `58%`
⑤ D는 B와 C의 과정을 거쳐야 이루어질 수 있는 상황이라고 할 수 있어. `6%`

그럼 이번에는 고전 시가 작품들로도 연습해 볼까?

개념은 현대시, 고전 시가 할 것 없이 공유된다는 것, 알지?

23   ✎ What pattern is it?

(가)와 (나)의 표현상의 특징으로 적절하지 <u>않은</u> 것은?

① (가)는 묻고 답하는 방식을 통해 시적 의미를 부각하고 있다.
② (나)는 공간의 이동에 따라 시상을 전개하고 있다.
③ (나)는 과장적 표현을 통해 주관적 인식을 드러내고 있다.
④ (가)와 (나)는 모두 음보율을 사용하여 운율감을 드러내고 있다.
⑤ (가)와 (나)는 모두 음성 상징어를 활용하여 대상을 생동감 있게 묘사하고 있다.

25   ✎ What pattern is it?

(나)의 화자의 심리를 이해한 내용으로 가장 적절한 것은?

① 밤중에 짐승들의 울음소리를 듣고 불안감을 느꼈군.
② 걸어가는 길이 평탄해서 먼 산을 바라보며 즐거워했군.
③ 인가에 머무르지 못해 야외에서 잠자리를 찾으며 탄식했군.
④ 하늘의 별을 바라보며 부재하는 임에 대한 그리움을 느꼈군.
⑤ 높은 산들로 시야가 차단되어 바다를 보지 못하게 되자 아쉬워했군.

2020학년도 10월 학력평가

(가)

솔 아래 길을 내고 못 위에 대를 싸니
풍월(風月) 연하(煙霞)는 좌우로 오는고야
이 사이 한가히 앉아 늙는 줄을 모르리라

〈제3수〉

집 뒤에 자차리 뜯고 문 앞에 맑은 샘 길어
기장밥 익게 짓고 산채갱* 므로* 삶아
조석에 풍미가 족함도 내 분인가 하노라

〈제5수〉

늙어 해 올 일 없어 산중에 돌아오니
송국(松菊) 원학(猿鶴)이 다 나를 반기나다
아이야 술 가득 부어라 낙이망우(樂而忘憂)하리라

〈제10수〉

도원이 있다 하여도 예 듣고 못 봤더니
홍하*이 만동(滿洞)하니 이 진짓 거기로다
이 몸이 또 어떠하뇨 무릉인인가 하노라

〈제14수〉
- 김득연, 「산중잡곡」 -

* 산채갱: 산나물로 만든 국.
* 므로: 푹.
* 홍하: 붉은 노을.

(나)

별이(別異)실 외딴 마을 해는 어이 쉬 넘거니
봉당(封堂)에 자리 보아 더새고* 가자꾸나
밤중(中)만 사립 밖에 긴 바람 일어나며
새끼 곰 큰 호랑(虎狼)이 목 갈아 우는 소리
산골에 울려 있어 기염(氣焰)도 흘난할샤*
칼 빼어 곁에 놓고 이 밤을 겨우 새워
앞내에 빠진 옷을 쥡짜서 손에 쥐고
긴 별로(別路) 돌아 달려가 벌불에 쬐어 입고
진(秦) 때의 숨은 백성 이제 와 보게 되면
도원이 여기보다 낫단 말 못 하려니
천변(天邊)의 가려진 뫼 대관령이었으니
위태코 높은 고개 촉도난*이 이렇던가
하늘에 돋은 별을 져기면 만질노다
망망대양이 그 앞에 둘러 있어
대지 산악을 일야의 흔드는 듯
밑 없는 큰 구렁에 한없이 쌓인 물이
만고에 한결같이 영축*이 있었던가

- 권섭, 「영삼별곡」 -

* 더새고: 밤을 지내고.
* 기염도 흘난할샤: 기세가 어지럽구나.
* 촉도난: 촉나라로 가는 험한 길의 어려움.
* 영축: 가득 차는 것과 줄어드는 것.

 제대로 풀어 보기!

✿ 정답 2쪽

★23 | 오답률 ▶ 45.3% |

(가)와 (나)의 표현상의 특징으로 적절하지 **않은** 것은?

① (가)는 묻고 답하는 방식을 통해 시적 의미를 부각하고 있다. `28.9%`
② (나)는 공간의 이동에 따라 시상을 전개하고 있다. `3.8%`
③ (나)는 과장적 표현을 통해 주관적 인식을 드러내고 있다. `5.2%`
④ (가)와 (나)는 모두 음보율을 사용하여 운율감을 드러내고 있다. `7.4%`
⑤ (가)와 (나)는 모두 음성 상징어를 활용하여 대상을 생동감 있게 묘사하고 있다. `54.7%`

25

(나)의 화자의 심리를 이해한 내용으로 가장 적절한 것은?

① 밤중에 짐승들의 울음소리를 듣고 불안감을 느꼈군.
② 걸어가는 길이 평탄해서 먼 산을 바라보며 즐거워했군.
③ 인가에 머무르지 못해 야외에서 잠자리를 찾으며 탄식했군.
④ 하늘의 별을 바라보며 부재하는 임에 대한 그리움을 느꼈군.
⑤ 높은 산들로 시야가 차단되어 바다를 보지 못하게 되자 아쉬워했군.

Self check

❶ **패턴 4: 표현상의 특징 파악하기** 패턴을 반복해서 틀린다면 개념 정리의 완성도를 점검한다. ☐ Yes
❷ **패턴 5: 공통점과 차이점 파악하기** 패턴은 한 작품을 기준으로 선지들을 먼저 파악해 낸다. ☐ Yes
❸ **고전 시가**와 **현대시**를 지문으로 출제되는 **문제 패턴별 접근법**을 완벽하게 **체화**한다. ☐ Yes

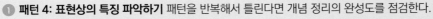

잘되라고 주는 **숙**제 1   66 수업 시간에 다루지 않아. 배운 대로 적용 연습하면 되는 거야. 99   ✽ 정답 27쪽

2015학년도 6월 모의평가 (A형)

[A] ┌ 너무도 여러 겹의 마음을 가진
그 복숭아나무 곁으로
└ 나는 왠지 가까이 가고 싶지 않았습니다

[B] ┌ 흰꽃과 분홍꽃을 나란히 피우고 서 있는 그 나무는 아마
사람이 앉지 못할 그늘을 가졌을 거라고
└ 멀리로 멀리로만 지나쳤을 뿐입니다

[C] ┌ 흰꽃과 분홍꽃 사이에 수천의 빛깔이 있다는 것을
나는 그 나무를 보고 멀리서 알았습니다
└ 눈부셔 눈부셔 알았습니다

[D] ┌ 피우고 싶은 꽃빛이 너무 많은 그 나무는
그래서 외로웠을 것이지만 외로운 줄도 몰랐을 것입니다
└ 그 여러 겹의 마음을 읽는 데 참 오래 걸렸습니다

[E] ┌ 흩어진 꽃잎들 어디 먼 데 닿았을 무렵
조금은 심심한 얼굴을 하고 있는 그 복숭아나무 그늘에서
└ 가만히 들었습니다 저녁이 오는 소리를

                - 나희덕, 「그 복숭아나무 곁으로」 -

> 내가 결정하는 내비게이션

31

윗글의 특징으로 가장 적절한 것은?

① 경어체를 사용하여 웅장한 분위기를 자아내고 있다.
② 지시어를 반복하여 중심 소재로 초점을 모으고 있다.
③ 도치된 문장으로 마무리하여 상황의 긴박성을 강조하고 있다.
④ 의인법을 사용하여 현실에 대한 비판적 관점을 나타내고 있다.
⑤ 색채어를 활용하여 신화적 세계에 대한 동경을 드러내고 있다.

> 사진 찍기로 세운 전략! ✏

32

[A]~[E]에 대한 이해로 적절하지 않은 것은?

① [A]는 대상에 대한 태도가 드러나며 시상이 촉발되는 부분으로, 그중 '너무도 여러 겹의 마음'은 화자가 대상에 대해 거리감을 가지게 되는 이유를 나타낸다.
② [B]는 대상에 대한 감정이 행동으로 구체화되는 부분으로, 그중 '멀리로 멀리로만'은 화자가 대상을 피하고 있음을 강조한다.
③ [C]는 대상에 대한 인식이 전환되는 부분으로, 그중 '눈부셔 눈부셔'는 화자가 깨달음을 얻는 과정에서 '수천의 빛깔'을 발견하는 순간을 강조한다.
④ [D]는 대상에 대한 새로운 이해가 나타나는 부분으로, 그중 '피우고 싶은 꽃빛'은 화자가 외로움을 이겨 낸 상황을 나타낸다.
⑤ [E]는 대상에 대한 깨달음 이후의 상황이 나타나는 부분으로, 그중 '조금은 심심한 얼굴'은 화자가 가까이에서 발견한 대상의 또 다른 모습을 나타낸다.

잘되라고 주는 **숙제 2**　　66 수업 시간에 다루지 않아. 배운 대로 적용 연습하면 되는 거야. 99　　✿ 정답 27쪽

2016학년도 대학수학능력시험 (B형)

(가)
어와 **동량재(棟梁材)**롤 뎌리 ᄒ야 어이 홀고
헐쓰더 **기운 집**의 **의논(議論)**도 하도 할샤
못 목수 **고자(庫子) 자**ˇ 들고 허둥대다 말려ᄂ다
- 정철 -

* 동량재: 건축물의 마룻대와 들보로 쓸 만한 재목.
* 고자 자: 창고지기가 쓰는 작은 자.

(나)
바깥 별감ˇ 많이 있어 ㉠**바깥 마름 달화주**ˇ도
제 소임 다 바리고 몸 ᄉ릴 ᄲᅮᆫ이로다
비 시여 셔근 집을 뉘라셔 곳쳐 이며
옷 버서 문허진 담 뉘라셔 곳쳐 쓸고
㉡**불한당 구멍 도적** 아니 멀니 단이거든
화살 춘 수하상직(誰何上直)ˇ 뉘라셔 힘써 홀고
큰나큰 **기운 집**의 마누라ˇ 혼자 안자
명령을 뉘 드르며 **논의**를 눌라 홀고
낫 시름 밤 근심 혼자 맛다 계시거니

옥 ᄀᆞᆺ튼 얼굴리 편ᄒ실 적 몇 날이리
이 집 이리 되기 뉘 타시라 홀셔이고
혬 업는 종의 일은 뭇도 아니 ᄒ려니와
도로혀 혜여ᄒ니 마누라 타시로다
㉢**니 주인** 외다 ᄒ기 종의 죄 만컨마는
그라타 세상 보려 민망ᄒ야 사뢰나이다
㉣**새끼 쏘기** 마르시고 내 말ᄉᆷ 드로쇼셔
집일을 곳치거든 종들을 휘오시고
종들을 휘오거든 ㉤**상벌**을 밝히시고
상벌을 밝히거든 **어른 종**을 미드쇼셔
진실노 이리 ᄒ시면 가도(家道) 졀노 닐니이다
- 이원익, 「고공답주인가(雇工答主人歌)」 -

* 별감: 사내 하인끼리 서로 존대하여 부르던 말.
* 달화주: 주인집 밖에서 생활하는 종들에게서 주인에게 내야 할 대가를 받아오는 일을 맡아보던 사람.
* 수하상직: "누구냐!" 하고 외치는 상직군.
* 마누라: 상전, 마님 등을 이르는 말.

> 내가 결정하는 내비게이션

＊40　　오답률 ▶ 44.4%

> 사진 찍기로 세운 전략!

(가), (나)의 표현 방식에 대한 설명으로 가장 적절한 것은?

① (가)와 달리 (나)에서는 연쇄와 반복을 통해 리듬감이 나타나고 있다.
② (나)와 달리 (가)에서는 설의적인 표현을 통해 안타까움의 정서가 강조되고 있다.
③ (나)와 달리 (가)에서는 직유의 방식을 통해 대상의 이미지가 선명하게 드러나고 있다.
④ (가), (나)에서는 모두 색채어를 통해 대상의 면모가 강조되고 있다.
⑤ (가), (나)에서는 모두 과거와 현재의 대비를 통해 시상의 전환이 이루어지고 있다.

41
⊙~⑩에 대한 이해로 적절하지 <u>않은</u> 것은?

① ⊙: 직분을 망각하여 화자에 의해 비판을 받고 있는 존재
② ⓒ: 가까운 곳에 있으며 화자에게 불안감을 주고 있는 세력
③ ⓒ: 잘못된 일을 고치도록 화자가 설득하고 있는 청자
④ ⓔ: 화자가 청자에게 당부하는 시급하고 중요한 행위
⑤ ⑩: 화자가 공정하고 엄중하게 시행되기를 바라고 있는 일

사진 찍기로 세운 전략!

★42
오답률 ▶ 37.2%

〈보기〉를 참고하여 (가), (나)를 감상한 내용으로 가장 적절한 것은? [3점]

〈 보 기 〉
유학 이념에서는 국가를 가족의 확장된 형태로 본다. 집안의 화목을 위해서
는 구성원들이 자기 역할에 충실해야 하듯, 국가의 안정적인 경영을 위해서는
군신(君臣)이 본분을 다해야 한다. 조선 시대 시가에서는 이러한 이념을 담아
국가를 집으로 표현하는 경우가 많다.

① (가)의 '동량재'와 (나)의 '어른 죵'은 모두 국가의 바람직한 경영을 위해 요구되는
중요한 요소를 뜻하겠군.
② (가)의 '기운 집'은 위태로운 상태에 놓인 국가를, (나)의 '기운 집'은 되돌릴 길 없
이 기울어 패망한 국가를 나타내겠군.
③ (가)의 '의논'과 (나)의 '논의'는 모두 국가 대사를 위해 임금과 신하가 합의하여 도
출해 낸 올바른 대책을 뜻하겠군.
④ (가)의 '뭇 목수'는 조정의 일에 무관심한 신하들을, (나)의 '혬 업는 죵'은 조정의
일에 지나치게 관여하는 신하를 나타내겠군.
⑤ (가)의 '고자 자'와 (나)의 '문허진 담'은 모두 외세의 침입에 협조하며 국익을 저버
리고 사익을 추구하는 마음을 뜻하겠군.

잘되라고 주는 **숙제 3** 『 수업 시간에 다루지 않아. 배운 대로 적용 연습하면 되는 거야. 』 ✿ 정답 28쪽

2021학년도 6월 모의평가

(가)

[A]
┌ 높으디높은 산마루
│ 낡은 고목(古木)에 못 박힌 듯 기대어
│ 내 홀로 긴 밤을
└ 무엇을 간구하며 울어 왔는가.

아아 이 아침
시들은 핏줄의 구비구비로
사늘한 가슴의 한복판까지
은은히 울려오는 종소리.
이제 눈감아도 오히려
꽃다운 하늘이거니
내 영혼의 촛불로
어둠 속에 나래 떨던 샛별아 숨으라.
환히 트이는 이마 우
떠오르는 햇살은
시월상달의 꿈과 같고나.
메마른 입술에 피가 돌아
오래 잊었던 피리의
가락을 더듬노니
새들 즐거이 구름 끝에 노래 부르고
사슴과 토끼는
한 포기 향기로운 싸릿순을 사양하라.

[B]
┌ 여기 높으디높은 산마루
│ 맑은 바람 속에 옷자락을 날리며
│ 내 홀로 서서
└ 무엇을 기다리며 노래하는가.
                    - 조지훈, 「산상(山上)의 노래」 -

(나)

꽃이 피었다,
도시가 나무에게
반어법을 가르친 것이다
이 도시의 이주민이 된 뒤부터
속마음을 곧이곧대로 드러낸다는 것이
얼마나 어리석은가를 나도 곧 깨닫게 되었지만
살아 있자, 악착같이 들뜬 뿌리라도 내리자
속마음을 감추는 대신
비트는 법을 익히게 된 서른 몇 이후부터
나무는 나의 스승
그가 견딜 수 없는 건
꽃향기 따라 나비와 벌이
붕붕거린다는 것,
내성이 생긴 이파리를
벌레들이 변함없이 아삭아삭
뜯어 먹는다는 것
도로변 시끄러운 가로등 곁에서 허구한 날
신경증과 불면증에 시달리며 피어나는 꽃
참을 수 없다 나무는, 알고 보면
치욕으로 푸르다
                    - 손택수, 「나무의 수사학 1」 -

내가 결정하는 내비게이션

22

(가)와 (나)에 대한 설명으로 가장 적절한 것은?

① (가)는 계절의 변화에 따라 달라지는 주변 풍경을, (나)는 공간의 이동에 따른 풍경 변화를 묘사하고 있다.

② (가)는 시각적 이미지를 통해 자연의 위대함을, (나)는 청각적 이미지를 통해 자연에 대한 두려움을 표현하고 있다.

③ (가)는 명령형 어조를 활용하여 대상의 행동을 유도하고, (나)는 단정적 진술을 활용하여 주제 의식을 드러내고 있다.

④ (가)와 (나)는 인격화된 사물을 청자로 하여 화자의 소망을 전달하고 있다.

⑤ (가)와 (나)는 도치된 표현을 활용하여 화자가 처한 부정적 현실에 대한 극복 의지를 강조하고 있다.

사진 찍기로 세운 전략!

23

[A]와 [B]를 이해한 내용으로 적절하지 않은 것은?

① [A]의 '높으디높은 산마루'에서 화자를 울게 한 문제는 [B]의 '여기 높으디높은 산마루'에서의 기다림의 대상이 아니다.

② [A]의 '못 박힌 듯' 기댄 자세는 과거의 고통을, [B]의 '옷자락을 날리며' 서 있는 자세는 미래에 대한 기대를 드러내고 있다.

③ [A]의 '긴 밤'에 담긴 부정적 상황은 '이 아침' 이후 [B]의 '맑은 바람'을 동반하는 새로운 상황으로 변화하고 있다.

④ [A]의 '무엇'이 [B]의 '무엇'으로 이행하는 과정에서 '나래 떨던 샛별'과 '향기로운 싸릿순'은 화자의 지향점으로 기능하고 있다.

⑤ [A]의 '간구'는 '사늘한 가슴'의 생명력 회복을 바라는 기원을, [B]의 '노래'는 '메마른 입술'에 생명력이 회복된 이후의 소망을 표출하고 있다.

24

〈보기〉를 바탕으로 (나)를 감상한 내용으로 적절하지 <u>않은</u> 것은? [3점]

〈 보 기 〉

「나무의 수사학 1」의 화자는 도심 속 가로수를 관찰하며 도시를 비판적으로 조망한다. 도시의 가로수는 나무의 푸름이나 아름다운 꽃조차도 도구적 가치에 의해서 평가된다. 화자는 삭막한 도시 환경에도 불구하고 고통을 참아 내며 꽃을 피우는 모습을 나무의 반어법으로 인식한다. 도시에 제대로 뿌리박지 못하면서도 도시 환경에 적응하여 꽃을 피우는 나무에서 치욕을 읽어 낸 것이다. 그것은 도시의 이주민인 화자가 나무에 대해 동질감을 느끼는 이유이기도 하다.

① '들뜬 뿌리'는 나무가 처한 상황에 대한 화자의 동질감을 반영하고 있군.
② '내성이 생긴 이파리'는 나무가 도시에 적응하면서 지니게 된 성질을 보여 주는군.
③ '시끄러운 가로등 곁'은 꽃을 피우며 참아 내야 할 삭막한 도시 환경을 드러내고 있군.
④ '신경증과 불면증'은 나무가 도시에 적응하기 위해 견뎌 내야 할 고통을 보여 주고 있군.
⑤ '치욕으로 푸르다'는 도구적 가치로 평가받아 그 환경에 적응하지 못하는 나무에 대한 비판적 표현이군.

운문, 정신과 시간의 방

문제와 나 둘이서 끝을 본다.
시간을 쌓아야 실력이 쌓이고 점수가 쌓인다.
한 문제 안에 녹아 있는 출제 요소들을
'아작' 낸다는 생각으로
정신과 시간의 방에 나 홀로.
고민하고 정리하고 이해하고 기억하자!
이 시간들이 전부
너의 실력이 되리니!

 어서 와~ 두 번째 정신과 시간의 방이야~. ^-^

기다리고 있었습니다. 여기 좋아요~. ㅎㅎ

 지문이랑 선지랑 셋이서 삼자대면 제대로!
모르는 건 설명을 들으면 된다는 생각은 버리고 끝까지 고민해 보는 거야.

네! 제대로 초사이어인이 되겠습니다~!

 패턴의 나비효과에 정신과 시간의 방 효과까지.
그럼 시작하자!

| TODAY's 목표 확인 | 너의 예습 Time! | ※들어가면 나오는 데 오래 걸림 주의, 정신과 시간의 방 |

①
8강부터 11강까지
배운 내용의 조각들을 모아
하나의 그림을 만들 수 있다.

②
기억하나? 3人,
문제 패턴 **1~5**

| TODAY's 목표 확인 | 너의 예습 Time! | ※들어가면 나오는 데 오래 걸림 주의, 정신과 시간의 방 |

너에게 TIP을 보낸다

✔ **절대론적 관점**으로 감상한다.

✔ **〈보기〉**는 감사하는 마음으로 지문보다 먼저 읽는다.

✔ 가장 **효율적인 순서**로 문제를 푼다.

✔ **제목**을 확인한다.

✔ **시도 줄거리**를 파악한다.

✔ **반복되는 것**에 주목한다. ▸▸▸ 시어, 문장 구조, 이미지

✔ **자연물**에 주목한다.

✔ **두 개**의 공간, 시간, 대상, 상황에 주목한다.

✔ **두 가지 상황이나 대상, 시간**을 연결하는 매개체에 주목한다.

✔ 상황에 대한 **화자의 인식 또는 태도**는 항상 드러나는 법이다.

✔ **선지**의 구성 = 표현상의 특징 + 효과(기능)

정신과 시간의 방에 들고 들어갈 첫 번째 시험지는 2010학년도 4월 학력평가!!

배운 내용들 죄다 적용해 가며 실전 연습 Go Go!

TODAY's 목표 확인 > 너의 예습 Time! > ※들어가면 나오는 데 오래 걸림 주의, 정신과 시간의 방

2010학년도 4월 학력평가

(가)

시를 믿고 어떻게 살아가나
서른 먹은 사내가 하나 잠을 못 잔다.
먼 기적 소리 처마를 스쳐 가고
잠들은 ㉠아내와 어린것의 베갯맡에
밤눈이 내려 쌓이나 보다.
무수한 손에 뺨을 얻어맞으며
항시 곤두박질해 온 생활의 노래
지나는 돌팔매에도 이제는 피곤하다.
먹고 산다는 것
너는 언제까지 나를 쫓아오느냐.
등불을 켜고 일어나 앉는다.
담배를 피워 문다.
쓸쓸한 것이 오장을 씻어 내린다.

노신 이여
이런 밤이면 그대가 생각난다.
온 세계가 눈물에 젖어 있는 밤
상해(上海) 호마로(胡馬路) 어느 뒷골목에서
쓸쓸히 앉아 지키던 등불
등불이 나에게 속삭인다.
여기 하나의 상심한 사람이 있다.
여기 하나의 굳세게 살아온 인생이 있다.

- 김광균, 「노신」 -

* 노신: 중국의 작가(1881~1936). 20세기 초, 개혁적 지식인으로 중국의 근대화에 지대한 영향을 미친 인물.

(나)

산 너머 고운 노을을 보려고
그네를 힘차게 차고 올라 발을 굴렀지
노을은 끝내 어둠에게 잡아먹혔지
나를 태우고 날아가던 그넷줄이
오랫동안 삐걱삐걱 떨고 있었어

어릴 때는 나비를 좇듯
ⓐ아름다움에 취해 **땅끝**을 찾아갔지
그건 아마도 끝이 아니었을지도 몰라
그러나 살면서 몇 번은 **땅끝**에 서게도 되지
파도가 끊임없이 **땅**을 먹어 들어오는 막바지에서
이렇게 **뒷걸음질**치면서 말야

살기 위해서는 이제
뒷걸음질만이 허락된 것이라고
파도가 아가리를 쳐들고 달려드는 곳
찾아 나선 것도 아니었지만

끝내 발 디디며 서 있는 **땅의 끝,**

그런데 이상하기도 하지
ⓑ위태로움 속에 아름다움이 스며 있다는 것이

땅끝은 늘 젖어 있다는 것이
그걸 보려고
또 몇 번은 여기에 이르리라는 것이

- 나희덕, 「땅끝」 -

* 땅끝: 우리나라의 최남단 전라남도 해남군 땅끝마을.

(다)

초경(初更)도 거읜대 긔 엇지 와 겨신고.
연년(年年)에 이러하기 구차(苟且)한 줄 알건마난
쇼 업산 궁가(窮家)애 혜염 만하 왓삽노라.
공하나 갑시나 주엄즉도 하다마난
다만 어제 밤의 거넨 집 저 사람이
목 불근 수기치(雉)를 옥지읍(玉脂泣)게 꾸어 내고
간 이근 삼해주(三亥酒)를 취(醉)토록 권(勸)하거든
ⓒ이러한 은혜(恩惠)를 어이 아니 갑흘넌고.
내일(來日)로 주마 하고 큰 언약(言約) 하야거든
실약(失約)이 미편(未便)하니 사설이 어려왜라.
실위(實爲) 그러하면 혈마 어이할고.
헌 먼덕 수기 스고 측 업슨 집신에 설피설피 물너오니
풍채(風彩) 저근 형용(形容)애 개 즈칠 뿐이로다.
ⓛ와실(蝸室)에 드러간들 잠이 와사 누어시랴.
북창(北窓)을 비겨 안자 새배랄 기다리니
무정(無情)한 대승(戴勝)은 이내 한(恨)을 도우다.
종조추창(終朝惆悵)하며 먼 들흘 바라보니
즐기는 농가(農歌)도 흥(興) 업서 들리나다.
세정(世情) 모란 한숨은 그칠 줄을 모라나다.
아까운 져 소뷔난 벗보님도 됴할셰고.
가시 엉권 묵은 밧도 용이(容易)케 갈련마는,
허당반벽(虛堂半壁)에 슬듸업시 걸려 고야.
춘경(春耕)도 거의거다. 후리쳐 던져 두쟈.
강호(江湖) 한 꿈을 꾸언 지도 오래러니
구복(口腹)이 위루(爲累)하야 어지버 이져떠다.
첨피기욱(瞻彼淇澳)혼대 녹죽(綠竹)도 하도 할샤.
ⓓ유비군자(有斐君子)들아 낙대 하나 빌려사라.
노화(蘆花) 깁픈 곳애 명월청풍(明月淸風) 벗이 되야,
님재 업산 풍월강산(風月江山)애 절로절로 늘그리라.
무심(無心)한 백구(白鷗)야 오라 하며 말라 하랴.
ⓔ다토리 업슬산 다문 인가 너기로라.

- 박인로, 「누항사」 -

* 수기치: 장끼(수꿩).
* 와실: 달팽이 집, 작고 누추한 집.
* 종조추창: 아침이 끝날 때까지 슬퍼함.
* 첨피기욱혼대: 저 물가를 바라보니.

★13

(가)~(다)의 공통점으로 가장 적절한 것은?

① 미래에 대한 화자의 확신이 나타나 있다.
② 화자가 회상의 방식으로 지난 삶을 반성하고 있다.
③ 화자가 특정한 경험을 통해 갈등을 해소하고 있다.
④ 시적 상황에 대한 화자의 인식 전환이 드러나 있다.
⑤ 화자는 현실에서 벗어나 새로운 이상 세계를 희구하고 있다.

★14

(가)와 (나)의 표현상의 공통점으로 적절한 것은?

① 청자와 대화하는 방식으로 화자의 생각을 표현한다.
② 계절적 이미지를 활용하여 심리 변화 양상을 드러낸다.
③ 영탄적 어조를 사용하여 화자의 감정을 직접 나타낸다.
④ 의문형 어미를 통하여 화자의 고조된 정서를 보여 준다.
⑤ 사물을 생명력 있는 대상으로 표현하여 시적 상황을 나타낸다.

15

㉠과 ㉡에 대한 설명으로 적절하지 않은 것은?

① ㉠은 가장(家長)으로서 책임감을 느끼게 하는 공간이다.
② ㉡은 자신의 처지에 대해 한탄하는 공간이다.
③ ㉠과 ㉡은 모두 현실에서 화자가 고뇌하고 있는 공간이다.
④ ㉠과 ㉡은 모두 지향하는 세계의 모습이 내재된 공간이다.
⑤ ㉠과 ㉡은 모두 자신의 삶에 대해 다시 생각해 보는 공간이다.

16

ⓐ~ⓔ 중, 노신 이 (가)의 화자에게 했음직한 말로 가장 적절한 것은?

① ⓐ　　　② ⓑ　　　③ ⓒ　　　④ ⓓ　　　⑤ ⓔ

★17

사진 찍기로 세운 전략! ✏️

(나)에 대한 설명으로 적절하지 <u>않은</u> 것은?

① 1연에서 '그네'의 상승과 하강의 이미지의 활용은 삶의 순환성을 보여 준다.

② 2연의 '어릴 때는'과 3연의 '이제'는 서로 대비되어 시간의 변화에 따른 화자의 상황이 부각되고 있다.

③ 2연에서 살면서 서게 되는 '땅끝'은 '파도'와 '땅'의 관계를 통해 화자가 처한 현실의 의미를 보여 준다.

④ 2~3연에서 '뒷걸음질'의 반복으로 화자의 절박함이 강조된다.

⑤ 4연의 '그런데'는 '땅의 끝'과 '땅끝'에 주목하게 하여 대상에 대한 화자의 내면을 드러낸다.

★18

〈보기〉를 바탕으로 (다)를 감상한 내용이 적절하지 <u>않은</u> 것은? [3점]

> 〈 보 기 〉
>
> 이 작품은 당시 일상생활에서 사용하던 대화 형식의 말투를 받아들여 임진왜란 이후의 변화된 사회상을 담고 있다. 특히 신분제 동요, 양반의 경제적 몰락, 실리를 추구하는 민중의 면모 등 사회적 변화가 반영되어 있다. 또한 조선 전기부터 양반들이 지향하던 관념적인 삶의 모습도 보여 준다. 그런데, 그것은 자연 친화적인 삶을 지향하는 형태로 나타난다.

① '쇼 업산 궁가'의 화자가 이웃집 소 주인에게 소를 빌리러 간다는 사실에서 경제적으로 몰락한 양반들이 있었음을 알 수 있다.

② '님재 업산 풍월강산애 절로절로 늘그리라.'에서 조선 전기의 양반들이 추구하던 삶의 모습을 볼 수 있다.

③ '후리쳐 던져 두쟈.'에서는 전쟁으로 인한 신분제의 동요와 혼란한 사회상에 대한 불만이 나타나 있다.

④ '초경도 거읜대~'부터 '~혈마 어이할고.'까지는 조선 전기 가사와 달리 실생활에서 사용한 대화 형식의 말투가 나타나 있다.

⑤ '목 불근 수기치'와 '삼해주'를 제공받고 소를 빌려 주려는 소 주인의 모습에서 실리(實利)를 중시하는 민중의 모습을 확인할 수 있다.

2008학년도 10월 학력평가

(가)

오늘, 북창을 열어
장거릴 등지고 산을 향하여 앉은 뜻은
사람은 맨날 변해 쌓지만
태고로부터 푸르러 온 산이 아니냐.
고요하고 너그러워 수(壽)하는 데다가
보옥(寶玉)을 갖고도 자랑 않는 겸허한 산.
마음이 본시 산을 사랑해
평생 산을 보고 산을 배우네.
그 품 안에서 자라나 거기에 가 또 묻히리니
내 이승의 낮과 저승의 밤에
아아(峨峨)라히 뻗쳐 있어 다리 놓는 산.
네 품이 고향인 그리운 산아
미역취 한 이파리 상긋한 산 내음새
산에서도 오히려 산을 그리며
꿈 같은 산 정기(山精氣)를 그리며 산다.
　　　　　　　　　- 김관식, 「거산호 Ⅱ」 -

(나)

새벽 시내버스는
차창에 웬 찬란한 치장을 하고 달린다
엄동 혹한일수록
선연히 피는 성에꽃
어제 이 버스를 탔던
처녀 총각 아이 어른
미용사 외판원 파출부 실업자의
입김과 숨결이
간밤에 은밀히 만나 피워 낸
번뜩이는 기막힌 아름다움
나는 무슨 전람회에 온 듯
자리를 옮겨 다니며 보고
다시 꽃이파리 하나, 섬세하고도
차가운 아름다움에 취한다
어느 누구의 막막한 한숨이던가
어떤 더운 가슴이 토해 낸 정열의 숨결이던가
일없이 정성스레 입김으로 손가락으로
성에꽃 한 잎 지우고
이마를 대고 본다
덜컹거리는 창에 어리는 푸석한 얼굴
오랫동안 함께 길을 걸었으나
지금은 면회마저 금지된 친구여.

　　　　　　　　　- 최두석, 「성에꽃」 -

(다)

저녁엔 해가 뜨고
아침엔 해가 집니다.

해가 지는 아침에
유리산을 오르며
나는 바라봅니다.
깊고 깊은 산 아래 계곡에
햇살이 퍼지는 광경을.

해가 뜨는 저녁엔
유리산을 내려오며
나는 또 바라봅니다.
깊고 깊은 저 아래 계곡에
해가 지고 석양에 물든
소녀가 붉은 얼굴을
쳐드는 것을.

이윽고 두 개의 밤이 오면
나는 한 마리 풍뎅이가 됩니다.
그리곤 당신들의 유리창문에 달라붙었다가
그 창문을 열고
들어가려 합니다.
창문을 열면 창문, 다시 열면
창문, 창문, 창문……
창문
밤새도록 창문을 여닫지만
창문만 있고 방 한 칸 없는 사람들이
산 아래 계곡엔 가득 잠들어 있습니다.

밤새도록 닦아도 닦이지 않는 창문.
두드려도 열리지 않는
창문, 두드리면 두드릴수록 두꺼워지는
큰골의 잠, 나는 늘 창문을 닦으며 삽니다.
저녁엔 해가 뜨고
아침엔 해가 지는 곳,
그 높은 곳에서 나는 당신들의 창문을 닦으며 삽니다.
　　　　　　　　　- 김혜순, 「고층 빌딩 유리창닦이의 편지」 -

13

(가)~(다)를 〈보기〉에 따라 감상한 것으로 적절한 것은?

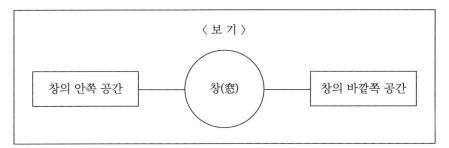

① (가), (나)의 화자는 (다)와 달리, 창의 안쪽 공간에 있다.
② (가)의 바깥쪽 공간은 (나), (다)와 달리, 사회 현실이라고 할 수 있다.
③ (나)의 창은 (가), (다)와 달리, 창의 바깥쪽 공간과 소통할 수 있는 매개물이다.
④ (나)의 화자는 (가), (다)와 달리, 창의 바깥쪽 공간에 다가가기를 소망하고 있다.
⑤ (가), (나)의 창은 (다)와 달리, 창의 바깥쪽 공간에 있는 대상이 형상화되는 공간이다.

*14

오답률 ▶ 70%

(가)와 (나)의 표현상의 공통점으로 가장 적절한 것은?

① 일정한 종결 어미를 반복적으로 사용해 화자의 태도를 보여 주고 있다.
② 사물의 속성을 나열하여 다양한 관점에서 사물을 이해시키고 있다.
③ 반어적 표현을 통해 화자의 심정을 효과적으로 드러내고 있다.
④ 화자의 시선의 이동에 따라 시상이 점층적으로 고조되고 있다.
⑤ 대조적 이미지를 활용하여 화자의 정서를 드러내고 있다.

사진 찍기로 세운 전략!

*15

사진 찍기로 세운 전략!

〈보기〉와 (나)에 대한 설명으로 적절하지 <u>않은</u> 것은?

〈 보 기 〉

추위가 칼날처럼 다가든 새벽
무심히 커튼을 젖히다 보면
유리창에 피어난, 아니 이런 황홀한 꿈을 보았나.
세상과 나 사이에 밤새 누가
이런 투명한 꽃을 피워 놓으셨을까.
들녘의 꽃들조차 제 빛깔을 감추고
씨앗 속에 깊이 숨 죽이고 있을 때
이내 스러지는 니르바나의 꽃을
저 얇고 날카로운 유리창에 누가 새겨 놓았을까.
허긴 사람도 그렇지.
가장 가혹한 고통의 밤이 끝난 자리에
가장 눈부시고 부드러운 꿈이 일어서지.
새하얀 신부 앞에 붉고 푸른 색깔들 입 다물듯이
들녘의 꽃들 모두 제 향기를
씨앗 속에 깊이 감추고 있을 때
어둠이 스며드는 차가운 유리창에 이마를 대고
누가 저토록 슬픈 향기를 새기셨을까.
한 방울 물로 스러지는
불가해한 비애의 꽃송이들을

– 문정희, 「성에꽃」 –

① 〈보기〉와 (나) 모두 계절적 배경을 활용하고 있다.
② (나)와는 달리, 〈보기〉에서는 '성에꽃'의 순간성이 부각되어 있다.
③ 〈보기〉와 (나) 모두 '성에꽃'이 아름다운 대상으로 설정되어 있다.
④ 〈보기〉와 (나) 모두 '성에꽃'을 통해 절망적인 사회 현실을 드러내고 있다.
⑤ 〈보기〉와는 달리, (나)에서는 '성에꽃'을 보면서 특정한 인물을 떠올리고 있다.

16

(다)에 대한 설명으로 적절하지 <u>않은</u> 것은?

① 반복적 행위를 통해 화자의 태도를 드러내고 있다.
② 시각적 이미지를 통해 화자의 정서를 드러내고 있다.
③ 화자를 직접적으로 드러내면서 시상을 전개하고 있다.
④ 예찬적인 어조를 통하여 화자의 내면을 드러내고 있다.
⑤ 역설적 표현을 통해 현재 상황에 대한 인식을 드러내고 있다.

Self check

❶ **문두를 먼저** 보고 **사진 찍기**를 통해 **문제 풀이 Navigation**을 작동시킬 수 있다. ⬜ Yes

❷ **문제 패턴 1~5**를 정확히 알고, 패턴에 따라 **전략**을 세울 수 있다. ⬜ Yes

❸ 처음 보는 시를 **스스로** 해석할 수 있다. ⬜ Yes

잘되라고 주는 **숙제** 1　　❝ 수업 시간에 다루지 않아. 배운 대로 적용 연습하면 되는 거야. ❞　　❋ 정답 29쪽

2014학년도 6월 모의평가 (B형)

[A]
형님 온다 형님 온다 분고개로 형님 온다.
형님 마중 누가 갈까 형님 동생 내가 가지.
형님 형님 사촌 형님 시집살이 어떱뎁까.
㉠이애 이애 그 말 마라 시집살이 개집살이.
앞밭에는 당추 심고 뒷밭에는 고추 심어,
고추 당추 맵다 해도 시집살이 더 맵더라.
둥글둥글 수박 식기(食器) 밥 담기도 어렵더라.
도리도리 도리소반(小盤) 수저 놓기 더 어렵더라.
㉡오 리(五里) 물을 길어다가 십 리(十里) 방아 찧어다가,
아홉 솥에 불을 때고 열두 방에 자리 걷고,
외나무다리 어렵대야 시아버니같이 어려우랴.
나뭇잎이 푸르대야 시어머니보다 더 푸르랴.
㉢시아버니 호랑새요 시어머니 꾸중새요
동세 하나 할림새요 시누 하나 뾰족새요
시아지비 뾰중새요 남편 하나 미련새요
자식 하난 우는 새요 나 하나만 썩는 샐세.
㉣귀먹어서 삼 년이요 눈 어두워 삼 년이요
말 못해서 삼 년이요 석 삼 년을 살고 나니,
㉤배꽃 같던 요내 얼굴 호박꽃이 다 되었네.
삼단 같던 요내 머리 비사리춤이 다 되었네.
백옥 같던 요내 손길 오리발이 다 되었네.
열새 무명 반물치마 눈물 씻기 다 젖었네.
두 폭 붙이 행주치마 콧물 받기 다 젖었네.
울었던가 말았던가 베갯머리 소(沼) 이뤘네.
그것도 소이라고 거위 한 쌍 오리 한 쌍
쌍쌍이 때 들어오네.

- 작자 미상, 「시집살이 노래」 -

31

윗글의 시상 전개에 대한 이해로 가장 적절한 것은?

① 감탄과 반성의 어조를 교차하여 복잡한 감정을 나타내고 있다.
② 상황을 부정적으로 규정하고 나서 다양한 예들을 나열하고 있다.
③ 처음과 끝을 동일한 내용으로 상응시켜 시상 전개에 안정감을 부여하고 있다.
④ 근경에서 원경으로 시선을 확대해 가면서 심리의 변화를 보여 주고 있다.
⑤ 외부 세계와 내면을 대비해 가며 이상적 세계에 대한 동경을 드러내고 있다.

사진 찍기로 세운 전략!✏

32

㉠~㉤에 대한 이해로 적절하지 <u>않은</u> 것은?

① ㉠: 물음에 대한 답변을 유보하며 사촌 동생의 결혼을 만류하고 있다.
② ㉡: 과장된 표현을 통해 며느리가 수행해야 하는 가사 노동의 상황을 강조하고 있다.
③ ㉢: 시집 식구들을 일일이 지목하여 시집 식구들에 대한 화자의 생각을 드러내고 있다.
④ ㉣: 며느리가 감당해야 하는 제약을 제시해 며느리의 처지를 보여 주고 있다.
⑤ ㉤: 결혼 전후의 용모 변화를 자연물에 빗대어 시집살이의 고충을 토로하고 있다.

사진 찍기로 세운 전략!

33

[A]와 〈보기〉를 비교하여 감상한 내용으로 가장 적절한 것은? [3점]

> 〈 보 기 〉
> 저기 가는 저 각시, 본 듯도 하구나.
> 천상(天上) 백옥경(白玉京)을 어찌하여 이별하고
> 해 다 져 저문 날에 누굴 보러 가시는가.
> 어와, 너로구나. 이내 사설 들어 보오.
> 내 얼굴 이 거동이 임이 사랑함직 한가마는
> 어쩐지 날 보시고 너로다 여기시매
> 나도 임을 믿어 딴 생각 전혀 없어
> 아양이며 교태며 어지럽게 하였던지
> 반기시는 낯빛이 예와 어찌 다르신가.
>
> - 정철, 「속미인곡」 -

① [A]와 〈보기〉 모두 시어의 반복을 통해 리듬감을 살리고 있다.
② [A]와 〈보기〉 모두 화자 자신의 문제 상황에 대한 책임을 제삼자에게 전가하고 있다.
③ [A]와 〈보기〉 모두 예전에 알고 지내던 인물과의 만남을 계기로 하여 자신의 심정을 토로하고 있다.
④ [A]에서는 계절의 변화를, 〈보기〉에서는 공간의 변화를 통해 화자의 정서를 심화하고 있다.
⑤ [A]에서는 반어적 표현을, 〈보기〉에서는 다양한 비유적 표현을 통해 자신의 처지를 드러내고 있다.

잘되라고 주는 **숙**제 2　　❝ 수업 시간에 다루지 않아. 배운 대로 적용 연습하면 되는 거야. ❞　　✿ 정답 30쪽

2013학년도 9월 모의평가

(가)

고향에 돌아온 날 밤에
내 백골이 따라와 한방에 누웠다.

어둔 **방**은 우주로 통하고
하늘에선가 소리처럼 바람이 불어온다.

어둠 속에 곱게 풍화작용하는
백골을 들여다보며
눈물짓는 것이 내가 우는 것이냐
백골이 우는 것이냐
아름다운 혼이 우는 것이냐

지조 높은 개는
밤을 새워 어둠을 짖는다.

어둠을 짖는 개는
나를 쫓는 것일 게다.

가자 가자
쫓기우는 사람처럼 가자
백골 몰래
아름다운 또 다른 고향에 가자.
　　　　　　　　－ 윤동주, 「또 다른 고향(故鄕)」 －

(나)

전신이 검은 까마귀,
까마귀는 까치와 다르다.
마른 가지 끝에 높이 앉아
먼 설원을 굽어보는 저
형형한* 눈,
고독한 이마 그리고 날카로운 부리.
얼어붙은 지상에는
그 어디에도 낟알 한 톨 보이지 않지만
그대 차라리 눈발을 뒤지다 굶어 죽을지언정
결코 **까치**처럼
인가의 안마당을 넘보진 않는다.

검을 테면
철저하게 검어라. 단 한 개의 깃털도
남기지 말고……
겨울 되자 온 세상 수북이 ㉠눈은 내려
저마다 하얗게 하얗게 분장하지만
나는
빈 가지 끝에 홀로 앉아
말없이
먼 지평선을 응시하는 한 마리
검은 까마귀가 되리라.
　　　　　　　　－ 오세영, 「자화상·2」 －

* 형형한: 광채가 반짝반짝 빛나며 밝은.

(다)

[A] ┌ 굳어지기 전까지 저 딱딱한 것들은 물결이었다
　　│ 파도와 해일이 쉬고 있는 바닷속
　　│ 지느러미의 물결 사이에 끼어
　　└ 유유히 흘러 다니던 **무수한 갈래의 길**이었다
[B] ┌ **그물**이 물결 속에서 멸치들을 떼어 냈던 것이다
　　│ **햇빛의 꼿꼿한 직선들** 틈에 끼이자마자
　　└ 부드러운 물결은 팔딱거리다 길을 잃었을 것이다
[C] ┌ 바람과 햇볕이 달라붙어 물기를 빨아들이는 동안
　　│ 바다의 무늬는 뼈다귀처럼 남아
　　│ 멸치의 등과 지느러미 위에서 딱딱하게 굳어 갔던 것이다
　　│ 모래 더미처럼 길거리에 쌓이고
　　│ 건어물집의 푸석한 공기에 풀리다가
　　└ 기름에 튀겨지고 접시에 담겨졌던 것이다
[D] ┌ 지금 젓가락 끝에 깍두기처럼 딱딱하게 집히는 이 멸치에는
　　│ 두껍고 뻣뻣한 공기를 뚫고 흘러가는
　　│ 바다가 있다 그 바다에는 아직도
　　└ 지느러미가 있고 지느러미를 흔드는 물결이 있다
[E] ┌ 이 작은 물결이
　　│ 지금도 멸치의 몸통을 뒤틀고 있는 이 작은 무늬가
　　│ **파도**를 만들고 **해일**을 부르고
　　└ 고깃배를 부수고 그물을 찢었던 것이다
　　　　　　　　－ 김기택, 「멸치」 －

27

(가)~(다)의 공통점으로 가장 적절한 것은?

　사진 찍기로 세운 전략!✏️

① 영탄법을 활용하여 화자의 정서를 표출하고 있다.
② 동일한 시행의 반복을 통해 운율감을 자아내고 있다.
③ 공간의 대비를 통해 지향하는 가치를 드러내고 있다.
④ 과거에 대한 회상을 통해 그리움의 정서를 환기하고 있다.
⑤ 반어적 표현을 활용하여 현실에 대한 비판적 태도를 드러내고 있다.

28

〈보기〉를 참고하여 (가)와 (나)를 감상한 내용으로 적절하지 <u>않은</u> 것은? [3점]

〈 보 기 〉

　자아 성찰의 주제를 담은 현대시에서는 시적 자아가 분열된 모습으로 등장하는 경우가 많다. (가)와 (나)의 화자는 자아 성찰을 통해 자아의 부정적인 모습과 단절하고 새로운 존재로 거듭나려 한다는 점에서 공통적이다. 하지만 (가)의 화자는 시선을 자신의 내면으로 돌려 자아의 부정적, 긍정적 면모를 발견한 후 이들을 상징적 시어로 표현하고 있고, (나)의 화자는 시선을 바깥으로 돌려 자신의 삶의 태도를 외부의 상징적 존재에 투영하여 표현하고 있다.

① (가)의 '들여다보며'에서는 '백골'로 상징화된 부정적 자아를 향한 화자의 내면의 시선을 확인할 수 있군.
② (가)의 '지조 높은 개'는 자아의 부정적인 모습과 대비되어 화자를 새로운 존재로 거듭나게 하는군.
③ (나)에서 먼 설원을 굽어보는 '형형한 눈'은 바람직한 삶을 지향하는 화자의 태도를 떠올리게 하는군.
④ (나)에서 인가의 안마당을 넘보는 '까치'는 화자가 단절하고자 하는 삶의 태도를 나타내는군.
⑤ (가)의 '방'은 화자의 어두운 내면을, (나)의 '먼 지평선'은 화자가 처한 부정적 현실을 상징하는군.

29

(나)의 ㉠에 대한 설명으로 가장 적절한 것은? [1점]

① 충만한 느낌을 통해 평온한 삶을 드러낸다.
② 본질을 가리는 속성을 통해 세상의 허위를 암시한다.
③ 색채 이미지를 통해 화자의 순결한 정신을 드러낸다.
④ 하강 이미지를 통해 화자가 연약한 존재임을 보여 준다.
⑤ 역동적 이미지를 통해 미래에 대한 화자의 소망을 나타낸다.

30

〈보기〉를 바탕으로 (다)의 시상 전개를 이해할 때, 적절하지 <u>않은</u> 것은?

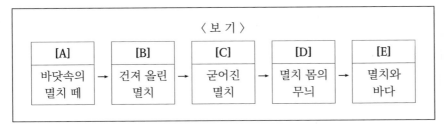

〈 보 기 〉

[A]	[B]	[C]	[D]	[E]
바닷속의 멸치 떼	→ 건져 올린 멸치	→ 굳어진 멸치	→ 멸치 몸의 무늬	→ 멸치와 바다

① [A]에서 멸치 떼의 유유한 움직임은 '무수한 갈래의 길'과 연결되어 바닷속의 자유로운 분위기를 보여 주고 있다.
② [B]에서 '그물', '햇빛의 꼿꼿한 직선들'은 멸치의 생명을 앗아가려는 외부 세계의 폭력성을 환기하고 있다.
③ [C]는 멸치가 본래의 속성을 잃어 가는 과정을 순차적으로 보여 주고 있다.
④ [D]는 바다 물결의 실제 움직임을 사실적으로 묘사하여 마른 멸치의 몸에 남은 무늬에 시선을 집중시키고 있다.
⑤ [E]는 '파도'와 '해일'의 움직임을 통해 멸치가 본래 지녔던 생명력을 환기하며 시상을 마무리하고 있다.

잘되라고 주는 **숙**제 3　　❝ 수업 시간에 다루지 않아. 배운 대로 적용 연습하면 되는 거야. ❞　　✿ 정답 31쪽

2016학년도 대학수학능력시험 (B형)

(가)

어둠은 새를 낳고, 돌을
낳고, 꽃을 낳는다.
아침이면,
어둠은 온갖 물상(物象)을 돌려주지만
스스로는 땅 위에 굴복한다.
무거운 어깨를 털고
물상들은 몸을 움직이어
노동의 시간을 즐기고 있다.
즐거운 지상의 잔치에
금(金)으로 타는 태양의 즐거운 울림.
아침이면,
세상은 개벽을 한다.

　　　　　　　- 박남수, 「아침 이미지 1」 -

(나)

[A] ┌ 텔레비전을 끄자
　　│ 풀벌레 소리
　　└ 어둠과 함께 방 안 가득 들어온다
　　　어둠 속에서 들으니 벌레 소리들 환하다
　　　별빛이 묻어 더 낭랑하다
[B] ┌ 귀뚜라미나 여치 같은 큰 울음 사이에는
　　│ 너무 작아 들리지 않는 소리도 있다
　　└ 그 풀벌레들의 작은 귀를 생각한다
[C] ┌ 내 귀에는 들리지 않는 소리들이 드나드는
　　│ 까맣고 좁은 통로들을 생각한다
　　│ 그 통로의 끝에 두근거리며 매달린
　　└ 여린 마음들을 생각한다
　　　발뒤꿈치처럼 두꺼운 내 귀에 부딪쳤다가
　　　되돌아간 소리들을 생각한다
[D] ┌ 브라운관이 뿜어낸 현란한 빛이
　　│ 내 눈과 귀를 두껍게 채우는 동안
　　│ 그 울음소리들은 수없이 나에게 왔다가
　　└ 너무 단단한 벽에 놀라 되돌아갔을 것이다
　　　하루살이들처럼 전등에 부딪쳤다가
　　　바닥에 새카맣게 떨어졌을 것이다
[E] ┌ 크게 밤공기 들이쉬니
　　│ 허파 속으로 그 소리들이 들어온다
　　└ 허파도 별빛이 묻어 조금은 환해진다

　　　　　- 김기택, 「풀벌레들의 작은 귀를 생각함」 -

43

(가), (나)의 '어둠'에 대한 설명으로 적절하지 <u>않은</u> 것은?

① (가)에서 '어둠'은 '물상'을 돌려주는 행위의 주체로 표현되고 있다.

② (나)에서 '어둠'은 '풀벌레 소리'를 도드라지게 하고 있다.

③ (가)에서는 '어둠'이 사라져 가는 시간을, (나)에서는 '어둠'이 지속되는 시간을 배경으로 삼고 있다.

④ (가)에서는 '어둠'이 물러나면서 상황이 변화하고, (나)에서는 '어둠'이 들어오면서 '방 안'의 분위기가 변화한다.

⑤ (가)에서는 '어둠'의 생산력을, (나)에서는 '어둠'의 포용력을 앞세워 '어둠'이 밝음에 순응하는 모습을 부각하고 있다.

사진 찍기로 세운 전략! ✏️

44

(가)에 대한 이해로 가장 적절한 것은?

① '무거운 어깨를 털고'는 지상으로부터 벗어나기 위해 사물들이 몸부림치는 모습을 표현한 것이다.

② '노동의 시간을 즐기고'는 노동의 고단함을 잊기 위해 사물들이 경쾌하게 움직이는 모습을 표현한 것이다.

③ '즐거운 지상의 잔치'는 기존의 사물들이 새로 태어난 사물들을 반갑게 맞이하는 모습을 표현한 것이다.

④ '태양의 즐거운 울림'은 하늘의 태양이 지상에 있는 사물들과 서로 어울려 생기를 띠는 모습을 표현한 것이다.

⑤ '세상은 개벽을 한다'는 사물들이 새로운 형태로 변화하면서 혼란을 겪는 모습을 표현한 것이다.

사진 찍기로 세운 전략!

45

(나)의 [A]~[E]에 대한 감상으로 적절하지 않은 것은?

① [A]에서 화자는 '텔레비전'을 끈 후 평소 관심을 두지 못했던 '풀벌레 소리'를 지각하고 있어.

② [B]에서 화자는 '큰 울음'뿐만 아니라 '들리지 않는 소리'도 존재한다는 것을 알게 됨으로써 화자의 인식 범위가 확장되고 있어.

③ [C]에서 화자는 '들리지 않는 소리'의 주체들이 화자 자신 때문에 서로 소통할 수 없게 된 것에 대해 미안함을 느끼고 있어.

④ [D]에서 화자는 자신이 의식하지 못했던 '그 울음소리들'을 떠올리며, 그 소리를 간과했던 삶을 성찰하고 있어.

⑤ [E]에서 화자는 '그 소리들'을 귀로만 듣지 않고 내면 깊숙이 받아들이고 있는 자신의 모습을 확인하고 있어.

13 Day

소설, 문제 패턴 1

소설을 만났을 때,
내가 원래 알고 있었던 소설인지
아닌지가 중요한 게 아니야.
전체 줄거리를 몰라도 좌절할 것 없어.
출제자가 왜 하필 이 장면을
선택했는지를 생각하면
어떤 문제가 나올지
너도 예측해 낼 수 있어!

 선생님, 그럼 이번 수능에 어떤 소설 문제가 나올지도 아시겠네요?

 당근이지~!

 공부하고 기출을 보니, 정말 패턴의 반복이었어요.

 소설도 마찬가지야. 꼭 출제되는 유형 5개로 시작해 보자.

 얼른 시작하고 싶습니다. 마음이 급합니다!

 급할수록 꼼꼼히!

①
2025학년도 수능에 99%
출제될 소설 문제 패턴을 안다.

②
알기만 하면 뭐해?
이 패턴의 문제는 꼭 다 맞힌다.

현대 소설의 문제 패턴을 잡는다는 것은,

그. 것. 은. 고전 소설의 패턴 또한 잡는다는 것이며,

희곡과 시나리오의 문제 패턴까지 잡는다는 것이다.

처음 보는 소설 지문을 읽는 게 어려운 너에게 보낸다.

소설 지문 읽는 법

1 제목! 소설도 제목을 통해 내용을 추측하라.

　1. **배경**이 제목일 때
　　✔ 그 배경의 기능, 상징적 의미를 파악하라.
　　예 「장마」 장마? 덥고 습기 차고 꿉꿉하고 짜증 나고. 왜 하필 소설 배경이 장마야? 짜증 나는 사건 이야기인가?
　　예 「응답하라 1988」 1988년? 나 안 태어난 때인데… 음… 1988년 우리 사회 모습이 어떻게 그려져 있는지에 주목!

　2. 제목에 **인물**이나 **소재**가 있을 때
　　✔ 주인공이다. 주인공의 성격에 주목하라.
　　✔ 그 소재의 상징적 의미에 주목하라.
　　예 「아홉 켤레의 구두로 남은 사내」 이 아저씨의 캐릭터를 파악하자. 근데 '구두'는 무슨 의미일까?
　　예 「별에서 온 그대」 '별'에서 왔다고? 외계인인가? 아니면 약간 4차원적인 인물이라는 뜻인가? 암튼 캐릭터 파악!

　3. **뭘 말하는지** 파악 안 되는 제목일 때
　　✔ 그 제목의 상징적 의미를 파악하라. 주제일 수 있다.
　　예 「병신과 머저리」 '병신'과 '머저리'가 뭘 상징하는지 찾아보자.
　　예 「미생(未生)」 한자를 모르는 게 함정. -.-; '미생'이 뭘 의미하는지 생각해 보자.

2 인물! 줄줄줄 읽기만 하지 말고, 인물에 집중하라.

3 배경! 하필 출제자가 그때, 그곳을 선택한 이유를 생각하라.

4 앞부분의 줄거리! 인물(수식어)과 사건에 주목하라.

5 장면! 바뀌면(장소, 시간, 분위기, 태도) 끊어 읽어라.

소설 영역에서 꼭 나오는 문제 패턴과 접근법 ▶▶▶ 내용뿐만 아니라 형식상의 특징도 묻는다.

> 2019학년도 10월 학평의 오답률 2위 문제는
> 수험생들이 얼마나 소설 지문, 특히 고전 소설의 내용 파악하는 걸 어려워하는지 보여 줬어.
> 기본적으로 지문을 읽을 때, 전체적인 사건과 인물의 심리에 관련된 세부 내용을 잘 파악해야 돼.
> 그리고 한 가지 더. 세부 내용뿐만 아니라
> 형식상의 세부적 특징도 파악해야 하는 법.
> 시에서 표현상의 특징 파악하기 문제가 늘 나오듯, 소설에서 서술상의 특징 파악하기도
> 거의 매번 출제되는 패턴이야.
> 알고 있으면서 대비 안 할 수가 없잖여?

패턴 1

"소설의 개념을 지문에
적용할 수 있는지
알아 보자."
일명
서술상의 특징
파악하기

✓ 서술상의 특징을 알아보려면 ☐☐ 공부가 필요하다.

tip 발문의 형태가 '적절하지 않은 것은?'일 때, 선지를 먼저 읽는 것이 도움이 될 수 있다.

✓ 지문을 읽을 때부터, 두드러지는 서술상의 특징을 파악하며 읽는다.
✓ 내가 파악한 내용이 선지에 있는지 확인한다.
✓ 내가 파악하지 못한 내용이 선지에 있을 경우, 그 선지의 근거를 지문에서 확인한다.

⭐을 백만 개는 줘야 하는 꿀팁!

이 패턴의 선지들을 살펴보면, 서술자 즉 시점과 관련된 선지가 많다.
시점과 관련된 개념 정리는 필수다.

✓ 이야기 내부 서술자의 자기 고백적 진술을 통해 내면을 제시하고 있다.
✓ 서술자가 관찰자의 입장에서 사건을 전달함으로써 객관성을 높이고 있다.
✓ 서술의 초점을 다양한 인물로 옮겨 가며 갈등을 다각적으로 조명하고 있다.
✓ 작중 인물이 관찰자의 입장에서 작중 세계를 객관적으로 묘사하고 있다.
✓ 작중 인물이 아닌 서술자가 등장하여 인물 간의 갈등을 새 국면으로 이끌고 있다.
 ⇒ 이 기출 선지들을 명확하게 이해할 수 있는지 점검해 보자.

서술상의 특징을 파악하는 문제에 주목하면서

소설 지문을 스스로 읽어 내는 연습도 같이 해 보는 거야.

어려워들 하는 고전 소설 지문으로 START!

패턴 1 서술상의 특징 파악하기

19 ✎ What pattern is it?

윗글에 대한 이해로 가장 적절한 것은?

① 채옥은 화관과 황포를 통해 후토부인이 산신임을 알아차렸다.
② 범으로 나타난 신령은 시험을 통해 채옥 남매가 지닌 능력을 알아보고자 했다.
③ 집에서 쫓겨난 채옥 남매는 영산에 가 할미가 죽은 것을 알고 절망감을 느꼈다.
④ 채옥은 동생들을 책임져야 한다는 것에 대한 부담감이 커져 자결하는 것이 낫다고 판단했다.
⑤ 석불은 채옥 남매가 자신의 말대로 용궁으로 가더라도 옥룡전에 이르지 못할 수 있다고 생각했다.

20 ✎ What pattern is it?

〈보기〉를 참고하여 윗글을 감상한 내용으로 적절하지 <u>않은</u> 것은? [3점]

〈 보 기 〉

　「양풍전」은 환상성이 현실성과 교섭하는 '환상의 여로'가 서사를 구성하고 있다. 이 여로는 인간계로부터 멀리 떨어져 있고 여러 난관이 있어 이르기 힘든 천상계를 향해 가는 것으로 인간계와 천상계를 매개하는 서사적 장치를 통해 비롯되고 있다. 여로에서 인물들은 당대 서민들이 복을 기원했던 여러 초현실적 존재들을 만나고 있는데, 이를 통해 정성이 지극하면 소원이 성취된다는 서민들의 믿음을 반영하고 있다. 여로에서 현실성과 교섭하고 있는 환상성은 인물들이 여로에서 마주치게 되는 난관을 극복하는 힘을 얻는 원천으로 기능하고 있다.

① '옥룡전'을 '누만 리' 떨어져 있어 득달하기 어려운 곳으로 설정한 것은 천상계가 인간계와 멀리 떨어져 있어 이르기 힘든 곳임을 나타내고 있다고 할 수 있어.
② '채옥 등'이 후토부인이 제공한 '음식'과 '범'이 준 '실과'를 받은 것은 환상성이 여로의 난관을 극복하는 힘의 원천이 되고 있음을 나타내고 있다고 할 수 있어.
③ 채옥이 모친으로부터 '옥룡전을 찾아오라'는 말을 들은 꿈은 인간계와 천상계를 매개하며 환상의 여로를 시작하게 만드는 기능을 수행하고 있는 것이라고 할 수 있어.
④ '석불'의 제자가 되고 싶어 행한 행동으로 '채옥 등'이 '석불'의 인정을 받은 것은 정성이 지극하면 소원이 성취된다는 서민들의 믿음이 반영되어 있는 것이라고 할 수 있어.
⑤ 채옥이 꿈에서 '석불'로부터 받은 '낙화'를 '석불'이 알려 준 대로 현실에서 사용하여 '돌문'이 열리는 것은 환상성이 현실성과 교섭하는 양상을 보여 주고 있다고 할 수 있어.

21 ✎ What pattern is it?

[A]~[C]에 대한 이해로 적절하지 않은 것은?

① [A]는 도움이 필요한 인물의 처지가 나타나고 있다.
② [C]는 목숨이 위태로운 상황에서 느낀 인물의 한을 표출하고 있다.
③ [A], [B]는 인물들 간의 대립 관계가 제시되고 있다.
④ [A], [B]는 인물들이 겪은 일을 요약적으로 언급하고 있다.
⑤ [A], [C]는 인물이 품고 있는 소망이 드러나고 있다.

2019학년도 10월 학력평가

〈앞부분 줄거리〉 양태백은 첩 송녀에게 미혹되어 부인과 세 남매를 내쫓는다. 부인은 병을 얻어 죽게 되고, 세 남매는 양태백을 찾아간다. 양태백은 송녀의 뜻에 따라 세 남매를 노복처럼 부리다가, 수년이 지나 장녀인 채옥을 송녀의 사촌과 결혼시키려 한다. 채옥이 이를 거절하자 양태백은 세 남매를 모두 내친다.

채옥 등이 또 불의지경을 당하매 더욱 망극하여 하늘을 우러러 통곡하다가 정신을 차려 생각하되, '다시 영산으로 갈 밖에 없다.' 하고, 인하여 풍을 이끌고 영산으로 찾아간즉, 할미가 이미 죽었는지라. 흉격이 막혀 모친 묘하에 가 일장통곡하고, 일신이 고달파 잠깐 졸더니 문득 모친이 곁에 앉으며 왈,
"너희 나를 보려 하거든 옥룡전을 찾아오라."
하거늘, 채옥 등이 놀라 깨어 체읍하다가 생각하매,
'모친 영혼이 아무리 옥룡전을 찾아오라 하신들, 십여 세 여아가 어찌 누만 리를 찾아가리오. 차라리 이곳에서 죽어 지하에 가 모친을 뵈옴만 같지 못하다.'
하고 자결코자 하더니, 다시 생각하매,
'나는 죽어 관계치 않거니와, 어린 동생을 어찌 차마 버리리오.'
하고, 설운 마음을 억제하고 동녘을 바라보니 버들가지 난만한지라. 그것을 취하여 먹은즉 적이 요기되매, 다시 모친 묘에 하직하고 동으로 행하여 가더니, 한곳에 이른즉 산수는 기구하고, 송죽은 소슬하여 슬픈 마음을 돕는 곳에 일색이 저물고 인적이 끊인지라.
서로 붙들고 앉았다가 동편을 바라보니 한 누각이 있거늘, 마음에 반가이 여겨 찾아들어 가니, 사람은 없고 전상(殿上)에 일위 부인이 머리에 화관을 쓰고 몸에 황포를 입고 앉았으니, 보기에 가장 거룩한지라. 나아가 재배하니, 부인 왈,
"너희 어떤 사람으로 이 심산에 들어왔느뇨."
채옥이 대왈,

[A] "소녀 등이 당금 승상 양태백의 자녀러니, 부친이 애첩 송녀의 참소를 듣고 모친과 소녀 등을 내치시매, 모친은 영산에서 기세(棄世)하사 동해 숭산 옥룡전으로 가신고로 소녀 등이 방금 찾아가다가 이곳에 이르렀사오니, 바라건대 부인은 어여삐 여기사 앞길을 가르쳐 주실까 하나이다."

부인이 듣고 가긍히 여겨 시녀를 불러 음식을 가져오라 하여 주거늘, 채옥 등이 받아먹기를 다하매, 부인 왈,
"숭산이 여기서 만 사천 리나 되니 너희 어찌 가려 하는다. 오늘은 이미 저물었으니 이곳에서 머물고 명일에 떠나가라."
채옥 등이 사례 왈,
"죽게 된 인생을 선찬으로 먹이시고, 또 앞길을 가르쳐 주시니, 은혜 태산이 낮사옵거니와, 감히 묻잡나니 부인 칭호를 듣고자 하나이다."
부인 왈,
"나는 이 산 지키는 후토부인이노라."
하고, 인하여 간 데 없거늘, 채옥 등이 대경하여 살펴본즉, 누각은 없고 나무 아래 바위 밑에 있는지라.
그제야 산신인 줄 알고 공중을 향하여 배사하고, 그 바위 밑에서 밤을 지내더니, 문득 큰 범이 발톱을 세우며 입을 벌

리고 달려들어 물려 하거늘, 채옥 등이 대경실색하여 죽는 줄로 알아 이에 담을 크게 하고 경계 왈,

[B] "우리 남매 물욕을 탐하여 가는 길이 아니라, 우리 서모의 참소를 만나 모친을 여의고, 우리들이 길로 헤매이다가 이 곳에서 삼 남매 목숨이 진할 줄 어찌 알았으리오."

하며 대성통곡하니, 그 범이 듣는 체하다가 한 번 곤두치더니, 문득 중이 되어 채옥 등을 붙들고 왈,

"나는 이 산 신령이더니, 너희 정성을 시험코자 하여 내 변하여 범이 되어 너희를 놀램이러니, 도리어 불안하도다."

하고, 바랑을 열어 실과를 내어 주며 왈,

"이것을 먹으면 기갈을 면하리라."

하거늘, 채옥 등이 받아먹은즉 정신이 쇄락*한지라 꿇어 사례 왈,

"어린 인생을 이같이 관대하시니 은덕이 망극하거니와 동해 가는 길을 인도하시면 결초보은하리이다."

그 중이 왈,

"너희 소원을 아노니, 이 고개를 넘어가면 천황보살이 있을 것이니, 거기 가 지성으로 빌면 길을 가르쳐 줄 것이매, 부디 조심하여 가라."

(중략)

석불이 가로되,

"네 말이 심히 가긍한지라 길은 가르쳐 주려니와, 네 능히 득달할소냐."

채옥 왈,

[C] "십여 세 아이로 누만 리 득달함을 어찌 기필(期必)하리오마는, 다만 주야 원하는 바는 한 번 모친을 뵈옵고 죽고자 하오니, 가다가 길에서 죽사와도 한이 없을까 하나이다."

석불 왈,

"네 정성이 감천(感天)할지라, 네 모친을 만난 후 돌아와 내 제자 됨이 어떠하뇨."

채옥 등이 왈,

"모친을 만나게 하시는 은혜 가이없삽거든, 하물며 제자를 삼고자 하시니, 이는 가위 불감청(不敢請)이언정 고소원(固所願)*이오니 어찌 거역하리이까."

석불 왈,

"그러하면 내 낙화*를 주나니 이를 가지고 내 말을 자세히 들어 행하라. 이곳에서 동으로 삼십 리를 가면 돌문 둘이 있으되, 좌편은 서양국으로 가는 길이요, 우편은 용궁으로 가는 문이라. 낙화를 흔들면 우편 문이 열릴 것이니, 그 문에 들어 십 리쯤 가면 길을 막는 선관(仙官)과 짐승이 있을 것이니, 낙화를 흔들어 여차여차하여 나아가면 반드시 구하여 줄 선관이 있을지라. 이렇듯 하여 자연히 옥룡전에 이르러 너의 모친을 볼 것이니, 부디 조심하여 가라."

하거늘, 채옥이 절하려 몸을 굽힐 즈음에 잠을 깨니 남가일몽이라.

몽중의 수작이 명백하고, 또 곁에 낙화가 놓였거늘 채옥이 기이히 여겨 천황보살의 영험함에 감격하여 즉시 백배 하직하고, 인하여 동으로 삼십 리를 가서 과연 돌문 둘이 있거늘, 낙화를 한 번 흔드니 그 문이 절로 열리는지라.

- 작자 미상, 「양풍전」 -

* 쇄락: 기분이나 몸이 상쾌하고 깨끗함.

* 불감청이언정 고소원: 마음속으로 간절하지만 감히 청하지 못한 것이나 본디부터 바라던 바.

* 낙화: 모란의 별칭.

제대로 풀어 보기!

정답 2쪽

19

윗글에 대한 이해로 가장 적절한 것은?

① 채옥은 화관과 황포를 통해 후토부인이 산신임을 알아차렸다.

② 범으로 나타난 신령은 시험을 통해 채옥 남매가 지닌 능력을 알아보고자 했다.

③ 집에서 쫓겨난 채옥 남매는 영산에 가 할미가 죽은 것을 알고 절망감을 느꼈다.

④ 채옥은 동생들을 책임져야 한다는 것에 대한 부담감이 커져 자결하는 것이 낫다고 판단했다.

⑤ 석불은 채옥 남매가 자신의 말대로 용궁으로 가더라도 옥룡전에 이르지 못할 수 있다고 생각했다.

20

〈보기〉를 참고하여 윗글을 감상한 내용으로 적절하지 <u>않은</u> 것은? [3점]

> 〈 보 기 〉
> 「양풍전」은 환상성이 현실성과 교섭하는 '환상의 여로' 가 서사를 구성하고 있다. 이 여로는 인간계로부터 멀리 떨어져 있고 여러 난관이 있어 이르기 힘든 천상계를 향해 가는 것으로 인간계와 천상계를 매개하는 서사적 장치를 통해 비롯되고 있다. 여로에서 인물들은 당대 서민들이 복을 기원했던 여러 초현실적 존재들을 만나고 있는데, 이를 통해 정성이 지극하면 소원이 성취된다는 서민들의 믿음을 반영하고 있다. 여로에서 현실성과 교섭하고 있는 환상성은 인물들이 여로에서 마주치게 되는 난관을 극복하는 힘을 얻는 원천으로 기능하고 있다.

① '옥룡전'을 '누만 리' 떨어져 있어 득달하기 어려운 곳으로 설정한 것은 천상계가 인간계와 멀리 떨어져 있어 이르기 힘든 곳임을 나타내고 있다고 할 수 있어.

② '채옥 등'이 후토부인이 제공한 '음식'과 '범'이 준 '실과'를 받은 것은 환상성이 여로의 난관을 극복하는 힘의 원천이 되고 있음을 나타내고 있다고 할 수 있어.

③ 채옥이 모친으로부터 '옥룡전을 찾아오라'는 말을 들은 꿈은 인간계와 천상계를 매개하며 환상의 여로를 시작하게 만드는 기능을 수행하고 있는 것이라고 할 수 있어.

④ '석불'의 제자가 되고 싶어 행한 행동으로 '채옥 등'이 '석불'의 인정을 받은 것은 정성이 지극하면 소원이 성취된다는 서민들의 믿음이 반영되어 있는 것이라고 할 수 있어.

⑤ 채옥이 꿈에서 '석불'로부터 받은 '낙화'를 '석불'이 알려준 대로 현실에서 사용하여 '돌문'이 열리는 것은 환상성이 현실성과 교섭하는 양상을 보여 주고 있다고 할 수 있어.

★21

오답률 2위 ▶ 63.1%

[A]~[C]에 대한 이해로 적절하지 <u>않은</u> 것은?

① [A]는 도움이 필요한 인물의 처지가 나타나고 있다. `1.5%`

② [C]는 목숨이 위태로운 상황에서 느낀 인물의 한을 표출하고 있다. `36.9%`

③ [A], [B]는 인물들 간의 대립 관계가 제시되고 있다. `55.1%`

④ [A], [B]는 인물들이 겪은 일을 요약적으로 언급하고 있다. `3.4%`

⑤ [A], [C]는 인물이 품고 있는 소망이 드러나고 있다. `2.4%`

한 세트 더 볼까?

암기한 개념 지식만으로는 문제 해결을 할 수 없다는 걸 잘 보여 주는 고난도 문항을 소개하겠쓰!

고전 소설은 줄거리 파악이 기본일세.

18 ✎ What pattern is it?

윗글을 읽고 알 수 있는 내용으로 적절하지 <u>않은</u> 것은?

① 이선은 요지에 다녀온 후 숙향을 보고 싶어 했다.
② 숙향은 부모와 만나고 싶은 마음에 청조를 따라갔다.
③ 숙향은 청조에 자신의 처지를 투영하며 슬픔을 느꼈다.
④ 숙향과 이선은 모두 서왕모 집의 규모에 압도됨을 느꼈다.
⑤ 이선은 마음이 석연치 않음에도 서왕모의 잔치에 참석했다.

19 ✎ What pattern is it?

㉠에 대한 이해로 가장 적절한 것은?

① 숙향이 겪은 과거 사건들의 원인을 규명하고 있다.
② 숙향이 인간 세상에서 겪은 고행에 대해 알고 있다.
③ 숙향이 이선과 맺게 될 인연을 상제에게 설명하고 있다.
④ 숙향이 요지에서 겪을 일을 숙향에게 미리 알려 주고 있다.
⑤ 숙향이 태을선군을 이선으로 생각하도록 정보를 제공하고 있다.

21 ✎ What pattern is it?

〈보기〉를 참고하여 윗글을 감상한 내용으로 적절하지 않은 것은? [3점]

〈 보 기 〉

「숙향전」은 다양한 환상담으로 이루어져 있으며, 환상담의 구성에 여러 가지 서사적 전략이 활용되고 있다. 가령 동일한 시간에 특정한 한 공간에서 인물들이 각각 겪은 환상 체험을 제시하여 그 공간에서 일어난 일들을 서로 다른 입장에서 이해할 수 있게 함으로써 서사를 입체적으로 구성하고 있다. 이를 위해 서술자는 공통적인 서사 장치를 활용해 인물들이 비현실적 공간에 들고 나도록 하고 있으며, 인물들의 체험의 동일성이 나타나도록 진술하고, 인물들이 겪은 사건을 대응시키고 있다. 그리고 이러한 환상 체험은 현실 세계에서의 일들을 예고하는 기능도 수행하고 있다.

① 숙향이 '청조'를, 이선이 '부처'를 만나는 시·공간적 배경을 일치시키고 그 만남의 배경을 묘사함으로써 시·공간적 배경을 통해 환상 체험의 주요 사건을 암시하고 있군.
② 숙향과 이선이 환상 체험을 할 수 있는 공간으로 이동하는 데에 두 사람이 각자 잠드는 것을 서사적 장치로 활용함으로써 숙향과 이선의 환상 체험 간의 관련성을 높이고 있군.
③ 숙향과 이선이 공통적으로 '요지'에서 화려한 누각을 보고 향내를 맡은 것을 제시함으로써 특정한 한 공간에서 두 사람이 각각 겪은 체험의 동일성을 나타내고 있군.
④ '상제 그 선관에게 이르시되'라고 서술한 것을 '상제 전교하시되'로 서술함으로써 숙향이 관찰자의 입장에서 바라본 사건과 이선이 당사자로서 겪은 사건을 대응시키고 있군.
⑤ 숙향이 환상 체험하는 과정에서 상제에 의해 현실 세계에서의 숙향의 수명, 자손, 복록 등이 정해지도록 제시함으로써 환상 체험을 통해 현실 세계에서의 일들을 예고하고 있군.

2022학년도 3월 학력평가

일일은 할미 집에 온 다음 해 3월 보름에 할미는 술 팔러 가고, 낭자 홀로 초당에서 수를 놓고 있는데, 청조가 날아와 매화 가지에 앉아 울거늘, 낭자가 왈,

"저 새도 나처럼 부모를 여의었는가? 어찌 혼자 우는가?"

하고 눈물을 흘리다가 홀연 졸더니, 그 새가 낭자에게 왈,

"낭자의 부모님이 저기 계시니, 저와 함께 가사이다."

하거늘, 낭자가 그 새를 따라 한 곳에 다다르니, 백옥 같은 연못 가운데 구슬로 대를 쌓고 그 위에 누각을 지었으되, 주춧돌과 기둥은 만호와 호박으로 만들었고 지붕은 유리로 이었는지라. 광채가 찬란하여 바로 보지 못할네라. 산호로 만든 현판에 금으로 '요지'라 쓰여 있었으니, 서왕모의 집일너라.

너무 으리으리하여 낭자가 들어가지 못하고 문밖에서 주저하더니, 문득 서쪽에서 오색구름이 일어나고 기이한 향내 진동하더니, 무수한 선관과 선녀들이 용도 타며 봉황도 타며 쌍쌍이 들어가고, 청운(靑雲)이 어린 곳에 옥황상제께서 육룡이 모는 옥수레를 타고 오셨으며, 그 뒤에 서천 석가여래 오신다 하고 제천 제불과 삼태 칠성과 관음 나한과 보살이 시위하여 오되, 사방에서 풍류 소리 진동하니, 그 위엄 있고 엄숙한 행차와 거동이 일대 장관이더라. 이윽고 구름이 크게 일어나며 그 속에 백옥교자 탄 선녀가 백년화 한 가지를 꺾어 쥐고 단정히 앉아 있는데, 좌우에 무수한 선녀가 시위하여 오더니, 이는 ㉠월궁항아의 행차러라. 항아가 숙향을 보고 왈,

"반갑다, 소아야! 인간 세상에서 고행을 얼마나 겪었는가? 나를 좇아 들어가 요지의 경치나 보고 가거라."

하거늘, 숙향이 항아를 따라 들어가니, 그 집 형상과 으리으리한 모습은 이루 말로 표현하기 어렵더라. 각양각색의 풍류 소리가 진동하는 가운데, 한 보살이 젊은 선관을 앞에 세우고 들어와 상제께 뵈오니, 상제 그 선관에게 이르시되,

"태을아, 인간 재미 어떠하며, 소아를 만나 보았느냐?"

그 선관이 땅에 엎드려 무수히 사죄하더라.

항아가 옥황께 여쭈오되,

"소아가 네 번 죽을 액을 지나왔사오니 그만하옵셔 복록*을 정하쇼서."

상제 허락하셔서 여래에게 명하셔서 수명을 정하라 하시니, 여래 아뢰되,

"일흔 살을 정하나이다."

또 북두칠성에게 명하셔서 자손을 정하라 하시니, 칠성이 아뢰되,

"아들 형제와 딸 하나를 정하나이다."

또 남두칠성에게 명하셔서 복록을 정하라 하시니, 남두성이 아뢰되,

"두 아들은 정승이 되고, 딸은 황후가 되게 정하나이다."

상제 소아에게 명하셔서 반도 두 개와 계화(桂花) 한 가지를 태을선군에게 주라 하시니, 소아가 상제 명을 받들어 한 손에 반도를 옥쟁반에 담아 들고, 한 손에 계화 한 가지를 가지고 내려와 태을선군에게 주니, 그 선관이 두 손으로 받으며 소아를 눈여겨보거늘, 소아가 부끄러워 돌아설 때 손에 낀 옥지환의 진주가 계화에 걸려 떨어지거늘, 소아가 쥐고자 할 차에 벌써 그 선관이 쥐거늘, 소아가 부끄러워 돌아서서 들어가고자 할 때, 할미 들어와 낭자를 깨워 왈,

"봄날이 곤하거니와 무슨 낮잠을 그다지 오래 자는가?"

하며 깨우거늘, 소저 그 소리에 놀라 깨어 일어 앉으니, 요지의 풍경이 눈에 어른거리고, 천상의 풍류 소리가 귀에 쟁쟁하더라.

(중략)

3월 보름에 대성사에 올라가니, 몸이 곤하여 졸려 난간에 의지하여 잠깐 잠을 들었더니, 꿈에 부처 와 이르되,

"오늘 서왕모가 요지에서 잔치하니, 그대도 나를 좇아 구경이나 하자꾸나."

하거늘, 이선이 매우 기뻐 부처를 따라 한 곳에 다다르니, 선녀가 무수히 모여 분주하며, 기이한 화각(畫閣)과 빛나는 구름과 아름다운 향내는 이루 말로 표현하기 어렵더라. 부처 이선에게 손으로 가리키며 왈,

"북쪽 옥륜대 위에 높이 앉은 이는 옥황상제이시고, 그 뒤에는 삼태 칠성이 모든 별을 거느렸고, 동편 백옥교에는 석가여래 모든 부처를 거느리고 차례로 앉아 있으니, 내 먼저 들어가거든, 그대는 내 뒤를 좇아서 상제를 뵈온 후에 차례로 좌우에 있는 선관들에게 인사를 드리시게."

이선 왈,

"너무 으리으리하여 동서를 분별치 못할까 하나이다."

부처 웃고 소매 안에서 대추 같은 과일을 주며 왈,

"이것을 먹으면 자연 알리라."

하거늘, 선이 받아먹으니, 전생에서 하던 일이 어제 같아, 모든 선관이 다 전의 친하던 벗일네라. 새로이 반가운 마음을 금치 못하여 부처께 사례하니, 부처 먼저 들어가거늘, 선이 뒤를 따라 들어가 상제께 큰절을 하고 모든 선관들에게 차례로 인사하니, 다 반겨하더라. 상제 전교*하시되,

"태을아, 인간 재미 어떠하더냐? 네 소아를 만나 보았느냐?"

선이 땅에 엎드려 사죄하더니, 상제 한 선녀를 명하셔서 반도 두 개와 계화 한 가지를 바치라 하시니, 이선이 땅에 엎드려 두 손으로 받으며 선녀를 얼핏 보니, 선녀 부끄러워 몸을 돌아설 때 손에 낀 옥지환의 진주가 계화에 걸려 선의 앞에 떨어지거늘, 가만히 한 손으로 쥐고 다시 희롱코자 하더니, 대성사 중들이 저녁 공양을 하기 위해 종을 치니, 그 소리에 놀라 깸에 요지의 풍경이 눈에 선하고 천상의 풍류 소리가 귀에 쟁쟁하며, 손에 진주가 분명 쥐어져 있거늘, 너무 신기하여 즉시 글을 지어 꿈속의 일을 기록하고, 부처께 하직한 후 집에 돌아오니라. 이후로는 부귀공명에 뜻이 없고, 오로지 소아만 생각하며 지내더라.

- 작자 미상, 「숙향전」 -

* 복록: 복되고 영화로운 삶.
* 전교: 임금의 명령을 내림.

 제대로 풀어 보기!

✿ 정답 2쪽

18

윗글을 읽고 알 수 있는 내용으로 적절하지 <u>않은</u> 것은?

① 이선은 요지에 다녀온 후 숙향을 보고 싶어 했다.
② 숙향은 부모와 만나고 싶은 마음에 청조를 따라갔다.
③ 숙향은 청조에 자신의 처지를 투영하며 슬픔을 느꼈다.
④ 숙향과 이선은 모두 서왕모 집의 규모에 압도됨을 느꼈다.
⑤ 이선은 마음이 석연치 않음에도 서왕모의 잔치에 참석했다.

19

㉠에 대한 이해로 가장 적절한 것은?

① 숙향이 겪은 과거 사건들의 원인을 규명하고 있다.
② 숙향이 인간 세상에서 겪은 고행에 대해 알고 있다.
③ 숙향이 이선과 맺게 될 인연을 상제에게 설명하고 있다.
④ 숙향이 요지에서 겪을 일을 숙향에게 미리 알려 주고 있다.
⑤ 숙향이 태을선군을 이선으로 생각하도록 정보를 제공하고 있다.

★21

오답률 2위 ▶ 69.0%

〈보기〉를 참고하여 윗글을 감상한 내용으로 적절하지 <u>않은</u> 것은? [3점]

〈 보 기 〉

「숙향전」은 다양한 환상담으로 이루어져 있으며, 환상담의 구성에 여러 가지 서사적 전략이 활용되고 있다. 가령 동일한 시간에 특정한 한 공간에서 인물들이 각각 겪은 환상 체험을 제시하여 그 공간에서 일어난 일들을 서로 다른 입장에서 이해할 수 있게 함으로써 서사를 입체적으로 구성하고 있다. 이를 위해 서술자는 공통적인 서사 장치를 활용해 인물들이 비현실적 공간에 들고 나도록 하고 있으며, 인물들의 체험의 동일성이 나타나도록 진술하고, 인물들이 겪은 사건을 대응시키고 있다. 그리고 이러한 환상 체험은 현실 세계에서의 일들을 예고하는 기능도 수행하고 있다.

① 숙향이 '청조'를, 이선이 '부처'를 만나는 시·공간적 배경을 일치시키고 그 만남의 배경을 묘사함으로써 시·공간적 배경을 통해 환상 체험의 주요 사건을 암시하고 있군.

② 숙향과 이선이 환상 체험을 할 수 있는 공간으로 이동하는 데에 두 사람이 각자 잠드는 것을 서사적 장치로 활용함으로써 숙향과 이선의 환상 체험 간의 관련성을 높이고 있군.

③ 숙향과 이선이 공통적으로 '요지'에서 화려한 누각을 보고 향내를 맡은 것을 제시함으로써 특정한 한 공간에서 두 사람이 각각 겪은 체험의 동일성을 나타내고 있군.

④ '상제 그 선관에게 이르시되'라고 서술한 것을 '상제 전교하시되'로 서술함으로써 숙향이 관찰자의 입장에서 바라본 사건과 이선이 당사자로서 겪은 사건을 대응시키고 있군.

⑤ 숙향이 환상 체험하는 과정에서 상제에 의해 현실 세계에서의 숙향의 수명, 자손, 복록 등이 정해지도록 제시함으로써 환상 체험을 통해 현실 세계에서의 일들을 예고하고 있군.

Self check

❶ **패턴 1: 서술상의 특징 파악하기 문제**는 개념 정리와 적용 연습이 필수다. ──────────── Yes

❷ **서술상의 특징을 묻는 문제**와 **세부 내용 파악하기 문제**가 있는지를 파악하고 지문에 접근한다. ─────── Yes

❸ **문학 파트**에서 **〈보기〉**는 언제나 **감상 방향의 기준**이 된다. ──────────────────── Yes

❹ **수능 국어 영역 시험**에는 원래 **처음 보는 소설일지라도 답을 찾을 수 있는 문제'만'** 출제된다는 것을 안다. ──── Yes

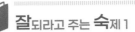

2010학년도 대학수학능력시험

남다른 눈썰미로 한 번 보면 못 내는 시늉이 없었고, 손속 또한 유별났으니 애써 가르친 바가 없어도 음식 맛깔과 바느질 솜씨는 어머니도 나무랄 수 없음을 진작에 선언한 정도였다.

동냥을 주면 종구라기가 넘치고 개밥을 주어도 구유가 좁게 손이 컸다.

"저것이 저리 손이 크니 시집가면 대번 시에미 눈 밖에 나리……."

어머니의 걱정처럼 그녀는 오종종하거나 소갈머리 오죽잖은 짓을 가장 싫어했고, 남의 억울한 일에는 팔뚝을 걷어붙이고 나서서 뒹들어 싸워 주며, 부지런하려 들기로도 남보다 뒤처짐이 없었던 것이다. 대소 간에 대사가 있을 때마다 그녀가 징발됐던 것도 남의 집 뒷수쇄에 뛰어난 능력을 보였음이니, 온갖 일의 들무새요 안머슴이었던 것이다.

"말꼬랑지 파리가 천 리 가더라구 옹젬이가 그렇당께."

부락 사람들은 그녀의 억척과 솜씨를 그렇게 비유하였고, 그녀는 그녀대로 그런 말 듣게 된 자신을 대견스레 여기는 것 같았다.

그녀가 열여섯이라는 어린 나이였음에도, 안팎 동네의 머슴이나 품일꾼, 그리고 어리전이나 드림전을 보아 제 몫은 하던 장돌뱅이 총각들의 눈독을 한 몸에 받고 있었음은 당연한 일이었다. 그러나 그 총각들은 장차 그녀를 아내로 맞고 싶어서 그러던 것은 분명 아닌 것 같았다. 그 시절만 해도 혼사에 있어서만은 으레 근본의 어떠함이 결정적인 역할을 하고 있던 것이다. 양반 찌꺼기들은 말할 것도 없고 향품배(鄉品輩) 끄트머리만 되어도 집안이 이렇고 저러함을 가장 큰 구실로 삼고 있었던 것이다. 그런 경우 교전비(轎前婢)와 난봉난 행랑것 사이에서 태어났던 그녀의 신분은 누구라도 고개를 저을 커다란 허물이었다. 아무리 소견이 들어 됨됨이가 쓸 만하고 살림에 규모가 있더라도 그녀의 내력을 번연하게 외던 근동 사람이라면 거들떠보려고도 않을 판이었다.

(중략)

관촌 부락에서 등성이를 끼고 돌면 요까티라는 작은 부락이 있었다. 원래 이웃하고 농사짓는 초가집 대여섯 가구뿐으로 일 년 내내 대사 한 번 치르지 않아 사는 것 같지 않던 동네였으나, 해방 이듬해부터는 금융 조합 창고 같은 연립 주택이 몇 채 들어서고 한 채에 여남은 가구씩, 북해도에서 왔다는 전재민들을 들여 정착시키자, 밤낮 조용한 날이 없게 시끄러운 마을로 변하면서 전재민촌이라는 새 이름이 붙은 곳이었다. 읍내의 지게꾼, 신기료장수, 리어카꾼과, 주제꼴이 남루한 낯선 사람은 모두 전재민촌에서 사는 사람들이라고 해도 무방할 지경이었다. 그 전재민촌이란 이름은 차츰 도둑놈 소굴이라는 뜻의 대명사로 불리어져 갔다. 관촌 사람들은 집 안에서 무엇이 없어진다거나, 논밭에 심은 것이 축난 듯싶으면 으레 전재민촌 사람들의 소행으로 여겨 버릇했고, 서툰 임고리장수가 들어서도 전재민촌 사람으로 판단, 물건을 갈아주기보다 집어 가는 것이 없는가를 살피려는 도사림으로 냉대해 보내기 일쑤였다.

그런 중에도 옹점이는 조금 달랐다. 그네들이 살아온 이야기, 살아가는 이야기를 들어 보면 불쌍하기 그지없던 거였다. 굶다 못해 이불솜을 빼다 팔아 겨울에도 홑이불을 덮는다든가, 변변한 옷가지는 죄 팔아먹어 주제꼴이 그처럼 비렁뱅이 꼴이라는 거였다. 그렇다면서 전재민만 오면 어머니를 졸라 무엇이든 한 가지는 갈아주도록 꾀하던 것이다. 그녀는 특히 그녀만 보면,

[A] "옥상, 오꼬시 사 먹소."

하며 들어붙던 절름발이 늙은이를 가장 측은하게 여기고 있었다. 일본에서 건너오다 처자를 놓쳐 홀로 된 늙은이라는 거였다.

"그 옥상만 보면 지 애비가 모집 나갔다 나오면서 고상했던 생각이 나서 딱해 못 견디겠슈."

옹점이가 어머니한테 하던 말이다.

과자를 먹어 어디서 난 것이냐고 물으면 옹점이는 서슴지 않고,

"쭉쟁이 보리 한 종발 주구 옥상헌티 샀지."

했다. 옥상에게 곡식을 빼돌려 가면서까지 그녀가 내게 군것질을 시킨 이유는, 옥상이라고 부르던 그 불우한 늙은이를 돕는 마음이었지만, 그러나 더 갸륵한 뜻이 없지 않았음을 나는 알고 있었다.

[B] 근래에 들어와 크게 유행을 본 말 가운데서 내가 가장 깨닫기 수월찮던 말이 주체 의식이니 주체성 운운하던 단어들이었다. 어떡하는 것이 주체 의식이 있는 일이고 무엇이 주체성을 지키는 것인지 얼른 이해하기 어려운 말이었다. 세상이 어지러운 난세일수록 유언비어가 난무함이 예사이고, 말을 않으면 병신 대접 받기 십상인 줄 모르지 않으나, 주체 의식이나 주체성이란 말을 외래어보다도 막연하게, 개나 걸이나 지껄여 대지 않으면 행세를 못하는 줄 알던 많은 사람을 보아 온 터여서, 그 천한 말을 옹점이는 일찍이 내게 행동으로써 보여 준 셈이라고 장담하게 되지 않았나 싶기

도 하다. 한 번 더 다짐해 두지만, 그 무렵 옹점이의 태도를 주체 의식, 또는 주체성이 있는 것으로 보아 무방하다면, 나는 그녀만 한 정신 자세를 가진 인간을, 내가 이 사회에 나와 벌어먹게 된 뒤로는 몇 사람 외에 구경하지 못했다고 단언할 수 있으리라 믿는다.

- 이문구, 「관촌수필」-

* 향품배: 지방의 낮은 벼슬아치들.
* 교전비: 혼례 때에 신부가 데리고 가던 계집종.

> 내가 결정하는 내비게이션

★38

오답률 ▶ 65%

사진 찍기로 세운 전략!✏️

윗글의 서술상 특징으로 가장 적절한 것은?

① 서술자를 교체하여 새로운 사건을 도입하고 있다.
② 과거와 현재를 반복 교차하여 사건에 입체감을 부여하고 있다.
③ 사건에 대한 객관적 묘사를 활용하여 독자의 판단을 유도하고 있다.
④ 방언과 구어적 표현을 사용하여 생동감 있게 이야기를 풀어 가고 있다.
⑤ 이질적인 시선을 대비해 가며 사회 현실을 총체적으로 그려 내고 있다.

39

윗글의 등장인물이 했음직한 말로 적절하지 않은 것은?

① **어머니**: 옹점이가 솜씨는 나무랄 데 없지만 통이 너무 커서 앞날이 걱정이야.
② **옹점이 자신**: 나보고 오지랖이 넓다고들 하는데, 나 없으면 동네 큰 잔치는 누가 준비하지?
③ **장돌뱅이 총각**: 옹점이가 가난하지만 않으면 색시로 삼고 싶은 마음이 굴뚝같아.
④ **근동 사람**: 옹점이네 속사정을 잘 아는데, 옹점이가 사람만 놓고 보면 커다란 흠은 없지.
⑤ **절름발이 늙은이**: 관촌의 다른 사람들과 달리, 옹점이는 내 처지를 잘 이해해 주지.

40

윗글의 공간적 배경에 대한 설명으로 가장 적절한 것은?

① 관촌은 공동체적 유대감과 계층 간 위계 의식이 남아 있는 공간이다.
② 전재민촌은 강한 내적 결속력을 가진 폐쇄적인 공간이다.
③ 관촌은 역동적인 공간임에 비해 전재민촌은 한적한 공간이다.
④ 관촌은 전재민촌과 달리 시대의 변화에 순응하는 공간이다.
⑤ 관촌과 전재민촌은 모두 물질 중심의 가치관이 지배하는 공간이다.

사진 찍기로 세운 전략!

41

윗글을 〈보기〉에 비추어 이해한 내용으로 적절하지 <u>않은</u> 것은? [3점]

〈 보 기 〉

「관촌수필」은 전(傳)을 현대적으로 변용한 작품으로 평가받고 있다. 전은 한 인물의 행적을 짤막하게 서술한 전통적인 글쓰기 양식이다. 대개 ㉠'인물 소개-주요 행적-인물평'의 순서로 구성된다. ㉡서술 대상은 주로 충신, 효자 등 모범적인 덕목을 지닌 인물이었는데, 그중에는 하층민도 포함되어 있다. 전의 중요한 특징 중 하나는 인물평인데, 인물의 행적 요약, ㉢본받을 만한 덕목 제시, 작가의 최종 평가 등으로 구성된다. 이 과정에서 ㉣세상에 대한 작가의 판단이 덧붙여지곤 한다. 인물평은 ㉤행적 부분과 구별되는 진술 방식을 보여 주기도 한다.

① [A]는 ㉠의 '주요 행적' 중 하나에 해당한다.
② 옹점이가 ㉡이 된 이유는 신분적 한계를 극복하려는 의지 때문이다.
③ 서술자는 ㉢을 '주체 의식'이라는 말로 표현하고 있다.
④ [B]에 나타난 세태 비판적 태도에서 ㉣을 엿볼 수 있다.
⑤ [B]의 어투가 이전과는 달라진 것에서 ㉤을 확인할 수 있다.

잘되라고 주는 숙제 2

※ 정답 33쪽

2013학년도 대학수학능력시험

소년은 한길 한복판을 거의 쉴 사이 없이 달리는 전차에, 신기하지도 아무렇지도 않은 듯싶게 올라타고 있는 수많은 사람들의 얼굴에, 머리에, 등덜미에, 잠깐 동안 부러움 가득한 눈을 주었다.

"아버지. 우린, 전차, 안 타요?"

"아, 바로 저긴데, 전찬 뭣 하러 타니?"

아무리 '바로 저기'라도, 잠깐 좀 타 보면 어떠냐고, 소년은 적이 불평이었으나, 다음 순간, 그는 언제까지든 그것 한 가지에만 마음을 주고 있을 수 없게, 이제까지 시골구석에서 단순한 모든 것에 익숙해 온 그의 어린 눈과 또 귀는 어지럽게도 바빴다.

[A] 전차도 전차려니와, 웬 자동차며 자전거가 그렇게 쉴 새 없이 뒤를 이어서 달리느냐. 어디 '장'이 선 듯도 싶지 않건만, 사람은 또 웬 사람이 그리 거리에 넘치게 들끓느냐. 이 층, 삼 층, 사 층…… 웬 집들이 이리 높고, 또 그 위에는 무슨 간판이 그리 유난스레도 많이 걸려 있느냐. 시골서, '영리하다' '똑똑하다', 바로 별명 비슷이 불려 온 소년으로도, 어느 틈엔가, 제풀에 딱 벌려진 제 입을 어쩌는 수 없이, 마분지 조각으로 고깔을 만들어 쓰고, 무엇인지 종잇조각을 돌리고 있는 사나이 모양에도, 그의 눈은, 쉽사리 놀라고, 수많은 깃대잡이 아이놈들의 앞장을 서서, 몽당수염 난 이가 신나게 부는 날라리 소리에도, 어린이의 마음은 걷잡을 수 없게 들떴다.

(중략)

[B] 그는 눈을 들어, 이번에는 빨래터 바로 위 천변의, 나뭇장 간판이 서 있는 곳을 바라보았다. 그곳에는 이미 윷을 놀지 않는 젊은이들이, 철망 친 그 앞에 앉아서들 잡담을 하고, 더러는 몸들을 유난스러이 전후좌우로 놀려 가며, 그것은 또 무슨 장난인지, 서로 주먹을 들어 때리는 시늉을 한다. 그것이 '권투'라는 것의 연습임을 배운 것은 그로부터 며칠 뒤의 일이거니와, 그러한 장난도 창수의 눈에는 퍽이나 재미스러웠다.

그러한 소년의 눈에, 천변을 오고 가는 모든 사람들이, 그 모두가, 한결같이 잘나만 보이는 것도 또한 어찌할 수 없는 일이 아니냐. 임바네스* 입은 민 주사며, 중산모 쓴 포목전 주인이며, 인력거 위에 날아갈 듯이 앉아 있는 취옥이며, 그러한 모든 사람은 이를 것도 없거니와 다리 밑에 모여서들 지껄대고, 툭 치고, 아무렇게나 거적 위에서 뒹굴고, 그러는 깍정이* 떼들도, 이곳이 결코 시골이 아니라 서울일진댄, 그것들은 그만큼 행복일 수 있지 않느냐.

더구나, 소년은, 줄창, 이곳에만 있어, 오직 이곳 풍경만 사랑하지 않아도 좋을 것이다.

'암만 좋은 구경이래두, 밤낮 본다면 물리고 만다……'

그러나 이제 창수는 '화신상'도 가 볼 수 있고, '전차'도 탈 수 있고, 옳지, 또 가만히 서만 있어도 삼 층 꼭대기, 사 층 꼭대기로 데려다 준다는 '승강기'라는 것이 있다지 않나. 수길이 말을 들으면, 머리가 어찔하게 현기증이 나더라지만, 그것은 타는 법을 몰라 그럴 것이다.

'눈을 꼭 감고만 있으면 아무 상관이 없다……'

창수는, 말로만 들었지 정작 눈으로 본 일은 없는 '승강기'라는 물건을, 잠깐 머릿속에 아무렇게나 만들어 보느라 골똘이었으나, 어느 틈엔가 제 곁에 서너 명의 아이들이 모여 선 것을 깨닫고, 그들을 둘러보았다.

"얘가 시굴 아이다, 시굴 아이야."

칠팔 세나 그밖에 더 안 된 아이가, 옆에 있는 아이들을 둘러보고 그렇게 말하니까, 모두 고만고만한 또래의 딴 아이들이,

"그래, 시굴 아이야, 시굴 아이……"

저마다 연방 고개를 끄덕이고, 열한두 살이나 그렇게 된 계집아이 등에 업혀 있는 두세 살 된 갓난애조차, 잘 안 돌아가는 혀끝을 놀리어,

"시구라, 시구라."

하고, 빤히 저를 쳐다보는 것에, 소년은 그러한 것에도 쉽사리 붉어지는 제 얼굴을 아무렇게도 하는 수 없이, 문득, 등 뒤에서 요란스러이 울린 자전거 종소리에, 그만 질겁을 하여 한옆으로 허둥대며 비켜서는 꼴을 보고, 그 결코 그렇게는 놀라는 일이 없는 ⊙'서울 아이'들이, "하, 하, 하" 하고 가장 재미있는 듯싶게 한바탕을 웃었을 때, 소년은 귀밑까지 새빨개가지고 마음속에 끝없는 모욕을 느끼지 않으면 안 되었다.

그러나 ⓒ저를 비웃은 아이는, 옆에 모여 선 그 애들뿐이 아니다. 개천 건너 이발소 창 앞에 앉아, ⓒ저보다 좀 큰 아이가 아까부터 제 편만 지켜보고 있었던 듯싶어,

"하, 하, 하…… 녀석, 놀라기는……"

하고, 그러한 말을 하더니, 눈이 마주치자,

"너, 약국에, 오늘 들왔구나?"

아주 어른같이 그러한 것을 묻는다. ㉣창수는 또 변변치 못하게 얼굴을 붉히며, 가까스로 고개를 한 번 끄떡하고, 문득, 부모를 떠나 외따로이 이러한 곳에서 이제 어떻게 지내 가나 겁이 부썩 나며, 그저 아버지가 '전차'나 태워 주고, '화신상'이나 구경시켜 주고, 또 '승강기' 있다는 데로 데리고 가 주고, 그러한 다음에, 같이 집으로나 다시 내려갔으면, 그러면 퍽 좋겠다고 침을 몇 덩어리나 삼키며, 저 혼자 속으로 생각하지 않으면 안 되었다.

- 박태원, 「천변풍경」 -

* 임바네스: 남자용 외투의 일종.

* 깍정이: 거지.

> 내가 결정하는 내비게이션

★17

오답률 ▶ 56%

윗글의 서술상 특징으로 가장 적절한 것은?

① 여러 인물의 내면을 서술하여 인물들의 다양한 특성을 보여 주고 있다.
② 쉼표를 활용한 긴 문장으로 여러 대상과 장면을 서술하고 있다.
③ 인물 간 대화를 통해 인물의 분열된 의식을 드러내고 있다.
④ 과거와 현재를 대비하여 사건을 입체적으로 서술하고 있다.
⑤ 빈번한 장면 전환을 통해 긴박한 분위기를 드러내고 있다.

> 사진 찍기로 세운 전략! 🖊

★18

오답률 ▶ 55%

〈보기〉의 관점에서 [A], [B]의 의미를 탐구하기 위한 구상으로 가장 적절한 것은?

> 〈 보 기 〉
> 문학 작품을 사회·문화적 맥락과 관련지어 해석한다.

① [A]: 소년의 의식과 행동의 특징에 주목하여, 이 작품의 인물 유형을 분류해 본다.
② [A]: 소년과 아버지의 갈등에 주목하여, 그 갈등이 작품 전체의 주제로 발전될 가능성을 추론해 본다.
③ [A]: 여러 인물이 한 공간에 등장한다는 점에 주목하여, 이 작품의 구조적 특성을 이해하는 단서로 삼는다.
④ [B]: 작품 속 인물들의 외양에 주목하여, 인물들의 성격을 드러내는 창작 기법에 대해 알아본다.
⑤ [B]: 천변의 생활상에 주목하여, 당시 서울의 세태가 작품에 반영된 양상을 살펴본다.

*19

오답률 ▶ 53%

㉠~㉣의 관계에 대한 이해로 가장 적절한 것은?

① ㉠은 ㉡과 함께 ㉢, ㉣을 조롱하고 있다.
② ㉠은 ㉡과 달리 ㉣을 무시하고 있다.
③ ㉢은 ㉡에 기대어 ㉣에게 조언하고 있다.
④ ㉢은 ㉡이기는 하지만 ㉣에게 관심을 갖고 있다.
⑤ ㉢은 ㉠, ㉡, ㉣ 사이의 갈등을 중재하고 있다.

사진 찍기로 세운 전략!✏️

*20

오답률 ▶ 38%

〈보기〉를 참고하여 윗글을 감상한 내용으로 적절하지 <u>않은</u> 것은? [3점]

> 〈 보 기 〉
> 도시에 처음 입성한 이들은 자신의 꿈과는 다른 현실에 직면하여 심리적 혼돈 속에서 크게 위축된다. 도시는 문명의 화려함을 내세워 그들을 매혹하지만 안정된 삶의 장소를 내주지는 않는다. 도시 문명에 가리어진 도시의 이면적 풍경, 인정이 메마른 도시인의 초상, 그리고 도시 현실에 대한 비판적 의식 등이 어우러져 도시 소설의 한 줄기를 이룬다.

① '창수'가 '다리 밑' 풍경조차도 '행복일 수 있지 않느냐'고 여기는 데서, 도시의 이면적 실상을 직시하지 못하는 인물의 의식을 엿볼 수 있군.
② '창수'가 도시의 풍경에 대해 '밤낮 본다면 물리고 만다'고 한 데서, 혼돈에서 벗어나 도시 문명을 비판적으로 인식하는 모습을 읽을 수 있군.
③ '창수'가 '자전거 종소리'에 허둥대는데도 계속 놀림을 당하는 장면에서, 도시에 입성한 인물이 현실에 직면하여 처하는 불안정한 상황을 짐작할 수 있군.
④ '창수'가, '어른같이' 묻는 물음에 선뜻 답하지 못하는 장면에서, 도시에 처음 입성한 인물이 겪는 심리적 위축 상태를 볼 수 있군.
⑤ '창수'가 '집으로나 다시 내려갔으면' 좋겠다고 생각하는 대목을 통해, 꿈과 현실 사이의 괴리에서 오는 혼란을 겪는 이의 마음을 엿볼 수 있군.

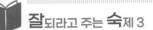

2010학년도 9월 모의평가

젊은이는 사내가 새를 사 주지 않는 데 대한 원망의 기색은 손톱만큼도 나타내지 않았다. 그는 될수록 사내가 난처해질 소리들만을 골라서 그를 괴롭게 몰아붙이는 것이었다. 그리하여 결국은 사내 스스로가 견디질 못하고 가게를 떠나가게 하려는 것이었다.

- 아드님을 기다리신답니다. 아드님이 시골에 궁전을 지어 놓고 영감님을 모시러 오시는 중이랍니다.

그는 때론 새를 사러 들어온 손님을 상대로 해서까지 그렇게 무참스럽게 사내는 비웃고 무안을 주었다.

- 어디만큼 왔나, 고개만큼 왔지……. 영감님은 날마다 효자 꿈에 행복하시지요.

㉠사내는 그러나 그런 젊은이의 비웃음을 아랑곳하려는 기색이 조금도 없었다. 그는 젊은이의 공박에 할 말이 전혀 없는 사람처럼 주위를 짐짓 외면해 버리곤 하였다. 젊은이가 정 그를 못 견디게 매도하고 들 때면 차라리 그 젊은이의 얕은 소갈머리가 가엾어 죽겠다는 듯 슬픈 눈길로 그를 한참씩 건너다보고 있다가는 조용히 혼자 한숨을 짓고 말 뿐이었다.

하면서도 사내는 좀처럼 젊은이의 새 가게를 떠날 생각을 않고 있었다. 아니 그는 젊은이의 그런 버릇없는 공박 따위로 가게를 아주 떠나 버릴 처지의 사람이 아니었다.

그에겐 아직도 할 일이 남아 있었다.

"녀석들에게 모두 새를 사야……. 그래도 녀석들에게 빠짐없이 모두 한 마리씩은 새를 살 수가 있어야……."

사내는 혼자 속으로 중얼거리곤 하였다. 그는 아직도 가막소˚ 안에 남아 있는 친구들을 절대로 잊어서는 안 된다고 생각했다. 그 가엾은 친구들을 위해 새를 사지 않고 혼자서 이곳을 떠날 수는 없다고 몇 번씩 자신의 결심을 다짐했다. 그는 그저 지금 당장은 새를 사는 일이 달갑게 여겨지지가 않고 있을 뿐이었다. 새를 사더라도 전날처럼 즐겁거나 기분이 가벼워지질 못하고 있는 것뿐이었다.

하지만 사내는 그것도 그저 그 빌어먹을 잠자리의 악몽 때문일 거라 자신을 변명했다. 밤마다 그를 괴롭혀 대고 있는 빛줄기의 꿈만 꾸지 않게 되면 그는 다시 기분이 회복되어 새를 즐겁게 살 수 있으리라 자신을 기다렸다. 도대체가 새들이 낙엽처럼 빛을 맞고 떨어져 내리는 악몽이 계속되는 동안은, 그리고 그 빌어먹을 새들이 어째서 이 공원 숲을 떠나지 못하고 자꾸만 다시 조롱 속으로 붙잡혀 돌아오는지, 그런 사연 을 석연히 이해하지 못하고는 새를 다시 사고 싶은 생각이 일어오질 않았다. 그건 마치 어린애들 숨바꼭질과도 같은 어리석은 장난일 뿐이었다.

한데 그러던 어느 날 밤, 사내에겐 또 한 가지 ⓐ이상스런 일이 일어났다.

사내는 이날 밤도 그 공원 숲 벤치 위에서 추운 새우잠을 견디고 있었는데, 자정을 한 시간쯤이나 지난 무렵이었을까, 예의 전짓 불빛이 다시 공원 숲속을 훑어 대기 시작했다.

이번엔 물론 꿈이 아니었다. 실제로 빛줄기를 앞세운 ⓑ밤새 사냥이 시작된 것이었다. 사내는 벌써부터 ⓒ까닭을 알 수 없는 두려움 때문에 자신도 모르게 사지가 움츠러들고 있었다.

하지만 이번엔 다행스럽게도 전번 날 밤과는 사정이 훨씬 달랐다. 빛줄기가 아직 사내를 찾아내지 못하고 있었다. 아니, 이날 밤은 그 밤새 사냥꾼이 제 편에서 미리 사내의 잠자리를 피해 주고 있었는지도 알 수 없는 노릇이었다.

불빛은 좀처럼 사내 쪽으로 다가들 기미를 안 보이고 있었다. 사내와는 한참 거리가 떨어진 숲들만 이리저리 분주하게 휘저어대고 있었다. 불빛을 맞은 밤새들이 낙엽처럼 어둠 속을 휘날리고 있을 뿐이었다.

불빛은 거의 걱정을 할 필요가 없는 것 같았다.

하지만 이미 졸음기가 말끔 달아나 버린 사내는 모른 체하고 다시 잠을 청할 수도 없었다.

그는 이윽고 야전잠바 옷깃을 들추고 천천히 벤치 위로 몸을 일으켜 앉았다. 그러고는 차분한 손짓으로 야전잠바 주머니 속을 뒤져 꽁초 한 대를 찾아 물었다.

사내가 그 야전잠바 옷깃으로 불빛을 가리며 입에 문 꽁초에다 막 성냥불을 그어 붙이려던 순간이었다.

후루룩ᅳ!

어둠 속 어느 방향으론가부터 느닷없이 사내의 잠바 깃 속으로 날아와 박혀 드는 것이 있었다. 담뱃불을 붙이려다 말고 사내는 자신도 모르게 흠칫 놀라 손에 든 성냥불부터 날쌔게 꺼 없앴다. 그러고는 그의 가슴께 잠바 깃 속으로 박혀 든 물체를 재빨리 더듬어 냈다.

사내는 이내 물체의 정체를 알 수 있었다. 다름 아니라 그것은 방금 ⓓ숲속의 불빛에 쫓겨 온 한 마리의 새였다. 부드럽고 따스한 감촉이 손에 닿을 때부터 사내는 벌써 그것을 알 수 있었다. 옷깃 밖으로 끌려 나온 새는 두려움 때문인지 가슴이 몹시 팔딱거리고 있었다. 사내가 담뱃불을 붙이기 위해 옷자락에 성냥불을 켰을 때 녀석은 그 불빛을 보고 달려든 게 분명했다.

"빛에 쫓긴 녀석이 외려 또 불빛을 보고 덤벼들다니⋯⋯. 역시 새짐승이란⋯⋯."

사내는 녀석의 ⓔ분별없는 행동이 희한하기도 하고 우습기도 하였다.

하지만 사내의 그런 생각이 오히려 오해였는지도 알 수 없었다.

사내는 잠시 녀석을 어떻게 해 주어야 좋을지를 생각해 보았다. 녀석을 금세 그냥 그대로 놓아 보낼 수는 없었다. 녀석은 몹시 겁을 먹고 있었다. 빛줄기에 쫓긴 녀석이 사내에게서 또 한 번 놀라고 있었다. 놀란 녀석을 무작정 다시 어둠 속으로 달아나게 할 수는 없었다.

그는 녀석에게 좀 안심을 시켜서 놓아주기로 작정했다.

　　　　　　　　　　　　　　　　　　　　　　－ 이청준, 「잔인한 도시」 －

* 가막소: 교도소.

○─ 내가 결정하는 내비게이션

★**40**

〔오답률 ▶ 41%〕

사진 찍기로 세운 전략!✏️

윗글의 서술상 특징으로 가장 적절한 것은?

① 장면의 빈번한 전환으로 인물 사이의 긴장감을 고조시키고 있다.
② 과거와 현재를 병렬적으로 배치하여 특정 사건을 부각하고 있다.
③ 인물이 추리 과정을 통해 특정 사건의 의미를 탐색하게 하고 있다.
④ 인물 간의 대화를 통해 인물의 내면을 생동감 있게 묘사하고 있다.
⑤ 짧고 감각적인 문장을 활용하여 공간적 배경을 세밀하게 그리고 있다.

41

㉠의 이유로 가장 적절한 것은? [1점]

① '새 가게' 이외에는 거처할 곳이 없기 때문이다.
② '젊은이'의 태도에 대해 무언의 항변을 하고 있기 때문이다.
③ '가막소'에 있는 친구들을 위해 할 일이 남아 있기 때문이다.
④ '젊은이'가 자신의 마음을 이해해 줄 것이라고 믿기 때문이다.
⑤ '아들'이 자기를 찾아올 것이라는 희망을 가지고 있기 때문이다.

42

〈보기〉를 바탕으로 윗글을 해석할 때 적절하지 <u>않은</u> 것은? [3점]

사진 찍기로 세운 전략! ✏️

> 〈 보 기 〉
>
>   이 소설은 폭력적이고 억압적인 세계에 맞서 그것의 정체를 드러내어, 이를 부정해야 함을 강조하고 있다. 그리고 억압적인 세계에 길들여져 있는 인간의 모습을 통해 현실 사회가 부정적인 공포의 공간이 되는 모순을 부각하고 있다. 이러한 모순은 공원 숲에서 멀리 달아나지 못하고 도리어 불빛 속으로 뛰어드는 새를 '사내'가 목격하고, 공원 숲이 더 이상 휴식의 공간이 될 수 없음을 깨닫는 데서 잘 드러난다. 또한 이 소설은 폭력적이고 억압적인 현실의 횡포와 기만에 대한 분노를 통해, 폭력과 억압이 존재하지 않는 세계를 집요하게 추구하고 있다.

① 폭력적이고 억압적인 세계는 '공원 숲속을 훑어 대기 시작'하는 전짓불빛에 의해 만들어지고 있다.

② 억압적인 세계에 길들여져 있는 인간의 모습은 '공원 숲을 떠나지 못하고 자꾸만 다시 조롱 속으로 붙잡혀 돌아오는' 새들을 통해서 확인할 수 있다.

③ 현재의 공간이 부정적인 공간이 되는 것은 사냥꾼에 쫓긴 '밤새들이 낙엽처럼 어둠 속을 휘날리'는 것을 통해 확인할 수 있다.

④ 현실의 횡포와 기만에 대한 분노는 '졸음기가 말끔 달아나 버린 사내'가 '모른 체하고 다시 잠을 청할 수' 없는 데서 확인할 수 있다.

⑤ 자유를 억압하는 강압적인 폭력의 결과는 '새들이 낙엽처럼 빛을 맞고 떨어져 내리는' 상황을 통해서 암시되고 있다.

43

ⓐ~ⓔ 중, '사내'가 그런 사연 을 이해하기 위해 알아야 할 것으로 거리가 <u>먼</u> 것은?

① ⓐ   ② ⓑ   ③ ⓒ   ④ ⓓ   ⑤ ⓔ

14 Day

소설, 문제 패턴 2, 3

소설은 길기도 하고
처음 보는 작품은 내용 파악이 어려워요.
긴장하면 더 그렇고요.
그 소설의 전체 줄거리를 모르는 상태에서
특정 장면을 이해하는 게 너무 어려운데,
어떻게 해야 내용 파악을 잘할 수 있을까요?

 소설의 세부 내용을 파악했는지를 묻는 패턴의 문제,
특히 고전 소설 내용 파악을 많이들 어려워해.

맞아요.ㅠㅠ

 최근의 출제 경향으로 봤을 때, 줄거리를 세부적으로 이해하고 인물들의 심리를
정확하게 이해하는 일이 더 중요해졌어. 덜렁거리다가 실수하는 건 금물!

어떻게 해야 할까요?

 독서의 그 어려운 지문의 세부 내용 파악하기도 해냈잖아.
인물 중심으로 줄거리를 읽어 나가는 연습!

인물에 주목하라는 말씀이죠? 연습해 보겠습니다!!

| TODAY's 목표 확인 | 너의 예습 Time! | 국어 성적 갱생 포인트 공개 | Show me the 시범~ |

①
2025학년도 수능에
출제될 소설 문제 패턴을 두 개 더 안다.(1+2)

②
인물 중심으로 서사 구조를 파악하고,
인물의 심리를 이해한다.

이제까지 배운 것들을 떠올려 보며 새로운 지문과 문제들에 적용하는 연습을 시작해 보자!

| TODAY's 목표 확인 | 너의 예습 Time! | 국어 성적 갱생 포인트 공개 | Show me the 시범~ |

🏆 **감사합니다. ㅜㅜ** 2019.07.03 05:01

김*원

f 🕊 🐦 URL | 조회수 123

| 강좌 평가 ★ ★ ★ ★ ★

선생님♡♡ 너무나 감사합니다.ㅜㅜ
선생님 덕분에 이제 문학에서도 희망의 빛이 나타났습니다!!
저는 문학을 정말 못하는 학생이었습니다.
모의고사를 치면 문학 파트에서 보통 2~3문제 정도 맞히고 나머지는 다 틀리는 수준이었습니다.
문학 때문에 원하는 등급을 항상 받을 수가 없어 문학이 너무 싫었습니다.
문학 시간에는 아예 책도 안 펴고(이러면 안 되지만... 그래도 책상 위에 책은 올려 두었습니다.)
놀 정도로 엄청나게 싫어했고, 그로 인해 내신 등급은 거의 바닥이었죠.
그래서 저는 제가 문학을 좋아하게 될 거라고는 상상조차 못 했습니다.
사실 수능특강에서는 큰 변화가 없어서 문학은 극복할 수 없는 과목이라고 생각했는데,
패나에서 제가 성장했음을 느낄 수 있었습니다.
8강에서 13강까지 문제를 풀었는데, 와... 저의 정답률에 놀랐습니다.ㅎㅎ
특히, 고전 시가에서 엄청난 변화가 있었습니다.
예전에는 아예 읽지도 못했는데,
지금은 짧은 작품은 정말 몇 초도 안 돼서 다 읽을 수 있는 경지에 이르렀습니다.ㅜㅜㅜㅜ
그리고 가장 큰 변화는 두려움이 없어졌다는 것입니다.
이제는 모르는 작품이 나와도 전혀 당황하지 않고 문제를 풉니다.ㅎㅎ
오히려 모르는 작품의 문제 푸는 재미가 있더라고요. ㅋㅋㅋㅋ
실력이 향상되고 체화되는 데까지 시간이 오래 걸리긴 했지만,
힘들어도 선생님 강의 듣고 싶어서 꾸역꾸역 풀다 보니 이렇게 성장할 수 있었습니다.

| TODAY's 목표 확인 | 너의 예습 Time! | 국어 성적 갱생 포인트 공개 | Show me the 시범~ |

소설 영역에서 꼭 나오는 문제 패턴과 접근법 ▶▶▶ 소설에도 ㉠~㉲은 등장한다.

패턴 2

"인물의 말이나 행동에 담긴 심리를 파악할 수 있어야지."
일명
인물의 심리 및 태도 파악하기

✓ ☐☐이/가 없는 작품은 없다.

tip ㉠~㉲으로 표시돼 있다면, 지문을 읽으면서 실시간으로 해결하는 게 유리하다.

✓ 전체적인 ☐☐ 구조를 파악한다.
✓ 인물 간의 ☐☐을/를 파악한다.
✓ 인물이 처해 있는 ☐☐ 속에서 어떻게 대처하는지 살핀다.

패턴 3

"무엇이든 물어보세요."
일명
구절의 의미 및 기능 파악하기

✓ 구절의 의미 · 기능 및 세부 내용 파악까지, 종합적 실력을 체크하려는 패턴의 문제이다.

tip 이 문제의 유형은 문두의 형식이 주로 '~ 적절하지 않은 것은?'으로 출제된다.

✓ 전체적인 ☐☐ 구조를 파악한다.
✓ 문단 단위, 혹은 장면 단위로 나누어서 읽되, 실시간으로 선지를 확인한다.

★을 백만 개는 줘야 하는 꿀팁!

㉠~㉲(혹은 굵은 글씨)을 통해 알 수 있는 인물의 심리 및 성격, 구절의 의미 및 기능을 파악하라는 문제는

〈보기〉와 함께 제시되는 경우가 많다.
그리고 적절하지 않은 것을 고르라고 하는 경우가 많다.
그렇다면?
감상과 판단의 기준은 〈보기〉느님.
〈보기〉 내용과 상충되면? No!
문제 풀이는 실시간으로!

패턴 2 인물의 심리 및 태도 파악하기

패턴 3 구절의 의미 및 기능 파악하기

33 ✎ What pattern is it?

[A]와 [B]에 대한 설명으로 가장 적절한 것은?

① [A]는 사회적 갈등에, [B]는 대상 묘사에 초점을 맞추어 서술하고 있다.
② [A]는 보여 주기 방법으로, [B]는 말하기 방법으로 장면을 제시하고 있다.
③ [A]는 화자가 사건을 추측하여, [B]는 화자가 소년 시절을 회상하여 전달하고 있다.
④ [A], [B] 모두 단정적이고 객관적인 진술로 사건에 사실성을 부여하고 있다.
⑤ [A], [B] 모두 감성적인 언어를 적절하게 구사하여 작품의 미적 효과를 높이고 있다.

34 ✎ What pattern is it?

윗글의 인물들과 큰 산의 관계를 〈보기〉와 같이 도식화하였을 때, ⓐ~ⓓ에 대한 설명으로 적절하지 <u>않은</u> 것은? [3점]

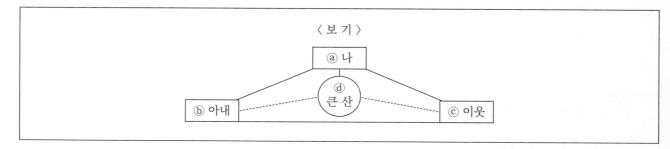

① ⓐ는 큰 산이라는 존재를 인식하면서도 자기중심적인 모습을 보여 주고 있다.
② ⓐ는 ⓑ, ⓒ를 비판하면서 큰 산을 통해 부정적 현실을 이겨 내려고 노력하고 있다.
③ ⓑ, ⓒ는 큰 산의 존재감을 느끼지 못한 채 이기적인 태도를 취하고 있다.
④ ⓓ는 모든 사람들을 넉넉하게 해 주는 근원적인 동질성을 함축하고 있다.
⑤ ⓐ, ⓑ, ⓒ는 모두 큰 산이라는 존재의 의미를 상실한 채 살아가고 있다.

36 ✎ What pattern is it?

㉠~㉤에 나타난 '나'의 심리나 태도에 대한 설명으로 적절하지 <u>않은</u> 것은?

① ㉠: 상대방에 대해 답답한 심정을 드러내고 있다.
② ㉡: 대상에 대한 거부감을 보이고 있다.
③ ㉢: 예상 밖의 상황에 대해 어이없어 하고 있다.
④ ㉣: 대상에 대한 큰 상실감을 느끼고 있다.
⑤ ㉤: 상대방의 비합리적인 태도를 묵인하고 있다.

2009학년도 4월 학력평가

"돌아다니고 있어요, 저게. 염병 돌듯이."

아내는 빠른 입놀림으로 이렇게 헐떡거리듯이 지껄였다. ㉠나는 그 아내를 금방 신 내리는 무당 쳐다보듯이 을씨년스러운 느낌 섞어 쳐다보았다.

"돌아다니다니, 대체 무슨 소리야?"

"이 집에서 저 집으로, 저 집에서 이 집으로."

"그때 그 고무신짝은 분명히 쓰레기통에 버렸지 않아."

"아무래도 꺼림칙해서 그날 밤 당신이 들어오시기 전에 내가 다시 들고 나갔던 거예요."

"무엇이? 그럼 어느 집 담장 너머로 버렸었다는 말인가?"

"그렇지요."

아내는 당연하다는 듯이 약간 우락부락한 얼굴까지 되며 말하였다.

"왜?"

"왜라뇨. 당신 그걸 지금 나한테 따져 묻는 거예요?"

"던지긴 어느 집으로 던졌어?"

"몰라요."

"……"

[A]
그러니까 이렇게 된 모양이다. 새벽 일찍 뜰 한가운데 그 고무신짝이 떨어진 것을 본 그 어느 집의 부부들도 쩌엉한 느낌에 휘어 감기며 간밤 내 근처에서 들리던 굿하는 꽹과리 소리 같은 것을 떠올리며 공포감에 사로잡혔을 것이다. 별로 복잡하게 궁리할 것도 없이, 그날 낮이든가 밤에, 이웃집 아무 집에건 담장 너머로 그 고무신짝을 훌쩍 던졌을 것이다. 남편 모르게 아내가, 혹은 아내 모르게 남편이. 그만한 자존심들은 있었을 것이다. 그렇게 액은 이웃집으로 옮아 보내고, 제 집은 일단 마음을 놓았을 것이다. 그러자 담장 안에 웬 고무신짝 하나가 떨어진 것을 본 그 집에서도, 그렇게 제 집으로 들어온 액을 멀리는 못 쫓고 그날 낮이면 낮, 밤이면 밤에, 근처 이웃집으로, 또 던져 버렸을 것이다. 그 이웃집에서는 다시 이웃집으로, 또 그 이웃집으로, 순이네 집에서 영이네 집으로 영이네 집에서 웅이네 집으로, 웅이네 집에서 건이네 집으로 이런 식이었을 것이다. 모두 현대적인 교육을 받은 터여서 자존심들은 있었을 것이다. 모두가 합리적인 사람 대우는 대우대로 받고 싶었을 것이다. 그러나 대우는 대우고, 겪는 것은 겪는 것이다. 그들은 서로 상처 한 군데 입음이 없이 그 고무신짝만 이웃집 담장 너머로 던지면 되었던 것이다.

(중략)

"대체 저놈의 것을 어쩌지?"

㉡나는 이미 액투성이 때가 엉기엉기 묻은 듯한 그 고무신짝을 만지기도 싫어서, 엇비슷이 건너다보며 투덜거렸다.

"어쩌긴 어째요, 놔두세요, 내가 처리할게."

아내는 독오른 표정이 되며, 악착같이 해보겠다는 듯이 중얼거렸다.

"처리하다니, 어떻게?"

"아주 머얼리 보내지요. 이따가 밤에."

"산에라도 가져다가 버릴 요량인가?"

"뭣 허러 산에 가져가요. 우리가 그렇게 질 수는 없는 거 아녜요."

하고 아내는 발끈하며 다시 말하였다.

"밤에 저놈의 걸 들고 버스 타고 멀리 가져갈 테요. 하다못해 동빙고동에라도."

"어러러."

㉢나는 입을 벌리며, 악착같이 해볼 기세인 시뻘게진 아내의 얼굴을 마주 쳐다보았다.

동시에 국민학교 4학년 적의 그 지카다비* 짝과 그때 그 큰 산이 구름에 깝북 가려졌던 교교한 산천을 떠올렸다.

"큰 산이 안 보여서 이래, 모두가."

내가 나지막하게 혼잣소리로 중얼거리자, 아내도 나를 귀신 내리고 있는 박수 쳐다보듯이 쳐다보고 있었다.

"당신 이제 무슨 소리 했수. 대체 큰 산이 뭐유, 큰 산이?"

"……"

그 큰 산은 청빛이었다. 서쪽 하늘에 늘 덩더룻이 웅장하게 퍼져 있었다. 아침저녁으로 혹은 네 철을 따라 표정은 늘 달랐지만, 근원은 뿌리 깊이 일관해 있었다. 해 뜨기 전 새벽에는 청청한 빛으로 싱싱하고, 첫 햇볕이 쬐면 산머리에서부터 백금색으로 빛나고, 햇볕 속의 한낮에는 멀리 물러앉은 청빛이었다. 해 질 녘 저녁에는 골짜기 하나하나가 손에 잡힐 듯이 거멓게 윤곽을 드러내고, 서서히 보랏빛으로 물들어 간다. 봄에는 봉우리부터 여드러워지고, 겨울이면

[B] 흰색으로 험준해진다. 가을에는 침착하게 물러앉고, 여름이면 더 높아 보인다. 그 큰 산 쪽으로 샛바람이 불면 비가 왔고, 큰 산 쪽에서 바다 쪽으로 맞바람이 불면 비가 그치고 하늘이 개었다. 그 큰 산은 늘 우리 모든 사람의 마음속에 형태 없는 넉넉함으로 자리해 있었다. 그 큰 산이 그곳에 그렇게 그 모습으로 뿌리 깊게 웅거해 있다는 것이 늘 안심이 되었던 것이다.

깊숙하게 늘 안심이 되었던 것이다.

ⓔ아, 그 큰 산, 큰 산.

그날 밤 아내는 악착같이 해볼 기세로, 시뻘게진 얼굴로 그 고무신짝을 신문지에 둘둘 말아 싸 가지고 어디론가 나갔다가, 아홉 시가 지나서야 비시시 웃으며 들어섰다. 과연 나갈 때의 뭉뚱그려진 표정은 가셔지고, 무거운 짐이라도 벗어 놓은 듯이 분위기가 한결 개운해져 있었다.

그러나 나는 아무 소리도 안 물었고 아내도 구태여 아무 소리도 안 하였다. ⓜ우리는 이렇게 이 정도로는 서로 존중해 줄 줄을 알고 있었다.

- 이호철, 「큰 산」 -

* 지카다비: 일본식 작업용 신발.

 제대로 풀어 보기!

✿ 정답 2쪽

33

[A]와 [B]에 대한 설명으로 가장 적절한 것은?

① [A]는 사회적 갈등에, [B]는 대상 묘사에 초점을 맞추어 서술하고 있다.
② [A]는 보여 주기 방법으로, [B]는 말하기 방법으로 장면을 제시하고 있다.
③ [A]는 화자가 사건을 추측하여, [B]는 화자가 소년 시절을 회상하여 전달하고 있다.
④ [A], [B] 모두 단정적이고 객관적인 진술로 사건에 사실성을 부여하고 있다.
⑤ [A], [B] 모두 감성적인 언어를 적절하게 구사하여 작품의 미적 효과를 높이고 있다.

① ⓐ는 큰 산이라는 존재를 인식하면서도 자기중심적인 모습을 보여 주고 있다.
② ⓐ는 ⓑ, ⓒ를 비판하면서 큰 산을 통해 부정적 현실을 이겨 내려고 노력하고 있다.
③ ⓑ, ⓒ는 큰 산의 존재감을 느끼지 못한 채 이기적인 태도를 취하고 있다.
④ ⓓ는 모든 사람들을 넉넉하게 해 주는 근원적인 동질성을 함축하고 있다.
⑤ ⓐ, ⓑ, ⓒ는 모두 큰 산이라는 존재의 의미를 상실한 채 살아가고 있다.

*34

오답률 ▶ 46.0%

윗글의 인물들과 큰 산의 관계를 〈보기〉와 같이 도식화하였을 때, ⓐ~ⓓ에 대한 설명으로 적절하지 않은 것은?

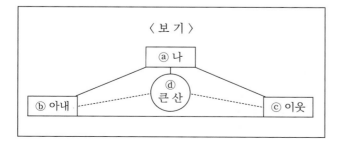

〈 보 기 〉

ⓐ 나
ⓓ 큰 산
ⓑ 아내   ⓒ 이웃

*36

오답률 3위 ▶ 65%

㉠~㉤에 나타난 '나'의 심리나 태도에 대한 설명으로 적절하지 않은 것은?

① ㉠: 상대방에 대해 답답한 심정을 드러내고 있다.
② ㉡: 대상에 대한 거부감을 보이고 있다.
③ ㉢: 예상 밖의 상황에 대해 어이없어 하고 있다.
④ ㉣: 대상에 대한 큰 상실감을 느끼고 있다.
⑤ ㉤: 상대방의 비합리적인 태도를 묵인하고 있다.

고전 소설에도 소설 문제 패턴은 그대~로 적용되는 거야.

'인물'에 집중, 그 인물의 '심리 및 태도'에 집중!

그 심리와 태도의 원인이 무엇인지 '상황' 파악!

42 ✎ What pattern is it?

[A]에 대한 설명으로 가장 적절한 것은?

① 배경 묘사를 통해 인물의 성격 변화를 표출하고 있다.
② 과장된 상황의 설정을 통해 해학적 분위기를 형성하고 있다.
③ 편집자적 논평을 통해 인물의 부정적 면모를 비판하고 있다.
④ 과거와 현재의 빈번한 교체를 통해 인물의 내력을 소개하고 있다.
⑤ 공간의 이동에 따른 인물의 행위를 통해 긴박감을 조성하고 있다.

43 ✎ What pattern is it?

윗글의 인물에 대한 이해로 적절하지 <u>않은</u> 것은?

① '한양'은 원양 북문을 개방하여 북군의 승리에 기여하고 있다.
② '유생'은 '삼소저'의 행동을 단속하지 못한 '왕씨'를 책망하고 있다.
③ '왕씨'는 '삼소저'가 자신의 기대를 저버린 것에 대해 한탄하고 있다.
④ '삼소저'는 천하가 어지러움을 제시하며 자신들의 의견을 표출하고 있다.
⑤ '장임'은 '원견'의 간언에도 불구하고 '명주'와 '최완'을 환대하고 있다.

44 ✎ What pattern is it?

〈보기〉를 바탕으로 윗글을 감상한 내용으로 적절하지 <u>않은</u> 것은? [3점]

> 〈 보 기 〉
>
>   전통적 유교 사회에서 남성에게 요구된 효는 학문과 무예에 힘써 입신양명에 이르는 것이었으며 여성에게 요구된 효는 규방에서 예절을 익히는 것이었다. 이 작품의 여성 주인공들은 이러한 인식에 문제를 제기하고 사적 영역에서 공적 영역으로 나아가고자 하는 욕망을 드러낸다. 이 욕망을 추구하는 과정에서 여성 주인공들은 남성 영웅들과 동등한 위치에서 비범한 능력을 발휘함으로써 영웅적인 면모를 보이고 있다.

① 삼소저가 칼 쓰기와 말 달리기를 꾸준히 연마하는 것에서 공적 영역으로 진출하고자 하는 욕망을 엿볼 수 있군.
② 삼소저가 장원공주의 업적을 언급하는 것에서 전통적 유교 사회에서 여성에게 요구된 효에 대해 알 수 있군.
③ 삼소저가 여자의 도에 대해 설명하는 왕씨의 말에 동의하지 않는 것에서 성별에 따라 다르게 요구된 효에 대해 문제를 제기하고 있음을 알 수 있군.
④ 벽주가 한 번 쏜 화살에 장임이 말에서 떨어진다는 것에서 여성 주인공의 뛰어난 능력이 드러나는군.
⑤ 삼소저가 최완, 최진, 최경과 함께 전쟁에서 주도적인 역할을 하는 것에서 남성 영웅과 동등한 위치에 있는 여성 영웅의 모습이 드러나는군.

45 ✏️ What pattern is it?

ⓐ와 ⓑ에 대해 이해한 내용으로 가장 적절한 것은?

① ⓐ에는 대화 상대방을 기만하려는 의도가, ⓑ에는 대화 상대방을 기피하려는 의도가 담겨 있다.
② ⓐ에는 대화 상대방을 비하하려는 의도가, ⓑ에는 대화 상대방을 칭송하려는 의도가 담겨 있다.
③ ⓐ에는 대화 상대방을 설득하려는 의도가, ⓑ에는 대화 상대방을 비판하려는 의도가 담겨 있다.
④ ⓐ에는 대화 상대방과 진실로 협력하려는 의도가, ⓑ에는 대화 상대방을 전략적으로 속이려는 의도가 담겨 있다.
⑤ ⓐ에는 대화 상대방에게서 동정심을 이끌어 내려는 의도가, ⓑ에는 대화 상대방의 동의를 구하려는 의도가 담겨 있다.

2018학년도 4월 학력평가

삼아(三兒) 점점 자라 십 세에 미치매 절세한 용색과 선연(嬋姸)한 품성이 비상특이하고 문견(聞見)이 통하고 민첩하여 시서백가(詩書百家)에 모를 것이 없고 매양 후원에서 조약돌로 진(陣)을 벌이며 칼 쓰기와 말 달리기를 익히거늘 왕씨 알고 가장 민망히 여겨 삼녀를 타이르며 왈,

"여자의 도(道)는 내행(內行)을 닦으며 방적(紡績)을 힘써 규중 외 나지 아니함이 마땅하거늘 너희는 어찌 외도(外道)를 행하여 고인에게 득죄함을 감심(勘審)코자 하는가? 우리 팔자 무상하여 너희 셋을 얻으매 비록 여자나 어진 배필을 얻어 우리 사후를 의탁할까 하였더니 이제 너희 조금도 규녀의 행실을 생각지 아니하니 이는 사리에 맞지 않아 남들이 알게 해서는 안 됨이라. 만일 네 부친이 아시면 특별히 대죄할 것이매 내 차라리 죽어 모르고자 하나니 너희 소견은 어떠하뇨?"

삼소저 이 말을 듣고 대경 사죄 왈,

"소녀 등이 어찌 부모의 은덕을 모르고 뜻을 거역하리오마는 소녀 등이 규방의 소소한 예절을 지키다가는 부모께 영화를 뵈올 길이 없사온지라. 옛날에 당 태종의 누이 장원공주도 평생 무예를 배워 천하에 횡행하여 빛난 이름이 지금 유전하오니 소녀 등도 이 일을 본받아 공명을 세워 부모께 현양(顯揚)코자 하옵고 하물며 방금 천하 크게 어지러우매 소녀의 득시지추(得時之秋)*이어늘 어찌 한갓 여도를 지키어 세월을 허비하리이꼬."

하니 왕씨 듣기를 마치고 삼녀 의지 굳건하고 정해진 마음이 비속함을 보고 어이없어 다만 탄식뿐이러니 그 후에 삼소저 또 후원에서 무예를 익힐새 유생이 다다라 보고 대경하여 궁시와 병서를 다 불지르고 왕씨를 몹시 꾸짖으며 왈,

"여자는 그 어미 행사를 본받나니 여아의 행사를 엄하게 단속하는 일이 없음은 이 어쩐 일이뇨? 일후 다시 이런 일이 있으면 부부지간이라도 결단코 용서치 아니 하리라."

[중략 부분의 줄거리] 남장을 하고 가출한 삼소저(자주, 벽주, 명주)는 최완, 최진, 최경과 형제를 맺는다. 진원 도사에게 수행을 마친 육 인(六人)은 조광윤을 찾아 섬기기로 한다. 한편, 북군이 변방을 침노하자 육 인과 조광윤은 원양성을 뺏기 위해 전투를 벌인다.

차설. 육 인이 원양성 십 리에 주둔하고 계교를 의논할 새 명주 왈,

"ⓐ여차여차 하면 어떠하뇨?"

최완이 대희 왈,

"그대 말이 정히 내 뜻과 일반이라."

하고 명일 이른 아침에 최완과 명주 각각 변복하고 원양성하에 나아가 크게 불러 왈,

"아등(我等)이 태수께 고할 말씀이 있노라."

하니 수성장 장임이 친히 문루에 올라 바라본 즉 양인이 손에 병기 없이 황망한 낯빛으로 성하에 이르렀거늘 장임이 이르되,

"여등(汝等)은 어떤 사람이완대 성에 들고자 하느뇨?"

양인(兩人)이 왈,

"아등은 절강에 사는 백성이러니 장군께 고할 말씀이 있으매 문을 열어 주소서."

하거늘 장임이 그 용모 행동거지를 보고 조금도 의심하지 아니하여 즉시 영을 내려 문을 열어 들이니 양인이 천연히 들어와 장하에서 읍고 왈,

"아등은 원래 물화를 가지고 태원성에 와 환매하여 자생하더니 대원수 조광윤이 물화를 다 앗고 우리로 하여금 호풍령을 지키어 우리 만일 성공치 못하거든 인하여 죽이라 하니 우리 본래 창검과 궁시를 모르거늘 어찌 이 소임을 당하리오. 여러 가지로 생각하고 헤아림에 마지못하여 장군께 항복하고 고향에 돌아가 부모나 만나 보고자 하여 왔나니 장군은 어여삐 여겨 잔명을 구하심을 바라나이다."

하거늘 장임이 청파에 의심치 아니하고 장에 올리고 술을 내와 관대하니 부장 원견이 간(諫)왈,

"양진이 상대하매 천만 가지 계교로 진중 허실을 탐지하거늘 장군은 어찌 차인 등을 이같이 믿어 그 진위를 살피지 아니하나뇨. 익히 생각하여 타일 뉘우침이 없게 하소서."

하니 명주 읍 왈,

"우리 전혀 장군을 부모같이 바라고 투항하였더니 이제 이렇듯 의심하매 가위 진퇴유곡이라. 차라리 장군 앞에서 죽어 넋이라도 장군을 의지하리라."

하고 말을 마치고 허리춤으로부터 단검을 빼어 자결코자 하거늘 장임이 급히 만류 왈,

"원수의 말이 당연하거니와 그러나 그대 사정이 이 같은 즉 어찌 다시 의심하리오."

하고 양인을 머물러 주육으로 정성껏 대접하더니 수일이 지난 후 최유 양인이 장임더러 왈,

"우리 대장 석수신이 조빈의 심복이라. 일을 지체하면 후환이 되리니 삼일 후 장군이 병을 거느려 진을 ⓑ여차여차 덮치면 아등이 합력 내응하리라."

하고 돌아가려 하더니 장임이 응낙하고 즉시 보내니라.

[A]
┌ 차설. 양인이 본진에 돌아와 거짓으로 항복한 소유를 이르고 땅굴을 깊이 판 후 최진과 벽주는 각각 일천 군마를 거느려 대진 뒤에 매복하고, 최완은 이천 군을 거느려 북군의 의복과 깃발을 같이하여 원양성 북문 밖에 매복하였다가 삼경 후 복병에게 패한 체하고 북문을 열라 하며 급히 들어가 수성장을 베고 나와 장임을 막으라 하고, 최경은 일천을 거느려 땅굴 좌우에 매복하고 차일 야심한 후 대전에서 불을 놓으니 화광이 충천한지라. 장임이 불 일어남을 보고 최완 등의 내응이라 하여 부장 한양으로 성을 지키오고 스스로 군사를 재촉하여 크게 고함하고 짓쳐 들어가더니 이윽고 장임의 전군이 낱낱이 땅굴에 빠지며 일성 대포 소리에 사면 복병이 일어나니 북군이 불의지변을 만나 사방으로 흩어지며 죽는 자 또한 부지기수라. 장임과 원평이 겨우 도망하여 원양성으로 달아나니라. 차시 최완이 본진에 불 일어남을 바라보고 원양 북문에 나아가 대호(大號) 왈,

"우리 북한(北漢) 패군이니 빨리 문을 열라."

하니 한양이 그 진을 살피지 못하고 문을 쾌히 열거늘 최완이 급히 군을 몰아 짓쳐 들어가니 한양이 대경하여 대적하다가 최완의 창을 맞아 죽은지라. 최완이 승세하여 서문으로 충돌하여 나오니 장임이 자주를 맞아 십여 합을 싸울새 장임의 기운이 쇠진하여 달아나거늘 문득 벽주 고성 왈,

"장임 적자는 닫지 말라."

하며 활을 한 번 당기어 장임의 어깨를 맞추니 장임이 몸을 번드쳐 말에서 떨어지매 최경이 달려들어 장임을 생포하여 돌아가거늘 원평이 대로하여 말을 놓아 자주로 더불어 교전하여 십여 합에 이르는 자주의 칼이 번듯하며 원평이
└ 탄 말이 거꾸러지니 원평이 말에서 내려 할 일 없어 항복하는지라.

- 작자 미상, 「옥주호연」 -

* 득시지추: 기다리던 때를 얻게 된 때.

 제대로 풀어 보기!

✱ 정답 2쪽

42

[A]에 대한 설명으로 가장 적절한 것은?

① 배경 묘사를 통해 인물의 성격 변화를 표출하고 있다.
② 과장된 상황의 설정을 통해 해학적 분위기를 형성하고 있다.
③ 편집자적 논평을 통해 인물의 부정적 면모를 비판하고 있다.
④ 과거와 현재의 빈번한 교체를 통해 인물의 내력을 소개하고 있다.
⑤ 공간의 이동에 따른 인물의 행위를 통해 긴박감을 조성하고 있다.

✱43 오답률 ▶ 62%

윗글의 인물에 대한 이해로 적절하지 않은 것은?

① '한양'은 원양 북문을 개방하여 북군의 승리에 기여하고 있다.
② '유생'은 '삼소저'의 행동을 단속하지 못한 '왕씨'를 책망하고 있다.
③ '왕씨'는 '삼소저'가 자신의 기대를 저버린 것에 대해 한탄하고 있다.
④ '삼소저'는 천하가 어지러움을 제시하며 자신들의 의견을 표출하고 있다.
⑤ '장임'은 '원견'의 간언에도 불구하고 '명주'와 '최완'을 환대하고 있다.

44

〈보기〉를 바탕으로 윗글을 감상한 내용으로 적절하지 <u>않은</u> 것은? [3점]

〈 보 기 〉

전통적 유교 사회에서 남성에게 요구된 효는 학문과 무예에 힘써 입신양명에 이르는 것이었으며 여성에게 요구된 효는 규방에서 예절을 익히는 것이었다. 이 작품의 여성 주인공들은 이러한 인식에 문제를 제기하고 사적 영역에서 공적 영역으로 나아가고자 하는 욕망을 드러낸다. 이 욕망을 추구하는 과정에서 여성 주인공들은 남성 영웅들과 동등한 위치에서 비범한 능력을 발휘함으로써 영웅적인 면모를 보이고 있다.

① 삼소저가 칼 쓰기와 말 달리기를 꾸준히 연마하는 것에서 공적 영역으로 진출하고자 하는 욕망을 엿볼 수 있군.
② 삼소저가 장원공주의 업적을 언급하는 것에서 전통적 유교 사회에서 여성에게 요구된 효에 대해 알 수 있군.
③ 삼소저가 여자의 도에 대해 설명하는 왕씨의 말에 동의하지 않는 것에서 성별에 따라 다르게 요구된 효에 대해 문제를 제기하고 있음을 알 수 있군.
④ 벽주가 한 번 쏜 화살에 장임이 말에서 떨어진다는 것에서 여성 주인공의 뛰어난 능력이 드러나는군.
⑤ 삼소저가 최완, 최진, 최경과 함께 전쟁에서 주도적인 역할을 하는 것에서 남성 영웅과 동등한 위치에 있는 여성 영웅의 모습이 드러나는군.

45

ⓐ와 ⓑ에 대해 이해한 내용으로 가장 적절한 것은?

① ⓐ에는 대화 상대방을 기만하려는 의도가, ⓑ에는 대화 상대방을 기피하려는 의도가 담겨 있다.
② ⓐ에는 대화 상대방을 비하하려는 의도가, ⓑ에는 대화 상대방을 칭송하려는 의도가 담겨 있다.
③ ⓐ에는 대화 상대방을 설득하려는 의도가, ⓑ에는 대화 상대방을 비판하려는 의도가 담겨 있다.
④ ⓐ에는 대화 상대방과 진실로 협력하려는 의도가, ⓑ에는 대화 상대방을 전략적으로 속이려는 의도가 담겨 있다.
⑤ ⓐ에는 대화 상대방에게서 동정심을 이끌어 내려는 의도가, ⓑ에는 대화 상대방의 동의를 구하려는 의도가 담겨 있다.

Self check

❶ **패턴 2: 인물의 심리 및 태도 파악하기** 문제는 인물의 상황을 파악하여 해결한다. ⬚ Yes
❷ **패턴 3: 구절의 의미 및 기능 파악하기** 문제는 문단, 장면 단위로 끊어 읽고 해결한다. ⬚ Yes
❸ **지문**에 ㉠~㉢, ⓐ~ⓔ 같은 표시가 있다면, **실시간으로 선지를 판단**한다. ⬚ Yes

잘되라고 주는 숙제 1　　**66** 수업 시간에 다루지 않아. 배운 대로 적용 연습하면 되는 거야. **99**　　✱ 정답 34쪽

　조무래기들은 도깨비불만 보면 네 그르니 내 옳으니 하며 **짜그락**거리기 일쑤였고, 그러면 나이 좀 있는 사람이 얼른 쉬쉬하면서, 도깨비가 듣겠다고 나무라 주게 마련이었던 것이다. 도깨비가 들으면 무엇이 어떻다고 불똥 끄듯 서두르며 말리려 들었을까. 그것은 아무도 가르쳐 주지 않았다. 알면서도 짐짓 모르는 시늉을 해 보이려 했지만, 그네들도 어려서부터 가르쳐 준 이가 없어 **이렇다 하게 내놓지 못하는 눈치가 역연**하던 것이다. 그것은 바지랑대에 등을 매달고 멍석에 둘러앉아 삼을 삼거나 태모시를 톺던 **늘그막의 아낙네들**도 마찬가지로 가늠을 못 해, **도깨비불에 손가락질하면 도깨비가 쫓아온다**는 것밖에 다른 말은 할 줄 모르고 있었다. **그네들은 낮춘말로, 도깨비들이 벌거벗고 산다**더라고 **귀띔**해 주었으며, 그것은 그것들이 여름내 왕대뫼 자드락이나 갯가에 나와 불놀이를 하다가도, ㉠기러기 그림자에 논두렁 콩노굿이 지고 오려논에 자마구가 일면부터는 아무도 모르게 간곳없이 사라지던 것을 보아 믿을 만한 말이라고 우길 따름이었다.

　된내기 빛에 두엄이 허옇게 쇤 위로 난초 치던 붓끝 같은 마늘 싹이 솟고, 보리밭 머리에 장끼가 내리기 시작하여 이듬해 구렁찰 논배미에서 뜸— 뜸— 뜸부기 짝 찾는 소리로 개구리 논두렁 넘기 바쁘던 여름까지는 도깨비들이 감뭇하기도 했었다. 그러나 아직 학령기에도 이르지 않았던 나는 정말 알지 못했다. 차지던 바람이 메껴지고 개펄에 성에 엉기듯 허옇게 소금기가 끼는 철이 되면, 음습한 바람이 맴돌아야 난동하던 인화(燐火)가 전혀 일지 않던 것을.

　어른들이 눈을 꿈적이며 먹탕곳 개펄께를 그만 보라고 타이른 밤이면 ㉡담 밑에 반딧불만 자주 날아도, 촛불 붙이려 혼자 사당(祠堂) 문을 열 때처럼 뒷덜미가 선뜩하고 떨떠름하여 담 밑에도 가지 못할 만큼이나 그 도깨비불은 여간 두려운 존재가 아니었다. 그러므로 그런 날은 **아무리 무더워도** 모기가 떠메어 간다는 핑계로 **마실 마당에서 일찍 물러나곤** 하였다.

(중략)

　복산이가 자리를 만들 동안 나는 변소를 찾아 나섰다. 농가라면 흔히 그렇듯 그곳은 저만치 밭마당 구석에 따로 나와 있었다. ㉢나는 마당을 가로질러 가면서 무심결에 개펄 쪽을 둘러보다가 소스라쳐 놀라며 그 자리에 굳어 버리고 말았다.

　아— 나는 참으로 오랜만에 가슴이 벅차오르는 것을 느꼈다. 도깨비불── 그렇다. 왕대뫼 밑 먹탕곳 개펄에 푸른 빛을 내뿜는 도깨비불이 즐비하게 늘어서 있던 것이다.

　하나 둘 서이 너이…… 나는 어느새 도깨비불들을 손가락으로 헤아려 나가고 있었다. 변치 않은 것이 한 가지 더 있다는 반가움, 반가움과 즐거움에 들떠 그것들을 차곡차곡 빠뜨리지 않고 세어 나갔다.

　"마흔다섯……."

하고 중얼거리며 나는 손가락을 떨었다. ㉣내일 새벽엔 안개도 볼 수 있으리라고 믿어, 가슴의 설렘에 손가락마저 떨린 거였다. 모를 일이었다. 옛날로 돌아가 혹시 길 잃은 여우가 울부짖게 되는지도.

　"게서 뭣 허나?"

　복산이가 같은 용무로 나오면서 허텅지거리를 했다.

　"아, 도깨비불…… 생전 못 볼 줄 알았다가 보니 좋은데. 멋있는걸."

　나는 건너편을 손가락질하면서 들뜬 소리로 말했다.

　"무엇이?"

　"저 도깨비불……."

　"무엇 불?"

　"옛날에 보던 도깨비불, 그거 아녀?"

　"무슨 불? 허어 참, 그러게 장가를 가라구."

　"……."

　"도깨비불 좋아허네…… 저게? 술고래라서 안주두 고루 먹어 헛소리는 안 헐 중 알았더니……."

　"그럼 모르겠는데……."

　"뭘 몰러? 저건 서울서 온 낚시꾼들의 간드레 불이여. 명색 문화인이라면서 밤낚시 한 번두 못 해 봤구먼."

　나는 무엇에 받혀 하늘 높이 떠올랐다가 거꾸로 떨어진 기분이었다. 오랜 꿈결에서 순간적으로 깨어난 것처럼 허망하고 민망했다.

　"이리 죽 늘어앉은 디는 물길이구, 저쪽 저리 둘러앉은 디가 유수지여. 갯물이 들어오면 수문을 막았다가 쓸물 때 열어 물을 빼는디 민물고기 갯물 고기가 섞이구 해서 씨알두 게가 굵구, 물길에서는 잔챙이래두 붕어만 문다네. 남포, 청라

담에는 여기를 친다는 겨."

그제서야 나는 늘어앉은 불빛들이 제자리에 죽어 있음을 비로소 깨달았다. ⑩무등타기와 숨바꼭질을 하던 살아 있는 불이 아니란 것만 진작 알았어도 마흔다섯까지 수효를 헤아리지는 않았을 터였다. 나는 무슨 **재산붙이**를 어둠 속에 잃고 찾지 못한 투로 **무거워진 가슴을 안고** 복산이 따라 방으로 들어갔다.

- 이문구, 「관촌수필」 -

* 톱던: 끝을 가늘고 부드럽게 하려고 톱으로 훑던.
* 콩노굿: 콩의 꽃.
* 자마구: 곡식의 꽃가루.
* 된내기: 된서리.
* 감못하기도: 보이던 것이 전연 보이지 않아 찾을 곳이 감감하기도.

(내가 결정하는 내비게이션)

★43

윗글에 대한 설명으로 가장 적절한 것은?

① 반복되는 사건을 제시하여 인물들의 갈등을 심화하고 있다.
② 빈번하게 장면을 교차하여 상황의 긴박한 분위기를 조성하고 있다.
③ 과거와 현재를 매개하는 경험을 제시하여 인물이 겪는 인식의 변화를 드러내고 있다.
④ 공간의 이동에 따라 서술자를 달리하여 사건에 대한 다양한 관점을 제시하고 있다.
⑤ 시간의 역전을 통해 인과 관계를 재구성한 서사를 함께 제시하여 사건의 내막을 감추고 있다.

44

㉠~⑩에 대한 이해로 적절하지 <u>않은</u> 것은?

① ㉠에는 어른들의 말을 온전하게 받아들이지는 않는 '나'의 미심쩍음이 드러난다.
② ㉡에는 착각으로 인해 연상된 상황을 궁금해하는 '나'의 호기심이 나타난다.
③ ㉢에는 우연히 발견한 대상에 대한 '나'의 반가움이 담겨 있다.
④ ㉣에는 예측하는 상황이 일어날 것이라는 짐작에서 비롯된 '나'의 기대감이 나타난다.
⑤ ⑩에는 대상의 실체를 확인하기 전에 했던 자신의 행동에 대한 '나'의 허무감이 드러난다.

사진 찍기로 세운 전략!

★45

〈보기〉를 참고하여 윗글을 감상한 내용으로 적절하지 <u>않은</u> 것은? [3점]

> 〈 보 기 〉
>
> 금기란 어떤 대상을 꺼리거나 피하는 행위를 가리킨다. 공동체의 구성원들은 금기를 위반하면 그 대상에 의해 공동체 혹은 그 구성원이 처벌을 받는다는 인식을 공유한다. 일반적으로 금기를 설정하는 근본적인 이유는 알려지지 않지만, 금기와 그 대상에 대한 추측은 구전의 방식을 통해 은밀하게 전파되어 구성원들 간에 회자된다. 이를 통해 금기와 금기의 대상이 환기하는 의미는 세대를 거쳐 전달됨으로써 서로 다른 세대 간에 공동체의 체험을 공유하는 데에 기여하기도 한다.

① '짜그락'거리는 '조무래기들'을 말리던 어른들이 그 이유를 '이렇다 하게 내놓지 못하는 눈치가 역연'하였던 것은, 금기가 설정된 근본적 이유가 알려지지 않았기 때문이겠군.

② '늘그막의 아낙네들'이 아이들에게 '도깨비불에 손가락질하면 도깨비가 쫓아온다'고 말하는 것은, 공동체의 금기를 서로 다른 세대가 공유하는 장면이라고 할 수 있겠군.

③ '그네들'이 '낮춘말'로 '도깨비들이 벌거벗고 산다'고 '귀띔'을 해 주는 행위는, 구전의 방식을 통해 금기의 대상에 대한 추측이 은밀하게 전파되는 정황을 보여 주는 것이겠군.

④ '아무리 무더워도' 핑계를 대고 '마실 마당에서 일찍 물러나곤' 한 것은, 금기를 위반한 '나'가 자신에게 닥칠 어른들의 처벌이 두려워서 한 행동이겠군.

⑤ '재산붙이'를 잃은 듯 '무거워진 가슴을 안고' 방으로 들어가는 행동은, 공동체에서 공유되던 금기에 관련된 일들이 추억으로만 남게 된 상황에 대한 '나'의 심리를 드러낸 것이라 할 수 있겠군.

잘되라고 주는 숙제 2 **66** 수업 시간에 다루지 않아. 배운 대로 적용 연습하면 되는 거야. **99** ❋ 정답 35쪽

2012학년도 대학수학능력시험

　남을 주면 땅을 버린다고 여간 근실한 자국이 아니면 소작을 주지 않았고, 소를 두 필이나 매고 일꾼을 세 명씩이나 두고 적지 않은 전답을 전부 자농(自農)으로 버티어 왔다. 실속이 타작만 못하다는, 일꾼 셋이 저희 농사 해 가지고 나간다는 둥, 이해만을 따져 비평하는 소리가 많았으나 창섭의 아버지는 땅을 위해서는 자기의 이해만으로 타산하려 하지 않았다. 이와 같은 임자를 가진 땅들이라 곡식은 거둔 뒤 그루만 남은 논과 밭이되, 그 바닥들의 고름, 그 언저리들의 바름, 흙의 부드러움이 마치 시루떡 모판이나 대하는 것처럼 누구의 눈에나 탐스럽게 흐뭇해 보였다.

　이런 땅을 팔기에는, 아무리 수입은 몇 배 더 나은 병원을 늘쿠기 위해서나 아버지께 미안하지 않을 수 없었다. 그러나 잡히기나 해 가지고는 삼만 원 돈을 만들 수가 없었고, 서울서 큰 양관(洋館)을 손에 넣기란 돈만 있다고도 아무 때나 될 일이 아니었다.

(중략)

　"웬일인데 어째 혼자만 오느냐?"

　어머니는 손자 아이들부터 보이지 않음을 물으신다.

　"오늘루 가야겠어서 아무두 안 데리구 왔습니다."

　"오늘루 갈 걸 뭘 허 오누?"

　"인전 어머니서껀 서울로 모셔 갈 채빌 허러 왔다우."

　"서울루! 제발 아이들허구 한데서 살아 봤음 원이 없겠다."

하고 어머니는 땅보다, 조상님들 산소나 사당보다 손자 아이들에게 더 마음이 끌리시는 눈치였다. 그러나 아버지만은 그처럼 단순히 들떠질 마음이 아니었다.

　아버지는 아들의 뒤를 쫓아 이내 개울에서 들어왔다.

[A]
　아들은, 의사인 아들은, 마치 환자에게 치료 방법을 이르듯이, 냉정히 차근차근히 이야기를 시작하였다. 외아들인 자기가 부모님을 진작 모시지 못한 것이 잘못된 것, 한집에 모이려면 자기가 병원을 버리기보다는 부모님이 농토를 버리시고 서울로 오시는 것이 순리인 것, 병원은 나날이 환자가 늘어가나 입원실이 부족되어 오는 환자의 삼분지 일밖에 수용 못 하는 것, 지금 시국에 큰 건물을 새로 짓기란 거의 불가능의 일인 것, 마침 교통 편한 자리에 삼층 양옥이 하나 난 것, 인쇄소였던 집인데 전체가 콘크리트여서 방화 방공으로 가치가 충분한 것, 삼층은 살림집과 직공들의 합숙실로 꾸미었던 것이라 입원실로 변장하기에 용이한 것, 각층에 수도·가스가 다 들어온 것, 그러면서도 가격은 염한 것, 염하기는 하나 삼만 이천 원이라, 지금의 병원을 팔면 일만 오천 원쯤은 받겠지만 그것은 새집을 고치는 데와, 수술실의 기계를 완비하는 데 다 들어갈 것이니 집값 삼만 이천 원은 따로 있어야 할 것, 시골에 땅을 둔대야 일 년에 고작 삼천 원의 실리가 떨어질지 말지 하지만 땅을 팔아다 병원만 확장해 놓으면, 적어도 일 년에 만 원 하나씩은 이익을 뽑을 자신이 있는 것, 돈만 있으면 땅은 이담에라도, 서울 가까이라도 얼마든지 좋은 것으로 살 수 있는 것……

　아버지는 아들의 의견을 끝까지 잠잠히 들었다. 그리고,

　"점심이나 먹어라. 나두 좀 생각해 봐야 대답허겠다."

하고는 다시 개울로 나갔고, 떨어졌던 다릿돌을 올려놓고야 들어와 그도 점심상을 받았다.

　점심을 자시면서였다.

　"원, 요즘 사람들은 힘두 줄었나 봐! 그 다리 첨 놀 제 내가 어려서 봤는데 불과 여남은이서 거들던 돌인데 장정 수십 명이 한나잘을 씨름을 허다니!"

　"나무다리가 있는데 건 왜 고치시나요?"

　"너두 그런 소릴 허는구나. 나무가 돌만 허다든? 넌 그 다리서 고기 잡던 생각두 안 나니? 서울루 공부 갈 때 그 다리 건너서 떠나던 생각 안 나니? 시쳇사람들은 모두 인정이란 게 사람헌테만 쓰는 건 줄 알드라! 내 할아버님 산소에 상돌을 그 다리로 건네다 모셨구, 내가 천잘 끼구 그 다리루 글 읽으러 댕겼다. 네 어미두 그 다리루 가말 타구 내 집에 왔어. 나 죽건 그 다리루 건네다 묻어라……. 난 서울 갈 생각 없다."

　"네?"

　"천금이 쏟아진대두 난 땅은 못 팔겠다. 내 아버님께서 손수 이룩허시는 걸 내 눈으루 본 밭이구, 내 할아버님께서 손수 피땀을 흘려 모신 돈으루 장만허신 논들이야. 돈 있다고 어디가 느르지논 같은 게 있구, 독시장밭 같은 걸 사? 느르지논둑에 선 느티나문 할아버님께서 심으신 거구, 저 사랑 마당의 은행나무는 아버님께서 심으신 거다. 그 나무 밑에를 설 때마다 난 그 어룬들 동상(銅像)이나 다름없이 경건한 마음이 솟아 우러러보군헌다. 땅이란 걸 어떻게 일시 이해"

를 따져 사구팔구 허느냐? 땅 없어 봐라, 집이 어딨으며 나라가 어딨는 줄 아니? 땅이란 천지만물의 근거야. 돈 있다구 땅이 뭔지두 모르구 욕심만 내 문서 쪽으로 사 모기만 하는 사람들, 돈놀이처럼 변리만 생각허구 제 조상들과 그 땅과 어떤 인연이란 건 도시 생각지 않구 헌신짝 버리듯 하는 사람들, 다 내 눈엔 괴이한 사람들루밖엔 뵈지 않드라."

"……."

- 이태준, 「돌다리」 -

내가 결정하는 내비게이션

*13

오답률 ▶ 63%

윗글의 사건을 일어난 순서대로 정리할 때, 다음 중 가장 뒤에 올 것은? [1점]

① '창섭'이 '아버지'에게 계획을 말하다.
② '아버지'가 다시 개울로 나가다.
③ '장정'들이 다릿돌을 올려놓다.
④ '어머니'가 '창섭'을 맞이하다.
⑤ '아버지'가 점심상을 받다.

사진 찍기로 세운 전략!

14

〈보기〉를 참고하여 윗글을 감상한 내용으로 가장 적절한 것은?

〈 보 기 〉

　소설 속의 모든 인물은 자아이면서 동시에 세계의 일부이다. 자아를 작품 속에서 행동하는 주체라고 하면, 그 주체를 둘러싸고 있는 모든 것은 세계가 된다. 이러한 자아와 세계의 대립과 갈등으로 전개되는 것이 서사의 본질이다.

① '창섭'은 자아로서의 논리를 통해 세계와의 갈등을 해소하는 인물이다.
② '아버지'는 자아로서의 완고한 성격을 세계에 대해서도 유지하고 있는 인물이다.
③ 자아로서의 '창섭'은 세계의 부정적 속성들을 들추어 고발하고 있다.
④ 자아로서의 '아버지'는 '창섭'과 '어머니'의 대립과 갈등을 중재하고 있다.
⑤ 자아로서의 '어머니'는 자신 속에 존재하는 또 다른 자아와 갈등하고 있다.

★15

[A]에 대한 이해로 가장 적절한 것은?

오답률 ▶ 55%

사진 찍기로 세운 전략!

① 부모님을 서울로 모시려는 계획을 통해, 이해관계에 얽매이지 않는 '창섭'의 진심이 드러난다.

② 땅을 팔아야 하는 이유를 나열함으로써, '창섭'의 계획이 일목요연하게 전해지는 효과가 생긴다.

③ 시국 탓에 건물 신축이 불가능하다는 사실을 통해, '창섭'이 현실을 대하는 태도의 원인이 드러난다.

④ 건물의 일부에 직원 합숙실을 두려는 계획을 통해, 배려심 많은 '창섭'의 성격에 개연성이 더해진다.

⑤ 자신의 의사를 전하는 '창섭'의 말투를 실감 나게 표현하여, '아버지'를 대하는 '창섭'의 태도를 제시한다.

16

〈보기〉를 참고하여 윗글을 해석한 내용으로 적절하지 않은 것은?

〈 보 기 〉

'장소애(場所愛)'는 인간의 안정된 삶을 보호하는 터전인 장소에 애착하는 심성이다. 근대 이전에는 '땅'과 '집'이 대표적인 장소애의 대상이었으나, 근대 이후 도시 사회에서는 이들이 도구적 대상이나 교환의 대상으로 변질되었다.

① '창섭'에게 집은 도구적 가치를 지닌 것으로, 장소애의 대상이 아니다.

② '아버지'에게 돌다리는 삶의 추억과 애환이 투영된 장소애의 대상이다.

③ 마당의 은행나무는 '아버지'에게 장소애의 대상인 집의 성격을 강화하고 있다.

④ 땅에 애착하는 '아버지'의 생각과 행동은 땅에 대한 장소애의 의미를 부각하고 있다.

⑤ 땅을 장소애의 대상으로 여기는 의식이 두루 퍼져 있는 당시 상황이 전제되어 있다.

잘되라고 주는 **숙제 3** 　　❝ 수업 시간에 다루지 않아. 배운 대로 적용 연습하면 되는 거야. ❞ 　　✿ 정답 36쪽

여공이 물러 나오자 위공과 정렬 부인이 다시 일어나 칭찬하기를,

"어지신 덕택으로 계월을 구하사 친자식같이 길러 입신양명하게 하시니 은혜가 백골난망이로소이다."

하며 슬픈 감회를 금치 못하거늘 여공이 더욱 감사하며 공손히 응답하더라. ㉠평국과 보국이 또한 엎드려 먼 길에 평안히 행차하심을 치하하더라. 위공과 정렬 부인이며 기주후와 공렬 부인과 춘랑도 또한 자리에 참례하고 양윤이 또한 마음에 기꺼함을 헤아리지 못할지라. 이날 큰 잔치를 배설하고 삼 일을 즐기니라.

이때 천자 신하들을 돌아보고 이르기를,

"평국과 보국을 한 궁궐 안에 살게 하리라."

하시고, 종남산 아래에 터를 닦고 집을 지을새, 천여 칸을 불일성지(不日成之)로 지으니, 그 장함을 헤아리지 못할지라. 집을 다 지은 후에 노비 천 명과 수성군 백 명씩 내려 주시고 또 채단과 보화를 수천 바리를 상으로 내려 주시니, 평국과 보국이 황은을 축수하고 한 궁궐 안에 침소를 정하고 거처하니 그 궁궐 안 넓이가 십 리가 남은지라 위의와 거동이 천자나 다름이 없더라.

이때 평국이 전장에 다녀온 후로 자연 몸이 곤하여 ㉡병이 침중하니 집안이 경동하여 주야 약으로 치료하니, 천자께서 이 말을 들으시고 매우 놀라사 명의를 급히 보내어,

"병세를 자세히 보고 오라. 만일 위중하면 짐이 친히 가 보리라."

하시고 어의(御醫)를 명하사 보내시니, 어의 황명을 받자와 평국의 침소에 와 병세를 진맥하니 병세 위중하지 아니한지라. 속히 약을 가르쳐 쓰라 하고 돌아와 천자께 사실을 아뢰더라.

[A] ┌ 어의 다녀와 아뢰기를,
"평국의 병세는 위중하지 아니하옵기로 약을 가르쳐 쓰라 하옵고 왔사오나 또한 괴이한 일이 있어 수상하여이다."
하더라. 천자 놀라 묻기를,
"무슨 연고가 있더냐."
어의 땅에 엎드려 아뢰기를,
"평국의 맥을 보오니 남자의 맥이 아니오매 이상하여이다."
천자 그 말을 들으시고 이르기를,
"평국이 여자면 어찌 적진에 나가 적진 십만 대병을 소멸하고 왔으리오. 평국의 얼굴이 도화색(桃花色)이요, 체격이
└ 작고 약하여 혹 미심하거니와 아직은 누설하지 말라."

하시고 자주 문병하시니라.

이때 평국이 병세 점점 나으매 생각하되,

'어의가 나의 맥을 보았으니 필시 본색이 탄로 날지라 이제는 할 일 없이 되었으니, 여복을 갈아입고 규중에 몸을 숨겨 세월을 보냄이 옳다.'

하고, 즉시 남복을 벗고 여복을 입고 ㉢부모 앞에 뵈어 느끼며 뺨에 두 줄기 눈물이 종횡하거늘 부모 또한 눈물을 흘리며 위로하더라.

[중략 줄거리] 이후 홍계월(평국)은 천자의 주선으로 보국과 혼인을 하게 되는데, 군영 및 집안에서의 사건 등으로 남편 보국과 갈등을 겪으면서 남편과 떨어져 홀로 지내게 된다.

각설. 이때 남관장이 장계(狀啓)*를 올리거늘 천자 즉시 뜯어 열어 보시니 하였으되,

[B] ┌ '오왕(吳王)과 초왕(楚王)이 반하여 지금 장안을 범하고자 하옵나이다. 오왕은 구덕지를 얻어 대원수를 삼고, 초왕은 장맹길을 얻어 선봉을 삼아 장수 천여 명과 군사 십만을 거느려 호주 북지 십여 성을 항복 받고 형주자사 완태를 베고 짓쳐오매 소장의 힘으로는 방비할 길이 없사와 감히 아뢰오니 엎드려 바라옵건대 황상은 어진 명장을 보내어 막으소
└ 서.'

하였거늘, 천자 보시고 크게 곤란하사 온 조정의 신하들을 모아 의논하시되 우승상 명연태 아뢰기를,

"이 도적을 좌승상 평국을 보내어 방비하올 것이니 급히 영을 내려 부르옵소서."

천자 들으시고 한참 뒤에,

"평국이 전일에는 출세하였기로 불러 국사를 의논하였거니와 ㉣지금은 규중 여자라 어찌 영으로 불러 들여 전장에 보

내리오."

하시되 신하들이 아뢰기를,

"평국이 지금 규중에 처하오나 이름이 조야에 있삽고 또한 작록이 영구하오니 어찌 혐의하오리오."

하거늘, 천자 마지못하여 급히 평국을 영으로 부르시니라. 이때 평국이 규중에 홀로 있어 매일 시비를 데리고 장기와 바둑으로 세월을 보내더니 사관이 나와 천자가 부르는 명을 전하거늘, 평국이 크게 놀라 급히 여복을 벗고 조복으로 사관을 따라 어전에 엎드리니 천자 크게 기뻐하며 이르기를,

"ⓜ경이 규중에 처한 까닭에 오래 보지 못하여 주야로 사모하더니 이제 경을 보매 기쁘기 헤아릴 수 없거니와 짐이 덕이 없어 지금 오초 양국이 반하여 호주 북지를 항복 받고 남관을 넘어 황성을 범하고자 한다 하니 경은 마땅히 출사하여 사직을 안보하게 하라."

하시되 평국이 엎드려 아뢰기를,

"신첩이 외람하와 폐하를 속이옵고 공후 작록을 받자와 영화로 지내옵기 황공하온데 죄를 사하시고 이토록 사랑하옵시니 신첩이 비록 우매하오나 힘을 다하여 폐하의 성은을 만분의 일이나 갚을까 하오니 근심하지 마옵소서."

하더라.

- 작자 미상, 「홍계월전」 -

* 불일성지: 며칠 안 되어 일이 이루어짐.
* 장계: 신하가 임금에게 올리는 일이나 문서.

내가 결정하는 내비게이션

38

[A]와 [B]에 대한 설명으로 가장 적절한 것은?

① [A]와 [B]는 모두 정황을 전달하는 주체에 대한 부정적인 태도가 나타나 있다.
② [A]는 대화를 통해, [B]는 요약적 제시를 통해 사건에 대한 정보를 제공하고 있다.
③ [A]는 인물의 외양 묘사를 통해, [B]는 과장된 표현을 통해 장면을 극대화하고 있다.
④ [A]와 [B]는 모두 여러 가지 사건이 동시에 발생하여 긴박한 분위기를 조성하고 있다.
⑤ [A]에는 문제를 즉각적으로 해결해야 할 상황이, [B]에는 문제 해결을 유보해야 할 상황이 제시되어 있다.

사진 찍기로 세운 전략!

★39

오답률 ▶ 51%

㉠~㉤에 대한 이해로 적절하지 <u>않은</u> 것은?

① ㉠: 홍계월과 보국이 멀리서 온 여공에게 고마움을 표하는 모습을 보여 준다.

② ㉡: 홍계월이 병이 나자 집안사람들이 많이 놀라며 지극한 정성으로 치료하는 모습을 보여 준다.

③ ㉢: 홍계월이 부모 앞에서 울음을 터트리며 서러움을 드러내는 모습을 보여 준다.

④ ㉣: 천자가 조정에서 물러나 있는 홍계월을 다시 전쟁터로 보내야 하는지 고민하는 모습을 보여 준다.

⑤ ㉤: 천자가 집안일에 매달려 있는 홍계월을 오랫동안 보지 못해 그리워하는 모습을 보여 준다.

40

〈보기〉를 참고하여 윗글을 감상한 내용으로 적절하지 <u>않은</u> 것은? [3점]

〈 보 기 〉

「홍계월전」은 비범한 능력을 가진 여성 영웅 홍계월의 활약상을 그린 작품이다. '고난-위기-극복'의 영웅 소설 구조를 유지하면서도 여성 영웅의 형상을 그려 낸다. 특히 주인공은 여러 차례 위기를 겪게 되는데, 어린 시절에 겪는 1차 위기에서는 조력자의 도움으로 고난을 극복하게 된다. 2차 위기에서는 여성에 대한 사회적 제약으로 인해 개인적 고난을 겪게 되는데, 그런 중에 국가의 위기가 발생함으로써 모든 난관을 극복할 수 있는 기회를 갖게 된다.

① 신하들이 나라의 위기를 해결할 인물로 홍계월을 적극 추천하는 것에서 홍계월의 뛰어난 능력을 짐작할 수 있군.

② 홍계월이 정체가 탄로 나면 나랏일을 할 수 없다고 판단한 것에서 여성의 사회적 참여에 제약이 따랐음을 짐작할 수 있군.

③ 홍계월이 궁궐에서 천자에 못지않은 생활을 하여 천자의 노여움을 사게 된 것은 2차 위기의 빌미가 되었음을 알 수 있군.

④ 여공이 어린 홍계월을 구하여 입신양명하게 한 것에서 주인공이 1차 위기를 조력자의 도움으로 극복했음을 확인할 수 있군.

⑤ 홍계월이 천자의 부름을 받아 사직을 보전하라는 명을 받은 것에서 국가의 위기와 개인적 고난을 동시에 극복할 기회를 얻었다는 사실을 알 수 있군.

15 Day
소설, 문제 패턴 4, 5

1+2+2
소설에서 나올 수 있는 문제 유형을 잡으니,
자신감이 up!
문제를 딱 보고!
패턴 바로 파악하고!
접근법을 적용해서 답을 딱 찾고!
아, 속 시원해!!

 선생님, 역시 아는 만큼 보이는 것 같아요.

 오~, 그래?

 네, 알고 나서 기출문제들을 다시 보니까 정말 13, 14강에서
배운 4개 패턴들이 딱 딱 딱!

 맞아. 문제 패턴을 알고, 접근법을 챙기면 든든하지!

 15강까지 열공하고 소설도 끝낼 거예요!

 끝내기는! 무한 반복, 연습해야지!

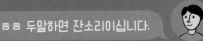 ㅎㅎ 두말하면 잔소리이십니다.

① 2025학년도 수능에
출제될 소설 문제 패턴을 두 개 또 더 안다.
(1+2+2)

② **배경 및 소재의 기능을**
파악할 수 있다.

소설 지문의 출제 요소는

주제, 구성, 문체, 인물, 사건, 배경, ……

주어진 지문에 두드러지는 요소에 주목해 봐야 돼.

🏆 나비효과로 내신까지 잡은 후기   2019.07.03 13:58

최◦우   f 5 🐦 URL | 조회수 431

| 강좌 평가 | ★ ★ ★ ★ ★

오늘 학교 내신 국어 시험을 봤는데, 문학 비문학 다 맞고 문법 1개 틀렸어요.
정말 너무 놀라웠어요. (내신 공부 안 했는데)
사실 저는 내신이 아주 낮은 편이라 정시 말고는 대학 갈 방법이 없다고 생각하는 학생이라
학교 시험 기간임에도 불구하고 늘 하던 스케줄 유지하고 있는데,
모두 오늘 처음 본 작품, 지문임에도 불구하고 개념과 패턴 스킬이 되어 있으면
그 어떤 작품도 다 풀어 나갈 수 있다는 게 너무 놀라워요.
특히 비문학 같은 경우에 죄다 과학 기술만 실어 놔서 충격 먹었는데
전날 처음 접한 비문학 패턴대로 선지 분석하고 핵심 단어 밑줄, 몇 문단 보면서 풀 건지 체크하면서
침착하게 풀었더니... 그 길고 어려운 지문의 문제도 다 맞았어요.
이번엔 운이 살짝 좋아서 선지가 빨리 지워졌지만
아직 실시간으로 풀면서 전체 흐름과 구조도 함께 잡는 거는 부족하더라고요. ㅜㅜ
더 연습하고 적용해 보려고요.
오늘도 공부 의욕 뿜뿜으로 공부하러 갑니다! 감사합니다~~~

He can do it. She can do it. Why not me?

소설 영역에서 꼭 나오는 문제 패턴과 접근법 ▶▶▶ 특별한 기능을 하는 소재, 배경에 주목한다.
▶▶▶ 소설과 극은 함께 묶이기 쉽다.

패턴 4

"특별한 기능을 하는
소재, 배경을
이해할 수 있는지
물어보자."
일명
소재 및 배경의
의미, 기능 파악하기

✔ **소재**

✔ ☐☐(이)나 ☐☐이/가 지정한 소재를 파악하고, 지문에 그 소재가 등장할 때 주목한다.

✔ 그 소재가 ☐☐의 심리나 태도, ☐☐의 전개에 어떠한 영향을 미치는지 확인한다.

✔ **배경**

✔ 사건이 언제, 어디에서 일어나고 있는지를 생각하자.

> tip
> 소설에서 ☐☐(이)란 이야기가 펼쳐지는 환경,
> 즉 시간 · 공간 · 시대 · 역사 · 자연 · 상황 · 분위기 등을 의미한다.

✔ 사건이 왜 하필 그곳에서, 왜 하필 그때, 왜 하필 그런 분위기 속에서 일어났을까를 생각해 본다.

패턴 5

"같은 장면,
다른 갈래의
공통점과 차이점을
이해할 수 있는지
물어보자."
일명
갈래 변용 이해하기

✔ 다른 작품에 적용한다는 것은 지문의 내용을 적용할 추가 작품을 제시한다는 것.

✔ 다른 갈래로 변용한다는 것은 지문의 내용을 〈보기〉로, 혹은 (가)를 (나)로 바꾸어 봤다는 것.

> tip
> 인물 간의 갈등과 시간의 흐름에 따른 사건이 있다는 점에서 소설은 ☐ 갈래의 지문으로 잘 변용된다. 시로 변용되었을 때는 인물이 시적 ☐☐(으)로 변신했다고 생각해 보자.

✔ 대상이 둘일 때, 우리가 해야 할 일은 무엇일까? 비교 & 대조.

> tip
> ☐☐☐ 것에 주목한다!

✔ 무엇을 비교 · 대조해야 할까?
서사 구조(사건 파악), 인물의 정서 및 태도, 소재나 배경의 의미.

★을 백만 개는 줘야 하는 꿀팁!

주목해야 할 소재, 혹은 배경을 딱 지정해 주니 고맙다.
☐☐ 표시 돼 있거나, 굵은 글씨로 표시된 소재 혹은 배경을 만나면
그 장면에 주목하고, 실시간으로 관련 선지를 판단한다.

소설을 극으로 변용했다면, 인물의 대사와 행동에 주목하여 차이점을 찾는다.
장면에 어울리는 극적 장치, 시나리오 기법 등이 적절하게 사용됐는지 확인한다.
달라진 점에 주목한다.

마지막으로 주목해야 할 패턴은?

패턴 4 소재 및 배경의 의미, 기능 파악하기

패턴 5 갈래의 변용 이해하기

31 ✎ What pattern is it?

윗글에 대한 설명으로 가장 적절한 것은?

① 공간적 배경에 대한 묘사를 통해 인물의 태도가 변화하는 양상을 드러내고 있다.
② 인물 간의 대화를 통해 인물이 겪은 과거 사건의 비현실적인 성격을 드러내고 있다.
③ 서술자의 고백적 진술을 바탕으로 과거에 대한 기억과 그 기억에 부여한 의미를 제시하고 있다.
④ 시간적 배경에 따라 서술자를 달리하여 인물의 행위와 사건에 대한 다양한 관점을 서술하고 있다.
⑤ 서술자가 서술의 초점이 되는 인물의 시선으로 주변 인물들의 행위에 담긴 의미를 제시하고 있다.

32 ✎ What pattern is it?

윗글을 읽은 독자의 반응으로 적절하지 <u>않은</u> 것은?

① 아재비는 거동하기가 어려웠던 아버지가 의지할 수 있는 대상이었겠군.
② 아재비가 매사에 조심스럽게 행동하여 아버지가 그의 신원을 알아차릴 수 없었던 것이겠군.
③ 어린 시절 과수원의 호숫가에 앉아서 볼 수 있었던 풍경들을 '나'는 애정 어린 시선으로 보았겠군.
④ '나'가 어린 시절을 보낸 과수원을 보전하기 힘들었던 것은 인력 부족과 아버지의 오랜 투병 때문이었겠군.
⑤ 어린 시절 국민학교에서 아버지가 한 반공 강연을 들은 사람들의 태도를 보고 '나'는 아버지를 자랑스럽게 생각했겠군.

33 ✎ What pattern is it?

〈보기〉를 참고하여 윗글을 감상한 내용으로 적절하지 <u>않은</u> 것은? [3점]

<보 기>

　「속삭임, 속삭임」은 ''나'가 딸에게 하는 속삭임'과 '아버지와 아재비가 나눈 속삭임'을 통해 대립을 초월하는 화해와 공존에 대한 지향을 주제 의식으로 표현하고 있다. 전자의 속삭임은 다양한 감각적 이미지를 환기하는 내용을 통해 주제 의식을 나타내고 있다. 후자의 속삭임은 인물들이 교감을 나누는 조화로운 모습으로 제시되며 공간과 연계된 감각적 이미지로 형상화되어 주제 의식을 나타내고 있다. 그리고 전자의 속삭임을 통해 형성된 대조적 의미 구조는 후자의 속삭임과 유기적 관련성을 맺으며 주제 의식의 형상화를 뒷받침하고 있다.

① '전쟁'의 이미지인 '딱딱하고 근육질이 박힌'과 대조되는 '공기 같은 가벼움과 부드러움'은 '과수원'에 담긴 '평화'의 의미와 어울려 주제 의식의 형성에 기여하고 있다고 할 수 있어.

② '고약한 냄새'를 지울 수 있는 '향기', '음악' 등은 다양한 감각적 이미지를 환기하며 아버지와 아재비의 속삭임에서 '나'가 느낀 아름다움과 조응하고 있다고 할 수 있어.

③ '나'가 딸에게 '고전적인 시인이어야겠다'라고 한 말은 '상식으로는 설명되지 않는 일들'을 이해하려는 '나'의 소망이 투영된 것으로 속삭임들 간의 유기성을 드러내고 있다고 할 수 있어.

④ '단둘이서' 속삭였던 아버지와 아재비의 모습은 교감을 나누는 조화로운 모습으로 대립을 초월한 화해와 공존을 보여 주고 있다고 할 수 있어.

⑤ '바람 소리 같은 그들의 속삭임'은 과수원의 '평상 위', '좁은 길들', '호수 주변' 등의 공간과 연계되어 수많은 세월이 흘러도 잊히지 않는 이미지로 형상화되고 있다고 할 수 있어.

34 ✎ What pattern is it?

㉠에 대한 설명으로 가장 적절한 것은?

① 딱지 편지에 인용된 문장이 본래 너무도 딱딱한 어투였음을 보여 주는 말들이 적혀 있었다.

② 자연을 읊은 글들로만 가득 차 있어 '나'가 아재비의 감성을 느낄 수 있는 말들이 많이 적혀 있었다.

③ 아재비가 일생 동안 붙잡고 있던 생각들을 어린 '나'도 이해하기 쉽게 설명해 주는 말들이 적혀 있었다.

④ 아재비가 아버지와 의형제 관계를 맺을 정도로 친밀한 관계였음을 '나'가 깨닫게 해 주는 말들이 적혀 있었다.

⑤ 아재비가 과수원에서 생활하는 동안에도 아재비의 신념에 변화가 없었음을 '나'가 짐작하게 해 주는 말들이 적혀 있었다.

[앞부분의 줄거리] '나'는 지인의 과수원에서 어린 딸과 시간을 보내며 '아재비'를 떠올린다. 남로당'의 고위 간부로 사형 선고를 받았으나 도망쳐 '나'의 집 과수원에서 일한 '아재비'는 '나'를 보살펴 주며 작은 호수를 만들어 주었었다. '아재비'와의 일을 떠올리다가 딸과 놀아 주던 '나'는 품에 안은 딸이 잠들자 딸에게 속삭인다.

아이 머리의 묵직한 무게가 가슴에 와 닿았다. 긴장이 풀린 아이는 어느새 잠이 들어 있었던 것이다.

이애, 밖은 전쟁이다. 밖은 늘 전쟁이었다. 어느 해 어느 시 어느 대륙에 전쟁이 멈춘 적이 있었더냐. 아무리 방으로 방으로 숨어들고 아무리 방패를 꺼내 들어도 사방의 문틈으로 전쟁의 냄새는 새어 들어오지. 그 냄새는 딱딱하고 질기고 직선으로 세상을 자르는 그런 고약한 냄새지. 아, 너를 위해 세상의 미운 단어들을 모두 바꿀 수 있다면…… 모든 딱딱하고 근육질이 박힌 단어에 공기 같은 가벼움과 부드러움을 주고 모든 악취 나는 단어에 지상의 들꽃 이름을 대신해 줄 수 있다면. 너도개미자리, 둥근바위솔, 찔레, 명아주, 두메투구풀, 미나리아재비, 땅비싸리, 무릇꽃, 청사조, 패랭이, 쑥부쟁이, 아 그리고 채송화, 채송화……. 이애, 너는 아무래도 시인이 되어야겠다. 미운 단어를 아름답게 만드는, 악취에 향기를 주는, 입을 벌리면 음악이 나오는…… 너는 아주 고전적인 시인이어야겠다. 발가락, 땅콩, 코딱지 같은 단어를 예쁘게 발음할 줄 아는 너. 처음 글을 배울 때 네 성인 '박' 자를 삐뚤삐뚤하게 써 놓고 글자가 웃고 있다고 말하던 너. 이 먼 과수원의 오수의 나른한 틈새에까지 비집고 들어오는, 아 비릿한 그 냄새를 이애, 빨리 지워 다오. 아주 강력한, 아주 향긋한 방취 살포제인 너의 웃음. 이애, 그토록 짙은 미소를 지을 줄 아는 너는 아마도 외계인인 모양이다. 그래서 네가 자전거에만 오르면, 너의 그 짧고 가는 다리를 소금쟁이만큼 빠르게 놀려 앞으로 갈 때면 나는 그만 가슴이 무섭게 뛰기 시작하는 걸 느낀다. 너의 자전거에 가속이 붙고 앞바퀴가 들려지고, 공중으로 공중 저 높이로 솟아오르는 것이 보이는구나.

작은 호수가 있네. 호수 주변에 채송화를 심었네.
달력에 찍은 수많은 점들이 언젠가 별이 되려니.
살.사랑.사람.살림.서리.성에.잘 살으오…….

그가 남긴 낡은 ㉠공책에는 이해하기 어렵게 갈겨쓴, 일기라고 하기에는 너무도 딱딱한 어투의 글들에 섞여 이처럼 정갈하게 정리해서 쓴 모호한 암호 문자들도 적지않이 들어차 있었다. 그 암호 문자 중의 몇 개는 낱장에 옮겨져, 몇 년에 한 번씩 딱지 편지로 접혔다. 변함없는 기름한 글씨. 변함없이 세 번 돌려 접은 딱지 편지. 글쎄 그것은 꼭 암호 문자가 아닐 수도 있었다.

그와의 첫 여행에서부터 그가 죽기 전까지 십여 년에 걸쳐 모두 다섯 번을 나는 그런 이상한 편지 심부름을 했다. 수신인은 그의 처자였다.

(중략)

그가 간 후 한참이 지나, 이미 야산으로 변해 버린 과수원을 정리하기 위해 내려갔었다. 인력도 달리었거니와 무엇보다도 오래된 아버지의 투병으로 진 빚 감당으로 팔려 나간 과수원에 방책을 만들러 벌써 남자 서너 명이 와서 일하고 있었다. 나는 딸애의 출산을 얼마 남겨 놓고 있지 않은 때였다.

과수원의 길이 곧게 뻗어 나가는 게 보이는 호숫가에 앉아서 나는 다시는 못 보게 될지도 모르는 낯익은 풍경들 하나하나에 나의 애정 어린 시선을 나누어 주었다. 과수원은 황폐했어도 내게는 평화였다. 설령 그것이 어느 날 없어졌다 해도. 그 안에서 일어난 일을 알고 있는 무언의 동반자인 나무들은, 내일에 다가올 걱정에는 무관심한 채 늠연하게 푸른 하늘에 미세한 실핏줄을 그리고 있었다. 잎이 다 진 가을이었던 것이다.

그 비어 있는 길 위에 하나의 영상이 떠올랐다. 아재비의 어깨에 팔을 얹어 기대고 불편한 몸을 움직이며 짧은 산책을 하는 아버지와 그 옆에 그림자처럼 엉긴 아재비의 모습이었다. 그들은 늘 할 말이 많았다. 단둘이서. 나는 그럴 때의 그들이 제일 아름다웠다고 생각한다. 그들은 무에 그리 할 말이 많았을까. 혈혈단신 가족을 모두 버리고 남쪽을 택해 내려온 아버지였던 만큼 건강이 좋았던 젊은 시절만 해도 읍으로 나가서 또는 내가 다니는 국민학교에 와서 가끔 반공 강연을 하곤 했었다. 모든 사람이 고개를 끄덕여 주어 내 어깨를 으쓱하게 한 강연들이었다.

바로 그가 남로당의 열성 간부였던 아재비를 과수원에서 발견했고 그의 불안한 신원의 바람막이가 되어 주었으며 그와 일생의 의형제가 된 것이다. 그리고 어머니가 내준 아재비의 공책에 보면 자연을 읊은 글만 있었던 것이 아니었다. 거기에는 잘 알아볼 수 없을 정도로 흘려 쓴 글씨이기는 하지만 그가 일생 동안 붙잡고 있었던 생각들이 두서없이 채워져 있었다. 그가 겪어 온 사고의 모든 갈피들. 어떻건 그는 변하지 않은 채로 일생을 살았던 것 같고 그것을 아버지나 어머니한테 그다지 숨겼던 것 같지도 않다. 상식으로는 설명되지 않는 일들이, 그 이전 혹은 그것을 뛰어넘은 어떤 곳에 그들의 삶과 함께 위치해 있었던 것이다.

과수원의 사방에 그들의 속삭임이 있었다. 그들이 근본적으로 지니고 있는 차이가 끝도 없는 속삭임을 만들었던 것일까. 특히 늦은 밤의 집 앞에 내놓은 평상 위와 과수원의 좁은 길들, 야산 밑에 패인 호수 주변……. 사방에서 귀만 기울이면 바람 소리 같은 그들의 속삭임이 들려왔다. 무엇보다도 호수 주변에. 그것이 수많은 세월이 흐른 지금까지도 황량하고 지난하던 과수원의 생활을 안온한 미소로서 기억하게 하는 것이다.

- 최윤, 「속삭임, 속삭임」 -

*남로당: 1946년 11월 서울에서 결성된 공산주의 정당인 남조선 노동당의 줄임말.

 제대로 풀어 보기!

❀ 정답 2쪽

31

윗글에 대한 설명으로 가장 적절한 것은?

① 공간적 배경에 대한 묘사를 통해 인물의 태도가 변화하는 양상을 드러내고 있다.
② 인물 간의 대화를 통해 인물이 겪은 과거 사건의 비현실적인 성격을 드러내고 있다.
③ 서술자의 고백적 진술을 바탕으로 과거에 대한 기억과 그 기억에 부여한 의미를 제시하고 있다.
④ 시간적 배경에 따라 서술자를 달리하여 인물의 행위와 사건에 대한 다양한 관점을 서술하고 있다.
⑤ 서술자가 서술의 초점이 되는 인물의 시선으로 주변 인물들의 행위에 담긴 의미를 제시하고 있다.

32

윗글을 읽은 독자의 반응으로 적절하지 <u>않은</u> 것은?

① 아재비는 거동하기가 어려웠던 아버지가 의지할 수 있는 대상이었겠군.
② 아재비가 매사에 조심스럽게 행동하여 아버지가 그의 신원을 알아차릴 수 없었던 것이겠군.
③ 어린 시절 과수원의 호숫가에 앉아서 볼 수 있었던 풍경들을 '나'는 애정 어린 시선으로 보았겠군.
④ '나'가 어린 시절을 보낸 과수원을 보전하기 힘들었던 것은 인력 부족과 아버지의 오랜 투병 때문이었겠군.
⑤ 어린 시절 국민학교에서 아버지가 한 반공 강연을 들은 사람들의 태도를 보고 '나'는 아버지를 자랑스럽게 생각했겠군.

33

〈보기〉를 참고하여 윗글을 감상한 내용으로 적절하지 <u>않은</u> 것은? [3점]

〈 보 기 〉
「속삭임, 속삭임」은 "'나'가 딸에게 하는 속삭임"과 '아버지와 아재비가 나눈 속삭임'을 통해 대립을 초월하는 화해와 공존에 대한 지향을 주제 의식으로 표현하고 있다. 전자의 속삭임은 다양한 감각적 이미지를 환기하는

내용을 통해 주제 의식을 나타내고 있다. 후자의 속삭임은 인물들이 교감을 나누는 조화로운 모습으로 제시되며 공간과 연계된 감각적 이미지로 형상화되어 주제 의식을 나타내고 있다. 그리고 전자의 속삭임을 통해 형성된 대조적 의미 구조는 후자의 속삭임과 유기적 관련성을 맺으며 주제 의식의 형상화를 뒷받침하고 있다.

① '전쟁'의 이미지인 '딱딱하고 근육질이 박힌'과 대조되는 '공기 같은 가벼움과 부드러움'은 '과수원'에 담긴 '평화'의 의미와 어울려 주제 의식의 형성에 기여하고 있다고 할 수 있어.
② '고약한 냄새'를 지울 수 있는 '향기', '음악' 등은 다양한 감각적 이미지를 환기하며 아버지와 아재비의 속삭임에서 '나'가 느낀 아름다움과 조응하고 있다고 할 수 있어.
③ '나'가 딸에게 '고전적인 시인이어야겠다'라고 한 말은 '상식으로는 설명되지 않는 일들'을 이해하려는 '나'의 소망이 투영된 것으로 속삭임들 간의 유기성을 드러내고 있다고 할 수 있어.
④ '단둘이서' 속삭였던 아버지와 아재비의 모습은 교감을 나누는 조화로운 모습으로 대립을 초월한 화해와 공존을 보여 주고 있다고 할 수 있어.
⑤ '바람 소리 같은 그들의 속삭임'은 과수원의 '평상 위', '좁은 길들', '호수 주변' 등의 공간과 연계되어 수많은 세월이 흘러도 잊히지 않는 이미지로 형상화되고 있다고 할 수 있어.

★34 오답률 2위 ▶ 59.0%

㉠에 대한 설명으로 가장 적절한 것은?

① 딱지 편지에 인용된 문장이 본래 너무도 딱딱한 어투였음을 보여 주는 말들이 적혀 있었다.
② 자연을 읊은 글들로만 가득 차 있어 '나'가 아재비의 감성을 느낄 수 있는 말들이 많이 적혀 있었다.
③ 아재비가 일생 동안 붙잡고 있던 생각들을 어린 '나'도 이해하기 쉽게 설명해 주는 말들이 적혀 있었다.
④ 아재비가 아버지와 의형제 관계를 맺을 정도로 친밀한 관계였음을 '나'가 깨닫게 해 주는 말들이 적혀 있었다.
⑤ 아재비가 과수원에서 생활하는 동안에도 아재비의 신념에 변화가 없었음을 '나'가 짐작하게 해 주는 말들이 적혀 있었다.

이제 표현을 달리하는 '변용'을 문제로 만나 보자.

소설 장면을 극 장면으로 표현하는 문제가 최근에는 자주 출제되는 편이야.

42 ✏ What pattern is it?

〈보기〉는 선생님의 안내에 따라 학생들이 (가)를 이해한 내용이다. ⓐ~ⓔ 중 적절하지 <u>않은</u> 것은? [3점]

〈 보 기 〉

선생님: 일반적으로 영웅 소설에서 주인공은 고난을 겪지만 조력자를 만나 병서나 무기 등을 얻어 탁월한 능력을 갖게 됩니다. 이후 주인공이 위기에 처한 나라를 구하는 공을 세워 이름을 떨치며 부귀영화를 누리는 것으로 마무리됩니다. 이때 주인공은 유교적 이념을 존중하는 인물입니다. 이와 같은 전형적인 영웅 소설과 「전우치전」이 어떻게 유사하고 다른지 이야기해 봅시다.

학생1: 전우치가 천서를 익혀 뛰어난 능력을 얻게 된 것은 병서를 익혀 탁월한 능력을 갖게 된 일반적인 영웅 소설과 비슷해요. · ⓐ

학생2: 전우치가 충을 다함으로써 효를 실천하는 것은 충효라는 유교적 이념을 중시하는 일반적인 영웅 소설과 비슷해요. ─── ⓑ

학생3: 전우치가 입신양명의 길을 선택하지 않은 것은 나라에 공을 세워 이름을 널리 떨치는 일반적인 영웅 소설과는 달라요. ── ⓒ

학생4: 전우치가 옥황상제의 권위를 이용하여 나라의 재산을 취하려 한 것은 위기에 처한 나라를 구하는 일반적인 영웅 소설과는 달라요. ─────────────── ⓓ

학생5: 전우치가 재산을 흩어 노복에게 주고 떠나는 것으로 마무리되는 것은 부귀영화를 누리게 되는 일반적인 영웅 소설과는 달라요. ─────────────── ⓔ

① ⓐ   ② ⓑ   ③ ⓒ   ④ ⓓ   ⑤ ⓔ

43 ✏️ What pattern is it?

(가)를 토대로 (나)가 창작되었다고 할 때, [A]와 (나)에 대한 비교로 적절하지 <u>않은</u> 것은?

① 전우치가 왕에게 말하는 태도는 [A]에서는 근엄하였으나, (나)에서는 거드름을 피우는 것으로 변화하였다.

② 전우치가 왕에게 황금을 요구한 까닭은 [A]에서는 모친 봉양을 위한 것이었으나, (나)에서는 백성을 보살피는 것으로 바뀌었다.

③ 전우치가 자신의 요구 실현에 대해 취한 조치는 [A]에서는 실행하지 않을 경우 변을 당하리라 위협하는 것으로, (나)에서는 실행한 것에 대해 보상을 약속하는 것으로 표현되었다.

④ 전우치가 왕과의 만남을 끝내는 모습이 [A]에서는 구름을 타고 남쪽으로 가는 것으로, (나)에서는 돌아올 것을 예고하며 말을 타고 산수화 속으로 들어가는 것으로 나타났다.

⑤ 전우치가 왕에게 자신의 요구를 전하는 장면은 [A]에서는 왕에게 요구하는 모습이 자세히 서술되었으나, (나)에서는 꿈에 나타나 하명하였다는 왕의 대사로 간략히 처리되었다.

45 ✏️ What pattern is it?

(나)를 영화로 제작한다고 할 때, ㉠~㉤에 대한 연출 계획으로 적절하지 <u>않은</u> 것은?

① ㉠: 전우치의 권위와 위엄이 느껴지게 하려면, 지상을 내려다보는 전우치를 올려다보며 촬영해야겠군.

② ㉡: 전우치가 거울에 관심을 갖고 있음을 강조하려면, 전우치의 얼굴이나 눈동자를 화면에 가득 담아야겠군.

③ ㉢: 천군들의 정체로 인한 왕의 당혹감을 표현하려면, 천군이 있던 자리에 놓인 허수아비를 왕의 시점으로 보여 주어야겠군.

④ ㉣: 전우치가 도사로서 가진 출중한 능력을 입체적으로 전달하려면, 여러 공간에서 동시에 일어나는 각각의 장면을 번갈아 보여 주어야겠군.

⑤ ㉤: 왕이 전우치로 인해 불쾌감을 지속적으로 느끼고 있음을 감각적으로 표현하려면, 언짢아하는 왕의 표정을 보여 주며 전우치가 남긴 웃음소리를 효과음으로 길게 끌어야겠군.

(가)

[앞부분 줄거리] 전우치는 구미호로부터 천서를 빼앗아 술법을 배웠으나 구미호가 전우치를 속여 천서의 일부를 가져간다.

우치 대노 왈,

"흉악한 요물이 나를 업수이 여겨 이같이 속이니 내 이제 여우 굴에 가 책을 찾고 요괴를 소멸하리라."

하고 방망이와 송곳을 가지고 여우 굴로 가니, 산천이 깊고 길이 아득하여 찾을 수 없어 도로 돌아와 생각하되, '이 요괴 변화가 예측하기 어려우니 가히 이곳에 오래 머물지 못하리라.' 하고 서책을 수습하여 돌아오니, 대저 천서 상권은 부적을 붙인 까닭에 빼앗아 가지 못함이러라.

┌ 우치 집에 돌아와 천서를 보아 못 할 술법이 없으매, 과거에 뜻이 없어 스스로 생각하되, '내 벼슬하여 모친을 봉양
│ 하려 하면 자연히 더디리라.' 하고 이에 한 계교를 생각하여 몸을 흔들어 변하여 선관이 되어 오색구름을 타고 하늘에
│ 올라 바로 궐내로 들어가 대명전에 자리하니 서기가 공중에 어리었으니 궁중이 황홀했다. 이에 조정의 신하들이 당황
│ 하여 갈팡질팡하고 임금께 아뢰기를,
│
│ "고금에 드문 괴변이라."
│
│ 하니, 왕이 대경하사 여러 신하를 모아 의논하시더니, 우치가 운무 중에 서고 청의동자가 외쳐 왈,
│
[A] "고려국 왕은 옥황상제 전교를 들으라."
│
│ 하거늘, 왕이 명하사 바닥에 깔 자리와 향로를 올려놓은 상을 갖춰 놓게 하고 나아가 보니 한 선관이 금관 홍포로 동
│ 자를 좌우에 세우고 오색구름 중에 싸여 단정히 섰거늘, 왕이 네 번 절한 후 땅에 엎드리시니, 우치 왈,
│
│ "하늘의 궁궐이 오래되어 낡고 헐었기에 이제 수리하고자 하여 인간 여러 나라에 뜻을 전하여 모든 물건을 다 바쳤
│ 으나 다만 황금 들보 하나가 없는지라. 옥황상제께서 그대 나라에 황금이 유족함을 아시고 이제 뜻을 전하사 칠 월
│ 칠 일 오시에 상량하리니, 그날 미쳐 대령하되 길이 십 척 오 촌이요, 너비 삼 척 이 촌, 만일 그날 미치지 못하면 큰
│ 변을 내리우시리라."
│
└ 하고 말을 마치자 선악 소리 은은하며 오색구름이 남녘으로 향하여 가더라.

(중략)

우치 무안하여 달아나고자 하더니 화담이 알고 변신하여 삵이 되어 달려드니, 우치가 보라매 되어 날려 한 즉, 화담이 또한 청사자가 되어 우치를 물어 쓰러뜨리고 크게 꾸짖어 왈,

"너 같은 요술이 임금을 속이고 세상을 희롱하니 어찌 죽이지 아니하리오?"

우치 애걸 왈,

"선생의 도술이 높으심을 모르고 존엄을 범하였으니 죄당만사(罪當萬死)이오나, 소생에게 노모가 있사오니 원컨대 선생은 잔명을 빌리소서."

화담 왈,

"내 이번은 살리거니와 다시 그런 버릇없는 일을 행치 말고 그대 모친을 봉양하다가 그대 모친이 돌아가신 후에 나와 영주산에 들어가 선도(仙道)를 닦음이 어떠하뇨?"

우치 왈,

"선생의 교훈대로 봉행하리이다."

하고 인하여 하직한 후에 집에 돌아와 요술을 행치 아니하고 모친을 봉양하더니, 세월이 여류하여 우치 모부인이 졸하니 우치 예를 갖추어 선산에 안장하고 삼 년을 받들더니, 하루는 화담이 왔거늘, 우치가 황망히 나와 맞아 인사를 마치고 자리에 앉은 후에 화담 왈,

"그대와 약속한 일이 있으매 그대 상중에 있는 것을 알고 왔거늘, 이제 그 산에 있는 구미호를 잡아 돌상자에 가두고 그 굴에 불 지름이 어떠하뇨?"

우치 왈,

"이제 선생이 그 여우를 없이하시면 진실로 온 나라의 아주 다행스러운 일이 아닐까 하나이다."

화담 왈,

"내 이제 그대를 데려가려 하나니, 행장을 꾸리거라."

하거늘, 우치 크게 기뻐하며 재산을 흩어 노복을 주며 왈,

"나는 이제 영원히 이별하려 하니, 너희들은 탈 없이 있어 나의 조상의 제사를 받들라."

하고 조상의 무덤에 하직한 후에 화담을 모시고 구름을 타고 영주산으로 향하니, 그 뒷일은 알지 못하니라.

- 작자 미상, 「전우치전」 -

(나)

S#1. 궁궐. 낮.

궁궐을 향해 날아 내려가는 오색구름. ㉠선녀와 천군 호위 속에 전우치가 지상을 내려 본다.

왕: 옥황상제의 아드님께서 오신다. 예를 갖춰라.

왕이 손짓하자, 궁중 악사들이 정악을 연주한다. 지상으로 내려온 구름. 전우치가 입을 연다. 쩌렁쩌렁한 목소리에 왕

이 고개를 더 낮춘다.

전우치: 지상의 왕은 내가 시킨 대로 황금 1만 냥을 함경도 기근 지역에 보냈느냐?
왕: 그제 제 꿈에 나타나 하명하신 대로 한 치 틀림없이 그리 했습니다.
전우치: 하늘에서 그대의 덕을 높이 사 그대가 하늘로 돌아올 때 7배 70배 700배로 갚아 줄 것이다.
왕: 황공하옵니다. 왕가의 보물을 보자시길래 그것 역시 준비 했습니다.
전우치: 지상의 왕이 보기보다 아주 똘똘하구나. 근데… 에이 가락이 맘에 안 드는구나.

전우치가 손짓하자, 궁중 악사들이 무엇에 홀린 듯 다른 음악을 연주한다. 맘에 안 드는지, 전우치가 손가락을 튕기자, 악사들은 음악을 바꾼다. 그제서야 맘에 든 전우치. 머리를 흔들어 박자를 느끼며, 보물이 늘어선 곳으로 걷는다. 보물을 발로 툭 쳐 보고, 도자기는 관심 없어 깨고, 보고, 던지고, 보고, 깨는데,

(중략)

거울을 연신 깨던 전우치. ⓛ한 거울에 눈이 멈춘다. 작고 투박하다. 앞면은 청동이라 탁하고 뒷면은 자개로 덮여 있다. 전우치가 슬쩍 주머니에 넣는다.

전우치: 왕은 고개를 들라.
왕: 예?
전우치: 내 본시 그림 그리기를 즐겨 해 나무를 그리면 나무가 점점 자라고 짐승을 그리면 그림에서 튀어나오니 내 재주가 아까워 그런데…

전우치가 품에서 두루마리를 꺼내 펼친다. 산수화. 궁녀2 손에 들게 한다.

전우치:어떤가?
왕: 지상의 풍경이 아닌 듯 살아 움직이는 것 같습니다. 소인이 과문하여 묻는데 주인 없는 빈 말은 무엇을 상징하는 것입니까?
전우치:이 도사 전우치가 타고 갈 말이니라.
왕: … 전우치? 망나니 전우치?

전우치가 대동하고 왔던 천군들을 보면, ⓒ그저 허수아비에 불과하다.

전우치: 나를 아는가? 유명하면 아무리 이름을 숨긴다고 숨겨지는 것도 아니고 거 참.
왕: 감히 도사 놈이 주상을 능멸해. 여봐라 이놈을 잡아라.

궁중 무관들이 들이닥치는데, 전우치는 태평하게 한 잔 더 걸치고는, 손가락을 튕겨 음악을 바꾼다. 음악은 점점 흥겨워진다. 진땀나는 궁중 악사들.

전우치: 도사 놈이라? 에… 도사는 무엇이냐? ⓔ도사는 바람을 다스리고 (바람이 분다) 마른 하늘에 비를 내리고 (순식간에 장대비가 내린다) 땅을 접어 달리고 (술상을 향해 축지법으로 갔다가 돌아온다) 날카로운 검을 바람보다도 빨리 휘두르고 (검이 쐭 - 하는 소리와 함께 허공을 가르고) 그 검을 꽃처럼 다룰 줄 아니 (검이 왕 얼굴 앞에서 꽃으로 변한다) 가련한 사람들을 돕는 게 바로 도사의 일이다. 무릇 생선은 대가리부터 썩는 법! 왕과 대신들이 기근에 시달리는 백성을 보살피지 않아 이 도사 전우치가 친히 백성들 심부름을 하고자 왔으니 공치사 받을 일도 아니고.

전우치를 에워싸는 궁중 무관들. 섣불리 접근하지 못하는데, 전우치 천천히 붉은 붓을 들어 술병 모가지 테두리를 둘러 원을 그린다. 서로를 바라보다 자신의 목을 보는 무관들. 모두의 목에 붉은 테두리가 그려져 있다.

전우치: 내가 이 병 목을 치면 너희들은 어떻게 될 거 같으냐?

무관들, 술렁거리며 주춤한다.

왕: 저놈을 잡는 자에게 황금 2천 냥을 주겠다.
전우치: 하하하… 돈을 막 쓰는구나. 하하하…

전우치가 그림 속으로 들어가 말을 타고 사라진다. ⓗ웃음소리는 오래도록 왕을 언짢게 한다.

- 최동훈, 「전우치」 -

 제대로 풀어 보기!

✿ 정답 2쪽

★42

오답률 ▶ 57.1%

〈보기〉는 선생님의 안내에 따라 학생들이 (가)를 이해한 내용이다. ⓐ~ⓔ 중 적절하지 않은 것은? [3점]

〈 보 기 〉

선생님: 일반적으로 영웅 소설에서 주인공은 고난을 겪지만 조력자를 만나 병서나 무기 등을 얻어 탁월한 능력을 갖게 됩니다. 이후 주인공이 위기에 처한 나라를 구하는 공을 세워 이름을 떨치며 부귀영화를 누리는 것으로 마무리됩니다. 이때 주인공은 유교적 이념을 존중하는 인물입니다. 이와 같은 전형적인 영웅 소설과 「전우치전」이 어떻게 유사하고 다른지 이야기해 봅시다.

학생1: 전우치가 천서를 익혀 뛰어난 능력을 얻게 된 것은 병서를 익혀 탁월한 능력을 갖게 된 일반적인 영웅 소설과 비슷해요. ─────── ⓐ

학생2: 전우치가 충을 다함으로써 효를 실천하는 것은 충효라는 유교적 이념을 중시하는 일반적인 영웅 소설과 비슷해요. ─────── ⓑ

학생3: 전우치가 입신양명의 길을 선택하지 않은 것은 나라에 공을 세워 이름을 널리 떨치는 일반적인 영웅 소설과는 달라요. ─────── ⓒ

학생4: 전우치가 옥황상제의 권위를 이용하여 나라의 재산을 취하려 한 것은 위기에 처한 나라를 구하는 일반적인 영웅 소설과는 달라요. ─────── ⓓ

학생5: 전우치가 재산을 흩어 노복에게 주고 떠나는 것으로 마무리되는 것은 부귀영화를 누리게 되는 일반적인 영웅 소설과는 달라요. ─────── ⓔ

① ⓐ   ② ⓑ   ③ ⓒ   ④ ⓓ   ⑤ ⓔ

★43

오답률 ▶ 47.5%

(가)를 토대로 (나)가 창작되었다고 할 때, [A]와 (나)에 대한 비교로 적절하지 않은 것은?

① 전우치가 왕에게 말하는 태도는 [A]에서는 근엄하였으나, (나)에서는 거드름을 피우는 것으로 변화하였다.

② 전우치가 왕에게 황금을 요구한 까닭은 [A]에서는 모친 봉양을 위한 것이었으나, (나)에서는 백성을 보살피는 것으로 바뀌었다.

③ 전우치가 자신의 요구 실현에 대해 취한 조치는 [A]에서는 실행하지 않을 경우 변을 당하리라 위협하는 것으로, (나)에서는 실행한 것에 대해 보상을 약속하는 것으로 표현되었다.

④ 전우치가 왕과의 만남을 끝내는 모습이 [A]에서는 구름을 타고 남쪽으로 가는 것으로, (나)에서는 돌아올 것을 예고하며 말을 타고 산수화 속으로 들어가는 것으로 나타났다.

⑤ 전우치가 왕에게 자신의 요구를 전하는 장면은 [A]에서는 왕에게 요구하는 모습이 자세히 서술되었으나, (나)에서는 꿈에 나타나 하명하였다는 왕의 대사로 간략히 처리되었다.

★45

오답률 2위 ▶ 63.7%

(나)를 영화로 제작한다고 할 때, ㉠~㉤에 대한 연출 계획으로 적절하지 않은 것은?

① ㉠: 전우치의 권위와 위엄이 느껴지게 하려면, 지상을 내려다보는 전우치를 올려다보며 촬영해야겠군.

② ㉡: 전우치가 거울에 관심을 갖고 있음을 강조하려면, 전우치의 얼굴이나 눈동자를 화면에 가득 담아야겠군.

③ ㉢: 천군들의 정체로 인한 왕의 당혹감을 표현하려면, 천군이 있던 자리에 놓인 허수아비를 왕의 시점으로 보여 주어야겠군.

④ ㉣: 전우치가 도사로서 가진 출중한 능력을 입체적으로 전달하려면, 여러 공간에서 동시에 일어나는 각각의 장면을 번갈아 보여 주어야겠군.

⑤ ㉤: 왕이 전우치로 인해 불쾌감을 지속적으로 느끼고 있음을 감각적으로 표현하려면, 언짢아하는 왕의 표정을 보여 주며 전우치가 남긴 웃음소리를 효과음으로 길게 끌어야겠군.

Self check

❶ **패턴 4: 소재 및 배경의 의미, 기능 파악하기** 문제는 지정된 소재와 배경을 먼저 확인한다. ─── ☐ Yes

❷ **패턴 5: 갈래 변용 이해하기** 문제는 두 장면을 비교해 차이점에 주목한다. ─── ☐ Yes

❸ **처음 보는 소설 지문** 앞에서도 **자신감**을 갖는다. ─── ☐ Yes

2018학년도 대학수학능력평가

왕비가 웃으며 말했다.

"부인이 이곳에 오긴 오겠지만 아직 때가 멀었소. 남해 도인이 그대와 인연이 있으니 잠깐 의탁하게 될 것이오. 이 또한 하늘의 뜻이니라."

사 씨가 여쭈었다.

"남해라면 바다 끝으로 알고 있사옵니다. 첩에게는 탈 것이 없고 돈도 없는데 어찌 갈 수 있겠나이까?"

왕비가 말했다.

"조만간 길을 인도하는 자가 있을 것이니 조금도 염려 마라."

이윽고 좌우에 앉아 있는 부인들을 하나하나 소개했다. 위국부인 장강˚, 한나라의 반첩여˚ 등이 있었다. 사 씨가 다소곳이 일어나 머리를 조아리고 말했다.

"뜻밖에도 모든 부인님의 얼굴을 오늘 뵙게 되니 크나큰 영광입니다."

드디어 하직을 하고 여동의 인도를 받아 내려오는데, 걷었던 ㉠주렴을 내리는 소리가 요란하였다. 이 소리에 놀라 몸을 일으키니 유모와 시비가 부인이 깨신다 하고 부르거늘 사 씨가 일어나 앉으니 이미 날이 저물었다. 멍한 정신이 한참만에야 진정되었다. 입에서는 향기로운 냄새가 났고 왕비께서 하시던 말씀이 뚜렷했다. 유모에게 물었다.

"내가 어디 갔다 왔느냐?"

유모와 시비가 대답했다.

"부인께서 기절하는 바람에 소인들이 간호하여 이제야 깨어나셨는데 어디를 가셨단 말입니까?"

사 씨가 조금 전에 있었던 일을 다 말하고 ㉡대나무 수풀을 가리키며 말했다.

"분명히 저 길로 갔다 왔으니 어찌 꿈이라 하리오. 믿지 못하겠다면 나를 따라오라."

그리고는 길을 찾아 대나무 수풀 뒤쪽으로 가니 사당이 하나 있었다. 현판이 걸려 있는데 황릉묘˚라고 쓰여 있었다. 분명 아황과 여영, 두 왕비의 묘로 ⓐ꿈에서 본 것과 같았다. 사당 안으로 들어가 살펴보니 두 왕비의 ㉢초상화가 걸려 있는데 꿈에서 본 것과 같았다. 이에 사 씨가 향을 피우고 절하며 말했다.

"첩이 왕비의 가르치심을 입어 훗날 좋은 시절을 만나서 영화를 누리게 된다면 어찌 그 은혜를 잊으리까?"

분향을 마친 후 앉아서 신세를 생각하니 슬픔이 밀려왔다. 시비를 시켜 묘지기 집에 가서 밥을 구해 와서는 세 사람이 나누어 먹었다. 이윽고 사 씨가 말했다.

"의지할 곳이 없으니 신령이 나를 놀리시는구나."

앞길이 막막하여 어쩔 줄 모르는 중 벌써 달이 밝았다. 세 사람이 방황하고 있는데 묘문으로 두 사람이 들어와 물었다.

"어려움을 만나 물에 빠지려 하시는 부인이 아니옵니까?"

사 씨가 눈을 들어 자세히 보니 한 명은 **여승**이고 다른 한 명은 여동이었다. 크게 놀라며 말했다.

"어찌 우리를 아는가?"

여승이 합장하고 말했다.

"우리는 동정 군산에 사는 사람인데 조금 전 꿈결에 관음보살께서 어진 여자가 화를 만나 날이 저물어 갈 곳을 몰라 방황하니 급히 황릉묘로 가서 구하라고 하셨습니다. 이에 ㉣배를 저어 와서 부인을 만나게 되었습니다."

(중략)

한편 한림학사 유연수는 유배지에 도착하니 바람이 거세고 **인심이 사나워** 갖은 고초를 겪게 되었다. 외로운 가운데 이러한 고생을 하니 **예전의 총명함**이 점점 돌아와 뉘우치며 말했다.

"사 씨가 동청을 꺼렸는데 이제 와서 생각하니 그 말이 옳도다. 어진 아내를 의심했으니 무슨 면목으로 조상을 대하리오."

밤낮 이런 생각을 하면서 탄식하니 병에 걸리고 말았다. 이곳에는 마땅한 의약이 없었다. 병세는 날로 심해져 죽을 지경에 이르렀다. 하루는 흰옷 입은 노파가 ㉤병(瓶)을 들고 와서 말했다.

"상공의 병이 위독하니 이 물을 먹으면 좋아지리라."

한림이 물었다.

"그대는 누구인데 유배당한 사람의 병을 구하시오?"

노파가 말했다.

"나는 동정 군산에 사는 사람이로다."

그러고는 병을 뜰 가운데 놓고 사라졌다. 한림이 놀라 일어나니 ⓑ꿈이었다. 이상하게 생각했는데 다음 날 아침 하인이 뜰을 청소하다가 들어와 고했다.

"뜰에서 물이 솟아나옵니다."

한림이 이상하게 여겨 창을 열고 보니 꿈에 노파가 병을 놓았던 자리였다. 물을 한 그릇 떠오라고 해서 마시니 맛이 달고 상쾌한 것이 마치 **단 이슬**을 먹은 것 같았다. 원래 행주는 수질이 좋지 않은 곳이다. 한림의 병도 그렇게 좋지 않은 물 때문에 생긴 것이었다. 그런데 이 물을 먹은 즉시 병세가 사라지고 예전의 얼굴과 기력을 회복하였다. 그것을 본 사람들이 모두 신기하게 여겼다. 이후로도 그 샘은 마르지 않아 마을 사람들이 나누어 마셨다. 이로 인해 물로 인한 병이 없어지자 사람들이 그 샘을 학사정이라고 하였는데 **지금까지 전해진다.**

- 김만중, 「사씨남정기」 -

* 장강: 춘추 전국 시대 위나라 장공의 아내.

* 반첩여: 한나라 성제의 후궁.

* 황릉묘: 순임금의 두 왕비인 아황과 여영을 추모하기 위해 세운 사당.

> **내가 결정하는 내비게이션**

23

윗글의 내용에 대한 이해로 적절하지 **않은** 것은?

① '사 씨'는 꿈에서 '왕비'로부터 '남해 도인'과 인연이 있어 바다 끝으로 향할 여정이 예비되어 있음을 들었다.

② '사 씨'가 기절한 사이 '유모'는 황릉묘에 가서 '사 씨'를 깨울 방도를 찾아 왔다.

③ '사 씨'는 묘에서 만난 '여승'의 말을 통해 여승 일행이 찾아온 연유를 알게 되었다.

④ '유 한림'은 전에 '동청'을 꺼렸던 '사 씨'의 말을 받아들이지 않고 '사 씨'를 의심했었다.

⑤ '마을 사람들'은 '유 한림'의 사례를 보고 수질 탓에 생긴 병을 없앨 방도를 찾을 수 있었다.

24

㉠~㉤에 대한 설명으로 적절하지 **않은** 것은?

① ㉠: '사 씨'가 꿈에서 깨게 되는 소리로, '사 씨'가 비현실 세계에서 현실 세계로 돌아오게 되는 계기이다.

② ㉡: '사 씨'가 꿈에서 보았던 곳과 같은 장소로, 비현실적 상황과 현실적 상황의 경계를 모호하게 만드는 공간이다.

③ ㉢: '사 씨'가 꿈에서 보았던 왕비의 모습을 환기하는 물건으로, 초월적 존재에 대한 '사 씨'의 믿음을 드러내는 소재이다.

④ ㉣: '사 씨'가 꿈에서 계시를 받아 사전에 준비한 수단으로, '사 씨'가 두 왕비와 재회할 수 있도록 돕는 매개체이다.

⑤ ㉤: '유 한림'이 꾼 꿈에 등장한 물건으로, '유 한림'이 처한 위급한 상태를 호전시킬 방도가 생기게 하는 단초이다.

> **사진 찍기로 세운 전략!** ✏️

25

ⓐ와 ⓑ에 대한 이해로 가장 적절한 것은?

① ⓐ와 ⓑ에는 모두 꿈을 꾼 주체를 돕는 역할을 하는 존재가 출현한다.
② ⓐ와 ⓑ에는 모두 꿈을 꾼 주체가 만나고 싶어 하던 역사적 인물이 등장한다.
③ ⓐ와 ⓑ에는 모두 꿈을 꾼 주체가 처한 고난이 심화될 것임을 암시하는 징표가 제시된다.
④ ⓐ에는 ⓑ에서와 달리, 꿈을 꾼 두 주체가 공유하고 있는 과거의 기억이 나타나고 있다.
⑤ ⓑ에는 ⓐ에서와 달리, 꿈을 꾼 주체의 출생 내력이 제시되어 있다.

사진 찍기로 세운 전략!

26

〈보기〉를 참고하여 윗글을 감상한 내용으로 적절하지 <u>않은</u> 것은? [3점]

〈 보 기 〉
  18세기의 선비인 이양오는 「사씨남정기」를 읽고 「사씨남정기후서」를 썼다. 그는 이 소설이 착한 사람은 복을 받고 악한 사람은 벌을 받는다는 '복선화음'의 이치를 담고 있다고 평가한다. 다만 과오가 있는 사람이라도 잘못을 깨닫고 착한 데로 나아가는 과정에서 재앙이 상서로움으로 바뀌는 경우에도 주목한다. 한편 꿈속에서 벌어지는 일이나 기이한 만남이 나타나는 등 허구적인 이야기라도 사람의 일에 연관된다면 이를 두고 괴이하거나 맹랑한 것이라고 치부할 수만은 없다고 평한다. 그러면서 "말이 교화에 관련되면 괴이해도 해롭지 않고 일이 사람을 감동시키면 괴이하고 헛되어도 기뻐할 만하네."라는 김시습의 시 구절을 인용하였다.

① 유 한림이 유배지에서 얻은 질병이 '단 이슬'과 같은 물로써 치료된다는 설정에서, 유 한림의 재앙이 상서로움으로 전환되는 양상을 엿볼 수 있겠군.
② 유 한림이 유배지에서 고초를 겪는 가운데 '예전의 총명함'을 회복하는 장면에서, 과오가 있는 사람이라도 잘못을 깨닫고 착한 데로 나아가는 과정을 엿볼 수 있겠군.
③ 사 씨의 꿈에서 예견된 인도자와의 인연이 '여승'의 꿈에서 계시된 바와 조응하여 '여승' 일행이 사 씨를 찾은 장면에서, 기이한 만남이 이루어지는 양상을 엿볼 수 있겠군.
④ 학사정이 생기게 된 유래가 신이하지만 사람들에게 받아들여져 '지금까지 전해진다'고 한 점에서, 허구적인 이야기일지라도 사람의 일에 연관되므로 괴이한 것만으로는 볼 수 없겠군.
⑤ 유 한림에게 갖은 고초를 줄 만큼 '인심이 사나웠'던 행주 사람들이 샘에 얽힌 이야기를 듣고 복선화음의 이치를 깨달은 데서, 그 이야기를 맹랑한 것으로 치부해서는 곤란하다는 점을 알 수 있겠군.

잘되라고 주는 숙제 2 　　 66 수업 시간에 다루지 않아. 배운 대로 적용 연습하면 되는 거야. 99 　　 ❀ 정답 37쪽

2020학년도 6월 모의평가

[앞부분 줄거리] 조웅은 송나라 회복을 위해 태자를 구해 함께 위국으로 가던 중 서번국 병사가 매복한 함곡을 향한다.

이적에 원수가 여러 날 만에 연주에 도달하여 군마를 다 쉬게 하고 원수도 노곤하여 사관에서 쉬고 있었는데,

[A] ┌ 한 나비가 침상에 날아들거늘 원수도 자연스럽게 날개를 얻어 그 나비를 따라 공중에 날아 한 곳에 이르니, 첩첩한 산중에 수목이 빽빽한 곳을 깊이 들어가니 그 가운데 광활하여 완연한 별세계라. 또 한 곳을 들어가니 아름다운 궁궐
└ 이 하늘에 닿았거늘, 나아가 보니 문에 현판을 붙였으되, '만고충렬문'이라 뚜렷이 쓰여 있었다.

궁궐 위를 바라보니 한 노인이 앉았으되 얼굴은 관옥 같고 머리에 황금관을 쓰고 몸에 용포를 입고 윗자리에 높이 앉았는데, 무수한 사람들이 열좌하여 큰 잔치 를 배설하고 술과 음식이 가득한 중에 절대 가인이 차례로 앉았으니, 그 아름다움이 측량없더라. 좌석에 가득 앉은 사람들이 여러 왕의 흥망성쇠와 만고역대를 역력히 이르는지라. 맨 윗자리에 앉은 제왕은 어찌 된 줄을 모르매 분부 왈,

"그대 등은 각각 공을 밝히어 올리라."

하니 좌석에 가득 앉은 사람들이 각각 공을 밝히는 글을 올리니 그 공적에 왈,

"저는 본래 한나라 신하로 깊은 뜻이 많지 아니하리로다. 옛일을 살펴보니 복이 북두칠성과 일월에 찬란하리로다."

또 한 공적에 왈,

"칼을 잡아 흉적을 소멸하니 제후 될 만하도다. 천하를 성처럼 막았으니 문호 세상에 진동하는도다."

하였더라.

그 남은 공적은 어찌 다 기록하리오. 좌중의 여러 사람들이 각각 소회를 다하고, 혹 노기 등천하며, 혹 칼을 빼 들고 매우 성을 내고, 어떤 자는 땅에 섰고, 어떤 자는 깡충깡충 뛰며, 어떤 자는 노래하고, 어떤 자는 춤추기도 하는지라. 이러한 좋은 장면을 세밀히 구경할새, 한 사람이 좌중에 나와 앉으며 왈,

"우리 각각 소회는 옛일이라. 한하여도 미치지 못하려니와 알지 못하겠노라. 대송이 역적에 망하니 인하여 멸송이 되오면 언제 회복되오리까?"

하니 한 사람이

"송나라의 복은 아직 길고 멀었는지라. 어찌 회복이 없사오리까?"

한데, 또 한 사람이,

"그대 등은 알지 못하는도다. 하늘이 송나라 왕실을 회복하고자 조웅을 명하였더니, 불쌍하도다 조웅이여! 일시가 극난하여 명일 미명에 서번 적의 간계에 걸려들어 죽을 듯하니 불쌍하도다. 조웅의 일도 우리와 같을지라. 정해진 나이를 못 마치고 전쟁의 패한 혼이 될 듯하니 불쌍코 가련하다."

이러할 제 문 지키는 군사 급히 고하기를,

"송나라 문제 들어오시나이다."

하니, 여러 사람이 일시에 뜰로 내려와 영접하여 상좌한 후에 여러 사람이 아뢰기를,

"오늘날 만날 약속을 정하옵고 어찌 늦게 도착하시나이까?"

문제 왈,

"송나라 왕실을 회복할 신하는 조웅이라. 오다가 한 곳을 보니 불측한 서번이 조웅을 잡으려고 이러저러하였거늘, 행여 그러할까 하여 시운일수를 통치 못하여 죽을 듯함에, 도사를 찾아가 구하라 하고 부탁하고 오노라."

하시니, 좌중이 외쳐 왈,

"우리는 분명 조웅이 죽으리라 하고 불쌍한 공론을 하였더니, 대운이 막히지 아니하였사오니 천수를 어찌 하오리까?"

원수가 깨달으니 남가일몽이라.

(중략)

원수 꿈속의 일을 생각하니 저절로 마음이 비창하여 슬픔을 머금고 종일 행군할 동안에 염려가 끊이지 않았다.

[B] ┌ 이날 함곡에 도달하니 해는 서쪽 산 위로 떨어지고 달은 동쪽 고개 위로 떠올랐는데, 무심한 잔나비는 달빛 아래에서 슬피 울고, 그윽한 두견성은 불여귀를 일삼았다. 갈 길은 험악한데 동쪽은 험한 산이고 서쪽은 깊은 골짜기여서 층
└ 층이 험한 산봉우리는 가슴을 찌르는 듯하고 야광이 희미하기만 했다.

선봉을 재촉하여 함곡으로 들어가는데 문득 바라보니 동편 작은 골짜기에 갈포로 만든 두건과 베옷을 입은 한 노옹이 있어 푸른 나귀를 재촉하며 백우선으로 원수를 만류하거늘 원수가 그 노옹을 바라보니 정신이 황홀하였다. 원수가 말을

머물게 하고 잠깐 기다리니 그 노옹이 묻기를,

"연주로부터 오십니까?"

원수가 답 왈,

"그러하오이다."

노옹이 왈,

"위국으로 가는 조 원수를 혹 보셨습니까? 보시면 바삐 알려 주소서."

하였다. 원수는 마음속으로 의심하고 한편으로 이상하게 여겨 왈,

"내가 바로 조웅이거니와 무슨 일로 긴히 찾습니까?"

하니, 노옹이 크게 기뻐하며 왈,

"나는 떠돌아다니는 나그네라. 성품이 남과 달라 빼어난 산천과 명승지지를 즐겨 구경하고 두루 다녔는데, 오로봉에 들어갔다가 천명 도사를 만나 수삼 일을 머물렀더니 출발할 때 한 서찰을 주며 왈, '그대에게 오늘 오시에 전하라' 하여 나귀를 바삐 몰아 진시에 도착하려고 했으나 피곤한 나귀 탓으로 시간을 넘겨 버렸기에 행여 못 만날까 염려하였더니 이곳에서 만나니 어찌 즐겁지 아니하겠습니까?"

하며, 소매 속에서 한 통 편지를 내어 주고는 팔을 들어 하직하거늘 원수 다시 노옹을 바라보니 행색이 아득하였다. 마음속으로 신기하게 여겨 그 편지를 급히 떼어 보니 다른 말은 없고 '함곡에 들어가지 말고 성중으로 먼저 들어가서 포를 한 번 쏘라'고만 쓰여 있었다. 원수가 편지를 다 보고는 대경실색하여 좌장군 위홍창을 불러 왈,

"장졸을 함곡에 들어가지 못하게 하라."

하니, 홍창이 급히 아뢰길,

"선봉이 이미 함곡에 들어갔습니다."

하거늘 원수가 크게 놀라며 왈,

"너는 급히 들어가 선봉을 데려오라. 데려올 때 조금도 어수선하게 하지 말고 그곳에 진을 치고 있는 것처럼 하면서 한둘씩 숨어 나오되 빨리 데리고 나오너라."

홍창이 원수의 명을 듣고는 급히 함곡에 들어가서 전하니 선봉이 군사를 물려 돌아왔다. 원수가 편지를 얻어 기뻐하며 진을 쳤다.

-작자 미상, 「조웅전」-

○ 내가 결정하는 내비게이션

23

윗글에 대한 이해로 가장 적절한 것은?

사진 찍기로 세운 전략!

① 송 문제는 서번 적의 간계에 빠져 사람들과의 약속을 지키지 못했다.
② 원수는 함곡에서 연주로 가는 도중에 사관에서 쉬려고 군마를 멈추었다.
③ 노옹은 자신의 계획보다 늦게 도착했음에도 조웅을 만나게 되어 기뻐했다.
④ 위홍창은 역적에게 망한 송나라를 구하고자 선봉을 이끌고 함곡에 들어갔다.
⑤ 황금관을 쓴 노인은 모임의 상석에 앉아 있다가 뜰로 내려와 여러 사람을 맞이했다.

24

[A]와 [B]에 대한 설명으로 가장 적절한 것은?

① [A]에서는 공간의 광활함을 통해 인물의 진취적인 기상이 드러나고 있다.
② [B]에서는 시간의 흐름을 통해 인물의 낙관적 태도가 드러나고 있다.
③ [A]에서는 낭만적인 사건에 의한 환상성이, [B]에서는 구체적인 시대적 상황에 의한 현실성이 부각되고 있다.
④ [A]에서는 공간적 변화에서 비롯되는 긴장감이, [B]에서는 계절적 상황에서 비롯되는 쓸쓸함이 강조되고 있다.
⑤ [A]에서는 비현실적 공간에서 느껴지는 신비로움이, [B]에서는 현실 공간에서 느껴지는 불길함이 드러나고 있다.

사진 찍기로 세운 전략!

★25

오답률 2위 ▶ 63.0%

큰 잔치 에 대한 설명으로 적절하지 않은 것은?

① 참석자들은 서로의 공적을 평가하며 소회를 드러내고 있다.
② 참석자들은 특정 인물에 대한 염려와 기대를 드러내고 있다.
③ 참석자들은 대화를 통해 국가의 흥망성쇠에 대한 관심을 드러내고 있다.
④ 참석자들은 소회를 다한 후 여러 행위를 통해 각자의 심정을 드러내고 있다.
⑤ 많은 참석자와 가득한 음식 차림을 통해 풍성한 잔치 분위기를 드러내고 있다.

26

〈보기〉를 참고하여 윗글을 감상한 내용으로 적절하지 않은 것은? [3점]

〈 보 기 〉

「조웅전」에서 꿈은 초월적 세계의 뜻을 주인공에게 전달하는 기능을 한다. 꿈속 경험을 통해 주인공은 자신에게 부여된 천명과 현실 세계에서의 위기, 자신에 대한 초월적 세계의 비호 등을 알게 된다. 이러한 초월적 세계의 뜻에 대해 주인공은 확신하지 못하지만, 전달자와 구체적 증거물을 통해 초월적 세계의 뜻을 확인하게 된다. 주인공은 이와 같이 초월적 세계의 뜻을 확인하고 실천하여 영웅적 면모를 드러낸다.

① 꿈속에서 송 문제가 조웅을 구하려 하는 것은, 조웅에 대한 초월적 세계의 비호를 보여 주는 것이겠군.
② 조웅이 행군 중에 슬퍼하는 것은, 전쟁에 패한 혼이 될 것이라는 꿈속의 말에 대해 확신하지 못한 것이겠군.
③ 꿈속에서 송나라 왕실을 회복할 신하로 조웅이 거론되는 것은, 조웅에게 주어진 천명을 알게 하려는 것이겠군.
④ 조웅이 노옹을 통해 전달 받은 편지의 지시에 따른 것은, 조웅이 꿈속 경험에서 알게 된 초월적 세계의 뜻을 신뢰한 것이겠군.
⑤ 노옹이 천명 도사의 부탁을 받아 편지를 전하고 떠나는 것은, 노옹이 초월적 세계의 뜻을 조웅에게 전달하는 사람임을 보여 주는 것이겠군.

잘되라고 주는 숙제 3 66 수업 시간에 다루지 않아. 배운 대로 적용 연습하면 되는 거야. 99   ✽ 정답 38쪽

2015학년도 6월 모의평가 (AB형)

　나는 미안스런 생각으로 건우 어머니가 따라 주는 술잔을 받았다. 손이 유달리 작아 보였다. 유달리 자그마한 손이 상일에 거칠어 있는 양이 보기에 더욱 안타까울 정도였다.

　기어이 저녁까지 대접하겠다고 부엌으로 가 버린 뒤, 나는 건우를 앞에 두고 잔을 들면서, 그녀의 칠칠한 인사범절에 새삼 생각되는 바가 있었다.

[A]　나는 모든 것을 다시 보았다. 농삿집치고는 유난히도 말끔한 마루청, 먼지를 뒤집어쓰고 있지 않은 장독대, 울타리 너머로 보이는 길찬 장다리꽃들…… 그 어느 것 하나에도 그녀의 손이 안 간 곳이 없으리라 싶었다. 이러한 집 안팎 광경들을 통해서 나는 건우 어머니가 꽤 부지런하고 친절한 여성이라는 것을 고대 짐작할 수가 있었다. 젊음이 한창인 열아홉부터 악지 세게 혼자서 살아왔다는 것과, 어려운 가운데서도 외아들 건우를 나룻배를 태워 가면서까지 먼 일류 중학에 보내고 있다는 사실, 그리고 농촌 아이라고는 믿어지지 않을 만큼 건우의 입성이 항시 깨끗했다는 사실들이 어련히 안 그러리 싶어지기도 했다. 얼핏 보아서는 어리무던한 여인 같기도 하지만 유난히 볼가진 듯한 이마라든가, 역시 건우처럼 짙은 눈썹 같은 데선 그녀의 심상치 않을 의지랄까, 정열 같은 것을 읽을 수가 있었다.

　나는 술상을 물리고서, 건우의 공부방을 — 어머니의 방일 테지만 — 잠깐 들여다보았다. 사과 궤짝 같은 것에 종이를 발라 쓰는 책상 위에는 몇 권 안 되는 책들이 나란히 꽂혀 있었다. 그 가운데서 〈섬 얘기〉라고, 잉크로써 굵직하게 등마루에 씌어진 두툼한 책 한 권이 특별히 눈에 띄었다.

　"섬 얘기? 저건 무슨 책이지?"

　나는 건우를 돌아보고 물었다.

　"암것도 아입니더."

　"소설?"

　"아입니더."

　"어디 가져와 봐!"

　건우는 싫어도 무가내라 뽑아 오면서,

　"일기랑 또 책 같은 거 보고 적은 깁더."

　부끄러운 내색을 하였다.

　"일기는 남의 비밀이니까 읽을 수가 없고, 어디 책 읽은 소감이나 봬 주게."

　나는 책을 도로 돌렸다. 건우는 마지못해 여기저길 뒤적거리다가 한 군데를 펴 주었다. 또박또박 깨알같이 박아 쓴 글씨였다.

　　○○○ 여사는 어머니처럼 혼자 사시는 분이라 그런지 그분의 글에는 한결 감동되는 바가 있었다. 「내가 본 국도」 속의 한 구절 — 그래도 선거 때가 되면 소속 육지에서 똑딱선을 가지고 섬 백성을 모시러 오는 알뜰한 정당이 있어, 이들은 다만, 그 배로 실려 가서 실상 자기네 실생활과는 무연한 정치를 위하여 지정해 주는 기호 밑에 도장을 찍어 주고 그 배에 실려 돌아온다는 것입니다.

　　　　　　　　　　　　　　(중략)

　건우 할아버지와 윤춘삼 씨가 들려준 조마이섬 이야기는 언젠가 건우가 써냈던 〈섬 얘기〉에 몇 가지 기막히는 일화가 붙은 것이었다.

　"우리 조마이섬 사람들은 지 땅이 없는 사람들이오. 와 처음부터 없기싸 없었겠소마는 죄다 뺏기고 말았지요. 옛적부터 이 고장 사람들이 젖줄같이 믿어 오던 낙동강 물이 맨들어 준 우리 조마이섬은……."

[B]　건우 할아버지는 처음부터 개탄조로 나왔다. 선조로부터 물려받은 땅, 자기들 것이라고 믿어 오던 땅이 자기들이 겨우 철 들락말락할 무렵에 별안간 왜놈의 동척* 명의로 둔갑을 했더란 것이었다.

　"이완용이란 놈이 '을사 보호 조약'이란 걸 맨들어 낸 뒤라 카더만!"

　윤춘삼 씨의 통방울 같은 눈에도 증오의 빛이 이글거리기 시작했다.

　1905년 — 을사년 겨울, 일본 군대의 포위 속에서 맺어진 '을사 보호 조약'이란 매국 조약을 계기로, 소위 '조선 토지 사업'이란 것이 전국적으로 실시되던 일, 그리고 이태 후인 정미년에 가서는 "한국 정부는 시정 개선에 관하여 통감의 지도를 수할 사"란 치욕적인 조목으로 시작된 '한일 신협약'에 따라, 더욱 그 사업을 강행하고 역둔토(驛屯土)의 대부분과 삼림원야(森林原野)들을 모조리 국유로 편입시키는 등 교묘한 구실과 방법으로써 농민으로부터 빼앗은 뒤,

다시 불하하는 형식으로 동척과 일인(日人) 수중에 옮겨 놓던 그 해괴망측한 처사들이 문득 내 머리 속에도 떠올랐다.

"쥑일 놈들."

　건우 할아버지는 그렇게 해서 다시 국회의원, 다음은 하천 부지의 매립 허가를 얻은 유력자…… 이런 식으로 소유자가 둔갑되어 간 사연들을 죽 들먹거리더니,

"이 꼴이 되고 보니 선조 때부터 [둑]을 맨들고 물과 싸워 가며 살아온 우리들은 대관절 우찌 되는기요?"

　그의 꺽꺽한 목소리에는, 건우가 지각을 하고 꾸중을 듣던 날 "나릿배 통학생임더." 하던 때의, 그 무엇인가를 저주하듯 한 감정이 꿈틀거리고 있는 것 같았다. 얼마나 그들의 땅에 대한 원한이 컸던가를 가히 짐작할 수가 있었다.

　　　　　　　　　　　　　　　　　　　　　　　　　　　　　- 김정한, 「모래톱 이야기」 -

* 동척: 일제 강점기 '동양척식주식회사'의 준말.
* 불하: 국가 또는 공공 단체의 재산을 개인에게 팔아넘기는 일.

내가 결정하는 내비게이션

34

[A]의 서술상 특징에 대한 설명으로 가장 적절한 것은?

① 공간적 배경을 활용하여 주제를 암시적으로 드러낸다.
② 일상적 소재를 열거하여 인물의 복잡한 심리를 보여 준다.
③ 서술자의 논평을 통해 인물의 성격 변화의 양상을 드러낸다.
④ 구체적 묘사와 서술자의 판단을 통해 인물의 성격을 제시한다.
⑤ 현재와 과거의 사실을 교차하여 향후 전개될 사건의 단서를 제공한다.

사진 찍기로 세운 전략!

35

윗글에 대한 이해로 적절하지 <u>않은</u> 것은?

① '손'은 어머니가 고된 생활을 감당해 왔음을 알려 준다.
② '일류 중학'은 건우 모자의 불화가 교육관의 차이에서 비롯되었음을 알려 준다.
③ '책상'은 넉넉하지 못한 살림살이의 단면을 보여 준다.
④ '책 읽은 소감'은 정치 현실에 대한 건우의 관심을 드러내고 있다.
⑤ '둑'은 조마이섬 사람들의 삶의 내력을 담고 있다.

36

[B]를 〈보기〉의 시나리오로 각색했다고 할 때, 고려한 내용으로 적절하지 <u>않은</u> 것은?

〈 보 기 〉

S#98. 강둑 위 (오후, 길게 펼쳐진 조마이섬 모습 후) E.L.S.*

건우 증조부: (손에 쥔 종이를 움켜쥐고 부르르 떨며) 대명천지에 이럴 수는 없는 기다!

소년(건우 할아버지): 이기 무신 소립니꺼? 인자 우리 땅이 아니라니요, 조마이섬이 왜놈 땅이 됐다 카는 기 무신 말씀입니꺼? (건우 증조부, 손에 쥔 종이를 갈기갈기 찢고, 집으로 달려간다. 소년 뒤따라간다.) O.L.

S#99. 나루터 선술집 (저녁)

건우 선생님: (놀랍다는 듯이) 그러니까 일제 때 토지 조사 사업 한답시고 국유지로 편입시켰다가, 그걸 다시 팔아먹었던 거군요?

건우 할아버지: (증오의 눈빛으로) 거서 끝이 아니라요. 아마 건우 애비 중학 졸업하던 땐가 해방 됐다꼬 만세 부르고 와 보니, 이번엔 국회의원 손에 넘어갔다 카이.

윤춘삼: 얼마 전부터는 하천 부지를 매립한다나 어쩐다나……

건우 할아버지: 오늘은 시커면 놈들이 우르르 몰려와서는 종이 쪼각을 빼 주며 그랍디다, 섬에서 나가는 기 좋을끼라고, 내일은 결판을 낼 끼라고. (입술을 깨물었다가 무슨 결심이라도 한 듯이) 대명천지에 이럴 수는 없는 기다!

* E.L.S.: 익스트림 롱 숏. 아주 멀리서 넓은 지역을 조망하는 촬영 기법.

---

① S#98에서 조마이섬의 지형적 특징을 보여 주기 위해 멀리서 섬을 조망하는 촬영 기법을 도입해야겠어.

② S#99에서 관객의 이해를 돕기 위해 인물의 대사로 역사적 사실에 대한 정보를 전달해야겠어.

③ S#99에서 관객의 긴장을 유발하기 위해 이후 벌어질 갈등 상황을 인물의 대사 속에 넣어야겠어.

④ S#98~99에서 인물 간 갈등을 부각시키기 위해 조마이섬의 소유권 이전에 찬동하는 등장인물을 넣어야겠어.

⑤ S#98~99에서 억울한 상황이 되풀이됨을 강조하기 위해 서로 다른 인물이 동일한 특정 대사를 구사하도록 해야겠어.

37

〈보기〉를 참고하여 윗글을 감상한 내용으로 적절하지 <u>않은</u> 것은? [3점]

〈 보 기 〉

「모래톱 이야기」에서 작가는 땅을 둘러싼 권력의 횡포를 비판하고 '뿌리 뽑힌 사람들'의 삶을 서술자와 등장인물을 통해 증언한다. 이 과정에서 등장인물들은 절망의 나락에 빠지지 않는 저항적 주체의 모습으로 형상화된다. 작가는 공동체의 고통에 대한 공감을 바탕으로 하여 부조리한 현실을 전달하고 증언하기 위해 서술자 '나'의 이야기를 창조하였다. 이는 작가의 적극적인 현실 참여 의식이 가미된 결과이다.

① 건우 할아버지와 윤춘삼의 이야기에 대한 '나'의 태도로 보아, '나'의 이야기는 조마이섬 사람들에 대한 공감을 담아낸 것임을 알 수 있어.

② 조마이섬 사람들에 대한 '나'의 이야기가 건우의 〈섬 얘기〉와 관련된 것으로 보아, 건우는 땅의 소유권이 바뀌어 온 현실을 증언하는 인물임을 알 수 있어.

③ 건우 할아버지와 윤춘삼의 이야기가 건우의 〈섬 얘기〉에 원천을 두고 있는 것으로 보아, '나'의 이야기는 건우를 저항적 주체들의 중심인물로 삼고 있음을 알 수 있어.

④ '나'의 이야기가 조마이섬과 관련된 몇 가지 기막힌 일화를 다루는 것으로 보아, '나'의 이야기는 현실의 이면에 감춰진 부조리한 실상을 증언하기 위한 것임을 알 수 있어.

⑤ 건우 할아버지의 이야기가 대대로 땅을 빼앗겨 온 조마이섬 사람들에 관한 것으로 보아, '나'의 이야기는 '뿌리 뽑힌 사람들'에 대한 권력의 횡포를 비판하는 것임을 알 수 있어.

16 Day

산문, 정신과 시간의 방

문제와 나 둘이서 끝을 본다.
시간을 쌓아야 실력이 쌓이고 점수가 쌓인다.
한 문제 안에 녹아 있는 출제 요소들을
'아작' 낸다는 생각으로
정신과 시간의 방에 나 홀로.
고민하고 정리하고 이해하고 기억하자!
이 시간들이 전부
너의 실력이 되리니!

 선생님, 이제 진짜 마지막이에요.

 응~. 선생님이랑 16일, 열여섯 시간 동안 공부한 패턴들은
모두 수능 시험 날 만나게 될 거야. ^^

 수능 시험에 나올 패턴을 알고 하는 공부라니,
은근히 신나고 정신을 더 제대로 차리게 돼요. ㅎㅎ

 그만큼 더 자신감을 가지고 공부하면 돼~!

 선생님, 감사했어요~. 이제 마지막 정신과 시간의 방에
들어가서 문제를 싹 다 분석해 버릴게요~!

 너의 나비효과를 기대할게! ^-^

TODAY's 목표 확인   너의 예습 Time!   ※들어가면 나오는 데 오래 걸림 주의, 정신과 시간의 방

① 13강부터 15강까지
배운 내용의 조각들을 모아 하나의 그림을 만들 수 있다.

② **기억하나?**
문제 패턴 1~5

TODAY's 목표 확인   **너의 예습 Time!**   ※들어가면 나오는 데 오래 걸림 주의, 정신과 시간의 방

너에게 TIP을 보낸다

- ✔ 절대론적 관점으로 감상한다.
- ✔ ⟨보기⟩는 감사하는 마음으로 먼저 읽는다.
- ✔ 실시간으로 풀어 버릴 문제를 확인한다.
- ✔ 인물을 중심으로 전체적인 줄거리(Story)를 파악한다.
- ✔ 앞부분의 줄거리를 이해한다.
- ✔ 인물의 관계에 집중한다.
- ✔ 수능 국어 영역, 소설의 출제 요소: 주제, 구성, 문체, 인물, 사건, 배경
- ✔ 인물의 내면 심리에 주목한다.
- ✔ 소재의 상징적 의미를 파악한다.
- ✔ 공간(배경)의 서사적 기능(역할)을 파악한다.
- ✔ 제목의 의미와 발상을 파악한다.
- ✔ 고전 소설의 특징을 기억한다.
- ✔ 고전 소설에 꼭 있다! 악한 인물
- ✔ 인물과 인물의 갈등 관계에 주목한다.
- ✔ 고전 소설에서는 서술자가 개입한 부분을 파악한다.
- ✔ 풍자 소설 → 비판 대상 & 주제 의식을 파악한다.
- ✔ 가전체 소설 → 말하고자 하는 바(교훈)를 파악한다.
- ✔ 우화 소설(=의인 소설) → 인물의 성격 & 주제 의식을 파악한다.
- ✔ 환몽 구조 ⊂ 액자식 구조

2015학년도 대학수학능력시험 (A/B형)

[앞부분의 줄거리] 화랑도를 숭상하는 '유종'과 당나라를 숭상하는 '금지'는 내심 서로 못마땅해한다. 이런 가운데 '금지'는 아들 '금성'과 '유종'의 딸 '주만'과의 혼사를 진행하려 한다.

　설령 금성이가 출중한 재주와 인물을 갖추었다 하더라도 유종은 이 혼인을 거절할밖에 없었으리라. 첫째로 금지는 당학파의 우두머리가 아니냐. 나라를 좀먹게 하는 그들의 소위만 생각해도 뼈가 저리거든 그런 가문에 내 딸을 들여보내다니 될 뻔이나 한 수작인가. 도대체 당학˚이 무에 그리 좋은고. 그 나라의 바로 전 임금인 당 명황(唐明皇)만하더라도 양귀비란 계집에게 미쳐서 정사를 다스리지 않은 탓에 필경 안녹산(安祿山)의 난을 빚어 내어 오랑캐의 말굽 아래 그네들의 자랑하는 장안이 쑥밭을 이루고 천자란 빈 이름뿐, 촉나라란 두메 속에 오륙 년을 갇히어 있지 않았는가. 금지가 당대 제일 문장이라고 추어올리는 이백이만 하더라도 제 임금이 성색에 빠져 헤어날 줄을 모르는 것을 죽음으로 간하지는 못할지언정 몇 잔 술에 감지덕지해서 그 요망한 계집을 칭찬하는 글을 지어 도리어 임금을 부추겼다 하니 우리네로는 꿈에라도 생각 밖이 아니냐. ㉠그네들의 한문이란 난신적자를 만들어 내기에 꼭 알맞은 것이거늘 이것을 좋아라고 배우려 들고 퍼뜨리려 드니 참으로 한심한 노릇이 아니냐. 이 당학을 그대로 내버려 두었다가는 우리나라에도 오래지 않아 큰 난이 일어날 것이요, 난이 일어난다면 누가 감당해 낼 자이랴.

　"한 나이나 젊었더면!"

　유종은 이따금 시들어 가는 제 팔뚝의 살을 어루만지면서 한탄한다. 몇 해 전만 해도 자기와 뜻을 같이하는 이가 조정에 더러는 있었지만 어느 결엔지 하나씩 둘씩 없어지고 인제는 ㉡무 밑둥과 같이 동그랗게 자기 혼자만 남았다. 속으로는 그의 주의에 찬동하는 이가 없지도 않으련만 당학파의 세력에 밀리어 감히 발설을 못 하는지 모르리라. 지금이라도 젊은이 축 속으로 뛰어 들어가면 동지를 얼마든지 찾아낼는지 모르리라. 아직도 이 나라의 명맥이 끊어지지 않은 다음에야 방방곡곡을 뒤져 찾으면 몇천 명 몇만 명의 화랑도를 닦는 이를 모을 수 있으리라. 그러나 아들이 없는 그는 젊은이와 접촉할 기회조차 없었다. 이런 점에도 그는 아들이 없는 것이 원이 되고 한이 되었다. ㉢이 늙은 향도(香徒)에게 남은 오직 하나의 희망은 자기의 주의 주장에 공명하는 사윗감을 구하는 것이었다. 벌써 수년을 두고 ㉣그럴 만한 인물을 내심으로 구해 보았지만 그리 쉽사리 눈에 뜨이지 않았다. 고르면 고를수록 사람 구하기란 하늘에 별따기보담 더 어려웠다. 유종은 기대고 있던 서안에서 쭉 미끄러지는 듯이 털요 바닥 위에 누웠다. 금지의 청혼을 그렇게 거절한 다음에는 하루바삐 사윗감을 구해야 된다. 금지로 하여금 다시 입을 열지 못하도록 ㉤다른 데 정혼을 해 놓아야 한다. 그러면 신라를 두 손으로 떠받들고 나아갈 인물이 누가 될 것인가. 삼한 통일 당년의 늠름하고 씩씩한 기풍(氣風)이 당학에 지질리고 문약(文弱)에 흐르는 이 나라를 바로잡을 인물이 누가 될 것인가.

[중략 부분의 줄거리] '유종'이 사위를 구하는 가운데 '주만'이 부여의 천민 석공 '아사달'을 사모하고 있음이 알려진다. 한편 '아사달'은 자신을 찾아온 아내 '아사녀'가 끝내 자신을 만나지 못하고 그림자못에서 죽은 사실을 알게 되자, 그 못 둑에서 '아사녀'를 그리워하는 마음을 돌에 담아 새겨 내는 작업에 몰입한다.

　그러나 어느 결엔지 아사녀의 환영은 깜박 사라져 버렸다. 아까까지는 어렴풋이라도 짐작되던 그 흔적마저 놓치고 말았다. 아무리 눈을 닦고 돌 얼굴을 들여다 보았으나 눈매까지는 그럴싸하게 드러났지마는 그 아래로는 캄캄한 밤빛이 쌓인 듯 아득할 뿐. 돌을 들여다보면 볼수록 골머리만 부질없이 힝힝 내어 둘리었다. 그러자 문득 그 돌 얼굴이 굼실 움직이는 듯하며 주만의 얼굴이 부시도록 선명하게 살아났다. 마치 어젯밤의 아사녀의 환영 모양으로.

[A] ┌ 그 눈동자는 띠룩띠룩 애원하듯 원망하듯 자기를 쳐다보는 것 같다.
　　 "이 돌에 나를 새겨 주세요. 네, 아사달님, 네, 마지막 청을 들어주세요."
　　 └ 그 입술은 달싹달싹 속살거리는 것 같다.

　아사달은 정을 쥔 채로 머리를 털고 눈을 감았다. 돌 위에 나타난 주만의 모양은 그의 감은 눈시울 속으로 기어들어 오고야 말았다. 이 몇 달 동안 그와 지내던 가지가지 정경이 그림등 모양으로 어른어른 지나간다. 초파일 탑돌이할 때 맨 처음으로 마주치던 광경, 기절했다가 정신이 돌아날 제 코에 풍기던 야릇한 향기, 우레가 울고 악수가 쏟아질 적 불꽃을 날리는 듯한 그 뜨거운 입김들……. 아사달은 고개를 또 한 번 흔들었다. 그제야 저 멀리 돈짝만 한 아사녀의 초라한 자태가 아른거린다. 주만의 모양을 구름을 헤치고 둥둥 떠오르는 햇발과 같다 하면, 아사녀는 샐녘의 하늘에 반짝이는 별만 한 광채밖에 없었다.

[B] ┌ 물동이를 이고 치마꼬리에 그 빨간 손을 씻으며 배시시 웃는 모양, 이별하던 날 밤 그린 듯이 도사리고 남편을 기다
　　 └ 리던 앉음앉음, 일부러 자는 척하던 그 가늘게 떨던 눈시울, 버드나무 그늘에서 숨기던 눈물들…….

　아사달의 머리는 점점 어지러워졌다. 아사녀와 주만의 환영도 흔들린다. 휘술레를 돌리듯 핑핑 돌다가 소용돌이치는

물결 속에서 조각조각 부서지는 달그림자가 이내 한 곳으로 합하듯이, 두 환영은 마침내 하나로 어우러지고 말았다. 아사달의 캄캄하던 머릿속도 갑자기 환하게 밝아졌다. 하나로 녹아들어 버린 아사녀와 주만의 두 얼굴은 다시금 거룩한 부처님의 모양으로 변하였다.

아사달은 눈을 번쩍 떴다. 설레던 가슴이 가을 물같이 맑아지자, 그 돌 얼굴은 세 번째 제 원불(願佛)로 변하였다. 선도산으로 뉘엿뉘엿 기우는 햇발이 그 부드럽고 찬란한 광선을 던질 제 못물은 수멸수멸 금빛 춤을 추는데 흥에 겨운 마치와 정 소리가 자지러지게 일어나 저녁나절의 고요한 못 둑을 울리었다.

새벽만 하여 한가위 밝은 달이 홀로 정 자리가 새로운 돌부처를 비칠 제 정 소리가 그치자 은물결이 잠깐 헤쳐지고 풍하는 소리가 부근의 적막을 한순간 깨트렸다.

- 현진건, 「무영탑」 -

* 당학: 당나라의 학문.

38

윗글에 대한 설명으로 가장 적절한 것은?

① 인물의 의식이 내적 갈등에 초점을 둔 서술 방식을 통해 드러나고 있다.
② 인물들 간의 대화를 통해 특정 인물의 생각과 행동을 희화화하고 있다.
③ 미래에 대한 낙관적 전망이 신분이 낮은 인물의 발언을 통해 제시되고 있다.
④ 물신주의에 빠진 세태가 탈속적 세계를 지향하는 인물의 비판을 통해 제시되고 있다.
⑤ 권력과 사랑을 동시에 쟁취하여 신분 상승을 도모하는 소외된 개인의 욕망이 구체적인 일화를 통해 드러나고 있다.

39

㉠~㉤에 대한 이해로 적절하지 <u>않은</u> 것은?

① ㉠은 신라를 '문약'하게 하는 요인으로 '유종'이 인식하고 있는 대상이다.
② ㉡은 '유종'의 외로운 처지를 보여 주는 비유이다.
③ ㉢은 현재의 주류적 '기풍'을 거부하는 '유종'을 지칭하는 표현이다.
④ ㉣은 '유종'이 자신의 이상을 실현하기 위해 원하는 대상이다.
⑤ ㉤은 '유종'이 자신과 대립하는 세력과의 연대를 위한 방도이다.

40

[A], [B]에 대한 분석으로 가장 적절한 것은?

① [A]에는 떠나는 '아사달'에 대한 '주만'의 걱정이 나타나 있다.
② [B]에는 '아사달'과 '아사녀'의 이별의 원인이 제시되어 있다.
③ [B]에는 훗날의 만남에 대한 '아사달'과 '아사녀'의 기약이 나타나 있다.
④ [A]와 [B] 모두에서, 이별한 대상인 '주만'과 '아사녀'를 잊고자 하는 '아사달'의 의지가 직접적으로 드러나 있다.
⑤ [A]의 '주만'의 모습과 [B]의 '아사녀'의 모습은 모두 '아사달'이 그들의 환영을 보는 방식으로 제시되어 있다.

41
〈보기〉를 바탕으로 윗글을 감상한 내용으로 적절하지 <u>않은</u> 것은?

> 〈 보 기 〉
> 「무영탑」은 작가 현진건의 예술관, 민족주의적 태도, 현실 인식 등을 드러낸 작품이다. 이 작품은 석가탑 조성에 얽힌 인물들의 이야기를 펼쳐 내면서 숭고한 예술적 성취의 과정을 잘 보여 준다. 이러한 예술적 성취는 석공 아사달이 자신의 고뇌를 극복하며 예술품을 만들어 가는 과정, 특히 사랑과 예술혼이 하나로 융합되어 신앙의 궁극이라는 새로운 경지에 이르는 데에서 잘 드러난다.

① '유종'이 '이백'을 칭송하는 '금지'를 비판하고 화랑도 사윗감을 구하려 하는 장면에서, 작가의 민족주의적 태도를 엿볼 수 있군.
② '아사달'이 '아사녀'의 환영을 돌에 담아내려고 하는 장면에서, 주인공의 사랑과 예술혼을 융합해 내려는 작가의 의도를 엿볼 수 있군.
③ '금지'와 같은 '당학파'를 '나라를 좀먹게 하는' 집단으로 간주하는 장면에서, 외세를 추종하는 현실을 비판하려는 작가의 태도를 엿볼 수 있군.
④ '아사녀'와 '주만'의 환영이 하나로 어우러져 '부처님의 모양'으로 변한 장면에서, 신앙의 세계로 나아갈 수 없어 절망하는 인물의 내면이 나타나 있군.
⑤ '아사달'이 '아사녀'를 '별만 한 광채'로, '주만'을 '떠오르는 햇발'로 떠올리며 갈등하는 장면에서, 새로운 예술적 경지에 이르는 과정에서 빚어진 '아사달'의 고뇌가 드러나 있군.

★42

〈보기〉를 참고하여 윗글을 이해한 내용으로 적절하지 <u>않은</u> 것은? [3점]

> 〈 보 기 〉
> 　아사달과 아사녀의 이야기는 조선 후기의 설화(「서석가탑」)뿐만 아니라, 현진건의 기행문(「고도 순례 경주」, 1929)과 그의 소설(「무영탑」, 1939)에도 나타난다.
>
> [자료 1]
> 　불국사 창건 시 당나라에서 온 석공에게 아사녀라는 여인이 있었다. 아사녀가 갑자기 와서 석공과 만나기를 요구하였으나, 큰 공사가 끝나지 않았고 아사녀가 비루한 몸이라는 이유로 허락되지 않았다. 다음 날 아침 아사녀가 남서쪽 십 리쯤에 있는 연못을 내려다보면 석공이 보일 듯하여, 가서 살펴보니 정말 석공의 모습이 비쳤다. 그러나 탑의 그림자는 비치지 않았다. 그래서 무영탑이라 불렀다.
>
> 　　　　　　　　　　　　　　　　　　　　　　　　　　- 「서석가탑」 -
>
> [자료 2]
> 　제 환상에 떠오른 사랑하는 아내의 모양은 다시금 거룩한 부처님의 모양으로 변하였다. 그는 제 예술로 죽은 아내를 살리고 아울러 부처님에게까지 천도(薦度)하려 한 것이다. 이 조각이 완성되면서 자기 역시 못 가운데 몸을 던져 아내의 뒤를 따랐다. 불국사 남서방에 영지(影池)란 못이 있으니 여기가 곧 아사녀와 당나라 석공이 빠져 죽은 데다.
>
> 　　　　　　　　　　　　　　　　　　　　　- 현진건, 「고도 순례 경주」 -

① 윗글은 [자료 1]과 같은 설화를 차용하여 소설로 변용한 모습을 확인할 수 있는 작품이군.
② 윗글은 [자료 2]처럼 '아내'의 죽음을 종교적 상징으로 승화하고 있는 관점을 이어 간 작품이군.
③ 윗글은 [자료 1]과 [자료 2]의 이야기에 '유종'과 '주만' 등의 서사를 추가하고 있군.
④ 윗글과 [자료 2]의 '못'은 [자료 1]의 '연못'이 부부간의 비극적인 사랑 이야기를 환기하는 공간으로 변용된 것이군.
⑤ 윗글의 '새로운 돌부처' 형상에 석공의 얼굴이 새겨진 것은 윗글이 [자료 1]과 [자료 2]의 서사 모티프를 이어받은 것으로 볼 수 있군.

2015학년도 대학수학능력시험 (A형)

　　일일은 승상이 술에 취하시어 ⓐ책상에 의지하여 잠깐 졸더니 문득 봄바람에 이끌려 한 곳에 다다르니 이곳은 승상이 평소에 고기도 낚으며 풍경을 구경하던 조대(釣臺)라. 그 위에 상서로운 기운이 어렸거늘 나아가 보니 청룡이 ⓑ조대에 누웠다가 승상을 보고 고개를 들어 소리를 지르고 반공에 솟거늘, 깨달으니 일장춘몽이라.

[A]
　　심신이 황홀하여 죽장을 짚고 월령산 ⓒ조대로 나아가니 나무 베는 아이가 나무를 베어 시냇가에 놓고 버들 그늘을 의지하여 잠이 깊이 들었거늘, 보니 의상이 남루하고 머리털이 흩어져 귀밑을 덮었으며 검은 때 줄줄이 흘러 두 뺨에 가득하니 그 추레함을 측량치 못하나 그중에도 은은한 기품이 때 속에 비치거늘 승상이 깨우지 않으시고, 옷에 무수한 이를 잡아 죽이며 잠 깨기를 기다리더니, 그 아이가 돌아누우며 탄식 왈,

　　"㉠형산백옥이 돌속에 섞였으니 누가 보배인 줄 알아보랴. 여상의 자취 조대에 있건마는 그를 알아본 문왕의 그림자 없고 와룡은 남양에 누웠으되 삼고초려한 유황숙의 자취는 없으니 어느 날에 날 알아 줄 이 있으리오."

　　하니 그 소리 웅장하여 산천이 울리는지라.

　　탈속한 기운이 소리에 나타나니, 승상이 생각하되, '영웅을 구하더니 이제야 만났도다.' 하시고, 깨우며 물어 왈,

　　"봄날이 심히 곤한들 무슨 잠을 이리 오래 자느냐? 일어앉으면 물을 말이 있노라."

　　"어떤 사람이관데 남의 단잠을 깨워 무슨 말을 묻고자 하는가? 나는 배고파 심란하여 말하기 싫도다."

　　아이 머리를 비비며 군말하고 도로 잠이 들거늘, 승상이 왈,

　　"네 비록 잠이 달지만 어른을 공경치 아니하느냐. 눈을 들어 날 보면 자연 알리라."

　　그 아이 눈을 뜨고 이윽히 보다가 일어앉으며 고개를 숙이고 잠잠하거늘, 승상이 자세히 보니 두 눈썹 사이에 천지조화를 갈무리하고 가슴속에 만고흥망을 품었으니 진실로 영웅이라. 승상의 ㉡명감(明鑑)이 아니면 그 누가 알리오.

[중략 부분의 줄거리] 승상은 아이(소대성)를 자기 집에 묵게 하고 딸과 부부의 연을 맺도록 하지만, 승상이 죽자 그 아들들이 대성을 제거하려고 한다. 이에 대성은 영보산으로 옮겨 공부하다가 호왕이 난을 일으킨 소식에 산을 나가게 된다.

　　한 동자 마중 나와 물어 왈,

　　"상공이 해동 소상공 아니십니까?"

　　"동자, 어찌 나를 아는가?"

　　소생이 놀라 묻자, 동자 답 왈,

　　"우리 노야의 분부를 받들어 기다린 지 오랩니다."

　　"노야라 하시는 이는 뉘신고?"

　　"아이 어찌 어른의 존호를 알리이까? 들어가 보시면 자연 알리이다."

[B]
　　생이 동자를 따라 들어가니 청산에 불이 명랑하고 한 노인이 자줏빛 도포를 입고 금관을 쓰고 책상을 의지하여 앉았거늘 생이 보니 학발 노인은 청주 이 승상일러라. 생이 생각하되, '승상이 별세하신 지 오래이거늘 어찌 ⓓ이곳에 계신가?' 하는데, 승상이 반겨 손을 잡고 왈,

　　"내 그대를 잊지 못하여 줄 것이 있어 그대를 청하였나니 기쁘고도 슬프도다."

　　하고 동자를 명하여 저녁을 재촉하며 왈,

　　"내 자식이 무도하여 그대를 알아보지 못하고 망령된 의사를 두었으니 어찌 부끄럽지 아니하리오. 하나 그대는 대인군자로 허물치 아니할 줄 알았거니 모두 하늘의 뜻이라. 오래지 아니하여 공명을 이루고 용문에 오르면 딸과의 신의를 잊지 말라."

　　하고 갑주 한 벌을 내어 주며 왈,

　　"이 갑주는 보통 물건이 아니라 입으면 내게 유익하고 남에게 해로우며 창과 검이 뚫지 못하니 천하의 얻기 어려운 보배라. 그대를 잊지 못하여 정을 표하나니 전장에 나가 대공을 이루라."

　　생이 자세히 보니 쇠도 아니요, 편갑도 아니로되 용의 비늘같이 광채 찬란하며 백화홍금포로 안을 대었으니 사람의 정신이 황홀한지라. 생이 매우 기뻐 물어 왈,

　　"이 옷이 범상치 아니하니 근본을 알고자 하나이다."

　　"이는 천공의 조화요, 귀신의 공역이라. 이름은 '보신갑'이니 그 조화를 헤아리지 못하리라. 다시 알아 무엇 하리오?"

　　승상이 답하시고, 차를 내어 서너 잔 마신 후에 승상 왈,

　　"이제 칠성검과 보신갑을 얻었으니 만 리 청총마를 얻으면 그대 재주를 펼칠 것이나, 그렇지 아니하면 당당한 기운을 걷잡

지 못하리라. 하나 적을 가벼이 여기지 말라. 지금 적장은 천상 나타의 제자 익성이니 북방 호국 왕이 되어 중원을 침노하니 지혜와 용맹이 범인과 다른지라. 삼가 조심하라."

"만 리 청총마를 얻을 길이 없으니 어찌 공명을 이루리까?"

생이 묻자, 승상이 답 왈,

"동해 용왕이 그대를 위하여 이리 왔으니 내일 오시에 얻을 것이니 급히 공을 이루라. 지금 싸움이 오래되었으나 중국은 익성을 대적할 자 없으며 황제 지금 위태한지라. 머물지 말고 바삐 가라. 할 말이 끝없으나 밤이 깊었으니 자고 가라."

하시고 책상을 의지하여 누우시니 생도 잠깐 졸더니, 홀연 찬바람, 기러기 소리에 깨달으니 승상은 간데없고 누웠던 자리에 갑옷과 투구 놓였거늘 좌우를 둘러보니 ⓔ소나무 밑이라.

- 작자 미상, 「소대성전」 -

* 조대: 낚시터.
* 명감: 사람을 알아보는 뛰어난 능력.

34

[A]와 [B]에 나타난 서술상 특징으로 가장 적절한 것은?

① [A]는 묘사를 통해 인물의 외양을, [B]는 발화를 통해 인물의 감회를 드러내고 있다.
② [A]와 달리, [B]는 대구적 표현을 통해 인물에 대한 부정적 인식을 드러내고 있다.
③ [B]와 달리, [A]는 요약적 서술을 통해 시대적 배경을 제시하고 있다.
④ [A]와 [B]는 모두 인물들 간의 대화를 통해 인물들 사이의 갈등을 제시하고 있다.
⑤ [A]와 [B]는 모두 과거 사건에 대한 회상을 통해 현재 사건의 원인을 제시하고 있다.

사진 찍기로 세운 전략!

*35

오답률 1위 ▶ 66.0%

윗글의 '승상'에 대한 감상으로 가장 적절한 것은?

① 곤히 잠든 '아이'를 깨우지 않고 이를 잡아 주며 기다리는 모습에서 따뜻한 인정을 느낄 수 있군.
② 나이 어린 '소생'에게 자신이 범한 과오를 시인하고 부끄러워하는 모습에서 자신을 비우고 낮추는 겸허함을 볼 수 있군.
③ '소생'에게 '딸과의 신의'를 잊지 않아야 공명을 이룰 수 있다고 당부하는 모습에서 신의를 중시하는 가치관을 볼 수 있군.
④ '청총마'를 이미 얻고 '동해 용왕'의 도움까지 얻은 '소생'에게 적을 가벼이 여기지 말라고 하는 모습에서 신중한 자세를 볼 수 있군.
⑤ 살아서는 '소생'을 도왔지만 죽은 몸으로 '소생'을 도울 수 없어 안타까워하는 모습에서 남을 도우려는 한결같은 성품을 느낄 수 있군.

*36

〈보기〉를 참고할 때, ⓐ~ⓔ를 이해한 내용으로 적절하지 <u>않은</u> 것은? [3점]

오답률 5위 ▶ 42.7%

사진 찍기로 세운 전략!

〈 보 기 〉

고전 소설에서 공간은 산속이나 동굴 등 특정 현실 공간에 초현실 공간이 겹쳐진 것으로 설정되기도 한다. 이 경우, 초현실 공간이 특정 현실 공간에 겹쳐지거나 특정 현실 공간에서 사라지는 것은 보통 초월적 존재의 등·퇴장과 관련된다. 한편 어떤 인물이 꿈을 꿀 때, 그는 현실의 어떤 공간에서 잠을 자고 있지만, 그의 정신은 꿈속 공간을 경험한다. 이 경우, 특정 현실 공간이 꿈에 나타나면 이 꿈속 공간은 특정 현실 공간에 근거하면서도 초현실 공간의 성격을 지니기도 한다.

① '승상'은 ⓐ에 몸을 의지하고 있지만 정신은 봄바람에 이끌려 ⓑ로 나아갔으니, 그는 현실의 한 공간에서 잠들어 꿈속 공간을 경험하고 있는 것이군.

② ⓑ는 ⓒ에 근거를 둔 꿈속 공간으로, ⓑ에서 본 '청룡'은 ⓒ에서 자고 있는 '아이'를 상징하는군.

③ ⓑ와 ⓓ는 모두 초현실 공간으로, ⓑ는 '승상'을 '아이'에게로 이끌기 위해, ⓓ는 '소생'과 초월적 존재인 '승상'의 만남을 위해 설정된 곳이군.

④ ⓒ는 '승상'의 정신이 경험하는 꿈속 공간이고, ⓔ는 '소생'이 자기 경험이 꿈이었음을 확인하는 공간이군.

⑤ '승상'이 '누웠던 자리'에 '갑옷과 투구'가 놓여 있는 것으로 보아, ⓔ에 ⓓ가 겹쳐져 있었지만 '승상'이 사라지면서 ⓓ도 함께 사라졌군.

37

㉠의 화자에게 ㉡을 지닌 '승상'이 격려해 줄 말로 가장 적절한 것은?

① '굼벵이도 구르는 재주가 있다'라고 하듯이, 네 재주로도 할 일은 있을 터이니 너무 낙담하지 마라.

② '자루 속의 송곳'이라고 하듯이, 앞으로 너의 진가가 반드시 드러나 많은 사람이 너를 우러러보게 될 거야.

③ '장마다 꼴뚜기가 나올까'라고 하듯이, 운수가 좋아야만 성공할 수 있으니 좋은 때가 오기를 기다려 보아라.

④ '차면 넘친다'라고 하듯이, 지금 너의 괴로움은 욕심이 지나쳐서 생기는 것이니 욕심을 줄이면 나아질 거야.

⑤ '하룻강아지 범 무서운 줄 모른다'라고 하듯이, 너의 용기는 무모하니 현실을 직시하면 성공할 날이 곧 올 거야.

Self check

❶ **문두**를 먼저 보고 **사진 찍기**를 통해 **문제 풀이 Navigation**을 작동시킨다. ⬜ Yes

❷ **문제 패턴 1~5**를 정확히 알고, 패턴에 따라 **전략**을 세운다. ⬜ Yes

❸ 처음 보는 소설을 **스스로** 이해한다. ⬜ Yes

❹ **수능 날 1교시 국어 영역, 최고의 성적**을 받을 수 있다. ⬜ Yes

"알겠습니다. 이 일은 사모님, 부사장님, 저만 아는 비밀로 백삼십에 사건을 무마하도록, 실수 없이 처리하겠습니다. 사실 이 정도는 뭐 사건이라 말할 수 있습니까. 사모님이시다 보니 신중을 기하느라고 조심할 뿐, 이 정도야 간단히 처리할 수 있죠. 저쪽이 훨씬 약하니깐요. 그 처지에 돈 보고 환장 안 하게 됐습니까."

"사무장도 말 좀 골라 뱉으시오. 같은 말이라도, 환장이 뭐요? 물론 우리 집안 명예와 어머님 명예도 중요하지만, 사무장도 이걸 명심하시오. 운전수네 가족에게 최대한 성의를 보여야 한다는 점 말입니다. 운전수 쪽 가족 생각이, 이번 일은 돈에 시우 군이 팔린 게 아니라 주인아주머니의 어쩔 수 없는 입장을 운전수 된 도리로서 자발적인 마음으로 도와주는 것뿐이다. 그러다 보니 그 성의 표시로 생각지도 않은 돈이 생기게 되어 은혜를 갚는 느낌이다. 운전수와 가족이 이런 생각을 갖게끔 사무장이 처신해야 된단 말입니다. 돈이란 쓰기 나름이라 잘못 쓰면 오히려 돈은 돈대로 없어지고 욕까지 먹게 돼요. 운전수 가족에게 최대한 성의를 표하고 그들이 그 성의를 진실로 받아들이게끔 행동하란 말이에요."
이 선생은 젊은 부사장의 설교조 말을 건성으로 들었다.

(중략)

이 선생이 누누이 들려준 말처럼 시우는 아무리 사태가 불리하다 하더라도 1년 미만 징역에 2년 집행 유예로 나갈 줄 알았다. 그런데 이 선생이 올린 항소가 고법에서 기각되고 형이 확정되자, 자기만 억울하게 함정에 빠진 듯했고, 사모님은 물론 가족마저도 돈에 눈이 어두워 자기를 속임수에 이용하는 듯하여 죽고 싶은 생각뿐이었다. 그러나 종우 형 면회가 있고부터 그는 한결 새 희망을 가지게 되었다.

"시우야, 일백삼십에서 또 오십만 원을 더 받았어. 네가 실형을 받았기 때문이야. 그래서 일백팔십이 된 거야. 네가 우리 가족을 살린 거란 말이야. 그 돈이면 나두 공사판을 그만두구 장사를 시작헐 수 있어. 너도 야간이라도 학교엘 나갈 수 있게 됐구. 참아 줘. 이건 정말 면목이 없다만, 어떡허니. 그럴 수밖에 없잖니? 그저께 사모님을 만나 같이 네 얘길 했더랬어. 전생에 다시 갚지 못할 빚을 네게 졌다면서 말이야. 네가 출감하면 운전수든 뭐든 다시 일을 시키겠다구, 월급을 올려 주겠다고 약속하셨어. 시우야, 이 형이 양심을 팔았는지 어쨌는지 모르지만, 그 돈으루 우리두 성공하여 옛말하구 살자꾸나. 정말 성공하여 남부럽잖게 될 때, 이 피눈물 나는 고생은 그때 가서 위로하자……."
멀찌감치 선 간수 귀를 피해 귓엣말로 종우 형이 이렇게 말할 때, 두 형제는 함께 울었다. 시우는 겁게 탄 형의 거친 뺨을 타고 흘러내리는 눈물을 보았다. 철창 사이로 굳게 잡은 형의 억센 손이 떨리고 끝내 꺼억거리며 흐느낄 때, ⓐ시우는 여지껏 침묵한 채 참아 왔듯 몇 달을 참기로, 무슨 일이 있더라도 몇 달 감옥 생활을 이겨 내기로 결심했다.

오늘 아침, 넉 달 동안 ㉠집 안방과 다를 바 없는 안착지로 떠나게 되자 까닭 없이 마음이 설레 아침밥도 거르게 되고, 그게 공복과 더불어 한기를 가중시켰다. 시우는 연방 떨며 다시 중얼거렸다. 정말 겨울은 지금부터이고 고생도 시작인데 몸과 마음이 이렇게 약해지면 안 된다고.

"눈이 오면 날씨가 포근한 벱인디 워찌 요렇게 차다냐. 이런 날은 개팔자가 젤이여."

"글쎄 말이다. 동지도 그믐이모 얼매 안 있어 새해 아닌가 말이다. 그라모 햇수로 일 년 넘기는 긴데, 헤헤. 그렇게 햇수로 따져서 내보내 준다 카모 난도 출감이 가까운데 말이다."
도란도란 입김으로 나누는 말소리가 시우 귀에 다숩다. 몇 명이 같은 감방에 있게 되는지, 아니면 뿔뿔이 흩어져 수감되는지 모를 ㉡다정한 얼굴을 시우는 눈여겨보았다. 강도·절도·사기·살인, 각각 이마빡에 눈에 띄지 않는 ㉢푯말을 붙이고 그들은 겨울잠을 즐기는 두더지 꼴로 엉겨 있었다.

"젊은 친구, 이쪽으로 와. 거긴 더 추울걸."
개팔자를 이야기한 죄수가 떨어져 앉은 시우에게 말을 던졌다. 구레나룻 시커먼 그는 토지 사기범이었다.
시우는 빙긋 웃어 보이곤 다시 쇠창살 밖으로 눈을 주었다.
버즘나무 가지에 매달린 고깔 열매가 눈을 맞고 있었다. 시우는 ㉣산타클로스 모자가 생각났다. 크리스마스가 가까워 오고 있었다. 이번 크리스마스는 가족이 쌀밥에 고기반찬을 먹겠거니 여겨졌다. 그리고 형은 지금쯤 눈을 맞으며 저 어디 화곡동이나 봉천동 신흥 주택 지대를 싸돌며 식품점 벌일 점포를 물색하고 다닐 터였다. 그렇게만 되면 을숙이도 내년이면 ㉤맞춤 중학 교복을 입고 뽐낼 터였다.
시우 마음은 어둡지 않았다. 그의 눈앞에 과자며 음료수, 채소, 과일, 각종 일용품이 진열된 상점이 떠올랐다. 점포 이름은 고향 이름 그대로 백암 상회라 붙이겠다고 형이 말했다.
철창을 올려다보던 시우가 갑자기 말 울음소리로 웃었다. 그 묘한 웃음소리를 듣고 동료 죄수들 눈이 그에게 쏠렸다. 개팔자를 이야기한 죄수가 시우를 보며 시큰둥 한마디 했다.
"저건 웃는 게 아니구먼. 웃음도 여러 질이여. 저 상판 봐여."

- 김원일, 「잠시 눕는 풀」 -

내가 결정하는 내비게이션

35

윗글의 서술상 특징으로 가장 적절한 것은?

① 의식의 흐름 기법을 사용하여 인물의 무의식을 드러내고 있다.
② 사물의 외양을 객관적으로 묘사하여 사실성을 강화하고 있다.
③ 잦은 장면 전환을 통해 긴박한 분위기를 형성하고 있다.
④ 인물들의 다양한 체험을 삽화 형식으로 나열하고 있다.
⑤ 서술의 초점을 특정 인물이 처한 상황에 맞추고 있다.

사진 찍기로 세운 전략!

36

윗글의 인물에 대한 설명으로 적절하지 <u>않은</u> 것은?

① 부사장은 기만적인 인물이다.
② 시우는 가족을 위해 자신을 희생한다.
③ 죄수들은 다른 죄수에게 관심을 보인다.
④ 사무장은 권력의 하수인 역할을 하고 있다.
⑤ 종우는 시우에게 양심의 가책을 느끼지 않는다.

37

ⓐ의 결과로 나타난 시우의 심리를 드러내는 것과 거리가 <u>먼</u> 것은?

① ㉠   ② ㉡   ③ ㉢   ④ ㉣   ⑤ ㉤

★38

〈보기〉를 바탕으로 윗글을 해석한 내용으로 적절하지 <u>않은</u> 것은?

사진 찍기로 세운 전략!✏️

〈 보 기 〉

　김원일의 초기 소설은 부조리한 현실의 폭력성을 주로 다루고 있다. 특히 권력에 의한 사건 조작 모티프는 약자의 삶에 고통을 가중하는 현실을 드러낸다. 위 작품은 가진 자와 못 가진 자의 대립 구도 아래, 가진 자의 음모를 보여 주는 한편, 악의적 세계에 짓눌린 사람들의 실존을 그리고 있다. 작가는 급박한 생존의 현실을 감내하려는 인물을 통해 부조리한 상황을 부각하였다.

---

① '말 울음소리' 같은 웃음은 자신의 선택에 대한 복잡한 심경을 담아내고 있군.

② '백암 상회'는 주인공으로 하여금 굴욕적인 현실을 견디게 해 주는 힘으로 볼 수 있겠어.

③ 사건 조작 모티프의 설정은 작가가 당대 사회를 비판적으로 성찰하기 위한 것이었겠군.

④ '사모님'이 약속한 배려라는 것은 결과적으로 돈으로 사람을 거래하는 행위에 지나지 않았어.

⑤ 면회소와 신흥 주택 지대의 공간적 대립은 가진 자의 악의적 세계와 그에 짓눌린 사람들의 상황을 보여 주기 위한 구도라고 할 수 있겠군.

사진 찍기로 세운 전략!✏️

 **잘**되라고 주는 **숙**제 2 66 수업 시간에 다루지 않아. 배운 대로 적용 연습하면 되는 거야. 99 ✱ 정답 40쪽

2016학년도 대학수학능력시험 (A형)

나는 숨을 죽이고 지그시 아픔을 견디며, 또 하나의 아픈 날을 회상한다. 꼭 이만큼이나 아팠던 날을.

그것은 아마 나의 고가(古家)가 헐리던 날이었을 게다.

남편은 결혼식을 치르자 제일 먼저 고가의 철거를 주장했다. 터무니없이 넓은 대지에 불합리한 구조로 서 있는 **음침한 고가**는 불필요한 방들만 많고 손댈 수 없이 퇴락했으니, 깨끗이 헐어 내고 대지의 반쯤을 처분해서 쓸모 있는 **견고한 양옥**을 짓자는 것이었다.

너무도 당연한 소리였다. 반대할 이유라곤 없었다.

고가의 철거는 신속히 이루어졌다. 나는 그 해체를 견딜 수 없는 아픔으로 지켰다.

우아한 추녀와 드높은 용마루는 헌 기왓장으로 해체되고, 웅장한 대들보와 길들은 기둥목, 아른거리던 바둑마루는 허술한 장작더미처럼 나자빠졌다.

숱한 애환을 가려 주던 〈亞〉 자 창들이 문짝 장사의 손구루마에 난폭하게 실렸다.

㉠남편은 이런 장사꾼들과 몇 푼의 돈 때문에 큰소리로 삿대질까지 해 가며 영악하게 흥정을 했다.

남편 하나는 참 잘 만났느니라고 사돈댁 – 지금의 동서 – 은 연신 뻐드러진 이를 드러내고 내 등을 쳤다.

이렇게 해서 나의 고가는 완전히 해체되어 몇 푼의 돈으로 바뀌었나 보다.

아버지와 오빠들이 그렇게도 사랑하던 집, 어머니가 임종의 날까지 그렇게도 집착하던 고가. 그것을 그들이, 생면부지의 낯선 사나이가 산산이 해체해 놓고 만 것이다.

그러나 생각해 보면 고가의 해체는 행랑채에 구멍이 뚫린 날부터 이미 비롯된 것이었고 한번 시작된 해체는 누구에 의해서고 끝막음을 보아야 할 것 아닌가.

다시는, 다시는 아침 햇살 속에 기왓골에 서리를 이고 서 있는 **숙연한 고가**를 볼 수 없다니.

그러나 나는 나 자신의 육신이 해체되는 듯한 아픔을 의연히 견디었다. 실상 나는 고가의 해체에 곁들여 나 자신의 해체를 시도하고 있었는지도 모를 일이었다.

남편이 쓸모없이 불편한 고가를 해체시켜 우리의 새 생활을 담을 새집을 설계하듯이, ㉡나는 아직도 그의 아내로서 편치 못한 나를 해체시켜, 그의 아내로서 편한 나로 뜯어 맞추고 싶었다.

쓸모 있고 견고한, 그러나 속되고 네모난 집이 남편의 설계대로 이루어졌다. 현대식 시설을 갖춘 부엌과, 잔디와 조그만 분수까지 있는 정원이 있는 아담하고 밝은 집. 모두가 남편의 뜻대로 되었다.

㉢다만 나는 후원의 은행나무들만은 그대로 두기를 완강히 고집했다. 넓지 않은 정원에 안 어울리는 거목들이 때로는 서늘한 그늘을 주었지만 때로는 새집을 너무도 침침하게 뒤덮었다.

그러나 나는 아직도 그것들의 빛, 그것들의 속삭임, 그것들의 아우성을 가끔가끔 필요로 했다.

㉣그리고 보니 아직도 해체되지 않은 한 모퉁이가 내 은밀한 곳에 남아 있는지도 몰랐다.

"옥희도 씨 유작전이 있군."

남편도 지금 그 기사를 읽고 있는 모양이다.

"죽은 후에 유작전이나 열어 주면 뭘 해. 살아서는 개인전 한 번 못 가져 본 분을."

"…"

"흥, 그분 그림이 외국 사람들 사이에 꽤 인기가 있는 모양인데 모를 일이야."

'흥, 잡종의 상판을 헐값으로 그려 준 대가를 제법 받는 셈인가.'

"죽은 후에 치켜세우는 것처럼 싱거운 건 없더라. 아마 어떤 비평가의 농간이겠지…."

'흥, 당신이 생각해 낼 만한 천박한 추측이군요.'

"에이 모르겠다. 예술이니 나발이니. 살아서 잘 먹고 편히 사는 게 제일이지."

'암, 몰라야죠. 당신 따위가 알 게 뭐예요. 그분은 그렇게밖에 살 수 없었다는 걸 당신 따위가 알 게 뭐예요.'

남편은 신문을 떨구고 기지개를 늘어지게 폈다.

㉤나는, 젖힌 그의 얼굴에서 동굴처럼 뚫린 콧구멍과 그 속을 무성하게 채운 코털을 보며 잠깐 모멸과 혐오를 느꼈다.

(중략)

옆에 앉은 남편도 풍선을 쫓았던가 고개를 젖힌 채 눈이 함빡 하늘을 담고 있다.

그러나 그분, 이미 그의 눈엔 10년 전의 앳된 갈망은 없다. 그분이랴. 여자를 소유하고 가정을 갖고 싶다는 세속적인 소망 외에는 한 번도 야망이나 고뇌가 깃들어 보지 않은 눈. 부스스한 머리가 늘어진 이마에 어느새 굵은 주름이 자리 잡기 시작한 중년의 그가 나는 또다시 낯설다.

저만치서 고등학생들이 배드민턴을 친다. 공이 나비처럼 경쾌하게 날아와 라켓에 부딪치는 소리가 마치 젊은 연인들의 찰나적인 키스의 파열음처럼 감각적으로 들린다.

ⓗ나는 충동적으로 그의 이마의 주름진 곳에 그런 키스를 퍼부었다.

그가 낯선 게 견딜 수 없어서였다. 그가 아주 타인처럼 낯선 게 견딜 수 없어서였다.

- 박완서, 「나목(裸木)」 -

> 내가 결정하는 내비게이션

31

㉠~ⓗ에 대한 설명으로 적절하지 <u>않은</u> 것은?

① ㉠의 '남편'의 행동은 ㉢에서 '나'가 지키고자 했던 대상을 보존하기 위한 '남편'의 배려심이 반영된 것이다.

② ㉠에는 '남편'의 행동 묘사를 통해 '남편'의 성격이 드러나 있고, ⓜ에는 '남편'의 외양 묘사를 통해 '나'의 심리가 드러나 있다.

③ ㉡에서 '나'는 '남편'의 삶에 동화되고자 하지만, ㉣에서 여전히 '남편'에게 동화되지 않는 '나'의 모습을 발견하고 있다.

④ ㉡에는 '남편'에 대한 '나'의 태도를 변화시키고자 하는 심리가 드러나 있고, ⓗ에는 '남편'을 낯설어하는 '나'의 감정을 변화시키고자 하는 돌발적 행위가 드러나 있다.

⑤ ㉢에서 드러나는 '은행나무들'에 대한 '나'의 집착은 ㉣에서 나타나는 '나'의 잠재의식과 연결된다.

> 사진 찍기로 세운 전략!

32

고가 를 중심으로 윗글을 이해한 내용으로 적절하지 <u>않은</u> 것은? [3점]

① 고가 의 철거 결정에는 '남편'의 실용적인 가치관이 작용하고 있다.

② 고가 의 철거를 주장한 '남편'은 '견고한 양옥'의 설계에서도 자신의 뜻을 반영하였다.

③ 고가 의 철거는 '나'와의 친밀감을 회복하고자 하는 '남편'의 의지가 좌절된 사건을 의미한다.

④ 고가 는 과거의 '나'가 투영된 대상으로 '나'의 의식 속에 환기되어 내면의 갈등 상태를 드러내고 있다.

⑤ 고가 를 '남편'은 '음침한 고가'로, '나'는 '숙연한 고가'로 표현하여 인물에 따른 관점의 차이를 드러내고 있다.

[앞부분의 줄거리] 양창곡의 연인이었던 강남홍은 그와 이별 후 백운 도사에게 무예를 배워 오랑캐의 장수가 되어 남장을 하고 명나라 원수 양창곡과 전장에서 맞서게 된다.

강남홍이 옥 같은 손을 들어 화살을 쏘니 시위 소리와 동시에 동초와 마달 두 사람의 갑옷이 쩽그랑하고 깨졌다. 두 장수가 더 싸울 뜻이 없어 말을 돌려 진영으로 돌아왔다.

[A]

뇌천풍이 투구를 주워 쓰고 벽력부를 휘두르며 크게 꾸짖었다. "조그만 오랑캐 장수야! 작은 재주만 믿고 무례히 굴지 말라." 그러고는 다시 강남홍에게 달려들더니 홀연 몸을 솟구치며 말에서 떨어졌다. 어찌된 일인지 모르겠구나. 다음 회를 보시라.

14회 옥피리는 자웅(雌雄)의 음률을 주고받으며, 거문고의 아름다운 소리는 끊어졌다 이어졌다 한다.

각설. 뇌천풍이 분기탱천하여 도끼를 휘두르며 강남홍에게 덤벼들었지만 그녀는 태연히 웃으며 부용검을 들고 서서 꼼짝도 않았다. 뇌천풍은 더욱 화가 나서 크게 소리 지르며 힘을 다해 강남홍을 공격했다. 순간 강남홍이 쌍검을 휘두르며 허공에 몸을 솟구쳤다. 뇌천풍이 허공을 쳐다보며 급히 도끼를 거두어들이려는데 갑자기 쩽그랑하는 소리가 머리 위에서 들렸다. 날아온 칼이 공중에서 떨어지며 투구를 쳐서 깨뜨린 것이었다. 뇌천풍이 황망하여 몸을 뒤틀며 말에서 떨어졌다.

그러나 강남홍은 다시 돌아보지 않고 칼을 거뒀다. 원래 강남홍의 검법은 깊고 얕음이 있어서 다만 투구만 깨뜨릴 뿐 사람을 다치게 하지는 않았다. 그러나 뇌천풍은 이미 정신을 차리지 못하여 자기 머리가 없음을 의심하니 다시는 싸울 생각을 하지 못하고 급히 말을 돌려 자신의 진영으로 달아났다.

(중략)

강남홍은 백운 도사가 준 옥피리를 가지고 손삼랑과 연화봉으로 올라갔다. 멀리 명나라 진영을 바라보니 조용히 등불만 깜빡이는데, 삼경을 알리는 북소리가 울렸다. 강남홍이 옥피리를 꺼내 한 곡을 희롱했다.

이때 서풍은 쓸쓸히 불고 별과 달은 하얗게 빛나는데 원숭이의 슬픈 울음소리는 타향에서 떠도는 나그네의 시름을 돕는다. 찬 이슬은 옷깃에 가득 내리고 밝은 달은 진영을 환히 비춘다. 어떤 이는 창을 베고 누워 잠이 들고 또 어떤 이는 칼을 치며 근심스럽고 슬피 앉아 있던 때였다. 갑자기 바람결에 옥피리 소리가 아련히 반공에 퍼졌다. 처량한 곡조는 쇠와 돌도 녹이고, 흐느끼는 소리는 산천의 빛도 바꾸게 할 듯했다. 이때 명나라 십만 대군이 일시에 잠을 깨어 늙은이는 처자를 그리워하고 젊은이는 부모를 생각하여 혹 눈물을 뿌리며 탄식하고 고향을 노래하며 일어나 서성거렸다. 군중이 자연히 소란해지면서 부대의 대오가 어지러워졌다. 소유경이 깜짝 놀라 동초와 마달을 불러 군중을 단속하도록 했다. 그러나 두 장수 역시 기색이 처량하고 행동거지가 수상했다. 소유경이 급히 양창곡에게 알렸다.

마침 양창곡은 병서를 베고 잠을 자려던 참이었다. 정신이 이리저리 흔들리며 하늘에 올라 남천문에 들어가려 하니 한 보살이 백옥 여의를 들고 길을 막았다. 양창곡이 노하여 칼을 뽑아 여의를 치니 쩽그랑하고 땅에 떨어져 한 송이 꽃이 되어 붉은 빛과 기이한 향기가 천지에 진동했다. 양창곡이 놀라 깨어 보니 꿈이었다. 심중에 이상히 생각하던 차에 소유경이 황망히 놀라 군막 안으로 들어와 군중의 동정을 보고하였다. 양창곡이 놀라 군막 밖으로 나가 시간을 물어보니 벌써 4, 5경이나 되었다. 삼군이 왔다 갔다 하면서 진영이 들끓고 서풍은 손에 든 깃발을 불어 흔든다. 바람결에 들리는 옥피리 소리는 애원하는 듯 처절하여 영웅의 마음으로도 비감해지는 것을 어찌지 못할 정도였다.

양창곡이 귀 기울여 들어 보니 어찌 그 곡조를 모르리오. 여러 장수를 돌아보며 말했다.

"옛날 장자방이 계명산에 올라 통소를 불어 초나라 병사를 흩어 놓았다더니 누가 이 곡조를 부는지 모르겠구나. 내 어렸을 적 옥피리 부는 것을 배워 곡조를 기억한다. 이제 한번 시험하여 군사들의 처량한 마음을 진정케 하겠다."

그는 상자에서 옥피리를 꺼내 한 곡을 불었다. 그 소리는 평화로우면서도 호방하여 마치 천 리에 펼쳐진 봄날의 물이 장강에 흐르는 듯, 삼월 조화로운 바람이 아름다운 나무에 불어오는 듯했다. 그러자 처량했던 마음은 절로 풀렸으며 다시 한 곡을 불자 호탕한 마음이 무럭무럭 생겨나 군중이 평온해졌다. 양창곡은 다시 음률을 바꾸어 한 곡을 불었다. 그 소리는 웅장하면서도 기상이 커서 군사들의 기세가 늠름해졌다. 이에 군사들은 북을 쓰다듬고 칼춤을 추면서 다시 한번 전투를 벌이고자 하였다.

– 남영로, 「옥루몽」 –

27

윗글로 미루어 알 수 있는 것은? [1점]

① 강남홍은 자신의 능력을 믿고 여유를 보이고 있다.
② 강남홍은 손삼랑과 함께 명나라 진영으로 잠입하였다.
③ 양창곡은 꿈 내용을 대수롭지 않게 생각했다.
④ 양창곡은 스스로를 영웅이라고 과시하고 있다.
⑤ 양창곡은 적이 습격할 것을 미리 알고 대처하였다.

28

'옥피리' 연주에 대한 설명으로 적절하지 않은 것은?

① 강남홍의 연주는 군사들의 향수를 불러일으켰다.
② 강남홍이 연주한 곡은 즉흥적으로 지어낸 것이었다.
③ 양창곡의 연주는 강남홍의 연주와 달리 군사들의 사기를 북돋웠다.
④ 두 사람의 연주는 전쟁 상황에 신비감을 불어넣고 있다.
⑤ 두 사람이 연주한 곡조는 자연물을 활용하여 묘사되었다.

★29

오답률 ▶ 47%

〈보기〉에서 [A]에 활용된 것만을 있는 대로 고른 것은?

〈 보 기 〉

고전 소설에 구현된 다양한 관습적 장치는 고전 소설의 중요한 형식적 특징
이자 독서법에 대한 일종의 약속이기도 하다. 「옥루몽」에 사용된 관습적 장치
에는 다음과 같은 것이 있다.
ㄱ. 각 회의 첫머리에 놓여서 이후에 전개될 서사를 암시하는 제목
ㄴ. 독자의 궁금증을 유발하거나 이후 전개될 내용을 선전하는 문구
ㄷ. 인물의 행위나 상황에 대한 서술자의 심정적 동조가 들어간 논평
ㄹ. 전 회에서 서술된 사건을 부연·반복하여 앞뒤의 이야기를 자연스럽게 연
   결하는 대목
ㅁ. 작품 혹은 각 회의 첫 장면이 시작되거나 배경이 바뀌어 새로운 사건이 시
   작될 때, 이를 알리는 상투어

① ㄱ, ㄴ, ㅁ
② ㄱ, ㄷ, ㄹ
③ ㄱ, ㄴ, ㄹ, ㅁ
④ ㄴ, ㄷ, ㄹ, ㅁ
⑤ ㄱ, ㄴ, ㄷ, ㄹ, ㅁ

MEMO

윤혜정의

패턴의
나비효과

윤혜정의
패턴의
나비효과

윤혜정의
패턴의
나비효과

정답 및 해설

네 꿈에 날개 달아 줄

만점 국어의 올바른 길.

since 2019

문제를 사진 찍고
해설 강의 보기
Google Play | App Store

EBS*i* 사이트
무료 강의 제공

정답 확인

9 DAY
시, 문제 패턴 1

126쪽 〈 패턴 1
근거, 힌트, 조건, 보기

128쪽
34 ②

131쪽
25 ④

10 DAY
시, 문제 패턴 2, 3

139쪽
보기

140쪽 〈 패턴 2
감정, 마음가짐, 자세, 입장, 상황, 추론

140쪽 〈 패턴 3
문맥, ㅅ, 상황, 수식, 서술

142쪽
17 ④

143쪽
39 ③

144쪽
29 ④

11 DAY
시, 문제 패턴 4, 5

153쪽
보기, 정서, 태도, 의미, 기능

154쪽 〈 패턴 4
개념, 적용, 선지

154쪽 〈 패턴 5
정서, 태도, 효과

156쪽
14 ①　　16 ④

158쪽
23 ⑤　　25 ①

12 DAY
운문, 정신과 시간의 방

168쪽
13 ④　　14 ⑤　　15 ④
16 ②　　17 ①　　18 ③

171쪽
13 ①　　14 ⑤　　15 ④　　16 ④

13 DAY
소설, 문제 패턴 1

181쪽 〈 패턴 1
개념

184쪽
19 ③　　20 ④　　21 ②

188쪽
18 ⑤　　19 ②　　21 ①

14 DAY
소설, 문제 패턴 2, 3

201쪽 〈 패턴 2
인물, 서사, 관계, 상황

201쪽 〈 패턴 3
서사

204쪽
33 ③　　34 ②　　36 ①

207쪽
42 ⑤　　43 ①　　44 ②　　45 ④

15 DAY
소설, 문제 패턴 4, 5

220쪽 〈 패턴 4
문두, 선지, 인물, 사건, 배경

220쪽 〈 패턴 5
극, 화자, 달라진

224쪽
31 ③　　32 ②　　33 ③　　34 ⑤

228쪽
42 ②　　43 ④　　45 ④

16 DAY
산문, 정신과 시간의 방

243쪽
38 ①　　39 ⑤　　40 ⑤
41 ④　　42 ⑤

247쪽
34 ①　　35 ①　　36 ④　　37 ②

잘숙이 1 2016.수능(B)

21 ③ 22 ③ 23 ③ 24 ②

[21~24] 사회, '지식 경영론'

이 글은 마이클 폴라니의 '암묵지' 개념을 활용한 노나카 이쿠지로의 '지식 경영론'에 대해 소개하고 있다. 폴라니는 지식 경영론에서 명확하게 표현되지 않고 주체에게 체화된 암묵지 개념을 통해 모든 지식이 지적 활동의 주체인 인간과 분리될 수 없다는 것을 강조했다. 노나카는 지식에 대한 폴라니의 탐구를 실용적으로 응용해 지식 경영론을 펼쳤는데, 그는 '암묵지'를 신체 감각, 상상 속 이미지, 지적 관심 등과 같이 객관적으로 표현하기 어려운 주관적 지식, '명시지'를 문서나 데이터베이스 등에 담긴 지식과 같이 객관적이고 논리적으로 형식화된 지식으로 파악하였다. 특히 노나카는 암묵지와 명시지의 분류에 기초하여 개인, 집단, 조직 수준에서 이루어지는 지식 변환 과정을 '공동화', '표출화', '연결화', '내면화'의 네 가지로 유형화했는데, 그는 이러한 변환 과정이 원활하게 일어나 기업의 지적 역량이 강화되도록 기업의 조직 구조가 혁신되어야 한다고 주장하였다.

▶ **[주제]** 폴라니의 '암묵지' 개념을 활용한 노나카의 '지식 경영론'

21. ◀ 논지 전개 방식 파악

❸ 이 글에서는 마이클 폴라니의 '암묵지' 개념에 대해 소개하며, 지식에 대한 폴라니의 탐구를 실용적으로 응용한 노나카 이쿠지로의 '지식 경영론'에 대해 소개하고 있다. 또한 지식의 성격에 대한 정확한 이해에 기초하여 구성원들이 지식 공유와 확산 과정에 자발적으로 참여하도록 하는 방안을 마련하는 것에 지식 경영의 성패가 달려 있음을 언급하고 있다.

오답을 피하고 싶었어

① 지식의 중요성이 커지면서 지식 경영을 강조하는 목소리가 높아지는 상황에 대해 언급하고 있지만, 지식의 성격이 변화된 원인에 대해서는 분석하고 있지 않다.
② 암묵지와 명시지의 분류에 기초하여 개인, 집단, 조직 수준에서 이루어지는 지식 변환의 과정을 설명하고 있을 뿐, 지식이 분리되어 가는 과정에 따른 지식 변환의 단계를 설명하고 있지 않다. 또한 지식 경영론의 문제점은 언급하고 있지 않다.
④ 지식에 대한 견해를 소개하고 있으나, 그에 대비되는 지식 경영론의 발전 과정을 설명하고 있지는 않다.
⑤ 지식에 대한 두 견해의 장단점을 비교하고 있지도 않고 이를 통해 지식 경영의 유용성을 새로운 시각에서 조명하고 있지도 않다.

22. ◀ 세부 정보 파악

❸ 노나카는 '명시지'를 문서나 데이터베이스 등에 담긴 지식과 같이 객관적이고 논리적으로 형식화된 지식으로 파악하고, 이것이 '암묵지'에 비해 상대적으로 지식의 공유 가능성이 높다고 보았다.

오답을 피하고 싶었어

① 폴라니는 모든 지식이 암묵지에 기초하고 있음을 강조했다. 그러므로 폴라니는 고도로 형식화된 과학 지식도 암묵지를 기초로 하여 형성된다고 보았을 것이다.

② 폴라니는 암묵지 개념을 통해 모든 지식이 지적 활동의 주체인 인간과 분리될 수 없다는 것을 강조했다. 그러므로 폴라니는 지적 활동의 주체와 분리되어 독립된 객체로서 존재하는 지식은 없다고 보았을 것이다.
④ 노나카는 지식 변환 과정이 원활하게 일어나 기업의 지적 역량이 강화되도록 기업의 조직 구조가 혁신되어야 한다고 주장했다. 그러므로 노나카의 지식 경영론은 지식이 원활하게 변환되도록 기업의 조직 구조가 재설계되어야 한다고 보았을 것이다.
⑤ 폴라니는 모든 지식이 암묵지에 기초하고 있다고 주장했으므로, 지식에서 암묵지의 중요성을 강조했을 것이다. 또한 노나카는 암묵지와 명시지의 분류에 기초하여 개인, 집단, 조직 수준에서 이루어지는 지식들 간의 변환 과정을 유형화했으므로, 지식들 간의 변환 과정에 주목했을 것이다.

23. ◀ 구체적 상황(사례)에 적용

❸ C사의 직원이 경쟁 기업의 터치스크린 매뉴얼들을 보고 제품을 실제로 반복 사용하여 감각적 지식을 획득한 것은, 명시지가 숙련 노력에 의해 암묵지로 전환되는 '내면화'에 해당한다.

오답을 피하고 싶었어

① A사의 직원이 자사 오토바이 동호회 회원들과 계속 접촉하여 소비자들의 느낌을 포착해 낸 것은, 대면 접촉을 통한 모방과 개인의 숙련 노력에 의해 암묵지가 전달되어 타자의 암묵지로 전환되는 '공동화'에 해당한다.
② B사가 자동차 부품 관련 특허 기술들을 부문별로 재분류하고 이를 결합하여 신기술을 개발한 것은, 명시지들을 결합하여 새로운 명시지를 형성하는 '연결화'에 해당한다.
④ D사가 교재로 항공기 조종 교육을 실시하고 직원들이 반복적인 시뮬레이션 학습을 통해 조종술에 능숙하게 된 것은, 명시지가 숙련 노력에 의해 암묵지로 전환되는 '내면화'에 해당한다.
⑤ E사의 직원이 성공적인 제품 디자인들에 동물 형상이 반영되었음을 감지하고 장수하늘소의 몸체가 연상되는 청소기 디자인을 완성한 것은, 암묵적 요소 중 일부가 형식화되어 객관화되는 '표출화'에 해당한다.

24. ◀ 구체적 상황(사례)에 적용

❷ F사는 보고서와 제안서 등의 가시적인 지식(명시지)의 산출에 대해서만 보상하고, 경험적 지식이나 창의적 아이디어 같은 무형의 지식(암묵지)에 대한 평가 및 보상 제도는 갖추지 못하였다. 이미 가시적인 지식의 산출에 대해서는 독려하고 보상한 바 있으므로, 직원들이 회사에서 사용할 논리적이고 형식화된 지식을 제안하도록 권장하는 것은 F사의 문제를 해결하기 위해 제시할 만한 방안으로 보기 어렵다.

오답을 피하고 싶었어

① 창의적 아이디어와 같은 암묵지는 문서 형태로 표현되기 어려울 수 있다. 이를 감안하여 다양한 의견 제안 방식을 마련하는 것은 적절한 방안이라고 볼 수 있다.
③ 숙련된 직원들의 노하우가 공유되지 못해 경험 많은 직원들이 퇴직할 때마다 해당 부서의 업무 공백이 발생했다고 볼 수 있다. 이를 해결하기 위해 숙련된 직원들의 노하우를 공유할 수 있도록 면대면 훈련 프로그램을 도입하는 것은 적절한 방안이라고 볼 수 있다.
④ 직원들의 체화된 무형의 지식인 암묵지가 보상받을 수 있도록 평가 제도를 개선하여 가시적인 지식을 산출하지 못하는 직원들의 회사에 대한 애착과 헌신성을 높일 수 있으므로 적절한 방안이라고 볼 수 있다.
⑤ 그간 명시지에 대해서만 보상과 평가가 이루어졌으므로, 직원들 각자가 지닌 업무 경험과 기능인 암묵지를 존중하고 명시지와 암묵지를 모두 평가하고 보상하도록 조직 문화와 동기 부여 시스템을 개선하는 것은 적절한 방안이라고 볼 수 있다.

잘숙이 2 2020.수능

| 16 ② | 17 ② | 18 ④ | 19 ⑤ | 20 ② |

[16~20] 인문, '베이즈주의의 조건화 원리'

이 글은 임의의 명제에 대해 세 가지 믿음의 태도 중 하나만을 가질 수 있다고 본 많은 전통적 인식론자와는 다르게 믿음은 정도의 문제라고 보고, 믿음의 정도를 믿음의 태도에 포함한 베이즈주의자의 입장을 설명하고 있다. 베이즈주의에 따르면 인식 주체가 특정 시점에 임의의 명제 A가 참이라는 것만을 또는 거짓이라는 것만을 새롭게 알게 됐을 때, 다른 임의의 명제 B에 대한 인식 주체의 기존 믿음의 정도의 변화는 조건화 원리의 적용을 받는다. 이 글에서는 조건화 원리가 적용될 때 믿음의 정도가 어떤 방식으로 변하는지를 설명하면서 믿음의 정도가 변화할 때와 그렇지 않아야 할 때를 구분하여 믿음의 태도를 보다 풍부하게 다루고 있다.

▶ **[주제]** 조건화 원리에 따른 믿음의 정도 변화 양상

16. ◀ 세부 정보 파악

❷ 4문단에서는 특별한 이유 없이 학교를 옮기는 행위는 어떠한 방식으로든 우리의 에너지를 불필요하게 소모하는 것이라고 언급하고, 베이즈주의자라면 특별한 이유 없이 기존의 믿음의 정도를 바꾸는 것도 이와 유사하게 에너지를 불필요하게 소모하는 것으로 볼 수 있다고 하였다. 즉 베이즈주의자의 관점에서는 실용적 효율성을 추구한다면, 특별한 이유가 없는 한 기존의 믿음의 정도를 유지하는 것이 합리적이기 때문에 '특별한 이유 없이 기존의 믿음의 정도를 바꾸'는 것은 에너지를 불필요하게 소모하는 것이라고 보았다. 따라서 '특별한 이유 없이 믿음의 정도를 바꾸어야 하는 이유는 무엇일까?'라는 물음에 대한 답은 찾을 수 없다.

오답을 피하고 싶었어

① 4문단에서 베이즈주의자는 상식적으로 당연하게 여겨지는 생각을 정당화하기 위해 기존의 믿음의 정도를 유지함으로써 얻을 수 있는 실용적 효율성에 호소할 수 있다고 하였다. 그리고 그들의 관점에서는 실용적 효율성을 추구한다면, 특별한 이유가 없는 한 기존의 믿음의 정도를 유지하는 것이 합리적이라고 언급하고 있다.

③ 2문단에서 베이즈주의에 따르면 특정 시점에 임의의 명제 A가 참이라는 것만을 또는 거짓이라는 것만을 새롭게 알게 됐을 때, 조건화 원리의 적용을 받아 다른 임의의 명제 B에 대한 인식 주체의 기존 믿음의 정도가 그 이전과 달라질 수 있다는 것을 설명하고 있다. 그리고 3문단에서는 어떤 명제가 참인지 거짓인지 새롭게 알게 되더라도 그 명제와 관련 없는 명제에 대한 믿음의 정도는 변하지 않아야 한다고 언급하고 있다.

④ 2문단에서 임의의 명제가 참인지 거짓인지 새롭게 알게 되는 것을 베이즈주의자는 '그 명제가 참인지 거짓인지에 대해 가장 강한 믿음의 정도를 새롭게 갖는다는 것'이라고 설명하고, 베이즈주의는 조건화 원리에 따라 믿음의 정도가 어떤 방식으로 변해야 하는지에 대한 정교한 설명을 제공한다고 언급하고 있다.

⑤ 1문단에서 전통적 인식론자는 임의의 명제에 대해 참이라고 믿거나 거짓이라고 믿거나 참이라고도 거짓이라고도 믿지 않는 세 가지 믿음의 태도 중 하나만을 가질 수 있다고 보았음을 언급하였다. 또한 베이즈주의자는 믿음은 정도의 문제라고 보고 믿음의 정도를 믿음의 태도에 포함하였다고 언급하고 임의의 명제에 대하여 각 인식의 주체는 가장 강한 믿음의 정도에서 가장 약한 믿음의 정도까지 가질 수 있다고 보았음을 설명하고 있다.

17. ◀ 구체적 상황(사례)에 적용

❷ 1문단에서 '많은 전통적 인식론자'(㉠)는 임의의 명제에 대해 우리가 세 가지 믿음의 태도 중 하나만을 가질 수 있다고 본다고 언급하면서 '내일

눈이 온다.'는 명제를 참이라고 믿거나, 거짓이라고 믿거나, 참이라 믿지도 않고 거짓이라 믿지도 않을 수 있다고 설명하고 있다. 따라서 그들은 을이 '내일 눈이 온다.'가 거짓이라 믿는 태도에 강하거나 약한 것이 있을 수 없다고 본다. 그 명제가 거짓임을 강한 정도로 믿는다는 것처럼 임의의 명제에 대한 믿음을 정도의 문제라고 보는 이들은 '베이즈주의자'(㉡)이다.

오답을 피하고 싶었어

① 1문단에서 ㉠은 임의의 명제에 대해 각 인식 주체는 세 가지 믿음의 태도 중 하나만을 가질 수 있다고 본다고 언급하고 있다. 한편 ㉡은 믿음은 정도의 문제라고 본다고 언급하고 있다. 따라서 을이 ㉠이라면 을은 동시에 ㉡일 수 없다고 할 수 있다.

③ 1문단에서 ㉠은 임의의 명제에 대해 우리가 세 가지 믿음의 태도 중 하나만을 가질 수 있다고 본다고 언급하고 있으므로 ㉠은 을이 '내일 눈이 온다.'가 참이라고 믿는다면 을은 '내일 눈이 온다.'가 거짓이라고 믿을 수는 없다고 주장할 것이다.

④ 1문단에서 ㉡은 믿음은 정도의 문제라고 보고, 각 인식 주체는 가장 강한 믿음의 정도에서 가장 약한 믿음의 정도까지 가질 수 있다고 하였으므로 ㉡은 을의 '내일 눈이 온다.'가 참이라는 것에 대한 믿음의 정도와 '내일 눈이 온다.'가 거짓이라는 것에 대한 믿음의 정도가 같을 수 있다고 볼 수 있다.

⑤ 1문단에서 ㉡은 믿음은 정도의 문제라고 보고 있다고 하였으므로 ㉡은 을이 '내일 눈이 온다.'와 '내일 비가 온다.'가 모두 거짓이라고 믿더라도 후자를 전자보다 더 강하게 거짓이라고 믿을 수 있다고 주장할 수 있다.

18. ◀ 세부 정보 추론

❹ 2문단에서 인식 주체가 특정 시점에 임의의 명제 A가 참이라는 것만을 또는 거짓이라는 것만을 새롭게 알게 됐을 때, 다른 임의의 명제 B에 대한 인식 주체의 기존 믿음의 정도의 변화는 조건화 원리의 적용을 받는다고 언급하고 있다. 또한 조건화 원리는 새롭게 알게 된 명제가 동시에 둘 이상인 경우에도 마찬가지로 적용된다고 하였으므로 어떤 명제가 참인 것을 새롭게 알게 되고 동시에 그와 다른 명제가 거짓인 것을 새롭게 알게 되었을 때에도 적용될 수 있다고 할 수 있다.

오답을 피하고 싶었어

① 4문단에 따르면 베이즈주의자의 입장에서 특별한 이유가 없는 한 기존의 믿음의 정도를 유지하는 것이 합리적이라고 할 수 있다. 따라서 특별한 이유 없이 믿음의 정도를 바꾸는 것은 합리적이라고 할 수 없다.

② 2문단에서 베이즈주의의 조건화 원리는 믿음의 정도에 관한 것이지 행위에 관한 것은 아니라고 언급하고 있다. 따라서 조건화 원리가 어떤 행위를 할 특별한 이유가 있더라도 믿음의 정도의 변화 없이 그 행위를 해서는 안 된다고 말해 준다고 볼 수 없다.

③ 2문단에서 인식 주체가 특정 시점에 임의의 명제 A가 참이라는 것만을 또는 거짓이라는 것만을 새롭게 알게 됐을 때, 다른 임의의 명제 B에 대한 인식 주체의 기존 믿음의 정도의 변화는 조건화 원리의 적용을 받는다고 언급하고 있다. 그리고 3문단에서는 조건화 원리에 따르면 어떤 명제가 참인지 거짓인지 새롭게 알게 되더라도 그 명제와 관련 없는 명제에 대한 믿음의 정도는 변하지 않아야 한다고 하였으므로 새롭게 알게 된 명제와는 관련 없는 명제에 대해 우리의 믿음의 정도가 어떠해야 하는지에 대해서 말해 주지 않는다고 할 수 없다.

⑤ 1문단에서 베이즈주의자는 믿음은 정도의 문제라고 보고, 각 인식 주체는 가장 강한 믿음의 정도에서 가장 약한 믿음의 정도까지 가질 수 있다고 언급하고 있다. 아울러 2문단에서 베이즈주의자들은 임의의 명제가 참인지 거짓인지 새롭게 알게 될 경우 그 명제가 참인지 거짓인지에 대해 가장 강한 믿음의 정도를 새롭게 갖는다는 것이라고 하면서, 조건화 원리는 믿음의 정도가 어떤 방식으로 변해야 하는지에 대한 베이즈주의의 정교한 설명이라고 언급하고 있다. 그러나 조건화 원리의 적용 여부가 인식 주체의 믿음의 정도에 따라 달라진다고 언급한 바 없으므로 임의의 명제를 새롭게 알기 전에 그와 다른 명제에 대해 가장 강하지도 않고 가장 약하지도 않은 믿음의 정도를 가지고 있는 인식 주체에게는 적용될 수 없다고 할 수

없다.

19. ◀ 구체적 상황(사례)에 적용

❺ 〈보기〉의 ㉯는 ㉮와 관련이 있는 명제로, 2문단에 언급된 조건화 원리에 따라 ㉯가 참이라는 것만을 새롭게 알게 된다면, ㉮가 참이라는 것에 대한 병, 정의 믿음의 정도는 애초의 믿음의 정도에서 ㉯가 참이라는 조건 하에 ㉮가 참이라는 것에 대한 믿음의 정도로 되어야 한다. 병과 정이 ㉯를 알게 되기 전에 ㉮가 참이라는 것에 대한 믿음의 정도가 서로 달랐더라도 ㉯를 알게 된 후에 ㉮에 대한 믿음의 정도가 새롭게 변하는 것이므로 ㉯를 알게 된 후에는 ㉮가 참이라는 것에 대한 병과 정의 믿음의 정도가 같을 수 없다고 단정할 수 없다.

오답을 피하고 싶었어
① 3문단에서 조건화 원리에 따르면, 어떤 명제가 참인지 거짓인지 새롭게 알게 되더라도 그 명제와 관련 없는 명제에 대한 믿음의 정도는 변하지 않아야 한다고 하였으므로 병이 ㉮와 관련이 없는 다른 명제만을 새롭게 알게 된다면, ㉮에 대한 병의 믿음의 정도는 변하지 않아야 한다.
② 〈보기〉에서 병과 정이 공동 발표 내용을 기록한 흰색 수첩 하나를 잃어버렸고 병의 수첩은 체육관에 있다는 명제 ㉮에 대해 병과 정이 아주 강하지는 않지만 어느 정도 참이라고 믿고 있다고 하였으므로 병이 참이라고 ㉯만을 새롭게 알게 된다면, 그 수첩에 병의 이름이 적혀 있을 것이라고 생각할 수도 있다. 따라서 그 후에 ㉮가 참이라는 것에 대한 병의 믿음의 정도는 그 전보다 더 강해질 수 있을 것이라고 생각할 수 있다.
③ 〈보기〉에 따르면 병과 정은 명제 ㉮가 참이라고 믿지만 믿음의 정도가 아주 강하지는 않다. 〈보기〉에서 병과 정이 공동 발표 내용을 기록한 흰색 수첩 하나를 잃어버렸으므로 병이 참이라고 새롭게 ㉯만을 알게 된다면, 그 수첩은 병의 이름이 적혀 있을 것이라고 생각할 수도 있다. 그러나 병이 ㉯를 알게 된 후에 ㉰를 추가로 알게 된다면, 병의 이름이 적혀 있는 흰색 수첩은 체육관에 있을 수도 있고, 병의 집에 있을 수도 있게 된다. 따라서 ㉮가 참이라는 것에 대한 병의 믿음의 정도는 ㉰를 추가로 알기 전보다 더 약해질 것이라고 생각할 수 있다.
④ 2문단에서 조건화의 원리를 설명하면서 '만약 인식 주체가 A가 참이라는 것만을 새롭게 알게 된다면, B가 참이라는 것에 대한 그 인식 주체의 믿음의 정도는 애초의 믿음의 정도에서 A가 참이라는 조건하에 B가 참이라는 것에 대한 믿음의 정도로 되어야 함을 의미한다.'라고 하였다. 또한 새롭게 알게 된 명제가 동시에 둘 이상인 경우에도 마찬가지라고 하였다. 따라서 병이 ㉯와 ㉰를 동시에 알게 된다면, ㉯와 ㉰가 참이라는 조건하에 ㉮가 참이라는 것에 대한 믿음의 정도로 변할 것이라고 할 수 있다.

20. ◀ 어휘의 문맥적 의미 파악

❷ ⓑ와 '따라'는 모두 '어떤 경우, 사실이나 기준 따위에 의거하다.'라는 의미로 사용되었다.

오답을 피하고 싶었어
① ⓐ는 '생각, 태도, 사상 따위를 마음에 품다.'라는 의미로 사용된 반면, '가졌다'는 '모임을 치르다.'라는 의미로 사용되었다.
③ ⓒ는 '대상을 평가하다.'라는 의미로 사용된 반면, '봐'는 '맡아서 보살피거나 지키다.'라는 의미로 사용되었다.
④ ⓓ는 '긍정적인 태도·반응·상태 따위를 가지거나 누리게 되다.'라는 의미로 사용된 반면, '얻은'은 '병을 앓게 되다.'라는 의미로 사용되었다.
⑤ ⓔ는 '원래의 내용이나 상태를 다르게 고치다.'라는 의미로 사용된 반면, '바꿨다'는 '자기가 가진 물건을 다른 사람에게 주고 대신 그에 필적할 만한 다른 사람의 물건을 받다.'라는 의미로 사용되었다.

---

2 DAY
독서, 문제 패턴 1, 2

잘숙이 1　2015.09(A/B)

22 ①　23 ⑤

[22-23] 예술, '추사 김정희의 묵란화'
　이 글은 사군자의 하나인 난초를 먹으로 그린 '묵란화'를 중심으로 추사 김정희의 예술 세계에 대해 설명하고 있다. 김정희가 25세 때 그린 〈석란〉은 부드럽고 우아한 화풍의 그림으로, 당시 청나라에서도 유행하면 전형적인 양식을 빌려 당시 문인들이 지녔던 공통적 이상을 나타내고 있다. 유배 생활 이후 말년에 그린 〈부작란도〉는 담묵의 거친 갈필을 사용해 뒤틀리고 꺾인 잎과 바람에 맞서는 난초 꽃대와 꽃송이의 모습을 표현하여 쓸쓸하고 황량한 자신의 처지와 그것에 맞서는 강한 의지를 형상화하고 있다.

▶ [주제] 묵란화에 나타난 추사의 작품 세계

22. ◀ 논지 전개 방식 파악

❶ 이 글은 김정희의 두 작품 〈석란〉과 〈부작란도〉를 구체적인 사례로 제시하면서, 김정희의 평탄했던 젊은 시절의 화풍과 중년 이후 오랜 유배 생활이 작가의 작품 세계에 가져온 변화를 각각 설명하고 있다.

오답을 피하고 싶었어
② 후대 작가의 작품은 언급되지 않았다.
③ 묵란화에 대한 일반적 관점을 바탕으로 김정희의 작품과 삶을 소개하고 있기는 하나, 특정한 입장이 나타났다고 보기는 어려우며, 작가와 작품에 대한 역사적 논란 또한 언급되지 않았다.
④ 김정희의 두 작품에 대한 다양한 해석은 나타나 있지 않으며, 작품에 대한 통념적인 이해를 비판하고 있지도 않다.
⑤ 〈석란〉과 〈부작란도〉는 대조적인 측면이 있으나, 이를 통해 예술의 대중화 과정을 설명하지 않았다.

23. ◀ 세부 정보 파악

❺ 1문단에서 '난초를 칠 때는 글씨의 획을 그을 때와 같은 붓놀림을 구사했다.'라고 하여 묵란화에 서예의 필법이 사용됨을 설명하였다. 김정희의 말년의 작품인 〈부작란도〉에 서예의 필법이 쓰이지 않았다는 내용은 언급되지 않았다.

오답을 피하고 싶었어
① 1문단에서 묵란화는 '여느 사군자화와 마찬가지로 군자가 마땅히 지녀야 할 품성을 담고 있다.'라고 하였다. 따라서 문인들은 사군자화를 통해 군자의 덕목을 드러내려 한 것으로 볼 수 있다.
② 1문단에서 묵란화는 '난초에 관념을 투영하여 형상화한 그림'이라고 하였다.
③ 3문단에서 '김정희의 예술 세계는 49세부터 장기간의 유배 생활을 거치면서 큰 변화를 보인다.'라고 하였다.
④ 1문단에서 '묵란화는 중국 북송 시대에 그려지기 시작하여' 우리나라 문인들에게 전해졌다고 하였다.

잘숙이 2　2015.수능(A/B)

23 ④　24 ②

[23-24] 사회, '공공 서비스의 민간 위탁'
　이 글은 정부가 제공하는 공공 서비스의 특성, 공공 서비스의 다양화 추세에 따른 민간 위탁 제도의 도입 등을 설명하고 있다. 공공 서비스의 특성은 배제성(대가를 지불하여야 사용이 가능한 성질)과 경합성(한 사람이 사용하

면 다른 사람은 사용할 수 없는 성질)으로 설명할 수 있는데, 과거에는 배제성과 경합성이 모두 약한 사회 기반 시설 공급 중심으로 공공 서비스가 제공되었다. 하지만 사회적 요구의 증가에 따라 공공 서비스의 다양화와 양적 확대가 이루어지고 있는데, 정부 규모를 확대하지 않으면서 이런 필요를 충족하기 위해 민간 위탁 제도를 도입할 수 있다. 민간 위탁 제도는 서비스의 결정권과 책임을 정부가 갖고 서비스 생산을 민간이 맡는 것으로, 그 방식에는 '경쟁 입찰 방식', '면허 발급 방식', '보조금 지급 방식'이 있다. 민간 위탁 제도가 기대에 못 미치거나 공익을 저해하는 일이 생기지 않도록 민간 위탁 제도를 도입할 때는 신중한 검토가 필요하다.

▶ [주제] 공공 서비스에서의 민간 위탁 제도 도입

23. ◀ 세부 정보 파악

❹ '공공 서비스의 수익'과 관련하여, 공공 서비스의 생산을 맡은 민간 위탁 업체가 수익을 내지 못할 경우 공공 서비스의 수준이 낮아질 수 있다는 언급이 4문단에 나와 있다. 그러나 '공공 서비스의 수익 산정 방식'은 이 글에 언급되어 있지 않다.

오답을 피하고 싶었어

① '공공 서비스의 제공 목적'은 공공의 이익이라는 내용을 1문단에서 언급하였다.
② '공공 서비스 공급의 주체'는 1문단의 '정부는 ~ 공공 서비스를 공급한다.'에 언급되어 있다.
③ '공공 서비스 범위의 확대 배경'은 2문단의 '개인 단위 공공 서비스에 대한 사회적 요구가 증가함에 따라 관련 공공 서비스의 다양화와 양적 확대가 이루어지고 있다.'라는 내용에서 확인할 수 있다.
⑤ '공공 서비스의 민간 위탁 방식'은 3문단에 세 가지('경쟁 입찰 방식', '면허 발급 방식', '보조금 지급 방식')가 언급되어 있다.

24. ◀ 논지 전개 방식 파악

❷ [A]에서는 공공 서비스의 특성 두 가지 '배제성'과 '경합성'을 소개한 다음, '국방이나 치안'과 '공공 도서관'의 예를 들어 공공 서비스의 특성을 설명하고 있다.

오답을 피하고 싶었어

① 공공 서비스의 특성이 변화되는 과정은 언급되지 않았다.
③ 대상에 대한 비유적 설명 방식은 사용되지 않았다.
④ 대상이 지닌 문제점은 다루어지지 않았으며, 그 문제점의 원인을 다각도로 분석한 것도 아니다.
⑤ 대상에 대한 인식 변화는 다루어지지 않았으며, 그 변화를 시간적 순서에 따라 설명하지도 않았다.

잘숙이 3 (2016.06)

22 ④	23 ⑤

[22-23] 인문, '메타 윤리학에서 도덕 실재론과 정서주의'
　이 글은 규범 윤리학과 메타 윤리학을 구별하고, 메타 윤리학의 도덕 실재론과 정서주의를 제시한 후 둘을 비교하고 있다. 도덕 실재론은 도덕적 판단이 과학적 판단과 마찬가지로 참 또는 거짓으로 판정할 수 있는 명제를 나타내고 참으로 판정된 명제가 도덕적 진리라고 규정한다. 그러나 정서주의는 도덕적 판단을 참 또는 거짓으로 판정하는 명제로 나타낼 수 없다고 보고, 구체적인 행위에 대한 감정과 태도로 옳음과 옳지 않음이라는 판단으로 표현된다고 보고 있다. 정서주의는 도덕 실재론보다 윤리적 행위의 동기 부여나 도덕적 판단의 차이를 간단하게 설명할 수 있으나, 감정과 도덕적 판단에 대한 몇 가지 문제점이 있다고 제기되기도 한다.

▶ [주제] 도덕 실재론과의 비교를 통해 본 정서주의의 의의 및 한계

22. ◀ 논지 전개 방식 파악

❹ (라)에서는 인간의 욕망과 감정에 대한 법칙을 추가해야 하는 도덕 실재론보다 승인 감정 또는 부인 감정 이외에 다른 것이 필요하지 않은 정서주의가 윤리적 행위의 동기 부여를 단순하게 설명할 수 있으며, 정서주의에서는 사람들 간의 도덕적 판단의 차이도 간단하게 설명할 수 있다고 언급하고 있다. 따라서 (라)가 도덕 실재론의 장점과 의의를 정서주의와 비교하여 설명하고 있다고 볼 수 없다.

오답을 피하고 싶었어

① (가)에서는 구체적 행위에 대한 도덕적 판단 문제를 다루는 규범 윤리학과 규범 윤리학에서 사용하는 개념과 원칙에 대해 다루는 메타 윤리학을 구별하고, 메타 윤리학의 두 견해인 도덕 실재론과 정서주의를 제시하고 있다.
② (나)에서는 도덕적 판단과 도덕적 진리를 과학적 판단 및 과학적 진리와 마찬가지라고 보는 도덕 실재론의 견해를 풀어 설명하고 있다.
③ (다)에서는 도덕 실재론과 달리 과학적 진리와 같은 도덕적 진리는 없다는 입장을 보이는 정서주의의 견해를 풀어 설명하고 있다.
⑤ (마)에서는 정서주의에 대해 제기될 수 있는 세 가지 문제점을 나열하고 있다.

23. ◀ 세부 정보 파악

❺ (나)에 따르면 도덕 실재론은 도덕적 판단도 참 또는 거짓으로 판정할 수 있는 명제를 나타내고 참으로 판정된 명제가 곧 도덕적 진리라고 규정한다. (다)에 따르면 정서주의에서는 구체적인 행위에 대한 감정과 태도를 옳음과 옳지 않음이라고 하고, '옳음'의 판단은 승인 감정을 표현한 것이라고 보고 있다. 따라서 도덕적 판단이 승인 감정에 의해 '옳음'의 태도를 표현한다고 보는 것은 도덕 실재론이 아니라 정서주의의 입장이다.

오답을 피하고 싶었어

① (가)에 따르면 메타 윤리학은 옳음의 의미 문제, 도덕적 진리의 존재 문제 등과 같이 규범 윤리학에서 사용하는 개념과 원칙을 다루는 연구 분야이다.
② (다)와 (라)에 따르면 정서주의에서는 도덕적 판단이 승인 감정 또는 부인 감정을 표현한 것이라고 보며, 승인 감정과 부인 감정은 동기 부여까지 직접 연결된다고 본다.
③ (다)에 따르면 정서주의는 도덕 실재론과 달리 과학적 진리와 같은 도덕적 진리는 없다는 입장을 보이고 있다.
④ (가)에 따르면 도덕 실재론과 정서주의는 '옳음'과 '옳지 않음'의 의미를 이해하는 방식에 대해 상반된 주장을 펼친다.

3 DAY
독서, 문제 패턴 3, 4

잘숙이 1 (2014.09(A))

16 ④	17 ③

[16-17] 과학, '동물의 길찾기'
　이 글은 장소의 위치를 기억하고 길을 찾는 동물들의 다양한 길찾기 방법을 설명하고 있다. 이와 같은 방법에는 '장소기억', '재정위', '경로적분' 등이 있는데, '장소기억'은 장소의 몇몇 표지에 대한 영상 정보를 바탕으로 길을 찾는 방법으로, 곤충과 포유류를 비롯한 많은 동물이 활용한다. '재정위'는 공간적 정보 등 장소의 기하학적 특징을 바탕으로 길을 찾는 방식이며, '경로적분'은 곤충과 새의 가장 기본적인 길찾기 방법으로, 동물의 현재 위

치와 돌아갈 장소에 대한 방향 정보를 바탕으로 길을 찾는 방법이다. '경로 적분'에 있어 방향 결정의 기준을 정하기 위해서는 태양의 위치와 산란된 햇빛이 함께 사용된다.

▶ [주제] 동물의 다양한 길찾기 방법

16. ◀ 세부 정보 파악

❹ 2문단의 마지막 문장을 보면 원숭이는 길찾기 과정에서 벽 색깔과 같은 장소기억 정보도 함께 활용한다고 했는데, 같은 문단에 앞서 설명된 내용이 '재정위'에 대한 것이고, '재정위'의 핵심이 '기하학적 특징'을 활용하는 데 있으므로, 원숭이는 장소기억 정보와 함께 장소의 기하학적 정보를 활용하여 길을 찾음을 알 수 있다.

오답을 피하고 싶었어
① 3문단의 내용을 보면 곤충의 가장 기본적인 길찾기 방법이 '경로적분'이 므로 곤충이 경로적분을 사용하지 않는다는 진술은 적절하지 않다.
② 3문단의 '경로적분은 곤충과 새의 가장 기본적인 길찾기 방법'을 통해, 새는 길찾기 과정에서 기본적으로 장소기억이 아닌 경로적분을 사용한다는 정보를 확인할 수 있다.
③ 산란된 햇빛 정보는 '경로적분'에서 방향 결정의 기준을 정하기 위한 것이다. 그런데 흰쥐는 길찾기의 방식으로 장소의 기하학적 특징을 활용하는 '재정위'를 사용하므로 산란된 햇빛에 대한 정보를 활용한다는 진술은 적절하지 않다.
⑤ 꿀벌이 사용하는 길찾기 방법은 '장소기억'으로, 꿀벌은 특정 장소를 특정 각도에서 본 영상으로 기억해서 그 영상을 바탕으로 길을 찾아가므로 '여러 각도'에서 바라본 영상을 기억한다는 진술은 적절하지 않다.

17. ◀ 세부 정보 추론

❸ 3문단의 내용을 보면 사막 개미는 장소기억 능력이 있지만 사막에는 눈에 띄는 지형지물이 거의 없기 때문에 장소기억을 사용할 수 없다고 설명하고 있으므로 지형지물이 많은 곳에서는 사막개미가 장소기억을 활용할 것이라는 추론이 가능하다.

오답을 피하고 싶었어
① 사막개미가 '경로적분'을 통해 방향을 찾는 데 활용하는 것이 '태양의 위치와 산란된 햇빛'이므로 햇빛을 사용할 수 없는 암흑 속에서는 집 방향을 계산할 수 없음을 추론할 수 있다.
② 3문단의 첫 문장을 보면 '경로적분'을 활용하는 능력은 학습에 의한 것이 아니라 '타고나는 것'임을 알 수 있다.
④ 사막개미가 먹이를 찾은 후 집으로 되돌아갈 때는 자신이 온 경로를 따라 가는 것이 아니라 현재 자신이 있는 위치에서 집 방향으로 일직선이 되는 경로를 따라 집으로 되돌아간다.
⑤ 사막개미가 이동하면서 매 순간 계산하는 것은 현재 위치에서 집까지의 '직선거리'가 아니라 현재 위치에서 파악되는 집 '방향'이다.

잘숙이 2 (2013.09)

17 ④   19 ②

[17, 19] 기술, '포토리소그래피 공정을 이용한 반도체 생산 기술'

이 글은 반도체 소자의 집적도를 높이는 핵심 기술인 포토리소그래피 공정을 소개하고 있다. 포토리소그래피는 감광 물질, 마스크, 레이저 빛 등을 활용하여 반도체 기판 위에 같은 모양의 패턴을 대량으로 만들어 내는 기술이다. 포토리소그래피 공정은 빛을 받으면 화학적 성질이 변하는 감광 물질을 반도체 기판 위에 바르는 것으로 시작된다. 기판에 감광 물질을 바른 후에는 패턴이 새겨져 있는 마스크를 감광 물질 위에 놓고 빛을 쏘여 준다. 그러면 빛을 받은 부분의 감광 물질만 화학적 성질이 변하게 된다. 그런 다음

현상액으로 감광 물질을 제거하면 마스크와 동일한 패턴이 반도체 기판 위에 만들어지게 된다. 반도체 소자의 집적도는 반도체 기판에 새길 수 있는 패턴의 크기가 작을 수록 높아지게 되는데, 이를 위해서 다양한 기술이 개발되고 있다.

▶ [주제] 반도체 소자의 집적도를 높이는 핵심 기술인 포토리소그래피 공정

17. ◀ 세부 정보 파악

❹ 3문단에서 마스크 위에 빛을 쏘이면 마스크의 패턴과 동일한 크기와 모양의 그림자가 반도체 기판 위의 감광 물질에 드리우게 되고, 마지막 공정에서 감광 물질을 제거하면 반도체 기판에는 마스크에 있던 것과 동일한 패턴이 만들어진다고 설명하고 있다. 따라서 마스크에 새겨진 패턴의 크기는 기판 위에 만들어지는 패턴의 크기와 같다고 할 수 있다.

오답을 피하고 싶었어
① 1문단에서 반도체 소자는 수십에서 수백 나노미터 크기의 패턴으로 이루어져 있다고 언급하고 있다.
② 2문단에서 마스크라는 하나의 원판을 반복 복사하여 패턴을 대량으로 만든다고 언급하고 있다.
③ 2문단에서 판화의 원판은 조각칼을 이용하여 만드는 데 비해, 포토리소그래피의 경우 마스크 패턴의 크기가 매우 작기 때문에 레이저를 이용한다고 언급하고 있다.
⑤ 마지막 문단에서 짧은 파장의 광원에 반응하는 새로운 감광 물질을 개발하려는 연구가 진행되고 있다는 설명을 통해 빛의 파장에 따라 쓰이는 감광 물질이 달라진다는 것을 짐작할 수 있다.

19. ◀ 생략된 이유 추론

❷ 패턴의 크기는 빛의 파장이 짧을수록 작게 만들 수 있다. 따라서 짧은 파장의 광원을 포토리소그래피에 이용하려고 노력하는 이유는 1문단에서 '반도체 소자의 집적도를 높이는 것이 반도체 생산 공정에서는 매우 중요'하다고 제시한 것처럼 패턴의 크기를 줄여서 반도체 소자의 집적도를 높이기 위한 것임을 알 수 있다.

오답을 피하고 싶었어
① 포토리소그래피 공정에서는 감광 물질 없이 패턴을 만들 수 없다.
③ 포토리소그래피 공정에서는 빛이 중요한 역할을 한다.
④ 하나의 마스크 원판은 반도체 소자의 기판 위에 같은 모양의 패턴을 반복 복사하여 패턴을 대량으로 만드는 것이지, 그것으로 다양한 반도체 소자를 생산하는 것은 아니다.
⑤ 포토리소그래피 공정의 축소 가능성에 대해 언급한 내용은 없다.

잘숙이 3 (2021.09)

26 ⑤   27 ①   28 ⑤

[26-28] 사회, '행정입법에 의한 행정 규제'

이 글은 행정 기관이 제정한 법령인 행정입법에 대해 설명하고 있다. 행정입법에는 위임명령, 행정규칙, 조례 등이 있는데, 첨단 기술과 관련되거나 상황 변화에 즉각 대처해야 하는 경우, 개별적 상황을 반영하여 규제를 달리해야 하는 경우들이 늘어나면서 국회보다 이를 다루는 데에 더 적합한 행정 기관이 제정하는 행정입법에 의한 행정 규제의 비중이 커지고 있다. 국회가 특정 내용에 관한 입법을 행정부에 위임하여 제정되는 위임명령은 행정 규제의 근거 법률이 위임명령으로 제정할 사항의 범위를 정하지 않은 채 위임하는 포괄적 위임은 허용되지 않으며, 입법예고, 공포 등의 절차를 거쳐야 한다. 한편 행정부의 직제나 사무 처리 절차에 관한 행정규칙은 위임명령과 달리 입법예고, 공포 등의 절차를 거치지 않아도 되는데, 예외적으로 행

정 규제 사항에 관하여 행정규칙이 제정되는 경우도 있다. 지역의 특수성을 반영하여 제정되는 조례는 지방 의회에 의해 제정되는 것으로, 행정 규제 사항을 규정하려면 법률의 위임에 근거해야 하며, 입법예고, 공포 등의 절차를 거쳐 제정된다.

▶ [주제] 행정입법의 유형과 특징

26. ◀ 세부 정보 파악

❺ 상황 변화에 즉각 대처해야 하는 행정 규제 사항들이 점점 늘어나고 있는데, 국회에 비해 행정부나 지방 자치 단체와 같은 행정 기관이 이러한 사항들을 다루기에 적합하기 때문에 행정입법에 의한 행정 규제의 비중이 커지고 있다는 내용을 1문단에서 확인할 수 있다. 따라서 행정부가 국회보다 신속히 대응할 수 있는 행정 규제 사항이 행정입법의 대상으로 적합하다는 진술은 적절하다.

오답을 피하고 싶었어

① 위임명령과 행정규칙은 행정부가 제정하는 반면, 조례는 지방 의회가 제정하므로 행정입법에 속하는 법령들의 제정 주체가 동일하다는 진술은 적절하지 않다.
② 개별적 상황을 반영하여 규제를 달리해야 하는 행정 규제 사항에 행정입법이 적합하다는 것을 1문단을 통해 알 수 있다. 하지만 지역의 특수성을 반영한다는 진술은 조례에만 해당하므로 행정입법에 속하는 법령들이 모두 지역의 특수성을 반영한다는 내용은 적절하지 않다.
③ 2문단에 따르면 국회가 행정 규제 사항에 관한 법률을 제정할 때 특정한 내용에 관한 입법을 행정부에 위임할 수 있는데 이처럼 국회의 위임에 근거한 행정입법을 위임명령이라고 한다. 그러나 3문단에 제시된 행정규칙 중 고시, 예규 등은 법률로부터 위임받지 않아도 유효하게 제정될 수 있다고 하였으므로 행정입법에 속하는 법령들이 모두 국회의 위임에 근거한다는 설명은 적절하지 않다.
④ 특정한 행정 규제의 근거 법률이 위임명령으로 제정할 사항의 범위를 정하지 않은 채 위임하는 포괄적 위임은 헌법상 삼권 분립 원칙에 저촉된다는 내용을 2문단에서 확인할 수 있다. 그러나 4문단에서 조례의 경우 법률로부터 포괄적 위임을 받을 수 있다고 하였으므로 행정 규제 사항에 적용되는 행정입법은 모두 포괄적 위임이 금지되어 있다는 설명은 적절하지 않다.

27. ◀ 생략된 이유 추론

❶ 위임명령으로 제정할 사항의 범위는 행정 규제의 근거 법률에 의해 정해져야 한다는 것을 2문단을 통해 알 수 있다. 따라서 위임명령이 법률로부터 위임받은 범위를 벗어나서 제정되거나 위임 근거 법률이 사용한 어구의 의미를 확대, 축소하여 제정되는 경우 제정의 효력이 없는 것은 위임명령이 법률의 근거 없이 행정 규제 사항을 규정했기 때문이라고 할 수 있다.

오답을 피하고 싶었어

② 위임명령이 법률로부터 위임받은 범위를 벗어나서 제정되었다는 것은 '위임받은 범위'가 존재함을 의미하며, 이는 곧 포괄적 위임을 받은 것이 아님을 의미하므로 위임명령이 포괄적 위임을 받아 제정된 경우에 해당하기 때문이라는 설명은 적절하지 않다.
③ 위임명령이 법률로부터 위임받은 범위를 벗어나서 제정되거나 어구의 의미를 확대, 축소하여 제정된 경우에 대한 것이므로 첨단 기술에 대한 내용을 정확하게 반영하지 않은 것과는 관련이 없다.
④ 위임명령은 행정입법의 일종으로, 행정입법에 의한 행정 규제는 국민의 권리를 제한하거나 국민에게 의무를 부과하게 된다. 이는 위임명령의 본질적 성격과 관련된 것으로, ㉠에서 말하는 제한 위반으로 인한 효력 상실의 이유에 해당하지 않는다.
⑤ 구체적 상황의 특성을 반영한 융통성 있는 대응은 행정입법의 제정 취지 중 하나로 볼 수 있다. 법률로부터 위임받은 범위를 벗어나서 제정되거나 위임 근거 법률이 사용한 어구의 의미를 확대, 축소하여 제정될 경우 효

력을 상실하는 것은 융통성 있는 대응을 하지 못했기 때문이 아니라 위임명령이 법률의 근거 없이 제정되었기 때문이다.

28. ◀ 중심 정보 파악

❺ 위임된 사항이 첨단 기술과의 관련성이 매우 커서 위임명령으로는 대응하기 어려워 불가피한 경우, 행정 규제 사항에 관한 행정규칙이 예외적으로 제정될 수 있다는 내용을 3문단에서 확인할 수 있다. 이를 통해 행정규칙과 위임명령은 위임 근거 법률로부터 위임받을 수 있는 사항의 범위가 같지 않다는 것을 알 수 있다.

오답을 피하고 싶었어

① 행정부의 직제나 사무 처리 절차에 관한 행정규칙은 법률로부터 위임받지 않아도 유효하게 제정될 수 있다는 내용을 3문단에서 확인할 수 있다.
② 행정부의 직제나 사무 처리 절차에 관한 행정규칙은 일반 국민에게는 직접 적용되지 않는다는 것을 3문단을 통해 확인할 수 있다.
③ 행정 규제 사항에 관하여 행정규칙이 제정되는 경우 위임명령과 달리 입법예고, 공포 등을 거치지 않고 제정된다는 내용을 3문단에서 확인할 수 있다.
④ 행정 규제 사항에 관하여 행정규칙이 제정되는 경우 위임 근거 법률이 행정입법의 제정 주체만 지정하고 행정입법의 유형을 지정하지 않았다면 위임된 사항이 고시나 예규로 제정될 수 있다는 내용을 3문단에서 확인할 수 있다. 이는 위임 근거 법률에 의해 지정된 제정 주체가 행정 규제 사항에 대한 행정규칙을 제정할 수 있음을 의미한다.

---

4 DAY
독서, 문제 패턴 5, 6

잘숙이 1 (2016.수능(A))

22 ⑤   23 ①   24 ⑤   25 ⑤

[22~25] 인문, '귀납에 내재된 논리적 한계'

이 글은 귀납 자체의 논리적 한계와 그에 대한 해소 방안을 검토하고 있다. 귀납은 지식 확장적 특성으로 인해 근대 과학 발전의 방법적 토대가 되었지만, 한편으로 귀납 자체의 논리적 한계를 지적하는 문제들에 부딪히기도 하였다. 그중 하나가 귀납의 정당화는 순환 논리에 빠져 버린다는 귀납의 '정당화' 문제이다. 이에 대해 라이헨바흐는 자연이 일양적인지 그렇지 않은지 알 수 없는 상황에서는 귀납을 사용하는 것이 옳은 선택이라며 귀납의 정당화 문제를 현실적 차원에서 해소하고자 하였다. 귀납의 또 다른 논리적 한계로 관찰 증거만으로는 여러 가설 중에 어느 하나를 더 나은 것으로 결정할 수 없다는 '미결정성'의 문제를 들 수 있는데, 귀납의 문제를 직접 해결하려 하기보다 확률을 도입하여 개연성이라는 귀납의 특징을 강조하는 방안을 통해 귀납이 여전히 과학의 방법으로서 그 지위를 지킬 만하다고 설명하고 있다.

▶ [주제] 귀납에 내재된 논리적 한계와 이를 해소하고자 하는 노력

22. ◀ 논지 전개 방식 파악

❺ 2문단에서 귀납의 정당화 문제에 대해 소개한 뒤, 3문단에서 이 문제를 현실적 차원에서 해소하려는 시도인 라이헨바흐의 논증에 대해 설명하고 있다. 또한 4문단에서 미결정성의 문제에 대해 소개한 뒤, 5문단에서 개연성이라는 귀납의 특징을 강조하는 방안을 통해 귀납이 여전히 과학의 방법으로서 그 지위를 지킬 만하다고 설명하고 있다. 이로 보아 이 글은 귀납에 내재된 논리적 한계와 이를 해소하고자 하는 노력에 대해 검토하고 있음을 알 수 있다.

오답을 피하고 싶었어

① 귀납이 정당한 추론이 되려면 미래의 세계가 과거에 우리가 경험해 온 세계와 동일하다는 자연의 일양성, 곧 한결같음이 가정되어야 한다고 보는 흄의 견해가 언급되고 있지만, 흄의 평가를 병렬적으로 소개하고 있지는 않다.

② 귀납의 개념을 설명하며 연역에 대해 언급한 바 있지만, 귀납이 지닌 장단점을 연역과 비교하여 설명하고 있지는 않다.

③ 귀납의 위상이 격상(格上)되어 온 과정을 고찰하고 있지는 않다. 귀납 자체의 논리적 한계에 대해 소개하며, 그에 대한 해소 방안을 설명하고 있을 뿐이다.

④ 귀납의 다양한 유형에 대해 소개하고 있지도 않고, 각각의 특징에 대해 상호 비교하고 있지도 않다.

23. ◀ 세부 정보 파악

❶ 귀납은 기존의 정보나 관찰 증거 등을 근거로 새로운 사실을 추가하는 지식 확장적 특성을 지니고 있다. 하지만 귀납은 다른 지식을 전제로 하는데 그 지식은 다시 귀납에 의해 정당화되어야 하는 경험적 지식이어서 결국 귀납의 정당화는 순환 논리에 빠져 버린다. 그렇기 때문에 많은 관찰 증거를 확보하더라도 귀납의 정당화에서 나타나는 순환 논리 문제는 해소되기 어렵다.

오답을 피하고 싶었어

② 확률 논리로 설명되는 개연성은 직관에도 잘 들어맞지만, 직관에 들어맞는 확률 논리라고 하더라도 귀납의 문제를 근본적으로 해결하지는 못한다. 귀납이 여전히 과학의 방법으로서 그 지위를 지킬 만하다는 사실을 보여 줄 뿐이다.

③ 대부분의 현대 철학자들이 확률을 도입하여 개연성이라는 귀납의 특징을 강조하는 것은 귀납의 문제를 해결하려는 시도에 해당한다. 이로 보아 관찰 증거가 가설을 지지하는 정도를 확률로 표현할 수 있다는 입장은 귀납을 옹호하는 것임을 알 수 있다.

④ "귀납이 정당한 추론이다."라는 주장은 "자연은 일양적이다."라는 다른 지식을 전제로 하는데 그 지식은 다시 귀납에 의해 정당화되어야 하는 경험적 지식이므로 귀납의 정당화는 순환 논리에 빠져 버린다고 하였다. 즉 흄은 귀납의 정당화가 귀납에 의한 정당화를 필요로 하는 지식에 근거해야 가능하다고 보았다.

⑤ 귀납은 기존의 정보나 관찰 증거 등을 근거로 새로운 사실을 추가하는 지식 확장적 특성을 지닌다. 이로 보아 귀납의 지식 확장적 특성은 이미 알고 있는 사실을 근거로 아직 알지 못하는 사실을 추론하는 데에서 비롯됨을 알 수 있다.

24. ◀ 반응의 적절성 파악

❺ 라이헨바흐는 자연이 일양적일 수도 있고 그렇지 않을 수도 있음을 전제하며, 자연이 일양적인지 그렇지 않은지 알 수 없는 상황에서는 귀납을 사용하는 것이 옳은 선택이라고 하고 있다. 귀납이 현실적으로 옳은 추론 방법임을 밝히기 위해 자연의 일양성이 선험적 지식임을 증명하고 있지는 않다.

오답을 피하고 싶었어

① 라이헨바흐는 어떤 방법도 체계적으로 미래 예측에 계속해서 성공할 수 없다는 논리적 판단을 통해 귀납이 최소한 다른 방법보다 나쁘지 않은 추론이라고 확인한다. 그러나 이는 귀납이 지닌 논리적 허점을 현실적 차원에서 해소해 보려는 것이지, 그것을 완전히 극복한 것은 아니라는 점에서 비판의 여지가 있다.

② 라이헨바흐는 귀납의 정당화 문제로부터 과학의 방법인 귀납을 옹호하기 위해 현실적 구제책을 제시한 바 있다. 이는 귀납을 과학의 방법으로 사용할 수 있음을 지지하려는 목적에서 시도된 것이라 할 수 있다.

③ 자연이 일양적일 경우, 라이헨바흐는 지금까지의 우리의 경험에 따라 귀납이 점성술이나 예언 등의 다른 방법보다 성공적인 방법이라고 판단한

다. 또한 자연이 일양적이지 않다면, 어떤 방법도 체계적으로 미래 예측에 계속해서 성공할 수 없다는 논리적 판단을 통해 귀납은 최소한 다른 방법보다 나쁘지 않은 추론이라고 확인한다. 이로 볼 때, 귀납과 다른 방법을 비교하기 위해 경험적 판단과 논리적 판단을 모두 활용하였음을 알 수 있다.

④ 라이헨바흐는 자연이 일양적인지 그렇지 않은지 알 수 없는 상황에서는 귀납을 사용하는 것이 옳은 선택이라고 하고 있다. 따라서 그의 논증은 귀납과 견주어 미래 예측에 더 성공적인 방법이 없다는 판단을 근거로 귀납의 가치를 보여 주고 있다고 할 수 있다.

25. ◀ 구체적 사례(상황)에 적용

❺ B는 귀납의 미결정성의 문제에 대해 어떤 방법으로도 해결할 수 없다는 입장을 취하고 있기 때문에, 그 천체의 표면 온도가 100℃이기 1년 전에 60℃였다는 정보를 추가로 얻더라도 (ㄴ)을 (ㄱ)보다 더 나은 예측으로 채택하지는 않을 것이다. 아무리 많은 관찰 증거를 추가하더라도 하나의 예측이 다른 예측보다 더 낫다고 결정하는 것은 여전히 불가능하기 때문이다.

오답을 피하고 싶었어

① A와 B는 모두 예측의 방법으로 귀납을 인정하는 입장을 취하고 있다. 귀납은 기존의 정보나 관찰 증거 등을 근거로 새로운 사실을 추가하는 것이기 때문에, A와 B는 둘 다 과학자들이 예측한 (ㄱ)과 (ㄴ)이 모두 기존의 관찰 근거에 따른 것이라고 볼 것이다.

② A는 귀납의 미결정성의 문제에 대해 확률 논리에 따라 해결할 수 있다는 입장을 취하고 있기 때문에, 하나의 예측이 다른 예측보다 더 나은 예측임을 확률적 근거에 의해 판단할 수 있다고 볼 것이다. 그러므로 A는 확률을 근거로 (ㄱ)과 (ㄴ) 중 하나가 더 나은 예측임을 결정할 수 있다고 볼 것이다.

③ A는 귀납의 미결정성의 문제에 대해 확률 논리에 따라 해결할 수 있다는 입장을 취하고 있기 때문에, 개연성이 확률 논리로 설명될 수 있다고 볼 것이다. 그러므로 A가 그 천체의 표면 온도가 100℃이기 1년 전에 90℃였다는 정보를 추가로 얻으면 (ㄱ)이 옳을 개연성이 더 높아진다고 볼 것이다.

④ B는 귀납의 미결정성의 문제에 대해 어떤 방법으로도 해결할 수 없다는 입장을 취하고 있기 때문에, 관찰 증거만으로는 여러 가설 중에 어느 하나를 더 나은 것으로 결정할 수 없다고 볼 것이다. 그러므로 B는 (ㄱ)에 대해서 가능한 예측이라고 할지언정 (ㄴ)보다 더 나은 예측이라고 결정하지는 않을 것이다.

잘숙이 2 [2014.09(B)]

28 ④	29 ⑤

[28~29] 과학, '각운동량'

이 글은 회전하는 물체의 운동량인 각운동량에 대해 설명하고 있다. 각운동량은 질량(m), 회전축으로부터 떨어져 있는 거리(r), 속도(v)에 의해 결정되는데 이를 식으로 나타내면 m×v×r로 표현된다. 각운동량을 변화시키는 힘을 '돌림힘'이라고 하는데, 이 돌림힘이 작용하지 않으면 각운동량은 보존된다(각운동량 보존 법칙). 각운동량은 '각속도×회전 관성'의 식으로 나타낼 수도 있는데, 각속도는 회전 운동에서 물체가 단위 시간당 회전하는 각이며, 회전 관성은 회전 운동에서 각속도를 변화시키기 어려운 정도를 나타낸다. 이때 회전 관성은 회전축에서 떨어져 있는 거리가 멀수록 커진다. 이 글은 우리 주변에서 흔히 접할 수 있는 회전하는 물체의 운동량을 결정하는 요소들을 설명하고, 피겨 선수의 움직임을 예로 듦으로써 글의 이해를 돕고 있다.

▶ [주제] 각운동량 보존 법칙(원리)

28. ◀ 세부 정보 추론

❹ 이 글에서는 각운동량 보존 법칙을 회전하는 물체의 질량, 회전하는 물체를 이루고 있는 요소들의 회전축으로부터의 거리, 속도, 회전 관성 등의 요소를 통해 설명하고 있다. 2문단에 보면 질량 요소들의 회전 관성은 질량 요소가 회전축에서 떨어져 있는 거리가 멀수록 커진다는 진술이 있다. 답지에 제시된 쇠공과 플라스틱 공은 크기와 질량이 동일하지만, 플라스틱 공은 속이 차 있고 쇠공은 속이 비어 있다. 다시 말하면, 플라스틱 공은 질량 요소들이 회전축과 가까이 있는 것부터 멀리 있는 것까지 배열되어 있으나, 쇠공은 속이 비어 있으므로 플라스틱 공에 비해 상대적으로 질량 요소들이 회전축으로부터 멀리 배열되어 있다. 따라서 쇠공을 이루는 질량 요소들이 회전축에서 떨어져 있는 거리가 더 멀기 때문에, 쇠공의 회전 관성이 더 크다.

오답을 피하고 싶었어

① 2문단의 마지막 문장을 보면, 회전 관성이 클수록 회전체의 속도를 변화시키기 어렵다.
② 1문단의 마지막 문장을 보면, 회전하는 물체의 각운동량을 변화시키는 힘이 돌림힘이다. 팽이가 회전을 멈추는 것은 곧 각운동량이 변화하는 것이므로 돌림힘의 작용 없이 회전을 멈출 수는 없다.
③ 3문단의 첫 번째 문장을 보면, 회전 관성의 크기에 영향을 미치는 것은 질량 요소와 회전축과의 거리이다. 따라서 마찰이 회전 관성을 작게 만든다는 진술은 성립할 수 없다. 1문단에 의하면, 마찰 또는 공기 저항이 변화하게 하는 것은 각운동량이고, 이에 따라 회전 속도가 느려지게 된다. 마찰 또는 공기 저항이 질량이나 회전축과의 거리를 바꿀 수는 없기 때문에, 각운동량이 줄어든다는 것은 곧 회전 속도가 줄어든다는 것을 의미하는 것이다.
⑤ 회전하는 하나의 시곗바늘 위에 두 점이 있다면 중앙의 동일한 회전축을 중심으로 회전 운동을 하게 된다. 두 점은 하나의 시곗바늘 위에 있으므로, 동일한 시간에 두 점이 회전하는 각도는 동일하게 된다. 2문단에서 각속도는 회전 운동에서 물체가 단위 시간당 회전하는 각이라고 했으므로, 회전하는 하나의 시곗바늘 위에 있는 두 점의 각속도는 동일하다. 회전축과의 거리는 각속도에 영향을 주지 않으며, 3문단에 따르면 질량 요소가 회전축에서 떨어져 있는 거리가 멀수록 커지는 것은 회전 관성이다.

29. ◀ 구체적 사례(상황)에 적용

❺ 이 글에서 각운동량을 표현하는 요소들의 관계를 정리하면 다음과 같다. 질량 요소와 회전축의 거리가 멀면 회전 관성이 커지고 각속도는 작아진다. 반대로 질량 요소와 회전축의 거리가 가까우면 회전 관성이 작아지고 각속도는 커진다. 〈보기〉의 상황에서 돌림힘이 작용하지 않는다고 간주했기 때문에, 각운동량에는 변화가 없다. 〈보기〉에서는 B 단계에서 질량 요소와 회전축과의 거리가 가장 가깝다. 따라서 회전 관성은 작고 각속도는 크다. 그러므로 B 단계의 자세로 회전 운동을 계속하면 속도가 가장 빠르기 때문에 A~E 단계의 자세보다 회전수가 많아지게 된다. 그러므로 A~E 단계를 거칠 때 회전하게 되는 1.5바퀴보다 더 많이 회전하게 될 것이다. 이는 4문단의 피겨 선수의 예를 통해서도 확인할 수 있다. 피겨 선수는 회전을 빨리 하기 위해서 팔을 몸에 바짝 붙인다고 했는데, 이는 질량 요소와 회전축의 거리를 최대한 좁히기 위한 것이다.

오답을 피하고 싶었어

① 〈보기〉에서 돌림힘이 작용하지 않는다고 했기 때문에 A~E의 각 단계는 각운동량이 모두 같다.
② A~E의 단계는 같은 다이빙 선수가 다이빙을 할 때 자세가 변하는 모습이다. 따라서 질량 요소들의 합은 늘 같다. D 단계에서는 B 단계보다 회전축과 질량 요소들의 거리가 멀기 때문에 각속도가 작은 것이다.
③ B 단계는 질량 요소들과 회전축의 거리가 가장 가깝기 때문에 회전 관성이 가장 작다. 돌림힘이 작용하지 않기 때문에 각운동량은 보존될 것이고, 회전 관성이 가장 작으므로 각속도는 가장 크다.
④ C에서 E 단계로 진행되면서 다이빙 선수의 질량 요소와 회전축과의 거리는 멀어지게 된다. 질량 요소와 회전축과의 거리가 멀어지게 되면 회전

관성은 커진다.

잘숙이 3 ⟨ 2013.06 ⟩

23 ③   24 ④   25 ②

[23~25] 과학, '식물 줄기에서의 물의 이동 과정과 원리'
이 글은 식물이 토양에서 흡수한 물이 줄기를 통해 잎으로 전달되는 과정과 원리에 대해 설명하고 있다. 식물 내부에서 물의 이동은 '증산—장력—응집력' 메커니즘을 통해 이루어지는데, 이러한 메커니즘은 수분 퍼텐셜 개념을 통해 설명할 수 있다. 물은 수분 퍼텐셜이 높은 쪽에서 낮은 쪽으로 이동하게 되며 일반적으로 토양에서 뿌리, 줄기, 잎으로 갈수록 수분 퍼텐셜이 낮아지게 된다. 이러한 수분 퍼텐셜의 변화 양상에 따라 물은 뿌리에서 줄기를 거쳐 잎에 도달한 후 기공을 통해 대기 중으로 확산된다.

▶ **[주제]** 수분 퍼텐셜에 따른 식물 줄기에서의 물의 이동 원리

23. ◀ 세부 정보 파악

❸ 식물이 기공을 여는 것은 이산화 탄소를 흡수하기 위해서이다. 그런데 기공이 열리면 잎의 표피에 있는 물이 기공을 통하여 대기 중으로 확산된다. 따라서 기공이 열리면 이산화 탄소를 얻을 수 있지만 물이 손실된다는 것을 알 수 있다.

오답을 피하고 싶었어

① 4문단에 빛의 작용으로 공변세포 내부의 이온 농도가 높아지면 수분 퍼텐셜이 낮아져 물이 공변세포로 들어와 기공이 열린다고 언급되어 있다.
② 4문단에 식물은 광합성을 통해 포도당을 생산할 수 있다고 언급되어 있다.
④ 2문단에 기공을 통해 물이 대기 중으로 빠져나가면 물의 통로가 되는 조직인 물관부 내부에 물을 끌어올리는 장력이 생긴다고 언급되어 있다.
⑤ 2문단에 물의 응집력이 물관부에서 발생하는 장력보다 크기 때문에 물기둥이 뿌리에서부터 잎까지 끊어지지 않고 연결되어 올라간다고 언급되어 있다.

24. ◀ 세부 정보 추론

❹ '수분 퍼텐셜'은 토양이나 식물체가 포함하고 있는 물의 양으로 물이 이동할 수 있는 능력을 나타내는 지표이다. 물의 이동은 수분 퍼텐셜이 높은 쪽에서 낮은 쪽으로 이동하게 된다. 즉 토양, 뿌리, 줄기, 잎, 대기 순으로 수분 퍼텐셜이 낮아지게 되고, 이에 따라 물이 토양에서 대기로 이동하게 된다. 따라서 뿌리의 수분 퍼텐셜이 토양의 수분 퍼텐셜보다 낮아 물이 토양에서 뿌리로 이동하게 되고(ⓐ), 줄기의 물이 잎으로 이동하면 줄기의 압력이 낮아지면서 수분 퍼텐셜이 낮아져 뿌리의 물이 줄기로 이동하게 되며(ⓑ), 증산 작용으로 잎의 수분이 공기 중으로 빠져나가면 잎의 수분 퍼텐셜이 낮아져 줄기의 물이 잎으로 이동하게 된다(ⓒ).

오답을 피하고 싶었어

ⓓ 식물이 광합성을 하기 위해 기공을 열면 잎의 수분 퍼텐셜보다 대기의 수분 퍼텐셜이 낮기 때문에 물이 잎에서 대기로 빠져나가게 된다. 따라서 ⓓ는 적절하지 않다.

25. ◀ 구체적 사례(상황)에 적용

❷ 식물은 물과 포도당이 모두 필요하기 때문에 이산화 탄소의 흡수와 물의 배출을 적절하게 조절하기 위해 햇빛이 있는 낮에는 기공을 열고 그렇지 않은 밤에는 기공을 닫게 된다. 식물은 일출부터 일몰 순간까지 기공이 열려 있는 상태가 되는 것이다. 그런데 기공이 열려 있다는 것은 식물에

서 증산 작용이 일어나 물이 이동하는 상황을 의미한다. 식물에서의 물의 이동은 수분 퍼텐셜이 높은 쪽에서 낮은 쪽으로 이루어진다. 따라서 물의 이동이 시작되는 일출 순간부터 일몰 순간까지 잎의 수분 퍼텐셜이 토양의 수분 퍼텐셜보다 낮은 양상을 띠게 된다.

오답을 피하고 싶었어

①, ③, ④ 잎의 수분 퍼텐셜이 토양의 수분 퍼텐셜보다 높다는 것은 물의 이동이 잎에서 토양으로 거꾸로 진행된다는 것을 의미하므로 적절하지 않다. 또한 순수한 물의 수분 퍼텐셜이 0이므로 잎이 물과 같은 수분 퍼텐셜을 보인다고 볼 수도 없다.

⑤ 일출 순간 잎의 기공이 열리면서 식물 내부에서는 물이 이동하게 된다. 그런데 일출 순간 잎의 수분 퍼텐셜과 토양의 수분 퍼텐셜이 같은 수치를 보인다는 것은 물의 이동이 일어나지 않는 상황을 의미하므로 적절하지 않다.

---

5 DAY
문제와 지문을 엮는 출제자의 클래스

잘숙이 1 `2014.06(B)`

28 ④   29 ①

[28-29] 과학, '입체 지각'
이 글은 사람이 입체를 지각하는 방식 중의 하나인 단안 단서를 설명하고 있다. 양안 단서는 양쪽 눈이 함께 작용하여 얻어지는 것이고, 단안 단서는 한쪽 눈으로 얻는 정보를 말한다. 한쪽 눈으로 얻는 정보는 2차원이지만, '시각(視角)의 차이, 직선 원근, 결 기울기, 운동 시차' 등을 활용해서 입체 지각이 이루어지는 것이다.

▶ **[주제]** 단안 단서에 의한 입체 지각의 방법

28. ◀ 세부 정보 추론

❹ 이 글의 2문단에 의하면, 직선 원근은 단안 단서의 하나이므로 '두 눈에서 보내오는 상을 조합해야 한다.'라는 진술은 옳지 않다.

오답을 피하고 싶었어

① 4문단의 '특히 머리의 좌우 측면에 눈이 있는 동물들은 양쪽 눈의 시야가 겹치는 부분이 거의 없어 양안 단서를 활용하지 못한다. 이런 경우에 단안 단서는 입체 지각에서 결정적인 역할을 하게 된다.'에서 일부 동물들은 단안 단서로만 입체 지각을 한다는 것을 알 수 있다.

② 1문단에서 '단안 단서는 한쪽 눈으로 얻을 수 있는 것인데, 사람은 단안 단서만으로도 이전의 경험으로부터 추론에 의하여 세계를 3차원으로 인식할 수 있다.'라고 하였으므로 '사람이 원래 눈이 하나이더라도', 즉 단안 단서만을 활용할 수 있을 때에도, '경험을 통해' 세계를 입체로 지각할 수 있다고 볼 수 있다.

③ 1문단에서 '양쪽 눈에서 보내오는, 시차(視差)가 있는 유사한 상'이라는 구절을 통해 추론할 수 있다.

⑤ 4문단의 '어떤 새들은 머리를 좌우로 움직였을 때 정지된 물체가 움직여 보이는 정도에 따라 물체까지의 거리를 파악한다.'와 3문단의 '운동 시차는 관찰자가 운동할 때 정지한 물체들이 얼마나 빨리 움직이는 것처럼 보이는지가 물체까지의 상대적 거리에 대한 실마리를 제공하는 것이다.'를 연결 지으면, 새가 머리를 움직이는 것은 결국 '운동 시차'를 얻는 것과 유사한 효과를 얻기 위한 것으로 볼 수 있다.

29. ◀ 구체적 사례(상황)에 적용

❶ (가)에서 다람쥐의 행동은 관찰자인 다람쥐가 운동할 때, 정지해 있는 여

우와의 거리를 확인하기 위한 행동으로 판단할 수 있다. 즉 운동 시차를 이용해서 여우와의 거리를 파악한 행위이다.

오답을 피하고 싶었어

② 4문단을 보면, '특히 머리의 좌우 측면에 눈이 있는 동물들은 양쪽 눈의 시야가 겹치는 부분이 거의 없어 양안 단서를 활용하지 못한다. 이런 경우에 단안 단서는 입체 지각에서 결정적인 역할을 하게 된다.'라고 했으므로 (가)에서 다람쥐의 행동은 양안 단서를 활용할 수 없기 때문에 단안 단서를 활용한 것으로 보아야 한다.

③ 3문단의 '운동 시차는 관찰자가 운동할 때 정지한 물체들이 얼마나 빠르게 움직이는 것처럼 보이는지가 물체들까지의 상대적 거리에 대한 실마리를 제공하는 것이다. 예를 들어 기차를 타고 가다 창밖을 보면 가까이에 있는 나무는 빨리 지나가고 멀리 있는 산은 거의 정지해 있는 것처럼 보인다.'를 통해 다람쥐로부터 여우가 멀리 있을수록 다람쥐에게는 여우가 느리게 이동하는 것처럼 보인다는 것을 알 수 있다.

④ 2문단을 보면, 결 기울기는 '같은 대상이 집단적으로 어떤 면에 분포할 때,' 활용할 수 있는 단안 단서이므로 축구공의 크기 변화는 결 기울기로 볼 수 없다.

⑤ 2문단을 보면, '시각의 차이' 활용은 단안 단서이므로 눈 한쪽을 가려도 여전히 축구공이 커지는 것을 축구공이 다가오는 것으로 느낄 수 있다고 보아야 한다.

잘숙이 2 `2020.09`

27 ⑤   28 ⑤   29 ②   30 ③

[27-30] 사회, '소유권 양도와 공시 방법'
이 글은 물건의 소유권 양도와 관련한 다양한 규정을 설명하고 있다. 물건의 소유권이 양도되려면 유효한 양도 계약과 함께 소유권 양도가 공시되어야 하는데, 대부분의 동산은 점유를 넘겨주는 점유 인도로 소유권이 공시된다. 그리고 양수인이 간접점유를 하는 경우 점유개정, 반환청구권 양도도 소유권 양도 공시로 인정된다. 한편 점유로 공시되는 동산의 경우 양수인이 충분히 주의를 했는데도 양도인이 소유자가 아님을 알지 못한 채 양도인과 양수인이 유효한 계약을 맺고 점유 인도로 공시를 한 경우 양수인의 소유권 취득이 인정되는데, 이를 선의취득이라 한다. 하지만 점유개정으로는 선의취득을 인정받지 못한다. 그리고 국가가 관리하는 공적 기록인 등기나 등록으로 공시가 인정되는 물건은 선의취득 대상이 아닌데, 이는 거래의 안전보다 소유자의 권리를 보호하기 위해서이다.

▶ **[주제]** 물건의 소유권 양도와 소유권 취득이 인정을 받기 위해 필요한 조건

27. ◀ 세부 정보 파악

❺ 3문단에서 물건의 소유권이 양도되려면 양도인과 양수인 사이에 유효한 계약이 있어야 하고, 또 소유권 양도를 공시해야 한다고 하였다. 그리고 소유권 양도의 공시는 점유를 넘겨주는 점유 인도에 의해 이루어지므로 공시 방법이 갖춰지지 않아도 소유권이 이전된다는 것은 적절하지 않다.

오답을 피하고 싶었어

① 1문단에서 점유는 물건에 대한 사실상의 지배 상태를 뜻한다고 하였다. 이를 통해 가방을 사용하고 있는 사람이 그 가방의 점유자가 된다는 것을 알 수 있다.

② 1문단에서 점유자와 소유자가 항상 일치하지는 않는다고 하였다. 따라서 가방을 점유하더라도 그 가방의 소유자가 아닐 수 있다는 것을 알 수 있다.

③ 가방의 소유권이 이전되려면 유효한 계약이 있어야 하고 소유권 양도를 공시해야 하는데, 동산의 소유권 양도는 점유를 넘겨주는 점유 인도로 공시된다는 내용을 3문단에서 확인할 수 있다.

④ 2문단에서 피아노, 금반지, 가방 등과 같은 대부분의 동산은 점유에 의

소유권이 공시된다는 것을 알 수 있다.

28. ◀ 세부 정보 추론

❺ 피아노, 금반지, 가방 등과 같은 대부분의 동산은 점유에 의해 소유권이 공시되는데, 점유에는 직접점유와 간접점유가 있다. 그리고 물건에 대한 소유권을 가지려면 양수인은 양도인과 유효한 계약을 체결해야 한다. 따라서 동산인 피아노의 소유자가 되기 위해서는 유효한 양도 계약이 있어야 하고, 직접점유나 간접점유 중 하나를 갖추어야 함을 알 수 있다.

오답을 피하고 싶었어

① 물리적 지배를 하지 않아도 간접점유를 할 수 있으므로 물리적 지배 없이도 동산의 간접점유자가 될 수 있다.

② 직접점유와 간접점유는 모두 점유에 해당하고, 점유는 소유자를 공시하는 기능을 수행하므로 간접점유 역시 피아노 소유권에 대한 공시 방법이 될 수 있다.

③ 직접점유는 물건을 빌려 쓰거나 보관하고 있는 것을 포함하여 물건을 물리적으로 지배하고 있는 상태이다. 물건을 빌려 쓰거나 보관하고 있을 때가 아닌 경우에는 물건에 대한 소유권을 가지고 있는 사람이 직접점유할 수 있으므로, 직접점유자가 있으려면 간접점유자가 있어야 한다는 설명은 적절하지 않다.

④ 피아노에 대한 소유권을 가지고 있는 사람이 다른 사람에게 피아노를 빌려준다면 피아노의 직접점유자가 존재하면서 피아노의 소유자는 간접점유자가 되므로 적절하지 않다.

29. ◀ 세부 정보 추론

❷ ㉠은 선의취득을 인정하고 있는데, 이는 소유자의 권리 보호보다 거래 안전을 우선시하는 관점으로 볼 수 있다. 반면 ㉡은 선의취득을 인정하지 않고 본래 소유권을 가진 사람의 권리를 인정하고 있는데, 이는 거래 안전보다 소유자의 권리 보호를 중시하는 관점으로 볼 수 있다.

오답을 피하고 싶었어

① 국가가 관리하는 공적 기록에 의해 소유권의 양도가 공시되는 것은 ㉠이 아니라 ㉡이다.

③ 토지나 건물과 같은 부동산은 등기로 공시되는 물건이므로 ㉠과 달리 점유로 공시될 수는 없으나 물리적 지배의 대상이 아니라는 설명은 적절하지 않다.

④ ㉠과 같은 점유로 공시되는 동산의 경우 양수인이 충분히 주의를 했는데도 양도인이 소유자가 아님을 알지 못한 채 양도인과 유효한 계약을 하고, 점유 인도로 공시를 했다면 양수인은 소유권을 취득하는 '선의취득'이 가능하다. 그러나 5문단에서 ㉡과 같이 국가가 관리하는 공적 기록인 등록으로 공시되는 물건은 선의취득의 대상이 아님을 알 수 있다.

⑤ 3문단을 통해 ㉠은 점유개정으로 소유권 양도가 공시될 수 있음을 알 수 있다. 하지만 ㉡의 경우 소유권 양도의 공시는 등기에 의해 이루어지므로 ㉡이 점유개정으로 소유권 양도가 공시될 수 있다는 설명은 적절하지 않다.

30. ◀ 구체적 사례(상황)에 적용

❸ 갑과 을이 양도 계약을 맺은 이후에도 금반지는 을에게 실질적으로 인도되지 못한 상황이므로 이는 점유개정이라 볼 수 있다. 점유개정으로는 선의취득을 하지 못한다는 4문단의 내용을 근거로 할 때 갑이 금반지의 소유자가 아니라면 을은 소유권 취득을 인정받지 못하게 된다. 즉 을은 소유권을 가지고 있지 않으므로 병이 을로부터 을이 가진 소유권을 양도받아 취득한다는 설명은 적절하지 않다.

오답을 피하고 싶었어

① 갑이 금반지의 소유자였기 때문에 을과 맺은 계약이 유효한 양도 계약이라면 계약 이후에도 갑이 금반지를 보관하더라도 양수인인 을에게 점유 인도가 이루어진 것으로 간주되는 점유개정에 해당한다. 이에 따라 을은

반지에 대한 소유권을 가지고 있으므로 반환청구권을 병에게 양도할 수 있다. 반환청구권이 양도되면 병은 소유권을 취득하게 된다.

② 갑이 금반지의 소유자였기 때문에 을은 계약에 의해 소유권의 취득을 인정받는다. 그런데 갑이 계약 이후에도 여전히 금반지를 보관하고 있으므로 이는 갑이 직접점유를 유지하지만 을에게 점유 인도가 이루어진 것으로 간주된다.

④ 2문단에 따르면 반환청구권을 가진 상태를 간접점유라고 하므로, 갑과 을의 계약에 의해 반환청구권을 가진 을은 금반지를 간접점유하고 있는 것으로 볼 수 있다. 3문단에서 양수인이 간접점유를 하여 소유권 이전이 공시되는 경우로 '반환청구권 양도'가 있다고 하였으므로 갑이 금반지 소유자인지 여부와 관계없이 을은 반환청구권 양도로 병에게 점유 인도를 한 것으로 간주될 수 있다.

⑤ 병과 을의 계약에 의해 을은 반환청구권을 병에게 양도하였으므로 이는 간접점유를 하여 소유권 이전이 공시되는 것에 해당한다. 그리고 병과 을의 계약에서 양수인인 병은 양도인인 을이 금반지의 소유자라고 믿었고, 을이 금반지의 소유자인지 확인하기 위해 충분히 주의를 기울였기 때문에 선의취득의 원칙에 의해 갑과 상관없이 병의 소유권의 취득이 인정된다.

잘숙이 3　2021.09

34 ①　　35 ②　　36 ③　　37 ③

[34~37] 과학, '항(抗)미생물 화학제의 종류와 작용기제'

이 글은 항(抗)미생물 화학제의 종류와 항미생물 화학제가 병원체를 사멸시키는 작용기제에 대해 설명하고 있다. 항미생물 화학제는 세균, 진균, 바이러스 등 병원체의 수를 억제하고 전염병을 예방하기 위한 목적으로 사용되는 화학 물질로서, 다양한 병원체가 공통으로 갖는 구조를 구성하는 성분들에 화학 작용을 일으키므로 광범위한 살균 효과가 있다. 항미생물 화학제는 포자의 파괴 여부에 따라 멸균제와 감염방지제로 분류되며, 감염방지제 중 독성이 약해 인체에 사용이 가능한 것이 소독제이다. 항미생물 화학제의 작용기제는 병원체의 표면을 손상시키는 방식과 병원체 내부에서 대사 기능을 저해하는 방식으로 나누어지는데, 두 기제가 함께 작용하는 경우가 많다. 알코올 화합물은 병원체의 세포막 또는 피막의 지질을 용해시키고 단백질을 변성시키며, 병원성 세균에서는 세포벽을 약화시킨다. 산화제는 바이러스의 표면 구조를 이루는 캡시드를 손상시키는 기능이 있다. 한편 병원체의 표면에 생긴 손상이 병원체를 사멸시키는 데 충분하지 않더라도 알킬화제와 산화제는 병원체의 내부로 침투하면 필수적인 물질 대사를 정지시키므로 살균 효과가 증가한다.

▶ [주제] 방역용 화학 물질인 항미생물 화학제의 종류와 항미생물 화학제의 병원체에 대한 작용기제

34. ◀ 세부 정보 파악

❶ 4문단에 지질 피막은 병원성 바이러스가 사람을 감염시키는 과정에서 중요한 역할을 한다는 언급은 있으나, 병원성 세균이 어떤 작용기제로 사람을 감염시키는지에 대해서는 이 글에서 답을 찾을 수 없다.

오답을 피하고 싶었어

② 1문단에서 세균은 세포막과 세포벽을 갖고 있다는 점, 4문단에서 알코올 화합물은 세포막의 지질을 용해시키고 병원성 세균의 세포벽을 약화시킨다는 점을 확인할 수 있다. 따라서 '알코올 화합물은 병원성 세균의 살균에 효과가 있다.'라는 답을 찾을 수 있다.

③ 1문단에서 세균의 표면 구조는 일반적으로 세포막과 그것을 감싸는 세포벽으로 이루어져 있으나, 바이러스의 표면은 세포막 대신 캡시드라고 부르는 단백질로 이루어져 있다는 점을 확인할 수 있다. 따라서 '세균의 표면 구조는 일반적으로 세포막과 세포벽으로 이루어져 있고, 바이러스의

표면 구조는 캡시드로 이루어져 있다.'라는 답을 찾을 수 있다.

④ 4문단에서 고농도 에탄올 등의 알코올 화합물은 병원성 바이러스에 대해 방역 효과가 있다는 점, 하이포염소산 소듐 등의 산화제는 바이러스를 파괴하거나 바이러스의 감염력을 잃게 한다는 점을 확인할 수 있다. 따라서 '고농도 에탄올 등의 알코올 화합물, 하이포염소산 소듐 등의 산화제가 있다.'라는 답을 찾을 수 있다.

⑤ 2문단에서 항미생물 화학제는 다양한 병원체가 공통으로 갖는 구조를 구성하는 성분들에 화학 작용을 일으키므로 광범위한 살균 효과가 있다는 점을 확인할 수 있다. 따라서 '다양한 병원체가 공통으로 갖는 구조를 구성하는 성분들에 화학 작용을 일으키기 때문이다.'라는 답을 찾을 수 있다.

35. ◀ 세부 정보 파악

❷ 4문단에서, 하이포염소산 소듐이 바이러스의 공통적인 표면 구조를 이루는 단백질인 캡시드를 손상시킨다는 점을 5문단에서, 병원체 내에서 불특정한 단백질들을 산화시켜 단백질로 이루어진 효소들의 기능을 비활성화하고 병원체를 사멸에 이르게 한다는 점을 확인할 수 있다. 하이포염소산 소듐은 병원체의 내부와 표면 모두에서 단백질을 손상시킨다는 점을 확인할 수 있으므로, 병원체 내부가 아닌 표면의 단백질만 손상시킨다고 이해한 것은 적절하지 않다.

오답을 피하고 싶었어

① 4문단에서 고농도 에탄올 등의 알코올 화합물은 지질 피막이 없는 바이러스보다 지질 피막이 있는 병원성 바이러스에서 방역 효과가 크다고 하였다.

③ 1문단에서 진균은 다른 병원체에 비해 건조, 열, 화학 물질에 대한 저항성이 강한 포자를 만든다고 하였다.

④ 5문단에서 알킬화제가 알킬 작용기를 핵산의 염기에 결합시키면 핵산을 비정상 구조로 변화시켜 유전자 복제와 발현을 교란한다고 하였다.

⑤ 4문단에서 산화제는 바이러스의 공통적인 표면 구조를 이루는 캡시드를 손상시키는 기능이 있어 바이러스를 파괴하거나 바이러스의 감염력을 잃게 한다고 하였다.

36. ◀ 세부 정보 파악

❸ 2문단을 통해 병원체의 구조와 성분은 병원체의 종류에 따라 완전히 같지는 않으므로 동일한 항미생물 화학제라도 살균 효과는 다를 수 있다는 것을 알 수 있다. 따라서 ㉡과 ㉢ 모두 바이러스의 종류에 따라 살균 효과가 달라질 수 있다.

오답을 피하고 싶었어

① ㉠은 포자를 포함한 모든 병원체를 파괴하는 반면, ㉡은 포자를 제외한 병원체를 사멸시킨다. 따라서 ㉠과 달리 ㉡은 바이러스를 사멸시킬 수 있을 뿐 진균의 포자는 사멸시킬 수 없다.

② ㉢은 독성이 약해 사람의 피부나 상처 소독에 사용이 가능하지만, ㉠은 포자를 포함한 모든 병원체를 파괴할 정도로 강력한 항미생물 화학제이다. 따라서 ㉠이 사람의 상처 소독에 적용 가능하다는 설명은 적절하지 않다.

④ ㉠은 포자를 포함한 모든 병원체를 파괴하고 ㉡은 포자를 제외한 병원체를 사멸시킨다. 따라서 ㉠과 ㉡은 모두 세포막이 있는 병원성 세균뿐 아니라 피막이 있는 병원성 바이러스도 사멸시킬 수 있다.

⑤ 사람의 세포막은 지질 성분으로 이루어져 있다. ㉡은 물론 ㉢도 사람의 세포를 죽일 수 있으므로 눈이나 호흡기 등의 점막에 닿지 않도록 주의해야 한다.

37. ◀ 구체적 사례 적용

❸ 알코올 화합물(A)은 지질을 용해시켜 바이러스의 지질 피막을 손상시키고, 단백질을 변성시켜 바이러스의 공통적인 표면 구조인 캡시드를 손상

시키는 기능을 한다. A에서 지질을 손상시키는 기능만을 약화시켜 B를, 캡시드를 손상시키는 기능만을 강화시켜 C를 얻었다고 했으므로, C는 B에 비해 지질을 손상시키는 효과와 캡시드를 손상시키는 효과가 모두 큼을 알 수 있다. 따라서 지질 피막이 있는 바이러스에 대한 방역 효과는 C가 B에 비해 더 클 것임을 추론할 수 있다. 그런데 사람의 세포막도 지질 성분으로 이루어져 있기 때문에 인체에 대한 안전성은 C가 B에 비해 더 낮다고 보아야 한다.

오답을 피하고 싶었어

① B는 A에 비해 지질을 손상시키는 기능이 약하므로, A에 비해 지질 피막이 있는 바이러스에 대한 방역 효과는 작고, 인체에 대한 안전성은 높다.

② C는 A에 비해 캡시드를 손상시키는 기능이 강하므로, 지질 피막이 없는 바이러스에 대한 방역 효과가 A에 비해 클 것임을 추론할 수 있다. 지질을 손상시키는 기능은 A와 C가 동일하므로 인체에 대한 안전성의 정도는 같다고 보아야 한다.

④ D는 A에 비해 캡시드를 손상시키는 기능이 강하고 지질을 손상시키는 기능은 약하다. 따라서 D는 A에 비해 지질 피막이 없는 바이러스에 대한 방역 효과는 크고, 인체에 대한 안전성은 높다고 보아야 한다.

⑤ D는 B에 비해 캡시드를 손상시키는 기능이 강하므로 지질 피막이 없는 바이러스에 대한 방역 효과가 B에 비해 클 것임을 추론할 수 있다. B와 D의 지질을 손상시키는 기능은 동일하므로 인체에 대한 안전성의 정도는 같다고 보아야 한다.

---

6 DAY
그걸 또 알아보는 수험생의 클래스

잘숙이 1 `2012.09`

| 35 ⑤ | 36 ⑤ |

[35-36] 사회, '가격 결정과 자원 배분의 효율성'

이 글은 재화의 가격 결정과 관련한 여러 요소를 설명하고 있다. 일반 재화의 경우, 한계 비용 곡선과 수요 곡선이 만나는 점에서 가격이 결정되는 것이 자원의 낭비가 없는 효율적인 배분이 된다고 말하고 있다. 그런데 일반 재화가 아닌, 공익 서비스의 경우 한계 비용으로 공공요금을 결정하게 되면 공익 서비스 제공 기업에 손실을 가져오게 되는 문제가 생긴다. 왜냐하면 공익 서비스는 초기 시설 투자 비용은 막대한 반면 한계 비용은 매우 적기 때문이다. 이 문제를 해결하기 위해서는 정부의 보조금 지급이나 평균 비용 수준의 가격 결정이 필요하지만, 두 방법 모두 문제를 지니고 있다.

▶ [주제] 일반 재화와 공익 서비스 가격 결정의 차이

35. ◀ 세부 정보 파악

❺ 평균 비용이 한계 비용보다 큰 경우는 공익 서비스와 같은 경우이다. 이 경우 평균 비용 수준에서 가격을 결정하면 해당 사업자의 손실을 줄여 줄 수 있다. 그렇지만 요금이 한계 비용보다 높기 때문에 사회 전체의 관점에서 자원의 효율적 배분은 이루어지지 않는다. 즉, 자원의 낭비가 발생하게 된다. 그런데 ⑤의 선지는 자원의 낭비를 방지할 수 있다고 진술되어 있으므로 적절하지 않다.

오답을 피하고 싶었어

① 1문단에 자원이 낭비 없이 효율적으로 분배되면 사회 전체의 만족도가 가장 커진다고 되어 있다.

② 1문단에 가격이 한계 비용보다 높아지면 상대적으로 높은 가격으로 인해 수요량이 줄면서 거래량이 따라 줄고 결과적으로 생산량도 감소한다고 되어 있다.

③ 2문단 처음 부분을 보면 공익 서비스와 일반 재화는 자원 배분의 효율성

측면에서는 마찬가지라고 나와 있다. 즉, 자원 배분의 효율성을 판단하는 부분은 두 재화 모두 동일하다는 것이다.

④ 4문단에 공익 서비스 제공 기업의 손해를 해소하기 위한 두 가지 방안이 소개되어 있다. 그중 하나가 정부의 보조금 정책이다.

36. ◂ 세부 정보 추론

❺ ⓐ는 한계 비용 수준의 가격, ⓑ는 평균 비용 수준의 가격 결정이다. 한계 비용 수준에서 가격이 결정되는 것이 사회 전체의 만족도가 커지면서 자원이 효율적으로 배분된다고 지문에 설명되어 있으며, 이와 달리 평균 비용 수준의 가격은 사회 전체적으로 보면 효율적 배분에 문제가 생긴다는 것을 확인할 수 있다.

오답을 피하고 싶었어

① 한계 비용 수준의 가격 결정은 수돗물과 같은 공익 서비스의 경우 총비용보다 총수입이 적으므로 수도 사업자가 손실을 본다고 되어 있다.

② [A]를 보면 톤당 한계 비용이 1달러라고 되어 있으며, 이러한 한계 비용 수준으로 가격을 결정하는 것이기에 적절하다.

③ 4문단을 보면 평균 비용 곡선과 수요 곡선이 교차하는 점에서 요금을 정하면 총수입과 총비용이 같아진다고 되어 있다.

④ [A]를 보면 평균 비용은 계속 줄어드는 것이므로 한계 비용과의 격차가 줄어듦을 추론할 수 있다.

잘숙이 2 2020.09

38 ⑤	39 ⑤	40 ③	41 ③

[38-41] 기술, '스마트폰의 위치 측정 기술'

이 글은 스마트폰에서 활용되는 다양한 위치 측정 기술에 대해 설명하고 있다. 스마트폰의 위치를 측정하기 위해 실외에서는 주로 스마트폰 단말기에 내장된 GPS나 IMU를 사용하는데, GPS는 스마트폰의 절대 위치를 측정하며, IMU는 스마트폰의 상대 위치를 측정한다. 두 기술 모두 장점이 있지만 단점도 있으므로, 두 방식을 함께 사용하면 위치 측정의 오차를 줄일 수 있다. 한편 실내에서 스마트폰의 위치 측정에 사용 가능한 방법으로 블루투스 기반의 비콘을 활용하는 기술이 있다. 실내에 고정 설치되어 있는 비콘마다 정해진 식별 번호와 위치 정보가 포함된 신호를 주기적으로 보내면 단말기 안의 수신기가 이 신호를 인식하여 단말기의 위치를 정한다. 비콘이 보내는 신호를 이용하여 위치를 측정하는 방법으로는 근접성 기법, 삼변측량 기법, 위치 지도 기법 등이 있다.

▶ [주제] 스마트폰에서 활용되는 다양한 위치 측정 기술

38. ◂ 세부 정보 파악

❺ 2문단에서 IMU는 내장된 센서로 가속도와 속도를 측정하여 위치 변화를 계산하고 초기 위치를 기준으로 하는 상대 위치를 구한다고 하였다. 따라서 IMU는 단말기가 초기 위치로부터 얼마나 떨어져 있는지를 계산하여 단말기의 상대 위치를 구한다는 것을 알 수 있다.

오답을 피하고 싶었어

① 1문단에서 절대 위치는 위도, 경도 등으로 표시된 위치이고, 상대 위치는 특정한 위치를 기준으로 한 상대적인 위치라고 하였다. 또 2문단에서 GPS는 위성으로부터 오는 신호를 이용하여 절대 위치를 측정한다고 하였다. 따라서 GPS를 이용하여 측정한 위치는 기준이 되는 위치가 어디냐에 따라 달라지는 상대적인 위치가 아니다.

② 3문단에서 비콘들은 동일한 세기의 신호를 사방으로 보내지만 비콘으로부터의 거리에 따라 단말기가 인식하는 신호의 세기가 달라진다는 것을 알 수 있다. 4, 5, 6문단에서 비콘 신호를 이용한 위치 측정 방법이 비콘

으로부터 수신된 신호 세기를 활용하고 있음을 알 수 있다. 따라서 비콘들이 서로 다른 세기의 신호를 송신해야 단말기의 위치를 측정할 수 있다고 볼 수는 없다.

③ 3문단에서 비콘은 실내에 고정 설치되어 비콘마다 정해진 식별 번호와 위치 정보가 포함된 신호를 주기적으로 보내는 기기라고 하였다. 6문단에서 위치 지도 기법은 각 구역마다 기준점을 설정하고 그 주위에 비콘을 설치해 각 기준점에 도달하는 비콘 신호의 세기를 데이터베이스에 위치 지도로 기록한 후, 특정 위치에 도달한 단말기에서 측정된 신호 세기와 가장 가까운 신호 세기를 갖는 기준점을 데이터베이스에서 찾아 단말기의 위치를 확인한다는 것을 알 수 있다. 따라서 비콘이 전송하는 식별 번호는 비콘이 설치된 위치를 구별해 단말기가 속한 구역의 기준점을 찾기 위한 것임을 알 수 있다.

④ 3문단에서 비콘은 블루투스 기반의 기술로, 비콘마다 정해진 식별 번호와 위치 정보가 포함된 신호를 주기적으로 보낸다고 하였지만 그 신호는 비콘의 설치 위치를 알려 주는 식별 번호 등으로 GPS 신호가 아니다. 또 2문단에서 실내나 터널 등에서는 GPS 신호를 받기 어렵다고 하였다.

39. ◂ 세부 정보 추론

❺ 2문단에서 IMU는 내장된 센서로 가속도와 속도를 측정해 위치 변화를 계산하고 초기 위치를 기준으로 하는 상대 위치를 구한다고 하였다. 그런데 이 방법은 단기간 움직임에 대한 측정 성능이 뛰어나지만 측정한 값의 오차가 누적된다고 하였다. 따라서 IMU의 위치 오차는 시간이 지날수록 커진다는 것을 알 수 있다.

오답을 피하고 싶었어

① 2문단에서 전파 지연 등으로 접속 초기에 짧은 시간 동안이지만 큰 오차가 발생한다고 설명한 것은 IMU가 아닌 GPS이다. IMU는 전파 지연으로 인한 오차와 관련이 없다.

② 2문단에서 GPS는 위치 오차가 시간에 따라 누적되지 않는다고 하였다.

③ 2문단에서 IMU는 단기간 움직임에 대한 측정 성능이 뛰어나지만 센서가 측정한 값의 오차가 누적되기 때문에 시간이 지날수록 위치 오차가 커진다는 것을 알 수 있다.

④ 2문단에서 GPS는 위성으로부터 오는 신호를 이용하여 절대 위치를 측정하며, 실내나 터널 등에서는 GPS 신호를 받기 어렵다는 것을 알 수 있다. GPS만으로는 터널을 통과하는 동안 오차를 보정할 수 없기 때문에 터널을 통과하는 동안 IMU를 활용해 단말기의 상대 위치를 구한다면 오차를 줄일 수 있다.

40. ◂ 세부 정보 추론

❸ 6문단에서 ⊙은 단말기가 비콘에서 보내는 신호를 수신하면 신호 세기를 측정해 비콘의 식별 번호와 함께 서버로 전송하고, 서버는 수신된 신호 세기와 가장 가까운 신호 세기를 갖는 기준점의 위치를 단말기에 알려 준다는 것을 알 수 있다. 따라서 ⊙을 이용하여 파악한 단말기의 위치는 측정된 신호 세기가 서버에 저장된 값과 가장 가까운 기준점의 위치이다.

오답을 피하고 싶었어

① ⊙은 측정 공간을 작은 구역들로 나누어 각 구역마다 기준점을 설정한다고 제시되어 있다. 따라서 측정 공간을 더 많은 구역으로 나눌수록 각 구역의 기준점이 많아진다는 것을 알 수 있다.

② ⊙은 특정 위치의 단말기가 신호 세기와 비콘의 식별 번호를 서버에 전송한다. 서버는 단말기가 전송한 정보를 활용하여 데이터베이스에 저장된 해당 기준점을 찾는다. 따라서 단말기가 측정 공간에 들어오기 전에 데이터베이스가 미리 구축되어 있어야 단말기의 위치를 파악할 수 있음을 알 수 있다.

④ ⊙은 기준점 주위에 비콘들을 설치하고, 비콘들이 송신하여 각 기준점에 도달하는 신호의 세기, 비콘의 식별 번호, 기준점의 위치 좌표를 데이터베이스에 위치 지도로 기록한다고 제시되어 있다. 따라서 비콘을 이동하여 설치하면 데이터베이스에 기록한 각 기준점별 비콘 신호의 세기를 다시 기록해야 한다는 것을 알 수 있다.

⑤ 위치 지도는 측정 공간을 작은 구역들로 나누어 각 구역마다 기준점을 설정하고 각 기준점에 도달하는 비콘 신호의 세기, 비콘의 식별 번호, 기준점의 위치 좌표를 서버에 있는 데이터베이스에 기록해 놓은 것이라고 하였다.

41. ◀ 구체적 사례(상황)에 적용

❸ 삼변측량 기법은 신호 세기로 환산한 비콘과 단말기 사이의 거리를 반지름으로 하는 원의 교점이나 세 원에 공통으로 속한 영역의 중심점을 단말기의 위치로 측정한다. 3문단에서 비콘들은 동일한 세기의 신호를 사방으로 보내지만 비콘으로부터의 거리가 멀어질수록, 벽과 같은 장애물이 많을수록 신호의 세기가 약해진다고 하였다. 〈보기〉에서 각 원의 반지름은 신호 세기로 환산한 비콘과 단말기 사이의 거리로 각 원의 크기를 고려할 때, Q에 위치한 장애물은 단말기와 비콘 3 사이에 있기에 신호의 세기가 약해져 비콘 3이 중심인 원이 실제보다 크게 그려졌음을 알 수 있다. 따라서 비콘 3의 실제 원의 크기는 더 작을 것이고, 실제 단말기의 위치는 삼변측량 기법으로 측정된 위치에 비해 비콘 3에 더 가까이 있을 것이다.

오답을 피하고 싶었어

① 4문단에서 근접성 기법은 여러 비콘 신호를 수신했을 경우에 신호가 가장 강한 비콘의 위치를 단말기 위치로 정한다고 하였으므로, 〈보기〉의 경우 근접성 기법으로 측정한 단말기의 위치는 신호가 가장 강한 비콘 1의 위치이다. 또한 5문단에서 삼변측량 기법은 3개 이상의 비콘으로부터 수신된 신호 세기를 측정해 단말기와 비콘 사이의 거리로 환산하여 이 거리를 반지름으로 하는 원들의 교점이나 세 원에 공통으로 속한 영역의 중심점을 단말기의 위치로 정한다고 하였으므로, 〈보기〉의 경우 세 원의 교점인 P가 단말기의 위치이다.

② 3문단에서 비콘들은 동일한 세기의 신호를 사방으로 보내지만 비콘으로부터의 거리가 멀어질수록, 벽과 같은 장애물이 많을수록 신호의 세기가 약해진다고 하였으며, 5문단에서 삼변측량 기법은 수신된 신호 세기를 단말기와 비콘 사이의 거리로 환산한다고 하였으므로, 신호 세기가 강하면 단말기와 비콘 사이의 거리가 가깝게, 신호 세기가 약하면 거리가 멀게 환산된다는 것을 알 수 있다. 따라서 〈보기〉에서 측정된 신호 세기를 약한 것부터 나열하면 원의 반지름이 가장 큰 비콘 3, 비콘 2, 비콘 1의 신호 순이다.

④ 3문단에서 비콘들은 동일한 세기의 신호를 사방으로 보내지만 비콘으로부터의 거리가 멀어질수록, 벽과 같은 장애물이 많을수록 신호의 세기가 약해진다고 하였다. 따라서 Q의 위치에 있는 장애물이 제거된다면 비콘 3의 신호 세기가 강해져 비콘 3이 중심인 원의 반지름이 작아지고, 이로 인해 단말기의 위치인 세 원의 교점이나 세 원에 공통으로 속한 영역의 중심점이 P 방향이 아닌 비콘 3 방향으로 이동할 것이다.

⑤ 〈보기〉에서 단말기에서 측정되는 비콘 2의 신호 세기만 약해진다면 비콘 2가 중심인 원의 반지름이 커지고, 이로 인해 단말기의 위치인 세 원의 교점이나 세 원에 공통으로 속한 영역의 중심점은 비콘 2에서 멀어지게 될 것이다.

잘숙이 3 2017.06

16 ③   17 ⑤   18 ③   19 ③

[16-19] 과학, '인공 신경망의 학습과 판정'

이 글은 인공 신경망의 학습과 판정 원리를 설명하고 있다. 인공 신경망은 인간의 신경 조직을 모델링하여 만든 것으로, 신경 조직의 기본 단위인 뉴런을 모델링한 퍼셉트론을 기본 단위로 사용한다. 입력 단자와 입력값들을 처리하는 부분, 출력 단자로 구성된 퍼셉트론은 입력값들에 가중치를 곱하여 얻은 값들을 바탕으로 0과 1이라는 출력값을 얻는다. 인공 신경망은 이러한 기능을 지닌 다수의 퍼셉트론들이 여러 계층으로 배열되어 있다. 인공 신경

망의 작동은 학습 단계와 판정 단계로 나뉘는데, 인공 신경망을 학습시킬 때에는 먼저 학습을 위한 입력값들 즉 학습 데이터를 만들고, 이를 정답에 해당하는 값과 함께 인공 신경망에 제공한다. 학습 데이터를 입력층의 입력 단자에 넣어 주면 출력층의 출력값을 구할 수 있다. 그 다음으로 이미 제공한 정답에 해당하는 값에서 출력값을 뺀 오차 값을 구한다. 오차 값의 일부는 입력층의 퍼셉트론에 있는 가중치에 더해지는데, 이런 방식을 통해 가중치가 갱신된다. 이런 과정을 반복하면 출력값은 정답 값에 수렴하게 되어 판정 성능이 좋아진다. 그리고 출력값이 각각의 정답 값에 수렴되면 학습 단계를 마치고 판정 단계로 전환된다.

▶ [주제] 인공 신경망의 학습과 판정의 과학적 원리

16. ◀ 세부 정보 파악

❸ 퍼셉트론은 각각의 입력 단자에 할당된 '가중치'를 입력값에 곱한 값들을 모두 합하여 가중치의 합, 즉 가중합을 구한다. 그리고 이를 고정된 '임계치'와 비교하여 0과 1이라는 출력값을 내보낸다. 그런데 '가중합'과 비교하는 '임계치'는 2문단에 언급되어 있듯이 '고정된' 값이다.

오답을 피하고 싶었어

① 1문단에서 '인공 신경망'에서는 뉴런의 기능을 수학적으로 모델링한 '퍼셉트론'을 기본 단위로 사용한다고 했다.

② 2문단에서 '퍼셉트론'은 여러 개의 '입력 단자'와 이 값을 처리하는 부분, 처리된 값을 내보내는 한 개의 출력 단자로 구성되어 있다고 했다.

④ 2문단에서 가중합을 '임계치'와 비교하여 가중합이 '임계치'보다 작으면 0, 그렇지 않으면 1이라는 방식으로 '출력값'을 내보낸다고 했다.

⑤ 5문단에서 인공 신경망의 학습 단계에서는 정답 값에서 출력층의 '출력값'을 뺀 오차 값을 입력 단자에 할당된 '가중치'에 더한다고 했다.

17. ◀ 세부 정보 파악

❺ 5문단에서 가중치의 갱신은 '출력층의 출력 단자에서 입력층의 입력 단자 방향으로' 되돌아가면서 각 계층의 퍼셉트론별로 출력 신호를 만드는 데 관여한 모든 가중치들에 더해지는 방식으로 이루어진다고 했다.

오답을 피하고 싶었어

① 2문단에서 퍼셉트론의 입력 단자는 여러 개이지만, 출력 단자는 하나로 구성되어 있다고 했다.

② 5문단에서 오차 값은 정답에 해당하는 값에서 출력값을 빼서 구한다고 했으므로, 둘이 같으면 오차 값은 0이 된다.

③ 3문단에서 한 계층에서 출력된 신호가 다음 계층에 있는 모든 퍼셉트론의 입력 단자에 입력값으로 입력된다고 했다.

④ 1문단에서 퍼셉트론은 인간 신경 조직의 기본 단위인 뉴런의 기능을 수학적으로 모델링한 것이라고 했다.

18. ◀ 세부 정보 추론

❸ 4문단에서 어떤 사진 속 물체의 색깔과 형태로부터 그 물체가 사과인지 아닌지를 구별할 수 있도록 인공 신경망을 학습시키는 경우에는, 색깔과 형태라는 두 범주를 수치화하여 서로 다른 학습 데이터가 아니라 하나의 학습 데이터로 묶은 후에 인공 신경망에 제공한다고 했다.

오답을 피하고 싶었어

① 5문단에서 학습 단계에서 대상들의 변별적 특징이 잘 반영되어 있는 서로 다른 학습 데이터를 사용해야 판정의 오류를 줄일 수 있다고 했다. 따라서 ㉠에서 학습 데이터를 만들 때에는 색깔과 형태가 다른 사진을 선택하는 것이 바람직하다.

② 4문단에서 같은 범주에 속하는 입력값은 동일한 입력 단자를 통해 들어가도록 해야 한다고 했다. 따라서 ㉠에서는 색깔과 형태에 속하는 입력값은 각각 다른 입력 단자에 입력해야 한다.

④ 5문단에서 가중치의 갱신이 더 이상 이루어지지 않을 경우, 즉 가중치가

더 이상 변하지 않을 경우에는 학습 단계를 마치고 판정 단계로 전환된다고 했다.

⑤ 4문단에서 사과 사진에 대한 학습 데이터를 만들 때 정답에 해당하는 값을 '1'로 설정하였다면 출력값이 '0'인 경우에는 정답이 아님을 의미한다고 했다. 따라서 정답에 해당하는 값을 '0'으로 설정하였다면 출력값이 '0'일 경우에는 정답, '1'일 경우에는 정답이 아님을 의미한다고 할 수 있다.

19. ◀ 반응의 적절성 평가

❸ 2문단에서 퍼셉트론은 각각의 입력 단자에 할당된 가중치를 입력값에 곱한 값들을 모두 합하여 가중합을 구한다고 했다. 이를 〈보기〉의 상황에 적용하면 가중합은 '0.5×1+0.5×0+0.1×1', 즉 '0.6'이 된다. 가중합이 임계치인 '1'보다 작으므로 출력값은 0이다. 이때 오차 값은 정답에 해당하는 값인 1에서 출력값인 0을 뺀 '1'이 된다. 그런데 이 오차 값의 일부가 입력 단자의 모든 가중치들에 더해지므로, [B]로 한 번 학습시키면 가중치 W_a, W_b, W_c는 늘어날 수밖에 없다.

오답을 피하고 싶었어

① 〈보기〉는 퍼셉트론을 이용한 학습 단계이다. 그런데 5문단에서 학습 단계를 마쳐야 판정 단계로 전환된다고 했으므로, [B]로 학습시키기 위해서 판정 단계를 먼저 거쳐야 한다고 할 수 없다.

② 〈보기〉에서 가중합이 임계치 1보다 작지 않을 때 1을 출력한다고 했으므로, 퍼셉트론이 1을 출력했다면, 가중합이 임계치인 1보다 작았다고 볼 수 없다.

④ 5문단에서 가중치를 갱신하는 학습 과정이 반복될수록 출력값이 정답에 수렴한다고 했다. 따라서 〈보기〉의 경우에는 [B]로 여러 차례 반복해서 학습시키면 퍼셉트론의 출력값은 정답인 '1'에 수렴할 것이라고 할 수 있다.

⑤ [B]의 학습 데이터를 한 번 입력했을 경우, 가중합은 입력 단자 a, b, c의 현재 가중치에 a, b, c로 입력되는 학습 데이터인 1, 0, 1을 각각 곱한 후, 이를 더하여 얻은 값 0.6이 된다. 그런데 이 가중합이 임계치인 '1'보다 작으므로 출력값은 1이 아니라 0이다.

---

7 DAY
독서, 정신과 시간의 방

잘숙이 1   2020.06

37 ③	38 ④	39 ⑤	40 ②	41 ①	42 ④

[37~42] 과학, '개체성의 조건과 공생발생설에 따른 진핵생물의 발생'

이 글은 서로 다른 대상들을 동일한 개체의 부분들 혹은 동일한 개체로 판단할 수 있는 조건인 개체성의 조건을 제시한 후, 두 원핵생물의 공생 관계가 지속되면서 하나의 진핵생물이 탄생했다는 공생발생설에 대해 설명하고 있다. 어떤 대상을 이루는 부분들을 동일한 개체의 부분들로 판단할 수 있는 조건은 부분들 사이의 유기적 상호 작용이 강하다는 것이며, 상이한 시기에 존재하는 두 대상을 동일한 개체로 판단하는 조건은 두 대상 사이의 인과성이 강하다는 것이다. 철학에서 논의한 개체성은 생물학에서도 중요한 연구 주제가 되는데, 대표적인 것이 미토콘드리아의 개체성에 관한 것이다. 공생발생설은 진핵세포의 세포 소기관인 미토콘드리아가 원래는 박테리아의 일종인 원생미토콘드리아로 독립된 생명체였으며, 고세균의 세포 안에서 고세균과 원생미토콘드리아의 내부 공생이 지속되다가 진핵세포가 발생하였다고 설명한다. 미토콘드리아와 진핵세포 간의 유기적 상호 작용이 매우 강하다는 점에서 이들의 관계는 공생 관계로 보기 어려우며, 독립된 생명체로서 개체성을 지니고 있었던 원생미토콘드리아가 진핵세포의 세포 소기관이 됨으로써 개체성을 잃게 된 것으로 이해할 수 있다.

▶ **[주제] 공생발생설에 따른 진핵생물의 발생 과정과 미토콘드리아의 개체성 판단**

37. ◀ 논지 전개 방식 파악

❸ 이 글은 먼저 1~2문단에서 어떤 부분들이 모여 하나의 개체를 이룰 때 이를 하나의 개체로 판단할 수 있는 조건으로 부분들의 강한 유기적 상호 작용을 제시하고, 상이한 시기에 존재하는 두 대상을 동일한 개체로 판단할 수 있는 조건으로 두 대상 사이의 강한 인과성을 설명함으로써 개체성의 조건을 제시하고 있다. 그리고 이를 바탕으로 3~6문단에서 독립된 개체로서 원핵생물이었던 원생미토콘드리아가 진핵세포의 세포 소기관인 미토콘드리아가 된 과정을 공생발생설에 따라 서술하고, 미토콘드리아와 진핵세포 사이에 매우 강한 유기적 상호 작용이 존재한다는 점에서 이들 간의 관계는 공생 관계가 아니라는 것을 설명하고 있다.

오답을 피하고 싶었어

① 1문단에서 자동차, 바닷물을 예로 들어 개체성에 대해 설명하고 있으나, 공생발생설에 대한 다양한 견해를 비교하고 있지는 않다.

② 1문단과 2문단에서 어떤 대상을 개체라고 부를 수 있는 조건인 개체성의 조건은 제시하고 있으나, 개체에 대한 정의를 제시하고 있다고 보기는 어렵다. 또 세포의 생물학적 개념이 확립되는 과정은 나타나지 않는다.

④ 3문단에서 세포를 진핵세포와 원핵세포로 분류하고 있지만, 개체의 유형 분류에 대한 내용은 언급되지 않았으며, 공생발생설을 중심으로 원생생물이 세포의 소기관으로 변화한 과정을 설명할 뿐 세포의 소기관이 분화되는 과정에 대해서는 설명하지 않았다.

⑤ 1~2문단에서 개체와 관련된 개념들로 개체성의 조건을 설명하고 있다. 한편 원생미토콘드리아가 개체의 일부분으로 변화하는 과정은 서술하였지만, 세포가 하나의 개체로 변화하는 과정을 인과적으로 서술한 부분은 확인할 수 없다.

38. ◀ 세부 정보 파악

❹ 6문단을 통해 미토콘드리아의 대사 과정에 필요한 단백질은 '세포핵의 DNA로부터 합성'된다는 것을 알 수 있다. 따라서 미토콘드리아의 대사 과정에 필요한 단백질이 미토콘드리아의 막을 통과하여 세포질로 이동한다고 할 수 없으며, 오히려 세포핵에서 세포질을 거쳐 미토콘드리아로 이동할 것이라고 추론할 수 있다.

오답을 피하고 싶었어

① 1문단의 '부분들 사이의 유사성은 개체성의 조건이 될 수 없다. 가령 일란성 쌍둥이인 두 사람은 DNA 염기 서열과 외모도 같지만 동일한 개체는 아니다.'를 통해, 유사성이 아무리 강하더라도 개체성의 조건이 될 수 없다는 것을 확인할 수 있다.

② 1문단의 '바닷물을 개체라고 하지는 않는다.', '부분들의 강한 유기적 상호 작용이 그 조건으로 흔히 제시된다. 하나의 개체를 구성하는 부분들은 외부 존재가 개체에 영향을 주는 것과는 비교할 수 없이 강한 방식으로 서로 영향을 주고받는다.'를 통해, 바닷물을 이루는 부분들 사이의 유기적 상호 작용이 약하기 때문에 바닷물을 개체라고 말하기 어렵다는 것을 확인할 수 있다.

③ 5문단의 '새로운 미토콘드리아는 이미 존재하는 미토콘드리아의 '이분 분열'을 통해서만 만들어진다.'를 통해, 새로운 미토콘드리아를 복제하기 위해서는 세포 안에 이미 존재하는 미토콘드리아가 반드시 있어야 한다는 것을 확인할 수 있다.

⑤ 2문단의 ''나'가 세포 분열을 통해 새로운 개체를 생성할 때도 '나'와 '나의 후손'은 인과적으로 연결되어 있다. 비록 '나'와 '나의 후손'은 동일한 개체는 아니지만 '나'와 다른 개체들 사이에 비해, 더 강한 인과성으로 연결되어 있다.'와 5문단의 '고세균은 세포질에 핵이 생겨 진핵세포가 되고'를 통해, 진핵세포가 고세균의 '후손'이며 원생미토콘드리아는 고세균과 별개의 개체였으므로, 진핵세포가 되기 전의 고세균이 원생미토콘드리아보다 진핵세포와 더 강한 인과성으로 연결되어 있다는 것을 확인할 수 있다.

39. ◂ 세부 정보 추론

❺ 4문단에서 알 수 있듯이 공생발생설이 한동안 생물학계로부터 인정받지 못한 이유는 미토콘드리아가 과거에 독립된 생명체였다는 것을 쉽게 믿을 수 없기 때문이었다. 그러다가 전자 현미경의 등장으로 미토콘드리아의 내부를 세밀하게 관찰하게 됨으로써 미토콘드리아 안에 세포핵의 DNA와는 다른 DNA가 있으며 단백질을 합성하는 자신만의 리보솜을 가지고 있다는 사실이 밝혀지면서 미토콘드리아가 DNA 복제를 통해 자신만의 고유한 유전 정보를 전달할 수 있는 독립된 생명체였을 수 있다는 점이 확인되었다. 이러한 발견으로 공생발생설이 생물학계에 받아들여지게 되었다. 따라서 생물학계로부터 공생발생설이 인정받지 못한 이유는 미토콘드리아가 자신의 고유한 유전 정보를 전달할 수 있다는 것을 알지 못했기 때문이었음을 알 수 있다.

오답을 피하고 싶었어

① 3문단의 '진핵세포의 세포질에는 막으로 둘러싸인 여러 종류의 세포 소기관이 있으며', '대부분의 진핵세포는 미토콘드리아를 필수적으로 가지고 있다.'에서 알 수 있듯이 당시 생물학계는 진핵세포의 소기관으로서 미토콘드리아의 존재를 알고 있었으므로, 진핵세포가 세포 소기관을 가지고 있다는 사실은 알고 있었다고 볼 수 있다.

② 공생발생설은 4문단에서 언급한 '한 생명체가 세대를 이어 가는 과정 중에 돌연변이와 자연선택이 일어나고, 이로 인해 종이 진화하고 분화한다고' 본 당시의 전통적인 유전학 이론에 어긋난다. 따라서 공생발생설이 한동안 생물학계에서 인정받지 못한 것은, 공생발생설이 당시의 유전학 이론에 어긋난다는 근거가 부족했기 때문이라고 볼 수 없다.

③ 4문단에서 언급한 내부 공생이란 '어느 생명체의 세포 안에서 다른 생명체가 공생하는' 것이며, 생명체 간 내부 공생의 사례는 당시 생물학계에도 이미 알려져 있었다. 따라서 한 생명체가 다른 생명체의 세포 속에서 살 수 있다는 근거가 부족했다고 볼 수 없다.

④ 3문단에서 '미토콘드리아는 세포 활동에 필요한 생체 에너지를 생산하는 기관'으로 '대부분의 진핵세포는 미토콘드리아를 필수적으로 가지고 있다.'고 했고, 4문단에서 당시 생물 학계에는 미토콘드리아의 기능과 대략적인 구조가 이미 알려져 있었다고 했으므로 미토콘드리아가 진핵세포의 활동에 중요한 기능을 한다는 사실을 알지 못했다고 볼 수 없다.

40. ◂ 세부 정보 추론

❷ ㄱ, ㄹ. 3문단에 제시된 세포에 대한 설명과 5문단에 제시된 미토콘드리아가 원래 박테리아의 한 종류였다는 근거들을 통해 〈보기〉에 제시된 각각의 연구 결과가 세포 소기관이 박테리아로부터 비롯되었는지 여부를 판단하는 기준이 될 수 있는지를 확인할 수 있다. 세포 소기관이 자신의 고유한 DNA를 가지고 있다는 결과와 관련된 내용은 3문단에서, 세포 소기관이 이분 분열을 하고, 카디오리핀을 포함한 막으로 둘러싸여 있다는 결과와 관련된 내용은 5문단에서 확인할 수 있다. 따라서 ㄱ과 ㄹ의 세포 소기관은 박테리아로부터 비롯되었다고 판단할 수 있다.

오답을 피하고 싶었어

ㄴ. 3문단에 따르면 박테리아는 원핵생물이므로 세포 소기관이 진핵세포의 리보솜을 가지고 있다는 것으로 ㄴ의 세포 소기관이 박테리아로부터 비롯되었다고 판단하기는 어렵다.

ㄷ. 5문단에 따르면 진핵세포막에도 수송 단백질이 존재하므로 막에 수송 단백질이 있다는 것만으로 ㄷ의 세포 소기관이 박테리아로부터 비롯됐다고 판단하기는 어렵다. 막에 존재하는 수송 단백질이 진핵세포막의 수송 단백질과는 다른 종류의 수송 단백질인 포린이라는 점이 확인되어야 한다.

41. ◂ 구체적 사례(상황)에 적용

❶ 두 대상이 각자의 개체성을 잃고 둘을 다른 존재로 볼 수 없을 만큼 유기적 상호 작용이 강하다면 둘 사이의 관계를 별개의 개체 간 공생 관계가

아니라 하나의 개체를 이루는 부분들 간의 관계로 볼 수 있다는 것을 미토콘드리아와 진핵세포 사이의 관계를 통해 확인할 수 있다. 6문단에 제시된 미토콘드리아가 개체성을 잃고 세포 소기관이 되었다고 보는 근거 중 첫 번째는 진핵세포가 미토콘드리아의 증식에 관여한다는 것이다. 그러나 〈보기〉의 병원성을 잃은 '아메바의 세포질에서 서식하는 박테리아'는 미토콘드리아와 달리 아메바의 관여 없이도 스스로 복제하여 증식할 수 있다. 따라서 '아메바의 세포질에서 서식하는 박테리아'가 미토콘드리아와 같이 세포 소기관으로 변한 것으로 보기는 어렵다. 또한 6문단의 '두 생명체가 서로 떨어져서 살 수 없더라도 각자의 개체성을 잃을 정도로 유기적 상호 작용이 강하지 않다면 그 둘은 공생 관계에 있다'를 통해 두 생명체가 서로의 생존에 관여하는 것은 두 생명체가 공생 관계에 있음을 부정하는 근거가 되지 못함을 알 수 있다. 따라서 박테리아의 생존이 아메바의 생존에 관여하는 것은 박테리아와 아메바의 공생 관계를 부정하는 근거가 되지 못한다.

오답을 피하고 싶었어

② 복어의 '체내에서 서식하는 미생물'과 '복어' 사이의 유기적 상호 작용이 강해져 둘을 다른 개체로 볼 수 없다면 복어의 '체내에서 서식하는 미생물'은 개체성을 잃을 수 있다.

③ 복어는 독소를 생산하는 미생물에게 서식처를 제공하는 대신 포식자로부터 자신을 방어할 수 있는 무기를 받을 뿐 복어와 복어의 '체내에서 서식하는 미생물' 간에 DNA의 증식과 관련된 유기적 상호 작용은 나타나지 않는다.

④ 6문단에서 진핵세포의 미토콘드리아가 개체성을 잃고 세포 소기관이 되었다는 근거 중 하나로 미토콘드리아의 유전자의 많은 부분이 세포핵의 DNA로 옮겨 가 미토콘드리아의 DNA 길이가 현저히 짧아졌다는 내용을 확인할 수 있다. 따라서 '아메바의 세포질에서 서식하는 박테리아'가 개체성을 잃었다면 박테리아의 유전자의 많은 부분이 아메바의 세포핵의 DNA로 옮겨 가 박테리아의 DNA 길이가 짧아졌을 것이라고 추론할 수 있다.

⑤ 〈보기〉의 복어와 복어 체내에서 서식하며 테트로도톡신을 생산하는 미생물 사이의 관계는 복어 체내의 미생물을 제거해도 복어의 생존에는 지장이 없다는 점, 복어가 개체성을 잃지 않았다는 점을 통해 공생 관계로 볼 수 있다. 또한 〈보기〉의 생존한 아메바와 이 아메바의 세포질에서 서식하는 박테리아 사이의 관계도 공생 관계로 볼 수 있다. 박테리아가 죽을 경우 아메바도 죽었으나 6문단에서 '두 생명체가 서로 떨어져서 살 수 없더라도 각자의 개체성을 잃을 정도로 유기적 상호 작용이 강하지 않다면'이라는 언급을 통해 각자가 개체성을 잃을 만큼 둘 사이의 유기적 상호 작용이 강하지 않다면 한쪽을 제거했을 때 다른 쪽이 생존하지 못하더라도 공생 관계로 볼 수 있다는 것을 알 수 있다.

42. ◂ 어휘의 문맥적 의미 파악

❹ '조명(照明)되다'는 '어떤 대상이 일정한 관점으로 바라보이다.'라는 사전적 의미를 지닌 단어이므로, ⓓ의 '밝혀지면서'와 바꿔 쓰기에 적절하지 않다. ⓓ와 바꿔 쓰기에 적절한 단어로는 '어떤 사실이 판단되어 명백하게 밝혀지다.'라는 사전적 의미를 지닌 '판명(判明)되다'의 활용형인 '판명(判明)되면서'가 적절하다.

오답을 피하고 싶었어

① '구성(構成)하다'는 '몇 가지 부분이나 요소들을 모아서 일정한 전체를 짜 이루다.'라는 사전적 의미를 지닌 단어이므로 ⓐ의 '이룬다고'를 '구성(構成)한다고'와 바꿔 쓰는 것은 문맥상 적절하다.

② '존재(存在)하다'는 '현실에 실재하다.'라는 사전적 의미를 지닌 단어이므로, ⓑ의 '있고'를 '존재(存在)하고'와 바꿔 쓰는 것은 문맥상 적절하다.

③ '보유(保有)하다'는 '가지고 있거나 간직하고 있다.'라는 사전적 의미를 지닌 단어이므로, ⓒ의 '가지고'를 '보유(保有)하고'와 바꿔 쓰는 것은 문맥상 적절하다.

⑤ '생성(生成)되다'는 '사물이 생겨나다.'라는 사전적 의미를 지닌 단어이므로, ⓔ의 '만들어진다'를 '생성(生成)된다'와 바꿔 쓰는 것은 문맥상 적절하다.

잘숙이 2 　2019.수능

| 39 ① | 40 ② | 41 ③ | 42 ④ |

[39~42] 인문, '가능세계의 개념과 성질'

　이 글은 일상 언어의 진술을 분석하고 철학 분야에서 흥미로운 질문과 통찰을 이끌어 내는 데 기여하고 있는 가능세계의 개념과 성질에 대해 설명하고 있다. 가능세계는 일상 언어의 진술 내용이 가지고 있는 필연성과 가능성을 분석하는 데 중요한 역할을 하고 있으며, 가능세계 중 현실세계와의 유사성 정도와 관련하여 일상적 표현에 담긴 의미를 이해하는 데 도움을 준다. 한편 가능세계는 일관성, 포괄성, 완결성, 독립성의 성질을 가지고 있으며, 철학은 물론 인지 과학, 언어학, 공학 등의 분야로 널리 응용되고 있다.

▶ [주제] 가능세계의 개념과 성질

39. ◀ 세부 정보 파악

❶ 4문단에 제시된 가능세계의 성질 중 완결성에 대한 설명에 따르면, '어느 세계에서든 임의의 명제 P에 대해 "P이거나 ~P이다."라는 배중률이 성립한다.' 그러므로 배중률은 모든 가능세계에서 성립한다는 진술은 적절하다.

오답을 피하고 싶었어

② 2문단에 따르면 '가능하지만 필연적이지는 않은 명제는 우리의 현실세계를 비롯한 어떤 가능세계에서는 성립하고 또 어떤 가능세계에서는 성립하지 않는다.'라고 하였다. "다보탑은 경주에 있다."라는 명제나 "다보탑은 개성에 있다."라는 명제 모두 필연적이지는 않지만 가능한 명제인데, 전자는 우리 현실세계에서 성립하는 데 비해, "다보탑은 개성에 있다."는 우리 현실세계에서는 성립하지 않는다. 따라서 모든 가능한 명제는 현실세계에서 성립한다는 진술은 적절하지 않다.

③ 2문단에 따르면, '"만약 Q이면 Q이다."를 비롯한 필연적인 명제들은 모든 가능세계에서 성립한다.'라고 하였다. 그러므로 필연적인 명제가 성립하지 않는 가능세계가 있다는 진술은 적절하지 않다.

④ 1문단에서 'P와 ~P가 모두 참인 것은 가능하지 않다는 법칙을 무모순율이라고 한다.'고 하였다. 따라서 무모순율에 의하면 P와 ~P가 모두 참인 것은 가능하다는 진술은 적절하지 않다.

⑤ 3문단에서 '전통 논리학에서는 "만약 A이면 B이다."라는 형식의 명제는 A가 거짓인 경우에는 B의 참 거짓에 상관없이 참이라고 규정한다.'라고 언급하고 있다. 즉, A가 거짓일 때, "만약 A이면 B이다."를 참인 것으로 만든다. 그러므로 "만약 A이면 B이다."의 참 거짓은 A의 참 거짓과 상관없이 결정되는 것이라고 볼 수 없다.

40. ◀ 세부 정보 추론

❷ 2문단에 따르면 "만약 Q이면 Q이다."를 비롯한 필연적인 명제들은 모든 가능세계에서 성립한다. "만약 다보탑이 개성에 있다면, 다보탑은 개성에 있다."라는 명제도 "만약 Q이면 Q이다." 형식의 필연적인 명제이므로 모든 가능세계에서 성립한다. 따라서 이 명제가 '성립하는 가능세계'란 모든 가능세계를 말한다. 그런데 2문단을 통해서 가능하지만 필연적이지는 않은 명제는 어떤 가능세계에서는 성립하지만 어떤 가능세계에서는 성립하지 않음을 알 수 있다. ㉠은 필연적이지 않은 명제이므로 어떤 가능세계에서는 성립하지 않을 것이고, 따라서 ㉠이 거짓인 가능세계는 없다는 진술은 적절하지 않다.

오답을 피하고 싶었어

① 2문단에서 '"다보탑은 경주에 있다."는 가능하지만 필연적이지는 않은 명제'라고 언급하고 있다. '필연적이지 않은 명제는 우리 현실세계를 비롯한 어떤 가능세계에서는 성립하고 또 어떤 가능세계에서는 성립하지 않

는다.'라고 했으므로 ㉠이 성립하지 않는 가능세계가 존재함을 알 수 있다.

③ 1문단에서 ㉠과 ㉡은 모순 관계가 아니라고 하였다. 즉, 둘 다 참인 것이 가능하다. 그런데 ㉠이 참인 경우에는, "다보탑은 개성에 있지 않다."도 반드시 참이 된다. 그러므로 "다보탑은 개성에 있지 않다."와 ㉡이 둘 다 참인 것이 가능하다. 1문단에서 '두 명제가 모두 참인 것도 모두 거짓인 것도 가능하지 않은 관계를 모순 관계라고 한다.'고 했으므로 "다보탑은 개성에 있지 않다."와 ㉡은 모순 관계가 아님을 알 수 있다.

④ 1문단과 2문단의 내용에 의하면, ㉡은 다보탑이 개성에 있는 가능세계가 존재한다는 뜻이다. 그러므로 ㉡이 거짓이라는 것은, 다보탑이 개성에 있는 가능세계가 존재하지 않는다는 뜻이 된다.

⑤ ㉠ "다보탑은 경주에 있다."라는 명제와 ㉡ "다보탑은 개성에 있을 수도 있었다."라는 명제가 모순 관계가 아니기 때문에 1문단의 모순관계의 정의에 따르면 ㉠과 ㉡이 모두 참이거나 모두 거짓인 것이 가능하다. 그러므로 다보탑이 경주에 있는 우리 현실세계에서는 ㉠과 ㉡이 모두 참인 것이 가능하다고 할 수 있다.

41. ◀ 생략된 정보 추론

❸ 내가 그 기차를 탄 가능세계들 중에는 기차가 제시간에 목적지에 도착하지 못해 여전히 지각을 하는 세계와, 기차가 제시간에 목적지에 도착해 지각을 하지 않는 세계가 모두 가능하다. 그러나 3문단에 따르면, 이러한 가능세계 중 후자가 전자보다 현실세계와의 유사성이 더 높다고 했으므로 ③의 진술이 ⓐ에 대한 답으로 적절하다.

오답을 피하고 싶었어

①, ② 3문단의 내용을 고려할 때, ⓐ의 답을 찾기 위해서는 내가 그 기차를 타지 않은 가능세계들끼리 비교하는 것이 아니라, 내가 그 기차를 탄 가능세계들끼리 비교하여야 한다.

④ 3문단은 현실세계와 가능세계 사이의 유사성의 정도를 비교해서 ⓐ에 대한 적절한 대답을 찾아야 함을 말해 준다. 그런데 '가능세계들의 대다수에서 내가 지각을 하지 않았다'는 것은 유사성의 정도와는 상관없는 문제이다. 유사성은 '가능세계의 개수가 많다는 것'과 관련된 것이 아니라 '현실세계와의 유사성'과 관계가 깊기 때문이다. 그러므로 ⓐ에 대한 적절한 대답이 될 수 없다.

⑤ ⓐ에 대한 답은 가능세계의 개념을 통해 제시되어야 한다. 내가 그 기차를 탄 것이 현실세계에서 거짓이라는 것은 ⓐ와 같은 질문을 왜 하는지 이유에는 해당할 수 있지만 ⓐ에 대한 답은 아니다. 따라서 적절한 답이 아니다.

42. ◀ 세부 정보 추론

❹ "모든 학생은 연필을 쓴다."라는 명제와 "어떤 학생도 연필을 쓰지 않는다."라는 명제는 반대 관계이므로 〈보기〉에 따르면 둘 중 하나만 참이거나 둘 다 거짓인 것이 가능하다. 그런데 이 두 명제는 둘 중 하나만 참인 것이 가능하다. 즉 '"모든 학생은 연필을 쓴다."가 참이거나 "어떤 학생도 연필을 쓰지 않는다."가 참'인 것이 가능하다. 이 말은 "모든 학생은 연필을 쓴다."와 "어떤 학생도 연필을 쓰지 않는다." 중 어느 하나만 참인 경우에도 성립하기 때문이다. 그런데 4문단의 가능세계의 포괄성에 대한 설명에 따르면, 어떤 것이 가능하다면 그것이 성립하는 가능세계가 존재하므로 위 주장이 성립하는 가능세계들이 존재할 수 있다.

오답을 피하고 싶었어

① 〈보기〉에 따르면 "모든 학생은 연필을 쓴다."와 "어떤 학생도 연필을 쓰지 않는다."는 모순 관계가 아니라 반대 관계이므로 배중률을 이야기할 수 없고, 따라서 완결성도 말할 수 없다. 더구나 완결성은 어느 가능세계에서나 P이거나 ~P라는 원리를 말하는 것이지 P인 가능세계가 있거나 ~P인 가능세계가 있다는 원리가 아니다.

② 4문단에 따르면, 가능세계의 포괄성은, 어떤 것이 가능하다면 그것이 성립하는 가능세계가 존재한다는 것이다. 그런데 "어떤 학생도 연필을 쓰지 않는다."라는 명제가 성립할 때, 한 명의 학생이 연필을 쓰는 것은 가능하

지 않다. 따라서 그런 가능세계는 존재할 수 없다.
③ 4문단에 따르면 배중률이 성립하려면 두 명제가 P와 ~P의 관계에 있어야 한다. 그런데 "어떤 학생은 연필을 쓴다."와 "어떤 학생은 연필을 쓰지 않는다."라는 두 명제는 둘 다 참일 수 있기 때문에 모순 관계, 즉 P와 ~P의 관계에 있지 않다. 따라서 완결성을 논할 수 없다.
⑤ 학생들 중 절반은 연필을 쓰고 절반은 연필을 쓰지 않는 것은 가능하다. 그런데 그런 가능세계가 존재한다는 것은 일관성이 아니라 포괄성에 따라 나오는 것이다. 일관성은 어떤 것이 가능하지 않다면 그것이 성립하는 가능세계는 존재하지 않는다는 성질이므로, 달리 말하면, 어떤 가능세계가 존재한다면 그 세계에서 일어나는 모든 일은 가능한 일이라는 뜻이다. 이 말은 어떤 가능세계가 존재한다는 주장을 하지 않는다.

잘숙이 3 2019.수능

27 ② 28 ⑤ 29 ④ 30 ⑤ 31 ② 32 ②

[27-32] 주제 통합, '서양과 동양의 천문 이론'
이 글은 서양 우주론의 발전 과정을 지구 중심설에서 태양 중심설로의 이행으로 설명한 후, 서양 우주론의 영향을 받은 중국의 우주론의 전개 양상을 살펴보고 있다. 고대의 아리스토텔레스와 프톨레마이오스는 지구 중심설을 내세웠는데, 이는 지상계와 천상계를 대립시키는 형이상학적 관념에서 비롯한 것이었다. 코페르니쿠스가 내세운 태양 중심설은 케플러의 연구에 의해 그 정당성이 입증되었으며, 17세기 후반 뉴턴이 태양 중심설을 역학적으로 증명하여 만유인력의 실재를 입증하였다. 중국은 16세기 말부터 유입된 서양 과학의 영향을 받아 서양 과학과 중국의 지적 유산을 결합하여 우주의 원리를 파악하고자 했는데, 중국의 고대 문헌에 담긴 우주론을 서양 과학의 경험적 추론과 수학적 계산을 통해 재해석하고 확인하려는 경향이 19세기 중엽까지 주를 이루었다.
▶ 서양 우주론의 발전과 이에 영향을 받은 중국의 우주론

27. ◀ 세부 정보 파악
❷ 5문단에서 '청 왕조가 1644년 중국의 역법을 기반으로 서양 천문학 모델과 계산법을 수용한 시헌력을 공식 채택'하였고, 6문단에서 17세기 웅명우와 방이지는 실증적인 서양 과학을 재해석하여 독창적인 광학 이론을 창안하였으며, 7문단에서 17세기 후반 왕석천과 매문정은 서양 과학의 영향을 받아 우주의 원리를 파악하고자 하였다는 내용이 제시되었다. 따라서 서양의 우주론의 영향으로 변화된 중국의 우주론이 소개되었을 것이라는 예측은 본문의 내용에 부합하므로 예측과 다르다는 점검 결과는 적절하지 않다.

오답을 피하고 싶었어
① 서양 우주론의 지구 중심설과 태양 중심설의 개념이 2~4문단에 제시되고 있으므로 적절하다.
③ 서양에서 태양 중심설을 제기한 사람이 코페르니쿠스임을 2문단에서 확인할 수 있으므로 질문의 답이 제시되었다고 할 수 있다.
④ 6~7문단에서 중국에서 서양의 우주론을 접하고 회통을 시도한 사람으로 17세기의 웅명우와 방이지, 17세기 후반의 왕석천과 매문정을 제시하고 있으므로 적절하다.
⑤ 중국에 서양의 우주론을 전파한 서양의 인물은 본문에서 확인할 수 없으므로 적절하다.

28. ◀ 세부 정보 파악
❺ 3문단에서 알 수 있듯이 경험주의자였던 케플러가 브라헤의 천체 관측치를 활용하여 태양 주위를 공전하는 행성의 운동 법칙들을 수립하였으므로 서양에서 경험적 추론에 기초한 우주론이 제기되었다고 할 수 있다.

한편 7문단에서 알 수 있듯이 중국에서도 왕석천과 매문정이 경험적 추론과 수학적 계산을 통해 우주의 원리를 파악하고자 하였으므로 경험적 추론에 기초한 우주론이 제기되었다고 할 수 있다.

오답을 피하고 싶었어
① 2~3문단을 참고하면 서양에서는 우주론을 정립하는 과정에서 천상계와 지상계를 대립시키는 아리스토텔레스의 이분법적 구도를 무너뜨렸다는 내용이 제시되어 있으므로 아리스토텔레스의 형이상학에 대한 재검토가 이루어졌다고 볼 수 있다. 또한 7문단에서 중국의 왕석천과 매문정은 웅명우 등이 성리학 같은 형이상학에 몰두하여 잘못된 우주론을 전개하고 있다고 비판하였으므로 우주론을 정립하는 과정에서 형이상학적 사고에 대해 재검토가 이루어졌음을 알 수 있다.
② 7문단에서 알 수 있듯이 17세기 후반 왕석천과 매문정은 서양 과학의 우수한 면이 모두 중국 고전에 이미 갖추어져 있다고 주장했다. 따라서 서양 천문학이 들어오면서 중국에서 자국의 우주론 전통을 재인식하였음을 알 수 있다.
③ 5문단에서 알 수 있듯이 '청 왕조가 1644년 중국의 역법을 기반으로 서양 천문학 모델과 계산법을 수용한 시헌력을 공식 채택'하였으므로 중국에 서양의 천문학적 성과가 자리 잡게 된 데에는 국가의 역할이 작용하였다고 볼 수 있다.
④ 8문단에서 알 수 있듯이 중국에서는 18세기 초를 기점으로 중국 천문학을 중심으로 서양 천문학을 회통하려는 입장이 공식 입장으로 채택되었으므로 중국에서 18세기에 자국의 고대 우주론을 긍정하는 입장이 주류가 되었다는 설명은 적절하다.

29. ◀ 생략된 정보 추론
❹ 3문단에서 지구가 우주 중심에 고정되어 있고 다른 행성을 거느린 태양이 지구 주위를 돈다는 우주론을 주장한 브라헤는 코페르니쿠스 천문학의 장점은 인정하면서도 아리스토텔레스의 형이상학과의 상충을 피하고자 했음을 알 수 있다. 따라서 브라헤의 우주론은 아리스토텔레스의 형이상학에서 자유롭지 못했다고 말할 수 있다.

오답을 피하고 싶었어
① 2문단에서 아리스토텔레스는 '우주의 중심에 고정되어 움직이지 않는 지구의 주위를 달, 태양, 다른 행성들의 천구들과, 항성들이 붙어 있는 항성 천구가 회전한다'는 지구 중심설을 내세웠음을 알 수 있다. 따라서 아리스토텔레스가 항성 천구가 고정되어 있다고 보았다는 설명은 적절하지 않다.
② 2문단에서 '행성이 태양에서 멀수록 공전 주기가 길어진다는 점에서 단순성을 충족'시킨 것은 프톨레마이오스의 우주론이 아니라 코페르니쿠스의 태양 중심설임을 알 수 있다. 프톨레마이오스의 우주론이 행성이 태양에서 멀수록 공전 주기가 길어지는 것을 설명했다는 내용은 본문에서 확인할 수 없다.
③ 2문단에서 지구와 행성이 태양 주위를 공전한다는 코페르니쿠스의 우주론은 '지상계와 천상계를 대립시키는 아리스토텔레스의 이분법적 구도를 무너뜨리'는 것이라고 하였다. 따라서 코페르니쿠스의 우주론이 아리스토텔레스의 형이상학과 양립이 가능하다는 설명은 적절하지 않다.
⑤ 3문단에서 '케플러는 우주의 수적 질서를 신봉하는 형이상학인 신플라톤주의에 매료되'어 코페르니쿠스 천문학을 받아들였다고 하였다. 따라서 신플라톤주의는 형이상학적 사고에 바탕을 두었으므로 케플러가 신플라톤주의에서 경험주의적 근거를 찾았다는 설명은 적절하지 않다.

30. ◀ 세부 정보 추론
❺ 6문단에서 성리학적 기론에 입각하여 실증적인 서양 과학을 재해석한 17세기 웅명우와 방이지는 중국 고대 문헌에 수록된 우주론에 대해서는 부정적 태도를 견지하였다는 내용이 제시되어 있다. 따라서 그들이 중국 고대 문헌의 우주론을 근거로 서양 우주론을 받아들여 새 이론을 창안하였다는 설명은 적절하지 않다.

오답을 피하고 싶었어

① 6문단에서 웅명우와 방이지는 성리학적 기론에 입각하여 실증적인 서양 과학을 재해석하였다고 했으므로 자국의 지적 유산에 서양 과학을 접목하려 한 것으로 볼 수 있다. 또한 7문단에서 왕석천과 매문정 역시 중국 고전의 우주론을 서양 이론과 연결하였으므로 자국의 지적 유산에 서양 과학을 접목하려 한 것으로 볼 수 있다.

② 8문단에서 중국 천문학을 중심으로 서양 천문학을 회통하려는 매문정의 입장이 『사고전서』에 반영되었으므로 서양 천문학과 관련된 내용이 『사고전서』에 수록되었다고 할 수 있다.

③ 6문단에서 웅명우와 방이지는 성리학적 기론에 입각하여 실증적인 서양 과학을 재해석한 독창적 광학 이론을 창안하였다는 내용이 제시되어 있다. 따라서 방이지가 서양 우주론의 영향을 받았지만 서양의 이론과 구별되는 새 이론의 수립을 시도하였다고 할 수 있다.

④ 7문단에서 매문정은 '서양 과학의 영향을 받아 경험적 추론과 수학적 계산을 통해 우주의 원리를 파악하고자' 했으므로 서양 과학의 수학적 방법론을 활용했다고 볼 수 있다. 또한 그는 고대 문헌에 언급된 증자의 말을 땅이 둥글다는 서양 이론과 연결하였으므로 중국 고대 문헌에 나타나는 천문학적 전통을 활용한 것으로 볼 수 있다.

31. ◂ 구체적 사례(상황)에 적용

❷ 〈보기〉에 따르면 태양의 중심에 있는 질량이 m인 질점이 지구 전체를 당기는 만유인력은 지구를 구성하고 있는 껍질들의 합계와 동일한 질량을 갖는 지구 중심의 질점을 당기는 만유인력과 같다. 지구의 중심에 있는 질량이 m인 질점이 태양 전체를 당기는 만유인력은 태양을 구성하고 있는 껍질들의 합계와 동일한 질량을 갖는 태양 중심의 질점을 당기는 만유인력과 같다. [A]의 '지구보다 질량이 큰 태양'에서 지구 껍질들의 질량 합계는 태양 껍질들의 질량 합계보다 작고 만유인력은 질량에 비례하기 때문에, 한 질점이 m으로 같다면 만유인력의 크기는 다르게 된다.

오답을 피하고 싶었어

① 밀도가 균질한 하나의 행성을 구성하는 동심의 구 껍질들이 같은 두께라면 반지름이 큰 구 껍질일수록 부피가 크기 때문에 질량도 크다. [A]에서 만유인력의 크기는 두 질점의 질량의 곱에 비례하므로, 구 껍질의 반지름이 클수록 만유인력은 커진다.

③ 지구와 달 사이의 만유인력은 지구의 각 부피 요소와 달 사이에 작용하는 만유인력의 합으로 구할 수 있다. 〈보기〉에 따르면 지구의 한 부피 요소와 달 사이에 작용하는 만유인력은, 지구의 한 부피 요소와 '달의 질량과 동일한 질량 m을 갖는 질점'이 그 중심(달의 중심과 동일)에서 지구의 한 부피 요소를 당기는 만유인력과 같다. 나아가 이러한 '달의 질량과 동일한 질량 m을 갖는 질점'의 중심과 질량이 M인 지구 사이의 만유인력은, 마찬가지로 '지구의 질량과 동일한 질량 M을 갖는 질점'이 그 중심에서 '달의 질량과 동일한 질량 m을 갖는 질점' 사이의 만유인력과 동일하다. 따라서 질량이 M인 지구와 질량이 m인 달 사이의 만유인력은, 그 거리가 동일할 때 질량이 M, m인 두 질점 사이의 만유인력과 동일한 크기의 힘으로 서로 작용한다.

④ 태양을 구성하는 하나의 부피 요소와 지구 사이에는 만유인력이 작용한다. 지구는 무한히 작은 부피 요소들로 구성되어 있으므로 태양을 구성하는 하나의 부피 요소와 지구 사이에 작용하는 만유인력은, 지구를 구성하는 모든 부피 요소들과 태양의 그 부피 요소 사이에 작용하는 만유인력들을 모두 더해서 구할 수 있다.

⑤ ③과 같이, 반지름이 R, 질량이 M인 지구와 지구 표면에서 높이 h에 중심이 있는 질량이 m인 구슬 사이에는 만유인력이 작용한다. 이때 지구의 중심과 구슬의 중심 사이의 거리는 $R+h$로 계산된다. 따라서 '지구의 질량(M)과 동일한 질점'과 '구슬의 질량(m)과 동일한 질점' 사이의 거리가 $R+h$라면, 두 질점 사이에 작용하는 만유인력은 지구와 구슬 사이에서 작용하는 만유인력의 크기와 같다.

32. ◂ 어휘의 문맥적 의미 파악

❷ '고안(考案)하다'는 '연구하여 새로운 안을 생각해 내다.'라는 뜻이므로 '고안했다'는 '~ 우주 모형을 만들었다.'의 '만들었다'와 바꾸어 쓰기에 적절하다.

오답을 피하고 싶었어

① '진작(振作)하다'는 '떨쳐 일어나다. 또는 떨쳐 일으키다.'라는 뜻이다. ⓐ의 '일으킬'과 바꾸어 쓰기에는 '발생시킬' 또는 '야기할' 등의 말이 적절하다.

③ '소지(所持)하다'는 '물건을 지니고 있다.'라는 뜻이다. ⓒ의 '지닌'은 '본래의 모양을 그대로 간직한'의 의미로 쓰이므로 바꾸어 쓰기에 적절하지 않다.

④ '설정(設定)하다'는 '새로 만들어 정해 두다.'라는 뜻이다. ⓓ의 '여겼다'는 '마음속으로 그러하다고 인정하거나 생각했다.'의 의미로 쓰이고 있으므로 '간주했다' 등으로 바꾸어 쓰는 것이 적절하다.

⑤ '시사(示唆)되다'는 '어떤 것을 미리 간접적으로 표현해 주다.'라는 뜻을 지닌 '시사하다'의 피동 표현이다. ⓔ의 '갖추어져'는 '있어야 할 것을 가지거나 차리다.'라는 뜻을 지닌 '갖추다'의 피동 표현이므로 바꾸어 쓰기에 적절하지 않다.

---

8 DAY
문학, 시간 단축 풀이법

잘숙이 1　（2018.06）

42 ④	43 ③	44 ②	45 ⑤

[42~45] 갈래 복합

(가) 주세붕, 「오륜가」

　(가)는 주세붕이 황해도 관찰사로 재직할 때 오륜이라는 유교적 가치관을 백성들에게 계도하기 위해 지은 것이다. 이 작품에는 가부장적인 가정 질서와 국가 질서를 강조하려는 의도가 담겨 있다. 서사인 〈제1수〉에서 오륜을 배워야 하는 이유를 밝힌 후 나머지 각 수에서 유교적 덕목에 해당하는 가치들을 하나씩 노래하고 있는 것이 특징이다. 관념적인 주제를 추상적으로 설명하지 않고 구체적인 인간의 일상적 삶을 통해 구체적으로 표현한 점, 적절한 비유를 사용한 점, 순우리말을 자연스럽게 구사한 점 등이 돋보인다.

　▶ **[주제]** 인간이 지켜야 할 오륜의 도리 강조

(나) 이곡, 「차마설」

　(나)는 말을 빌려 탄 개인적인 경험을 통해 소유에 대한 보편적인 깨달음을 제시하고, 올바른 삶의 태도를 제시하고 있다. 글쓴이는 세상의 부귀와 권세도 본래부터 소유한 것이 아니라 누군가에게 빌린 것임을 제시하면서 세상 사람들은 이를 망각하고 마치 자기 소유인 양 생각하고 반성할 줄 모른다고 맹자의 말을 인용하여 지적하고 있다. 즉 글쓴이는 외물에 따른 인간의 심리 변화와 그릇된 소유 관념에 대해 비판하고 있는 것이다.

　▶ **[주제]** 소유에 대한 성찰과 깨달음

42. ◂ 공통점과 차이점 파악하기

❹ (가)의 〈제1수〉 '이 말삼 아니면 사람이라도 사람 아니니', 〈제5수〉 '형제가 불화하면 개돼지라 하리라', 〈제6수〉 '같은데 불공하면 어디가 다르고' 등의 표현을 통해 인간으로서의 도리를 지키지 않는 삶의 태도를 경계하고 있으며, 〈제1수〉 '사람 사람마다 이 말삼 드러사라', 〈제3수〉 '한 마암애 두 뜻 업시 속이지나 마읍사이다' 같은 표현을 통해 오륜을 지키며 바람직하게 살아갈 것을 권고하고 있다. (나)는 세상의 부귀와 권세도 본래부터 소유한 것이 아니라 누군가에게 빌린 것임에 주목하면서 그릇된 소유 관념을 경계하고 소유욕에 얽매이지 말 것을 권고하고 있다. 이

로 볼 때 (가)와 (나)는 모두 삶의 태도에 대한 경계와 권고의 의도를 드러내는 작품으로 이해할 수 있다.

오답을 피하고 싶었어

① (가)의 〈제5수〉에 '어와'가 (나)의 2문단에 '아' 등과 같은 영탄적 표현이 나타나기는 하지만, 이를 통해 대상의 속성을 예찬하는 것은 아니다.

② (가)와 (나)에 바람직한 삶에 대한 가치관이 드러나 있지만, 상반된 세계관이 대구의 형식을 통해 구체화된 것은 아니다.

③ (가)와 (나)에서 바람직하지 않은 인간의 행동이나 생각이 무엇인지는 알수 있으나, 바람직하지 않은 인간에 대한 연민의 시선은 나타나지 않는다.

⑤ (가)와 (나)는 현실을 살아가는 바람직한 자세를 권고하는 작품으로, 이상향에 대한 의식은 나타나 있지 않으며, 역설적 표현 또한 찾아보기 어렵다.

43. ◂ 작품의 종합적 감상

❸ (나)는 말을 빌려 탄 글쓴이의 경험을 통해 얻은 소유에 대한 개인적 깨달음을 임금, 신하, 부모와 자식, 부부, 주인과 비복 등과 관련한 사회 전반에 대한 문제로 일반화하여 소유에 대한 지나친 집착을 경계하고 참되고 바른 삶의 방향을 제시하고 있다.

오답을 피하고 싶었어

① (가)는 〈제2수〉부터 〈제6수〉까지 관념적 덕목(유교의 오륜)을 열거하고 있다. 하지만 이것은 지켜야 할 도리를 제시한 것이지, 각각이 지닌 모순점을 밝히고 있는 것은 아니다.

② (가)는 유교적인 사회 질서를 확립하려는 의도에서 지어진 작품으로, 사람들 사이의 관계를 의식하지 않는 삶을 옹호하는 것이 아니라, 사람들 사이의 바람직한 관계를 형성하는 삶을 강조하고 있다.

④ (나)에 욕망의 실현을 돕는 자연적 질서에 대한 경이감은 나타나지 않는다.

⑤ (가)와 (나)에 자연물이 지닌 덕성을 부각하여 인간적 삶에 대한 긍지를 드러내는 내용은 나타나지 않는다.

44. ◂ 〈보기〉를 참고한 작품 감상

❷ (가)의 〈제4수〉는 '반상을 들오되 눈썹에 마초이다(거안제미, 擧案齊眉)'를 통해 남편을 섬기는 아내의 도리를 노래하고 있으므로, 아내가 추구해야 할 윤리적 가치를 정당화한다고 볼 수 있다. 하지만 〈제4수〉는 화자가 상황을 전달하는 것이지, 지아비와 지어미의 문답 방식은 나타나지 않는다.

오답을 피하고 싶었어

① 〈제3수〉는 여왕벌이나 여왕개미를 위해 최선을 다하는 일벌과 일개미의 생태로부터 주인(임금)에 대한 종(신하)의 도리라는 윤리적 실천의 주체가 추구해야 하는 가치를 유추하고 있다.

③ 〈제5수〉의 초장에서 아우가 '형님 자신 젖을 내 조처 먹나이다'라고 말하는데 여기서의 '젖'은 자식에 대한 어머니의 사랑을 상징하는 시어로 볼수 있다. 〈제5수〉에서 형님과 아우는 이를 화제로 삼아 대화를 나누고 있다.

④ 〈제5수〉의 '개돼지'는 오륜을 지키며 실천하는 바람직한 사람과 대비되는 존재를 비유한 표현이다.

⑤ 〈제6수〉의 초장에서 '늙은이'는 부모에, 어른은 '형'에 비유하고 있다. 그리고 종장에서 '나이가 많으시거든 절하고야 마로리이다'라며 장유유서(長幼有序)의 도리를 정당화하고 있다. 즉 비유적 표현을 통해 사회 윤리가 가정 윤리와 연결되어 있음을 보여 주고 있는 것이다.

45. ◂ 세부 정보 파악

❺ (나)에 인용된 맹자의 말은 그릇된 소유 관념의 문제점을 지적한 것으로 볼 수 있다. 글쓴이는 맹자의 말을 통해 오래도록 빌리고서 그것이 자기

의 소유가 아니라는 것을 모르는 사람들에 대한 문제의식을 떠올리고 있다.

오답을 피하고 싶었어

① 이 글에서 '나'는 '노둔하고 야윈 말'을 빌린 경우 전전긍긍하게 된다고 여기고 있으나, '노둔하고 야윈 말'로 인해 위험에 처한다고 여기지는 않는다. 이 글에서 위험은 준마를 빌려 질주하다가 말에서 떨어지는 것과 관련이 있다.

② 2문단의 '하물며 진짜로 자기가 가지고 있는 경우야 더 말해 무엇하겠는가'를 통해 준마를 소유할 때 의기양양한 감정이 더 심해진다는 것을 짐작할 수 있다.

③ 글쓴이는 세상의 다양한 계층의 사람들이 대부분 빌린 것을 소유했다고 여기고 있는데, 이것이 미혹된 일이라 보고 있다.

④ 이 글에서 '독부'는 빌린 권력을 돌려준(빼앗긴) 후의 임금의 모습을 표현한 것이다.

잘숙이 2   2018.09

20 ①   21 ④   22 ③

[20-22] 현대시

(가) 김현승, 「플라타너스」

(가)는 '플라타너스'에게 인격을 부여하여 말을 건네며 플라타너스를 인생의 동반자로 삼고자 하는 화자의 내면을 투영하고 있다. 화자는 플라타너스를 꿈을 가진 존재, 넉넉한 사랑을 베풀 줄 아는 덕성을 지닌 존재로 보고 있으며 외로운 삶을 함께해 준 동반자로 인식하고 있다. 화자는 이러한 플라타너스와의 교감과 합일을 소망하지만 그렇게 할 수 없는 유한성을 깨닫고 안타까워하며, 생의 마지막까지 플라타너스를 인생의 동반자로 삼아 함께 이상을 지향하며 살아가기를 소망하고 있다.

▶ **[주제]** 고독한 삶의 동반자인 플라타너스

(나) 정지용, 「달」

(나)는 달빛에 비친 풍경의 아름다움과 그에 대한 감흥을 다양한 비유와 감각적인 표현으로 형상화하고 있는 작품이다. 한밤중에 달빛에 이끌려 나온 화자는 홀로 마당을 바라보고 있는데, 달빛에 비친 마당의 모습은 마치 호수의 물이 가득 차서 넘치는 것처럼 느껴진다. (나)는 달빛을 받아 더욱 곱게 보이는 흰 돌, 달그림자로 인해 수묵색으로 짙게 보이는 녹음 등을 시각적 이미지를 사용하여 드러내고 있다. 그 광경에 숨소리, 비둘기의 울음소리 등의 청각적 이미지와 오동나무의 꽃향기라는 후각적 이미지가 조화를 이루면서 달밤의 고즈넉한 정취를 더하고 있다.

▶ **[주제]** 달빛에 비친 조화로운 풍경에 대한 감흥

20. ◂ 표현상의 특징 파악

❶ (가)의 화자는 매 연마다 '플라타너스'를 반복적으로 부르며 '플라타너스'에 대한 화자의 인식과 소망 등을 드러내고 있다. (가)에서는 이러한 반복적인 표현을 통해 작품의 초점을 '플라타너스'라는 중심 대상으로 집중시키는 효과를 거두고 있다.

오답을 피하고 싶었어

② (가)에서는 반어적인 표현이 사용된 부분을 확인할 수 없으므로, 이를 통해 대상의 이중성을 부각한다고 볼 수도 없다.

③ (가)의 1연에서 '파아란'이라는 색채어를 활용하고 있으나, 이는 플라타너스가 꿈을 지닌 존재라는 것을 드러내는 표현으로 이를 통해 플라타너스의 고풍스러운 모습을 드러낸 것은 아니다.

④ (가)에서 '젖어 있다', '늘인다'와 같은 현재형 진술을 사용한 부분이 있으나 이는 플라타너스의 덕성을 드러내기 위한 표현이며, 이를 통해 플라타

너스의 역동적인 성격을 보여 주는 것은 아니다.
⑤ (가)에서 '하늘', '별' 등을 지향하는 것은 상승적인 이미지와 연관된다고 볼 수도 있으나, 이를 통해 사물의 변화 과정을 표현하는 것은 아니다.

21. ◁ 시어나 시구의 의미 및 기능 파악

❹ (가)의 화자는 자신의 상황을 '홀로 되어 외로울 제'라고 인식하며 고독감을 드러내고 있으므로 ㉠은 화자의 적막한 처지를 드러내는 표현이라고 할 수 있다. (나)의 화자는 밤중에 달빛이 마당을 비춘 광경을 '홀로 보'면서 고요하고 정감 어린 정취를 표현하고 있으므로 ㉡을 통해 고즈넉한 분위기를 드러내고 있다고 할 수 있다.

오답을 피하고 싶었어

① ㉠은 (가)의 화자 자신이 느낀 고독감을 드러내는 표현이므로, 이를 통해 대상과의 거리를 두고 바라보는 관조적인 자세를 보여 준다고 할 수 없다. 또한 (나)의 화자는 자신의 삶에 대해 성찰하거나 반성하는 태도를 드러내고 있지 않으므로 ㉡을 통해 반성적인 자세를 보여 준다고 볼 수 없다.
② ㉠은 (가)의 화자가 경험한 시련이라고 볼 수 있으나 ㉠이 시련을 환기하는 역할을 하는 것은 아니며, (나)의 ㉡은 화자가 달빛이 비친 마당을 보는 행위로 ㉡을 통해 화자 자신의 과거 추억을 환기하고 있다고 볼 수 없다.
③ (가)에서 화자가 무기력한 태도를 보이는 부분은 드러나지 않았으므로 ㉠을 통해 무기력한 태도를 표현하고 있다고 할 수 없으며, (나)의 화자는 달밤의 풍경을 보며 정서적 감흥을 얻고 있으므로 ㉡을 통해 담담한 태도를 표현하고 있다고 하기 어렵다.
⑤ (가)의 화자는 ㉠에서 고독감을 드러내고 있으나 이를 통해 현실에 대한 회의감을 부각한다고 볼 수 없고, ㉡은 (나)의 화자의 현재 상황과 관련되므로 이를 통해 앞날에 대한 기대감을 드러내고 있다고 보기는 어렵다.

22. ◁ <보기>를 참고한 작품 감상

❸ (가)에서 '창'은 <보기>에서 언급한 화자가 지향하는 이상 세계와 관련된다고 볼 수 있으나, '창' 자체가 이상 세계의 완전함을 상징한다고 보기는 어렵다. (나)에서 화자는 '영창'을 통해 달빛이 비치자 밖으로 나가서 '마당'의 풍경을 감상하고 있다. 그러므로 '영창'은 방 안과 바깥을 잇는 매개체 역할을 한다고는 볼 수 있다. 그러나 화자의 내면세계와 외부 세계를 잇는 매개체 역할을 한다고 보기는 어려우며, '영창' 자체가 화자의 만족감을 상징한다고 보기도 어렵다.

오답을 피하고 싶었어

① (가)의 화자는 고독한 여정인 '길'을 '플라타너스'와 '같이' 걷는 모습을 통해 사물인 '플라타너스'와의 교감을 보여 주며, (나)의 화자는 달빛에 비친 '흰 돌'을 의인화하여 '이마'가 '유달리' 곱다고 함으로써 사물에서 느낀 아름다움을 통해 사물과 교감하고 있음을 보여 준다.
② (가)의 화자는 '수고론 우리의 길이 다하는 어느 날'까지 '플라타너스'와 함께하고자 하므로 '어느 날'에 이르는 과정을 통해 화자의 삶의 여정을 드러낸다고 할 수 있다. (나)의 화자는 '밀물'처럼 밀려온 '달'을 접하고 마당에서 달빛에 비친 '한밤'의 정취를 느끼고 있으므로 이를 통해 조화로운 풍경을 포착하고 있다고 할 수 있다.
④ (가)의 화자는 자신이 지향하는 곳을 '아름다운 별'이 있는 곳이라고 함으로써, (나)의 화자는 '마당'에 달빛이 가득한 모습을 '호수'에 비유함으로써 각각 그 아름다움을 표현하고 있다고 할 수 있다.
⑤ (가)의 화자는 '수고론 우리의 길이 다'할 때까지 '네 이웃이 되고 싶'다는 심정을 드러내어 <보기>에서 제시한 구도의 '길'을 플라타너스와 함께하고자 하는 소망을 드러내고 있고, (나)의 화자는 '오동나무 꽃'을 '못 견디게 향그럽다'고 표현함으로써 달빛에 어우러진 사물에 대한 감흥을 드러내고 있다고 볼 수 있다.

잘숙이 3 2016.09(A,B)

34 ⑤	35 ③	36 ②	37 ①	38 ④

[34-38] 갈래 복합
(가) 신석정, 「꽃덤불」
(가)는 해방 직후의 혼란스러운 상황 속에서 일제 강점기의 삶을 돌아보며, 우리가 가졌던 삶의 다양한 태도와 모습을 성찰해 보고 있는데, 이를 통해 더 나은 세계를 이루고 싶은 기대와 희망을 드러내고 있다. 일제 강점기의 고통에서 벗어나 해방을 맞이했으나 완전한 독립을 이루지 못한 시대적 상황과 이데올로기적 대립으로 인해 혼란에 빠진 민족의 현실에 대한 시인의 고뇌가 잘 드러난다. 이 시의 제목인 '꽃덤불'은 우리가 새롭게 수립해야 할 바람직한 민족 국가의 모습을 상징한다고 볼 수 있다.
▶ [주제] 더 나은 세계(완전한 독립 국가)를 이루고 싶은 기대와 희망

(나) 전봉건, 「사랑」
(나)는 제목 '사랑'과 더불어 '사랑한다는 것은'을 첫 연과 마지막 연에 반복함으로써 이 시의 화자가 작품을 통해 말하고자 하는 바가 무엇인지 분명히 드러내고 있다. 시인은 과목을 가꾸는 행위에 빗대어 사랑의 의미를 감각적으로 형상화하고 있는데, 사랑은 저절로 아름답게 생겨나는 것이 아니라 온갖 정성과 보살핌 그리고 사랑을 위협하는 것들과 맞서면서 생기는 것이라고 말하고 있다. 2연은 사랑의 토대를 만들기 위한 과정을 형상화하고 있고, 3연은 사랑하는 대상을 지키고, 지켜보는 노력을 형상화하고 있다.
▶ [주제] 보살핌과 지켜봄의 의미를 통해 바라본 사랑

(다) 한흑구, 「보리」
(다)는 보리를 '너'라고 부르면서 보리에 인격적 속성을 부여하고, 보리가 자라는 과정을 인간의 삶에 빗대어 설명하고 있다. 추운 겨울과 싸우기 위해 땅 속에서 굽히지 않는 의지로 견뎌 내던 보리가 따뜻한 봄이 오자 새로운 생명을 회복한다는 이야기를 담고 있다. 보리를 끈질긴 생명력의 표상으로 형상화하고 있는 것이다. 글쓴이는 보리의 모습을 통해 시련을 통한 성숙의 의미를 드러냄과 동시에 성실한 농부의 삶과 노동의 가치를 함께 예찬하고 있다.
▶ [주제] 보리의 강인한 생명력 예찬

34. ◁ 공통점과 차이점 파악

❺ (가)의 '헐어진 성터', (나)의 '뿌리를 썩힌 흙 속의 해충', (다)의 '어둡고 차디찬 눈 밑' 등의 표현은 시련과 고난의 의미를 상징적으로 드러내며 화자의 기대가 실현되기 이전의 상황을 형상화하고 있다.

오답을 피하고 싶었어

① (가)는 '태양을 등진 곳'이라는 표현에서 태양을 등지지 않은 곳과 '태양을 등진 곳'이라는 공간의 대비를 유추할 수 있고 이를 통해 이상과 현실의 괴리를 드러낸다고 볼 수 있다. 하지만 (나)와 (다)는 공간의 대조나 이를 통한 이상과 현실의 괴리를 드러내고 있지 않다.
② (다)의 2에서 '푸른빛', '검푸른', '새파란' 등의 색채어가 대비됨을 알 수 있다. 하지만 (가)와 (나)에는 색채어가 나타나지 않는다.
③ 논리적 모순 관계를 통해 진실을 드러내는 역설법은 (가)~(다)에서 사용되지 않았다.
④ (가)는 '태양', (나)는 '과목', '묘목', (다)는 '보리' 등 자연물을 소재로 하고 있지만, 서로 대립하던 대상들이 타협하고 있는 것은 아니다.

35. ◁ 시어나 시구의 의미 및 기능 파악

❸ '겨울밤 달이 아직도 차거니'에서 '겨울밤', '차거니'는 부정적 상황을 드러내고 '아직도'는 이러한 상황이 온전히 극복되지 못하고 있음을 드러낸다. 그래서 화자는 이를 안타깝게 여기고 있는 것이다.

오답을 피하고 싶었어

① '항상'은 '거룩한 이야기'를 '태양을 등진 곳에서만' 할 수 있었다는 의미로, 일제 강점기의 어두운 현실을 드러내는 시어이다.

② '드디어'는 일제 강점기의 어두운 현실이 비로소 지나갔음을 의미한다.

④ '아무리'는 적대적인 것들이 화자의 사랑을 위협해도 이에 굴하지 않겠다는 의지를 부각하는 것에 가깝다.

⑤ '이미'에는 겨울을 이겨 내는 보리의 생명력을 긍정적으로 여기는 태도가 담겨 있다.

36. ◂ <보기>를 참고한 작품 감상

❷ (가)의 '몸'과 '맘'을 팔아 버린 벗들은 자신의 사랑을 지켜 내지 못한 사람들이라고 보는 것이 적절하다. 따라서 이들의 삶은 사랑을 이루기 위한 노력이 부족했다고 보는 것이 적절하며, 위협적인 대상에게서 사랑을 지켜 내지 못한 것으로 이해해야 한다.

오답을 피하고 싶었어

① (가)의 '헐어진 성터'는 사랑하는 대상이 훼손되었음을 의미하는데, 이에 대해 '이야기'를 나눈다는 것은 그 대상에 대한 관심을 잃지 않았음을 보여 준다.

③ '해충'은 과목을 해치는 존재이므로 '해충'을 제거하는 것은 위협에 맞서려는 노력에 해당한다.

④ '밤'은 부정적 상황이므로 '밤을 새워서 지키는 일'은 사랑하는 대상을 지키려는 노력이라고 볼 수 있다.

⑤ '꽃덤불'과 '새 과목'은 모두 화자가 바라는 긍정적 상황이므로 노력을 통해 얻으려 하는 사랑의 결실에 해당한다.

37. ◂ 시어나 시구의 의미 및 기능 파악

❶ '사랑의 의미'라는 (나)의 주제로 볼 때 ⓐ는 1행으로 이루어져 1연을 이루고 있으므로 시상 전개의 단서로 기능하고 있고, 첫 연과 끝 연에서 반복(수미상관)되고 있으므로 그 의미가 강조되고 있다는 것을 알 수 있다.

오답을 피하고 싶었어

② ⓑ가 글의 첫머리에 제시된 것은 맞지만, (나)에서 자연 친화적 이념의 역사를 다룬 내용을 찾기 어렵다.

③ ⓐ에서 경외감은 드러나지 않고, ⓑ는 비교를 통해 비장감을 자아내고 있지 않다.

④ ⓐ는 시행 하나로 연이 구성되나 ⓑ는 낱말 하나로 문장이 구성되나 ⓐ와 ⓑ 모두 인간 소외의 양상을 압축하고 있지 않다.

⑤ ⓐ와 ⓑ 모두 생성에서 소멸에 이르는 과정을 보여 주는 것과 무관하다.

38. ◂ <보기>를 참고한 작품 감상

❹ '봄의 춤'으로 표현된 보리의 모습은 겸손한 보리의 자세가 아닌, '온 누리'에 보리의 푸른 생명력이 넘치는 모습을 형상화한 것으로 보는 것이 적절하다.

오답을 피하고 싶었어

① 추위를 견디는 보리의 모습은 인내심과 연결하여 감상할 수 있다.

② '하늘'을 향해 솟아오르는 보리의 모습은 보리가 성장하는 모습이므로 보리의 강인한 의지와 관련되어 진취적 자세를 드러내고 있다고 감상할 수 있다.

③ 깊이 뿌리박고 자라나는 보리의 모습은 겨울임에도 불구하고 생명력을 잃지 않는 보리의 모습으로 이해할 수 있다.

⑤ 노고지리에게 '깊고 아늑한 품속'을 내어 주는 보리의 모습은 노고지리들이 보리에 보금자리를 튼 것과 연결되므로 보리와 다른 자연물들의 조화를 엿볼 수 있다.

잘숙이 1 2021.수능

39 ⑤   40 ⑤

[39-40] 갈래 복합

(가) 정철, 「사미인곡」

이 작품은 정철이 고향 창평에 은거하고 있을 때 지은 가사로, 여성 화자가 이별한 임을 그리워하는 마음에 빗대어 임금을 향한 자신의 충절과 연군의 정을 고백한 작품이다. '서사-본사-결사'의 3단 구성으로 되어 있으며 본사는 다시 '봄-여름-가을-겨울'의 계절의 흐름에 따라 전개되고 있다. 서사에서는 광한전에서 임과 함께 지내던 화자가 하계로 내려온 상황을 그려 임금과 떨어져 있는 자신의 상황을 드러낸다. 본사에서는 봄의 매화를 보며 임에게 보내고 싶은 마음을, 긴 여름날 임에게 보낼 옷을 짓는 정성스러운 마음을, 가을날 맑은 달을 보며 임에게 청광을 보내고 싶은 마음을, 추운 겨울날 임을 염려하며 따뜻한 볕을 보내고 싶은 마음을 그리고 있다. 결사에서는 차라리 죽어서라도 임과 함께 있고 싶은 마음을 드러내면서 임에 대한 변함없는 연정을 보여 주고 있다. 「정과정」을 잇는 충신연주지사의 대표적인 작품이다.

▶ [주제] 임에 대한 변함없는 사랑과 그리움, 연군지정

(나) 신흠, 「창 밧긔 워석버석 ~」

이 작품은 임이 부재하는 상황에서 임이 오기를 간절히 바라는 화자의 마음을 음성 상징어와 '착각-진실'의 구조를 통해 효과적으로 드러낸 시조이다. 창밖에서 들리는 소리를 임이 오신 소리로 착각하여 살펴보지만, 낙엽 지는 소리임을 깨닫고 애달파하는 화자의 마음이 나타나 있다.

▶ [주제] 임에 대한 간절한 그리움

(다) 유본학, 「옛집 정승초당을 둘러보고 쓰다」

이 작품은 예전에 살던 집의 당호를 소재로, '고요함'에 대한 생각을 피력하면서 마음의 고요함을 추구하고자 하는 삶의 자세를 드러낸 고전 수필이다. 소란스러움과 더위라는 외적인 번잡함에서 벗어나고자 했던 당시의 태도를 떠올리면서 필자는 옛집에서 지녔던 뜻을 잊지 않고 되새기고 있다.

▶ [주제] 마음의 고요함을 추구하는 삶

39. ◂ <보기>를 참고한 작품 감상

❺ '염냥'이 '가는 둧 고텨' 온다는 인식은 유한한 인생에서 임과 떨어져 지내는 시간이 지속되고 있으며 그 시간의 흐름이 속절없음을 드러내는 것이다. 언제 임을 만날 수 있을지 모르는 상황에서, 임과 단절된 채 흐르는 지상의 물리적 시간이 유한한 화자의 인생에 비해 빨리 흐르고 있다는 것이다. 따라서 지상의 물리적 시간이 심리적으로 지연되어 나타난다는 감상은 적절하지 않다.

오답을 피하고 싶었어

① <보기>에 따르면 천상의 시간적 질서에서는 끝없는 사랑이 지속되므로, 임과의 '연분'을 '하늘'과 연결 짓는 것은 임과의 사랑이 끝없이 이어지기를 바라는 마음이 반영된 것으로 볼 수 있다는 감상은 적절하다.

② '졈어 잇고'라는 시구는 화자가 '광한뎐'에서 임과 행복한 시간을 보내던 과거의 한때, 즉 '천상의 시간'에 해당하는 것이다. 반면 '늙거야'라는 시어는 화자가 임과 헤어져 '하계'에서 외로이 지내고 있는 현재, 즉 '지상의 시간'에 해당하는 것이다. 따라서 '졈어 잇고'와 '늙거야'를 통해 화자가 천상의 시간에서 벗어나 지상의 시간으로 편입되었음을 알 수 있다는 감상은 적절하다.

③ <보기>를 통해 화자가 지상의 물리적 시간을 심리적으로 변형하여 자신

의 심경을 드러냄을 알 수 있다. 화자가 임과 함께 '광한뎐'에서 지내던 때를 '엇그제'로 표현한 것은 임과 함께한 기억이 너무도 선명히 남아 있어 '삼 년'이라는 지상의 물리적인 시간을 심리적으로 압축한 것이라고 할 수 있다.

④ 〈보기〉를 통해 천상의 시간적 질서와는 다른 지상의 시간적 질서가 화자를 힘겹게 함을 알 수 있다. '인싱은 유흔'한데 임과 헤어진 지상의 시간은 빨리 흐르고 있다. '무심흔 셰월'은 유한한 지상의 시간적 질서에 따라 소망을 이룰 수 있는 시간이 줄고 있는 것에 대해 화자의 불안을 드러내는 것이라고 할 수 있다.

40. ◀ <보기>를 참고한 작품 감상

❺ (다)에서 '누군가'가 '고요함이 이긴다'는 당호를 '군더더기'로 본다는 것은 필자가 집을 지으려는 곳이 소리나 움직임이 없이 잠잠한 외적 고요의 공간인 '임원'이기 때문이다. 따라서 외적 고요만으로는 삶에서 느끼는 불편이나 슬픔을 이겨 내기 어렵다고 여겼기 때문이라는 내용은 적절하지 않다.

오답을 피하고 싶었어

① (나)에서 외부의 '낙엽' 소리가 창 안에서도 들린다는 것은 화자가 소리나 움직임이 없이 잠잠한 상태, 즉 외적 고요의 상태에 있음을 의미한다.
② (나)에서 '낙엽' 소리를 임이 오는 소리로 착각했다는 것은 화자가 간절하게 임을 기다리고 있음을 보여 주는 것으로, 마음이 평온한 상태에 있지 못함을 의미한다.
③ 〈보기〉에 따르면 (다)의 필자는 내적 고요를 추구함으로써 삶에서 느끼는 슬픔을 이겨 내는 동력을 얻고 있다. (다)에서 '사물에 닿을 때마다 슬픔만 더'한다는 것은 옛집을 돌아본 경험으로 인해 필자가 내적 고요를 이루기 어려움을 드러내는 것이다.
④ (다)에서는 '임원'이라는 공간 자체가 외적 고요를 드러내는데, 필자는 이에 당호를 더함으로써 내적 고요까지 추구하려 하고 있다.

잘숙이 2 (2021.수능)

45 ④

[45] 현대시

(가) 이용악, 「그리움」

이 작품은 시인이 광복 직후에 서울로 혼자 상경하여 외롭게 생활하면서, 고향에 두고 온 가족에 대한 그리움을 노래한 시이다. 1연과 5연의 수미상관 기법을 통해 눈 내리는 북쪽 고향에 대한 그리움을 표현하고 있고, '잉크병 얼어드는 이러한 밤'을 통해 고향을 떠나와 있는 화자의 외로운 생활을 잘 표현하고 있다.

▶ [주제] 북쪽 고향(가족)에 대한 그리움

(나) 이시영, 「마음의 고향 2 – 그 언덕」

이 작품은 화자가 객지로 떠나와서도 결코 잊히지 않는 유년 시절 고향에서의 추억을 '그곳(고향, 그 언덕)'을 떠올리며 추억하고 있는 시이다. 화자의 추억 속의 '그곳'은 밭의 가장자리에 탱자 울타리가 쳐진 곳이며, 중학생이 되어 아침마다 지나다녔던 곳이고, 아래로 흐르는 냇물의 침식을 받아 황토가 드러난 곳이기도 하다. 이 시에서는 화자가 잊지 못하는 고향 마을의 평화롭고 생명력 넘치는 모습과 추억들을 다양한 의성어나 의태어를 활용하여 선명하게 전달하면서 화자의 내면에 존재하는 고향에 대한 변함없는 애정을 표현하고 있다.

▶ [주제] 마음에서 잊히지 않는 어린 시절 고향의 추억

45. ◀ <보기>를 참고한 작품 감상

❹ (가)에서 '눈'을 '복된' 것으로 표현한 것은 〈보기〉에서 설명한 이용악의 시에서 나타나는 '언젠가 돌아가야 할 근원적 공간'으로서의 고향과 관련하여 화자의 고향에 대한 그리움과 애정을 드러낸 것으로 이해할 수 있다. (나)에서 화자는 '무엇'이 '부르는 것 같'았던 언덕을 회상하고 있다. 이는 〈보기〉에서 설명한 이시영 시의 '지금은 상실했지만 기억 속에서 계속 되살아나는 공간'으로서의 고향과 관련하여 화자가 어린 시절 고향에서의 추억을 애정 어린 목소리로 노래한 것으로 이해할 수 있다. 그러나 이를 고향으로의 귀환에 대한 기대를 드러낸 것으로 보는 것은 적절하지 않다.

오답을 피하고 싶었어

① (가)에 그려진 고향은 '복된 눈'이 내리는 '북쪽'의 '작은 마을'이다. 따라서 '함박눈'으로 연상되는 겨울의 이미지를 통해 '북쪽' 국경 지역의 고향을 보여 주고 있다고 할 수 있다. (나)에서 '햇빛'을 받은 '깨꽃'은 〈보기〉에서 말한 '생명이 살아 숨 쉬는 평화로운 농촌'의 모습에 해당하므로 '햇빛'을 받은 '깨꽃'에서 그려지는 여름의 이미지를 통해 생명력 넘치는 고향을 보여 주는 것으로 이해할 수 있다.
② (가)의 고향은 '험한 벼랑'에 놓인 '철길'이 아니면 왕래하기 쉽지 않은 교통의 오지이다. 또한 화자가 그리는 '작은 마을'은 '연달린 산과 산 사이'에 있는 산촌 마을이다. 이는 〈보기〉에서 설명한 '가족이 기다리는 궁벽한 산촌'의 모습을 구체화한 것으로 이해할 수 있다. (나)에서 '소고삐를 풀어놓고' '가재를 쫓'는 모습은 어린 시절 화자가 고향 마을에서 지냈을 때의 평화로움을 잘 보여 주는 것으로 〈보기〉에서 설명한 '평화로운 농촌'의 모습을 구체화한 것으로 이해할 수 있다.
③ (가)에서 화자는 '남기고' 온 '너'를 떠올리고 있다. 따라서 '너'가 있는 고향을 그리워하는 것은 고향에서 함께 있다 두고 온 사람을 기억하고 있는 것으로 볼 수 있다. (나)에서는 '밭 사이'에서 웃던 이웃들의 이름을 나열함으로써 고향에서 함께했던 이웃들에 대한 기억이 생생함을 보여 주는 것으로 이해할 수 있다.
⑤ (가)에서는 '차마 그리운 곳'이라는 표현을 통해 고향에 대한 지극한 그리움을 직접적으로 표현하고 있고, 이를 통해 〈보기〉에서 설명한 근원적 공간인 고향에 대한 애틋한 마음을 드러내고 있다. (나)에서는 '자꾸 안 잊히는지'라는 표현을 통해 떠나온 고향, 그러나 마음속에 늘 살아 있는 고향에 대한 변함없는 애정을 드러낸다고 이해할 수 있다.

잘숙이 3 (2021.09)

45 ①

[45] 현대시

(가) 김수영, 「사령」

이 시는 부정적인 현실에 적극적으로 대항하지 못하는 자신의 영혼을 죽어 있다고 토로하며, 무기력한 자신을 성찰하고 있다. 화자는 자유가 활자로만 존재한다는 표현을 통해 자유가 억압된 부정적인 현실을 드러내고 있으며, 자유를 말하는 벗 앞에서 고개 숙이고 있는 자신의 비겁함을 고백하며 자괴감을 느낀다. 자유를 얻기 위해서는 필연적으로 희생을 감수해야 함을 알면서도 이를 실천하지 못하는 자신의 영혼을 죽은 것으로 여기며 부끄러워하고 있다.

▶ [주제] 불의에 대항하지 못하는 삶에 대한 성찰과 자괴감

(나) 김혜순, 「한강물 얼고, 눈이 내린 날」

이 시는 눈이 내린 날 한강물이 얼어붙어 배들이 움직이지 못하고 늘어서 있는 모습과 연결하여 자유가 억압되고 경직된 사회의 모습을 냉소적으로 비판하고 있다. 화자는 한강물이 얼어붙어 움직이지 못하는 배들을 비웃으며, 말이 자유롭게 쓰이지 못하고 개인의 언어 사용이 제한된 상황을 '얼어붙은 하늘 사이로 붙박힌 말들을' 보았다고 표현하고 있다. 이러한 상황에서 언 강물 위에 붙들려 늘어선 배들을 비웃는 모습이나 '빙그르르' 나뒹구는 몸짓과 같이 말을 대체할 수 있는 다른 의사소통의 방법을 보여 주면서 억압되고 경직된 사회에 대한 비판 의식을 드러내고 있는 것이다.

▶ **[주제]** 자유로운 의사소통이 제한되는 상황에 대한 비판

45. ◀ 〈보기〉를 참고한 작품 감상

❶ (가)의 화자는 의사소통의 여지가 축소된 상황에서 '자유를 말하'지 못하는 스스로의 모습을 자조하며 성찰한다고 볼 수 있다. 즉 (가)의 화자는 위축된 의사소통의 장에 적극적으로 참여함으로써 경직된 사회에 대응해야 하는데, 그렇게 행동하지 못하는 자신에 대해 자괴감을 느끼고 있는 것이다. (가)에 자신의 참여만으로는 의사소통의 장을 활성화할 수 없다는 화자의 성찰은 드러나지 않는다.

오답을 피하고 싶었어

② 〈보기〉의 '이러한 상황에서 말을 대체할 수 있는 웃음이나 몸짓과 같은 또 다른 의사소통의 방법을 보여 준다.'라는 내용과 연관 지어, (나)에서 비웃는 모습이나 뒹구는 장면을 또 다른 의사소통의 방법을 모색한 것으로 볼 수 있으므로 적절하다.

③ 〈보기〉의 '자유로운 의사소통이 제한되는 사회에서 개인은 자신의 의사를 온전히 표현할 수 없어서 자유가 억압되고, 그 사회 또한 경직된다.'라는 내용과 연관 지어, (가)에서 화자가 '마음에 들지 않아' 하는 '고요함'이 있는 '하늘 아래', (나)에서 '배'와 '말'이 '숨죽이고 있는', '맞붙은 사이'의 공간을 의사소통이 자유롭지 못한 경직된 사회를 드러낸 것으로 볼 수 있으므로 적절하다.

④ 〈보기〉의 '이러한 상황에서 화자는 위축된 의사소통의 장에 적극적으로 참여하지 못하여'라는 내용과 연관 지어, (가)에서 '자유'에 대한 표현이 '활자'로 한정된 것을 의사소통의 장이 위축된 것으로 볼 수 있다. 또한 〈보기〉의 '자유롭게 쓰여야 할 언어를 '붙박힌 말'로 표현함으로써 개인의 언어 사용이 제한된 상황을 비판한다.'라는 내용과 연관 지어, (나)에서 '날아가지 못하는 말'을 언어 사용이 제한된 상황을 나타낸 것으로 볼 수 있으므로 적절하다.

⑤ 〈보기〉에서 '언어가 제 기능을 제대로 하지 못하는 상황'을 '활발한 의사소통의 수단이어야 할 언어가 '활자'의 상태로만 존재한다고 표현'했다고 하였으므로 이 내용과 연관 지어, (가)에서 '황혼', '돌벽 아래 잡초' 등과 같은 주변 세계를 '마음에 들지 않아' 하는 것은 의사소통이 활발하지 못한 상황에 대한 생각을 드러낸 것으로 볼 수 있다. 또한 〈보기〉에서 '붙박힌 말'이라는 표현을 통해 '개인의 언어 사용이 제한된 상황을 비판한다'고 하였으므로 (나)에서 '언 강물'로 인해 '배'가 가지 못하는 상황을 의사소통을 방해하는 환경을 표현한 것으로 감상한 것 역시 적절하다.

---

10 DAY
시, 문제 패턴 2, 3

잘숙이 1   2014.09(A)

| 32 ③ | 33 ③ |

[32-33] 현대시
고정희, 「상한 영혼을 위하여」

이 시는 미래에 대한 낙관적인 믿음을 바탕으로 어려운 상황을 뚫고 나아가려는 강인한 의지를 노래하고 있는 작품이다. 상한 갈대와 같은 존재든 뿌리 없는 부평초와 같은 존재든지 간에 우리가 갖추어야 할 삶의 태도는 고통을 피하는 것이 아니라, 고통을 적극적으로 수용하고 이를 극복하려는 자세라는 것이다. 화자의 이러한 믿음은 뿌리가 깊으면 밑동이 잘려도 새순이 돋는 갈대와, 뿌리 없이 흔들리는 부평초이지만 물 고이면 꽃은 피더라는 자연 현상에 근거를 두고 있다. 이러한 것이 자연의 이치이므로 '고통'은 거부할

필요가 없으며 오히려 우리에게 충분히 흔들리자고 말한다. 심지어 고통과 살을 맞대며 가자고 말한다. 외로움을 작정하며 목숨을 거는 강인한 의지를 가지면 고통과 설움의 땅을 벗어나 '뿌리 깊은 벌판'에 도달할 수 있다고 보는 것이다. 그러면서 영원한 슬픔은 없다는 생각과 고통을 함께 극복할 존재('손 하나')를 통해 자신의 이러한 낙관을 강하게 확신하고 있다.

▶ **[주제]** 어려운 상황에 대한 극복 의지 다짐

32. ◀ 시어나 시구의 의미 및 기능 파악

❸ [A]의 '새순'은 '밑동 잘리어도' 돋는 것으로, [B]의 '등불'은 '이 세상 어디서나' 켜지는 것으로 형상화되고 있다. 갈대의 밑동이 잘리는 것은 갈대에게 일종의 고난이라고 볼 수 있을 것이다. 따라서 잘려도 '새순'이 돋는 것은 갈대가 이러한 고난을 이겨 낼 수 있음을 암시한다고 볼 수 있다. 한편 '등불'은 어둠을 밝히는 존재인데, 세상 어디에서도 '등불'은 켜진다는 것은 세상이 어두워지더라도 밝은 빛은 존재한다는 뜻이다. 어둠은 고난의 속성을 가지고 있으므로 '등불'은 고난 극복의 가능성을 암시한다고 볼 수 있다.

오답을 피하고 싶었어

① [A]의 '밑동'은 밑동을 가리키는 말로 나무줄기에서 뿌리에 가까운 부분이므로 '밑동 잘리어도'가 바로 실존적 위기감을 상징하는 것으로 볼 수 있다. 한편 [B]의 '개울'은 '등불'과 마찬가지로 세상 어디에서나 찾을 수 있는 것이므로, 오히려 고난 극복의 가능성을 상징한다.

② [A]에서는 '상한 갈대'가 '한 계절' 동안 '넉넉히' 흔들린다고 했으므로 '한 계절'은 상한 갈대가 감내할 수 있는 시간이다. 따라서 극한 상황을 비유한 것으로 보기 어렵다.

④ [A]와 [B] 모두에서 현실이 고통스러울지라도 이것을 적극적으로 받아들이고 이겨 낼 수 있는 자세가 중요하다고 말하고 있다. 따라서 현실 부정의 비판적 어조가 반복되고 있다고 볼 수 없다.

⑤ [A]에서 [B]로 전개되면서 화자의 낙관적 믿음과 의지적 태도가 반복적으로 변주되고 있으므로 소극적으로 변화했다고 볼 수 없다.

33. ◀ 〈보기〉를 참고한 작품 감상

❸ 〈보기〉에 따르면 3연의 '바람'은 막을 수 없는 것임에 틀림없다. 하지만 3연은 계속해서 '영원한 눈물'도 '영원한 비탄'도 없다고 말하고 있다. 즉 고난을 막기 어렵다고 해서, 이러한 고난이 영원히 지속되리라고 생각해서는 안 된다는 것을 노래하고 있는 것이다. 그리고 ㉠은 '고통과 설움의 땅'을 지나서 도달하는 공간이므로 긍정적 공간임에 틀림없다. 따라서 ㉠을 영원한 운명의 구속에서 벗어날 수 없는 공간으로 해석하는 것은 적절하지 않다.

오답을 피하고 싶었어

① 1연에서 '갈대'처럼 흔들리는 존재도 '뿌리 깊으면야' '새순이 돋'는다고 했다. '뿌리 깊'다는 것은 그만큼 튼튼하고 굳건하다는 의미를 가지므로 ㉠은 굳건한 삶의 공간으로 볼 수 있다.

② ㉠의 '벌판'은 갈대가 뿌리를 박은 채 자라야 하는 지상의 공간이므로 '하늘'에 대응되는 현실적 삶의 공간으로 볼 수 있다.

④ 3연의 '두 팔로 막아도 바람은 불 듯 / 영원한 눈물이란 없느니라 / 영원한 비탄이란 없느니라'에서 화자는 고통이 영원하지는 않지만, 그 고통을 피할 수도 없는 것이라고 노래하고 있으므로 ㉠은 피할 수 없는 시련에 맞서야 하는 공간임을 알 수 있다.

⑤ 3연의 '손'은 '캄캄한 밤'과 대비되고 '오고 있'는 것이므로, 희망을 암시하는 존재이다. 또한 ㉠의 '벌판'에 서서 '손'을 기다리고 있는 것이므로 ㉠은 희망이 예비된 공간으로 볼 수 있다.

잘숙이 2   2014.수능(A)

32 ④ 33 ②

[32-33] 현대시
이형기, 「낙화」

이 시는 살면서 경험하게 되는 이별을 꽃이 떨어지는 상황에 비유함으로써 이별을 끝이 아닌 성숙을 위한 과정으로 파악하여 이별에 가치를 부여하고 있는 작품이다. 화자는 '낙화'가 꽃의 단순한 죽음이 아니라, 녹음으로 이어져 열매를 맺기 위한 준비이듯이 인간사에서 겪게 되는 이별 역시 자아의 내적 성숙을 가져오기 위해 겪어야 하는 고통의 과정으로 보고 있다. 이렇게 긴 안목으로 '낙화'를 바라보면 이제 더 이상 '낙화'가 아픔이나 슬픔으로만 느껴지지 않고, '섬세한 손길을 흔들며 / 하롱하롱' 떨어지는 아름답고 가치 있는 현상으로 다가오는 것이다. 그래서 화자는 1연에서 가야 할 때를 알고 가는 이의 아름다움을 강조한다. 그리고 이어지는 연에서 '낙화'의 의미를 드러낸 후, 이를 자신의 이별과 관련지으면서 이별이 비록 슬프지만 영혼을 성숙시키는 계기가 됨을 말하고 있다.

▶ [주제] 이별을 통한 내적 성숙

32. ◀ 시어나 시구의 의미 및 기능 파악

❹ 지금 꽃이 지는 것, 청춘이 죽는 것은 여름의 녹음을 거쳐 가을에 열매를 맺기 위한 것이다. 따라서 ⓔ은 꽃이 지는 것이 열매라는 결실을 가져오듯 이별 역시 인생에서의 충실한 성장, 내적 충만을 가져오기 위한 것임을 '머지않아 열매 맺는', '가을'이라는 계절의 의미에 빗대어 표현한 것으로 볼 수 있다.

오답을 피하고 싶었어

① ㉠은 이별의 의미, 가치에 대해 깨닫고 있는 화자가 이별에 대한 자신의 생각을 '얼마나 아름다운가.'로 표현하여 그 아름다움을 강조하고 있는 것으로, 이때 화자는 내적으로 방황하고 있지 않으며 오히려 가야 할 때를 알고 가는 이가 아름답다고 감탄하고 있다.

② ㉡은 자신의 이별에 대해 '격정을 인내한'이라 말하면서 이별을 감내하고 받아들이는 화자의 태도를 드러내고 있다. 지나간 사랑에 연연해하는 화자의 모습은 나타나지 않는다.

③ ㉢은 꽃이 떨어진 후 여름이 되면 맞이할 모습을 그린 것으로, '낙화'가 끝이 아니고 여름과 가을로 이어지고 있음을 구체적으로 보여 주고 있다. 화자는 이별에서 새로운 의미를 찾고 있으므로, 삶의 목표 상실이나 번민에 가득찬 화자의 상황을 표현한다고 볼 수 없다.

⑤ 이별을 통한 정신적 성숙을 '샘터에 물 고이듯'이라고 비유한 표현으로, 과거의 삶으로 회귀하고자 하는 화자의 태도는 나타나지 않는다.

33. ◀ <보기>를 참고한 작품 감상+시어나 시구의 의미 및 기능 파악

❷ 제2연의 '봄 한철'은 뒤에 이어지는 행을 볼 때, 격정의 시간으로 볼 수 있다. 이를 <보기>와 관련지으면 청춘기의 열정과 격정으로 읽을 수 있다. 한편 제5연의 '꽃답게 죽는다'는 '낙화'와 '이별'이 지닌 아름다움을 드러낸 표현으로, 그 아름다움은 가을의 열매와 관련되며 이는 자아의 성장을 통한 새로운 자아상의 확립을 의미하는 것이다. 따라서 '봄 한철'과 '꽃답게 죽는다'가 '시련에 부딪혀 열정을 잃어 가는 자아'의 모습을 보여 준다고 할 수 없다.

오답을 피하고 싶었어

① 제1연과 제3연의 '가야 할 때'는 이별해야 할 때를 말하는 것으로, 이전 상황과는 다른 상황으로의 변화이며 이는 '열매'나 '성숙'과 이어지게 되므로 '새로운 자아의 모습을 찾게 되는 계기'라고 할 수 있다.

③ 제3연에서 '결별'을 '축복'으로 표현하고 있는데, 이는 이별이 더 나은 발전이나 성숙과 이어짐을 드러내는 것으로 이별의 수용이 자아 성장의 과정으로 이어진다고 할 수 있다.

④ 제6연의 '헤어지자 / 섬세한 손길을 흔들며'는 '낙화'의 상황을 구체적으로 그린 것으로, 이별을 수용하는 화자의 긍정적 자세를 드러냄과 동시에

<보기>와 연관 지으면 '이별'이 이전까지의 세계와 헤어지고 새로운 세계와 만나면서 성장을 가져올 수 있는 계기임을 인식한 화자의 태도를 드러내는 것이라 할 수 있다.

⑤ 제7연의 '내 영혼의 슬픈 눈'은 '눈'을 통해 성찰의 태도를, '슬픈'을 통해 시련에 부딪힘을 보여 주는 것으로, 이별이 자신의 내면을 성찰하는 기회를 제공하는 동시에 시련에 부딪혀 변화를 겪게 하고 새롭게 성숙하게 함을 말하고 있다.

잘숙이 3 ⟨2020.09⟩

17 ④ 18 ② 20 ⑤

[17-18, 20] 고전 시가
(가) 정극인, 「상춘곡」

이 작품은 작가가 벼슬을 사임하고 향리로 돌아가 만년을 지내면서 자연의 아름다움을 즐기는 안빈낙도(安貧樂道)의 정신을 노래한 가사로, 속세를 벗어나 자연에 묻혀 고고하게 살아가려는 내면적 의지와 이에 대한 자부심이 드러나 있다. 춘경(春景)이 사실적이고 생동감 있게 잘 묘사되어 있으며, 아름다운 자연에 동화되는 화자의 모습이 제시되어 있다. 설의법, 의인법, 대구법, 직유법 등의 표현 기교와 고사를 적절히 활용하여 은일지사(隱逸之士)의 유유자적한 생활의 모습을 효과적으로 그려 내고 있다.

▶ [주제] 봄의 완상(玩賞)과 안빈낙도

(나) 이이, 「고산구곡가」

이 작품은 이이가 벼슬에서 물러나 황해도 해주 고산 석담에 정사를 짓고 제자들을 모아 가르치며 후진 양성에 전념할 때 지은 연시조이다. 송나라 주자의 「무이도가」를 본뜬 것으로 알려져 있다. 총 10수로 이루어진 연시조로, 자연 풍경에 대한 묘사를 중시하여 각 연마다 풍경을 담아 노래하였다.

▶ [주제] 자연에 대한 예찬과 학문을 깨우치는 즐거움

17. ◀ <보기>를 참고한 작품 감상+정서 및 태도 파악

❹ ㉣은 '사람들이 경치가 좋은 곳을 모르니 알게 하는 것이 어떻겠는가?'라는 의미로, 화암의 늦봄 경치와 계곡의 절경을 사람들에게 알리고 싶은 마음을 청자에게 물어 공감을 유도하고 있다.

오답을 피하고 싶었어

① ㉠은 '홍진(속세)'에 사는 사람들에게 그들과는 다른 자신의 자연 친화적인 삶이 어떠한가를 묻고 있으므로, 동질적인 삶을 살고 있음에 대해 질문하는 것이 아니다.

② ㉡은 이웃 사람들에게 산수 구경을 권유하는 내용이지 그들을 불러들여 함께했던 지난날의 경험을 상기시키며 동질성 회복을 권유하고 있는 것은 아니다.

③ ㉢은 술동이가 비었으면 자기에게 알리라는 내용으로, 상대의 부탁을 수용하거나 자신과 뜻을 같이할 것을 청자에게 명령하는 것이 아니다.

⑤ ㉤은 직접 와서 살펴보지 않으면서 볼 것이 없다고 말하는 세속의 경박함에 대해 비판하는 내용으로, 타인의 말을 청자에게 전하며 조언을 구하는 것이 아니다.

18. ◀ 정서 및 태도 파악

❷ '수풀에 우는 새는 춘기를 못내 계워 소리마다 교태로다'는 화자가 느끼는 봄의 흥취를 새에게 투영한 감정 이입으로 볼 수 있다. 새에 대한 부러움을 드러낸 것이 아니다.

오답을 피하고 싶었어

① '녯사름 풍류를 미출가 못 미출가'에서 자신의 삶을 옛사람과 비교하고 있음을, '송죽 울울리예 풍월주인 되여셔라'에서 스스로를 풍월주인으로

여기고 있음을 알 수 있다. 이는 자연 속에서 풍류를 즐기는 자신의 삶에 대한 자부심으로 볼 수 있다.

③ '답청이란 오늘 ㅎ고 욕기란 내일 ㅎ새 / 아춤에 채산ㅎ고 나조히 조수ㅎ새'에서 하고 싶은 일에 대한 화자의 기대감이 드러난다.

④ '청향은 잔에 지고 낙홍은 옷새 진다'에서 맑은 향이 담긴 술잔과 옷에 떨어지는 꽃잎에 주목하고 있음을 알 수 있는데, 이는 화자가 느끼는 물아일체의 심리로 이해할 수 있다.

⑤ '청류를 굽어보니 써오ㄴ니 도화 | 로다 / 무릉이 갓갑도다 져 미이 권 거인고'를 통해 화자가 떠내려오는 도화를 보며 동양적 이상향인 무릉도원을 연상하는 것을 알 수 있다. 이는 봄의 경치에 대한 화자의 감흥이 점점 고조되는 상황으로 이해할 수 있다.

20. ◂ 〈보기〉를 참고한 작품 감상+시어의 의미 및 기능 파악

❺ 바위를 덮은 '눈'은 문산의 아름다움을 부각하는 것이지, 자연과 합일을 이루려는 인간의 의지를 형상화한 것이 아니다. 〈보기〉의 「송애기」와 관련된 설명에서도 인간의 의지를 강조하는 내용은 찾을 수 없다.

오답을 피하고 싶었어

① 〈보기〉의 '그가 고산구곡의 곳곳에서 지인들과 교유한 경험을 소개한 「송애기」에는'을 통해 고산구곡이 작자와 '벗님'들의 교유 장소로 활용되었음을 추론할 수 있다.

② 〈보기〉의 '「고산구곡가」의 창작 이후 이곳을 찾는 이들이 더 많아졌다는 사실이 기록되어 있다.'에서 '학주자'를 하려는 작자의 선택에 대한 사람들의 긍정적 반응을 확인할 수 있다.

③ 〈보기〉의 '그가 고산구곡에 정사를 건립한 일이 주자가 무이구곡의 은병에서 후학을 양성한 것을 본받았다는 점'에서 '은병'이 주자의 학문을 계승하기 위해 선택된 공간이기도 했음을 짐작할 수 있다.

④ 〈보기〉의 '자연으로부터 마음을 바르게 하는 도리를 찾으면 군자의 참된 즐거움을 누릴 수 있다는 그의 생각이 나타나 있다.'에서 '강학'과 '영월음풍'이 조화를 이룰 수 있는 행위임을 유추할 수 있다.

---

11 DAY
시, 문제 패턴 4, 5

잘숙이 1 (2015.06(A))

31 ②	32 ④

[31-32] 현대시

나희덕, 「그 복숭아나무 곁으로」

이 시는 '그 복숭아나무'로 비유된 시적 대상에 대해 화자가 처음에는 심리적 거리감을 느꼈으나 한참 시간이 흐른 후에야 그 대상에 대해 이해하고 깨달은 뒤 비로소 대상에 대해 친밀감을 느끼게 되는 과정을 그리고 있다. '그 복숭아나무'는 마음을 쉽게 알 수 없는, 또는 안다고 생각했지만 사실 잘 알지 못했던 어떤 사람(예를 들어 부모님 같은 존재)으로 볼 수 있다. 처음에 화자는 가까이 다가간 적도 없으며 그늘 밑에 앉아 본 일도 없다는 식으로 '그 복숭아나무'에 대한 거리감을 드러내고 있다. 화자는 한참의 시간이 흐른 후에야 비로소 '그 복숭아나무'에서 여러 겹의 마음을 읽게 된다. 여러 겹을 가진 '그 복숭아나무'의 마음은 수천의 빛깔을 가진 존재로 제시되는데, 화자는 '그 복숭아나무'가 수천의 빛깔을 피우고 싶었기 때문에 외로웠을 것이라는 인식에 이른다. 이러한 인식의 전환을 통해 수천의 빛깔을 피우기 위해 외로움을 느꼈을 복숭아나무를 이해하고 공감하는 성숙한 모습을 지니게 된다.

▶ [주제] 복숭아나무에 대한 이해와 깨달음

31. ◂ 표현상의 특징 파악

❷ 1연 2행을 보면 화자는 대상을 '그 복숭아나무'라고 지칭하고 있다. 이는 시적 감흥을 촉발시키는 복숭아나무가 일반적 대상이 아니라 '그 복숭아나무'라는 특정한 대상임을 부각하는 효과를 낸다. 시상이 전개될수록 '그'라는 지시어는 '그 나무', '그 복숭아나무' 등으로 반복적으로 표현되어 독자에게 시적 대상이 특정한 '그 복숭아나무'임을 끊임없이 환기한다.

오답을 피하고 싶었어

① 이 작품은 규모가 거대하고 성대할 때 조성되는 웅장한 분위기와는 거리가 멀다. 이 시에 사용된 '-습니다'라는 경어체 표현은 '그 복숭아나무'에 대한 자신의 인식을 차분히 드러내면서 고백적인 어조를 형성하는 데 기능하고 있다.

③ 2연을 도치된 문장으로 파악하는 것은 적절하다. 하지만 작품의 시적 상황은 긴박한 분위기를 띠지 않는다. 도치된 문장으로 마무리된 이 시의 마지막 부분은 시적 여운을 심화하는 것으로 보는 것이 적절하다.

④ 이 작품에서 '그 복숭아나무'는 '여러 겹의 마음을 가진', '조금은 심심한 얼굴'을 하고 있기 때문에 의인화된 대상이다. 하지만 이것이 현실에 대한 비판적 관점을 나타내고 있는 것이라고 판단하는 것은 적절하지 않다.

⑤ '흰꽃', '분홍꽃' 등에서 색채어 사용을 찾아볼 수 있으나 이것을 신화적 세계에 대한 동경을 드러내고 있는 것이라고 판단하는 것은 적절하지 않다.

32. ◂ 시어나 시구의 의미 및 기능 파악

❹ [D]에서 대상에 대한 새로운 이해가 나타난다고 보는 것은 적절한 지적이다. '외로웠을 것이지만 외로운 줄도 몰랐을 것'이라는 구절과 '피우고 싶은 꽃빛이 너무 많은'이라는 구절에 드러난 '그 나무'는 분명 '흰꽃'과 '분홍꽃'으로만 인식된 '그 나무'와 구별되기 때문이다. '그 나무'가 상징하고 있는 바가 다양하게 해석될 수 있다 하더라도, '피우고 싶은 꽃빛'이라는 구절을 화자가 외로움을 이겨 낸 상황으로 보기 어렵다. '그 나무'가 여러 겹의 마음을 가진 것으로 보아 '피우고 싶은 꽃빛'은 대상의 이러한 다양한 마음과 관련지어 해석하는 것이 타당하다.

오답을 피하고 싶었어

① [A]의 '나는 왠지 가까이 가고 싶지 않았습니다'라는 구절에서 '그 복숭아나무'에 대해 거리를 두는 화자의 태도를 읽어 낼 수 있다. 그리고 그 이유는 '그 복숭아나무'가 '너무도 여러 겹의 마음'을 가진 존재였기 때문으로 드러난다.

② [B]에서는 '그 복숭아나무'에 대한 화자의 심리적 거리감으로 인해 화자가 그 나무를 피하고 있음이 드러난다. 그 나무의 '그늘'에 앉지 않고, '멀리로 멀리로만' 지나쳐 가는 모습에서 이를 확인할 수 있다. 따라서 [B]는 대상에 대한 감정이 행동으로 구체화되고 있는 부분이다.

③ [C]에서 '그 복숭아나무'는 '흰꽃과 분홍꽃 사이에 수천의 빛깔'을 가진 존재로 제시되고 있다. 그런데 [B]에서 그 나무는 '흰꽃과 분홍꽃을 나란히 피우고' 있는 존재였다. 따라서 [C]는 대상에 대한 인식이 전환되는 부분이며, '눈부셔 눈부셔'라는 표현은 화자의 인식이 전환되는 순간을 감각적으로 드러내면서 부각하고 있는 부분이다.

⑤ [E]에서 '흩어진 꽃잎들'이라고 했으므로 '그 복숭아나무'의 꽃잎들은 이제 나무에 피어 있지 않다. 수천의 빛깔이 있다는 것을 이제야 깨달았는데, 정작 그 꽃잎들은 이제 져 버린 것이다. 따라서 '조금은 심심한 얼굴'은 '그 복숭아나무'의 또 다른 모습으로서, 꽃잎이 진 '그 복숭아나무'를 가리킨다.

잘숙이 2 (2016.수능(B))

40 ①	41 ④	42 ①

[40-42] 고전 시가
(가) 정철, 「어와 동량재롤 ~」
　이 작품은 조정의 신하들이 당쟁만을 일삼으며 나라의 인재들을 모함하고 내치던 세태를 풍자한 시조이다. '동량재'는 나라의 유능한 인재를 가리키고, '뭇 목수'는 당쟁을 일삼는 무능한 정치가를, '기운 집'은 위태로운 나라를 비유한 것이다.
　▶ [주제] 조정의 혼란 속에서 인재를 잃어 가는 현실에 대한 안타까움

(나) 이원익, 「고공답주인가」
　이 작품은 조선 중기 임진왜란을 겪은 뒤 명신 이원익이 지은 가사로 알려져 있다. 허전이 지은 「고공가」에 화답한 가사로 '고공답가(雇工答歌)'라고도 한다. 허전의 「고공가」에서와 마찬가지로, 나라의 관리들을 대갓집의 머슴들에 비유하여 주인의 무너진 살림을 일으킬 생각은 하지 않고 자신의 소임도 다하지 않는 머슴들의 잘못된 행태를 비판하고 있다.
　▶ [주제] 나태하고도 이기적인 관리들의 행태에 대한 비판

40. ◂ 공통점과 차이점 파악+표현상의 특징 파악

❶ (나)의 '집일을 곳치거든 종들을 휘오시고 / 종들을 휘오거든 상벌을 밝히시고 / 상벌을 밝히거든 어른 종을 미드쇼셔'에 연쇄의 표현 기법이 쓰였고, (나)의 3~4행에서는 '뉘라셔 곳쳐'가 반복되어 표현되고 있다. 이와 달리 (가)에는 연쇄와 반복의 표현 기법이 쓰이지 않았다.

오답을 피하고 싶었어

② (가)와 (나) 모두 설의적 표현 기법을 사용하여((가)의 초장, (나)의 3~4행) 안타까움의 정서를 강조하고 있다.
③ (가)에서는 '동량재(나라의 인재)', '기운 집(어려운 지경에 놓인 나라)' 등 직유가 아닌 은유의 방식을 사용하고 있다. (나)에서는 '옥 곳튼 얼굴'과 같은 직유의 방식을 사용하고 있다.
④ (가)에는 색채어가 쓰이지 않았다.
⑤ (가)와 (나)는 모두 현실 상황에 대한 탄식을 드러내고 있다. 과거와 현재의 대비를 통한 시상의 전환은 이루어지지 않았다.

41. ◂ 시어나 시구의 의미 파악

❹ (나)에서 화자는 '마누라(임금)'가 새끼를 꼬고 있을 것이 아니라 자신의 충언을 받아들여 서둘러 실천하기를 바라고 있다. '새끼 꼬기'를 화자가 청자에게 당부하는 시급하고 중요한 행위로 본 내용은 적절하지 않은 이해이다.

오답을 피하고 싶었어

① ㉠에 이어지는 구절 '제 소임 다 바리고 몸 쓰릴 쑨이로다(제 소임 다 버리고 몸 사릴/꺼릴 뿐이로다)'로 볼 때, '바깥 마름'이 직분을 망각하여 화자의 비판을 받고 있는 존재로 이해한 내용은 적절하다.
② '불한당 구멍 도적'이 멀지 않은 곳에 다니고 있다고 하였으므로, 이들을 '가까운 곳에 있으며 화자에게 불안감을 주고 있는 세력'으로 이해한 내용은 적절하다.
③ 화자는 주인이 하인들을 다스리기 위해서 우선적으로 해야 할 일을 설득하고 있으므로 '너 주인'을 설득의 대상으로 이해한 내용은 적절하다.
⑤ 화자는 주인이 '상벌'을 밝히기를 설득하고 있으므로, '상벌'을 화자가 공정하고 엄중하게 시행되기를 바라는 일로 이해한 내용은 적절하다.

42. ◂ <보기>를 참고한 작품 감상+시어나 시구의 의미 파악

❶ (가)에서는 '동량재'에 대한 잘못된 대우를 한탄하고 있고, (나)에서는 집안을 일으키기 위해서는 '어른 종'을 믿어야 한다고 말하고 있다. 따라서 (가)의 '동량재'와 (나)의 '어른 종'이 국가의 바람직한 경영을 위해 필요한 존재라고 감상한 내용은 적절하다.

오답을 피하고 싶었어

② (나)에서는 '기운 집'을 바로 세우기 위해 실천해야 할 일을 하인들(신하들)과 주인(임금)에게 간곡히 호소하고 있다. 위험에 놓여 있지만 힘을 합쳐 일으켜 세워야 할 나라를 '되돌릴 길 없이 기울어 패망한 국가'라고 감상한 내용은 적절하지 않다.
③ (가)의 '의논'은 바른 방향을 잡지 못하고 불필요하게 전개되는 당쟁을 꼬집는 말이므로, 국가 대사를 위한 대책인 (나)의 '논의'와는 성격이 다르다.
④ (가)의 '뭇 목수'는 조정의 일에 관심은 많으나 당쟁을 일삼는 이들을 가리키고, (나)의 '혬 업는 죵'은 조정의 일에 무심하고 직무를 소홀히하는 이들을 가리킨다.
⑤ (가)의 여러 목수들은 '고자 자'를 들고 입씨름만 하고 있을 뿐 집을 바로 세울 실행력을 발휘하지 못하고 있으며, (나)의 '문허진 담'은 위험에 빠진 국가를 가리킨다. '고자 자'와 '문허진 담'이 외세의 침입에 협조한 것이라는 반응은 적절하지 않다.

잘숙이 3　2021.06

　22 ③　23 ④　24 ⑤

[22-24] 현대시
(가) 조지훈, 「산상(山上)의 노래」
　(가)는 광복 후 민족의 미래를 고고한 태도로 모색하는 지사적 풍모를 형상화하고 있는 시이다. 화자는 광복의 기쁨 가운데, 수난을 겪었던 과거와 미래를 준비해야 하는 현실을 성찰하고 있다. 절제된 어조를 바탕으로, 다양한 감각을 활용한 비유적 표현을 통해 주제 의식을 형상화하고 있다.
　▶ [주제] 광복의 기쁨과 민족의 미래에 대한 모색

(나) 손택수, 「나무의 수사학 1」
　(나)는 도심 속 나무의 모습을 통해 도시의 삶에 적응하지 못하고 힘겹게 살아가는 현대인의 상처와 아픔을 형상화하고 있는 시이다. 도시의 이주민으로 살아가는 화자는 도로변 시끄러운 가로등 곁에 있는 가로수에게 동질감을 느낀다. 이는 삭막한 도시의 환경에서 제대로 뿌리박지 못하면서도 고통을 참아 내며 꽃을 피우는 나무의 모습에서 도시에 제대로 정착하지 못하고 힘겹게 살아가는 현대인의 모습을 떠올렸기 때문이라고 볼 수 있다. 나무의 삶을 의인화하여 화자의 정서를 대변하고 있으며, 단정적 어조를 활용하여 주제 의식을 드러내고 있다.
　▶ [주제] 도시의 삶에 적응하지 못하고 힘겹게 살아가는 현대인의 모습

22. ◂ 표현상의 특징 파악

❸ (가)의 '숨으라', '사양하라'에서 명령형 어조를 활용하여 대상인 '샛별', '사슴과 토끼'의 행동을 유도한다고 볼 수 있다. (나)의 '도시가 나무에게 / 반어법을 가르친 것이다', '그가 견딜 수 없는 건 ~ 붕붕거린다는 것, ~ 뜯어 먹는다는 것', '나무는, 알고 보면 / 치욕으로 푸르다' 등에서 도시에서 꽃을 피운 나무의 모습에 대한 단정적 진술을 활용하여 도시의 삶에 적응하지 못하고 힘겹게 살아가는 현대인의 모습이라는 주제 의식을 드러낸다고 볼 수 있다.

오답을 피하고 싶었어

① (가)의 '시월상달'을 통해 계절감을 연상할 수는 있지만, 계절의 변화에 따라 달라지는 주변 풍경을 드러낸다고 볼 수는 없다. (나)에서 '도시'의 '도로변'이 공간적 배경으로 제시되고 있지만, 공간의 이동에 따른 풍경 변화를 묘사한다고 볼 수는 없다.
② (가)에서 '높으디높은 산마루', '떠오르는 햇살' 등에서 시각적 이미지를 통해 자연의 모습을 드러내고 있지만, 이는 화자가 처한 공간적 배경이나 화자가 바라는 지향점 등을 드러내기 위한 표현이므로 자연의 위대함을 표현했다고 볼 수는 없다. (나)에서 '붕붕거린다는 것', '아삭아삭', '도로

변 시끄러운 가로등 곁' 등에서 청각적 이미지를 확인할 수 있지만, 이는 '나무'가 처한 상황을 부각하기 위한 표현이므로 자연에 대한 두려움을 표현했다고 볼 수는 없다.

④ (가)의 '나래 떨던 샛별아 숨으라'에서 인격화된 사물을 청자로 하여 화자의 소망을 전달한다고 볼 수 있다. (나)의 '나무는 나의 스승', '그가 견딜 수 없는 건'에서 나무를 의인화하고 있음을 확인할 수 있지만, 나무를 청자로 하여 화자의 소망을 전달한다고 볼 수는 없다.

⑤ (가)에서 도치된 표현을 활용하여 화자가 처한 부정적 현실에 대한 극복 의지를 강조하는 부분은 없다. (나)의 '참을 수 없다 나무는'에서 도치된 표현을 확인할 수 있지만, 전체적인 시의 맥락과 주제 의식을 고려해 볼 때, 도치된 표현을 활용하여 화자가 처한 부정적 현실에 대한 극복 의지를 강조한다고 볼 수는 없다.

23. ◀ 시어나 시구의 의미 및 기능 파악

❹ [A]의 '무엇'은 화자가 '울'면서 '간구'한 대상으로 화자가 과거에 염원했던 것이고, [B]의 '무엇'은 [A]에서 '간구'했던 '무엇'이 이루어진 상황에서 앞으로 다가올 미래에 대한 기대를 드러내는 것이다. '나래 떨던 샛별'은 '어둠 속'에서 고통받던 대상을 의미하고 '향기로운 싸릿순'은 평화로운 세계에서 대상들이 서로 '사양'하는 것이므로, 화자의 지향점으로 기능한다고 이해하는 것은 적절하지 않다.

오답을 피하고 싶었어

① [A]에서 화자를 울게 한 문제는 부정적인 속성을 지닌 것이라고 볼 수 있으므로 [B]에서 화자가 기다리는 대상은 아니라고 이해할 수 있다.

② [A]에서 화자는 '못 박힌 듯 기대어' '울어 왔다'고 했으므로 과거의 고통을 드러내고 있다고 이해할 수 있고, [B]에서 화자는 '옷자락을 날리며' '무엇을 기다리'고 있으므로 미래에 대한 기대를 드러내고 있다고 이해할 수 있다.

③ [A]의 '긴 밤'은 '무엇을 간구하며 울어 왔던' 부정적 상황이라고 이해할 수 있고, [B]의 '맑은 바람 속'은 화자가 '무엇을 기다리며 노래하'는 새로운 상황을 드러내는 것이라고 이해할 수 있다.

⑤ 2연의 '이 아침'에 '시들은 핏줄의 굽이굽이로' '사늘한 가슴의 한복판까지' '종소리'가 '은은히 울려'온다는 내용을 바탕으로 볼 때, [A]의 '간구'는 '사늘한 가슴'의 생명력 회복을 바라는 기원이라고 이해할 수 있다. '메마른 입술에 피가 돌아' '피리의' '가락을 더듬'은 후에 부르는 '노래'라는 점에서 [B]의 '노래'는 '메마른 입술'에 생명력이 회복된 이후의 소망을 표출한다고 이해할 수 있다.

24. ◀ <보기>를 참고한 작품 감상

❺ <보기>의 '도시의 가로수는 나무의 푸름이나 아름다운 꽃조차도 도구적 가치에 의해서 평가된다.'는 내용과 연관 지어 감상할 때, '치욕으로 푸르다'는 척박한 도시 환경에서도 도구적 가치로 평가받기 위해 꽃을 피울 수밖에 없는 나무의 상황을 비판적으로 드러낸 표현이라고 볼 수 있다. 따라서 '치욕으로 푸르다'를 도구적 가치로 평가받는 환경에 적응하지 못하는 나무를 비판하는 것이라고 감상하는 것은 적절하지 않다.

오답을 피하고 싶었어

① <보기>의 '도시에 제대로 뿌리박지 못하면서도 도시 환경에 적응하여 꽃을 피우는 나무에서 치욕을 읽어 낸 것이다. 그것은 도시의 이주민인 화자가 나무에 대해 동질감을 느끼는 이유이기도 하다.'라는 내용과 연관 지어 감상할 때, '들뜬 뿌리라도 내리'려는 화자의 모습은 도시에 제대로 뿌리박지 못한 나무의 상황에 대한 화자의 동질감이 반영된 것이라고 볼 수 있다.

② <보기>의 '도시 환경에 적응하여 꽃을 피우는 나무'와 연관 지어 감상할 때, '내성이 생긴 이파리'는 나무가 도시에 적응하면서 지니게 된 성질을 보여 준다고 볼 수 있다.

③ <보기>의 '삭막한 도시 환경에도 불구하고 고통을 참아 내며 꽃을 피우는 모습'과 연관 지어 감상할 때, '시끄러운 가로등 곁'은 꽃을 피우며 참아 내야 할 삭막한 도시 환경을 드러낸다고 볼 수 있다.

④ <보기>의 '삭막한 도시 환경에도 불구하고 고통을 참아 내며 꽃을 피우는 모습'과 연관 지어 감상할 때, '신경증과 불면증'은 나무가 도시에 적응하기 위해 견뎌 내야 할 고통이라고 볼 수 있다.

잘숙이 1　2014.06(B)

| 31 ② | 32 ① | 33 ③ |

[31-33] 고전 시가
작자 미상, 「시집살이 노래」
　이 작품은 봉건적 가족 관계 속에서 여인들이 겪는 시집살이의 괴로움과 고통을 노래한 민요로, 경북 경산 지방에서 채집된 것을 현대어로 풀어서 기록한 것이다. 친정에 온 여인과 사촌 동생 사이의 대화 형태로 구성되어 있으며, 과장, 반복, 열거 등 다양한 표현 방법이 사용되고 있다. 당대 여인들의 시집살이 상황을 해학적이고 익살스럽게 그려 냄으로써 힘든 시집살이에서 벗어나고자 하는 마음을 간접적으로 드러내고 있다.

▶ [주제] 시집살이의 어려움과 한

31. ◀ 표현상의 특징 파악(시상 전개 방식 이해)

❷ 사촌 동생에게서 시집살이에 대한 질문을 받은 형님은 시집살이를 '개집살이'라고 부정적으로 규정한 다음 고된 노동이나 시집 식구들을 대하는 어려움 등의 사례를 나열하면서 시집살이의 고충과 한을 드러내고 있다.

오답을 피하고 싶었어

① 이 노래는 감탄의 어조와 반성의 어조가 교차하며 전개되는 것이 아니다. 주로 한탄의 어조를 느낄 수 있으며, 반성의 어조는 찾을 수 없다.

③ 이 노래에서 처음과 끝을 동일한 내용으로 어울리게 하는 수미상관의 기법은 사용되지 않았다.

④ 이 노래에서는 가까운 곳에서 먼 곳으로 시선을 확대해 가는 전개 방식을 찾을 수 없으며, 중심 화자(사촌 형님)의 심리도 특별한 변화 없이 괴로운 상태로 지속되고 있다.

⑤ 시집살이의 고된 상황을 묘사하고 있으나 이를 내면과 대비하는 것은 아니며, 이상적 세계에 대한 동경은 나타나지 않는다.

32. ◀ 시어나 시구의 의미 파악

❶ ⓐ은 물음에 대한 답변을 유보하고 있는 것이 아니라, 시집살이에 대한 어려움을 강조하기 위해 꺼낸 말로 볼 수 있다. 이 노래는 시집살이에 대한 사촌 동생의 물음에 친정에 온 형님이 답변해 주는 방식으로 구성되어 있다. 그리고 이 노래에서 사촌 동생이 결혼을 앞두고 있다거나 이를 형님이 만류하는 내용은 찾을 수 없다.

오답을 피하고 싶었어

② '오 리 물', '십 리 방아', '아홉 솥', '열두 방' 등의 과장된 표현을 통해 며느리가 처리해야 하는 가사 노동의 과중함을 강조하고 있다.

③ '호랑새', '꾸중새', '할림새', '뾰족새', '뾰중새', '미련새' 등 시집 식구들을 새에 비유하여 그들의 성격이나 그들에 대한 화자의 생각을 드러내고 있다.

④ 오랜 기간 동안 며느리가 귀머거리나 장님, 벙어리처럼 처신해야 함을 제시해 시집살이의 속박을 참고 견뎌야 하는 며느리의 처지를 부각하고 있다.

⑤ 결혼 전의 아름다운 용모를 '배꽃 같은 얼굴'에 빗대고, 결혼 후의 헝클어지고 쇠한 용모를 '호박꽃'에 빗대어 힘겨운 시집살이로 인한 용모의 변

화를 한탄하고 있다.

33. ◀ 공통점과 차이점 파악

❸ [A]는 사촌 형님과 사촌 동생이 주고받는 대화이고, 〈보기〉도 두 여인이 주고받는 대화이다. 즉 [A]와 〈보기〉는 두 여인의 대화체 형식이라는 공통점이 있다. [A]의 두 여인은 친척 사이이고, 〈보기〉의 두 여인은 '본 듯도 하구나', '어와, 너로구나' 등의 구절로 미루어 친분이 있는 사이로 짐작할 수 있다. 이로 볼 때, [A]의 '사촌 형님'과 〈보기〉의 '각시'가 모두 예전에 알고 지내던 인물인 '사촌 동생'과 '너'를 만난 것을 계기로 자신의 심정을 진솔하게 토로하고 있음을 알 수 있다.

오답을 피하고 싶었어

① [A]는 '형님 온다', '형님', '이애' 등의 시어를 반복하여 리듬감을 살리고 있으나, 〈보기〉는 시어의 반복이 아니라 음보를 규칙적으로 사용하여 리듬감을 살리고 있다.
② [A]와 〈보기〉에서는 문제 상황에 대한 책임을 타인에게 전가하는 내용이 나타나지 않는다.
④ [A]에는 계절의 변화가 나타나지 않고, 〈보기〉는 특정한 공간에서 대화를 나누는 상황이다. 그러므로 계절의 변화나 공간의 변화를 통해 화자의 정서를 심화한다고 볼 수는 없다.
⑤ [A]에는 반어적 표현이 나타나지 않는다. 〈보기〉에서는 '천상 백옥경'을 임금이 계시는 대궐을 빗댄 것으로 볼 수 있지만 비유적 표현이 다양하게 나타나는 것은 아니다.

잘숙이 2   2013.09

27 ③   28 ⑤   29 ②   30 ④

[27-30] 현대시
(가) 윤동주, 「또 다른 고향」
이 시는 일제 강점기의 암울한 시대를 살아가고 있는 화자의 갈등과 이상향에 대한 내적 지향을 보여 주는 작품이다. 1연에서 화자는 고향에 돌아와 '방'에 누웠으나 자신의 '백골'이 따라와 함께 누워 있다고 생각한다. 2연에서 '어둔 방'은 고독하고 폐쇄적인 공간으로, 열린 세계인 '우주'로 통하고 있으며 화자는 어디선가 불어오는 '바람'을 느끼고 자신의 삶을 진지하게 돌아보기 시작한다. 3연에서는 자아가 분열되어 갈등을 일으키는 상황을 나타내고 있다. 현실 상황에 안주하려는 현실적 자아('백골')와 역사와 민족의 현실을 자각하고 고민하는 이상적 자아('아름다운 혼')가 갈등을 일으킨다. 4연에서 '지조 높은 개'는 나약한 현실적 자아를 꾸짖는 존재로 볼 수 있다. 5연에서 '어둠을 짖는(쫓는)' 소리를 통해 진정한 '나'의 삶을 다짐하게 된다. 6연에서는 '백골'을 떠나 새로운 이상 세계로 나아가려는 화자의 모습이 '가자'라는 청유문의 반복을 통해 제시되고 있으며, 이를 통해 자아의 정체성 회복과 자아 분열의 극복 의지를 드러내고 있다.
▶ [주제] 자아의 성찰을 통해 드러난 이상 세계에 대한 갈망

(나) 오세영, 「자화상·2」
까마귀를 통해 시인으로서의 삶에 대한 태도와 바람직한 삶의 자세를 성찰하고 있는 시이다. 연 구분 없이 총 21행으로 구성된 이 시는 의미상 다섯 부분으로 나눌 수 있다. 먼저 1~2행에서는 '까마귀'와 '까치'가 다름을 언급하고, 이어서 3~6행에서는 의연하면서도 고고한 까마귀의 모습을 통해 바람직한 삶을 지향하는 화자의 태도를 엿볼 수 있다. 이어서 7~11행에서는 먹을 것이 전혀 없는 '얼어붙은 지상' 같은 극한의 상황에서도 굶어 죽더라도 '까치' 같은 삶은 살지 않겠다는 강한 의지를 드러내고 있다. 12~16행에서는 '눈'이 내려 '저마다 하얗게' 본질을 잃어버리고 세상의 허위 속에 덮여 있지만, 자신은 까마귀처럼 철저하게 본질을 유지하겠다고 한다. 17~21행

에서는 본질을 잃지 않는 검은 까마귀처럼 묵묵히 자신의 삶을 살아가겠다고 말하고 있다. 결국 화자는 검은 까마귀의 의연한 모습을 통해 삶의 태도를 성찰해 보고 어떤 상황에도 흔들리지 않고 바람직한 삶을 살겠다고 다짐하고 있다.
▶ [주제] 삶에 대한 성찰과 바람직한 삶에 대한 다짐

(다) 김기택, 「멸치」
생명의 소중함과 의미를 제시하고 있는 시이다. 연 구분 없이 총 21행으로 구성되어 있다. 1~4행에서는 생명력을 잃기 전의 '딱딱한 멸치'가 본래 '물결'이었다고 말하며 생명력이 있는 자유로운 공간을 다니던 멸치의 본래의 모습이 그려져 있다. 5~13행에서는 멸치의 생명력을 뺏은 부정적인 힘을 '그물'과 '햇빛의 꼿꼿한 직선'으로 표상하고 있으며, 멸치의 생명력이 박탈되는 과정을 순차적으로 보여 주고 있다. 14~21행에서는 화자의 상상력을 통해 멸치의 본래적 생명력을 추측하고 있다. '딱딱한' 멸치의 생명력이 완전히 사라진 것이 아니라고 상상하며 이 '작은 무늬'가 '파도를 만들고 해일을 부르고' 해서 반생명성과 폭력성을 의미하는 '고깃배'와 '그물'을 부수고 찢었던 것을 상상하며 생명력 회복에 대한 소망을 드러내고 있다.
▶ [주제] 생명력 회복에 대한 의지

27. ◀ 공통점과 차이점 파악＋표현상의 특징 파악

❸ (가)는 현실 상황에 안주하려는 '백골'이 있는 '어둔 방'과 '아름다운 혼'이 지향하는 '또 다른 고향'의 공간 대비를 통해, (나)는 '까치'가 넘보는 '인가의 안마당'과 '까마귀'가 응시하는 '먼 지평선'의 공간 대비를 통해, (다)는 멸치가 생명력을 잃은 공간인 '건어물집'과 생명력이 있는 '바다'의 공간 대비를 통해 지향하는 가치를 드러내고 있다.

오답을 피하고 싶었어

① (가), (나), (다) 모두 영탄법을 활용하지 않았다.
② (가)의 '가자 가자'와 (다)의 '~ 것이다' 같은 시어의 반복은 있지만, (가), (나), (다) 모두 시행의 반복은 없다.
④ (가), (나), (다) 모두 과거에 대한 회상을 통해 그리움의 정서를 환기하고 있지 않다.
⑤ (가), (나), (다) 모두 반어적 표현을 활용하지 않았다.

28. ◀ 〈보기〉를 참고한 작품 감상＋시어나 시구의 의미 파악

❺ (가)의 '방'은 현실 상황에 안주하려는 현실적 자아('백골')와 함께 있는 곳이다. 즉 부정적 자아를 발견하는 공간이므로 화자의 어두운 내면이 드러나 있다고 볼 수도 있으나, (나)의 '먼 지평선'은 까마귀가 응시하는 공간으로, 까치가 넘보는 '인가의 안마당'과 대비되는 공간이므로 부정적 현실을 상징한다고 볼 수 없다.

오답을 피하고 싶었어

① '백골'은 현실에 안주하려는 부정적 자아이며 이를 들여다보는 것은 화자의 내면 성찰이므로, '들여다보며'에서는 화자의 내면의 시선을 확인할 수 있다.
② '지조 높은 개'는 암담한 현실 속에서 무력한 생활을 하는 '나'를 일깨우는 존재로, 화자를 새로운 존재로 거듭나게 한다.
③ (나)에서 '까마귀'는 화자가 지향하는 삶의 모습이 투영된 존재이므로, '형형한 눈'에서 바람직한 삶을 지향하는 화자의 태도를 떠올릴 수 있다.
④ (나)의 2행에서는 '까마귀'와 '까치'가 다름을 말하고 있으며, 11행에서는 '인가의 안마당'을 넘보는 '까치'를 부정적으로 보고 있으므로, '까치'는 화자가 단절하고자 하는 삶의 태도를 나타낸다고 볼 수 있다.

29. ◀ 시어나 시구의 의미 파악

❷ (나)의 '눈'은 '저마다 하얗게 하얗게 분장'을 하게 한다. 이는 저마다의 본질을 가리고 진실이 아닌 것을 진실인 것처럼 꾸미는 것을 의미한다.

또한 화자는 자신의 바람직한 삶의 태도를 '까마귀'를 통해 투영하고 있는데 '철저하게 검어라.'를 통해 '눈'으로 하얗게 분장하는 것을 부정적으로 보고 있음을 알 수 있다.

오답을 피하고 싶었어
① '눈'에서 충만한 느낌을 얻을 수 없고, 화자는 '눈'으로 분장한 것을 부정적으로 보고 있기 때문에 평온한 삶이라 보는 것도 옳지 않다.
③ 색채 이미지를 활용한 것은 맞지만, 화자의 순결한 정신이 드러나 있지는 않다.
④ '눈은 내려' 부분까지 의미를 확장하면 하강 이미지가 쓰였다고 볼 수 있지만, 화자가 연약한 존재임을 보여 주고 있지는 않다.
⑤ 화자는 '눈'이 내려 분장하는 것을 부정적으로 보고 있으므로 화자의 소망을 나타낸다고 볼 수 없다.

30. ◂ 시어의 의미 파악

❹ (다) 시의 흐름으로 보아 [D]에서 화자는 상상력을 통해 멸치의 본래적 생명력을 추측하고 있다. 그러므로 [D]가 바다 물결의 실제 움직임이라고 보는 것은 적절하지 않다.

오답을 피하고 싶었어
① [A]에는 멸치가 생명력을 잃기 전의 본래의 모습이 드러나 있으며, 바닷속을 유유히 흘러 다니는 멸치의 자유로운 모습과 분위기가 나타나 있다.
② [B]의 '그물'과 '햇빛의 꼿꼿한 직선'은 멸치를 바다에서 끌어내 생명성을 잃게 하는 존재이므로 외부 세계의 폭력성을 환기한다고 볼 수 있다.
③ [C]는 멸치가 잡혀서 생명력을 잃고 반찬으로 오르기까지의 과정을 순차적으로 보여 주고 있다.
⑤ [E]는 멸치가 본래 지녔던 강인한 생명력을 환기하며, 그 생명력을 회복하기를 소망하는 것으로 시상을 마무리하고 있다.

잘숙이 3 2016.수능(B)

43 ⑤	44 ④	45 ③

[43-45] 현대시
(가) 박남수, 「아침 이미지 1」
이 시는 어둠이 물러나고 아침이 오면서 밝은 세상이 드러나는 과정을 노래하고 있는 작품이다. 화자는 어둠이 지나고 날이 밝아 오는 일상의 섭리를, 모체(母體)인 어둠이 사물을 잉태하고 있다는 독특한 발상으로 드러내고 있다. 이렇게 어둠으로부터 태어난 만물들은 '노동의 시간'을 즐기며 생동감 있게 묘사되고 여기에 '금으로 타는 태양의 즐거운 울림'이 더해지면서 의욕적이고 활기찬 아침의 이미지가 절정에 이르게 된다. 바로 이전까지만 해도 어둠 속에서 무거운 어깨를 느끼며 존재하던 물상들이 빛나는 태양 아래서 생명력을 드러내며 움직이는 모습은 이전과는 완전히 다른 세상이라는 느낌을 준다. 시인은 다양한 동사를 활용한 역동적인 이미지로 아침이 밝아 온다는 반복적이고 일상적인 일을 개벽과도 같은 사건처럼 독특하고 신선하게 형상화하고 있는 것이다.

▶ [주제] 밝고 생동감 넘치는 아침 이미지

(나) 김기택, 「풀벌레들의 작은 귀를 생각함」
이 시는 늘 시끄럽고 요란한 소리를 뿜어내는 텔레비전 앞에서 저녁 시간을 보내던 화자가 텔레비전을 끄고 풀벌레 소리를 듣게 된 경험을 통해, 잊고 살았던 것에 대한 소중함을 노래하고 있는 작품이다. '브라운관이 뿜어낸 현란한 빛'에서 벗어나 풀벌레들의 '울음소리'를 접하게 된 화자는 풀벌레들의 울음소리가 '너무 단단한 벽에 놀라 되돌아갔을 것'이라 추측하며 자신이 잊고 살았던 자연의 평온함을 비로소 인식하게 된다. 텔레비전의 빛과 소리로 대표되는 인공적인 삶의 환경들과 어둠, 별빛, 풀벌레 소리로 대표되는

자연의 삶을 대조함으로써 화자는 차분히 스스로의 내면을 돌아볼 시간도 없이 그저 인공적인 삶 속에서 원초적인 쾌락에 몸을 내맡겨 버린 자신의 삶에 대한 성찰의 자세를 드러내고 있는 것이다. 화자는 가까이 왔다가 되돌아가는 풀벌레 소리의 존재를 알리며 현대인들에게도 내면을 채울 수 있는 자연의 소리에 귀를 기울여 보라고 권유하고 있는 것이다.

▶ [주제] 풀벌레 소리로 인한 삶에 대한 성찰

43. ◂ 시어나 시구의 의미 및 기능 파악

❺ (가)의 '어둠'은 모체로 형상화되고 있기 때문에 생산력을 내포하고 있다고 볼 수 있고, (나)의 '어둠'은 풀벌레들을 품고 있는 포용력 있는 배경임과 동시에 화자에게 풀벌레 소리를 느끼게 해 주는 배경의 기능을 담당하고 있다. 이때 (가)의 '어둠'은 '굴복한다'라는 표현을 통해 밝음에 순응하는 모습을 보이고 있다고 할 수 있으나, (나)의 '어둠'은 풀벌레 소리와 화자를 모두 포용하고 있는 기능을 끝까지 유지하고 있기 때문에 밝음에 순응하는 모습을 부각한다고 볼 수는 없다.

오답을 피하고 싶었어
① (가)에서는 '어둠'이 사라지면서 많은 물상들이 보이기 시작하는 것을 어둠이 물상들을 품고 있다가 '돌려주는' 것으로 표현하고 있다.
② (나)의 화자는 텔레비전을 끄면서 어둠을 접하게 되고, 그 어둠 속에서 비로소 풀벌레 소리를 듣게 된다. 그러므로 '어둠'은 풀벌레 소리를 도드라지게 하는 기능을 한다고 볼 수 있다.
③ (가)에는 어둠이 사라지면서 날이 밝아 오는 변화의 과정이 드러나 있지만, (나)에는 텔레비전을 끄고 어둠 속에 머무는 상태의 지속이 드러나고 있다.
④ (가)에는 '어둠'이 물러나면서 여러 물상들이 모습을 드러내는 변화가 드러나 있고, (나)에는 '어둠'이 들어오면서 텔레비전 소리로 가득하던 방 안이 벌레 소리들로 환해지는 변화가 드러나 있다.

44. ◂ 시구의 의미 파악

❹ (가)에는 어둠이 사라지면서 만물들이 그 모습을 드러내고 있는 상황이 그려지고 있는데, 여러 만물들은 '노동의 시간'을 즐기는 생동감 있는 모습으로 형상화되고 있다. '태양의 즐거운 울림'은 점점 밝아 오는 태양의 역동적인 이미지를 드러내고 있는 것으로, 이는 생동감 있게 살아나는 만물들의 이미지와 어울려 아침의 이미지를 더욱 밝고 경쾌하게 강조하는 효과가 있다.

오답을 피하고 싶었어
① '무거운 어깨를 털고'는 지상으로부터 벗어나려는 사물들의 몸부림을 드러낸 것이 아니라 어둠 속에서 모습을 드러내기 시작하는 물상의 움직임을 부각하는 표현이다.
② '노동의 시간을 즐기고'는 긍정적이고 신선한 이미지를 통해 생기 넘치는 삶의 모습을 표현하고자 한 것일 뿐 노동의 고단함을 잊기 위한 것은 아니다.
③ '즐거운 지상의 잔치'는 온갖 물상들이 움직이면서 만들어 내는 아침의 모습을 낙천적인 분위기로 표현한 것이다.
⑤ '세상은 개벽을 한다'는 물상들의 움직임을 '혼란'으로 인식하고 있는 것이 아니라 경이감을 지니고 새로운 세계가 창조되는 사건으로 인식하고 있는 것이다.

45. ◂ 시어나 시구의 의미 및 기능 파악+정서 및 태도 파악

❸ 텔레비전을 끄고 비로소 풀벌레 소리를 듣게 된 화자는 그 인식을 확대하여 '너무 작아 들리지 않는 소리'까지 생각하고 있다. 하지만 화자가 '들리지 않는 소리'의 주체가 자신 때문에 소통할 수 없게 되었다고 여기고 있는 것은 아니다. 단지 화자는 그동안 그 소리들이 벽에 부딪쳐 돌아갔다는 사실을 상기하며 자신과 소통하지 못한 것에 대한 아쉬움을 드러내며 자신의 삶에 대해 반성하고 있을 뿐이다.

오답을 피하고 싶었어

① 화자는 텔레비전을 끈 후에 비로소 풀벌레 소리가 방 안 가득 들어오고 있음을 지각하고 있다. 이어서 화자는 브라운관이 뿜어낸 현란한 빛으로 인해 자신의 눈과 귀가 두꺼워졌기 때문에 풀벌레 소리들은 이런 벽에 놀라 돌아갔을 것이라고 생각하고 있다.

② 풀벌레 소리를 통해 환함을 느끼게 된 화자는 '너무 작아 들리지 않는 소리도 있다'는 인식으로까지 생각을 확장하고 있다.

④ 화자는 '브라운관이 뿜어낸 현란한 빛'으로 인해 벽을 만들었고 그 벽으로 인해 풀벌레 소리를 간과했음을 깨닫고 반성하고 있다.

⑤ 화자는 별빛과 풀벌레 소리를 포용하고 있는 밤공기를 허파로 들이쉰다는 표현을 통해 풀벌레 소리를 내면으로 받아들이고 있는 자신의 모습을 드러내고 있다.

---

13 DAY
소설, 문제 패턴 1

잘숙이 1 (2010.수능)

| 38 ④ | 39 ③ | 40 ① | 41 ② |

[38-41] 현대 소설
이문구, 「관촌수필」

「관촌수필」은 8편의 단편을 묶은 연작 소설이다. 오랜 타향 생활 끝에 고향에 들러 옛 터전을 둘러보며 떠오르는 감상을 위주로 서술한 이 작품에는 근대화 과정에서 변화하는 농촌의 모습이 생생하게 그려져 있다. 제목이 '수필'로 되어 있듯이 이 작품은 회고담 형식을 취하면서 주목하는 인물에 초점을 맞추어 에피소드들을 나열하고 있다. 제시된 부분은 제3편 '행운유수(行雲流水)'의 일부이다. 여기서는 집안의 허드렛일을 돕는 천한 출신의 '옹점이'가 주인공이다. 유년 시절을 고독하게 보내던 '나'에게 옹점이는 잊지 못할 친구였다. 그녀는 그릇을 잘 깨는 덜렁쇠였고 참새 못잖은 수다쟁이였지만, 착하고 소견이 넓었으며 남달리 인정이 많았다. 그래서 잘 살아갈 줄 알았던 그녀가 6·25 전쟁 중에 남편을 잃고 시가 식구들에게마저 냉대를 당하다가 시댁을 나와 약장사 패거리를 따라다닌다는 소문이 들린다. 행운유수와 같이 떠도는 기구한 인생이었던 것이다. 장터에서 그녀의 모습을 직접 눈으로 확인한 '나'는 그녀에 대한 연민으로 마음 아파한다.

▶ [주제] 한 인물의 가슴 아픈 인생 유전(제3편의 주제)

38. ◀ 서술상의 특징 파악

❹ 대화 부분에서 특히 충청도 특유의 방언이 입에서 나오는 그대로 진술되어 있어서 생생한 느낌을 준다. '옹젬이(옹점이)', '그렇당께(그렇다니까)', '젼디겄슈(견디겠어요)', '-헌티(한테)' 등에서 이러한 방언을 확인할 수 있다. 서술자의 독백적 진술이 이어지는 부분에서는 사투리가 직접 사용되는 경우는 많지 않고, 대신 순수한 우리말과 토속적인 표현들이 많이 사용되었다.

오답을 피하고 싶었어

① 서술자는 '나'로 일관하고 있다.

② 인용된 부분에서는 옹점이를 평가하고 있는 마지막 대목에서만 현재의 시각으로 진술했고, 나머지는 옹점이에 관한 과거를 회상하는 내용이다.

③ 서술자인 '나'가 주관적 입장에서 주인공 옹점이에 얽힌 일화를 들려주고 있다.

⑤ 서술자인 '나'의 눈으로 옹점이에 얽힌 일들을 회상하고 있으므로, 이 글에 이질적인 시선이 대비되어 있다고는 할 수 없다.

---

39. ◀ 인물의 심리 및 태도 파악

❸ 옹점이는 '교전비와 난봉난 행랑것' 사이에서 태어난 천한 신분의 인물이다. 구시대의 잔재인 신분 의식이 아직 남아 있던 당시에는 이것이 혼사에 큰 장애로 작용하여, 근동의 총각들이 그녀에게 눈독은 들일망정 혼인의 상대로 생각지는 않는 것이다. 이런 내용에 비추어 보면, ③은 등장인물의 입장과 맞지 않음을 알 수 있다.

오답을 피하고 싶었어

① 어머니는 옹점이의 음식 솜씨나 바느질 솜씨가 좋다고 인정했으나, 손이 커서 헤픈 데가 있다고 걱정을 했다.

② 옹점이는 부지런하고 손놀림이 빨라 동네의 큰일에 불려 다니며 뒤치다꺼리를 도맡아 해 주었고, 그런 자신에 대해 스스로 대견스레 여겼다는 내용이 나온다.

④ 근동 사람들은 옹점이가 천한 신분이라는 것을 다 안다. 그렇지만 일도 잘하고 성격도 서글서글해서 그녀를 나쁘게 보지 않는다.

⑤ 옹점이는 처자식을 잃고 홀로 된 절름발이 늙은이를 측은하게 여겨 곡식을 빼돌려 가면서까지 그를 돕는다.

40. ◀ 배경의 의미, 기능 파악

❶ 옹점이가 대소 간에 대사가 있을 때마다 징발되었다는 데에서도 알 수 있듯이 관촌 사람들은 억울한 일이 있거나 대소사를 치를 때에는 서로 도우면서 살아가고 있다. 공동체적 유대감이 남아 있는 전통적인 농촌 사회인 것이다. 또한 혼사에서 신분을 중시하는 전근대적인 모습도 아울러 가지고 있다.

오답을 피하고 싶었어

② 관촌과 달리 전재민촌은 원래는 대여섯 가구뿐인 작은 부락이었으나 다른 곳에서 이주민들이 몰려와 떠들썩하게 변한 동네이다. 그런 동네이니 결속력이 강할 리 없고, 들고 나는 것에 구애받지 않는 개방적인 마을로 봐야 할 것이다.

③ 전재민촌은 떠들썩한 동네로 역동적인 모습을 보인다.

④ 관촌은 여전히 전근대적인 모습을 지니고 있는 공간인 데 반해, 전재민촌은 읍내에서 지게꾼, 장사꾼 등 서비스업에 종사하는 사람들이 많아 시대의 흐름을 많이 타는 공간이다.

⑤ 관촌은 공동체적인 유대감을 나누고 신분을 중시하는 등의 특성을 지닌 곳으로, 아직은 물질적인 가치보다는 전근대 사회의 공동체적 가치가 우위에 있는 마을이다. 이와는 반대로 전재민촌은 읍내에서 서비스업에 종사하는 사람들이 모여 사는 곳이다.

41. ◀ <보기>를 참고한 작품 감상

❷ 이 글에서 옹점이는 신분적 한계를 지니고 있음에도 불구하고 부지런한 성품과 훌륭한 일솜씨로 집안과 마을 사람들에게 인정받으며 살아가는 모습을 보여 준다. 이런 모습은 천성이 착하고 발라서 나온 것이지, 신분적 한계를 극복해 내려는 의지에서 비롯된 것으로 보기는 어렵다. 그런 의지가 나타난 것으로 볼 만한 행적이 없기 때문이다. 이 글에서 옹점이를 주인공으로 삼아 그녀의 행적을 회고하는 이유는 글의 마지막 대목에 나타나 있듯이 '주체성' 있는 사람으로 서술자의 인상에 강하게 남았기 때문이라고 보아야 할 것이다.

오답을 피하고 싶었어

① [A]에는 옹점이가 인정 많은 인물임을 엿볼 수 있는 에피소드가 제시되어 있으므로, '전(傳)'에서의 주요 행적에 해당한다고 할 수 있다.

③ [B]에서 서술자는 옹점이가 일찍이 진정한 주체 의식을 보여 준 인물이라며 긍정적인 평가를 내리고 있다.

④ [B]에서 서술자는 근래에 사람들이 주체 의식이니 주체성이니 하는 말을 남발하지만 정작 그런 사람을 찾아보기는 어려운 세상이라며 세태를 비판하고 있다.

⑤ [B] 이전까지 옹점이의 행적을 전할 때에는 구체적인 상황이나 인물에 대

해 고유어와 토속적인 표현들을 주로 사용해 말하듯이 서술했다. 그러던 것이 [B]에 이르러서는 어휘도 주체성이니 주체 의식 같은 관념적인 어휘를 동원하고 말투도 다소 격식을 갖춘 듯한 느낌을 준다. 이러한 문체상의 특징은 '전(傳)'에서 행적과 인물평을 문체를 달리하여 서술한 것과 서로 유사한 점이 있다.

잘숙이 2 2013.수능

17 ② 18 ⑤ 19 ④ 20 ②

[17-20] 현대 소설
박태원,「천변풍경」

이 소설은 청계천 변에 사는 사람들의 여러 가지 에피소드를 나열한 세태 소설로, 1930년대 모더니즘의 대표적 작품이다. 우선 이 작품은 대도시인 서울을 배경으로 도시의 문화와 삶을 드러내고 있다는 점이 특징이다. 작가는 도시의 다양한 모습과 다양한 사람들의 모습을 세밀하게 제시하면서, 이를 통해 물질주의에 경도되어 가는 도시인들의 모습을 냉소적으로 보여 준다. 이렇게 도시의 삶을 조망하고자 하는 의도를 구체화하기 위해 작가는, 주요 인물들이 등장하는 내용을 단편 소설 정도의 분량으로 나누어 총 50개의 절로 제시하고 있다. 제시된 부분에서 작가는 소년 창수의 눈으로 도시의 모습을 묘사함으로써 영화적 촬영 기법을 떠올리게 만드는 서술 기법을 활용하고 있다.

▶ [주제] 1930년대 서울 중산층과 하층민의 삶과 애환

17. ◀ 서술상의 특징 파악

❷ 이 글을 읽다 보면, 쉼표의 잦은 사용이 쉽게 눈에 띈다. 이때 쉼표는 여러 대상과 장면을 한꺼번에 이어서 서술하기 위한 장치라고 할 수 있다. 즉 한 문장 안에서 쉼표를 여러 번 사용함으로써 다양한 행위와 장면이 연속적으로 드러나고 있다.

오답을 피하고 싶었어
① 창수의 시선으로 다른 사람을 관찰하고 있을 뿐 여러 인물의 내면을 서술하고 있는 것은 아니다.
③ 인물 간의 대화가 간혹 제시되긴 하지만, 이 대화는 도시에 처음 온 창수의 상황과 도시에 대한 창수의 심리를 보여 주는 기능을 할 뿐 창수의 의식이 분열된 것을 드러내는 것은 아니기에 적절하지 않다.
④ 과거와 현재가 대비되는 부분이 제시되어 있지는 않다.
⑤ 이 글은 서울의 풍경을 바라보며 놀라는 창수의 모습이 부각된 부분으로, 빈번한 장면 전환을 통해 긴박한 분위기를 드러내는 것은 아니다.

18. ◀ 관점에 따른 작품의 감상

❺ 〈보기〉는 반영론적 관점에서 사회·문화적 맥락을 고려하여 작품을 해석한다는 의미이다. 즉 작품이 창작되던 시기의 현실과 관련지어 작품을 이해하려는 태도를 말한다. 이런 관점으로 작품을 탐구하는 것은 청계천 주변의 생활상에 주목하여, 당시 서울의 세태가 작품에 어떻게 반영되었는지 살펴보려는 ⑤의 관점과 일맥상통하는 것이다.

오답을 피하고 싶었어
① 인물의 의식과 행동의 특성에 주목하는 것으로, 이는 작품 내부적 요소에 초점을 두어 감상하는 절대주의적 관점에 따라 작품을 감상한 것이다.
② 작중 인물 간의 갈등에 주목하는 것도 절대주의적 관점에 속한다.
③ 작중 인물, 공간에 주목하며 작품의 구조적 특성을 이해하려는 것도 절대주의적 관점에 따른 것이다.
④ 작중 인물의 외양, 인물의 성격 등 인물에 초점을 맞추어 작품을 해석하는 것도 절대주의적 관점에 따른 것이다.

19. ◀ 인물의 심리 및 태도 파악

❹ ㉠은 창수 주위로 몰려든 서울 아이들로, 이 아이들은 창수를 시골 아이라고 놀리며 모욕감을 주고 있다. ㉡은 '서울 아이'들을 포함하면서 이발소 창 앞에 앉아 있는 아이도 포함하고 있다. 즉 창수를 비웃는 듯한 태도로 대하는 아이들 모두를 가리키는 말이다. ㉢은 이발소 창 앞에 앉아 있는 아이를 뜻한다. 그리고 ㉣은 이 소설의 내용을 이끌어 가고 있는 '창수'이다. '저를 비웃은 아이는, 옆에 모여 선 그 애들뿐이 아니다.'라는 문장을 통해, 서울 아이들 외에 '이발소 창 앞에 앉아 있던 아이'도 '창수를 비웃은 아이'에 속한다는 것을 알 수 있다. 하지만 "너, 약국에, 오늘 들왔구나?"라고 말을 거는 것으로 볼 때, 그 아이는 '창수에 대해 관심을 갖고 있는 인물'이라고 할 수 있다.

20. ◀ 〈보기〉를 참고한 작품 감상+구절의 의미 및 기능 파악

❷ 〈보기〉는 도시의 특성이라고 할 수 있는 문명의 화려함과 그 이면적 풍경에 대해 언급하면서 도시 소설의 특성을 설명하고 있다. 이런 맥락에서 이 글의 내용을 감상할 때, 창수가 도시의 풍경에 대해 '밤낮 본다면 물리고 만다'고 한 것은 대상에서 받는 느낌이 시간의 흐름에 따라 달라질 수 있음을 말하는 것이지 도시 문명에 대한 비판적 인식이라고 볼 수는 없다. 작품 내의 흐름으로 볼 때, 창수는 도시의 현란한 모습에 신기해하고 있을 뿐, 아직 비판적 인식을 형성하고 있지는 못하고 있다.

오답을 피하고 싶었어
① '다리 밑'은 거지들이 몰려 있는 곳인데, 창수가 이를 '행복일 수 있지 않느냐'고 여기는 것은 도시의 현란함에 휘둘려 도시의 실상에 대한 정확한 인식이 이루어지지 못하고 있음을 의미한다.
③ 서울 아이들은 놀라지도 않는 '자전거 종소리'에 놀라는 창수의 모습은 도시에 존재하는 생소한 것들에 대해 아직 익숙해지지 않은 창수의 불안정한 상황을 의미한다.
④ 이발소 창 앞에 있던 아이가 건네 오는 말에 대답을 선뜻 하지 못하는 것은 창수의 위축된 심리를 드러내 준다.
⑤ 도시의 모습에 황홀해하며 흥미를 느끼면서도 아버지를 따라 내려갔으면 하는 데서, 창수가 꿈과 현실 사이의 괴리에서 혼란을 겪고 있음이 드러난다.

잘숙이 3 2010.09

40 ③ 41 ③ 42 ④ 43 ③

[40-43] 현대 소설
이청준,「잔인한 도시」

이 작품은 현대 사회의 근원적 속성을 예리하게 파헤친 소설이다. 이 작품에 나오는 도시에는 새를 파는 '방생의 집'과 교도소가 있다. 교도소에서 나온 '사내(노인)'는 새 가게 주인이 새의 날개 안쪽 깃털을 조금 자른 뒤, 돈을 받고 새를 놓아주는 것을 본다. 새는 날개가 잘렸기 때문에 멀리 날아가지 못한다. 밤이 되면 주인은 다시 새를 찾아 잡아서 낮에 다시 판다. 새는 낮에는 자유로이 날아갔다가 밤이 되면 다시 붙잡히는 삶을 반복한다. 여기서 날개는 자유를 상징한다. 자유를 억압당하는 새에서 미루어 알 수 있듯이, 이 작품에 나오는 '도시'는 사람들의 자유를 구속하고 억압하는 잔인한 곳이다. 이 작품에 나오는 '사내'는 출옥과 투옥을 반복하는 인물이며, '새'는 자유롭게 날아갔다가 다시 새장에 갇히기를 반복하는 대상이다. 즉 '사내'와 '새'에게는 조작된 해방과 구속이 반복되고 있는 것이다. 결말 부분에서 '사내(노인)'는 악순환의 고리를 끊어 버리고 남쪽의 고향을 향해 걸어간다. 그곳은 자유를 억압하는 부당한 힘이 존재하지 않는 곳, 도시와는 달리 진짜 자유를 느낄 수 있는 따뜻한 곳을 의미한다. 이 작품은 이처럼 진정한 자유를 향해

나아가는 과정을 그린 소설로서 상징성이 매우 강하게 드러나 있는 작품이다.

▶ **[주제]** 현대인의 자유를 억압하는 도시의 비정한 속성에 대한 비판, 진정한 자유를 추구하는 고귀한 인간성에 대한 열망

40. ◀ 서술상의 특징 파악

❸ 이 글에서 교도소에서 출옥한 사내(노인)는 교도소에 남아 있는 친구(동료)들을 위해 새 장수에게 새를 사서 방생하는 일을 하기 위해 공원 벤치에서 노숙을 하고 있다. 새를 파는 가게의 젊은 주인은 사내(노인)를 차갑고 냉정하게 대하지만 사내(노인)는 매일 새를 사서 날려 보내는 일을 계속해 간다. 그런데 새들이 공원 숲을 떠나지 못하고 자꾸만 다시 조롱 속으로 붙잡혀 돌아온다는 것을 알게 되고 도대체 어째서 그런 일이 일어나는지에 대해 궁금증을 품고 그 일을 이해하기 위해 애를 쓰게 된다. 그러던 중 밤마다 전짓불빛을 앞세운 새 사냥꾼이 새 사냥을 하는 것을 목격하게 된다. 어느 날 밤 쫓기던 새 한 마리가 벤치에서 노숙하던 사내(노인)의 품속으로 숨어들어 오게 되면서 사내의 궁금증은 더욱 심화된다. 따라서 이 글은 인물(=사내 혹은 노인)이 새 사냥에 대한 추리 과정을 통해 '이상스런 일'의 내막을 알아 가는 과정을 보여 주면서 그러한 사건의 의미를 탐색하게 하고 있음을 알 수 있다.

오답을 피하고 싶었어

① 이 글에서 사건은 주로 새 가게와 공원의 숲에서 벌어지고 있으므로 장면의 빈번한 전환이 일어난다고 볼 수 없다.

② 이 글에서는 시간의 흐름에 따라 사건이 서술되고 있으며, 과거와 현재를 병렬적으로 배치하여 특정 사건을 부각하고 있지 않다.

④ 인물 간의 대화보다는 독백이 많다.

⑤ 이 글의 공간적 배경은 공원의 숲과 벤치, 새 가게 등인데, 공간적 배경을 세밀하게 묘사한 대목을 찾을 수 없다.

41. ◀ 구절의 의미 파악

❸ 이 글에서 사내는 아직도 할 일이 남아 있다고 생각하여 새 장수 젊은이의 비웃음에도 아랑곳하지 않고 새 가게 주변을 맴돈다. 사내는 지금 교도소에 남아 있는 친구들을 위해 새 장수에게 새를 사서 방생하는 일을 하고 있다. 교도소에 있는 친구(동료)들 모두를 위해 빠짐없이 한 마리씩 새를 사서 방생하는 일이 바로 그가 해야 할 일인 것이다. 그렇게 교도소에 있는 친구들을 위해 할 일이 있다고 생각하기 때문에 ㉠에서처럼 젊은이의 비웃음에 신경 쓰지 않는 것이다.

오답을 피하고 싶었어

① 사내가 거처하는 곳은 새 가게가 아니라 공원의 벤치이다.

② 젊은이에게 무언의 항변을 하는 것이라고 볼 수 있는 단서가 없다.

④ 젊은이가 자신의 마음을 이해해 줄 것이라고 믿고 있는지 여부를 판단할 만한 단서를 찾을 수 없다.

⑤ 아들을 기다리고 있다는 것은 젊은이의 말에서만 나타나고 사내가 정말로 그런 희망을 가지고 있는지 여부를 판단할 만한 단서를 찾을 수 없다.

42. ◀ <보기>를 참고한 작품 감상

❹ 이 글은 인물이 폭력적이고 억압적인 세계를 발견하고 자각하는 단계에 머물러 있고, 아직 현실의 횡포와 기만에 대한 분노는 나타나지 않고 있다. '졸음기가 말끔 달아나 버린 사내'가 '모른 체하고 다시 잠을 청할 수 없는' 것은 놀라움에서 안도에 이르는 정서 변화 과정에서 인간이라면 누구나 겪는 자연스럽고 생리적인 현상일 뿐이므로, 이를 통해 현실의 횡포와 기만에 대한 분노를 확인할 수는 없다.

오답을 피하고 싶었어

① '공원 숲속을 훑어대기 시작'하는 전짓불빛은 새 사냥꾼이 새 사냥을 하는 장면에 해당하므로 '공원 숲속'은 폭력적이고 억압적인 세계를 상징한다고 볼 수 있다.

② '공원 숲을 떠나지 못하고 자꾸만 다시 조롱 속으로 붙잡혀 돌아오는' 새들의 모습은 억압적인 세계에 길들여져 있는 인간의 모습을 상징한다고 볼 수 있다.

③ '어둠'의 부정적 이미지로 볼 때 사냥꾼에 쫓긴 '밤새들이 낙엽처럼 어둠 속을 휘날리'는 장면은 현재의 공간이 부정적인 공간이 되는 것을 상징한다고 볼 수 있다.

⑤ '새들이 낙엽처럼 빛을 맞고 떨어져 내리는' 상황은 자유를 억압하는 폭력의 결과를 암시한다고 볼 수 있다.

43. ◀ 구절의 의미 파악

❸ '그런 사연'은 새들이 공원 숲을 떠나지 못하고 자꾸만 다시 조롱 속으로 붙잡혀 돌아오는 사연이다. 사내가 '그런 사연'을 이해하기 위해 알아야 할 것은 우선 밤에 발생하는 새 사냥(ⓑ)의 본질이다. ⓐ, ⓓ는 모두 '밤새 사냥'과 직접적으로 관련되어 있고, ⓔ는 '밤새 사냥'의 결과로 일어난 새들의 행동(숲을 떠나지 못하고 다시 붙잡혀 돌아오는 것)을 가리킨다. 하지만 ⓒ는 사내의 내면에서 일어나는, 원인을 알 수 없는 두려움이다.

---

14 DAY
소설, 문제 패턴 2, 3

잘숙이 1 [2018.수능]

43 ③   44 ②   45 ④

[43~45] 현대 소설
이문구, 「관촌수필」

이 작품은 작가 자신의 고향인 관촌 부락을 배경으로 한 8편의 연작 소설 「관촌수필(冠村隨筆)」 중 하나인 '관산추정(關山芻丁)'으로, 1970년대의 산업화와 도시화로 인해 사라져 가는 것에 대한 아쉬움과 그리움을 보여 주고 있다. 이 작품에서 이와 같은 정서는 '도깨비불'을 매개로 한 과거의 경험과 현재의 경험을 교차시키는 구조를 통해 드러나고 있다. '도깨비불'은 고향의 공동체가 공유했던 '금기'로서 어린 시절 '나'에게 두려움의 대상이기도 했지만, 그에 대한 금기를 공유하고 있다는 자체가 공동체의 구성원으로서의 소속감과 결속력의 원천이 되기도 했던 것이다. 작가는 사라진 '도깨비불'을 통해 산업화와 도시화가 초래한 공동체의 해체와 그에 대한 아쉬움을 나타내고 있다.

▶ **[주제]** 1970년대의 산업화와 도시화로 인해 사라져 가는 것에 대한 아쉬움과 그리움

43. ◀ 서술상의 특징 파악

❸ 이 글은 어린 시절의 '도깨비불'에 대한 인상과 어른이 된 후의 '도깨비불'에 대한 인상을 서술하고 있다. 그런데 어린 시절에는 '도깨비불'을 보며 두려워하였는데 어른이 된 후에는 '가슴이 벅차오르는' 감격을 느끼고 있다. 그러므로 과거와 현재를 매개하는 '도깨비불'에 대한 인물의 인식의 변화가 드러난다고 할 수 있다.

오답을 피하고 싶었어

① 이 글은 '도깨비불'에 대한 인물의 과거와 현재의 인상을 제시하고 있으나 특정 사건을 반복하고 있다고 보기는 어렵다. 과거와 현재에 '도깨비불'을 보는 사건을 반복되는 사건이라고 보더라도 그로 인해 인물들의 갈등이 심화되고 있는 것은 아니다.

② 하나의 사건이 한 장면에서 벌어지고 있으므로 장면이 빈번하게 교차하고 있다고 할 수 없다.

④ 공간의 이동이 없다고 할 수는 없으나 이 글의 경우 '나'의 관점에서 모든

사건이 서술되고 있다.

⑤ 이 글은 시간 순서에 따라 사건을 서술하고 있다. 그러므로 시간의 역전을 통해 인과 관계를 재구성한 서사를 함께 제시한 것도 아니며 사건의 내막을 감추고 있다는 내용도 적절하지 않다.

44. ◀ 구절의 의미 파악

❷ '뒷덜미가 선뜩하고 떨떠름하여'와 ⓒ 다음의 '여간 두려운 존재가 아니었다.'를 통해 알 수 있듯이, ⓒ은 착각으로 인해 연상된 상황에 대한 호기심이 나타나 있다기보다는 '두려움'이 나타나 있다고 보는 것이 적절하다.

오답을 피하고 싶었어

① '믿을 만한 말이라고 우길 따름이었다.'를 통해 알 수 있듯이, '나'는 어른들이 '도깨비불'에 대해 자신들이 알고 있는 것을 어린아이들에게 우기며 말한다고 생각하고 있다.

③ ⓒ 다음에 나오는 '나는 참으로 오랜만에 가슴이 벅차오르는 것을 느꼈다.'를 통해 알 수 있듯이 '나'는 어린 시절 보았던 '도깨비불'을 우연히 보게 된 것에 대한 반가움을 드러내고 있다.

④ '내일 새벽엔 안개도 볼 수 있으리라고 믿어'와 ⓔ 뒤에 나오는 '옛날로 돌아가 혹시 길 잃은 여우가 울부짖게 될는지도.'를 통해 알 수 있듯이, '나'는 앞으로 일어날 상황을 예측하며 '가슴의 설렘'과 같은 기대감을 드러내고 있다.

⑤ ⓜ 뒤에 나오는 '무슨 재산붙이를 어둠 속에 잃고 찾지 못한 투로'를 통해 알 수 있듯이, '나'는 기대했던 대상의 실체를 확인하고는 실망감과 허무감을 느끼고 있다.

45. ◀ <보기>를 참고한 작품 감상 + 구절의 의미 파악

❹ '담 밑에도 가지 못할 만큼이나 그 도깨비불은 여간 두려운 존재가 아니었다.'를 보면, '아무리 무더워도' 핑계를 대고 '마실 마당에서 일찍 물러나곤' 한 것은 '도깨비불'에 대한 두려움 때문이지 어른들의 처벌에 대한 두려움 때문이 아님을 알 수 있다.

오답을 피하고 싶었어

① <보기>를 보면 금기가 설정된 근본적 이유가 알려지지 않았다고 하고 있으므로, 이 글의 어른들이 금기의 이유를 '이렇다 하게 내놓지 못하는 눈치가 역연'한 것은 금기가 설정된 이유를 알지 못했기 때문이라고 추론할 수 있다.

② '늘그막의 아낙네들'이 아이들에게 '도깨비불'에 대해 이야기함으로써 아이들 세대 역시 '도깨비불'에 대한 금기를 알게 되었으므로 이와 같은 행위는 공동체의 금기를 서로 다른 세대가 공유하는 장면이라고 이해할 수 있다.

③ '낮춘말'로 '귀띔'하는 행위는 곧 금기를 말을 통해 은밀하게 전파하고 있는 것이므로, 이와 같은 진술은 적절한 감상을 보여 주는 것이라 할 수 있다.

⑤ '재산붙이'를 잃은 듯 '무거워진 가슴을 안고' 방으로 들어가는 행동은 곧 '나'의 상실감을 드러내는 것이고, 상실의 대상이 어린 시절의 추억인 '도깨비불'과 관련된 것이므로, 이와 같은 진술은 적절한 감상을 보여 주는 것이라 할 수 있다.

잘숙이 2 (2012.수능)

| | 13 ⑤ | 14 ② | 15 ② | 16 ⑤ | |

[13~16] 현대 소설
이태준, 「돌다리」
물질적 가치관에 젖어 농토를 팔아 병원을 확장하려 하는 아들과 땅을 소

중히 여기는 아버지 사이의 갈등을 통해 땅의 본래적 가치보다 금전적 가치를 중시하는 자본주의적 가치관을 비판한 작품이다.
▶ **[주제] 금전적 가치를 숭상하는 자본주의 사회의 가치관 비판**

13. ◀ 서사 구조 파악

❺ 사건의 발생 순서는 '어머니가 창섭을 맞이하다. → 창섭이 아버지에게 계획을 말하다. → 아버지가 다시 개울가로 나가다. → 장정들이 다릿돌을 올려놓다. → 아버지가 점심상을 받다.'이다. 따라서 마지막으로 일어난 사건은 '아버지가 점심상을 받다.'이다.
이 작품에 나타나는 사건을 시간의 흐름에 따라 정리하면 다음과 같다.
1. 고향을 찾아가는 창섭의 심리와 처지(땅을 팔자고 할 수밖에 없는 창섭의 처지)를 서술함.
2. 고향집에 도착한 창섭이 어머니와 대화하고, 이를 보고 개울에서 집으로 들어오시는 아버지.
3. 창섭이 아버지에게 땅을 팔아야 하는 이유를 설명함.
4. 아버지가 창섭의 이야기를 다 듣고 생각할 시간을 갖기 위해, 그리고 장정들이 다릿돌을 놓고 있는 현장을 가 보기 위해 다시 개울로 나감.
5. 아버지가 집으로 돌아와 창섭에게 땅을 팔 수 없는 이유와 땅에 대한 신념을 밝힘.

14. ◀ <보기>를 참고한 작품 감상

❷ 서두 부분의 '창섭의 아버지는 땅을 위해서는 자기의 이해만으로 타산하려 하지 않았다.'와, 끝부분의 아버지의 발화를 통해 아버지의 '자아로서의 완고한 성격'을 찾아볼 수 있다.

오답을 피하고 싶었어

① 창섭은 자아로서의 논리를 통해 세계(아버지)와의 갈등을 드러내고 있을 뿐 '해소하는 인물'로는 볼 수 없다.

③ [A] 부분의 '지금 시국에 큰 건물을 새로 짓기란 거의 불가능한 일'을 통해 창섭이 '세계의 부정적 속성을 들추'는 역할을 간접적으로 하고 있다고 볼 수 있지만, 이는 땅을 팔아야 하는 근거 중의 하나로 든 것일 뿐 그러한 세계를 '고발'한다고 볼 수 없다.

④ 창섭과 어머니의 대립과 갈등, 갈등을 조정하는 아버지의 역할도 이 글에서는 나타나 있지 않다.

⑤ '서울루! 제발 아이들허구 한데서 살아 봤음 원이 없겠다.'는, 손자에 대한 어머니의 사랑을 드러내는 것일 뿐 어머니가 '자신 속에 존재하는 또 다른 자아와 갈등'하는 모습을 드러낸 것으로 볼 수는 없다.

15. ◀ 인물의 심리 및 태도 파악

❷ [A]는 땅을 팔아야 하는 이유를 열거하며 아버지를 설득하는 창섭의 발화 내용을 제시하고 있다. 이는 병원 확장 계획과 땅을 팔아 부모님을 모시려는 계획을 명확하게 밝히는 것이라고 볼 수 있으므로 '창섭의 계획이 일목요연하게 전해지는 효과가 생긴다.'라고 한 진술은 적절하다.

오답을 피하고 싶었어

① 아버지 소유의 땅을 팔아 자신의 병원을 확장하려는 계획 자체가 창섭을 위한 것이므로, 창섭이 '이해관계에 얽매이지 않'는 인물이라는 설명은 적절하지 않다.

③ 시국 탓에 건물 신축이 불가능하다고 하는 것은 땅을 팔아야 하는 근거로 든 것일 뿐이므로 이를 '현실을 대하는 태도의 원인'이라고 볼 수는 없다.

④ 창섭이 병원을 확장하기 위해 사려는 건물이 안성맞춤이라는 것을 말하는 대목이므로 이를 근거로 하여 창섭을 '배려심 많은' 성격의 인물로 보는 것은 적절하지 않다.

⑤ [A]는 창섭의 실제 발화를 그대로 인용한 것이 아니라 창섭이 한 말을 서술자가 요약해 제시한 부분이므로, [A]에서는 창섭의 말투를 파악할 수 없다. 따라서 창섭의 '말투를 실감 나게 표현'했다는 설명은 적절하지 않다.

16. ◀ <보기>를 참고한 작품 감상+소재 및 배경의 의미, 기능 파악

❺ 등장인물 중 창섭은 땅을 매매의 대상으로 여기고 있으며, 어머니는 '땅 보다' '손자 아이들에게 더 마음이 끌리'어서 서울로 가고 싶어 하고 있어서, 땅에 대한 의식 면에서 아버지와는 태도를 달리하고 있다. 그러므로 '땅을 장소애의 대상으로 여기는 의식이 두루 퍼져 있는 당시 상황'이라는 표현은 적절하지 않다.

오답을 피하고 싶었어

① 창섭은 땅을 매매의 대상으로만 여길 뿐 땅에 대한 애착을 보이고 있지는 않다.
② '넌 그 다리서 고기 잡던 생각두 안 나니?', '내 할아버님 산소에 상돌을 그 다리로 건네다 모셧구, 내가 천잘 끼구 그 다리루 글 읽으러 댕겼다.'를 통해 아버지에게 돌다리는 추억과 애환이 담긴 공간이라는 것을 알 수 있다.
③ '그 나무 밑에를 설 때마다 난 그 어룬들 동상이나 다름없이 경건한 마음이 솟아 우러러보군 헌다.'를 통해 마당의 은행나무가 '아버지'에게 집에 대한 애착을 강화하고 있음을 알 수 있다.
④ '장소애의 의미'란 땅이 '천지만물의 근거', '조상들과 그 땅과 어떤 인연'이라는 아버지의 발화를 말하므로 적절한 진술이다.

잘숙이 3   2016.06(A)

38 ②	39 ⑤	40 ③

[38-40] 고전 소설
작자 미상, 「홍계월전」

이 작품은 명나라를 배경으로 남장을 한 여주인공 홍계월의 고행담과 무용담을 엮어 놓은, 조선 후기의 대표적인 여성 영웅 소설이다. 여성임이 밝혀진 후에도 또다시 중책을 맡아 위기에서 나라를 구하는 등 남성보다 압도적으로 뛰어난 활약상을 펼치는 주인공의 모습을 제시하고 있다.

▶ [주제] 홍계월의 뛰어난 능력과 활약상

38. ◀ 서술상의 특징 파악

❷ [A]에서 어의는 평국의 맥이 여자의 맥이라는 말을 하고 있고, 천자는 평국의 얼굴이 곱고 체격이 작아 여자처럼 보일 수 있음을 말하고 있다. 두 사람의 대화를 통해 평국이 여성이라는 정보를 제공하고 있다. [B]에서는 오왕과 초왕이 반란을 일으켰으며, 십여 성을 항복받고 장안을 향하여 오고 있다는 정보를 요약적으로 제시하고 있다.

오답을 피하고 싶었어

① [A]에서 정황을 전달하는 주체는 '어의'이며, [B]에서 정황을 전달하는 주체는 '남관장'이다. 정황을 전달받는 천자가 이들에 대해 부정적인 태도를 보이고 있지는 않다.
③ [A]에는 천자가 '평국의 얼굴이 도화색이요, 체격이 작고 약하여'라고 말하는 부분에서 인물의 외양 묘사가 드러나고 있으나, [B]에는 과장된 표현이 드러나지 않는다.
④ [A]에서는 어의가 천자에게 평국이 여자라는 것을 보고하고 천자는 이를 누설하지 말 것을 당부하는 장면만 묘사하고 있고, [B]에서는 오왕과 초왕이 반란을 일으킨 순간부터 순차적으로 일어난 사건들을 서술하고 있어, [A]와 [B] 모두 여러 사건이 동시에 발생한 것이라고 볼 수 없다.
⑤ [A]는 천자가 '아직은 누설하지 말라.'라고 말하여 문제 해결을 유보하고 있는 상황이고, [B]는 반란군이 '장안을 범하고자' 하고 있으므로 '어진 명장을 보내어 막'아야 하는, 즉각적으로 문제를 해결해야 하는 상황이다.

39. ◀ 구절의 의미 파악+인물의 심리 및 태도 파악

❺ ⓜ은 홍계월이 혼인한 이후 규중에 거하였으므로 천자가 오랫동안 보지 못하여 그리웠다는 말이다. '규중에 처'한다는 것은 홍계월이 여성으로서의 삶을 살았으므로 조정에 나오지 않았다는 의미로 볼 수 있다. 규중에서 홍계월은 '매일 시비를 데리고 장기와 바둑으로 세월을 보내'고 있었으므로, 홍계월이 집안일에 매달려 있었다고 볼 수는 없다.

오답을 피하고 싶었어

① '치하'는 '남이 한 일에 대하여 고마움이나 칭찬의 뜻을 표시함.'을 가리키는 말이므로 ⓙ은 평국과 보국이 여공에게 엎드려 절하며 먼 길을 와 준 노고에 고마움을 표하는 모습이라 볼 수 있다.
② '경동'은 '놀라서 움직임.'이라는 말이므로 ⓚ은 홍계월이 아픈 사실에 집안사람들이 매우 놀라며 밤낮으로 치료하는 모습이라고 볼 수 있다.
③ '느낀다'는 '서럽거나 감격에 겨워 운다'는 말이고, '종황한다'는 '거침없이 마구 오간다'는 말이므로 ⓛ은 부모 앞에서 서러움에 겨워 눈물을 터트리는 홍계월의 모습이라고 볼 수 있다.
④ ⓛ은 혼인하여 규중에 거하고 있는 홍계월을 다시 불러내어 전쟁터에 내보낼지를 고민하는 천자의 모습을 보여 준다.

40. ◀ <보기>를 참고한 작품 감상

❸ 평국과 보국이 천자의 명에 따라 한 궁궐에 거하면서 '위의와 거동이 천자나 다름이 없'었다는 내용은 있지만, 이로 인해 천자의 노여움을 사게 되었다는 내용은 이 글에 나타나 있지 않다. <보기>에 의거할 때, 홍계월에게 닥친 2차 위기는 보국과의 혼인 이후 규중에서 보국과 갈등을 겪으면서 발생하는 것으로, 이는 천자와는 직접적인 관련이 없는 것이다.

오답을 피하고 싶었어

① 천자가 남관장의 장계를 보고 크게 곤란하여 온 조정의 신하들을 모아 의논하는 자리에서 우승상 명연태가 '좌승상 평국을 보내어 방비하올 것'이라며 홍계월을 추천하고, 다른 신하들도 평국의 '이름이 조야에 있'다며 이에 적극 찬성하는 장면에서 홍계월의 뛰어난 능력을 짐작할 수 있다.
② 평국이 어의가 다녀간 후 '본색이 탄로 날' 것을 짐작하고 '이제는 할 일 없이 되었으니, 여복을 갈아입고 규중에 몸을 숨겨 세월을 보냄이 옳다.'라고 하는 장면에서 여성으로서의 사회적 참여에 제약이 따랐음을 짐작할 수 있다.
④ 위공과 정렬 부인이 여공에게 '어지신 덕택으로 계월을 구하사 친자식같이 길러 입신양명하게 하시니'라고 말한 부분에서 여공이 어린 시절 1차 위기에 처한 홍계월을 구하여 도와준 조력자임을 알 수 있다.
⑤ 혼인 이후 여성으로서 남편과 갈등을 겪으면서 '규중에 홀로 있어 매일 시비를 데리고 장기와 바둑으로 세월을 보내'고 있던 홍계월이 천자의 부름을 받아 '사직을 안보하게 하라'는 명을 받는 부분에서 국가의 위기와 개인적 고난을 동시에 극복할 기회를 얻었다는 사실을 알 수 있다.

---

15 DAY
소설, 문제 패턴 4, 5

잘숙이 1   2018.수능

23 ②	24 ④	25 ①	26 ⑤

[23-26] 고전 소설
김만중, 「사씨남정기」

이 작품은 조선 시대 가부장적 사회를 배경으로 선인인 사 씨와 악인인 교 씨를 등장시켜 처첩 간의 갈등을 보여 줌으로써, 여성이 지녀야 할 올바른 행실뿐만 아니라 악행에 대한 처벌이 필연적임을 강조하는 주제를 담고 있다. 또한 유 한림의 모습을 통해 가정에서 일어나는 갈등은 무능한 가장에게도 책임이 있음을 제시하면서 조선 사회의 가부장제에 대한 은근한 비판을 드러내고 있다. 지문에는 교 씨의 참소로 폐출된 사 씨의 모습과 교 씨와 동청의 모의로 유배당한 유 한림의 행적이 제시되어 있다.

▶ **[주제]** 사 씨의 덕행에 대한 칭송과 악행을 저지른 교 씨에 대한 징벌

23. ◀ 서사 구조 파악

❷ "내가 어디 갔다 왔느냐?"라는 사 씨의 질문에 유모와 시비가 "부인께서 기절하는 바람에 소인들이 간호하여 이제야 깨어나셨는데 어디를 가셨단 말입니까?"라고 대답하고 있다. 이를 통해 유모는 황릉묘에 가지 않았다는 것을 알 수 있다. 그러므로 유모가 황릉묘에 가서 사 씨를 깨울 방도를 찾아왔다는 것은 적절하지 않다.

오답을 피하고 싶었어

① '남해 도인이 그대와 인연이 있으니 잠깐 의탁하게 될 것이오.'를 통해 사 씨와 남해 도인이 인연이 있음을, "조만간 길을 인도하는 자가 있을 것이니 조금도 염려 마라."를 통해 사 씨를 바다 끝으로 데려다줄 조력자가 예비되어 있음을 확인할 수 있다.
③ '꿈결에 관음보살께서 어진 여자가 화를 만나 날이 저물어 갈 곳을 몰라 방황하니 급히 황릉묘로 가서 구하라고 하셨습니다.'를 통해, 여승이 관음보살의 명을 받아 사 씨를 도우러 왔음을 확인할 수 있다.
④ "사 씨가 동청을 꺼렸는데 ~ 무슨 면목으로 조상을 대하리오."를 통해, 유 한림이 동청을 꺼렸던 사 씨의 말을 받아들이지 않았음을 확인할 수 있다.
⑤ '이 물을 먹은 즉시 병세가 사라지고 예전의 얼굴과 기력을 회복하였다. ~ 마을 사람들이 나누어 마셨다. 이로 인해 물로 인한 병이 없어지자 ~'를 통해, 유 한림을 낫게 한 샘물이 마을 사람들의 병을 없애는 방도가 되었음을 확인할 수 있다.

24. ◀ 소재의 의미, 기능 파악

❹ '어진 여자가 화를 만나 날이 저물어 갈 곳을 몰라 방황하니 급히 황릉묘로 가서 구하라고 하셨습니다.'를 통해 알 수 있듯이, '배'는 사 씨를 바다 끝으로 데려다주기 위해 여승이 가져온 것이다. 따라서 사 씨가 사전에 준비했다는 것과 사 씨와 두 왕비의 재회를 돕는 매개체라는 설명은 적절하지 않다.

오답을 피하고 싶었어

① '이 소리에 놀라 몸을 일으키니 유모와 시비가 부인이 깨신다 하고 부르거늘'을 통해 알 수 있듯이 '주렴을 내리는 소리'는 그림 속 왕비를 만나는 꿈에서 깨도록 하는, 즉 사 씨를 비현실 세계에서 유모와 시비가 있는 현실 세계로 돌아오도록 하는 역할을 하고 있다.
② '분명히 저 길로 갔다 왔으니 어찌 꿈이라 하리오.'를 통해 알 수 있듯이 '대나무 수풀'은 사 씨가 왕비를 만나러 가는 상황과 유모와 시비가 있는 곳으로 나오는 상황, 즉 비현실적 상황과 현실 상황을 중첩시키는 역할을 하고 있다.
③ '꿈에서 본 것과 같았다. 이에 사 씨가 향을 피우고 절하며 말했다.'를 통해 알 수 있듯이 '초상화'는 사 씨가 꿈속에서 만난 인물이 누구인지를 확인시켜 주는 역할과 초월적 존재가 자신을 구하기 위해 꿈에 나타났음을 믿도록 하는 역할을 하고 있다.
⑤ '병을 뜰 가운데 놓고 사라졌다. 한림이 놀라 일어나니 꿈이었다.'와 '이 물을 먹은 즉시 병세가 사라지고 예전의 얼굴과 기력을 회복하였다.'를 통해 알 수 있듯이 '병'은 꿈에서 본 물건으로서, '병'이 있던 자리에 솟은 샘물은 유 한림의 병을 낫게 하는 역할을 하고 있다.

25. ◀ 소재의 의미, 기능 파악

❶ ⓐ에는 곤경에 처한 사 씨에게 조력자가 나타날 것임을 알려 주는 왕비가, ⓑ는 유배지에서 죽을 지경에 이른 유 한림을 낫게 해 줄 '병'을 전달하는 노파가 등장하고 있다. 따라서 ⓐ와 ⓑ에 꿈을 꾼 주체를 돕는 역할

을 하는 존재가 출현한다는 진술은 적절한 이해에 해당한다.

오답을 피하고 싶었어

② ⓐ의 경우 꿈에 등장한 인물이 순임금의 부인인 아황과 여영임을 밝히고 있지만, ⓑ의 경우 흰옷을 입은 노파라고만 말하고 있어 해당 인물을 역사적 인물이라고 단정하는 것은 적절하지 않다. 또한 유 한림이 노파를 만나고 싶어 했다는 사실을 확인하기도 어렵다.
③ ⓐ에서 왕비는 사 씨에게 '때가 멀었소.'라고 말하고 있지만, ⓑ에서 노파는 유 한림을 낫게 할 수 있는 '병'을 전하고 있다. 그러므로 꿈을 꾼 주체가 처한 고난이 심화될 것이라는 진술은 적절하지 않다.
④ ⓐ에서 사 씨는 역사 속 인물을 만나 도움을 받고 있고, ⓑ의 경우 유 한림은 어느 노파를 만나 도움을 받고 있다. 그러나 ⓐ와 ⓑ의 경우, 사 씨와 유 한림이 아황과 여영 또는 흰옷 입은 노파를 만난 기억을 공유하고 있다는 사실을 지문을 통해 확인하기는 어렵다.
⑤ ⓐ와 ⓑ에는 꿈을 꾼 주체가 곤경에서 벗어날 수 있도록 돕는 인물이 등장하고 있지만 사 씨와 유 한림의 출생 내력을 언급한 부분은 나타나 있지 않다.

26. ◀ <보기>를 참고한 작품 감상

❺ '그것을 본 사람들이 모두 신기하게 여겼다. ~ 이로 인해 물로 인한 병이 없어지자 사람들이 그 샘을 학사정이라고 하였는데 지금까지 전해진다.'를 통해 알 수 있듯이, 행주 사람들이 유 한림과 관련한 신기한 사건을 목격하고 그 물을 통해 치유의 효과를 얻는 것은 사실이지만 행주 사람들이 샘에 얽힌 이야기를 듣고 복선화음의 이치를 깨달았다고 말하는 것은 적절하지 않다.

오답을 피하고 싶었어

① 유 한림은 유배지에서 자신의 잘못을 깨닫고 노파를 만나 병이 낫는다. 이는 <보기>에서 설명하고 있는 '재앙이 상서로움으로 전환되는 양상'으로 볼 수 있다.
② 유 한림이 외로움과 고초를 겪게 되면서 예전의 총명함이 돌아와 자신의 과오를 뉘우치는 장면을 <보기>에서 설명하고 있는 '과오가 있는 사람이라도 잘못을 깨닫고 착한 데로 나아가는 과정'으로 이해한 것은 적절한 감상에 해당한다.
③ 사 씨가 꿈에서 역사 속 인물을 만나고, 관음보살의 명령을 받은 여승을 만나는 장면을 <보기>에서 설명한 '기이한 만남'이 이루어지는 양상으로 이해하는 것은 적절한 감상에 해당한다.
④ 유 한림에게 일어난 기이한 일과 관련된 곳을 사람들이 학사정이라고 지칭하고 지금까지 전하고 있는 장면을 <보기>에서 설명하고 있는 '괴이하거나 맹랑한 것이라고 치부할 수만은 없다고 평한' 것과 관련지어 이해한 것은 적절한 감상에 해당한다.

잘숙이 2 ─ 2020.06

| 23 ③ 24 ⑤ 25 ① 26 ② |

[23~26] 고전 소설
작자 미상, 「조웅전」

이 작품은 조선 시대 영웅 소설의 대표작으로, 주인공의 고행담을 다룬 전반부와 주인공의 영웅적 활동을 다룬 후반부로 구성되어 있다. 영웅의 일대기 형식을 갖추고 있으며 주인공의 영웅적인 면모와 자유연애의 애정관이 잘 드러나고 있는 작품이기도 하다.

▶ **[주제]** 나라에 충성하는 마음과 자유연애 사상

23. ◀ 서사 구조 파악

❸ 조웅은 함곡으로 들어가는 길에 노옹을 만난다. 노옹은 조웅과의 만남

기뻐하면서 '나귀를 바삐 몰아 진시에 도착하려고 했으나 피곤한 나귀 탓으로' 늦게 도착하여 조웅을 만나지 못할까 염려하였다고 말한다.

오답을 피하고 싶었어

① 조웅의 꿈속에서 송 문제는 조웅이 서번에게 잡힐까 염려하여 도사를 찾아가 조웅을 구하라고 부탁하였다고 말한다. 송 문제가 서번 적의 간계에 빠진 것은 아니다.

② 조웅은 송 태자를 위해 위국으로 가던 중 함곡을 향하다가 연주에 도달하여 군마를 쉬게 하고 자신도 사관에서 쉬었다. 함곡에서 연주로 가는 도중에 군마를 멈춘 것이 아니다.

④ 노옹이 내어 준 편지를 읽은 조웅은 위홍창에게 장졸을 함곡에 들어가지 못하게 하라고 명을 내린다. 이에 위홍창은 선봉이 이미 함곡에 들어갔다고 보고한다. 위홍창이 선봉을 이끌어 함곡에 들어간 것은 아니다.

⑤ 조웅의 꿈속에서 황금관을 쓴 노인은 궁궐의 상석에 용포를 입고 앉아 있었다. 그러나 이 노인이 뜰로 내려와 여러 사람을 맞이하지는 않았다.

24. ◀ 구절의 의미 및 기능 파악

❺ [A]에서는 조웅의 꿈속 공간에 대해 묘사하고 있다. '광활하여 완연한 별세계', '아름다운 궁궐이 하늘에 닿았거늘' 등에서 확인할 수 있는 것처럼 이 공간은 비현실적 세계, 신비로운 곳으로 그려져 있다. [B]에서는 조웅이 슬프고 상한 마음으로 행군을 하여 도달한 곳인 함곡의 모습을 묘사하고 있다. 해가 지고 잔나비와 두견이 울고 '험한 산봉우리는 가슴을 찌르는 듯'한 함곡의 모습은 어둡고 불길한 분위기를 자아내고 있다.

오답을 피하고 싶었어

① [A]에서 '첩첩한 산중에 수목이 빽빽한 곳'에 들어가니 광활하였다고 언급하고 있으나 이를 통해 인물의 진취적인 기상을 드러내고 있지는 않다.

② [B]에서는 해 질 무렵이라는 배경을 제시하고 있으나 시간의 흐름이 두드러지지 않으며 인물의 낙관적 태도가 드러나고 있지도 않다. [B]에서는 함곡의 어두운 분위기가 강조되고 있다.

③ [A]에서 조웅이 날개를 얻어 공중에 이르게 되는 것은 비현실적 사건으로, 환상성이 드러난다고 볼 수 있다. [B]에서 구체적인 시대적 상황이 제시되고 있지는 않다.

④ [A]에서 조웅이 '첩첩한 산중에 수목이 빽빽한 곳'과 '아름다운 궁궐이 하늘에 닿'은 곳에 들어가는 것을 공간적 변화라고 볼 여지는 있으나 이를 통해 긴장감이 강조되고 있지는 않다. [B]에는 계절적 상황이 드러나지 않으며, 강조되는 것은 쓸쓸함이 아닌 불안감이다.

25. ◀ 배경의 의미, 기능 파악

❶ '큰 잔치'에 참석한 사람들은 '각각 공을 밝히어 올리라'는 제왕의 분부에 따라 저마다 자신의 공적을 밝히는 글을 올린다. 참석한 사람들이 서로의 공적을 평가하지는 않는다.

오답을 피하고 싶었어

② '큰 잔치'에 참석한 사람들은 조웅이 서번 적의 간계에 걸려들어 죽을 듯하다며 안타까워하며 염려하기도 하고, 송 문제의 말을 듣고 대운이 막히지 않았다며 조웅에 대한 기대를 표현하기도 한다.

③ '큰 잔치'에 참석한 사람들은 '대송이 역적에 망하니 인하여 멸송이 되면 언제 회복되오리까?'라고 하며 나라를 걱정하기도 하고, '어찌 회복이 없사오리까?'라고 하며 희망을 드러내기도 한다. 이러한 말들은 모두 국가의 흥망성쇠에 대한 관심을 반영한 것이다.

④ '큰 잔치'에 참석한 사람들은 각각 소회를 다하고 '칼을 빼 들'기도 하고 '춤추기도 하는' 등 여러 행위를 통해 자신의 심정을 드러내고 있다.

⑤ '큰 잔치'에는 좌석에 사람이 가득 앉았으며 술과 음식이 가득하였다고 하였으므로 풍성한 분위기를 드러내고 있다고 할 수 있다.

26. ◀ <보기>를 참고한 작품 감상

❷ 조웅이 행군 중에 슬퍼하는 것은 '전쟁의 패한 혼이 될 듯'다, '서번이

조웅을 잡으려고' 간계를 꾸민다는 등의 꿈속의 말로 인해 불안감과 위기감을 느꼈기 때문이다. 즉 꿈속의 말에 대해 확신하지 못한 것이 아니라 꿈속의 말대로 이루어질까 염려한 것이라고 볼 수 있다.

오답을 피하고 싶었어

① 꿈은 초월적 세계의 뜻을 전달하는 기능을 하는데, 조웅의 꿈속에서 송 문제는 서번의 간계로 조웅이 위기에 처할까 하여 도사를 찾아가 조웅을 구하라고 부탁하였다. 이를 통해 조웅이 초월적 세계의 비호를 받는 인물임을 알 수 있다.

③ 조웅은 꿈속에서 여러 사람들의 이야기를 듣는데, 그중 한 사람이 '하늘이 송나라 왕실을 회복하고자 조웅을 명하였'다고 말한다. 조웅이 꿈을 통해 자신에게 주어진 역할, 천명을 알게 되는 것이다.

④ 조웅은 자신의 꿈속에서 서번이 간계를 꾸미고 있으며 송 문제가 도사에게 자신을 구하라고 부탁하였음을 알게 되었다. 이후 꿈에서 깨어난 조웅은 노옹이 전해 준 '천명 도사'의 편지의 지시를 따른다. 이는 조웅이 꿈속에서 알게 된 바가 현실에서 일어날 것이라고 믿었기 때문이라고 할 수 있다.

⑤ 꿈속에서 송 문제는 도사에게 조웅을 구하라고 부탁하였다. 이 꿈이 현실로 이어져 천명 도사가 노옹에게 자신의 편지를 조웅에게 전해 주라고 부탁하게 되는 것이다. 그러므로 노옹은 초월적 세계의 뜻을 전달해 주는 역할을 한다고 볼 수 있다.

잘숙이 3 (2015.06(AB))

34 ④	35 ②	36 ④	37 ③

[34-37] 현대 소설
김정한, 「모래톱 이야기」

이 작품은 낙동강 하류의 가상의 섬인 '조마이섬'을 공간적 배경으로 하고, 일제 강점기부터 1960년대까지를 시간적 배경으로 삼고 있다. 이 섬의 주인이라 할 수 있는 주민들은 자신들의 땅을 이른바 힘 있는 사람들에게 대대로 빼앗긴 채로 살아가고 있었다. 중학교 교사인 서술자 '나'는 조마이섬에서 나룻배로 통학하는 학생 건우를 통해서 섬 주민들을 알게 되고, 섬 주민들의 처지와 삶의 내력에 대해 깊은 연민을 갖게 된다. 낙동강에 홍수가 난 상황에서 섬 주민들은 자신들의 생명을 보전하기 위해 힘 있는 사람들이 만든 '둑'을 허물려 하고, 섬의 법적 소유자는 '둑'을 지키려 한다. 그 대립의 과정에서 건우의 할아버지가 살인을 하고 경찰서로 끌려가면서 사건이 마무리된다. 이 작품은 표면적으로 권력자들에게 패배하는 섬 주민들의 이야기를 증언함으로써 소수 권력자와 다수의 주민 사이의 대립을 선명하게 부각하고, 조마이섬으로 상징되는 우리 사회의 부조리를 압축적으로 드러내고 있다. 지문에 제시된 장면은 서술자 '나'가 건우의 글을 읽고 섬 주민들의 이야기를 들으면서, 섬 주민들의 삶의 내력을 알아 가는 과정에 해당한다.

▶ [주제] 소외된 사람들에 대한 연민과 부조리한 사회 현실에 대한 고발

34. ◀ 서술상의 특징 파악

❹ 서술자는 '집 안팎 광경들'을 통해서 건우 어머니가 '꽤 부지런하고 친절한 여성'임을, 볼록한 이마와 짙은 눈썹에 대한 묘사를 통해서는 건우 어머니가 의지나 정열을 지닌 인물임을 추론하고 있다. 따라서 [A]는 구체적인 묘사와 서술자의 주관적 판단을 통해 인물의 성격이 제시되는 부분이라고 할 수 있다.

오답을 피하고 싶었어

① 건우의 집 안팎의 광경은 건우와 건우 어머니에 대한 이해를 높이는 기능을 하나, 이 작품의 전체적인 주제를 암시하는 기능을 한다고 보기 어렵다.

② 서술자가 학생의 가정을 방문하여 보고 느낀 것을 일상적 소재의 나열로 보기 어렵고, 서술자의 판단 또한 복잡한 심리의 표출이라고 보기 어렵

다.
③ 인물의 성격이 제시되고 있기는 하나, 그 성격 변화는 드러나지 않는다.
⑤ 학교에서의 거우에 관한 이전 경험을 떠올리고 있기는 하나, 이것을 이후에 전개될 사건에 대한 단서로 보기는 어렵다.

35. ◀ 서사 구조 파악

❷ 거우 어머니는 젊은 나이에 과부가 된 '어려운' 상황에서도 거우의 입성을 항상 깨끗하게 관리할 정도로 부지런하고 거우를 공부시켜 '일류 중학'에 보낼 정도로 교육열이 높은 인물이다. '일류 중학'은 거우 어머니와 거우가 어려운 가정 형편 중에서도 이룩한 성취의 하나로 이해된다. 이것을 '모자의 불화'나 '교육관의 차이'로 해석하는 것은 적절하지 않다.

오답을 피하고 싶었어
① 거우 어머니의 '손'이 '상일(별다른 기술이 없이 하는 노동)에 거칠어 있는 양'이라 묘사된 데서 그의 고된 생활을 추론할 수 있다.
③ '책상'이 '사과 궤짝 같은 것에 종이를 발라' 만든 것임을 볼 때, 거우네의 살림살이가 넉넉지 못함을 추론할 수 있다.
④ '책 읽은 소감'에 섬 주민들이 '지정해 주는 기호' 밑에 도장을 찍어 투표한다는 책의 내용이 언급된 것으로 보아, 정치 현실에 대한 거우의 관심을 확인할 수 있다.
⑤ 선조 때부터 강물과 싸우며 '둑'을 만들어 온 것이라는 '거우 할아버지'의 말을 통해 '둑'은 조마이섬 사람들의 삶의 내력을 담고 있는 것으로 볼 수 있다.

36. ◀ 갈래 변용 이해

❹ 〈보기〉의 시나리오에서, '손에 쥔 종이(토지 문서)'를 움켜쥐고 부르르 떠는 거우 증조부(S#98)와, '종이 쪼각(토지 문서)'을 들고 찾아온 사람들에 맞서는 거우 할아버지(S#99)는 자신들의 땅으로 여겼던 조마이섬의 소유권이 부당하게 다른 곳으로 넘어간 데 대해 분노하고 있다. 나머지 인물들은 그의 말에 동조하거나 경청하고 있다. 제시된 인물 간의 갈등을 찾아볼 수 없으며 소유권 이전에 찬동하는 인물 또한 제시되어 있지 않다.

오답을 피하고 싶었어
① S#98 시작 부분에서 '길게 펼쳐진 조마이섬 모습'을 제시하기 위해 섬의 전체적인 지형을 카메라에 담는 E.L.S. 기법을 쓰고 있다.
② 일제 때 토지 조사 사업을 통해 토지를 수탈한 사실이 [B]에서는 서술자의 생각으로 제시되어 있으나, S#99에서는 대사로 제시되어 있다.
③ S#99에서는 내일까지 섬에서 나가라는 '시커먼 놈들'의 요구를 결코 받아들일 수 없다는 인물의 대사를 통해 관객들이 이후에 생길지 모를 갈등 상황에 대해 긴장감을 느낄 수 있다.
⑤ S#98에서는 거우 증조부가 '대명천지에 이럴 수는 없는 기다!'를 외치고, S#99에서는 거우 할아버지가 역시 같은 말을 외치며 자신들의 억울함을 표출하고 있다.

37. ◀ 〈보기〉를 참고한 작품 감상

❸ 지문의 중략 이후 부분에는 '거우 할아버지와 윤춘삼 씨'가 '나'에게 들려준 이야기가 제시되어 있는데, 그 시작 대목에서 그 이야기가 '언젠가 거우가 써냈던 〈섬 얘기〉'에 몇 가지 일화를 붙인 것임을 밝히고 있다. 그런데 '조마이섬'의 두 어른들이 해 준 이야기가 몇 일화를 제외하고 거우의 〈섬 얘기〉와 같다고 해서, 어른들이 거우의 글을 원천으로 삼고 있다고 보기는 어렵다. 한편 '나'가 거우의 선생님이 '조마이섬' 사람들을 만나고 아울러 그곳의 어른들에게서 섬에 관한 이야기를 듣게 된다고 해서, 거우를 '저항적 주체들의 중심인물'로 삼았다고 보기도 어렵다. 이 작품의 등장인물들이 〈보기〉에서 언급한 저항적 주체의 모습으로 형상화되어 있다고 볼 수는 있으나, 거우가 그 중심이라고 볼 만한 근거는 찾기 어렵다.

오답을 피하고 싶었어

① 〈보기〉에서 작가는 공동체의 고통에 대한 공감을 바탕으로 '나'의 이야기를 창조하였다고 했는데, 지문에서도 '나'는 상대방의 말에서 연관된 역사적 사실을 떠올리거나, 원한과 저주의 깊은 감정을 읽어 내는 등 적극적이고도 공감적인 태도로 상대방의 말을 경청하고 있다.
② 거우가 쓴 〈섬 얘기〉가 땅의 소유권에 관한 어른들의 말과 크게 다르지 않다는 점으로 볼 때, 거우는 자신의 글로써 섬의 억울한 현실을 기록하고 증언하는 역할을 했다고 볼 수 있다.
④ '기막히는 일화'의 '기막히는'은 현실의 부조리함, 어처구니없음의 뜻에 가깝고, '나'의 이야기에서 그런 일화를 다루는 것은 현실의 부조리한 실상을 드러내기 위함으로 볼 수 있다.
⑤ 〈보기〉에서 언급한, 권력의 횡포에 의해 '뿌리 뽑힌 사람들'은, 작품에서 힘 있는 사람들에게 대대로 땅을 빼앗긴 섬 사람들로 형상화되었으므로, 이를 통해 작가가 권력의 횡포를 비판하고자 했음을 알 수 있다.

---

16 DAY
산문, 정신과 시간의 방

잘숙이 1 2011.09

35 ⑤	36 ⑤	37 ③	38 ⑤

[35-38] 현대 소설
김원일, 「잠시 눕는 풀」
  1970년대는 우리 사회가 인간적인 가치와 윤리는 뒤로 한 채 산업 사회를 향해 무한 질주하던 시기이다. 이러한 시대상은 고속 도로를 질주하다가 사고를 내고 이를 시우에게 뒤집어씌우려는 김 여사의 얼굴과 맞닿아 있다. 주인공인 시우와 시우네 가족은 가난에서 벗어나기 위해 몸부림치지만 그 길은 멀고 험하기만 하다. 내일이 보이지 않는 상황에서 금전적인 보상을 대가로 억울한 누명을 자처한 시우의 선택은 눈물겹게 감동적이다. 돈에 팔려 가는 시우를 '심청'에 빗대어 표현하고 감옥에서 웃고 있는 시우를 '포줏집에 팔려 나온 시골 처녀'에 비유함으로써 작가는 산업화 시대 도시 빈민층의 어두운 일면을 그리고자 하였다.

▶ [주제] 산업 사회 도시 빈민층의 어두운 자화상

35. ◀ 서술상의 특징 파악

❺ 이 글은 전지적 작가 시점으로 서술되어 있다. 하지만 사건의 서술은 시우가 처한 상황을 중심으로 진행되고 있다. 중략 이전의 내용은 이 선생과 젊은 부사장의 대화이지만, 화제는 시우의 문제를 어떻게 처리하느냐이다. 또한 중략 이후의 내용은 시우가 자신에게 닥친 상황을 어떻게 받아들이고 있느냐에 서술의 초점이 있다.

36. ◀ 인물의 심리 및 태도 파악

❺ 종우는 시우를 면회 와서 보상금으로 받은 180만 원에 가족들이 새로운 삶을 살 수 있게 되었으니 참아 달라고 하며 면목이 없다고 미안해한다. 그리고 자신이 양심을 팔았는지 어쨌는지 모른다는 말을 하지만, 이것은 사실 양심의 가책을 받고 있음을 보여 주는 것이다.

오답을 피하고 싶었어
① 부사장은 겉으로는 시우와 그 가족을 배려하는 듯이 말을 하고 있다. 하지만 부사장의 진짜 목적은 자신의 어머니와 가족들의 체면, 명예를 최대한 지켜 내면서 의도대로 일을 꾸미는 것이다. 그렇기에 기만적인 인물이라 할 수 있다.
② 시우는 집행 유예로 나갈 줄 알았다가 형이 확정되자 함정에 빠진 듯했고, 억울해서 죽고 싶은 생각뿐이었다. 하지만 형이 면회를 와서 보상금

으로 받은 180만 원으로 가족들이 새로운 삶을 살 수 있게 되었다고 전하는 말을 듣고, 감옥 생활을 참아 내기로 마음먹는다.
③ 죄수들은 추위에 엉겨 있으면서 시우에게 오라고 관심을 보이고 있고, 시우의 우는 듯한 웃음에 역시 한마디하며 관심을 보이고 있다.
④ 첫 장면에서 사무장이 하는 말을 보면, 그는 부사장, 사모님을 위해 돈으로 시우를 매수하여 사건을 종결하려 하고 있음을 알 수 있다.

37. ◀ 인물의 심리 및 태도 파악

❸ 시우는 가족들을 위해 감옥 생활을 이겨 내기로 결심을 한다. 억울하다는 생각을 하기보다 가족 모두의 행복을 위해 자기 자신을 기꺼이 희생하기로 마음먹은 것이다. 그렇기에 '감옥'을 '집 안방'(㉠)으로 표현하였으며, 죄수들을 보면서도 '다정한 얼굴'(㉡)이라 생각한다. 또한 눈이 오는 추운 날씨임에도 불구하고 가족들의 행복한 생활을 생각하며 '산타클로스 모자'(㉣)를 떠올리고, 동생이 입을 '맞춤 중학 교복'(㉤)을 떠올리고 있다. 이는 모두 자신이 처한 감옥 생활을 기꺼이 감당하겠다고 마음을 먹었기 때문이다. 하지만 온갖 죄를 지은 죄수들의 죄명을 시각화한 '푯말'(㉢)은 시우의 마음가짐과는 전혀 관계가 없다.

38. ◀ <보기>를 참고한 작품 감상+구절의 의미 및 기능 파악

❺ <보기>는 이 작품에 대한 평의 일부를 보여 주고 있다. 결국 이러한 평을 작품의 구체적 내용에 적절하게 대응시킬 수 있는지를 묻고 있는 것이다. <보기>에서는 작품에서 가진 자(부사장, 사모님)와 못 가진 자(시우네 가족)의 대립 구도가 나타난다고 했다. 그런데 이 작품에서 이러한 대립 구도가 공간적 대립을 통해 드러나지는 않는다. 즉 면회소와 신흥 주택 지대는 공간적 대립의 의미를 지니고 있지 않다는 것이다. 면회소는 시우가 억울하게 감옥 생활을 해야 하는 곳이고, 신흥 주택 지대는 시우의 희생으로 그의 가족들이 새로운 삶을 살아갈 공간이기에 대립적이지 않다.

오답을 피하고 싶었어

① 시우의 '말 울음소리' 같은 웃음은, 이에 대해 다른 죄수가 말한 것을 통해 볼 때 시우의 복잡한 내면, 결국 이러한 선택을 한 인물의 복잡한 심경을 담아낸 것이라 할 수 있다.
③ 사건 조작 모티프는 부조리한 현실을 고발하기 위한 하나의 방법이며, 이 작품에서는 사모님의 죄에 대해 가난한 시우가 대가를 받고 대신 벌받는 것으로 나타나 있다. 이는 결국 당대 사회를 비판적으로 성찰하기 위한 의도로 이해할 수 있다.
④ 사모님은 시우에게 빚을 졌다면서 시우가 나오면 월급을 올려 줄 것이라 했지만, <보기>와 같은 비판적인 관점에서 이를 평가하면 결국 돈으로 사람을 거래하는 행위라 할 수 있다.

잘숙이 2 (2016.수능(A))

31 ①	32 ③

[31-32] 현대 소설
박완서, 「나목(裸木)」
이 소설은 6·25 전쟁 혼란기의 서울을 배경으로 화가인 옥희도와 '나'가 맺었던 인연을 바탕으로 내용이 전개된다. 전쟁의 피해가 가시지 않은 삶의 현장에서 가난함 속에서도 진정한 예술가로서의 정신을 잃지 않았던 옥희도와 그를 사랑했던 젊은 날의 '나'의 이야기가 세월이 흐른 뒤에 '옥희도 유작전'이 열린다는 소식을 매개로 '나'의 삶에 다시 환기되는 구조를 지닌다. 젊은 시절의 '나'는 혼란과 방황 속에서도 세속적인 삶에 대한 거부감을 지니고 있었기에 옥희도의 가난한 삶을 사랑할 수 있었지만, 결국 태수와 결혼하게 되면서 옥희도와의 인연을 정리하게 된다. 하지만 세월이 흐른 뒤 '나'는 유작전에서 옥희도의 그림 <나목>을 보고 옥희도가 추구했던 진정한 삶과

예술의 의미를 깨닫게 되면서 자신의 삶을 되돌아보게 된다. 제시된 부분은 '고가'를 제재로 하여 과거의 '나'가 지녔던 내면의 고뇌와 갈등을 보여 주는 부분과 '옥희도 유작전'을 보고 새로운 인식을 갖게 된 현재의 '나'의 모습을 보여 주는 부분이다.

▶ [주제] 젊은 날의 내면 갈등과 진정한 예술가의 초상

31. ◀ 구절의 의미 및 기능 파악

❶ 이 글에서 남편은 세속적이고 속물적인 면을 지닌 인물로, '나'는 그것과 합치되지 못한 채 남편의 그런 모습을 선뜻 수용하지 못하는 인물로 제시되고 있다. ㉠은 '장사꾼들과 몇 푼의 돈 때문에 큰소리로 삿대질까지 해' 대는 남편의 모습을 통해 이런 남편의 특징을 잘 보여 주고 있고, ㉡은 추억이 있는 은행나무에 대해 집착하면서 실용적인 편리만으로 정신적인 면을 대신할 수는 없다고 여기는 '나'의 특징을 잘 보여 주고 있다. 그러므로 ㉠에서의 남편의 행동이 내면적인 가치, 정신적인 가치를 소중히 여기는 '나'에 대한 배려라고 볼 수는 없다. 즉 남편의 흥정은 세속적인 이익을 위한 흥정일 뿐, '나'가 지키고 싶은 은행나무와 거기에 깃든 소중한 가치의 보존을 위한 것이 아니다.

오답을 피하고 싶었어

② 장사꾼들과 흥정하는 남편의 모습을 통해서는 세속적이면서도 영악한 남편의 성격이 드러나고 있고, 남편의 콧구멍과 코털에 대한 묘사를 통해서는 '모멸과 혐오'를 느끼고 있는 '나'의 심리가 드러나고 있다.
③ '나'가 고가의 해체가 주는 내면적인 고통을 견딘 것은 고가의 해체마저도 실리적인 목적으로 접근하는 남편에게 맞춰 보려는 노력이라고 할 수 있다. 하지만 '나'는 과거의 추억을 지니고 있는 은행나무를 지키려는 자신의 태도를 통해 자신의 내면 속에 남아 있는 '해체되지 않은 한 모퉁이'를 느끼게 되고 그로 인해 여전히 남편에게 동화되지 않는 자신을 발견하게 된다.
④ ㉡의 '그의 아내로서 편한 나로 뜯어 맞추고 싶었다.'라는 표현에는 남편의 가치관과 판단에 자신을 맞추려는 '나'의 심리가, ㉤에는 남편의 이마에 돌발적인 키스를 퍼부음으로써 세속적으로 살아온 남편의 삶이 낯설게 느껴지는 것을 이겨 내려는 '나'의 심리가 드러나고 있다.
⑤ 고가를 해체하고 새집을 짓는 과정에서 '나'가 은행나무만은 지키고자 하는 것은 실용적인 것으로 대체될 수 없는 가족들과 자신의 애환 등 내면의 잠재의식과 관련이 있다고 할 수 있다.

32. ◀ 소재의 의미, 기능 파악

❸ 이 글의 내용을 통해 볼 때 남편이 고가를 철거하는 것은 고가가 '터무니없이 넓은 대지에 불합리한 구조'로 서 있기 때문이고, '음침한' 분위기를 지니고 있으며 '불필요한 방들만 많고 손댈 수 없이 퇴락'했기 때문이다. 남편은 단순히 실용적이고 실리적인 면만 고려하고 있을 뿐 '나'와의 친밀감을 회복하려는 의도로 고가를 해체하고자 하는 것은 아니다.

오답을 피하고 싶었어

① 남편이 결혼식을 치르자 제일 먼저 고가의 철거를 주장한 것은 고가를 해체하고 대지의 반쯤을 처분하여 새집을 짓는 것이 실용적이라고 판단했기 때문이다.
② '나'는 '모두가 남편의 뜻대로 되었다.'라는 표현을 통해 '견고한 양옥'의 설계에 남편의 뜻이 반영되었음을 드러내고 있다.
④ '나'가 고가의 해체를 보며 '나 자신의 육신이 해체되는 듯한 아픔'을 느끼고 있는 것은 고가가 과거의 '나'가 투영된 대상이기 때문이다. 이런 고가는 해체된 뒤에도 '나'의 내면에 '해체되지 않은 한 모퉁이'를 남김으로써 갈등상태를 드러내는 기능을 한다.
⑤ '음침한 고가'에는 고가에 대한 남편의 부정적 인식이, '숙연한 고가'에는 고가에 대한 '나'의 아쉬움과 애틋함이 담겨 있다.

잘숙이 3 (2010.09)

27 ①   28 ②   29 ③

[27-29] 고전 소설
남영로, 「옥루몽」

　이 작품은 「구운몽」의 전체적인 구성을 따르면서도 이를 생동감 있게 개작한 소설이다. 천상의 선관이 인간으로 태어나, 사대부 남성으로서 모든 이상적인 조건을 두루 갖추고 벼슬해서 부귀를 누리며 여러 여성들의 사랑을 얻는다. 그러나 「구운몽」과는 달리 불교적인 깨달음을 내세우지 않았고 부귀와 사랑을 얻는 과정이 치열한 대결의 연속으로 이루어져 있다. 양창곡의 여러 처첩 중에서 기생인 강남홍은 적극적인 성격으로 활발한 활동을 벌이는데, 여기에는 신분보다 능력을 중시하는 의식이 반영되어 있다. 또한 산촌의 한미한 선비인 양창곡이 중앙에 진출해서 권력을 독점하고 횡포를 일삼던 세력과 대결하여 승리하는 것을 통해, 일신의 부귀영화만을 추구하여 부패 타락한 생활을 서슴지 않는 통치자들의 행태와 모순으로 가득 찬 사회 현실에 대한 비판을 가하고 있다.

▶ [주제] 부패한 현실 정치에 맞서는 영웅의 승리

27. ◀ 서사 구조 파악

❶ 강남홍은 적의 두 장수에게 화살을 쏘아 갑옷만 깨뜨리고 뇌천풍에게도 칼을 날려 투구만을 깨뜨리는 등 사람을 다치지는 않게 하고 있다. 또한 자신에게 덤벼드는 적을 보고 의연한 자세를 취하고 있다. 연화봉에 올라가서는 옥피리 소리로 적진을 교란시키고 있다. 이러한 여러 정보로 보았을 때 강남홍은 자신의 능력을 자신하고 있으며 여유를 보이고 있다고 할 수 있다.

오답을 피하고 싶었어

② 강남홍이 손삼랑과 함께 간 곳은 적진이 아니라 연화봉이라는 봉우리이다.
③ 양창곡은 꿈 내용 때문에 놀라서 꿈에서 깨어난다.
④ 양창곡이 휘하의 장수들이나 적에게 자신이 영웅임을 과시하는 대목은 찾아보기 어렵다.

28. ◀ 소재의 의미, 기능 파악

❷ 옥피리 연주의 곡조는 양창곡이 잘 알고 있는 곡조였다. 따라서 강남홍이 연주한 곡을 즉흥적으로 지어낸 것이라고 한 설명은 적절하지 않다.

오답을 피하고 싶었어

④, ⑤ 강남홍과 양창곡의 연주는 천지자연조차도 감응하게 하는 연주곡이다. 이 연주는 자연물을 활용하여 묘사되었으며, 신비감을 불러일으킨다고도 할 수 있다.

29. ◀ 서술상의 특징 파악

❸ ㄱ과 관련하여, 14회의 제목은 이후에 있게 될 옥피리 연주를 암시하고 있다. ㄴ과 관련하여, 서술자는 뇌천풍이 강남홍에게 달려들자마자 말에서 떨어졌다고 한 다음에 궁금증을 유발하고 있다. '다음 회를 보시라.'라는 선전 문구도 사용하고 있다. ㄹ과 관련하여, 14회의 첫 대목은 13회의 마지막 장면을 부연·반복하여 설명하고 있다. ㅁ과 관련하여, '각설'이라는 상투어가 쓰이고 있다.

[Version1 **16일의 기적**] 빠르게 패턴과 Tip을 공부하는 과정!

1DAY ☐	2DAY ☐	3DAY ☐	4DAY ☐
독서, 시간 단축 풀이법	독서, 문제 패턴 1, 2	독서, 문제 패턴 3, 4	독서, 문제 패턴 5, 6
5DAY ☐	**6DAY** ☐	**7DAY** ☐	**8DAY** ☐
문제와 지문을 엮는 출제자의 클래스	그걸 또 알아보는 수험생의 클래스	독서, 정신과 시간의 방	문학, 시간 단축 풀이법
9DAY ☐	**10DAY** ☐	**11DAY** ☐	**12DAY** ☐
시, 문제 패턴1	시, 문제 패턴 2, 3	시, 문제 패턴 4, 5	운문, 정신과 시간의 방
13DAY ☐	**14DAY** ☐	**15DAY** ☐	**16DAY** ☐
소설, 문제 패턴 1	소설, 문제 패턴 2, 3	소설, 문제 패턴 4, 5	산문, 정신과 시간의 방

[Version2 **32일의 약속**] 잘숙이로 성장하는 집중 과정!

1DAY ☐	2DAY ☐	3DAY ☐	4DAY ☐
독서, 시간 단축 풀이법	01강 잘숙이	독서, 문제 패턴 1, 2	02강 잘숙이
5DAY ☐	**6DAY** ☐	**7DAY** ☐	**8DAY** ☐
독서, 문제 패턴 3, 4	03강 잘숙이	독서, 문제 패턴 5, 6	04강 잘숙이
9DAY ☐	**10DAY** ☐	**11DAY** ☐	**12DAY** ☐
문제와 지문을 엮는 출제자의 클래스	05강 잘숙이	그걸 또 알아보는 수험생의 클래스	06강 잘숙이
13DAY ☐	**14DAY** ☐	**15DAY** ☐	**16DAY** ☐
독서, 정신과 시간의 방	07강 잘숙이	문학, 시간 단축 풀이법	08강 잘숙이
17DAY ☐	**18DAY** ☐	**19DAY** ☐	**20DAY** ☐
시, 문제 패턴1	09강 잘숙이	시, 문제 패턴 2, 3	10강 잘숙이
21DAY ☐	**22DAY** ☐	**23DAY** ☐	**24DAY** ☐
시, 문제 패턴 4, 5	11강 잘숙이	운문, 정신과 시간의 방	12강 잘숙이
25DAY ☐	**26DAY** ☐	**27DAY** ☐	**28DAY** ☐
소설, 문제 패턴 1	13강 잘숙이	소설, 문제 패턴 2, 3	14강 잘숙이
29DAY ☐	**30DAY** ☐	**31DAY** ☐	**32DAY** ☐
소설, 문제 패턴 4, 5	15강 잘숙이	산문, 정신과 시간의 방	16강 잘숙이

공부한 날	공부한 내용	꼭 복습해야 할 문제, 선지	복습
월 일	01 독서, 시간 단축 풀이법	#	☐
월 일			☐
월 일	02 독서, 문제 패턴 1, 2	#	☐
월 일			☐
월 일	03 독서, 문제 패턴 3, 4	#	☐
월 일			☐
월 일	04 독서, 문제 패턴 5, 6	#	☐
월 일			☐
월 일	05 문제와 지문을 엮는 출제자의 클래스	#	☐
월 일			☐
월 일	06 그걸 또 알아보는 수험생의 클래스	#	☐
월 일			☐
월 일	07 독서, 정신과 시간의 방	#	☐
월 일			☐
월 일	08 문학, 시간 단축 풀이법	#	☐
월 일			☐
월 일	09 시, 문제 패턴1	#	☐
월 일			☐
월 일	10 시, 문제 패턴 2, 3	#	☐
월 일			☐
월 일	11 시, 문제 패턴 4, 5	#	☐
월 일			☐
월 일	12 운문, 정신과 시간의 방	#	☐
월 일			☐
월 일	13 소설, 문제 패턴 1	#	☐
월 일			☐
월 일	14 소설, 문제 패턴 2, 3	#	☐
월 일			☐
월 일	15 소설, 문제 패턴 4, 5	#	☐
월 일			☐
월 일	16 산문, 정신과 시간의 방	#	☐
월 일			복습 ☐

꼼꼼하게 챙겨 두는 오답 노트, 틀린 문제가 날 살린다!

✔ 너만의 오답 노트

✔ 쪽, 문항 번호 　　　 쪽, 　 번 문제

✔ 맞혔는지 여부 　☐맞힘 ☐틀림

✔ 나의 체감 난도 　☆☆☆☆☆

✔ 내가 고른 정답 　① ② ③ ④ ⑤

✔ 오답지를 골랐던 이유

✔ 이 문제를 통해 확인한 내 실수의 유형

✔ 너만의 오답 노트

✔ 쪽, 문항 번호 　　　 쪽, 　 번 문제

✔ 맞혔는지 여부 　☐맞힘 ☐틀림

✔ 나의 체감 난도 　☆☆☆☆☆

✔ 내가 고른 정답 　① ② ③ ④ ⑤

✔ 오답지를 골랐던 이유

✔ 이 문제를 통해 확인한 내 실수의 유형

✔ 너만의 오답 노트

✔ 쪽, 문항 번호 　　　 쪽, 　 번 문제

✔ 맞혔는지 여부 　☐맞힘 ☐틀림

✔ 나의 체감 난도 　☆☆☆☆☆

✔ 내가 고른 정답 　① ② ③ ④ ⑤

✔ 오답지를 골랐던 이유

✔ 이 문제를 통해 확인한 내 실수의 유형

✔ 너만의 오답 노트

✔ 쪽, 문항 번호 　　　 쪽, 　 번 문제

✔ 맞혔는지 여부 　☐맞힘 ☐틀림

✔ 나의 체감 난도 　☆☆☆☆☆

✔ 내가 고른 정답 　① ② ③ ④ ⑤

✔ 오답지를 골랐던 이유

✔ 이 문제를 통해 확인한 내 실수의 유형

✔
너만의 오답 노트

✓ 쪽, 문항 번호   쪽,   번 문제

✓ 맞혔는지 여부   ☐ 맞힘 ☐ 틀림

✓ 나의 체감 난도   ☆ ☆ ☆ ☆ ☆

✓ 내가 고른 정답   ① ② ③ ④ ⑤

✓ 오답지를 골랐던 이유

✓ 이 문제를 통해 확인한 내 실수의 유형

✔
너만의 오답 노트

✓ 쪽, 문항 번호   쪽,   번 문제

✓ 맞혔는지 여부   ☐ 맞힘 ☐ 틀림

✓ 나의 체감 난도   ☆ ☆ ☆ ☆ ☆

✓ 내가 고른 정답   ① ② ③ ④ ⑤

✓ 오답지를 골랐던 이유

✓ 이 문제를 통해 확인한 내 실수의 유형

✔
너만의 오답 노트

✓ 쪽, 문항 번호   쪽,   번 문제

✓ 맞혔는지 여부   ☐ 맞힘 ☐ 틀림

✓ 나의 체감 난도   ☆ ☆ ☆ ☆ ☆

✓ 내가 고른 정답   ① ② ③ ④ ⑤

✓ 오답지를 골랐던 이유

✓ 이 문제를 통해 확인한 내 실수의 유형

✔
너만의 오답 노트

✓ 쪽, 문항 번호   쪽,   번 문제

✓ 맞혔는지 여부   ☐ 맞힘 ☐ 틀림

✓ 나의 체감 난도   ☆ ☆ ☆ ☆ ☆

✓ 내가 고른 정답   ① ② ③ ④ ⑤

✓ 오답지를 골랐던 이유

✓ 이 문제를 통해 확인한 내 실수의 유형

✔
너만의 오답 노트

✓ 쪽, 문항 번호 　　　　쪽, 　　번 문제

✓ 맞혔는지 여부 　☐ 맞힘 ☐ 틀림

✓ 나의 체감 난도 　☆ ☆ ☆ ☆ ☆

✓ 내가 고른 정답 　① ② ③ ④ ⑤

✓ 오답지를 골랐던 이유

✓ 이 문제를 통해 확인한 내 실수의 유형

✔
너만의 오답 노트

✓ 쪽, 문항 번호 　　　　쪽, 　　번 문제

✓ 맞혔는지 여부 　☐ 맞힘 ☐ 틀림

✓ 나의 체감 난도 　☆ ☆ ☆ ☆ ☆

✓ 내가 고른 정답 　① ② ③ ④ ⑤

✓ 오답지를 골랐던 이유

✓ 이 문제를 통해 확인한 내 실수의 유형

✔
너만의 오답 노트

✓ 쪽, 문항 번호 　　　　쪽, 　　번 문제

✓ 맞혔는지 여부 　☐ 맞힘 ☐ 틀림

✓ 나의 체감 난도 　☆ ☆ ☆ ☆ ☆

✓ 내가 고른 정답 　① ② ③ ④ ⑤

✓ 오답지를 골랐던 이유

✓ 이 문제를 통해 확인한 내 실수의 유형

✔
너만의 오답 노트

✓ 쪽, 문항 번호 　　　　쪽, 　　번 문제

✓ 맞혔는지 여부 　☐ 맞힘 ☐ 틀림

✓ 나의 체감 난도 　☆ ☆ ☆ ☆ ☆

✓ 내가 고른 정답 　① ② ③ ④ ⑤

✓ 오답지를 골랐던 이유

✓ 이 문제를 통해 확인한 내 실수의 유형

너만의 오답 노트

✓ 쪽, 문항 번호 　　　　쪽, 　　번 문제

✓ 맞혔는지 여부 ☐맞힘 ☐틀림

✓ 나의 체감 난도 ☆☆☆☆☆

✓ 내가 고른 정답 ① ② ③ ④ ⑤

✓ 오답지를 골랐던 이유

✓ 이 문제를 통해 확인한 내 실수의 유형

너만의 오답 노트

✓ 쪽, 문항 번호 　　　　쪽, 　　번 문제

✓ 맞혔는지 여부 ☐맞힘 ☐틀림

✓ 나의 체감 난도 ☆☆☆☆☆

✓ 내가 고른 정답 ① ② ③ ④ ⑤

✓ 오답지를 골랐던 이유

✓ 이 문제를 통해 확인한 내 실수의 유형

너만의 오답 노트

✓ 쪽, 문항 번호 　　　　쪽, 　　번 문제

✓ 맞혔는지 여부 ☐맞힘 ☐틀림

✓ 나의 체감 난도 ☆☆☆☆☆

✓ 내가 고른 정답 ① ② ③ ④ ⑤

✓ 오답지를 골랐던 이유

✓ 이 문제를 통해 확인한 내 실수의 유형

너만의 오답 노트

✓ 쪽, 문항 번호 　　　　쪽, 　　번 문제

✓ 맞혔는지 여부 ☐맞힘 ☐틀림

✓ 나의 체감 난도 ☆☆☆☆☆

✓ 내가 고른 정답 ① ② ③ ④ ⑤

✓ 오답지를 골랐던 이유

✓ 이 문제를 통해 확인한 내 실수의 유형

✔
너만의 오답 노트

✓ 쪽, 문항 번호   쪽,   번 문제

✓ 맞혔는지 여부   ☐ 맞힘 ☐ 틀림

✓ 나의 체감 난도   ☆ ☆ ☆ ☆ ☆

✓ 내가 고른 정답   ① ② ③ ④ ⑤

✓ 오답지를 골랐던 이유

✓ 이 문제를 통해 확인한 내 실수의 유형

✔
너만의 오답 노트

✓ 쪽, 문항 번호   쪽,   번 문제

✓ 맞혔는지 여부   ☐ 맞힘 ☐ 틀림

✓ 나의 체감 난도   ☆ ☆ ☆ ☆ ☆

✓ 내가 고른 정답   ① ② ③ ④ ⑤

✓ 오답지를 골랐던 이유

✓ 이 문제를 통해 확인한 내 실수의 유형

✔
너만의 오답 노트

✓ 쪽, 문항 번호   쪽,   번 문제

✓ 맞혔는지 여부   ☐ 맞힘 ☐ 틀림

✓ 나의 체감 난도   ☆ ☆ ☆ ☆ ☆

✓ 내가 고른 정답   ① ② ③ ④ ⑤

✓ 오답지를 골랐던 이유

✓ 이 문제를 통해 확인한 내 실수의 유형

✔
너만의 오답 노트

✓ 쪽, 문항 번호   쪽,   번 문제

✓ 맞혔는지 여부   ☐ 맞힘 ☐ 틀림

✓ 나의 체감 난도   ☆ ☆ ☆ ☆ ☆

✓ 내가 고른 정답   ① ② ③ ④ ⑤

✓ 오답지를 골랐던 이유

✓ 이 문제를 통해 확인한 내 실수의 유형

윤혜정의
패턴의 나비효과

네 꿈에 날개 달아 줄 만점 국어의 올바른 길.

전체 줄거리를 몰라도 좌절할 것 없어.
출제자가 왜 하필 이 장면을 선택했는지를 생각하면
어떤 문제가 나올지 너도 예측해 낼 수 있어!

독서? 인문, 사회, 과학, 기술, 예술
지문이 다루는 화제의 영역은 달라도
문제 패턴은 똑. 같. 다.

수능 시가 편해지려면 관점을 바꾸면 되는 거야.

윤혜정의
패턴의
나비효과

윤혜정 선생님과 함께 네 꿈에 날개를 달아 줄, 만점 국어의 시작과 끝

개념의 나비효과 입문편

국어 공부 시작의 방향을
잡아주는 국어 입문서

개념의 나비효과

개념부터 제대로 꼼꼼히
공부하는 수능 국어 개념

패턴의 나비효과

수능 국어의 패턴 연습으로
부족한 약점 보완

기출의 나비효과

변별력 높은 기출문제로
완성하는 수능 국어